Klaus-W. Bramann, Peter Cremer

Wirtschaftsunternehmen Sortiment

Edition Buchhandel Band 4

Herausgegeben von Klaus-W. Bramann

Klaus-W. Bramann, Peter Cremer

Wirtschaftsunternehmen Sortiment

**Der Buchhandel in Deutschland zu Beginn
des 21. Jahrhunderts**

Alle fachspezifischen Inhalte des Ausbildungsberufs
Buchhändlerin/Buchhändler auf der Grundlage der
sachlichen Gliederung des Ausbildungsrahmenplans
von 2011

4., vollständig neu bearbeitete und erweiterte Auflage

© 2014 Bramann Verlag, Frankfurt am Main
Alle Rechte vorbehalten

Einbandgestaltung
und Typografie Hans-Heinrich Ruta nach einer Reihenkonzeption von
Stefanie Langner

Herstellung Margarete Bramann
Schrift 9,25/12 pt Concorde BE 9,25/12 pt und der GST Polo 11
Papier Gedruckt auf säurefreiem und chlorfrei gebleichtem Papier
Druck und Bindung Druckerei TZ-Verlag & Print GmbH
Printed in Germany, 2014

ISBN 978-3-934054-58-5

Inhalt

Vorwort

Wirtschaftsunternehmen Sortiment begleitet Auszubildende im Buchhandel sowohl im Bereich der betrieblichen Ausbildung als auch bei der schulischen Arbeit in buchhändlerischen Fachklassen bereits seit 2000. Das Werk erscheint nunmehr in einer komplett überarbeiteten vierten Auflage. Der Titel des Buchs war von Anfang an programmatisch gewählt. Denn die Ausführungen waren und sind für Buchhändlerinnen und Buchhändler konzipiert, die um die ökonomische Komponente aller buchhändlerischen Tätigkeiten und betrieblichen Entscheidungen wissen. Demnach ist das Buch nicht nur für Auszubildende und Seiteneinsteiger geschrieben, sondern auch für die Entscheidungsträger, die sich als Verantwortliche für die betriebliche Ausbildung dem Strukturwandel der Zeit stellen müssen.

Der **Ausbildungsberuf Buchhändler/Buchhändlerin** wurde 2011 vom Gesetzgeber neu geordnet, damit das Berufsbild auch weiterhin den zahlreichen Veränderungen in der betrieblichen Realität und der Themen- und Medienvielfalt einer sich wandelnden Branche gerecht wird. Besonders der Themenkomplex ›Geschäftsprozesse im Buchhandel‹ mit den Bereichen Marketing, Neue Medien/E-Business und Kunden-/Zielgruppenorientierung sowie Logistik und Informationsmanagement wurde den aktuellen Entwicklungen angepasst. Die in der Ausbildungsordnung angeführten Fertigkeiten, Kenntnisse und Fähigkeiten befähigen die Auszubildenden nach bestandener Abschlussprüfung zur Aufnahme einer qualifizierten beruflichen Tätigkeit, hier verstanden als umfassende berufliche Handlungskompetenz.

Wirtschaftsunternehmen Sortiment thematisiert alle berufsspezifischen Kompetenzen, die in der Ausbildungsordnung aus dem Jahr 2011 formuliert und – den Inhalten der Ausführungen entsprechend – in jedem der zehn Kapitel einleitend zitiert werden. Allerdings folgt die Darstellung im Buch hinsichtlich der Inhalte, auf denen diese Kompetenzen beruhen, einer eigenständigen Ordnung, die den Verfassern aus sachlogischen Gründen sinnvoll erscheint. So werden beispielsweise zunächst die am Buchmarkt beteiligten Firmen vorgestellt, ehe Gegenstände und Dienstleistungen des Buchhandels ein Thema werden, und der Bereich Einkauf wird vor und nicht nach Warenwirtschaftssystemen erörtert. So ist ein Lehr- und Arbeitsbuch entstanden, das einerseits als Kompendium des Buchhandels am Anfang des 21. Jahrhunderts gelesen werden kann, das aber gleichzeitig auch ein Gebrauchsbuch für die Hand des Auszubildenden und der betrieblichen Entscheidungsträger ist, in dem die wesentlichen praxisrelevanten Zusammenhänge der buchhändlerischen Arbeit ausführlich dargestellt werden. Letztendlich kann man das Buch auch zur Vorbereitung für die kaufmännische Abschlussprüfung als Lernbuch benutzen. Fragen am Ende jedes Kapitels dienen hierfür als Lernkontrolle.

Ein neuer Ko-Autor hat meine Arbeit begleitet. Peter Cremer unterrichtet als Bildungsgangleiter in den Buchhandelsfachklassen am Joseph-DuMont-Berufskolleg in Köln. Der gelernte Buchhändler und studierte Germanist ist seit langem ein engagierter Zeitgenosse in Sachen buchhändlerischer Nachwuchs und hat zudem den gesamten Reformprozess des Ausbildungsberufs als Sachverständiger begleitet. Ich selbst biete, nachdem ich über zwei Jahrzehnte lang Auszubildende an den Schulen des Deutschen Buchhandels in Seckbach (heute: mediacampus frankfurt) unterrichtet habe, seit einigen Jahren Beratungen für Buchhandlungen an und unterstütze hierbei vor allem Gründer und neue Inhaber auf ihrem Weg in eine gesicherte ökonomische Existenz. Es braucht nicht eigens erwähnt zu werden, dass beide Verfasser ihr Wissen in vielen Gremien und Ausschüssen ehrenamtlich zur Verfügung stellen. Trotz – oder gerade wegen – der nachweisbaren Fachkompetenz der Autoren gilt: Kritik und Anregungen sind jederzeit willkommen.

Ein Dankeschön geht an die vielen helping hands, die punktuell bei der Klärung von Sachfragen und den vielfältigen Recherche- und Korrekturarbeiten geholfen haben. Besonders erwähnen möchten wir: Tobias Wissmann, Michaela von Koenigsmarck, Julia Walch und Mario Wambold (mediacampus frankfurt), Susanne Barwick und Adil Al-Jubouri (Rechtsabteilung des Börsenvereins des Deutschen Buchhandels), Gudula Buzmann (Betriebsberaterin), Michael Lemling (Buchhandlung Lehmkuhl), Claus Vaaßen (Joseph-DuMont-Berufskolleg), Maren Imke Weidanz (Buchhandlung Decius) sowie Mario Como, Birgit Koch und Alexander Kleine (Sortimenter-Ausschuss des Börsenvereins des Deutschen Buchhandels). Der größte Dank aber gebührt meiner Frau Margret.

Wirtschaftsunternehmen Sortiment erscheint als gebundene Buchausgabe und macht damit die komplexen Zusammenhänge des Buchmarktes weiterhin in geräteunabhängiger, ›sinnlich‹ aufbereiteter Form zugänglich. Damit verbunden ist ein hoher Anspruch an die Herstellung, die besonderen Wert auf qualitative Ausstattung und lesegerechte Typografie legt. Die Verfasser legen im gleichen Maße Wert auf die korrekte ›Ansprache‹. Deshalb sei den mehrheitlich weiblichen Arbeitskräften in unserer Branche an dieser Stelle eidesstattlich versichert: Worte wie Buchhändler, Sortimenter oder Filialleiter schließen immer auch die grammatikalisch weiblichen Formen ein.

Frankfurt und Schleiden, im Mai 2014
Dr. Klaus-Wilhelm Bramann und Peter Cremer

1
Buch- und Medienwirtschaft

Buch- und Medienwirtschaft

Aus: Ausbildungsrahmenplan für die Berufsausbildung zum Buchhändler und zur Buchhändlerin | Sachliche Gliederung (§ 4 Absatz 2 Abschnitt A Nummer 1)

BUCHMARKTPROZESSE UND -BETEILIGTE

- Besonderheiten der Buchbranche und Leistungen des Buchmarktes unter handelsbezogenen und kulturellen Aspekten bewerten;
- die Wertschöpfungskette im Buchmarkt erläutern und den eigenen Betrieb in diese einordnen;
- Geschäftsprozesse des Buchmarktes und Geschäftsbeziehungen zwischen den einzelnen Handelspartnern erläutern;
- Handelslandschaft im Sortimentsbuchhandel beschreiben;
- die Bedeutung und die unterschiedlichen Strukturen des Verlagswesens im Buchhandel beschreiben;
- Verlage und ihre Schwerpunkte unterscheiden;
- die Funktionsbereiche im Verlag beschreiben.

Ergänzt um:
VERTRIEBSWEGE (§ 4 Absatz 2 Abschnitt A Nummer 5.5; auszugsweise)

- Vertriebswege des Buchhandels nutzen;
- Informationen zur Erschließung neuer Vertriebswege auswerten und nutzen.

Der Buchhandel gilt als Markt der Medien, der zwischen Geschäft und Kultur, Lesevergnügen, Freizeitbeschäftigung und Informationsvermittlung agiert. Seine gesamtwirtschaftliche Bedeutung ist eher marginal – zumindest verglichen mit den Umsätzen, die Banken und Industrieunternehmen erwirtschaften. Denn was sind schon rund 10 Milliarden Euro Gesamtumsatz zu Endverbraucherpreisen im Jahr 2013 in Relation zu den Umsätzen von Aldi, Daimler-Chrysler oder der Deutschen Bank? Doch man kann schlecht Äpfel mit Karosseriebauten vergleichen, und so verbietet sich wohl auch ein Vergleich der Kultur- mit der Lebensmittel- oder Industriebranche. Allerdings nur vordergründig. Denn es gibt auch Gemeinsamkeiten, die Wirtschaftsunternehmen prinzipiell zugrunde liegen: Man agiert in einem konkreten Markt, ist auf Kaufkraft angewiesen und muss mit Marketingtechniken umgehen, um anvisierte Zielgruppen zufrieden zu stellen. Rein ökonomisch betrachtet ist die Buchbranche also ein wirtschaftlicher Zwerg, in kultureller Hinsicht hingegen ein Riese mit einer effizienten Lobbyarbeit, die in der Hand des Börsenvereins des Deutschen Buchhandels (siehe Kap. 1.5) liegt.

Doch man setze Kultur nicht zwangsläufig mit Belletristik oder fiktionaler Literatur gleich. Zwar dominiert die Belletristik von der verlegten Titelzahl her mit etwa 15.000 Titeln den Markt der Neuerscheinungen und ist mit rund 35 Prozent Umsatzanteil am Gesamtumsatz auch die wichtigste Warengruppe im allgemeinen Sortiment, gefolgt vom Kinder- und Jugendbuch mit circa 8.000 neuen Titeln und rund 16 Prozent Umsatzanteil. Auf die Hauptwarengruppe 1 (Belletristik) und die Hauptwarengruppe 2 (Kinder- und Jugendbuch) entfallen somit über 50 Prozent des Gesamtumsatzes der Branche – ein beeindruckender Wert. Berücksichtigt man jedoch das Sachbuchsegment im Bereich Kinder- und Jugendbuch, liegt der Schluss nahe, dass unter 50 Prozent des Umsatzes in Buchhandlungen auf Titel entfallen, die man gemeinhin mit Lesen in Verbindung bringt, mit fiktionaler Literatur, mit Romanen und Erzählungen, die man zum Zeitvertreib, zur Freude, zur Entspannung, zum Genießen, zur Muße oder auch zum Nachdenken, zur Bereicherung, zur Erbauung oder zur Besinnung liest. Gemeint ist hiermit das zweckfreie Lesen, in der Terminologie der Leseforschung auch ›animatorisches‹ oder ›identifikatorisches‹ Lesen genannt. Über 50 Prozent des Buchangebots hingegen beziehen sich auf den Non-Fiction-Bereich, wo das zweckgerichtete oder informatorische Lesen von Inhalten und Themen im Vordergrund steht, wie im Falle von Sachbüchern, Ratgebern, berufsspezifischen Fachbüchern, Schulbüchern oder wissenschaftlicher Literatur.

Bücher und Medien

Die Anzahl der verlegten Buch- und Medienangebote, die den unterschiedlichen Lese- und Kaufbedürfnissen entsprechen, steigt ständig. Im Jahr 2012 waren es exakt 91.000 neue Titel, womit man sich im internationalen Vergleich auf einem hohen Level bewegt. Dieser Wert wird von der Deutschen Nationalbibliothek veröffentlicht, die gemäß der *Verordnung über die Pflichtablieferung von Druckwerken an die Deutsche Nationalbibliothek* von jedem Verlag und jeder publizierenden Institution in Deutschland zwei Exemplare erhält (siehe Kap. 5.3). Hinzu kommen digitale Netzpublikationen unterschiedlicher Dateiformate sowie Printing-on-Demand-Titel, die physisch nicht vorliegen müssen, sodass hierüber keine exakten Zahlen vorliegen. Von den 91.000 Titeln sind allerdings nur 79.860 Titel (88 Prozent) Erstausgaben und nur diese zählen zu den ›echten‹ Novitäten; bei den übrigen handelt es sich um bearbeitete Neuauflagen. Im Umkehrschluss heißt dies: Nur 12 Prozent der Novitäten der Vorjahre kommen in den Genuss bearbeiteter Auflagen, addiert um eine Dunkelziffer von unveränderten Nachdrucken, die in Branchenstatistiken nicht weiter erfasst werden.

Erhältlich sind natürlich weitaus mehr Titel, denn manche Verlage halten ihre Produktion über Jahre lieferbar. Das *Verzeichnis lieferbarer Bücher* (VlB, siehe Kap. 5.7.1), das seit Anfang der 70er Jahre die buchhändlerische Arbeit unterstützt und als umfangreichste Literaturdatenbank für den deutschsprachigen Raum (inklusive Österreich und der Schweiz) gilt, meldet stolze 1,4 Millionen Datensätze aus rund 20.000 Verlagen. Es ist zudem die offizielle Referenzdatenbank für gebundene Ladenpreise.

Aber auch die 1,4 Millionen Titel sind nur ein Teil des buchhändlerischen Angebots. Denn die Zahl der antiquarisch recherchierbaren Bücher liegt noch weit höher. Über die Internetplattform *Zentrales Verzeichnis Antiquarischer Bücher* (ZVAB) beispielsweise, dem weltweit größten Online-Antiquariat für deutschsprachige Titel, sind aktuell rund 25 Millionen antiquarische oder vergriffene Bücher sowie Noten, Grafiken, Autografen, Postkarten und Schallplatten von tausenden professionellen Antiquaren aus vielen Ländern zu beziehen.

Neben den traditionellen Printmedien, wie Bücher, Zeitschriften, Kalender, Loseblattausgaben etc., werden selbstverständlich auch E-Books in unterschiedlichen Dateiformaten über den Sortimentsbuchhandel bzw. dessen Webshops vertrieben. Dieses Marktsegment wächst derzeit dynamisch – die Zahl der verkauften E-Books im Publikumsmarkt stieg von 2011 auf 2012 von 4,3 Millionen auf 13,2 Millionen, was einer Verdreifachung des Umsatzvolumens entspricht –, bewegt sich jedoch derzeit noch auf niedrigem Niveau. Nicht vergessen seien die mehr oder weniger buchaffinen Nebenprodukte, kurz Non-Books genannt, die in den letzten Jahren zunehmend in das buchhändlerische Sortiment aufgenommen worden sind und auch auf den Buchmessen immer mehr Fläche für sich beanspruchen. Aus diesem schier unbegrenzten Angebot stellt sich jeder einzelne Buchhändler sein(!) Sortiment zusammen (siehe Kap. 1.3); denn der Begriff ›Sortiment‹ kommt von sortieren oder auswählen.

Das Angebot in den Buchhandlungen besteht in erster Linie aus der Produktion der Publikumsverlage und berücksichtigt Fachbücher und wissenschaftliche Literatur nur bei einer entsprechenden Spezialisierung; Publikationen von Institutionen oder Privatpersonen, Zuschuss- oder Dienstleistungsverlagen rücken so gut wie gar nicht in sein Gesichtsfeld. Was bleibt: der Spagat zwischen ›Büchernarr‹ und ›Content-Experte‹. Und trotzdem: Das **Leitmedium Buch** wird so lange das Bild des Buchhändlers prägen, wie Verlage weiterhin den Großteil ihrer Umsätze mit gedruckten Büchern machen. Dass die Begriffe ›Buchhändlerin‹ und ›Buchhändler‹ auch in Zukunft Verwendung finden, ergibt sich allein aus der derzeit geltenden Ausbildungsordnung vom 15. März 2011, die weiterhin an der offiziellen Berufsbezeichnung ›Buchhändlerin‹ und ›Buchhändler‹ anstelle alternativer Formulierungen – Medien- oder Informationshändler waren lange Zeit im Gespräch – festhält. Durch die Beibehaltung der traditionsreichen Berufsbezeichnung wird der Bezug zur Kernkompetenz des Berufs deutlich: Es geht um das Buch.

Differenzierte und kulturelle Dienstleistung

Die oben erwähnten Titel- bzw. Medienzahlen belegen eindrucksvoll, was den Buchhandel auszeichnet: differenzierte, kulturelle Dienstleistung. Der Schutz dieser Titelvielfalt ist auch ein Anliegen des Gesetzgebers in der Bundesrepublik Deutschland. Das Buchpreisbindungsgesetz (BuchPrG) schreibt Verlagen seit dem 1. Oktober 2002 vor, gebundene Endverkaufspreise für ihre Bücher festzusetzen – und zwar aus kulturpolitischen Gründen. Im Paragraf 1 ist der Zweck des Gesetzes definiert: »Das Gesetz dient dem Schutz des Kulturgutes Buch. Die Festsetzung verbindlicher Preise beim Verkauf an Letztabnehmer sichert den Erhalt eines breiten Buchangebots. Das Gesetz gewährleistet zugleich, dass dieses Angebot für eine breite Öffentlichkeit zugänglich ist, indem es die Existenz einer großen Zahl von Verkaufsstellen fördert.«

Der Gesetzgeber erkennt damit an, dass Bücher Waren besonderer Art sind, für die die Gesetze des Marktes nur eingeschränkte Gültigkeit haben sollen. Also kein Wettbewerb? – Doch! Denn es bleibt der Wettbewerb der Verlage untereinander um den literarischen und wirtschaftlichen Erfolg. Und es bleibt der **Wettbewerb der Buchhandlungen,** der über den Standort, über die Größe und die Atmosphäre des Verkaufsraums, die Auswahl des Sortiments, über die Qualifikation der Mitarbeiter, über die Präsentation der Ware, über die Form der Werbung, die Wahl der Absatzkanäle und nicht zuletzt über den Service, der ein konstitutiver Bestandteil der heutigen Dienstleistungsgesellschaft ist, stattfindet. Nur so ist zu erklären, dass – trotz Preisbindung – der Buchhandel strukturellen Veränderungen ausgesetzt war, ist und bleiben wird.

Aus Sicht der Verlage hat Klaus Wagenbach die Segnungen der Preisbindung hinsichtlich der Titelvielfalt beschrieben. In der Zeitschrift *Buchmarkt* führte er 1994 anlässlich seines 60. Geburtstags sehr konkret die Auswirkungen der Mischkalkulation vor Augen: »Die Preisbindung […] erlaubt uns – das sage ich auch öffentlich, auch vor Lesern! – die Liebesgedichte von Erich Fried, von denen wir glücklicherweise 300.000 Exemplare verkauft haben, zwei Mark teurer zu machen. Das stecken wir uns in die Tasche. Rechte Tasche – Kapital, weil Kapital – rechts. Linke Tasche – die schönen Verlustprojekte. Wenn das nicht mehr funktioniert, ist ein großer Teil unserer Arbeit nicht mehr möglich.«

Die für einzelne Marktteilnehmer und für die Branche insgesamt positiven Effekte gelten allerdings nicht für Produkte, die keiner Preisbindung unterliegen, wie Wandkalender, Hörbücher, DVDs und weitere Non-Books (siehe Kap. 2.2 bis 2.4) – Produkte, die im Branchendurchschnitt aller Buchhandlungen mehr als 10 Prozent des Gesamtumsatzes ausmachen. Und Sie gelten auch nicht für Produkte, die Verlage aus der Preisbindung herausnehmen (vergriffene Titel) und die dann im Modernen Antiquariat verkauft und damit ihrer Resteverwertung zugeführt werden. In diesem Marktsegment herrscht mitunter ein erbitterter Preiskampf.

De jure ist das Buchpreisbindungsgesetz (BuchPrG) ein Spezialgesetz zum Gesetz gegen Wettbewerbsbeschränkungen (GWB), auch Kartellrecht genannt. Die höchstrichterliche Instanz ist das Bundeskartellamt. Dort, wo die Klärung von missbräuchlicher Marktmacht oder marktbeherrschender Stellung zum Tagesgeschäft gehört, werden also auch Belange der Preisbindung entschieden. Selten, dann aber spektakulär. Zuletzt geschehen im Jahr 2007, als das Bundeskartellamt ein für die Entwicklung der Branche positives Grundsatzurteil fällte. Damals wurde erstmals der Konzentrationsgrad hinsichtlich des Marktvolumens in einer Stadt bzw. einer Region bewertet – ein Gesichtspunkt, der in der Folgezeit auch bei weiteren Fusionen beachtet werden musste. Denn das Bundeskartellamt verbot die Übernahme eines Buchkaufhauses durch einen anderen umsatzstarken Marktteilnehmer am Ort mit der Begründung, dass ansonsten in der Stadt – konkret handelte es sich um die Landeshauptstadt Niedersachsens – durch einen(!) Anbieter eine marktbeherrschende Stellung entstehen würde. Hinter dieser Begründung steht die Überzeugung, dass die Preisbindung nicht zu einem Wettbewerbsausschluss führen darf, sondern vielmehr zu dessen Gegenteil: zur Erhaltung eines möglichst vielgestaltigen Wettbewerbs.

Wie Branchenbeteiligte vom Buchpreisbindungsgesetz profitieren

VERLAGE   Verlage haben die Möglichkeit einer firmeninternen Mischkalkulation, da ›schwierige‹ Titel (junge Autoren, sperrige Themen, Erstlingswerke) weniger Ertrag als Bestseller abwerfen müssen, in preispolitischer Hinsicht aber annähernd gleich behandelt werden können. Ferner nutzen Verlage, insbesondere für den Verkauf ihrer Novitäten, das breite Vertriebsnetz des Bucheinzelhandels.

AUTOREN   Autoren erhalten ihr Honorar in der Regel in Prozent vom gebundenen Ladenpreis und profitieren ebenfalls vom breiten Vertriebsnetz der Branche. Denn Buchhandlungen gelten als bevorzugter Veranstalter für Lesungen und damit als Ort zusätzlicher Verdienstmöglichkeiten.

GROSSHANDEL   Der Großhandel ermittelt seine Gewinnspanne (Funktionsrabatt, siehe Kap. 1.2.1) in Prozent vom gebundenen Ladenpreis und hat damit eine sichere Planungsgrundlage.

EINZELHANDEL

Der Einzelhandel ist keinem ruinösen Preiswettbewerb ausgesetzt und kann seine (Marketing-)Aktivitäten auf sein Sortiment und seine Zielgruppen ausrichten. Insofern ist er weniger wettbewerbsanfällig und garantiert als »Netz geistiger Tankstellen«, so eine Formulierung des Altkanzlers Helmut Schmidt, die kulturelle Nahversorgung.

ENDKUNDE/KÄUFER

Der Käufer muss nicht nach dem günstigsten Angebot suchen. Selbst in kleineren Orten und bei unterschiedlichen Bezugsquellen (Verlag oder Einzelhandel) erhält er preisgebundene Bücher zum selben Preis.

Branchenstruktur und Marktteilnehmer

Buch- und Buchhandel in Zahlen, das ›statistische Jahrbuch‹ des Börsenvereins, bietet Jahr für Jahr aktuelles Zahlenmaterial über die Branche. In der Ausgabe 2013 finden sich zum Beginn des Kapitels Branchenumsatz und Branchenentwicklung gleich drei Übersichten, die die geschätzten Umsätze buchhändlerischer Betriebe zu Endverbraucherpreisen thematisieren. Hier werden also die Umsätze erfasst, die zu Ladenpreisen generiert werden; keine Berücksichtigung finden hingegen die Umsätze, die im Geschäftsverkehr zwischen Verlagen und Buchhandlungen sowie zwischen Großhändlern und Buchhandlungen gemacht werden. Es zeigt sich, dass der Gesamtumsatz in den Jahren 2007 bis 2010 stets zugenommen hat und, trotz des Rückgangs in den Jahren 2011 und 2012, knapp unter der 10-Milliarden-Grenze liegt. Allerdings gibt es keine gravierenden Sprünge, sodass man von einem Null-Summen-Spiel oder einem stagnierenden Markt bzw. leicht rückläufigen Markt sprechen sollte. Stagnierende Märkte sind jedoch immer Umverteilungsmärkte, in denen es Gewinner und Verlierer gibt. So auch im Handel mit Büchern.

Jahr	Umsätze in Mio Euro	Veränderung in Prozent
2007	9.576	+ 3,4
2008	9.614	+ 0,4
2009	9.691	+ 0,8
2010	9.734	+ 0,4
2011	9.601	− 1,4
2012	9.521	− 0,8

Geschätzte Umsätze buchhändlerischer Betriebe zu Endverbraucherpreisen.
Quelle: Börsenverein des Deutschen Buchhandels. Zitiert nach: *Buch und Buchhandel in Zahlen 2013*

Vergleicht man die prozentuale mit der umsatzmäßigen Entwicklung, so werden Gewinner und Verlierer der letzten Jahre sichtbar. Klare Gewinner sind die Internethändler. Zu den Verlierern zählen der Warenhausbuchhandel, Buchgemeinschaften, aber auch der Sortimentsbuchhandel. Dieser ist mit

	2007	2008	2009	2010	2011	2012
Sortimentsbuchhandel (ohne E-Commerce)	53,6	52,6	52,3	50,6	49,7	48,3
Sonstige Verkaufsstellen	9,1	9,2	9,3	9,4	9,5	9,7
Warenhäuser	3,7	3,0	2,4	2,1	1,9	1,7
Versandbuchhandel (einschließlich Internethandel)	12,6	14,0	15,5	17,1	17,8	19,1
Verlage direkt	18,0	18,2	18,3	18,5	19,1	19,4
Buchgemeinschaften	3,0	2,9	2,3	2,3	2,0	1,8

Geschätzte Umsätze buchhändlerischer Betriebe zu Endverbraucherpreisen – Anteile der Vertriebswege in Prozent.
Quelle: Börsenverein des Deutschen Buchhandels. Zitiert nach: *Buch und Buchhandel in Zahlen 2013*

rund 50 Prozent Umsatzanteil zwar immer noch mit Abstand der wichtigste Absatzkanal und für Publikumsverlage wird er auch auf absehbare Zeit der wichtigste Absatzpartner bleiben – sein Anteil am Gesamtumsatz der Branche jedoch sinkt seit Jahren stetig; 2011 liegt er mit 49,7 Prozent erstmals unterhalb der 50-Prozent-Marke.

Mit dieser anhand statistischer Durchschnittswerte ermittelten Entwicklung ist aber nicht zwangsläufig Weltuntergangsstimmung angesagt. Vielmehr sollte man die Entwicklung innerhalb der einzelnen Absatzkanäle differenziert analysieren. Denn die Entwicklung der Absatzkanäle ist nicht zwangsläufig mit der Entwicklung einzelner Unternehmen am Markt gleichzusetzen. Und nicht immer gilt die Ausschließlichkeit der Vertriebskanäle. Dies gilt vor allem für den Sortimentsbuchhandel. Obwohl das Wort **Multi-Channeling** erst seit kurzem in der Literatur verwendet wird, ist das, was sich absatztechnisch dahinter verbirgt, ein ›alter Hut‹. Nämlich die Erkenntnis: Umsätze werden nicht nur ›stationär‹ über das Ladenlokal generiert, sondern auch ›ambulant‹ via Versand, Büchertisch und Webshop.

Thematisieren wir im Folgenden die **Wertschöpfungskette** im Buchhandel, indem wir den drei Wirtschaftsstufen der Branche folgen. Wir beginnen beim Verlag, um über den Zwischenbuchhandel zum Bucheinzelhandel zu kommen, wobei dem Sortimentsbuchhandel im Kapitel 1.3 der größte Platz vorbehalten bleiben soll. In den Fokus rücken dabei auch drei Marktteilnehmer, die aus unterschiedlichen Gründen nicht in der zitierten Statistik des Börsenvereins auftauchen. Erstens der Zwischenbuchhandel (Kap. 1.2), der nicht zu Endverbraucherpreisen verkauft und allein deshalb nicht erfasst wird. Zweitens der Bahnhofsbuchhandel (Kap. 1.4.2), dessen Zahlen von einem eigenen Verband recherchiert und veröffentlicht werden. Drittens das Antiquariat (Kap. 1.4.1), wobei vor allem das Marktsegment Modernes Antiquariat in fast allen Absatzkanälen eine wichtige Rolle spielt.

1.1
Verlage

Das *Adressbuch für den deutschsprachigen Buchhandel* (seit 2013 nur noch online unter www.adb-online.de; siehe Kap. 5.7.4) listet mehr als 30.000 buchhändlerische Betriebe auf, wobei rund 3/4 von ihnen (ca. 24.000 Betriebe) auf den herstellenden Buchhandel entfallen. Hierzu werden auch Körperschaften, Lehrstühle an Universitäten, Institutionen und Vereine gezählt, die nur sporadisch Publikationen herausgeben. Die Zahl der Unternehmen, die das Verlegen professionell betreiben, ist weitaus geringer. In diesem Zusammenhang

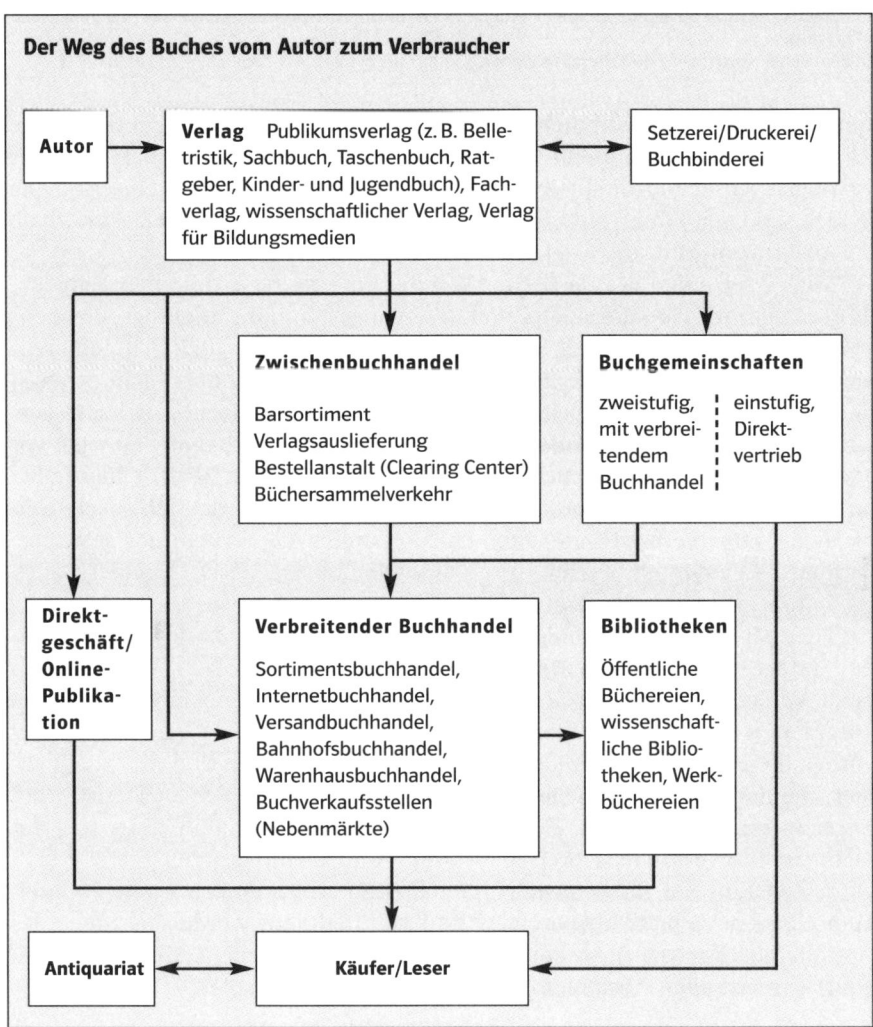

sind die 1.813 Mitgliedsfirmen des Börsenvereins (Stand: 1. April 2013) ein recht
guter Anhaltspunkt. Dabei soll keineswegs die Qualität so mancher Verlagsprodukte geschmälert werden, wie die Bücher eines ›Feierabendverlegers‹, die
er neben seinem regulären Brotberuf verlegt, oder die Schriftenreihen einer
Institution, mit der Informationen einer größeren Öffentlichkeit zur Verfügung gestellt werden.

Die amtliche Umsatzsteuerstatistik der Bundesrepublik Deutschland erfasst nur die steuerpflichtigen Buchverlage, die einen Mindestumsatz von
17.500 Euro vorweisen können. *Buch und Buchhandel in Zahlen 2013* zitiert
diese Statistik und gibt inklusive der Adressbuchverlage immerhin 2.243 Firmen an, von denen allerdings 1.825, das entspricht einem Wert von knapp über
80 Prozent, einen Umsatz von nur bis zu 1 Million Euro machen. Auf der Seite der umsatzstarken Betriebe erreichen gerade einmal 86 Unternehmen mehr
als 10 Millionen Euro Jahresumsatz; allerdings erreichen die 100 größten
Buchverlage einen Marktanteil von weit über 90 Prozent. Damit tritt eine **Polarisierung** zutage, die für die gesamte Medienbranche typisch ist. Sie geht fast
zwangsläufig einher mit der Unterscheidung zwischen inhabergeführtem
(Klein-)Verlag und konzernabhängigem (Groß-)Verlag.

Große Verlagshäuser wachsen überproportional schneller als kleine Verlage. Dies recherchiert der zur Spiegel-Gruppe gehörende Verlag Harenberg, der
jährlich das Ranking der 100 größten Verlage in der April-Nummer des *buch-
report.magazin* veröffentlicht und seine Recherchen auszugsweise auch im Internet unter www.harenberg.de zur Verfügung stellt. Hier liest sich vor allem
die Sparte ›Integrierte Verlage/Programme‹ spannender als manch ein Krimi-
nalroman. Firmenzukäufe oder als Sub-Verlage gekennzeichnete **Imprints** zeigen an, woher so mancher Umsatzsprung kommt: durch den Kauf oder Übernahme anderer Verlage sowie durch speziell für bestimmte Marktbereiche entwickelte Programmsegmente. Andererseits ist es business as usual, dass Verlagshäuser Programmbereiche
oder Imprints ›abstoßen‹, um
sich auf mitunter neu definierte Kerngeschäfte zu fokussie-
ren. Der höchste Konzentrationsgrad ist übrigens bei den
Verlagen für Bildungsmedien
festzustellen; sie belegen im
Ranking des Jahres 2012 die
Plätze zwei, drei und fünf. Weitere Ausführungen zu diesem
Thema finden sich im Kap. 1.3
›Verlage und ihre Imprints‹ des
Titels *Warengruppen im Buchhandel.*

Verlagsübersicht – die TOP 10	Umsatzvolumen in Mio. Euro (2012)
Springer Science + Business Media	476
Klett-Gruppe	445
F. Cornelsen Bildungsgruppe	419
Random House	344
Westermann Verlagsgruppe	266
Wolters Kluwer Deutschland	220
Haufe Gruppe	218
Weka Holding	187
C. H. Beck	140
Thieme	136

Quelle: *buchreport.magazin April 2013*

Wenige große Verlagshäuser dominieren also den Markt, während der Großteil der Verlage zwar zur immensen Titelproduktion und damit zur kulturellen Vielfalt beiträgt, aber – im Vergleich zu den Großen – eher bescheidene Umsätze und Erträge erwirtschaftet. Diese Tendenz wird sicherlich weiter anhalten und sich im Zuge der weltweit zu beobachtenden Fusionen verschärfen. Denn nicht nur das Gütersloher Unternehmen Bertelsmann mit seiner Verlagsgruppe Random House oder der Stuttgarter Klett Verlag agieren seit langem international, sondern auch ausländische Unternehmen wie Wolters Kluwer aus den Niederlanden, Pearson (Pearson Education, Dorling Kindersley) aus Großbritannien oder Bonnier (Piper, Carlsen, Ullstein, Ars Edition, Thienemann) aus Schweden reüssieren auf dem deutschen Markt. Die Globalisierung lässt grüßen. Reine ›Investorenverlage‹, wie im Falle des Marktführers Springer Science + Business Media (Springer B+S), bleiben die Ausnahme.

1.1.1
Verlagstypologie

Es gibt unterschiedliche Ansätze, Verlage zu klassifizieren oder in Gruppen zusammenzufassen. Aber welche Strukturelemente – Inhalte, Produkte, Umsatzgrößen, Zielgruppen, Verbandszugehörigkeiten oder vertriebliche Aspekte – man auch immer zugrunde legt, immer wird die Heterogenität der Verlagsbranche offensichtlich. So auch in der folgenden Übersicht, in der Verlage im selben Segment produzieren und sich deshalb in Verbänden, Vereinigungen, Arbeitsgruppen oder Arbeitskreisen zusammengeschlossen haben.

Verlage/Verlagsarten	Einordnung in Organisationen und Verbandsaktivitäten*
Adressbuchverlage	Verband Deutscher Adressbuchverleger (VDAV)
Baufachverlage	Arbeitsgemeinschaft Baufachverlage (ABV)*
Bild- und Kunstbuchverlage	Arbeitskreis Bild- und Kunstbuchverlage*
Buchgemeinschaften	Arbeitskreis Buchgemeinschaften*
E-Publishing	Arbeitskreis Elektronisches Publizieren (AKEP)*
Fach- und Wissenschaftsverlage	Arbeitsgemeinschaft wissenschaftlicher Verleger (AwV)
Hörbuchverlage	Arbeitskreis Hörbuchverlage*
Kalenderverlage	Arbeitskreis Kalenderverlage*
Kartografische Verlage	Verband Kartografischer Verlage in Deutschland (VKViD)
Kinder- und Jugendbuchverlage	Arbeitsgemeinschaft von Jugendbuchverlagen (avj)
Kleinverlage	Arbeitskreis kleinerer unabhängiger Verlage (AкV)*
Konfessionelle Verlage	Vereinigung Evangelischer Buchhändler und Verleger (VEB)
	Katholischer Medienverband (KM)

Verlage/Verlagsarten	Einordnung in Organisationen und Verbandsaktivitäten*
Musikverlage	Deutscher Musikverlegerverband (DMV)
Publikumsverlage	Arbeitsgemeinschaft Publikumsverlage*
Ratgeberverlage	Arbeitskreis Ratgeberverlage (AᴋR)*
Rechts- und staatswissenschaftliche Verlage	Arbeitsgemeinschaft der rechts- und staatswissenschaftlichen Verleger (ARSV)
Schulbuchverlage	VdS Bildungsmedien
Taschenbuchverlage	Arbeitsgruppe Taschenbuch*
Theaterverlage	Verband Deutscher Bühnen- und Medienverlage (VDB)
Touristikverlage	Arbeitskreis Touristikverlage*
Zeitschriftenverlage	Verband Deutscher Zeitschriftenverleger (VDZ). Innerhalb des VDZ gibt es drei Fachverbände: den Fachverband Die Publikumszeitschriften, den Fachverband Konfessionelle Presse sowie den Fachverband Fachpresse. Die Arbeitsgemeinschaft Zeitschriftenverlage (AGZV) wird hälftig vom Börsenverein und dem Fachverband Fachpresse im VDZ getragen.

*Die mit einem Sternchen versehenen Verbände sind im Börsenverein des Deutschen Buchhandels organisiert.

Das Prinzip einer konsequenten Kunden- und Marktorientierung ist nicht nur eine Basisaufgabe für Sortimentsbuchhandlungen, sondern auch eine für Verlage. Denn auch hier gehen die Analyse einzelner Zielgruppen sowie die Analyse der Erwartungen und Interessen von Käufern wirtschaftlichen Entscheidungen voraus. Die Verlagsberater Winfried Ruf und Wolfgang Ehrhardt Heinold haben hierfür eine Verlagstypologie entwickelt, die an dieser Stelle geringfügig modifiziert wiedergegeben sei.

Verlagstypologie nach den Bedürfnissen unterschiedlicher Zielgruppen

PUBLIKUMSVERLAG (GENERAL INTEREST)
Der Publikumsverlag bedient allgemeine (kulturelle) Interessen und das Unterhaltungsbedürfnis der Leser. Seine Hauptaufgabe besteht darin herauszufinden, welche Zeitströmungen das Lesepublikum bewegen, um entsprechende Stoffe zu erwerben und Produkte zu entwickeln. Sein Erfolg ist weitgehend vom Handel und der Resonanz in den Medien abhängig. Publikumsverlage erzielen ca. 35 Prozent Umsatzanteil aller Verlage.

SPECIAL-INTEREST-VERLAG
Der Special-Interest-Verlag deckt den Informationsbedarf im Bereich der Freizeitbeschäftigungen ab, die mit quasi fachlichem Anspruch betrieben werden. Das Marketing ist dementsprechend auf spezielle Themen (Hobbys) oder Märkte ausgerichtet.
Je nach Zielpublikum kann er als Publikumsverlag oder als Fachverlag agieren.

FACHVERLAG (PROFESSIONAL UND SCIENTIFIC INTEREST)
Der Fachverlag bedient berufliche Fachinteressen. Sein Absatz stützt sich vor allem
auf die Kundendatei und speziell sortierte Fachbuchhandlungen. Auch der wissenschaftliche Verlag zählt zu den Fachverlagen. Fachverlage erreichen im Rahmen
dieser Verlagstypologie mit rund 47 Prozent den größten Umsatzanteil aller Verlage.

VERLAG FÜR BILDUNGSMEDIEN
Das Angebot von Verlagen, die Bildungsmedien produzieren, ist auf ein differenzier-
tes Schulsystem ausgerichtet und befriedigt Aus- und Weiterbildungsinteressen. Im
weiteren Sinn handelt es sich um Fachverlage, die wissenschaftlich fundierte und
pädagogisch aufbereitete Lern- und Lehrmaterialien entwickeln und verbreiten. Verlage für Bildungsmedien beanspruchen mit 16 Prozent Umsatzanteil den geringsten
Umsatzanteil. Allerdings gehören die drei dominanten Verlagshäuser (Cornelsen,
Klett, Westermann) mit ihren sechsstelligen Millionenumsätzen zu den TOP 5 der
Verlagsbranche.

Quelle für die Umsatzanteile: buchreport.magazin April 2013

Aus dieser Typologie erklärt sich auch der mit fast 20 Prozent sehr hohe Umsatzanteil des Direktvertriebs der Verlage. Denn Fachverlage kennen ihre
Klientel und erreichen diese auch ohne den Sortimentsbuchhandel. Dasselbe
gilt in abgeschwächter Form für Special-Interest-Verlage. Hinzu kommt, dass
die anvisierten Zielgruppen, für die man publiziert, ihre Informationen gezielt
im Internet suchen und demnach auch bestens im Internet bedient werden
können. Dies gilt auch für Verlage für Bildungsmedien, die Fachinformationen verbreiten. Allein das klassische Schulbuchgeschäft sorgt für Umsatz-
schübe im Sortimentsbuchhandel. Vorerst zumindest. Doch was passiert, falls
Verlage in naher Zukunft kein Geschäft mehr mit Schulbüchern, sondern nur
noch mit digitalem Content machen? Dann dürfte dieser Rechnungsumsatz
ein- bzw. wegbrechen. Bleibt dem Sortimentsbuchhandel also das Geschäft
mit den Publikumsverlagen. Somit ist auch seine Hauptaufgabe vorgezeich-
net: Literatur und entsprechende Non-Books einzukaufen, die das allgemeine (kulturelle) Interesse sowie das Unterhaltungs- und Informationsbedürfnis
des Publikums bedienen.
    Die Ruf-Heinoldsche-Verlagstypologie erklärt auch die unterschiedliche
Aufmachung sowie die unterschiedliche Preis- und **Rabattstruktur,** die im

Buchhandel anzutreffen sind. Hierzu die folgende Abbildung, die die Bereiche Belletristik, Ratgeber, Sachbücher, Fachbücher und wissenschaftliche Literatur voneinander unterscheidet. In diesem Zusammenhang sei auch auf die Unterscheidung zwischen Ratgeber, Sachbuch und Fachbuch im Rahmen der neuen einheitlichen Warengruppensystematik (siehe Kap. 3.2.) hingewiesen. Hier werden Ratgeber (Hauptwarengruppe 4) als handlungs- oder nutzenorientierte Literatur für den privaten Bereich definiert, Sachbücher (Hauptwarengruppe 9) als wissensorientierte Literatur mit primär privatem Nutzwert und Fachbücher (Hauptwarengruppen 5–7) als handlungs- bzw. wissensorientierte Literatur mit primär beruflichem oder akademischem Nutzwert.

	Zielgruppe	Aufmachung	Preis	Rabatt
Belletristik	Käufer fiktionaler Literatur, der ›zweckfrei‹ liest	*Sprachlich:* je nach Stil des Autors, Anteil wörtlicher Rede und Komplexität der Erzählstränge unterschiedlich. *Herstellerisch:* im Hardcover häufig gedruckt auf volumigem Werkdruckpapier, verziert mit Kapitalband und Lesebändchen	Preisniveau abhängig von psychologischen Preisschwellen; vor allem im Taschenbuch	Grundrabatt 30–35 % Reiserabatt 40 %
Ratgeber	interessierte Laien, die die Informationen für den täglichen Bedarf nutzen	verständliche Sprache, unterhaltsam, zahlreiche Abbildungen, Handlungsanweisungen, Anleitungen und Tipps	niedriges Preisniveau	Grundrabatt 30–35 % Reiserabatt 40 %
Sachbücher	interessierte Laien, die Wissen populär aufbereitet haben wollen	verständliche Bildungssprache, Auflockerung durch Bildmaterial und Grafiken	Preisniveau abhängig von Ausstattung und Aufmachung	Grundrabatt 30–35 % Reiserabatt 40 %
Fachbücher	Menschen in Ausbildung und Beruf, die Erkenntnisse und Zusammenhänge für ihre Arbeitssituation verwerten wollen/müssen.	berufsbezogene Fachsprache, Auflockerung durch Bildmaterial und Grafiken, Verzeichnis weiterführender Literatur	gehobenes Preisniveau	Grundrabatt 25–30 % Reiserabatt 35–40 %
Wissenschaftliche (Fach-) Bücher	Professoren und Studierende, Forschende und Lehrende	wissenschaftliche Fachsprache, differenziertes Inhaltsverzeichnis, aufwändiges Register, gekennzeichnete Zitate mit Quellenangaben, Fußnoten, umfassendes Literaturverzeichnis	oberes Preisniveau	Grundrabatt ca. 20–25 % Reiserabatt 30–35 %

1.1.2
Funktionsbereiche

Die Kernkompetenzen eines Verlags, so hat es der Betriebsberater Stephan Wantzen formuliert, müssen im Bereich seiner Programmpolitik und im Marketing liegen. Denn ein Verlag muss wissen, welche Inhalte er für welche Zielgruppen publizieren will, und er muss wissen, wie er seine Inhalte und/oder sein Programm gewinnbringend vermarktet. Alle anderen Funktionsbereiche können bei Bedarf ›outgesourct‹ werden. Bei einem **Outsourcing** (engl. outside resources = Hilfsmittel bzw. -quellen außerhalb des Unternehmens) werden Dienstleistungen in Anspruch genommen, die nicht betriebseigenen Kostenstellen zuzuordnen sind, wie im Falle von PR-Agenturen, die Werbekampagnen organisieren, oder im Falle von Satzbüros, die das Layout eines Buches konzipieren und den Text in eine Form bringen. Für Buchhandlungen ist nur eine Art des Outsourcing der Verlage relevant: wenn es darum geht, von welchem Lagerort aus die Bücher des Verlags versandt werden (Verlagsauslieferung, siehe Kap. 1.2.2.1); hier stehen sogar Kostenvorteile durch Bündelung im Warenbezug im Raum – für den Fall, dass mehrere sortimentsrelevante Verlage ihre Produktion bei einer(!) Verlagsauslieferung lagern.

Vielgestaltig sind die Aufgaben, die in modernen Verlagen anfallen. Und wenige Verlage dürften von ihren Detailabläufen her identisch ›funktionieren‹, was sich zwangsläufig aus der Unterscheidung zwischen konzern- und inhabergeführtem Verlag ergibt. Denn was bei einem Kleinstunternehmen in den Händen Weniger, zugespitzt sogar in den Händen nur einer Person liegt, wird bei einem Konzernverlag in hohem Maße arbeitsteilig organisiert. Dies schlägt sich auch in der Terminologie für Funktionsbereiche und Arbeitsplatzbeschreibungen nieder. So tragen Geschäftsführer oder geschäftsführende Vorstandsmitglieder international agierender Verlage auf ihren Visitenkarten die Bezeichnung CEO (= chief executive officer), und Lektoren nennen sich Acquisition- oder Copy-Editor. Während der Copy Editor als redigierender Lektor inhaltlich am Manuskript arbeitet, übernimmt der akquirierende Lektor neben der Autorenakquise konzeptionelle Aufgaben. Aller Heterogenität einzelner Unternehmen zum Trotz sei mit der folgenden Übersicht ein idealtypischer Überblick über Funktionsbereiche bzw. Abteilungen eines Verlags gegeben.

Funktionsbereiche bzw. Abteilungen eines Verlags

VERLAGSLEITUNG

An der Spitze des ›Verleger-Verlags‹ steht sein Besitzer, der als Kaufmann und Programmchef seinen Verlag persönlich führt. Dies gilt nach wie vor für kleine und inhabergeführte Unternehmen. Größere Verlagshäuser werden inzwischen von einem oder von zwei angestellten Verlagsleiter(n) geführt; der oder die Kapitaleigner müssen nicht direkt an der Geschäftsführung beteiligt sein. Das Tandem an der Spitze einer zweiköpfigen Verlagsleitung teilt sich die Verantwortungsbereiche Programm und Finanzen/Controlling. Bei einer dreiköpfigen Verlagsleitung stößt der Marketingleiter hinzu.

LEKTORAT

In der Programmabteilung eines Verlags fällt die Entscheidung darüber, ob ein Buch gemacht wird oder nicht. Hier arbeiten die ›Büchermacher‹ bzw. die ›Bücherverhinderer‹. In belletristischen Verlagen steht der ›gute Text‹ im Vordergrund, im Bereich der Fachliteratur eher der Erwartungshorizont der anvisierten Zielgruppe. Waren Lektoren früher vor allem für die Inhalte ihrer Produkte verantwortlich, tragen sie heute zunehmend Umsatz- und Ergebnisverantwortung. Damit führen Cheflektoren und Redaktionsleiter ihren mit einem eigenen Budget ausgestatteten Bereich als ein finanziell eigenständiges Profit-Center. Dabei bleiben sie die Schaltzentrale der Buchproduktion, in der alle Kontakte koordiniert werden: Kontakte mit Autoren, Gutachtern, Übersetzern, Agenten, in- und ausländischen Lizenzgebern, freien Redakteuren/Lektoren, Korrektoren, Illustratoren, Grafikern, Herstellern bis hin zu Mitarbeitern aus Presse, Marketing und Vertrieb, die das Produkt in die Öffentlichkeit bringen. Nicht zu Unrecht wird die Tätigkeit eines modernen Lektors als Projektmanagement beschrieben.

HERSTELLUNG

Die Herstellungsabteilung ist für alle technischen und organisatorischen Arbeiten zwischen der Auszeichnung des Manuskripts und der Fertigstellung des Produkts zuständig. In der Regel trifft sie Entscheidungen über das Layout, das Papier, die Bindung und die äußere Anmutung und zeichnet für den Satz und das Datenhandling verantwortlich (siehe Kap. 2.1.1). Die Herstellung trägt aber auch eine wichtige kaufmännische Verantwortung. Da die Kosten für die technische Leistung durchschnittlich 30 Prozent vom Verkaufserlös der Verlage (Verlagserlös) ausmachen, ist hier verantwortungsbewusstes Kostenmanagement der ›Produktmanager‹ angesagt.

VERTRIEB

Die Vertriebsabteilung eines Verlags kümmert sich um den reibungslosen Abverkauf der Produktion. Hier werden strategische (Wahl der Absatzkanäle), ökonomische (Auslieferung über eine Fremdauslieferung; siehe Kap. 1.2.2.1) und verkaufstechnische Entscheidungen (unterschiedliche Betreuung von A-, B- und C-Kunden, Außendienst mit Reisenden oder Verlagsvertretern; siehe Kap. 7.3) getroffen. Während der Innendienst organisatorische und koordinierende Aufgaben übernimmt, ist der Außendienst für den aktiven Verkauf zuständig. Aufgrund seiner Erfahrung im Verkauf zählt – neben Lektorat, Herstellung und Marketing – auch die Stimme des Vertriebs bei der Festsetzung der Auflagenzahlen.

MARKETING

Im weiteren Sinn umfasst Marketing alle betrieblichen Maßnahmen, um ein Produkt oder ein Programm erfolgreich auf den Markt zu bringen (siehe Kap. 10). Die dazu gehörende Marktforschung fällt bei Verlagen in der Regel in den Aufgabenbereich des Lektorats, sodass sich die Marketingabteilung in erster Linie um die ›Kommunikation‹ kümmert: Mit welchem Etat, welchen Maßnahmen (Werbeträger und -mittel) und ggf. mit welcher Agentur informiert man Händler und Kunden und verführt sie zum Kauf der produzierten Ware? Wichtiger Gesichtspunkt bei den Kampagnen ist der Multi-Impuls, die Kontaktaufnahme mit der Zielgruppe über möglichst viele Kanäle. Hierzu gehört neben der geschalteten Werbung die Pressearbeit, die Journalisten und andere Multiplikatoren mit Texten und Informationen beliefert, auch unter Zuhilfenahme von Social Media.

RECHTE UND LIZENZEN

Nur wenige Verlage haben eine eigene Lizenzabteilung, in der im Vertragsrecht versierte Mitarbeiter arbeiten. Bestimmt man jedoch die wesentliche Funktion eines Verlags als die eines Rechteinhabers, der Content verwertet, liegt hier ein wirtschaftlicher Kernbereich der Verlage vor. Der generierte Lizenzerlös ist die Summe der Einnahmen aus vertraglich zugesicherten Nutzungsrechten für Übersetzungen, Taschenbuch- oder Buchclubausgaben, Verfilmungen, Vorabdrucken, CD-ROM- oder DVD-Publikationen etc. (siehe Kap. 4.4.1).

RECHNUNGSWESEN UND CONTROLLING

Das betriebliche Rechnungswesen erfüllt verschiedene Aufgaben. Die Buchführung dokumentiert Vermögen, Schulden, Erträge, Aufwendungen, kurz den gesamten Kapitalfluss und seine Veränderungen. Für innerbetriebliche Zwecke speichert sie zum einen Daten für die Kosten- und Leistungsrechnung ab (Grundlage der Kalkulation) sowie zum anderen Daten für diverse Betriebsstatistiken, von denen das Controlling profitiert. Das Controlling seinerseits dient dem Ziel, den effizienten und effektiven Einsatz der verfügbaren Ressourcen im Sinne der Unternehmensziele sicherzustellen. Controlling ist demnach keine nachträgliche Kontrollinstanz, sondern ein Steuerungsinstrument, das mit Hilfe von Soll-Ist-Vergleichen Abweichungen von Planvorgaben möglichst frühzeitig erkennen soll.

IT

Die Abteilung für Informationstechnik, vormals die EDV-Abteilung, ist das ›technische Herzstück‹ der Verlage. In ihren Aufgabenbereich fallen u. a.: Bevorratung und Sicherung von Daten der eigenen Produktion und Aktualisierung in unterschiedlichen Dateiformaten, Speicherung relevanter Kundendaten gemäß den Bestimmungen des Datenschutzes (siehe Kap. 8.1.1), Erstellung von Statistiken, aufgrund derer programmatische und personalpolitische Entscheidungen getroffen werden, das Entwerfen von eigenen Programmen bzw. das Installieren und Warten fremder Programme etc.

1.2
Zwischenbuchhandel

Da er keine Bücher verlegt, gehört der Zwischenbuchhandel zum Bereich des verbreitenden Buchhandels. Der Börsenverein zählte 2013 in dieser Sparte, die eine vermittelnde Tätigkeit zwischen Verlagen und dem Bucheinzelhandel ausübt, 68 Mitglieder. Die Aufgabenbereiche des Zwischenbuchhandels sind vielschichtig. Neben den wenigen Großhändlern (Barsortiment), die als ›Absatzmittler‹ (Intermediär) ihr Sortiment an den Bucheinzelhandel weiterverkaufen, gibt es einen breit gefächerten Dienstleistungsbereich, wo ›Absatzhelfer‹ Distributionsprozesse unterstützen. Die folgende Übersicht vermittelt einen Einblick in die Komplexität der Funktionsbereiche und der Firmen am Markt. Dabei kann es durchaus sein, dass einzelne Firmen nur eine Teilfunktion übernehmen, während andere ein breites Spektrum anbieten. Wichtig ist es, die unterschiedlichen Funktionsbereiche – vor allem Großhandel, Verlagsauslieferung, Büchersammelverkehr und Bestellanstalten – rechtlich und wirtschaftlich streng voneinander zu trennen.

Funktionsbereiche des Zwischenbuchhandels: Übersicht über Absatzmittler und Absatzhelfer

Absatzmittler (Intermediäre) als Großhandels- unternehmen	Absatzhelfer als Dienst- leister für Verlage	Absatzhelfer als Dienstleister für Buchhandlungen
Barsortiment (BS)	Verlagsauslieferung (VA) print und digital	Zentrallager
Regalgroßhandel (Rack-Jobbing)	Büchersammelverkehr	Büchersammelverkehr
Außenhandel (Im- und Export)	Clearing Center (Bestellanstalt)	Clearing Center (Bestellanstalt)
Einkaufsgenossenschaft	PoD-Maschinenparks	Zentraler Wareneingang
Großantiquariat	Digitaler Content-Vertrieb	Webshop-Lösungen
Pressevertrieb		

1.2.1
Großhandel (Absatzmittler)

In der Funktion als Großhandel verkaufen Unternehmen auf eigenen Namen und auf eigene Rechnung. Stets liegen die Einkaufspreise niedriger als die Verkaufspreise. Ob sich der Rohgewinn bei preisgebundenen Medien aus unterschiedlich hohen Einkaufs- und Wiederverkäuferrabatten ergibt oder im nichtpreisgebundenen Bereich eine Frage von Kalkulationsaufschlägen ist, ist

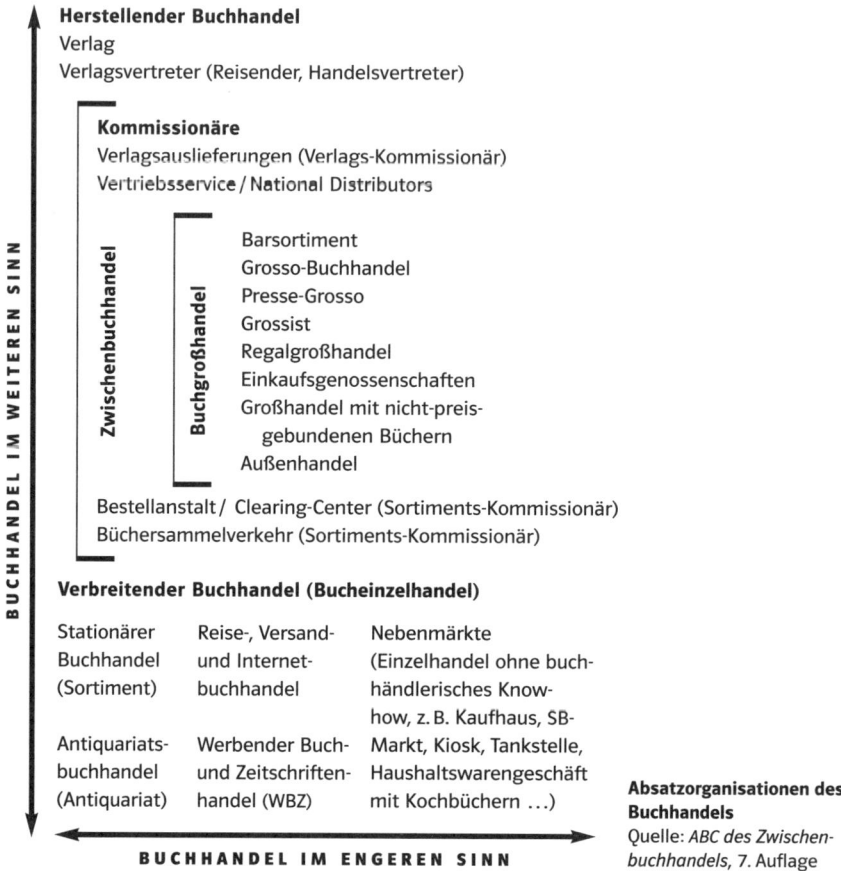

Absatzorganisationen des
Buchhandels
Quelle: *ABC des Zwischen-*
buchhandels, 7. Auflage

dabei von untergeordneter Bedeutung. Heben wir bei den Ausführungen das Barsortiment als den mit Abstand wichtigsten Handelspartner des Sortimentsbuchhandels hervor, bevor wir zu den übrigen Unternehmen kommen, die in der dem *ABC des Zwischenbuchhandels* entnommenen Übersicht aufgelistet sind. Allein die Einkaufsgenossenschaften bleiben ausgespart; sie spielen eine wichtige Rolle im Rahmen von Bündelungsbemühungen im Einkauf und werden daher an anderer Stelle (siehe Kap. 7.2) thematisiert.

1.2.1.1
Barsortiment

Das **Barsortiment** ist definiert als der (Fach-)Großhandel der Buchbranche. Die ersten Barsortimente entstanden in der Mitte des 19. Jahrhunderts aus der

Tätigkeit von Unternehmen, die in Leipzig Buchbestände der Verlage verwalteten. Der Grundgedanke der ersten Firmen bestand darin, Bücher fest zu erwerben und in fester Rechnung weiterzuverkaufen, und zwar ›bar‹ (sofort) ›sortiert‹ (verlagsunabhängig). Man verkaufte sie dem Buchhandel zum ›Bar-Preis‹, d. h. mit dem Rabattsatz, den auch Verlage den Händlern beim Einzelbezug (Grundrabatt) einräumten. Hinzu kam ein weiterer, für die damalige Zeit nicht unwesentlicher Aspekt: die angebotene Ware wurde maschinell aufgebunden. Heute kann nur noch die Unternehmensgruppe KNV auf eine in die alten Leipziger Zeiten zurückreichende Firmentradition blicken.

Aktuell agieren nur noch wenige Firmen als Barsortiment; in marktwirtschaftlicher Hinsicht liegt also ein Angebotsoligopol vor. Koch, Neff & Volckmar (KNV), Libri und Umbreit verkaufen aus ihrem eigenen Lager bundesweit und ins angrenzende Ausland, während das Barsortiment Könemann als Vertriebsgesellschaft seine Titel aus dem Libri-Lager bezieht und vorwiegend einen Kundenstamm in Nordrhein-Westfalen betreut. Hier die Übersicht:
- Unternehmensgruppe Koch, Neff & Volckmar (KNV) – Verwaltungssitz in Stuttgart; Läger aktuell in Stuttgart und Köln, ab 2014 am Standort Erfurt;
- Libri – Verwaltungssitz in Hamburg und Lager am Standort Bad Hersfeld;
- Umbreit – Verwaltung und Lager in Bietigheim-Bissingen;
- Könemann – Verwaltung in Hagen und Belieferung über das Libri-Lager in Bad Hersfeld.

Über 95 Prozent des täglichen Bestellbedarfs kann über die Läger dieser Firmen abgewickelt werden. Damit hilft das Barsortiment dem Sortimenter, dessen Besorgungsauftrag im Rahmen der Preisbindung nachzukommen. Denn so kann er den Warenbezug schnell und kostengünstig über einen(!) Lieferanten abwickeln. Neben den allgemeinen Barsortimenten gibt es auch Spezialsortimente – beispielsweise das IC-Medienhaus (früher Hänssler) für den Bereich Theologie/Religion oder EDIS für Esoterik, Spiritualität und Wellness –, die bei Spezialtiteln sowie im Non-Book-Bereich besser sortiert sind. Wichtige Gründe, die für einen Bezug über das Barsortiment sprechen, sind im Folgenden zusammengestellt.

Gründe, die für einen Bezug über das Barsortiment sprechen

BÜNDELUNG
Bezug vieler Titel aus einer Hand. Mehr als 500.000 Objekte (Stand 2013) von rund 4.000 Verlagen/Firmen bilden das potenzielle Hintergrundlager für den Buchhandel und sind über einen Händler verfügbar. Dieses Lager beinhaltet physisch Bücher in allen Ausstattungen sowie für den Buchhandel relevante Non-Book-Artikel, wie CDs und DVDs, Hörbücher, Kalender, Musikalien, Spiele und Merchandising-Artikel.

Die genaue Zahl der am Lager befindlichen Produkte ist schwer zu beziffern. Denn hierzu gehören auch PoD-Publikationen bzw. BoD-Titel (Libri hat die Abkürzung BoD ^{TM} für Books on Demand markenrechtlich schützen lassen) sowie digitale Produkte in unterschiedlichen Dateiformaten, die per Download verkauft werden.

MINDERUNG DES LAGERRISIKOS

Das Barsortiment verführt – trotz angebotener Staffelrabatte, die je nach Verlagsart und bezogener Menge variieren – nicht zu großen Bestellmengen. So wird die Kapitalbindung im eigenen Warenlager reduziert. Lieferfähigkeit vorausgesetzt, kann schnell nachbezogen werden.

SCHNELLE ZUSTELLUNG

Als Just-in-time-Lieferung gilt der schnelle Zustellservice. Bis in den späten Nachmittag hinein nimmt das Barsortiment Bestellungen an und schickt die fertigen Sendungen bereits in der Nacht zu Umverteilungsplätzen, damit die Buchhandlungen, in der Regel vor Ladenöffnung, am nächsten Tag ihre Bücher erhalten.

LIEFERUNG ZUM GRUNDRABATT DER VERLAGE

Mit ungleich weniger Bestellaufwand erhält der Sortimenter bei Einzelbestellungen den gleichen (Grund-)Rabatt wie bei Verlagseinzelbestellungen.

TOP-DATENBANKEN

Buchhändler recherchieren zunächst in den Datenbanken der Großhändler, denn diese liefern bei Einzelbestellungen zum Grundrabatt der Verlage. Die bibliografischen und produktspezifischen Angaben werden anhand eines Plausibilitätsverfahrens überprüft bzw. per Autopsie (siehe Kap. 5.7.2) erstellt.

VEREINFACHTE BUCHHALTUNG

Die Sendungen kommen mit (elektronischem) Lieferschein. Abgerechnet und bezahlt wird zu bestimmten Terminen (Festkontenführung). Die Kunden erhalten in der Regel Dekaden- (10-Tages-) bzw. 14-Tagesrechnungen.

KOSTENGÜNSTIGE ZUSTELLUNG

Die Zustellung von Barsortimentsware berechnet sich nach zugestelltem Kilogewicht. Allerdings wird die Gewichtsstaffel abhängig vom Barsortimentsjahresumsatz festgelegt, zum Teil filialübergreifend und remittendenbereinigt. Je höher der Umsatz bei einem Barsortiment, desto niedriger fällt die Zustellgebühr aus, die auf jeden Fall günstiger ist als die für Verlagssendungen.

TITELZUSAMMENSTELLUNGEN

In Form von Aktionswannen (Zusammenstellung aktueller oder saisonaler Titel), in Form von Warengruppenpaketen (Auswahlpakete mit jeweils rund 50 aktuellen und umsatzstarken Titeln mit Remissionsrecht) oder als ›Regalmanager‹ konzipiert, bieten die Barsortimente Hilfe bei der Bestückung des Sortiments an. So kann der Buchhandel in den Bereichen seines Sortiments, in denen er wenig Einkaufskompetenz besitzt, von den Marktdaten des Großhandels profitieren.

INTERNET-SERVICE – WEB-SHOP
Die Barsortimente bieten unterschiedliche Dienstleistungen im Bereich E-Commerce/ E-Business an. So können Buchhandlungen auf bequeme Weise für ihre Kunden im Internet präsent sein.

VERRINGERUNG VON VERPACKUNGSMATERIAL
Die Belieferung in Wannen verringert den Anfall von Verpackungsmaterial. Dessen ungeachtet bietet allein die Möglichkeit, Tausende von Titeln aus einer Hand zu beziehen, Chancen zur Abfallvermeidung im Wareneingang.

Der Frage ›Verlags- oder Barsortimentsbezug?‹ wird aus Sicht des Sortiments im Laufe der weiteren Ausführungen noch einmal intensiver nachgegangen (siehe Kap. 7.2); vor allem in Bezug auf die ökonomische Relevanz der Einkaufsentscheidung, die in der Literatur unter dem Stichwort ›Rabattfalle‹ diskutiert wird.

Werfen wir im Folgenden einen Blick auf das Verhältnis, das Verlage zur Brancheninstitution Barsortiment haben. Natürlich kann ein Verlag, falls er seine Verkaufsaktivitäten ausschließlich via Direktvertrieb organisiert, auf ein Barsortiment verzichten. Aber dies ist für marktrelevante Verlage die Ausnahme – es sei denn, sie könnten ihr Programm in Depotbuchhandlungen komplett anbieten. Denn je populärer das Programm ist, umso mehr braucht der Verlag die Mittlerfunktion des Zwischenbuchhandels im Bereich der Kommunikation und Logistik, um Kontakt zu einer Vielzahl von Händlern zu bekommen. Viele dieser Händler würde ein Verlag ohne Zwischenhandel nicht oder nur mit sehr großem finanziellen Aufwand erreichen. Aber so ist die ›Jederzeit-Erhältlichkeit‹ der über 500.000 Objekte in tausenden Buchhandlungen garantiert.

Nicht nur aktuelle Titel, sondern auch Titel aus der Backlist werden von den Großhändlern betreut. Denn Titel, die von einem Barsortiment eingekauft worden sind, bleiben für einen längeren Zeitraum im Bestand; sie sind demnach auch dann noch für das Sortiment bibliografisch und physisch verfügbar, wenn bereits aktuelle Novitäten den Platz in der Regalwand des Einzelhandels beanspruchen und zu einer Remission der alten Produktion führen. Erst nach dieser ›Schonfrist‹ erfolgt eine ökonomische Analyse dahingehend, ob der Titel aufgrund von Ladenpreis, Funktionsrabatt und Bestellbündelung (Anzahl der bestellten Exemplare pro Bestellzeile) seitens der Käufer weiterhin bevorratet werden soll. Es folgen weitere Gründe, weshalb sich eine ökonomisch sinnvolle Zusammenarbeit anbietet:

- **Abnahme größerer Stückzahlen**
  Das Barsortiment bestellt für einen Lagerbedarf von durchschnittlich sechs
  Wochen. Einzelbestellungen sind also die Ausnahme, ebenso aber auch
  Titel, die als Palette geordert werden.
- **Entlastung von kostenintensiven Einzelbestellungen**
  Bereits Rudolf Oldenbourg hatte in den 1970er Jahren nachweisen können,
  dass direkt ausgeführte Verlagsbestellungen bis zu einem bestimmten
  Bestellwert ökonomisch verlustbringend sind (siehe Kap. 7.2). Barsortimen-
  te entlasten also von kostenintensiven und organisatorisch aufwändigen
  Einzelbestellungen und helfen dabei, Vertriebskosten zu reduzieren.
- **Verkauf aktueller Medientitel**
  Das Barsortiment bringt ›Medientitel‹ (Bücher, die im Radio, in der Presse
  und im Fernsehen vorgestellt werden) schnell in den Markt – schneller als
  der Verlag es selbst machen könnte. Denn die Über-Nacht-Zustellung
  bleibt ein Markenzeichen des Barsortiments und seines Fuhrparks.

Trotz der zahlreichen Vorteile sei ein großer Nachteil nicht verschwiegen: die
›Black-Box-Funktion‹ der Barsortimente. Das Barsortiment kauft zwar größere Mengen ein, aber der Verlag erfährt nicht, welcher Buchhändler welche
Titel in welchen Mengen einkauft. Zwar haben sich die Großhändler in den
›Thesen der Barsortimente‹ (als Sonderdruck im *Börsenblatt* 43/1987 veröffentlicht) dazu verpflichtet, die durch die Betriebe fließenden Bücherströme
offenzulegen, sofern Verlage dafür ein berechtigtes Interesse haben und bereit
sind, die dadurch entstehenden Kosten zu bezahlen. Aber pauschale Übersichten, etwa für Absatzzahlen nach Postleitgebieten, sagen nichts über das
Einkaufsverhalten einzelner Buchhandlungen aus. Dabei wäre gerade diese
Kenntnis unter Umständen wichtig für Marketingaktivitäten vor Ort. Darum
sieht die Vertriebsabteilung im Verlag das Barsortiment immer mit einem la-
chenden und einem weinenden Auge.

  Als Entgelt für seine Mittlerfunktion erhält das Barsortiment nach einer
Entscheidung des Bundeskartellamts den Höchstrabatt des Verlags, d. h. kein
Einzelhändler darf für sich einen höheren Rabatt beanspruchen als den Bar-
sortimentsrabatt. Letzteres ist seit dem Jahr 2002 auch im *Buchpreisbindungsgesetz* (§ 6 Abs. 3) verankert. Dieser Rabattsatz umfasst den handelsüblichen Einzelhändler-Grundrabatt und den **Funktionsrabatt.** Zur Verdeutlichung: Publikumsverlage benötigen rund 50 Prozent des Ladenpreises zur
Deckung ihrer Kosten und zur Erwirtschaftung ihres Gewinns. Mit ca. 50
Prozent vom Ladenpreis wird der Großhändler beliefert, der seinerseits jedoch die bestellten Bücher mit dem Originalverlagsgrundrabatt (bei Publikumsverlagen zwischen 30 und 35 Prozent vom Ladenpreis) an die Sortimenter weitergibt. Dem Barsortiment verbleiben somit rund 15 Prozent vom
Ladenpreis (= Funktionsrabatt), um die eigenen Kosten zu decken und die
Betriebsrentabilität sicherzustellen. Selbstverständlich variieren die Rabatt-

So ermittelt sich der Funktionsrabatt der Barsortimente

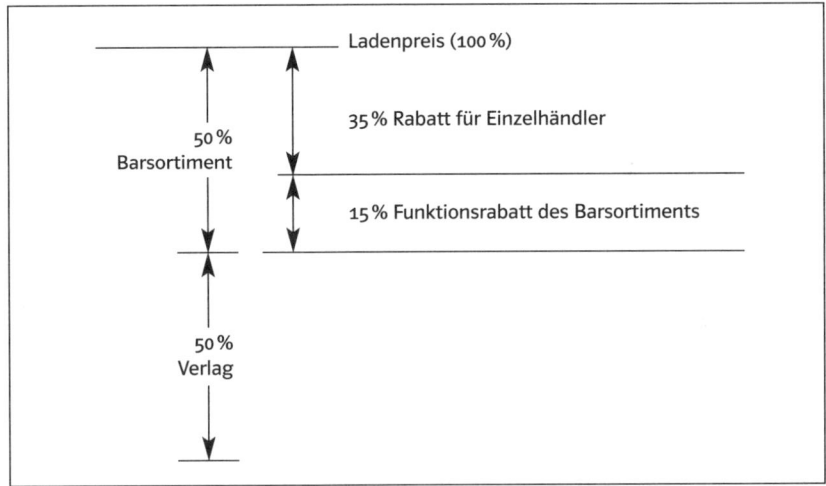

zahlen von Verlag zu Verlag und von Verlagsart zu Verlagsart. So entsprechen, wie bereits geschildert, die Rabatte der Schulbuchverlage nicht denen der Publikumsverlage etc.

1.2.1.2
Weitere Großhandelsunternehmen

Der **Regalgroßhandel** (Handel mit Regalfläche; engl. rack jobbing) mietet Flächen an, bestückt die dort platzierten Warenträger und übernimmt die Sortierfunktion für den Händler. Der Rack-Jobber, früher identisch mit dem Verkaufsfahrer eines Regalgroßhändlers, liefert die Ware an, räumt sie ein, füllt die Warenträger nach und nimmt nicht verkäufliche Ware wieder zurück. Als größter Full-Serviceanbieter für Bücher und Medien gilt die Firma BuchPartner, deren Mehrheitsanteile seit 2011 beim Barsortiment KNV liegen.

Der **Außenhandel** operiert in den Bereichen Im- und Export. Importeure **(Importgrossisten)** unterhalten ein Lager mit ausländischen Büchern und besorgen für den Handel einzelne Titel von Verlagen und Lieferanten, mit denen sie in Geschäftsbeziehungen stehen. Häufig haben sie sich auf bestimmte Sprachräume spezialisiert; eine diesbezügliche Übersicht bietet das Verzeichnis *Verlage* aus dem Banger-Verlag (siehe Kap. 5.7.4). Import-Dienste spezialisierter Großhändler werden im Einzelfall gern angenommen, denn neben dem bekannten Bündelungseffekt kann der Handel seinen Schriftverkehr in deutscher Sprache abwickeln, muss sich nicht um Zollbearbeitungsgebühren kümmern, kann in inländischer Währung bezahlen und bekommt die Ware

über den Büchersammelverkehr zugestellt. Exporteure hingegen sind Groß-
händler, die sich auf den Buchvertrieb in die gesamte Welt spezialisiert haben.
Sie sind auf allen wichtigen Messen präsent und beliefern (Groß-)Kunden im
Ausland. Als Beispiel sei die Firma Harrassowitz genannt, aber auch KNV und
Libri unterhalten eigene Exportabteilungen.

Als **Großantiquariat** wird ein Großhändler bezeichnet, der mit Moder-
nem Antiquariat (MA) handelt: mit einer Mischung aus Restauflagen, Mängelexemplaren, Sonderausgaben oder Billig-Editionen (siehe Kap. 1.4.1). Spätestens seit den 1980er Jahren ist dieser Handelszweig integraler Bestandteil
des Buchhandelssystems, in dem vor allem filialisierte Ketten, Versandunternehmen und Internetbuchhändler den niedrigen Preis als Marketinginstrument einsetzen (siehe Kap. 10.2). Je größer das Großantiquariat, umso mehr
Vertriebsaktivitäten entfaltet es. Marktführer, wie GMA Dunker & Nelissen,
Panorama Großantiquariat und Verlag sowie BuchVertrieb Blank, ziehen fast
alle Register der Vertriebsklaviatur, um die Ware in den ›zweiten Markt‹ hin-
ein zu verkaufen. Hierzu gehören:
• Einsatz freier Handelsvertreter,
• Vermarktungsaktivitäten über die Homepage,
• E-Mail-Versand an bestimmte Kundenkreise,
• regelmäßiger Versand von Katalogen,
• Haus-Verkauf in eigenen Lagerhallen oder Show-Rooms,
• Besuch bei Zentraleinkäufern,
• Beteiligung an Verkaufsbörsen und MA-Ausstellungen,
• Präsenz auf Buchmessen.

Presse-Grossisten übernehmen täglich die Versorgung von ca. 120.000 Ange-
botsstellen in Deutschland. Damit ist die im Artikel 5 des Grundgesetzes ga-
rantierte Presse- und Informationsfreiheit mehr als nur ein formales Recht.
Denn die hohen Auflagen der Zeitungs- und Zeitschriftenverlage werden in
kürzester Zeit flächendeckend verbreitet. Der Vertrieb der Presseerzeugnisse
wird mit Genehmigung des Bundeskartellamtes über rund 70 Presse-Vertriebs-
Gesellschaften (PVG) mit Alleinauslieferungsgebieten operativ abgewickelt.
Aufgrund ihres Gebietsmonopols gewährleisten sie die lückenlose und ratio-
nelle Versorgung der gesamten Bevölkerung mit Presseerzeugnissen. Neben
dem Gebietsschutz der einzelnen Großhändler sind das Dispositionsrecht sowie das Remissionsrecht als Besonderheiten zu erwähnen; so legt das Presse-
Grosso die Verkaufsmengen für jede Verkaufstelle fest, kümmert sich um die
Rücknahme nicht verkaufter Exemplare (volles RR) und erteilt entsprechende Gutschriften. Die Unternehmen des Presse-Grosso sind zur strikten Neu-
tralität verpflichtet. Dies gilt sowohl gegenüber den Verlagen (sie dürfen den
Vertrieb der Presseerzeugnisse nicht verhindern) als auch gegenüber den
Händlern (sie dürfen Großkunden gegenüber kleinen Kunden nicht bevorzu-
gen, insbesondere nicht durch Sonderleistungen).

Die Vertriebswege der Presseerzeugnisse

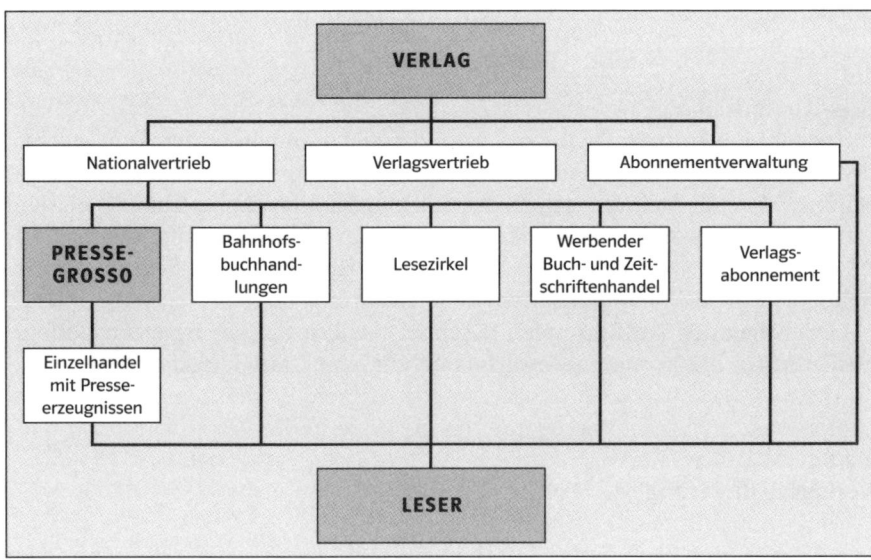

Quelle: W. E. Heinold, *Bücher und Buchhändler*, 5. Aufl., S. 50

Das Presse-Grosso, mit über 50 Prozent Marktanteil der dominierende Vertriebskanal im Pressevertrieb (Bahnhofsbuchhandlungen werden von Verlagen direkt beliefert, siehe Kap. 1.4.2), führt in seinem Programm vor allem Publikumszeitschriften sowie bundesweit erscheinende Tages- und Wochenzei-
tungen. Falls Comics, Taschenbücher, Groschenhefte oder sonstige Sonderhefte zusätzlich in das Programm aufgenommen werden, erfolgt deren
Vertrieb in der Regel mittels Rack-Jobbing.

1.2.2
Dienstleister (Absatzhelfer)

Während Großhändler als Intermediäre ihren Gewinn durch den Weiterverkauf von Waren an den Einzelhandel erwirtschaften, bietet der rechtlich und
organisatorisch selbstständige Dienstleister als Absatzhelfer sein Know-how
gegen Gebühren an. Laut Verkehrsordnung für den Buchhandel (§ 1 Abs. 3a
bis 3e; siehe Kap. 4.2.2) handeln diese Unternehmen als ›buchhändlerische
Kommissionäre‹ im fremden Namen und auf fremde Rechnung. Der **buchhändlerische Kommissionär** ist das Leistungen anbietende Unternehmen,
während man seine das Entgelt zahlenden Auftraggeber als **Kommittenten**
bezeichnet. Verkompliziert wird die Terminologie dadurch, dass es sowohl
Verlags- als auch Sortimenterkommissionäre gibt, wobei im Falle des Verlags-

kommissionärs Verlage die Kommittenten/Auftraggeber sind und im Fall des Sortimenterkommissionärs die Buchhandlungen.

Der buchhändlerische Kommissionär handelt demnach im Auftrag und auf Rechnung seiner Verlags- und/oder Sortiments-Kommittenten. Als **Verlags-Kommissionär** (oder Verlagsauslieferung) verwaltet er das Auslieferungslager im Auftrag, für Rechnung und auf Weisungen seiner Auftraggeber, der Verlage. Als **Sortimenter-Kommissionär** fasst er Dienstleistungen im Rahmen des buchhändlerischen Bestell- und Lieferverkehrs zusammen. Um welche Dienstleistungen es konkret geht, kann man der eingangs des Kapitels 1.2 abgebildeten Übersicht entnehmen; man ersetze nur den Begriff ›Absatzhelfer‹ durch ›buchhändlerischer Kommissionär‹.

Die folgenden Ausführungen beschränken sich auf die Bereiche Verlagsauslieferung, Büchersammelverkehr und Clearing Center/Bestellanstalt.

1.2.2.1
Verlagsauslieferung

Die Auslieferung kann verlagsintern in eigenen Lagerräumen oder extern von Dienstleistern organisiert werden. Die Antwort auf diese ›make-or-buy‹-Entscheidung wird zunehmend zu Gunsten von **Verlagsauslieferungen** (VA) entschieden – Serviceunternehmen, die im Auftrag der Verlage die Auslieferungstätigkeiten gegen Gebühr ausführen. Es sind Full-Service-Dienstleister, die neben dem Zur-Verfügung-Stellen von Lagerfläche vor allem die EDV-technische Umsetzung des Bestelleingangs und der Remittenden leisten. Sie erstellen Statistiken über den Titelabsatz, den Lagerbestand (Knappmeldungen) etc. Aber zuvor organisieren sie die Einlagerung der Bestände. Die Auflage oder Bindequote eines Titels (der aufgebundene Teil der gedruckten Auflage) wird angeliefert, durch EDV-Codierung erfasst und eingelagert. Die Einlagerung erfolgt in der Regel ›chaotisch‹; einzig die EDV entscheidet über die Lagerplätze der Hochregal- und Handlagerplätze.

Warum hat sich diese ›Institution‹ Verlagsauslieferung in den letzten Jahrzehnten einen derartigen Namen gemacht und ist aus der Buchhandelsszene nicht mehr wegzudenken? – Die Arbeitsbereiche eines Verlags haben sich vielgestaltig entwickelt: Sie reichen von der Programmplanung des Lektorats, den Lizenzgeschäften, der Herstellung, der Werbung, der Buchhaltung bis hin zu den verschiedenen Aspekten des Vertriebs (siehe Kap. 1.1.2). Eine Verlagsauslieferung setzt am zuletzt genannten Punkt an. Sie entlastet die Verlage nicht nur von dem Problem der Lagerhaltung ihrer Titel, sondern sie kümmert sich auch um das manuelle Verpacken von Sendungen bis zum Versand. Deshalb wird in einem Verlagsunternehmen, das mit einer Auslieferung zusammen arbeitet, bestenfalls eine Handbibliothek der eigenen Produktion zu finden sein – das lieferbare Programm befindet sich an einem auswärtigen Lagerort.

Schematisierte Absatzkurven unterschiedlicher Verlagsarten

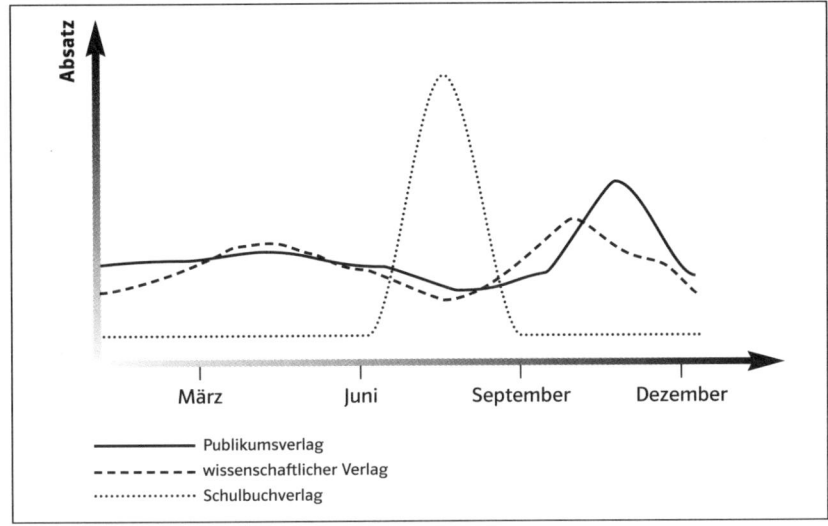

Quelle: M. Schickerling, B. Menche, *Bücher machen*, 3. Aufl., S. 337

Die Gründe, die einen Verlag dazu bewegen, Dienstleistungen einer Auslieferung in Anspruch zu nehmen, können zwar im Einzelfall variieren, dürften jedoch letztendlich auf ein Phänomen zurückzuführen sein: das Problem der Spitzen. Denn die Produktion fließt nicht gleichmäßig über das Jahr verteilt ab, sondern ist durch ein saisonal bedingtes und damit auch kalkulierbares Ansteigen und Absinken gekennzeichnet. Damit stellt sich die Frage nach der Raumkapazität und dem Personaleinsatz. Eine Auslieferung kann das Problem der Spitzen dadurch entschärfen, dass sie in ihren Lagerhallen die Produkte unterschiedlicher Verlagstypen mit unterschiedlichen Spitzen gemeinsam einlagert und ausliefert.

Obwohl die Wahl der Auslieferung jedem Unternehmen anheim gestellt ist, gibt es doch manchmal Gründe, warum der eine oder andere Verlag bei einer bestimmten VA ausliefern lässt. Denn die derzeit in Deutschland agierenden Verlagsauslieferungen kann man in zwei Gruppen unterteilen. Zum einen operieren Großhandelsunternehmen am Markt, die freie Lagerfläche und ihr Know-how in Sachen Lagerlogistik anbieten, wie beispielsweise die KNO-VA, Prolit, Sigloch Distribution oder die Sozialistische Verlagsauslieferung (SoVa); diese Unternehmen verfolgen keine eigenen verlegerischen Interessen. Zum anderen gibt es Verlagsauslieferungen wie die VVA und SVK, die ursprünglich die Auslieferung der Bertelsmann- bzw. der Klett-Verlage organisierten, um dann nach Um- und Ausbauten andere Verlage ›mit ins Boot‹ zu nehmen. Die VVA (= Vereinigte Verlagsauslieferung), die zur Arvato-Gruppe des Konzerns gehört, ist mit mehr als 200 Verlagen die zahlenmäßig größte Auslieferung.

Unabhängig von dieser Unterscheidung berechnen sich die Gebühren für Verlage jeweils nach demselben Prinzip: Es gibt eine gewichtsabhängige Lagermiete sowie eine prozentuale Gebühr vom Umsatz. Dass Verlage trotzdem unterschiedliche Sätze bezahlen, liegt an ihrer Marktmacht, ihrem Verhandlungsgeschick und den unterschiedlichen (Detail-)Dienstleistungen, die in die monatliche Gebühr mit einfließen. Für die Inanspruchnahme aller Dienstleistungen wird ein Verlag wohl mehr als 10 Prozent von seinem Nettoerlös zahlen dürfen.

Dienstleistungen einer Verlagsauslieferung

EINLAGERUNG UND LAGERHALTUNG
Die Paletten kommen von der Druckerei direkt in die Lagerhallen und werden dort in Hochregale eingelagert. In einem separaten Handlager werden die Sendungen zusammengestellt (= kommissioniert).

BESTELLANNAHME UND ERSTELLEN DER RECHNUNG
Eingehende Bestellungen werden in der Regel über Nacht bearbeitet. Hierzu gehört das Drucken der Rechnung (Fakturierung) bzw. eines Lieferscheins; ggf. werden elektronische Lieferscheine erstellt/zugestellt. Pack- oder Pickzettel zur Kommissionierung werden vorbereitet. Bei Verlagen, die nach dem Mandanten-Prinzip betreut werden (jeder Verlag gilt als in sich geschlossene organisatorische Einheit), kann das Verlagssignet auf der Rechnung aufgedruckt sein.

VERSANDFERTIGMACHEN DER PACKSTÜCKE
Die Sendungen werden kommissioniert und nach einer Gewichtskontrolle verpackt. Die VA übernimmt nicht die Zustellung der Ware, sondern übergibt die versandfertigen Packstücke an dasjenige Transportunternehmen (Büchersammelverkehr [siehe Kap. 1.2.2.2], DHL, UPS, DPD etc.), das der Besteller (Buchhandlung, Internethändler etc.) angegeben hat.

REMITTENDENANNAHME
Die Auslieferung übernimmt in der Regel auch die Bearbeitung der Remittenden. Nach dem Prinzip ›Die Guten ins Töpfchen – die Schlechten ins Kröpfchen‹ werden verlagsneue Bücher wieder in den regulären Lagerbestand übernommen, während die nicht mehr neuwertigen Mängelexemplare als ›Ware 2. Wahl‹ an das Moderne Antiquariat weiterverkauft werden.

STATISTIKEN
Die Verlage erhalten differenziert aufgearbeitetes Zahlenmaterial über Lagerbewegungen und Absatzzahlen. So können Liquiditätsprobleme schnell erkannt und neue oder modifizierte Vertriebsstrategien leichter diskutiert werden.

DEBITORENBUCHHALTUNG

Der EDV-Service erstreckt sich bei manchen Verlagsauslieferungen bis hin zur Debitorenbuchhaltung. Dort werden die anfallenden Routinearbeiten mit den ›Schuldnern‹ abgewickelt. Die Arbeiten umfassen Aufgabenbereiche wie Kontenpflege, BAG oder Mahnwesen.

FACTORING UND DELCREDERE

Factoring (= Forderungskauf) bedeutet: Eine Verlagsauslieferung kauft den Verlagen die Forderungen ab, die sie an ihre Kunden haben und überweist ihnen die offenen Rechnungsbeträge nach vereinbarter Fälligkeit (auch vorab gegen Zinsen). Bei einem Delcredere-Vertrag übernimmt die VA darüber hinaus auch die Haftung für den Eingang der offenstehenden Forderungen; sie trägt das Risiko für den Fall der Insolvenz (Zahlungsunfähigkeit) eines Kunden.

SONDERLEISTUNGEN

Alle separat anfallenden Arbeiten werden auf Anweisung des Verlags ausgeführt. Entsprechende Zusatzkosten mag der Verlag gern tragen, wenn ein Aufkleber mit dem Hinweis ›Nobelpreis für Literatur‹ anzubringen ist. Dies sieht im Falle eines nachträglichen Einlegens von Errata-Zetteln (Zettel, auf denen inhaltliche oder formale Fehler unter Angabe von Seitenzahl und Zeile korrigiert werden) aber ganz anders aus. Als Sonderleistungen sind auch die eingangs des Kapitels angesprochenen PoD-Aktivitäten zu werten sowie Angebote im Vertriebsbereich (Versand der Verlagsvorschau o. Ä.).

Für die **Zahlungsabwicklung mit dem Sortimentsbuchhandel** ist die Unterscheidung zwischen zwei Grundtypen von Verlagsauslieferungen sinnvoll. Denn bei einer **Auslieferung nach dem Mandanten-Prinzip** wird die Auslieferungstätigkeit für jeden Verlag völlig separat praktiziert, inklusive der Rechnungsstellung – die Bezahlung jedoch erfolgt nach Vorgabe des Verlags auf ein Verlagskonto. Dies war früher der Regelfall des buchhändlerischen Kommissionärs, und die KNO-VA sei exemplarisch für diesen Auslieferungstyp aufgeführt. Allerdings wünschen buchhändlerische Bezieher aus Gründen der Ökologie und der Rationalisierung (Verpackungsmaterial) heute zunehmend eine verlagsübergreifende Bündelung. Dem kommen Verlagsauslieferungen, die nach dem Mandantenprinzip organisiert sind, dadurch nach, dass sie mehrere Verlage (mit deren Einverständnis) zu einer Versandgemeinschaft, mitunter auch zu einer Fakturgemeinschaft, zusammenfassen. Diese Art der Auslieferung ist zu unterscheiden von Verlagsauslieferungen, die als **Full-Service-Dienstleister** für ihre Kommittenten auch Factoring und Delcredere anbieten. Dadurch können eingehende Bestellungen für verschiedene Verlage auf eine Rechnung gesetzt werden und in einer Sendung zum Handel gelangen. Die Bezahlung für alle bestellten und ausgelieferten Verlagstitel seitens des Sortimenters erfolgt zwangsläufig an die Verlagsauslieferung. Die größte Auslieferung dieser Art ist die VVA.

Digitale Verlagsauslieferung

Digitale Verlagserzeugnisse werden über Webshops vertrieben. Auch hier entscheidet der Verlag, ob er dies in eigener Regie organisiert oder ob er eine **digitale Verlagsauslieferung** mit dieser Aufgabe betraut. Im letzteren Fall muss es nicht zwangsläufig die Auslieferung sein, die bereits für die physische Buchdistribution zuständig ist. Denn es gilt, EDV-technische und logistische Probleme zu lösen, die sich im digitalen Vertrieb anders stellen. So splitten manche Verlage das operative Distributionsgeschäft in digitale Auslieferung (fremd) und Buchdistribution (eigen oder fremd).

Digitale Verlagsauslieferungen sind auf den richtigen Verlagsinput angewiesen. Da sie weder das Layout noch den Informationsumfang beeinflussen können, die Webshops ihrerseits ihren Kunden anbieten, sind vor allem vollständige und dateigerechte Informationen vonnöten. Hierzu gehören bibliografische Metadaten (bevorzugt ONIX-Datensätze, die aus dem VlB-Titelbestand exportiert werden können), eine Produktabbildung, Textinformationen (Autorenporträt, Inhaltsverzeichnis, Hinweis auf Rezension(en), Leseproben) und natürlich die Mastercopy der E-Book-Datei.

So noch keine E-Book-Datei vorliegt, wird sich die digitale Verlagsauslieferung zunächst um die Konvertierung der Druckdaten in gängige E-Book-Formate (derzeit PDF und EPUB) kümmern. Ihre Hauptaufgabe jedoch besteht in der automatisierten Auslieferung an alle relevanten in- und ausländischen Online-Verkaufsplattformen. Und die gibt es im Überfluss – bei weitem nicht nur bei Apple, Google oder Amazon. Darüber hinaus stehen weitere Dienstleistungen im Raum:
• Zusammenfassung der über die zahlreichen Webshops generierten Umsätze,
• Integration der Umsätze in die Absatzstatistiken der Verlage,
• Überweisung der Umsätze auf das Verlagskonto,
• Aufbereitung der Umsätze für die Honorarabrechnung.

Diese Dienstleistungen bieten ein großes Bündelungspotenzial, und man muss kein Prophet sein um vorherzusagen, dass der Bereich der digitalen Verlagsauslieferung in Zukunft an Bedeutung zunehmen wird. Aber egal wie detailliert der Dienstleistungskatalog im Einzelfall auch aussehen mag: Die Vertriebsabteilung im Verlag möchte die Umsätze und Absatzzahlen im Print-Bereich und die Um- und Absatzzahlen im digitalen Geschäftsbereich auf einen Blick vergleichend sehen. Erst dann kann sie Verschiebungen von offline zu online genau beziffern, Entwicklungstendenzen fundierter vorhersagen und den künftigen Programmmachern wertvolle Informationen liefern.

Werfen wir abschließend einen Blick auf die Auswirkungen im Vertrieb, wenn – auf Wunsch der Verlage – unterschiedliche Absatzkanäle bedient werden. Nebenstehende Übersicht zeigt die Komplexität der Vertriebswege, je nachdem ob der Direktvertrieb (Verkauf zu Ladenpreisen an Endabnehmer), der einstufig-indirekte Vertrieb (Verkauf an den Handel

Wege zum Handel und Endabnehmer

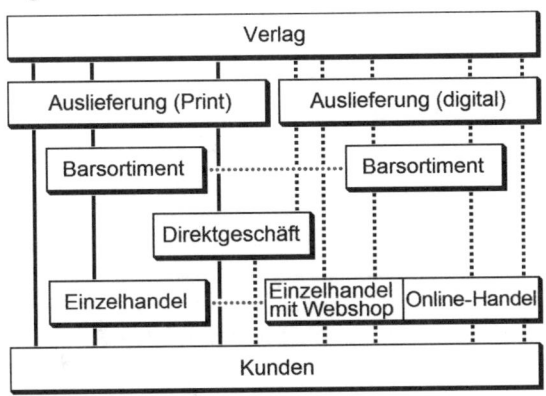

unter Ausschluss des Großhandels) oder der zweistufig-indirekte Vertrieb (Verkauf an den Handel unter Einbeziehung des Großhandels) im Vordergrund steht. Wie detailliert entsprechende Absatz- und (leider auch) Remissionsstatistiken aussehen, lässt sich erahnen.

1.2.2.2
Büchersammelverkehr

Kommen wir zum Dienstleistungsbereich Büchersammelverkehr (BSV). Die Warenzustellung erfolgt prinzipiell nach Anweisung des Bestellers. Gibt der Buchhändler z. B. DHL, die Bahn oder andere Speditionen an, so lässt der Verlag bzw. dessen Auslieferung die Sendungen entsprechend anliefern. Der größte Teil der Verlagsbestellungen wird jedoch über den BSV zugestellt, der als branchenspezifisches Transportunternehmen beschrieben werden kann. Denn er stellt Sendungen nicht nur zu, sondern er organisiert auch den Rückfluss nicht verkaufter Bücher zum Lager des Verlags. Beim Transport der Remittenden sollte der Sortimenter den Transportweg im Einzelfall überprüfen, da es bei kleineren Verlagen durchaus vorkommt, dass der BSV die Ware zwar zustellt, jedoch nicht den Rücktransport übernimmt.

Die Gebühren für das Sortiment gelten entfernungsunabhängig und staffeln sich, Remittenden ausgenommen, nach monatlichem Gewichtsaufkommen. Sie verstehen sich zuzüglich einer **monatlichen Kommissionsgrundgebühr** sowie weiterer Gebühren in Form von Dieselfloater, Stopp-Pauschalen etc. Auch der Verlag wird für das Abholen der Sendung mit Gebühren belastet – es sei denn, er übergibt die Sendung an bestimmten Orten (Verkehrsordnung für den Buchhandel, § 15 Abs. 2). Alle Packstücke werden am zentralen Logistikplatz des Büchersammelverkehr-Unternehmens gewogen und am folgenden Tag dem Sortiment mit einem ordnungsgemäßen Avis angelie-

fert (Avis = Warenbegleitpapier, auf dem Paketanzahl und Gewichte der einzelnen Verlagssendungen aufgeführt sind). Diese Packstücke nennt man **Verlegerbeischlüsse,** weil sie zwecks Auslastung des buchhändlerischen Fuhrparks der Barsortimentsware beigeschlossen, d. h. ›beigefügt‹ werden.

Kleinbeischlüsse nennt man Packstücke bis zu fünf Kilogramm; für sie gilt
ein besonders hoher Fixpreis. Über 50 Prozent aller Sendungen verlassen das
Auslieferungslager mit einem Gewicht von bis zu 5 kg – trotz der immensen
Aufstockung der Barsortiments-Lagertitel, trotz der in den 1990er Jahren entwickelten **Parkmodelle,** nach denen eine Sendung auf Wert (Lieferung erst ab
100,– €), auf Zeit (Lieferung spätestens in 8 Tagen) oder auf Gewicht (Lieferung erst ab 5 kg) geparkt werden kann, und trotz der steigenden Zahl der Verlage, die Versandgemeinschaften bilden. Das hat unmittelbare Auswirkungen
auf die Bezugskosten einer Buchhandlung (siehe Kap. 7.4.4).

Der Büchersammelverkehr stellt sowohl Barsortiments- als auch Verlags-
ware zu. Im ersten Fall handelt es sich um barsortimentseigene Ware, die man
an den einheitlichen Wannenaufklebern erkennt. Im zweiten Fall transportiert der Büchersammelverkehr als Dienstleister Packstücke diverser Verlage.
Daher rührt die frühere terminologische Unterscheidung zwischen Bücher-
wagendienst (Zustellung von Barsortimentsware) und Büchersammelverkehr
(gemeinsame Zustellung von Barsortimentsware und Verlegerbeischlüssen).

1.2.2.3
Bestellanstalt / Clearing Center

Die Funktion einer **Bestellanstalt** als Bindeglied zwischen Sortiment und Verlag gibt es seit den 1830er Jahren. Bis weit in die 1970er Jahre wurden Bücher-
zettel mit Bestellungen der Buchhandlungen gesammelt und den Verlagen gebündelt übergeben. Daher rührt die Definition aus der Verkehrsordnung:
»Der Sortiments-Kommissionär fasst Dienstleistungen im Rahmen des buchhändlerischen Bestell- und Lieferverkehrs zusammen. [...] Als Bestellanstalt
leitet er im Auftrag des Sortiments-Kommittenten dessen Bestellungen an die
Verlage bzw. deren Auslieferungen weiter.« Heute übernehmen Rechnersy-
steme das Sammeln, Zusammenführen und Übermitteln der Bestelldaten, sodass der Begriff **Clearing Center** sachadäquat erscheint – zumal der Datentransfer auch mit ausländischen Marktteilnehmern praktiziert wird.

Die Clearing Center von KNV und Libri stehen nur den eigenen Barsorti-
mentskunden zur Verfügung. Ihre Hauptfunktion besteht darin, Barsorti-
ments- von Verlagsbestellungen zu trennen: Die Großrechner der Zwischenbuchhändler selektieren die abgerufenen Bestellungen. Die ›eigenen‹ Bestellungen werden hausintern weiterverarbeitet (Drucken der Lieferscheine, Erstellen eines elektronischen Lieferscheins etc.), während Verlagsbestellungen
auf dem schnellsten Wege weitergeleitet werden – in der Regel durch eine

Rechner-Rechner-Verbindung), aber ggf. auch per Fax oder Briefpost. Die jeweilige Bestellsoftware bietet auch die Möglichkeit einer ›optimierten Bestellweiterleitung‹. Durch Eingabe der ISBN und Vorwahl dieser Funktion geht die Bestellung zunächst in den Rechner des Barsortiments. Wenn der Titel dort nicht geführt wird oder die gewünschte Anzahl nicht lieferbar ist, erfolgt über die Bestellanstalt automatisch die Weiterleitung an den entsprechenden Verlag. Damit werden unrentable Einzelbestellungen an die Verlage vermieden.

Unabhängig vom Clearing Center der großen Barsortimente operiert der **Informationsverbund Buchhandel** (IBU), dessen Rechner von einer Wirtschaftstochter des Börsenvereins betreut werden. Denn Buchhandlungen sind heute nicht mehr (wie früher) auf eine spezielle Barsortiments-Software angewiesen. Stattdessen nutzen sie für die Dateneingabe die Funktion ›Bestelldisposition‹ in ihrem Warenwirtschaftssystem (WWS) und übermitteln die erfassten Daten anschließend gebündelt über eine EDV-Schnittstelle an IBU oder eine Bestellanstalt ihrer Wahl.

1.3
Sortimentsbuchhandel

Der in den 1970er Jahren einsetzende Wandel von einem Verkäufer- hin zu einem Käufermarkt – nicht der Verkäufer dominiert mit einem eher begrenzten Angebot den Markt, sondern der Käufer wird in Zeiten des Überangebots zum Dreh- und Angelpunkt des Marktgeschehens – war entscheidend für strukturelle Veränderungen im (Buch-)Einzelhandel. Das Denken in Marketingkategorien wurde hoffähig und schlug sich zunächst in neuen Laden- und Präsentationskonzepten sowie in verstärkter Werbung nieder. Und je differenzierter man mit Mitteln der Marktforschung Kundenwünsche ermitteln konnte, desto differenzierter entwickelten sich neben der allgemeinen Sortimentsbuchhandlung Betriebstypen und Verkaufskonzepte, wie Großflächenhandlungen und Filialunternehmen auf der einen und Special-Interest-Anbieter auf der anderen Seite.

Die Gewinner des Strukturwandels, sofern es um die Frage nach Marktanteilen geht, sind Unternehmen mit expansiven Marktstrategien. Dies funktioniert mit größeren Flächen, die bessere Präsentationsmöglichkeiten bieten und zu einer längeren Verweildauer einladen, ebenso wie mit Filialunternehmen auf verhältnismäßig kleiner Fläche, die spezielle Marktsegmente bedienen. Dabei ist das Anwachsen der aktuell marktbestimmenden Unternehmen nur zu einem geringen Teil auf wachsende Umsätze mit preisgebundenen Verlagserzeugnissen zurückzuführen, die sich leicht rückläufig entlang der Preissteigerungsraten entwickeln. Modernes Antiquariat und Non-Books beanspruchen in zunehmendem Maße Flächenanteile und sichern die betriebliche Rendite. Dadurch verlaufen einzelne Firmenkonjunkturen abweichend von der Branchenkonjunktur. Dies alles bettet sich in eine marktwirtschaftliche Theorie ein, nach der stagnierende Märkte Umverteilungsmärkte sind.

Natürlich setzen auch kleine(re) Buchhandlungen vielfach Marketingkonzepte erfolgreich um und behaupten sich am Markt, aber die ›Großen‹ haben in vielerlei Hinsicht die besseren Rahmenbedingungen für wirtschaftlichen Erfolg. Eine entscheidende Rolle hierbei spielen ihre relativ guten Verhandlungspositionen bei den Banken, wenn es um größere Investitionsvolumina geht, mit denen man das aufkommende ›digitale Zeitalter‹ erfolgreich meistern will. Dieses Ziel im Visier geht man auch eher ungewohnte ›strategische Allianzen‹ ein, wie 2013 im Falle des E-Readers ›tolino shine‹, verbunden mit einer Zugriffsmöglichkeit auf über 300.000 E-Books (siehe Kap. 2.4.2). Um Amazon Paroli bieten zu können, schließen sich aktuelle und ehemalige Marktführer – Thalia, Weltbild, Hugendubel sowie Club Bertelsmann – zusammen, um diesen E-Reader flächenmäßig durchzusetzen. Hinzu gesellt sich die Deutsche Telekom, die eine leistungsfähige technische Plattform bereitstellt. Inwieweit sich mit Tolino sogar eine Branchenlösung anbahnt, steht zum Zeitpunkt der Drucklegung dieses Buches nicht fest.

Die skizzierten Turbulenzen der letzten Jahrzehnte lassen sich auch durch einen Blick auf die Marktführer nach 1945 belegen. Bis weit in die 1970er Jahre hinein war das Unternehmen Bertelsmann, das mit seinem ›Club‹ das erste marktwirtschaftlich funktionierende Filialsystem etablierte, die Nummer 1 im verbreitenden Buchhandel. In den 1980er Jahren übernahm mit Karstadt ein Warenhausbuchhändler mit seinem Filialnetz diesen Rang, um ihn in den 1990er Jahren an Hugendubel abzugeben. Aber selbst die Fusion Hugendubels mit Weltbild – ein Joint Venture unter dem Namen DBH (Deutsche Buch Handels GmbH), das 2014 endete – konnte den Siegeszug Thalias nicht aufhalten. Thalia durchstieß 2010 mit über einer Milliarde Umsatz im deutschsprachigen Raum erstmalig eine neue Schallgrenze. Ob Thalia seine Spitzenposition im zweiten Jahrzehnt des 21. Jahrhunderts jedoch behalten wird, hängt entscheidend davon ab, welchen Stellenwert der neue Inhaber in Gestalt des amerikanischen Finanzinvestors Advent der Sparte Buchhandel beimisst. Die ausgegebene Devise ›Gesundschrumpfen‹ beziffert zunächst einmal keine konkreten Ausmaße; die Aufstockung der Firmenanteile an dem Unternehmen buch.de internetstores im Jahr 2013 hingegen schon eher.

Ein Blick zurück anhand von drei Sekundärquellen

1990, genau elf Jahre nach der Entstehung der ersten Großflächenbuchhandlungen mit jeweils über 2.000 qm in Düsseldorf (Stern Verlag) und München (Hugendubel), erscheint die erste betriebswirtschaftlich fundierte Untersuchung zum Thema. Ihr Titel: Auswirkungen des Strukturwandels auf den mittelständischen Buchhandel, veröffentlicht von der BBE-Unternehmensbera-

tung in Köln, in der u. a. die Merkmale des mittelständischen Buchhandels definiert werden:
- Kleinere und mittlere Unternehmen,
- Leitung durch einen selbstständigen Inhaber,
- Mitarbeit des Inhabers,
- Inhaber trägt unternehmerisches Risiko.

Eine genaue Abgrenzung des Begriffs mittelständischer Buchhandel hinsichtlich der Größenordnung wird nicht fixiert; es heißt, die Abgrenzung über Umsatzwerte sei problematisch. Allerdings könnte man hinsichtlich der Beschäftigtenzahl eine Grenze zu Großbetrieben angegeben, die bei 100 Beschäftigten liegt, was wiederum einer Umsatzgrößenordnung von etwa 10 Mio. Euro (früher: 20 Mio. DM) Umsatz entspricht. Hier ist gleichsam der weitere Weg vor-

Faktoren, die den Strukturwandel beeinflussen

Exogene Faktoren	Endogene Faktoren
Gesellschaft Bevölkerungsentwicklung, Urbanisierung	Positionierung im Wettbewerb Betriebstypendynamik, Standortpolitik, neue Marktteilnehmer
Verbraucherverhalten One-Stop-Shopping, multioptionale Kunden	Absatzformen Warencharakter, Sortimentspolitik, Servicepolitik
Technischer Fortschritt EDV, Kommunikationstechnologie	Strukturelle Unterschiede Kapitalausstattung, Finanzierung, Unternehmenswachstum, Personalpolitik, Kaufmännische Verwaltung und Management
Wirtschaft/Wirtschaftspolitik Mittelstandsförderung, Konjunktur, Kaufkraft	Funktionelle Unterschiede Beschaffung (Einkaufsmodelle), Lagerhaltung und Logistik, Absatzfunktion
Gesetze Buchpreisbindungsgesetz, Wettbewerbsgesetze, Ladenschlussgesetze	
Trends in vorgelagerten Wirtschaftsstufen Produktion (zwischen Massenauflage und PoD-Technologie), Verschiebung der Absatzkanäle, Konzentrationsprozesse	

gezeichnet. Denn auch heute stehen wenige ›Großbetriebe‹, definiert über Beschäftigtenzahl und Umsatzgrößenordnung, einer Vielzahl von ›mittelständischen Kleinbetrieben‹ gegenüber. Bemerkenswert ist das weitsichtige BBE-Fazit: Es wird eine zunehmende Konkurrenz in Form von Großflächenbuchhandlungen, Ketten- und Filialunternehmen geben, die mehr Kapital benötigen, mehr Professionalität im Management (Marketing) vorweisen müssen und auch neue Käuferschichten bedienen können. Das ›feingliedrige Sortiment‹ hingegen wird Schwierigkeiten haben; denn Reaktionen auf die neuen marktbeherrschenden Unternehmen sind kapitalintensiv und es gilt, Defizite in Sachen Betriebsführung aufzuholen.

Sabine Dörrichs Strukturanalyse des verbreitenden Buchhandels *Die Zukunft des Mediums Buch* ergänzt diese Prognose 1992, indem sie schreibt »[...] unübersehbar vollzieht sich ein Wandel des Buchmarktes. Neue Vertriebsformen und Betriebstypen entstehen, die mit den alten, ehrwürdigen Buchkulturstätten kaum mehr Gemeinsamkeiten haben. Kapitalkräftige Konzerne drängen erfolgreich auf den Markt. [...] Neue Konsumtrends lassen den Akt des Einkaufens zum Freizeiterlebnis mit Erlebnisdimensionen werden. Ein gewaltiger jährlicher Buchausstoß verursacht eine völlige Unübersichtlichkeit des Angebots mit der Folge, dass nur noch beachtet wird, was druckfrisch auf den Markt kommt. Parallel warnen die Kritiker vor einem neuen Analphabetismus. Und dem Zerfall der Lesekultur.«

2011 erscheint die Publikation von Kerstin Emrich *Konzentration im Sortimentsbuchhandel: Diagnose, Prognose und Handlungsempfehlungen*. Rückblickend geht die Autorin einer Vielzahl von Gründen nach, die den Strukturwandel der letzten Jahrzehnte beeinflusst haben. Sie rubriziert in exogene und endogene Faktoren, die in der beigefügten Übersicht stichwortartig zusammengefasst sind – also einerseits in Faktoren, die die Buchhandlung nicht beeinflussen kann, da sie durch Gesetze oder wirtschaftliche Rahmenbedingungen vorgegeben sind (exogen), und andererseits in Faktoren, die vom Unternehmen selbst bestimmt oder verursacht werden (endogen).

1.3.1
Be- und Vertriebstypenvielfalt

Ein sich differenziert entwickelnder Buchmarkt führt zwangsläufig zu einer Be- und Vertriebstypenvielfalt, die die Beantwortung der Frage **W**er (welche Betriebsform?) verkauft **W**ie (mit welchen Vertriebsbesonderheiten?) erschwert. Deshalb kann im Folgenden auch nur eine grobe Kategorisierung angeboten werden, da es in zahlreichen Punkten immer wieder zu Überschneidungen kommt. Als historisch gewachsener Prototyp gilt die **allgemeine Sortimentsbuchhandlung** als das ›Fachgeschäft für Bücher‹, deren Merkmale in folgender Übersicht zusammengefasst sind.

Kennzeichen einer allgemeinen Sortimentsbuchhandlung

STATIONÄRER VERTRIEB ÜBER EIN LADENLOKAL
Wirtschaftliche Basis ist der generierte Bar-Umsatz in einem Ladengeschäft. Die Verkaufsfläche kann im Einzelfall durchaus mit 40 qm anfangen und ist nach oben hin nicht begrenzt. Ab 800 qm spricht man von Großflächenbuchhandel; im Hinblick auf die Formulierung ›Fachgeschäft für Bücher‹ fällt mitunter der Begriff ›Fachmarkt für Bücher‹. Größere Flächen bedeuten aber nicht zwangsläufig proportional mehr Bücher im Angebot; bei den TOP-Unternehmen der Branche ist neben dem Abbau größerer Flächen ohnehin eine Tendenz zur Titel- und Lieferantenreduktion festzustellen.

FIRMENEIGENER WEBSHOP
Das Ladenkonzept wird unterstützt durch einen Online-Auftritt mit integriertem Webshop (siehe Kap. 9.4.1). Die Verzahnung von stationärem Vertrieb und Online-Aktivitäten (Multi-Channeling) wird zunehmend für Buchhandlungen wie für Kunden selbstverständlich.

BEREITHALTEN EINES SORTIMENTS
Das Sortiment setzt sich fast ausschließlich aus der Produktion von Publikumsverlagen zusammen. Die wichtigsten Sachgebiete sind Belletristik und Kinder- und Jugendbuch. Je nach Verkaufsfläche, Marktgegebenheiten oder je nach Neigung des Inhabers wird das Sortiment ergänzt durch Sachbuch, Reise, Hobby, Ratgeber, Geschichte, Kunst etc. Es gilt das Prinzip ›Sortimentsbreite vor Sortimentstiefe‹. 1.000 und 100.000 Titel markieren Grenzwerte, die im Einzelfall nach unten oder oben unter- bzw. überschritten werden. Non-Books ergänzen das Buchsortiment, meist im zweistelligen Prozentbereich. Warengruppen spiegeln die Sortimentsstruktur und gliedern das Angebot in ökonomischer Hinsicht.

BERATUNG
Sortiments- und Warengruppenkenntnis sind die Voraussetzung für eine gute Beratung. Denn die vorrangige Aufgabe des Buchhändlers ist der Abverkauf des eingekauften Sortiments. Dafür braucht es fachkundiges Personal mit einem großen Lesehorizont. Buchhändler ist ein staatlich anerkannter Ausbildungsberuf.

BESORGUNGSDIENST
Nicht vorrätige Titel werden für den Kunden bestellt und anschließend über das ›Abholfach‹ verkauft. Die Ware wird vorrangig vom Barsortiment (Kap. 1.2.1.1) bezogen, bei Bedarf aber auch von den mehr als 20.000 Verlagen, die ihre Produkte im *Verzeichnis lieferbarer Bücher* listen.

Hinzu kommt die antiquarische Suche und Bestellung. Die hierfür bedeutendste Plattform ist das Zentrale Verzeichnis Antiquarischer Bücher (ZVAB; siehe Kap. 1.4.1).

Dieses weltweit größte Online-Antiquariat für deutschsprachige Titel wurde 2011 von einer Tochterfirma Amazons übernommen.

SERVICE

Neben dem Besorgungsdienst bietet der Sortimentsbuchhandel eine große Palette von Service Leistungen an. Hierzu gehören u. a. Kundenkarten, Ansichtssendungen, Zustellservice und für Vorzugskunden die Abrechnung über ein Monatskonto.

KULTURELLE AKTIVITÄTEN

Ein besonderer Service und für viele Buchhandlungen das I-Tüpfelchen ihres Leistungskatalogs ist die ›Kulturarbeit‹. So wie sich der Gesamtverband kulturelle Aktivitäten auf seine Fahne schreibt, so machen es auch viele seiner Mitglieder. Man denke nur an Vorlesewettbewerbe und Leseclubs, an Aktionen rund um den Welttag des Buches – vor allem aber an Lesungen, durch deren Angebot sich der Buchhändler zu Recht in der Rolle eines Kulturvermittlers sieht.

Aus dem Typ der allgemeinen Sortimentsbuchhandlung haben sich im Zuge des Strukturwandels spezielle Konzepte entwickelt. So potenziert die **Großflächenbuchhandlung** die Möglichkeiten des allgemeinen Sortiments durch eine größere Fläche und kann die Kategorien Sortimentsbreite und Sortimentstiefe gleichzeitig anwenden. Eine Steigerung des Wortes findet sich in dem mittlerweile selten verwendeten Begriff Buch- bzw. Medienkaufhaus. Eine **Boulevardbuchhandlung** ist durch eine gute Lauflage und durch das exponierte Herausstellen von Bestsellern und Geschenkartikeln charakterisiert. Als **Discounter-Buchhandlung** hat sich in Deutschland das Filialnetz von Weltbild etabliert, wo neben den populären Bestsellern, die aus dem Zentrallager von Hugendubel stammen, billige Lizenzausgaben und frei kalkulierbare Non-Books angeboten werden; hier gilt das Prinzip ›preiswert ohne Mitgliedsbindung‹. Dasselbe Prinzip gilt für Buchhandlungen, die ausschließlich Modernes Antiquariat (siehe auch Kap. 1.4.1) anbieten (MA-Buchhandlung); hier gilt nur für verlagsneue Sonderausgaben der gebundene Ladenpreis; Restauflagen und Mängelexemplare unterliegen nicht mehr der Preisbindung.

Eine **Special-Interest-Buchhandlung** hat sich ausschließlich auf ein Gebiet spezialisiert, z. B. auf Kinderbücher, Krimis, Comics. Das Prinzip ›Tiefe vor Breite‹ gilt gleichermaßen auch für die Buchhandlungen, denen bestimmte Werte zugrunde liegen, wie im Falle konfessioneller oder esoterischer Spezialbuchhandlungen. Man kann solch ein Unternehmen, bei dem sich Mitarbeiter und Stammkunden mit dem angebotenen Sortiment (ideologisch) identifizieren, verallgemeinernd auch als **Tendenzbuchhandlung** bezeichnen.

Die **Fachbuchhandlung** als ein ›Spezialgeschäft für Bücher‹ führt zu bestimmten wissenschaftlichen Themen (Medizin, Recht – Wirtschaft – Steuern, Kunst & Architektur o. Ä.) nahezu alle lieferbaren Titel. Auch hier greift das

Prinzip ›Tiefe vor Breite‹. In diesem Zusammenhang spricht man auch von Depotbuchhandlungen. Denn hier ›deponieren‹ Verlage ihre Bücher in den Buchhandlungen – mitunter in Kommission (siehe Kap. 7.4.3). Die Buchhandlungen führen im Rahmen von Vertragsvereinbarungen das komplette Programm einzelner Verlage (Volldepot), respektive ausgewählte repräsentative Programmbereiche, auf jeden Fall aber alle Novitäten (Teildepot).

Abschließend sei eine Typologie von Buchhandlungen vorgestellt, die der Betriebsberater Arnd Roszinsky-Terjung entwickelt hat. Auch seine Einteilung orientiert sich nicht an den Parametern Umsatzgröße und Marktanteile, sondern stellt Funktionen in den Vordergrund. Es geht also in erster Linie um die Außenwirkung – eine Betrachtungsweise, die in Zeiten propagierter Kundenorientierung die gängige Betrachtungsweise ›groß oder klein‹ zu Recht ergänzt und relativiert.

	A-Buchhandlung (Anmutungs-Buchhandlung)	B-Buchhandlung (Bestell-Buchhandlung)	C-Buchhandlung (Competenz-Buchhandlung)	D-Buchhandlung (Discount-Buchhandlung)
Sortiment	breit und tief, ›alles da‹, ab 40.000 Titel aufwärts; niedriger Bestellanteil	klein, 3.000 bis 5.000 Titel; hoher Bestellanteil	in der Tiefe sortiert; niedriger Bestellanteil	eher flach; überproportional viele Non-Books; niedriger Bestellanteil
USP	hoher Grad an Verfügbarkeit, hoher Anteil an Spontankäufen	Bequemlichkeit vor Ort	Warenbündelung, Leidenschaft für ein Thema, ggf. Werte-Identität	preiswert ohne Mitgliedschaft
Flächenbedarf	groß, ab ca. 600 qm	klein, ab ca. 40 qm	klein, ab ca. 30 qm	klein, ab ca. 150 qm bis ca. 250 qm
Präsentation	50 % Frontalpräsentation, viele Mittenmöbel	30 % Frontalpräsentation	30 % Frontalpräsentation	70 % Frontalpräsentation
Kunden	alle und jeder (entsprechend umfangreiche Streuwerbung); großer Anteil an Viel-Lesern	lokaler/regionaler Einzugsbereich, teils mit hoher Buchhandelserfahrung	Spezialisten auf hohem Niveau, Experten für das Thema	Schnäppchenjäger, Geschenkesuchende, mehr oder weniger buchaffin

Quelle: Arnd Roszinsky-Terjung: *Das neue Profil. ABC-Modell für den richtigen Ladentyp.* Erstmalig veröffentlicht in *Buchmarkt* 10/1995. Geringfügig bearbeitet.

1.3.2
Die ›Großen‹ der Branche

In der Regel waren es die Marktführer am Ort, die durch Umbauten, Vergrö-
ßerungen oder neue Mietobjekte in besseren Lauflagen ihre Standortvorteile
sicherten und dementsprechend vom Strukturwandel profitierten. Viele Unternehmen betreiben mittlerweile in ihren ›Heimatstädten‹ bereits mehrere
Großflächen. Nicht verschwiegen soll jedoch sein, dass mindestens ebenso
viele ehemalige Marktführer Opfer des Strukturwandels wurden, wobei die
Gründe im Einzelfall sehr unterschiedlich sein konnten: mal war es die Konkurrenz in Form neuer populärer Betriebstypen, mal die Konkurrenz in Form
von Einkaufszentren, mal die expansiven Übernahmestrategien der ›ganz
Großen‹, mal die eigene Unfähigkeit, sich auf verändernde Märkte einzustellen. Dabei gab es durchaus wechselhafte Firmengeschichten. Reinhold Gondrom beispielsweise war zunächst aktiver Mitgestalter der Veränderungspro-
zesse, bevor er seine 29 Filialen letzten Endes an Thalia verkaufte, und Buch
Habel und Weiland besaßen ebenfalls ein zweistelliges Filialnetz, bevor die
Firmen seinerzeit unter das ›schützende Dach‹ der DBH zogen, um nach gerade einmal fünf Jahren von eben dieser Firma ›abgewickelt‹ zu werden.

Mit Hilfe maßgeschneiderter Marketingkonzepte und unter professioneller Ausnutzung endogener Faktoren mit firmenspezifischer Intensität haben
sich höchst unterschiedliche Firmen im Ranking der umsatzstärksten buchhändlerischen Betriebe etabliert. Die Übersicht *Die größten Buchhandlungen*
bietet jedes Jahr neu einen vielsagenden Überblick. Aus dem fortschreitenden
Strukturwandel wurde ein **Strukturbruch** – als Vokabel erstmalig 2007 in der
Headline ›Expansion der Filialisten führt zum Strukturbruch‹ von der Zeitschrift *buchreport* benutzt. Seit jenem Jahr werden nur noch die TOP-50 (statt
der TOP-100 in den Jahren zuvor) aufgelistet. Der Abstand zwischen Nr. 1 (und
Nr. 2) zu Nr. 3 und den weiteren Unternehmen im Ranking klafft zunehmend
auseinander. Die TOP 2 spielen als Big Player mittlerweile in einer eigenen Li-
ga. Ihre Ziele: Markenbildung und flächendeckende Präsenz. Damit generieren die Top-Unternehmen sogar mehr Umsatz als große Publikumsverlage;
denn Random House erreicht im selben Zeitraum 344, Rowohlt 70 und Diogenes 34,5 Millionen Euro Umsatz.

Die auf der folgenden Seite abgedruckte Statistik belegt: Filialkonzepten
und Großflächenbuchhandlungen dürfte weiterhin die Zukunft gehören,
wenn es allein um die Beantwortung der Frage nach Marktanteilen geht –
mag man im Einzelfall über die effektivste Quadratmeterzahl der Verkaufsfläche oder über das Firmenkonzept uneinig sein. Schreitet die Entwicklung
weiter so voran, wie sie sich bisher abzeichnet, kann man von zwei Progno-
sen ausgehen.

Prognose 1   Die Branche splittet sich weitgehend auf in bundesweit
(Thalia, Hugendubel, Weltbild) oder eher regional aufgestellte Marken

(z. B. Mayersche, Osiander). Der Rest entfällt auf das »Netz geistiger Tankstellen«, wie Altkanzler Helmut Schmidt einmal die stattliche Anzahl von Buchhandlungen in Städten und Gemeinden genannt hat.

Prognose 2 Der bedeutende Marktanteil der ›Großen‹ dürfte auf lange Zeit Bestand haben. Aktuell erreichen die TOP10 einen Marktanteil von ca. 40 Prozent; allein die TOP2 halten rund 30 Prozent. Folgerichtig das Statement eines Vertriebsleiters: »Mein Herz schlägt zwar für die ›Kleinen‹, aber nennenswerte Umsätze können wir nur mit den Großen machen.«

Sichtbar schwer tun sich die Größten der Branche damit, wenn sie sich – wie in den Jahren 2011 und 2012 geschehen – mit bescheideneren Margen zufrieden geben müssen als geplant. Dann wird das Filialnetz ausgedünnt, Flächenverkleinerungen stehen zur Disposition und immer weniger Personal soll noch mehr Leistung bringen. Haben sich die ›ganz Großen‹ im Kampf um die Vorherrschaft mit überdimensionierten Flächen in sehr guten Lagen und extrem hohen Mieten für das Medium Buch etwa doch verkalkuliert? Zumindest beginnt man darüber nachzudenken. Denn selten wird im Wirtschaftsleben reine Quantität belohnt. Große Flächen wollen auch qualitativ ›bespielt‹ werden.

Die umsatzstärksten buchhändlerischen Betriebe (Geschäftsjahr 2012)

	Firmen	Firmensitz	Umsatz in Mio. €	Mit- arbeiter	Verkaufs- stellen	Verkaufsfläche in m² insgesamt
1	Thalia Holding	Hagen	984	4.024	293	242.000
2	DBH Buch Handels GmbH	München	695	3.000	420	k. A.
3	Schweitzer Fachinformationen	München	182	500	28	5.500
4	Mayersche Buchhandlung	Aachen	170	k. A.	46	k. A.
5	Orell Füssli	Zürich	95	300	14	10.300
6	Libro	Guntramsdorf	87	**1.700	*240	**94.400
7	Lehmanns Media	Köln	68	320	27	13.200
7	Galeria Kaufhof	Köln	60	k. A.	1042	k. A.
9	Osiander	Tübingen	55	297	28	17.500
9	Lüthy Balmer Stocker	Solothurn	48	k. A.	12	k. A.
11	Morawa Buch und Medien	Wien	44	190	16	7.200
12	Ex Libris	Dietikon	43	k. A.	107	k. A.
13	Dussmann das KulturKaufhaus	Berlin	40	155	1	7.360
14	Valora Retail Deutschland	Hamburg	39	897	178	20.536
15	Pustet	Regensburg	34	163	10	9.200

Quelle: *buchreport.magazin 3/2013*

* geschätzte Zahlen
** Flächen- und Mitarbeiterzahl beziehen sich auf das Gesamtunternehmen, dessen Sortiment sich zu etwa ¾ aus PBS- und anderen Medientiteln zusammensetzt.

Großflächenbuchhandel und Filialsysteme

Die marktbeherrschenden Unternehmen bieten durchaus kein einheitliches
Bild. Einige setzen auf große Flächen, andere auf Vorteile, die sich aus dem Sy-
stem der Filialisierung – auch für kleinere Einheiten – ergeben; so umfasst das
Filialnetz von Libro und Weltbild hunderte Geschäfte. Nur wenige Unterneh-
men investieren in ein kostenintensives Großflächen-Filialnetz. Andere, wie
Dussmann (Berlin) oder Graff (Braunschweig), bestücken nur eine Immobilie.
Eine Auswahl der wichtigsten Erfolgsfaktoren ist im Folgenden zusammenge-
stellt:

Erfolgsfaktoren der marktbeherrschenden Unternehmen
• bezugswegoptimierter lagergenauer Einkauf zu TOP-Konditionen;
• hohe Kundenfrequenz in Ia-Lagen;
• hohe Lagerumschlagsgeschwindigkeit;
• Ausnutzung modernster Technologien;
• Markencharakter.

Erfolgsfaktoren, speziell für Großflächen
• attraktive Sortimentstiefe und -breite; interessante Rand- und Neben-
  sortimente;
• großzügige Präsentationsflächen;
• mitunter individuell arrangierte Abteilungen und Stockwerke (im
  Rahmen des Corporate Design);
• Verweilatmosphäre (Café, Sitzecken);
• Verkaufsschulung für ein größeres Verkaufsteam.

Erfolgsfaktoren, speziell für Filialsysteme
• zentrale Steuerung und Koordination aller Unternehmensaktivitäten
  (Einkauf, Werbung, Fakturierung etc.);
• übersichtliche Angebotsstruktur;
• einheitliches Ladenlayout;
• filialübergreifendes Warenwirtschaftssystem;
• standardisierte Verkaufsschulung der Mitarbeiter und deren Einsetzbarkeit in allen Filialen.

Wie die Unterschiede im Einzelnen auch ausgeprägt sein mögen: Alle Unternehmen setzen vertriebstechnisch auf Multi-Channel-Strategien und verzah-
nen damit das Ladengeschäft mit den Möglichkeiten, die das Internet bietet.
Ferner versuchen sie, sich als **Marke** ins Bewusstsein ihrer Kunden zu bringen; sie bemühen sich um
• einen hohen Bekanntheitsgrad,
• einen hohen Wiedererkennungswert,

• ein hohes Maß an Marktdurchdringung,
• emotionale Akzeptanz seitens der Käufer,
• größtmögliche Zufriedenheit der Käufer.

Zwangsläufig ist das Branding beim Marktführer am stärksten ausgeprägt: Thalia sieht sich, in Analogie zu den ›Schwesterfirmen‹ Douglas, Hussel, Christ etc., als Marke für den niveauvollen, gehobenen Einzelhandel mit Büchern und Medienartikeln. Und das Unternehmen positioniert sich als die deutschsprachige Marke schlechthin, indem es bewusst mit den Internet-Suffixen ›.de‹, ›.at‹ und ›.ch‹ aufwartet. Die DBH hingegen besaß zwar jahrelang das dichteste Verkaufsstellennetz, hatte es aber mit dem Branding weitaus schwerer – musste sie doch für so unterschiedliche Konzepte wie Hugendubel als Großfläche in Innenstädten und Einkaufszentren sowie für Karstadt-Warenhausabteilungen und für Weltbild plus je spezifische Unternehmensidentitäten herausbilden.

1.3.3
Die ›Kleinen‹ der Branche

Unübersehbar ist die Tendenz zur Polarisierung zwischen den Großen und den Kleinen der Branche – obwohl die Werte der Verlagsbranche bei weitem noch nicht erreicht sind, wo der Marktanteil der 100 Größten bei rund 90 Prozent liegt. Und auch die Konzentration ist noch nicht so weit fortgeschritten wie in anderen Einzelhandelsbranchen, in denen einige wenige große Handelsketten den Markt fast vollständig beherrschen. Werden eines Tages auch im Buchhandel die ›Großen‹ die ›Kleinen‹ fressen?

Wohl kaum, und zwar vorrangig aus zwei Gründen. Erstens: Großflächen und Filialsysteme erfordern eine Mindest-Kundenfrequenz und ein gewisses Marktvolumen, um die gewünschte Rendite zu erwirtschaften. Damit bleiben viele Städte und Stadtteile weiterhin für kleinere Buchhandlungen lukrativ. Und so trotzen weiterhin rund 3.500 Buchhandlungen der medial aufbereiteten Übermacht der 50 Größten. Zweitens: Nicht zwangsläufig verdrängen die ›Großen‹ die ›Kleinen‹, sondern manchmal auch die ›Schnellen‹ (die pfiffigen, agilen und innovativen Buchhandlungen) die ›Langsamen‹ und ›Trägen‹. Die ›Kleinen‹ können also durchaus überleben: als kleiner Generalist in einer Kleinstadt und einem Stadtteil oder als Spezialsortiment (z. B. Krimi-Buchhandlung) in einer Nische. Aber die Inhaber müssen eine Antwort auf die Frage nach dem einzigartigen Verkaufsversprechen, der USP der Buchhandlung, geben: »Warum ist es für Käufer wichtig, gerade in meiner Buchhandlung und in meinem Online-Shop zu kaufen?« Und sie können nur dann gut am Markt überleben, wenn sie darüber hinaus …

• netzwerkfähig sind und strategische Allianzen bilden;

- ihr Sortiment klar und übersichtlich gliedern;
- ihre Stärken und ihr Konzept kommunizieren;
- ökonomisch gesund denken und handeln;
- im Warenbezug den Gedanken der Bündelung ernst nehmen;
- technisches Potenzial nutzen, denn erst ›High-tech‹ schafft Freiräume für Kundennähe;
- sinnvolle Zusatzsortimente anbieten;
- über Verkäufer-Persönlichkeiten verfügen.

In ökonomischer Hinsicht wird kluges Networking auch in Zukunft eine zentrale Rolle spielen. Doch wie profitiert man von Zusammenschlüssen, ohne die eigene Individualität aufzugeben? Denn das eigene Profil, der persönliche Kontakt zum Kunden muss bei den Kleinen weiterhin bewahrt und garantiert bleiben. In diesem Zusammenhang sei exemplarisch auf die Genossenschaft eBuch eingegangen, deren Motto ›Erfolg kommt nicht von allein – Erfolg kommt mit vielen‹ aufhorchen lässt. Denn immerhin haben die mittlerweile rund 600 Mitglieder dank ihres eigenen Barsortiments Anabel mit über 60 Mio. Euro im Jahr 2012 einen Jahresgesamtumsatz generiert, der die Genossenschaft unter die TOP-10 der Branche katapultiert. Auf eBuch auch deshalb, weil die ›Genossen‹ anlässlich ihres zehnjährigen Jubiläums ihren eigenen Ansatz rückblickend reflektiert haben, und viele der im Folgenden genannten Aspekte sowohl auf andere Networking-Modelle übertragbar sind als auch das Selbstverständnis vieler Independents spiegeln. Alles begann mit den sich anbahnenden Spannungen und Herausforderungen der 1990er Jahre. Die Situation und das Umfeld für den mittelständischen Buchhandel verschlechterten sich – schleichend und strukturell. Die Stimmung war angespannt. Drei Problemkreise mögen dies verdeutlichen.

Ehemaliges Problem Nr. 1: Fortschreitende Konzentration durch Ketten. Hugendubel und Weltbild setzten sich merkbar von der Konkurrenz ab. Besonders das Großflächenkonzept, das Hugendubel seit 1979 betrieb, schürte Ängste. Belegten doch Untersuchungen, dass theoretisch 200 Großflächenhandlungen den gesamten Bedarf an Literatur in der Bundesrepublik stillen könnten.

Ehemaliges Problem Nr. 2: Expansion des Internetbuchhandels. Mit der Übernahme der ABC Bücherdienst GmbH, dem damals führenden deutschen Internet-Versandbuchhändler, begann Amazon im Oktober 1998 seine Verkaufsaktivitäten in Deutschland. Die Umsatzsteigerungen von Amazon, Weltbild und anderen Online-Buchhandlungen waren nicht wegzudiskutieren. Der Stellenwert des stationären Sortiments im Konzert der Branchenvertriebswege verschlechterte sich.

Ehemaliges Problem Nr. 3: Titelflut und Remittendenberge. Die spätestens seit Beginn der 1980er Jahre einsetzende Titelflut führte, bei unverändertem Einkaufsverhalten auf Seiten des Sortiments, zu fatalen Entwicklungen:

große Läger, sinkende Lagerumschlagszahlen, zunehmende Kapitalbindung, hohe Zinsen. Remittenden waren vorprogrammiert. Verwaltungsarbeiten im Einkauf und bei der Bearbeitung der Rücksendungen nahmen überhand. Nach einer Studie des Barsortiments Libri verbrachten Buchhändler rund 60 Prozent(!) ihrer Arbeitszeit mit Lagerarbeiten.

An den strukturellen Veränderungen, die die aggressiven Marktführer vorantrieben, konnte man nichts ändern. Aber dem täglichen Ungemach setzte man die Vision ›Reduktion von Komplexität‹ entgegen: Sämtlichen ›Papierkram‹ vor Ladenöffnung erledigen, um sich während der Öffnungszeiten ganz um die Kunden kümmern zu können. Denn der Handel mit Büchern und Medien sollte wieder Spaß machen – mit vertretbarem Aufwand im Backoffice, wo die Hintergrundarbeiten, wie Wareneingang, Zusammentragen der Remittenden und Buchhaltung, erledigt werden. Unstrittig war: EDV und IT mussten dabei helfen, das Bündelungspotenzial auszunutzen. Unstrittig war ferner: Das Internet musste als die entscheidende Austauschplattform genutzt werden.

›Mehr Umsatz mit weniger Titeln‹ hieß eine gängige Forderung jener Zeit – häufig missverstanden und gleichgesetzt mit Titelreduktion und Entlassung von Personal. Doch konnte man die Segnungen der Warenwirtschaftssysteme nicht sinnvoll nutzen? Denn ein geringerer Bestand muss ja nicht zwangsläufig eine reduzierte Titelauswahl bedeuten. Denkbare Optionen sind auch weniger Exemplare pro Titel oder eine größere Titeldichte mit wechselnden Kleinstbeständen. Die Folge: das eigene, abwicklungstechnisch in das Hochleistungslager von Libri in Bad Hersfeld integrierte Genossenschafts-Barsortiment Anabel, das Titelvielfalt und ökonomische Effizienz gleichermaßen garantiert.

Small war wieder beautiful. In diesem Tenor endete auch der Newsletter des Arbeitskreises Kleinerer Sortimente (AKS; heute: Arbeitskreis unabhängiger Sortimente), der anlässlich der Gründung der DBH an die Mitglieder verschickt wurde: »Letztendlich wird die Zukunft zeigen, wie sich dieser Kampf der Giganten weiterentwickelt. Und während Thalia und die DBH miteinander beschäftigt sind, kümmern wir uns um uns, bilden Netzwerke und bleiben unabhängig, wendig und gut.« Networking bleibt das Gebot der Stunde.

1.4
Die Konkurrenzsituation des Sortimentsbuchhandels

Vergleicht man die prozentuale Entwicklung der Marktanteile unterschiedlicher Absatzkanäle in den letzten Jahren, so sind Gewinner und Verlierer schnell ausgemacht. Zu den klaren Gewinnern gehören die Internethändler. Zu den Verlierern der Warenhausbuchhandel, Buchgemeinschaften sowie der

Sortimentsbuchhandel. Dieser ist mit rund 50 Prozent Umsatzanteil zwar immer noch mit Abstand der wichtigste Absatzkanal – und für Publikumsverlage wird er auch auf absehbare Zeit der wichtigste Absatzpartner bleiben – sein Anteil am Gesamtumsatz der Branche ohne E-Commerce jedoch sinkt stetig. Damit ist aber noch lange keine Weltuntergangsstimmung angesagt. Denn die Entwicklung der Absatzkanäle ist nicht zwangsläufig mit der Entwicklung einzelner Firmen am Markt gleichzusetzen.

Nicht immer gilt die Ausschließlichkeit der Vertriebskanäle; vor allem nicht für den Sortimentsbuchhandel, der Umsätze nicht nur ›stationär‹ über das Ladenlokal generiert, sondern auch ›ambulant‹ via Versandaktivitäten, Büchertische und über Webshops. Somit ist das, was sich hinter dem modern anmutenden Wort ›Multi-Channeling‹ (siehe Kap. 9.4.1) verbirgt, in rein absatztechnischer Hinsicht ein ›alter Hut‹. Ferner haben sich einige Buchhandlungen auch als (Regional-)Verlag einen Namen gemacht und sind darüber hinaus auch antiquarisch tätig.

Doch soll es in diesem Kapitel um die Konkurrenz bzw. – so der neuere Begriff – um die ›Marktbegleiter‹ des Sortimentsbuchhandels gehen. Welche Konzepte buhlen um die Gunst von Lesern und Käufern? Und welche Entwicklungen zeichnen sich innerhalb der einzelnen Absatzkanäle ab? Dabei knüpfen wir an Überlegungen an, die am Ende des einleitenden Kapitels unter der Überschrift ›Branchenstruktur und Marktteilnehmer‹ thematisiert worden sind.

1.4.1
Antiquariatshandel und Modernes Antiquariat

Im traditionellen Antiquariat, auch Buch- und Kunstantiquariat genannt, sucht und findet man Bücher und Medien, die vergriffen sind und über Verlage und Barsortimente nicht mehr bezogen werden können. Die antiquarische Recherche (siehe Kap. 2.6.5) wird von vielen Buchhandlungen angeboten, die hierzu die Datenbank des **ZVAB** (Zentrales Verzeichnis Antiquarischer Bücher) nutzen. Das ZVAB ist der weltweit größte Online-Anbieter für deutschsprachige antiquarische Titel. Tausende professionell arbeitende Antiquare bieten auf www.zvab.com rund 25 Millionen antiquarische oder vergriffene Bücher sowie Noten, Grafiken, Autografen, Postkarten und Schallplatten zum Kauf an (Stand: Januar 2014). Das unterscheidet das ZVAB grundlegend von anderen Verkaufsplattformen wie Ebay und dem ›market place‹ von Amazon; denn dort können auch Privatpersonen ihr Angebot einstellen.

Für Buchhändler bietet das ZVAB einen besonderen Service: **www.antiquaria.com**. Hier können angemeldete Buchhandlungen unter Angabe ihrer Verkehrs- oder Barsortimentskundennummer, künftig auch über die ILN (siehe Kap. 1.5.2), für ihre Kunden vergriffene und antiquarische Bücher zu Sonderkonditionen bestellen, ihre individuelle Handelsspanne voreinstellen und werden in offener Rechnung beliefert. Das Programm bietet Zugang zur Datenbank des ZVAB und stellt im Rahmen des buchhändlerischen Besorgungsdienstes eine Erweiterung der VlB-Titelzahl um ein Vielfaches dar. Seit 2009 kooperieren das ZVAB und die Buchhändler-Abrechnungs-Gesellschaft (BAG), sodass Buchhandlungen ihre antiquaria.com-Titel wie ihre ›normalen‹ Verlagsbestellungen zahlungstechnisch sammeln und per BAG-Abrechnung begleichen können. Voraussetzung hierfür ist die Teilnahme am regulären BAG-Abrechnungsverfahren; teilnehmende Antiquare müssen jedoch nicht Mitglied der BAG sein.

Neben den am ZVAB beteiligten Mitgliedsfirmen gibt es viele weitere Spezialanbieter und Generalisten. Namentlich erwähnt seien an dieser Stelle pars pro toto: www.antiquario.de und www.biblioman.de/at/ch. Ein weiterer Online-Marktplatz ist Abebooks. Dort werden gegen eine festgelegte Provision neue und gebrauchte Bücher zwischen Händlern und Kunden vermittelt. Das Unternehmen handelt dabei nicht selbst, sondern erzielt seinen Gewinn durch eine feste Angebotsgebühr zuzüglich einer Provision vom Umsatz für Abwicklungskosten. Abebooks ist in zahlreichen Ländern mit jeweils eigenständigen Websites vertreten. Seit 2008 ist die Firma ein Tochterunternehmen des Amazon-Firmenimperiums, das 2011 einen strategischen Coup landete: Abebooks Europe übernahm das ZVAB.

Im Verband Deutscher Antiquare e.V., der wichtigsten Interessensvertretung für den professionellen Antiquariatsbuchhandel in Deutschland, sind rund 300 Mitgliedsfirmen organisiert. Auf internationaler Ebene kooperiert man mit der International League of Antiquarian Booksellers (ILAB). Das Angebot der Verbandsmitglieder, die ihre Bücher im ZVAB gelistet haben, wird bei der Recherche über www.ilab.org berücksichtigt.

Die **Ausbildung zum Antiquariatsbuchhändler** erfolgt im Rahmen der Berufsausbildung zum Buchhändler/zur Buchhändlerin; auch hier gilt die Ausbildungsordnung vom 15. März 2011. Allerdings gibt es eine spezielle sechsmonatige Wahlqualifikationseinheit Antiquariat. Die berufsprofilgebenden Fertigkeiten, Kenntnisse und Fähigkeiten werden auf der Folgeseite nach dem Ausbildungsrahmenplan zitiert. Als maßgebliches Fachbuch für Antiquare gilt weiterhin der Titel: Wendt, Bernhard/Gruber, Gerhard: *Der Antiquariatsbuchhandel. Eine Fachkunde für Antiquare und Büchersammler.* 4. Auflage. Stuttgart, Hauswedell.

Traditionelles Antiquariat

Im Antiquariatsbereich unterscheidet man das bibliophile Antiquariat, den Autografenhandel, das wissenschaftliche Antiquariat, das Musikantiquariat sowie das Kunstantiquariat mit dem Grafikhandel. In der Regel handelt es

Wahlqualifikation Antiquariat

Aus: Ausbildungsrahmenplan für die Berufsausbildung zum Buchhändler und zur Buchhändlerin | Sachliche Gliederung (§ 4 Absatz 2 Abschnitt B Nummer 3)

EINKAUF

- Angebote bearbeiten und bewerten; Gegenstände des Antiquariats aus Privathand und aus Doublettenbeständen öffentlicher Bibliotheken ankaufen und kollationieren;
- Gegenstände des Antiquariats, insbesondere unter Berücksichtigung des Preises und des Zustands, beschaffen;
- antiquariatsspezifische Internetportale nutzen;
- Gegenstände des Antiquariats ersteigern;
- aus Restbeständen von Verlagen und aus Antiquariatskatalogen bestellen; Bezugsquellen erschließen;
- Gegenstände des Antiquariats, insbesondere historische Buchgattungen, Druck- und Originalgrafiken und Handschriften, bewerten;
- Einkaufsentscheidungen unter Berücksichtigung der Marktsituation sowie literarischer, künstlerischer, wissenschaftlicher und warenkundlicher Gesichtspunkte treffen;
- Verkaufspreise unter Berücksichtigung antiquariatsspezifischer Besonderheiten kalkulieren;
- Finanzplanung und Budgetierung beim Einkauf berücksichtigen.

ERHALTUNG UND BESTANDSPFLEGE

- Materialien, insbesondere Papier, Leder und Pergament, unterscheiden;
- Bücher und Grafiken zur Erhaltung reparieren und pflegen;
- Lagersystematik erstellen und verwalten;
- Bestände und Datenbanken pflegen.

BERATUNG UND VERKAUF

- Kunden über Gegenstände des Antiquariats informieren;
- Angebote erstellen;
- Preise gegenüber den Kunden begründen;
- Kundenwünsche, insbesondere von Bibliotheken, Bibliophilen und Sammlern, feststellen und bearbeiten;
- nicht vorrätige Bücher und Zeitschriften auffinden, insbesondere über Handelspartner und Auktionen;
- Bücher im Kundenauftrag begutachten;
- über bibliophile Besonderheiten von Büchern informieren;
- Antiquariatskataloge sowie Sonderlisten und Spezialangebote planen, erstellen, gestalten und versenden;
- den Beitrag des Antiquariats für die Erhaltung von Kulturgütern aufzeigen.

sich um einzelne wertvolle Stücke oder ganze Privatbibliotheken oder -sammlungen, die meist aus Privathand oder auf Auktionen erworben worden sind. Der Weiterverkauf an Endabnehmer erfolgt zu Preisen, die je nach Marktlage, nach Seltenheitswert, nach dem Zustand des einzelnen Exemplars, nach seiner Ausstattung sowie nach seiner Herkunft von jedem Antiquar nach eigenem Ermessen festgesetzt werden.

Das **bibliophile Antiquariat** bedient in erster Linie die Sammler bibliophiler Kostbarkeiten. Hier geht es um Erstausgaben und Widmungsexemplare von literarischen Werken, Pressendrucke und Vorzugsausgaben, alte Handschriften, Inkunabeln und mit Illustrationen ausgestattete alte Drucke. Der bibliophile Sammler sucht nach der ›Aura‹ von Erstausgaben. Der originale Erhaltungszustand, die Qualität des Einbands und des Schutzumschlags, eine handschriftliche Widmung des Autors und die Herkunft des Buches spielen bei der Preisfestsetzung eine erhebliche Rolle. Das gilt in besonderem Maße für Inkunabeln (lat. incunabula – Windeln, Wiege, daher der Begriff Wiegendrucke), womit alle Bücher aus den Anfängen der Buchdruckerkunst um 1450 bis 1500 bezeichnet werden.

Der **Autografenhandel** (Autograf – eigenhändige Niederschrift eines Verfassers) beschäftigt sich mit handschriftlichen Briefen, Notizen, Entwürfen und Manuskripten bedeutender oder interessanter Persönlichkeiten, die von Sammlern, Archiven, und Bibliotheken gesucht werden. Auch alte Handschriften gehören mitunter zu den Handelsobjekten des Autografenhandels.

Beim **wissenschaftlichen Antiquariat** sind nicht die ästhetische Aufmachung der Objekte und ihr Erhaltungszustand für die Preisfindung maßgebend, sondern die Qualität und die Bedeutung des Textinhalts für die Wissenschaft und die Häufigkeit ihrer Verbreitung. Die unüberschaubare Fülle von Publikationen hat bereits im 19. Jahrhundert entsprechend spezialisierte Antiquariate hervorgebracht. Die Kunden wissenschaftlicher Antiquariate sind Universitäts- und Institutsbibliotheken und Wissenschaftler; in jüngerer Zeit erwerben auch Forschungslaboratorien und Ingenieurbüros wertvolle Werke. In dem Maße, in dem Käufer auf gut erhaltene und mit Widmungen der Verfasser versehene Erstausgaben Wert legen, sind die Grenzen zum bibliophilen Antiquariat fließend.

Das **Musikantiquariat** befriedigt die Sammlerleidenschaft und das wissenschaftliche Interesse von Musikliebhabern, Musikern und Musikwissenschaftlern. Die Handelsobjekte umfassen Erstdrucke musikalischer Werke sowie sämtliche Ausgaben von Notenmaterial, alle Autografen von Komponisten, weiterhin Musikliteratur sowie Opern- und Operettenlibretti. Nicht selten gehören auch historische Musikinstrumente und sogar Devotionalien wie Totenmasken und Locken bedeutender Komponisten zum Angebot.

Das **Kunstantiquariat** und der **Grafikhandel** befassen sich mit grafischen Reproduktionen. Das Kunstantiquariat legt hierbei den Schwerpunkt auf die Künstlergrafik, also auf Holzschnitte, Kupferstiche, Radierungen, Lithografien und andere druckgrafische Formen und deren Vorstufen, darunter auch Handzeichnungen. Nicht selten kommt es zu Überschneidungen mit dem Kunsthandel, denn auch Aquarelle und sogar Ölgemälde können sich im Angebot des Kunstantiquariats befinden. Der Grafikhandel fokussiert seine Warenstruktur auf dekorative Grafik und kartografische Reproduktionen.

Modernes Antiquariat (MA)

Der Begriff ›Modernes Antiquariat‹ (MA) umfasst unterschiedliche Bereiche. Der gemeinsame Nenner der hier angebotenen Waren ist die Kategorie ›Preis‹. So verwundert es auch nicht, dass das MA nie als Sachgruppe bei der Deutschen Nationalbibliothek erscheint, die ausschließlich nach inhaltlichen Kriterien sortiert. Klarheit bringt der synonym für modernes Antiquariat verwendete Begriff Ramsch. Das französische Wort ramassis bedeutet soviel wie Sammelsurium oder (zusammen gewürfelter) Haufen. Hierzu gehören Restauflagen ehemals preisgebundener Titel (vergriffene Titel), preisgebundene Sonder- oder Lizenzausgaben und Billig-Editionen sowie Mängelexemplare (siehe die Übersicht ›Angebotsstruktur im modernen Antiquariat‹). Das Moderne Antiquariat ist übrigens nicht nur dem Einzelhandel zuzurechen, sondern in seiner Funktion als Großantiquariat auch dem Zwischenbuchhandel (siehe Kap. 1.2.1.2), der Buchhandlungen mit MA-Abteilungen, Warenhäuser, Versandunternehmen und Nebenmärkte beliefert.

Auf einer offiziellen Ebene, beispielsweise im Rahmen einer Arbeitsgemeinschaft beim Börsenverein, hat sich das Moderne Antiquariat nie etabliert. In den 1990er Jahren haben große Ketten wie Hugendubel verstärkt mit MA-Titeln gehandelt und den günstigen Preis als Marketinginstrument eingesetzt. Das Sortiment der Kette Wohlthat, mittlerweile mit der DBH-Marke Jokers verschmolzen, bestand/besteht mehrheitlich aus nicht preisgebundener Ware und wird in Ermangelung eines ausgebauten Filialnetzes auch im Internet (www.jokers.de) angeboten.

Das Internet forciert aber nicht nur das Geschäft mit billigen Büchern (Preisvergleich durch Abgleich unterschiedlicher Datenbanken), es beschert dem stationären modernen Antiquariat auch eine neue Konkurrenz. Und zwar in Gestalt von ›Gebrauchtbüchern‹, die von privat über Online-Plattformen, wie Ebay, oder den ›market place‹ bei Amazon angeboten werden. Hier rücken Bücher in den Vordergrund, die vormals nur über Antiquariate verkauft wurden. Das gebrauchte Buch – auch das einmal gekaufte und dann ›abgestoßene‹ Buch (hier liegt keine Preisbindung mehr vor!) – gilt zunehmend als preiswerte Alternative zum verlagsneuen Buch. Werfen wir abschließend einen Blick auf die Angebotsstruktur im modernen Antiquariat mit den drei Produktkategorien Restauflagen, Sonderausgaben und Mängelexemplare.

Restauflagen/vergriffene Titel

Im Buchpreisbindungsgesetz steht im § 8 (1): »Verleger und Importeure sind berechtigt, durch Veröffentlichung in geeigneter Weise die Preisbindung für Buchausgaben aufzuheben, deren erstes Erscheinen länger als achtzehn Monate zurück liegt.« Die Verwertung dieser Restauflagen von Erst- oder Folgeauflagen ist das Kerngeschäft der MA-Anbieter.

Danach können Verlage die Preisbindung aufheben (sie müssen nicht!) und ihre Restbestände verramschen. Verlage gehen höchst unterschiedlich mit diesem Paragrafen um. Publikumsverlage heben die Preisbindung früher auf, da binnen 18 Monaten nach Erscheinen bereits Lizenzausgaben auf dem Markt sind, Fachverlage eher später, weil ihre Titel zum großen Teil auf einen längeren Lebenszyklus hin angelegt sind. Für die Entscheidungsfindung sind die Faktoren Lagerumschlag, Lagerkosten und Kapitalbindung von großer Bedeutung – aber auch das Image, das sich ein Verlag gibt.

Nach der Ankündigung der Preisaufhebung, die 14 Tage vor dem Datum der Preisaufhebung erfolgen muss, treffen sich Großantiquariate und große Einzelhandelsunternehmen zu ›Ramscher-Runden‹, offiziell Gebots-Runden genannt. Der Meistbietende erhält den Zuschlag und setzt nun seinerseits einen empfohlenen Verkaufspreis fest. Die MA-Großhändler setzen daraufhin ›ihren‹ empfohlenen Verkaufspreis fest, auf den sie einen handelsüblichen Rabatt zwischen 40 Prozent und 50 Prozent gewähren. Erwirbt ein Einzelhändler die komplette Restauflage, setzt dieser dann ›seinen‹ neuen Verkaufspreis fest. In diesem Fall ist auch ein Preisvergleich statthaft, da die nunmehr preisreduzierte Ausgabe inhalts- und ausstattungsgleich der ehemaligen preisgebundenen entspricht.

Preisgebundene Sonderausgaben und Billig-Editionen

In diesem Segment agieren spezialisierte MA-Verlage. Inhaltlich kann es sich um ganz verschiedene Objekte handeln, die zum Teil für unterschiedliche Märkte produziert werden. Es überwiegen:

• **Originalausgaben** aus dem eigenen Haus (Sonderausgabe, Studienausgabe, Ausgabe im Schuber, Ausgabe in neuer Übersetzung etc.). Anbieter: Klassische Buchverlage.
• **Mehrsprachige Originalausgaben** für internationale Märkte. Diese werden häufig von Book-Packagern (Buch-Dienstleister, die fertige, erkaufsfähige Buchprojekte konzipieren, lektorieren und layouten) Verlagen für den (weltweiten) Vertrieb angeboten. Entweder ist der Text mehrsprachig gedruckt, oder die verschiedenen (Sprach-)Ausgaben entstehen im Rahmen der Produktion durch den Wechsel beim Schwarzfarbwerk. Anbieter: u. a. Könemann, Taschen, Tandem.

- **Lizenzausgaben für sortimentsferne Märkte** (Zeitungstreuebände, Aldi etc.). Hier spielt die Lizenzverwertung ›klassischer‹ Buchverlage die entscheidende Rolle. Bestseller sind auf Nebenmärkten im Rahmen von Zweit- oder Drittverwertungen immer gerne gesehen. Anbieter: u. a. Lingen, Tandem, NGV Naumann & Göbel Verlagsgesellschaft.
- **Lizenzausgaben** oder **Originalausgaben für spezielle MA-Märkte oder MA-Buchabteilungen** Anbieter: u. a. Bassermann, Fourier, Parragon, Marix, Tandem, Edition XXL.
- Reprints (Nachdrucke) vergriffener und rechtefreier Titel (Grimms Kinder- und Hausmärchen etc.) Anbieter: Klassische Buchverlage, aber auch buchhandelsferne Anbieter.

Mängelexemplare

Mängelexemplare sind beschädigte Bücher, die erkennbare Schäden oder Fehler aufweisen und deshalb nicht mehr zum regulären Preis verkauft werden können. Sie entstehen mehrheitlich durch unachtsame Behandlung, Verschmutzung, Transportschäden oder im Rahmen der Buchproduktion durch Druck- und Bindefehler. Die Verkehrsordnung definiert in diesem Zusammenhang im § 11 Abs. 2 den Begriff ›Defektexemplar‹, der für Exemplare mit Herstellungsfehlern verwendet wird. Aufgrund ihrer Beschädigung unterliegen Mängelexemplare nach BuchPrG § 7 Abs. 1 Punkt 4 nicht mehr der Preisbindung. Hier handelt es sich also um ein Einzeltitelgeschäft, das für Großantiquariate und Buchhandlungen nur dann interessant ist, wenn sie große Bestände mangelhafter Ware erwerben, um sie unsortiert zu Kilopreisen weiterzuverkaufen.

Da die ›Verwertung‹ preisgebundener Bücher als Mängelexemplare häufig zu Rechtsstreitigkeiten führt, hat die Rechtsabteilung des Börsenvereins ein Merkblatt verfasst, das die Kennzeichnung der Mängelexemplare sowie Preisbindungsaspekte thematisiert. Denn das Problem sind nicht die Bücher mit sichtbaren Schäden, sondern die durch Aufdruck oder Strich ›gemängelten‹ Bücher ohne wirklichen Mangel. Hier einige Passagen aus dem 2006 veröffentlichten *Merkblatt Mängelexemplare:*

Preisbindung   Für die Frage der Preisbindung ist allein entscheidend, ob es sich um echte Mängelexemplare handelt. Verlagsneue Bücher, die als Mängelexemplar gekennzeichnet sind, ohne verschmutzt oder beschädigt zu sein oder einen sonstigen Fehler aufzuweisen, dürfen nach einem Grundsatzurteil des OLG Frankfurt vom Juli 2005 nicht unterhalb des gebundenen Preises verkauft werden. Die Anbringung einer Kennzeichnung als Mängelexemplar allein bewirkt also nicht die Aufhebung der Buchpreisbindung. Ob ein Mängelexemplar oder einwandfreie Ware vorliegt, hat der Buchhändler zu entscheiden – und zu verantworten. Grundsätzlich ist jedes Buch (Einzelfallprüfung) vor seiner Kennzeichnung als ›Mängelexemplar‹ darauf zu untersuchen, ob es auch tatsächlich äußerlich erkennbare Schäden aufweist. Der

Verkauf von ›gemängelten‹ Büchern, die abgesehen von der Bestempelung als ›Mängelexemplar‹ einwandfrei sind, stellt einen Preisbindungsverstoß dar. Vor diesem Hintergrund ist insbesondere auch die Praxis, noch eingeschweißte einwandfreie Bücher als Mängelexemplare zu verkaufen, unzulässig. Das Oberlandesgericht (OLG) Frankfurt hat ausdrücklich betont, dass der Verkäufer für die Richtigkeit der Auszeichnung als Mängelexemplar verantwortlich ist. Der Verlag hat seinerseits geeignete Vorkehrungen zu treffen, um sicherzustellen, dass remittierte, aber äußerlich einwandfreie Exemplare nicht als preisbindungsfreie Mängelexemplare auf den Markt gelangen. Die mit der Entscheidung für die Wiederverkäuflichkeit der einzelnen Bücher befassten Mitarbeiter, auch solche beauftragter Firmen, sind entsprechend zu schulen. Bei einer ›Mängelung‹ ohne sachlichen Grund liegt wettbewerbswidriges Verhalten vor.

Kennzeichnung ›echter‹ Mängelexemplare   ›Echte‹ Mängelexemplare sind als solche zu kennzeichnen. Dies muss an signifikanter Stelle und in sofort erkennbarer Art und Weise geschehen. Beim Publikum darf nicht der Eindruck erweckt werden, es würden gebundene Preise unterschritten. Der Kennzeichnungspflicht kann durch die Anbringung eines Stempelaufdrucks ›preisreduziertes Mängelexemplar‹ oder ›Mängelexemplar‹ an der Unterschnittkante des jeweiligen Buches Genüge getan werden. Sollte dies aus technischen Gründen nicht möglich sein, müssen die Bücher an anderer Stelle äußerlich gekennzeichnet sein. Beim Taschenbuch genügt ggf. auch der Aufdruck eines auffälligen Stempels ›M‹ der Kennzeichnungspflicht.

Bewerbung von Mängelexemplaren   Mängelexemplare dürfen weder vom Verlag noch vom Sortiment als ›neuwertig‹ beworben werden. Der Buchhandel muss in der Werbung darauf hinweisen, dass es sich um Mängelexemplare handelt.

© Rechtsabteilung des Börsenvereins des Deutschen Buchhandels e.V.

1.4.2
Bahnhofsbuchhandel

Die ›Buchhändler mit Gleisanschluss‹ etablierten sich in der zweiten Hälfte des 19. Jahrhunderts und sind auch heute noch ein wichtiger Vertriebskanal für Printmedien. Lange Zeit ein Kiosk für in- und ausländische Presse, hat der Bahnhofsbuchhandel in den letzten Jahren den Sprung zu einer großen begehbaren Presse-Fachverkaufsstelle mit umfangreichem buchhändlerischem Sortiment vollzogen.

Im Sortiment dominieren trotzdem Presseerzeugnisse, die in der Regel mindestens 70 Prozent des Umsatzes ausmachen. Das Erreichen dieses Werts gehört zu den leistungsbezogenen Kriterien, die zwischen dem Verband Deutscher Zeitschriftenverleger (VDZ) und dem Verband Deutscher Bahnhofsbuchhändler 1993 vereinbart worden sind (novelliert 2006) und die die Grundlage für eine Direktbelieferung zu Verlagskonditionen sind. Denn der Verlagsdirektbezug bedeutet höhere Einkaufsrabatte als beim Presse-Grosso und ermöglicht damit einen größeren Spielraum für höhere Personalkosten (aufgrund verlängerter Öffnungszeiten) und Mieten (Grundmiete zuzüglich Umsatzbeteiligung als Pachtbetriebe der Deutschen Bahn AG).

Im Verband Deutscher Bahnhofsbuchhändler sind nach *Buch und Buchhandel in Zahlen 2013* etwa 35 Mitgliedsfirmen mit rund 500 Verkaufsstellen organisiert. Zu den ›Großen‹ zählen die Berner Valora-Gruppe mit ihrem Label K-Group, die zum französischen Lagardère Konzern gehörenden Unternehmen HDS Retail Deutschland (HDS = Hachette Distribution Services), die Heidelberger Schmitt-Gruppe sowie die Unternehmensgruppe Dr. Eckert mit ihren Ludwig- und Eckert-Filialen – sie allein erreichen einen Marktanteil von gut 80 Prozent. Aufgrund ihrer Aufgabe, Reisende und Berufspendler während der Betriebszeit des Bahnhofes mit Presseerzeugnissen zu versorgen, hat der Bahnhofsbuchhandel eine Sonderstellung hinsichtlich der Öffnungszeiten, die im § 8 Abs. 1 des Ladenschlussgesetzes ausdrücklich verankert ist. Übrigens: auch Verkaufsflächen in Flughäfen oder auf Fährbetrieben zählen zum Bahnhofsbuchhandel.

1.4.3
Warenhausbuchhandel und sonstige Verkaufsstellen

Die Idee, Bücher im Warenhaus zu verkaufen, ist so alt wie die Betriebsform Warenhaus, die sich im Zuge der Verstädterung des Lebens um 1900 etablierte und heute eine große Strukturkrise durchlebt. Das in vielen Abteilungen praktizierte Shop-in-Shop-Modell (Flächen werden durch Fremdfirmen unterhalten) wird teilweise auch auf den Buchhandel übertragen. So betreut die DBH Verkaufsflächen bei Karstadt; in den meisten Häusern als Weltbild-Sortiment, in den Mega-Stores mit ihrer Marke Hugendubel. In einigen Filialen werden Buchbestände weitgehend via Rack Jobbing (Regalgroßhandel, siehe Kap. 1.2.1.2) bestückt.

Die Zielgruppe des ›Buchhandels ohne Schwellenangst‹ ist in erster Linie Laufkundschaft, jedoch versuchen die wenigen großen Firmen zunehmend, Kundenbindung aufzubauen, etwa durch Kundenkarten, Besorgungsdienste und Online-Shops. Das Buchsortiment ist auf schnellen Umschlag angelegt – muss es sich doch in Konkurrenz zu anderen Abteilungen umsatz- und renditemäßig behaupten. Daraus resultiert eine eher breit, nicht tief gefächerte Angebotspalette nach Gängigkeit, wobei Publikumsverlagen und niedrigpreisigen Artikeln ein großer Stellenwert eingeräumt wird. Die Mischung von gebundenen und nicht gebundenen Verlagserzeugnissen, darunter auch eigene von Warenhausunternehmen verlegte und vertriebene Sonderausgaben, soll den Eindruck erwecken, dass Bücher im Warenhaus besonders preisgünstig seien. Trotzdem erfüllt eine Buchabteilung im Warenhaus, wie jeder andere buchhändlerische Fachbetrieb auch, ihre Preisbindungspflicht. Und dies nicht nur, weil sie zu den Mitgliedsfirmen in buchhändlerischen Verbänden zählt. Denn die gebundenen Verkaufspreise garantieren eine feste, kalkulierbare Gewinnspanne, die den Vergleich zu anderen Warenhausabteilungen nicht scheuen muss. Wen wundert es also, dass das Verkaufsobjekt Buch im Rahmen so genannter Medien- oder Lifestyle-Etagen seinen festen Platz gefunden hat.

Knapp 10 Prozent des Umsatzes zu Endverbraucherpreisen werden über **sonstige Verkaufsstellen** abgewickelt, die man zutreffend mit Handel auf **Nebenmärkten** beschreibt. Obwohl es im Detail eine Vielzahl unterschiedlicher Firmen und Konzepte gibt, sind Nebenmärkte dadurch zu charakterisieren, dass Bücher hier nicht von Buchhändlern eingekauft, sondern ausschließlich im Rahmen eines Nebensortiments platziert und verkauft werden. Die Warenbeschaffung erfolgt mittels Rack-Jobbing – entweder durch den Verlagsaußendienst oder durch spezialisierte Großhändler.

Der **Regalgroßhandel** mietet Verkaufsflächen an, bestückt die dort platzierten Warenträger und übernimmt die Sortierfunktion für den Einzelhändler. **Rack-Jobber** kümmern sich auch um einzelne Marktsegmente, beispielsweise Kalender. Der Einzelhändler investiert demnach in Fläche, und der Regalgroßhändler in den Einkauf und den Vertrieb des Sortiments. So räumen ›Fremdkräfte‹ die Titel ein, überprüfen in vereinbarten Abständen das Titelangebot, ergänzen, tauschen um und remittieren.

Diese klassische Nebenmarkt-Vertriebsschiene ist immer dann gegeben, wenn Verlage ihre Produkte in Fachgeschäften oder -märkten anderer Branchen anbieten. Dies können Tierhaltungsbücher in Zoohandlungen, Handwerkerbücher in Baumärkten etc. sein. Auch in Fachgeschäften für den PBS-Bereich (Papier-, Büro- und Schreibwaren) sowie in Geschenk-Boutiquen oder Drogerie- und Lebensmittelmärkten werden Zusatzsortimente, zumeist Bestseller, angeboten. Auch der ›Kaffeeröster‹ Tchibo oder Discounter, wie Lidl und Aldi, bieten zeitlich begrenzt Spezialproduktionen an.

Der Vertrieb über Nebenmärkte wird in der Buchbranche immer wieder kontrovers diskutiert. Während Verlage behaupten, sie müssten alle Vertriebskanäle nutzen, weil sie nur dadurch alle Käuferschichten für ihre Titel erschließen und der Buchhandel davon nur in geringem Maße berührt wird, stehen viele Sortimenter dieser ›Zwei-Märkte-Theorie‹ skeptisch gegenüber. Und dies ist durchaus gerechtfertigt, wenn ihre täglichen Umsatzbringer (von denen es ja nominell nicht viele gibt) nicht über ihre Ladentheken verkauft werden. In derartigen Fällen mahnen sie zu Recht an, dass ein Bestsellergeschäft am Fachhandel vorbei dessen Ertragslage schwächt und dadurch langfristig die traditionellen Vertriebsstrukturen der Buchbranche zerstört.

1.4.4
Buchgemeinschaften

Die Buchgemeinschaften sind eingebettet in die **Idee des Buchabonnements.** Kunden werden durch eine Mitgliedschaft und Abnahmeverpflichtung an das Unternehmen gebunden und erhalten im Gegenzug Bücher preiswerter als zum regulären gebundenen Ladenpreis, wobei bei Lizenzausgaben die Kriterien Zeitabstand, Ausstattungsunterschied und Preisdifferenz zu den Originalausgaben zu berücksichtigen sind. Durch den regelmäßigen Kauf wird die Kaufkraft des Mitglieds verplant. Die Absatzgarantie mindert das verlegerische Risiko und erleichtert gleichzeitig die Preiskalkulation. Im Laufe der rund hundertjährigen Geschichte der Buchgemeinschaften sind unterschiedliche Modifikationen dieses Grundkonzepts festzustellen. Während in den Anfängen die Pflicht zur Abnahme des gesamten Jahresprogramms bestand, wurden später Hauptvorschlagsbände und Quartalskäufe populär.

Marktführer bei den Buchgemeinschaften ist der Club Bertelsmann mit rund zwei Millionen Mitgliedern, die entweder direkt durch die Zentrale betreut werden (Versandbuchhandel mittels Online-Shop und Mobile-Shop auf Abo-Basis = einstufiges Vertriebsmodell) oder durch die rund 150 Filialen der Handelsmarken ›Der Club Bertelsmann‹ und ›Zeilenreich‹ (Einschaltung der Händlerebene = zweistufiges Vertriebsmodell). Der Club ist der DirectGroup zugeordnet, die wiederum seit 2011 in der Sparte Corporate Investments direkt dem Vorstand unterstellt ist. Das Bertelsmann-Konzept läuft in Österreich unter dem Namen Donauland und in der Schweiz unter den Marken NSB Neue Schweizer Bücherwelt und RobinBook. Weit dahinter rangieren, mit deutlich anderen Schwerpunkten in der Angebotsstruktur, die Büchergilde Gutenberg und die Wissenschaftliche Buchgesellschaft mit weit geringeren Mitgliedszahlen.

Die Blütezeit der Buchgemeinschaften scheint in Zeiten sinkender Umsätze und Marktanteile allerdings vorbei zu sein. Mitgliedsbindung ist im heutigen Käufermarkt mit seinen vielfältigen spontanen und individuellen Kaufentscheidungen nicht mehr zeitgemäß. Und gebundene Bücher gibt es schon lange nicht mehr nur bei Buchgemeinschaften preiswerter. Der Discount-Buchhandel sowie das Moderne Antiquariat sind diesbezüglich die ›angesagten‹ Betriebsformen. Außerdem reüssiert der Gebrauchtbüchermarkt im Internet.

So scheint es nicht verwunderlich, dass gerade der Marktführer neue Wege einschlägt. Seit 2011 gilt bei Bertelsmann das Buchgemeinschaftskonzept ›ein Buch, zwei Preise‹ unabhängig von der Dauer einer Club-Mitgliedschaft. Stattdessen stellt man den gebundenen Ladenpreis in den Vordergrund und wirbt mit einer Vorteilskarte, mit der Käufer bis zu 25 Prozent Rabatt auf rund 1.500 Lizenztitel (etwa die Hälfte des Club-Sortiments) erhalten. Inhaber der Vorteilskarte müssten dazu aber keine Mitgliedschaft eingehen, sondern im Laufe eines Jahres zwei Bücher kaufen. Die Öffnung hin zum allgemeinen Sortimentsbuchhandel zeigt sich auch darin, dass man 2013 über traditionelle Branchengrenzen hinweg eine strategische E-Book-Partnerschaft mit Thalia, Weltbild, Hugendubel und der Telekom einging (siehe Kap. 1.3). Man hofft, mit dieser Maßnahme die richtige Weichenstellung für das erfolgversprechende Geschäftsmodell ›digitales Lesen‹ getroffen zu haben.

Das Parallelausgaben-Erfolgskonzept der Buchgemeinschaften ›ein Buch, zwei Preise‹ sorgte vor allem in den 1980er und 1990er Jahren häufig für Unmut in Reihen des Sortimentsbuchhandels. Aufgrund des heftigen Widerstandes gegen so manche Parallelausgabe und der zwiespältigen Interessenslage seitens der Verlage, die einerseits Haupthandelspartner des Sortimentsbuchhandels sind, andererseits aber Lizenzgeber für Buchgemeinschaften, einigte man sich 1994 während der Buchhändlertage einvernehmlich auf preisbindungsrechtliche Kriterien für Ausgaben in Buchgemeinschaften, die im ›Potsdamer Protokoll‹ festgehalten wurden und 2004 in einer revidierten Fassung erschienen. Hier die wichtigsten Auszüge:

**Preisbindungsrechtliche Kriterien für Buchgemeinschaftsausgaben
(Potsdamer Protokoll, revidierte Fassung)**

1. Die Mitgliedschaftsbindung zur Buchgemeinschaft ist nach wie vor unabdingbare Voraussetzung. Sie beinhaltet, dass ein Kunde sich verpflichtet, mindestens ein Jahr Mitglied zu bleiben und jährlich mehrere Artikel aus dem Buch-, Musik- oder Video- / DVD-Programm der Buchgemeinschaft zu kaufen.

2. Der Zeitabstand, mit dem die Buchgemeinschaftsausgabe unabhängig von ihrer Erscheinungsform (z. B. als Hardcover oder Broschur) nach der Originalausgabe erscheinen darf, wird individuell zwischen dem lizenzgebenden Verlag und der Buchgemeinschaft vereinbart. Wünschenswert und üblich ist ein Zeitabstand von neun bis zwölf Monaten; mindestens beträgt er jedoch vier Monate. [...] Von diesem Grundsatz kann abgewichen werden, das heißt, der Zeitabstand kann geringer als vier Monate sein und sogar gegen Null reduziert werden, wenn es sich um ein Werk handelt, das sich auf ein aktuelles Ereignis bezieht und von nur kurzlebiger Aktualität ist (Beispiele: Fußball-WM-Buch, Olympiade-Buch, Buch zum Wahlkampf) [...].

3. Beim Ausstattungsunterschied kommt es auf die ›äußere Anmutung‹ an: Papier und Satz dürfen identisch sein, nicht jedoch der Einband und der Schutzumschlag. Der ›normale‹ Buchkäufer muss beim Vergleich den Eindruck gewinnen, dass es sich um zwei unterschiedliche Bücher handelt. [...]. Ist der Zeitabstand gemäß der o. a. Sondersituationen geringer als sechs Monate, so ist dem Ausstattungsunterschied in besonderer Weise Rechnung zu tragen.

4. Bei der Preisdifferenz gilt folgender Grundsatz: Je kleiner der zeitliche Abstand zwischen dem Erscheinen der Original- und dem der Buchgemeinschaftsausgabe ist, desto kleiner muss auch der Preisunterschied gehalten werden.

1.4.5
Versand- und Internethandel

Das Vertriebsmodell ›ambulanter Buchhandel‹ erklärt sich durch den Unterschied zum ›stationären Buchhandel‹. Während dieser in einem Ladengeschäft Bücher für jedermann zugänglich zum Verkauf auslegt (Bereithaltung im Verkaufsraum), kommt jener bei Kundenakquise und -betreuung mit Büro- und Lagerflächen und Back-Office-Personal aus. Denn der Käufer kommt nicht in die Geschäfte, sondern die Unternehmen kontaktieren, akquirieren und betreuen ihre Kunden außerhalb ihrer Geschäftsräume. In historischer Sicht unterscheidet man drei Grundformen des ambulanten Buchvertriebs.

Grundformen des ambulanten Buchvertriebs

REISEBUCHHANDEL
Verlage oder Einzelhändler besuchen ihre Kunden ›vor Ort‹. Waren früher fahrende Händler mit ihren ›Bauchläden‹ unterwegs, vereinbart man heute Besuche beim Kunden. In Betrieben, Behörden und Schulen, bei Ärzten, Juristen oder auch bei kaufkraftstarken Privatpersonen werden Verkäufer vorstellig, die ihre Produkte bewerben und verkaufen. Damit handelt es sich um eine B2C-Beziehung (business to customer; eine Firma verkauft Ware an Endkunden zu Ladenpreisen) und nicht um eine Form der B2B-Kommunikation (business to business; eine Firma verkauft via Außendienst Leistungen an Geschäftspartner).

VERSANDBUCHHANDEL
Verlage oder Einzelhändler nutzen das Mail-Order-Geschäft. Hier wird zunächst ein Angebot via Anzeige, Katalog, Bestell-Liste unterbreitet, das der Kunde anschließend telefonisch, postalisch, per Fax oder E-Mail bestellen kann. Ob es sich dabei um ein einstufiges Mailing (im Angebot wird direkt auf eine Bestellmöglichkeit hingewiesen) oder um ein zweistufiges Mailing handelt (bei wertigen und/oder hochpreisigen Produkten wird im ersten Angebot dazu aufgefordert, nähere bzw. umfassendere Informationen einzuholen, erst dann erfolgt eine Bestellung), ist von nachgelagerter Bedeutung.

INTERNETBUCHHANDEL
Der Internet- oder Online-Buchhandel ist die moderne Form des Versandbuchhandels. Nutzt der traditionelle Versandbuchhandel als Material der Werbeaussendung die Papierform, bietet der Internetbuchhandel Recherchemöglichkeiten auf seiner Website an und ermöglicht Bestellungen per Mausklick mittels integrierter Warenkorbfunktion. Die reinen Internetbuchhandlungen à la Amazon oder à la buch.de internet stores aus Münster (ein Unternehmen, das mehrere Web-Shops in Deutschland betreibt, z. B. buch.de, bol.de und alphamusic.de) agieren ausschließlich im Netz, während traditionelle Versandunternehmen eine Multi-Impuls-Werbestrategie benutzen, indem das aktuelle Programm in Print- und Online-Katalogen beworben wird und entsprechend vielseitig bestellt werden kann.

Sachlogisch sind Versand- und Internetbuchhandlungen einem Verband zuzuordnen. In diesem Sinne vertritt der Bundesverband der Deutschen Versandbuchhändler die Interessen von rund 160 Mitgliedsfirmen – und gibt Jahr für Jahr steigende Zahlen über die Verschiebung der Marktanteile und Umsatzrelationen zwischen online und offline bekannt. *Buch- und Buchhandel in Zahlen* veröffentlicht in seiner Branchenübersicht ›Geschätzte Umsätze buchhändlerischer Betriebe zu Endverbraucherpreisen‹ 2013 erstmalig getrennte Zahlen: von 19,1 Prozent entfallen 2,6 Prozent auf den Versand- und damit 16,5 Prozent auf den Internethandel. Das Waren- und Dienstleistungsangebot weist neben Büchern auch DVD, CD, Software, Internet-Auktionen, Vermittlung des Verkaufs gebrauchter Bücher etc. aus. Der Trend geht, der US-amerikanischen Entwicklung folgend, in Richtung von E-Commerce-Shops mit einem universellen Warenangebot.

Die Möglichkeit, Kataloge und andere Inhalte ansprechend, kostengünstig und stets aktuell auf Websites anzubieten, macht das Vertriebskonzept ›Verkauf via Internet‹ mittlerweile für alle Sparten des Buchhandels interessant. Verlage setzen im Rahmen des Direktgeschäfts ihre Website-Kataloge mit Warenkorbfunktion ein, der Warenhausbuchhandel propagiert 24 Stunden Erlebnis-Shopping, viele Antiquariate würden ohne Online-Verkäufe nicht mehr existieren und auch der Sortimentsbuchhandel versucht, die in weiten Bereichen festzustellende rückläufige Kundenfrequenz über Umsätze im Internet aufzufangen. Wegen der steigenden Bedeutung dieses Vertriebswegs wird das Thema E-Commerce in einem eigenen Kapitel behandelt (siehe Kap. 9.4).

1.5
Börsenverein des Deutschen Buchhandels

Die Gründung des Börsenvereins geht auf eine ›Buchhändler-Börse‹ in Leipzig zurück, die 1792 zum ersten Male die Abrechnung unterschiedlicher Währungen zwischen Verlagen und Buchhandlungen regelte. Daraus entstand am 30. April 1825 der Börsenverein der Deutschen Buchhändler zu Leipzig. Anfänglich nur zur Weiterführung der Börse eingerichtet, entwickelte sich dieser Verband schon bald zu einer Vertretung des gesamten Berufsstandes über alle damaligen Ländergrenzen hinweg, der im 19. Jahrhundert vor allem an drei Fronten aktiv wurde: gegen die staatliche Zensur, für eine Urheberrechtsgesetzgebung und für den gebundenen Ladenpreis im Rahmen einer buchhändlerischen Verkaufsordnung.

1.5.1
Aufgaben des Börsenvereins

Der Börsenverein ›begleitet‹ mit seiner komplexen Organisationsstruktur, die im Kapitel 1.5.3 anhand eines Organigramms dargestellt ist, die sich ständig wandelnde Medienbranche. Er versteht sich als Sprachrohr der Branche mit

Verbindungen zu politischen Entscheidungsgremien und -trägern. Unter dem **Leitbild ›Bücher bewegen Ideen‹** engagiert sich der Verband für das Kulturgut Buch, das Lesen, für die Meinungsfreiheit und die kulturelle Vielfalt. Diese vielfältigen Aufgaben finden in der Satzung Niederschlag, die in ihrer derzeit gültigen Fassung am 22. Juni 2012 verabschiedet worden ist. Im § 1 Abs. 4 heißt es: »Der Börsenverein hat den Zweck, die Interessen seiner Mitglieder, der Buchhändlerischen Unternehmen, zu vertreten und die Erfüllung der Aufgaben des Herstellenden, des Verbreitenden und des Zwischenbuchhandels zu fördern. Sein Zweck ist nicht auf einen wirtschaftlichen Geschäftsbetrieb gerichtet.«

Der Börsenverein des Deutschen Buchhandels e. V. besteht aus dem Bundesverband mit Sitz in Frankfurt am Main, Landesverbänden und einer Regionalgeschäftsstelle NRW mit Büro in Düsseldorf. Während der Bundesverband überregional ›für die große Politik‹ zuständig ist, erfüllen die Landesverbände ihre Aufgaben ›vor Ort‹. Mit einem Länderrat ist ein oberstes Gremium institutionalisiert worden, das die Willensbildung des Börsenvereins als Gesamtverein in allen Fragen und Angelegenheiten sowie die gemeinsamen Interessen von Börsenverein und Landesverbänden vollzieht. Dies schlägt sich in zum Teil unterschiedlichen Aufgabenkatalogen nieder, die im Folgenden im Überblick skizziert sind.

Aufgaben des Börsenvereins (Bundesverband)

NATIONALE UND INTERNATIONALE LOBBYARBEIT
Preisbindung, Urheberrecht, Umsatzsteuer, Europäische Union und internationale Gremien, Politische Verbindungsarbeit in Berlin, Kontakte mit gesellschaftlich relevanten Verbänden und Institutionen.

KULTURARBEIT
Frankfurter Buchmesse, Friedenspreis des Deutschen Buchhandels, Welttag des Buches (23. April), Leseförderung, Vorlesewettbewerb, ›Ohr liest mit‹, Mitwirkung in der Stiftung Lesen, der Stiftung Buchkunst und anderen kulturell wichtigen Einrichtungen.

BERUFSBILDUNG
Berufsbild und Berufsbildungsrecht, Träger des mediacampus frankfurt I die schulen des deutschen buchhandels.

PRESSE UND INFORMATION
Kontakt zu den Medien, Information über die Position des Börsenvereins zu aktuellen Fragestellungen, Servicestelle für die Vermittlung von Informationen an die Landesverbände.

SERVICELEISTUNGEN
Angebote zu den Bereichen Betriebswirtschaft, Marketing, Versicherungen, Rahmen-
verträge, technische Standards, Organisation von Messen und Ausstellungen.

RECHTS- UND STEUERANGELEGENHEITEN
Beratung der Mitgliedsfirmen in allen buchhandelsspezifischen Rechtsfragen
(Urheberrecht, Preisbindung, Steuern, Wettbewerbsrecht), Mitwirkung an den
›Regeln des Buchhandels‹ (Verkehrsordnung, Wettbewerbsregeln, Grundlagen-
papier; siehe Kap. 4.2) und an der Satzung des Verbandes.

MARKETING UND MARKTFORSCHUNG
Markt- und Leserforschung, Branchenstatistik, Betriebsvergleich.

GREMIENARBEIT
Fachausschüsse (z. B. Sortimenter-Ausschuss [SoA], Arbeitskreis unabhängiger
Sortimente [AkS]), Arbeitsgemeinschaften (z. B. Arbeitsgemeinschaft Antiquariat
oder Arbeitsgemeinschaft Bahnhofsbuchhandel).

Aufgaben des Börsenvereins (Landesverbände) in Auswahl

LOBBYARBEIT
Landesregierungen und Kommunen, politische Verbindungsarbeit in den Landes-
hauptstädten, Unterstützung des Bundesverbandes, parlamentarische Abende,
Arbeitstreffen mit Parlamentariern etc..

ÖFFENTLICHKEITSARBEIT
Gesellschaftliche und kulturelle Organisationen, Medien, Marketing für Buch und
Lesen, Beantwortung von Anfragen von Nicht-Mitgliedern.

AUS- UND WEITERBILDUNG
Ausbildungsbetriebe, staatliche oder staatlich anerkannte Berufsschulen, duale
Ausbildung, IHK und Arbeitsamt, Weiterbildung durch eigene Veranstaltungen oder
durch Kooperationen.

BERATUNG UND INFORMATION FÜR MITGLIEDER
Betriebswirtschaft, Steuern, Existenzgründung und -aufgabe, Wirtschafts- und
Steuerinformationen, Beratersuche, allgemeine Informationen zu Rechtsfragen.

Die ›Politik für das Buch‹ steht an oberster Stelle. Denn Lobbyarbeit bedeutet:
Schaffung optimaler Rahmenbedingungen für Produktion und Vertrieb von
Medienerzeugnissen. Ein wichtiges Instrument hierbei ist der Kontakt zu den

Meinungsführern der Gesellschaft: In Gesprächen mit Regierungs- und Parlamentsvertretern in Bund, Ländern und auf europäischer Ebene argumentiert der Verband für die Interessen seiner Mitglieder. Für den direkten Kontakt zur Bundespolitik unterhält der Börsenverein ein Berliner Büro.

Auf www.boersenverein.de erhalten Verbandsmitglieder zahlreiche Informationen und Handreichungen für die Praxis. Darüber hinaus informieren wöchentlich das *Börsenblatt*, seit 2013 auch mit einer E-Paper-Ausgabe, sowie tagesaktuell die Online-Plattform boersenblatt.net. Außerdem können Mitglieder einen Newsletter bei ihren Fachausschüssen oder beim Dachverband beziehen.

1.5.2
Mitgliedschaft

Die Mitgliedschaft im Börsenverein des Deutschen Buchhandels e.V. kann von allen buchhändlerischen Unternehmen erworben werden, die im Sinne der Satzung Gegenstände des Buchhandels herstellen, verbreiten oder vermitteln. Im Mitgliedsbeitrag ist der kostenlose Bezug eines Mitglied-Abonnements des *Börsenblatts* enthalten. Neue Firmen, die in der Gründungsphase oder erst nach Geschäfteröffnung Mitglied werden, müssen bestimmte Mindestkriterien nachweisen, die ihren Niederschlag u.a. im *Fragebogen Fachgruppe verbreitender Buchhandel* finden (folgende Doppelseite).

Mindestkriterien für die Aufnahme in den Börsenverein (in Auswahl)

SORTIMENT
• Nachweis über Ladenlokal, Quadratmeter-Verkaufsfläche und Schaufensterfläche,
• Angaben zum Personal und dem (geplanten) Umsatz,
• Nachweis der Führung der Buchhandlung im Hauptgewerbe nach kaufmännischen Gesichtspunkten,
• Gewährleistung fachlicher Beratung.

REISE- UND VERSANDBUCHHANDEL
• Nachweis hauptberuflicher Tätigkeit,
• Vorlage eines Versandprospektes,
• Nachweis eines Internet-Shops,
• Nachweis über Geschäftsräume und Bürozeiten.

VERLAGE
• Vorlage fertiger Verlagserzeugnisse, ersatzweise Leseexemplare, Vorausexemplare, Andrucke oder dergleichen,

- Vorlage eines Verlagsprospektes und/oder einer Liste der vorhandenen oder in Planung befindlichen Titel,
- schlüssige Darlegung einer auf Kontinuität angelegten verlegerischen Tätigkeit,
- Nachweis der gewerbsmäßigen Führung des Unternehmens.

Der Beitrag für die Mitgliedschaft richtet sich nach dem Netto-Jahresumsatz des Vorjahres. Während bilanzierungspflichtige Unternehmen ihren Umsatz alle zwei Jahre von einem Wirtschaftsprüfer attestieren lassen müssen, stufen sich die nicht-bilanzierungspflichtigen Mitglieder selbst ein. Je nach Zugehörigkeit zu einem Landesverband können Beitragsanteile für die Arbeitgeberverbände der Verlage und Buchhandlungen (AGV) bzw. eine Umlage für das Sozialwerk des Deutschen Buchhandels hinzukommen. Die Mitgliedschaft eröffnet den Zugang zu Leistungen und Serviceeinrichtungen des Börsenvereins. Seit geraumer Zeit gibt es auch korrespondierende bzw. assoziierte Mitglieder.

Seitenreich – das Vorteilsprogramm

Das Vorteilsprogramm ›Seitenreich‹ für Mitglieder des Börsenvereins wird vom MitgliederService angeboten. Die Leistungspalette erstreckt sich über verschiedene Bereiche des alltäglichen Geschäftslebens, wie Versicherungen, Bürobedarf, Verpackungsmaterialien, elektronische Zahlungssysteme, Kommunikationstechnologie, alles rund ums Auto, Hotelreservierung, Strom und Gas etc. bis zu einem kulturellen Bereich. Hervorzuheben sind die versicherungstechnischen Dienstleistungen, die die Firma Wulff und Partner anbietet. Denn die ausgehandelten Rahmen- und Kollektivverträge umfassen den gesamten gewerblichen und privaten Versicherungsbedarf und gelten nicht nur für die Mitgliedsfirmen, sondern auch für Inhaber und Mitarbeiter dieser Unternehmen und deren Angehörige – auch für Auszubildende.

Verkehrsnummer und ILN

Mit der Aufnahme in den Börsenverein wird eine Verkehrsnummer zugeteilt. Sie wird innerbetrieblich vor allem in der Buchhaltung verwendet. Für den Geschäftsverkehr wird sie auf Briefbögen, Rechnungs- und Zahlungsformularen etc. aufgedruckt. Im elektronischen Verkehr gilt sie als Adresse der jeweiligen Partner. Die Verkehrsnummern sind unterteilt in Kreditoren- und Debitorennummern. Die **Kreditorennummern** (10.000 bis 19.999) werden den Lieferanten als Kreditgebern (Verlage und Zwischenbuchhändler) und die **Debitorennummern** (20.000 bis 59.999) den Buchhandlungen als Kreditnehmern zu-

Börsenverein des
Deutschen Buchhandels

Fragebogen
Fachgruppe Verbreitender Buchhandel

Für die Aufnahme in den Landesverband und in den Börsenverein des Deutschen Buchhandels
bitten wir, folgende Fragen nach bestem Wissen zu beantworten:

1. Unterhalten Sie ein offenes Ladengeschäft? ☐ ja   ☐ nein
   Wenn ja, mit welchen Öffnungszeiten?_____

2. Über wie viele qm Geschäftsraum verfügen Sie insgesamt?_____ qm

3. Wie viele qm davon sind Verkaufsfläche? _____ qm

4. Befindet sich der Laden in ☐ eigenen oder in ☐ gemieteten Räumen?
   Falls gemietet, bitte Kopie des Mietvertrags beifügen!

5. Ladeneinrichtung und -ausstattung:
   Lieferant der Ladeneinrichtung: _____

   Über wie viele Regalmeter Bücher verfügen Sie? _____

   Welche technischen Einrichtungen sind vorhanden (Ladenkasse, Bestellaufnahmegerät usw.)?
   Fügen Sie bitte einige Innen- und Außenaufnahmen Ihres Ladens bei!

   _____

6. Beschreiben Sie bitte Ihre Geschäftslage (Haupt- oder Nebenstraße, Fußgängerzone, Einkaufszentrum usw.):

   _____

7. Von welchen Verlagen werden Sie bereits beliefert?

   _____

8. Von welchen Firmen des Zwischenbuchhandels werden Sie beliefert?

   _____

9. Welche bibliographischen Hilfsmittel sind vorhanden?

   _____

(bitte wenden)

10. Sortimentsstruktur:

    10.1. Buchhandel

        Zahl der Titel und Exemplare ca. _____Titel, ca. _____ Expl.

        Verkaufswert ca. _____ €

        Warengruppen (geschätzt in %):

        Belletristik _____ %

        Sachbücher _____ %

        Wissenschaftliche u. Fachliteratur _____ %

        Kinder- und Jugendbücher _____ %

        Taschenbücher _____ %

        Schulbücher _____ %

        Spezialgebiet (welches?) _____ %

    10.2. Nichtbuchhändlerische Artikel (z.B. Papier- und Schreibwaren, Bürobedarf, Schulbedarf, Kunstgewerbe, Büromaschinen, Fotoartikel, sonstige):

_____

11. Welche Schaufensterfläche und/oder Vitrinen stehen für die Buchdekoration zur Verfügung?

_____

12. Wodurch garantieren Sie eine fachkundige Führung der Buchhandlung?
(Abgeschlossene Berufsausbildung als Buchhändler/in, andere abgeschlossene Berufsausbildung? Ausbildungsfirma und -dauer, Abschlussprüfung wann und wo? Bisherige Tätigkeiten in Verlagen und/oder Buchhandlungen? Ggf. bitte Nachweise beifügen oder Referenzen angeben!)

_____

13. Wollen Sie den Buchhandel □ hauptberuflich oder □ nebenberuflich betreiben?
Wenn nebenberuflich, was ist Ihr Hauptberuf?

_____

14. Können Sie Referenzen aus der Branche benennen?

_____

15. Angaben zu Ihrem Personal (Anzahl der Mitarbeiter, fachliche Qualifikation):

_____

16. Falls das Geschäft bereits eröffnet ist: bisher erzielter Umsatz: _____ €

Der Antragsteller verpflichtet sich, eine Änderung der Verhältnisse, die für die Aufnahme maßgeblich waren, unverzüglich den Verbänden mitzuteilen. Soweit eine Aufnahme durch wissentlich unrichtige Angaben seitens des Antragstellers herbeigeführt wurde, kann die Mitgliedschaft von den Verbänden widerrufen werden.

_____

Ort / Datum   Rechtsverbindliche Unterschrift / Firmenstempel

Beitragsstaffel ab 1. Januar 2014

Folgende Beitragsstaffel hat die Hauptversammlung des **Börsenvereins des Deutschen Buchhandels e.V.** satzungsgemäß am 21. Juni 2013 beschlossen. Die Hauptversammlung des **Börsenvereins des Deutschen Buchhandels – Landesverband Hessen, Rheinland-Pfalz, Saarland e.V.** hat am 23. Mai 2013 den Beschluss zur Sozialwerksumlage gefasst, der Mitgliedsbeitrag für den Landesverband wurde nicht geändert:

Beitragsstaffel Gesamtverein

Gruppe	Jahresumsatz Umsatz über Euro	Umsatz bis Euro	Mitgliedsbeitrag (Euro jährlich) Bundesverband	Landesverband	Gruppe	Jahresumsatz Umsatz über Euro	Umsatz bis Euro	Mitgliedsbeitrag (Euro jährlich) Bundesverband	Landesverband
1		100.000	335	125	29	10.800.000	12.800.000	4.484	1.646
2	100.000	119.000	365	137	30	12.800.000	15.200.000	4.918	1.806
3	119.000	141.000	402	150	31	15.200.000	18.100.000	5.390	1.979
4	141.000	168.000	443	164	32	18.100.000	21.500.000	5.912	2.171
5	168.000	200.000	492	182	33	21.500.000	25.600.000	6.483	2.380
6	200.000	238.000	541	201	34	25.600.000	30.400.000	7.104	2.608
7	238.000	283.000	590	219	35	30.400.000	36.200.000	7.787	2.859
8	283.000	336.000	640	237	36	36.200.000	43.100.000	8.533	3.133
9	336.000	400.000	701	260	37	43.100.000	51.200.000	9.365	3.438
10	400.000	476.000	775	287	38	51.200.000	60.900.000	10.259	3.767
11	476.000	566.000	849	315	39	60.900.000	72.400.000	11.233	4.131
12	566.000	673.000	935	347	40	72.400.000	86.100.000	12.333	4.528
13	673.000	800.000	1.021	378	41	86.100.000	102.400.000	13.513	4.961
14	800.000	951.000	1.119	415	42	102.400.000	121.800.000	14.817	5.440
15	951.000	1.130.000	1.242	456	43	121.800.000	144.800.000	16.245	5.964
16	1.130.000	1.350.000	1.354	497	44	144.800.000	172.200.000	17.798	6.534
17	1.350.000	1.600.000	1.490	547	45	172.200.000	204.800.000	19.524	7.168
18	1.600.000	1.900.000	1.627	597	46	204.800.000	243.500.000	21.400	7.857
19	1.900.000	2.260.000	1.788	657	47	243.500.000	289.600.000	23.461	8.614
20	2.260.000	2.690.000	1.962	720	48	289.600.000	344.400.000	25.722	9.444
21	2.690.000	3.200.000	2.149	789	49	344.400.000	409.600.000	28.193	10.351
22	3.200.000	3.810.000	2.360	866	50	409.600.000	487.100.000	30.913	11.350
23	3.810.000	4.530.000	2.583	948	51	487.100.000	579.300.000	33.894	12.444
24	4.530.000	5.380.000	2.832	1.040	52	579.300.000	688.900.000	37.161	13.644
25	5.380.000	6.400.000	3.105	1.140	53	688.900.000	819.200.000	40.738	14.957
26	6.400.000	7.610.000	3.403	1.249	54	819.200.000	974.200.000	44.650	16.393
27	7.610.000	9.050.000	3.726	1.368	55	974.200.000	1.159.000.000	48.972	17.980
28	9.050.000	10.800.000	4.086	1.500	56	1.159.000.000	1.378.000.000	53.692	19.713

Aufnahmegebühr Bundesverband/Landesverband: je 250 Euro

Im Börsenverein des Deutschen Buchhandels – Landesverband Hessen, Rheinland-Pfalz, Saarland e.V. zahlen Mitglieder darüber hinaus einen Beitrag an das Sozialwerk des Deutschen Buchhandels e.V. gemäß folgender Staffel:

Bis zu einem Umsatz von Euro	entspricht Beitragsgruppe	Betrag in Euro
566.000	1–11	6,50
1.600.000	12–17	13,00
5.380.000	18–24	19,50
Darüber	25–56	26,00

Landesverband Hessen, Rheinland-Pfalz, Saarland e.V. | Frankfurter Straße 1 | 65189 Wiesbaden geteilt. Änderungen und Aktualisierungen der Nummern (Neuzugänge, Umfirmierungen, Löschungen, Berichtigungen) werden im *Börsenblatt* angezeigt.

Das Problem der Adressierung in internationalen Märkten löst die **Internationale Lokationsnummer** (ILN). Sie gewährleistet eine einheitliche, weltweit gültige und überschneidungsfreie Nummerierung und Codierung, die in der elektronischen Datenkommunikation mit Zulieferern, Dienstleistern und Kunden unverzichtbar geworden ist. Die stets 13-stelligen Nummern, die je nach Größe oder Filialisierung der Unternehmen (für kleine Firmen reicht die ILN Typ 1 völlig aus, während die ILN Typ 2 neben Basisnummern auch einen flexiblen Nummernbereich für eine Eigengenerierung aufweist) sind in Datenbanken abgespeichert und identifizieren Liefer- und Empfängerbetriebe. Mit der Zuteilung der Verkehrsnummer erhält jede Mitgliedsbuchhandlung auch eine ILN vom Typ 1. Die ILN wird übrigens, wie die EAN-Codierung, von der GS1 Germany vergeben. GS1 steht für Global Standard One, eine internationale Organisation, deren erklärtes Ziel die Optimierung der Logistik- und Nachfrageketten im Handel ist. Angeschlossen an GS1 mit Sitz in Brüssel sind rund 120 nationale GS1-Organisationen.

1.5.3
Verbandsstrukturen

Weltweit einzigartig ist die Struktur des Börsenvereins des Deutschen Buchhandels e. V., denn er vereint alle drei Handelsstufen unter einem Dach. Zum Stichtag 1. April 2013 waren 5.402 Unternehmen im Verband organisiert: 1.813 Verlage, 3.440 Buchhandlungen und Antiquariate, 68 Zwischenbuchhändler, 24 freie Verlagsvertreter, 31 korrespondierende Mitglieder sowie 26 internationale Mitglieder. Als deutscher Vertreter der Buchbranche ist der Börsenverein Mitglied der Internationalen Verleger-Union (International Publishers Association, IPA) und der Internationalen Buchhändler-Vereinigung (International Booksellers Federation, IBF) sowie des Europäischen Verlegerverbandes (Federation of European Publishers, FEP) und des Europäischen Buchhändlerverbandes (European Booksellers Federation, EBF).

Verbandsorgane

Die Organe des Börsenvereins sind die Hauptversammlung, Fachgruppenversammlungen, Fachausschüsse, der Länderrat, das Branchenparlament, der Vorstand, die Geschäftsleitung, die Satzungs- und Schiedskommission sowie der Haushalts-Ausschuss. Die Organe werden durch Arbeitsgemeinschaften, Arbeitskreise, Arbeitsausschüsse und fachspezifisch zusammengesetzte Arbeitsgruppen unterstützt. Die Tätigkeit in den Organen und den unterstützenden Gremien ist ehrenamtlich und kann nur von Angehörigen der Mitgliedsunternehmen ausgeübt werden. Die nebenstehende Grafik verdeutlicht die Verflechtung der unterschiedlichen ehrenamtlichen Tätigkeiten auf Bundesebene.

Der Vorstand leitet den Börsenverein. Er besteht aus neun Mitgliedern, und zwar dem Vorsteher, dem Schatzmeister und ihren jeweiligen Stellvertretern, dem Schriftführer, den Vorsitzenden der drei Fachausschüsse sowie einem Vorstandsmitglied der Landesverbände. Seine Amtszeit beläuft sich auf drei Jahre.

Laut §41 der Verbandssatzung hat das **Branchenparlament** die Aufgabe, branchenpolitische Themen zu diskutieren, zu klären und Empfehlungen an die Hauptversammlung und/oder den Vorstand auszusprechen. Es beschließt konsensfähige Änderungen der Wettbewerbsregeln, der Verkehrsordnung sowie des Grundlagenpapiers. Es dient auch als Diskussionsforum über Budget und Etat des Börsenvereins und seiner Wirtschaftsbetriebe. Darüber hinaus thematisiert es Konflikte zwischen den Handelsstufen und beruft bei Bedarf spartenübergreifende Arbeitsgruppen zur vertiefenden Bearbeitung schwieriger Themen.

Die **Hauptversammlung** ist die Versammlung der Mitglieder des Börsenvereins. Sie findet einmal jährlich im Rahmen der Buchtage statt. Laut Satzung hat die Hauptversammlung folgende Aufgaben:
• Wahl der Mitglieder des Vorstands,
• Beschlussfassung über Anträge auf Änderung der Satzung sowie auf Festsetzung des Jahresbeitrags und etwaiger Sonderumlagen und Zuschläge,
• Entgegennahme der Tätigkeitsberichte des Vorstands und der Fachausschüsse,
• Entgegennahme des Jahresberichts des Schatzmeisters sowie Entgegennahme und Genehmigung des Jahresabschlusses für das vergangene und des Voranschlags für das nächste Vereinsjahr,
• die Entscheidung über die Auflösung des Vereins.

Es liegt auf der Hand, dass ein so komplex aufgebauter Verband wie der Börsenverein nicht nur ehrenamtlich geleitet werden kann. Deshalb existiert eine mit hauptamtlichen Mitarbeitern geführte **Geschäftsstelle**. Diese trifft – soweit es nicht Sache der ehrenamtlichen Gremien ist – mitunter auch verbandspolitische Entscheidungen. Darüber hinaus ist sie im organisatorischen Bereich tätig. Dem ehrenamtlichen Vorsteher entspricht in diesem Sinn ein Hauptgeschäftsführer des Vereins. Sein Stellvertreter, gleichzeitig Leiter der Rechtsabteilung, ist der Justitiar des Börsenvereins. Zur Geschäftsstelle des Verbandes gehören darüber hinaus noch die hauptamtlichen Geschäftsführer des Verleger-Ausschusses (VA) und des Sortimenter-Ausschusses (SoA), die wiederum eigene Geschäftsstellen mit einem kleinen Mitarbeiterstab unterhalten.

Ehrenamt im Bundesverband

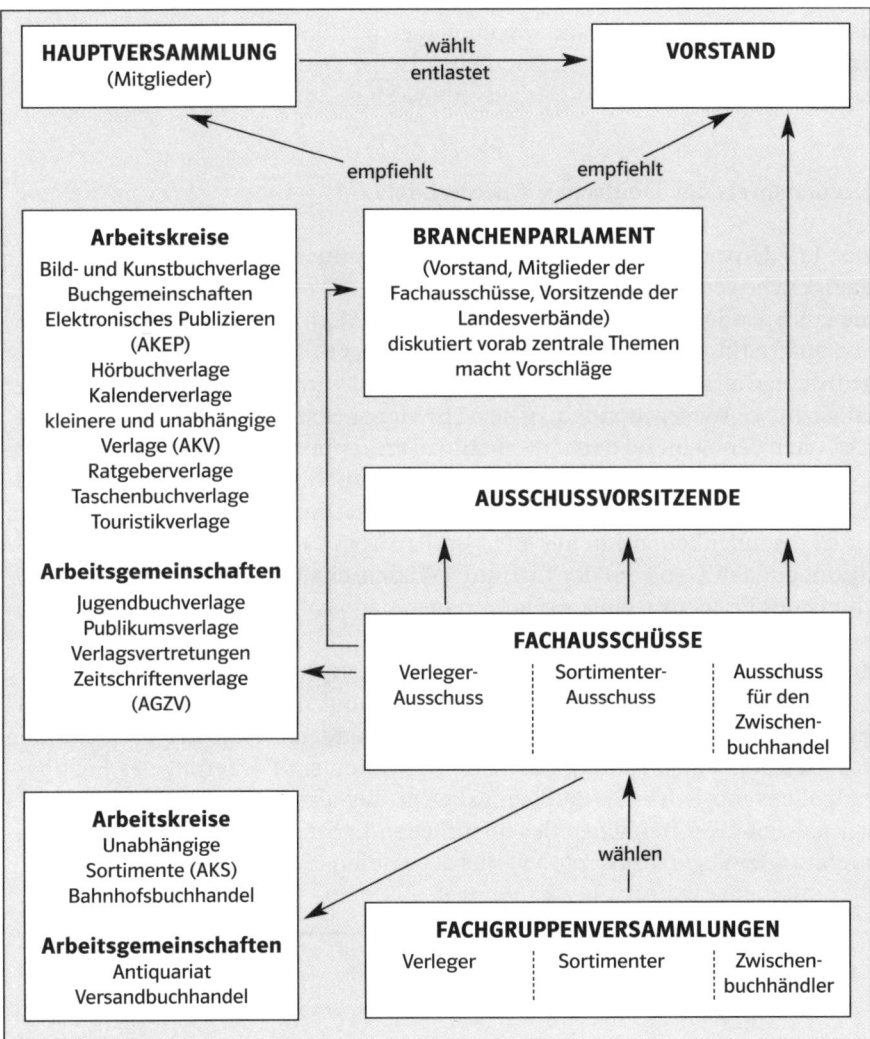

1.5.4
Kulturelle und kulturpolitische Verbandsaktivitäten

Rund 1/3 des Verbandsbudgets fließt in die Kulturarbeit ein – in der Hoffnung, dass damit eine langfristige Wirkung verbunden ist. Der Verband setzt sich für kulturelle Vielfalt und Meinungsfreiheit ein und organisiert dahingehende Veranstaltungen bzw. fördert entsprechende Projekte auf ganz unterschiedlichen Ebenen, beispielsweise anlässlich von Gedenkveranstaltungen zum Jahrestag der Bücherverbrennung und zum Writers-in-Prison-Day. Schwerpunkt der Kulturarbeit jedoch sind wenige, aber publikumsträchtige Projekte: der Friedenspreis des Deutschen Buchhandels, der Deutsche Buchpreis, der Welttag des Buches sowie der Vorlesewettbewerb.

Friedenspreis des Deutschen Buchhandels

Der Friedenspreis wird seit 1950 jährlich zur Buchmesse in der Frankfurter Paulskirche verliehen. Er ist verbunden mit einer Preissumme von 25.000 Euro, die aus Spenden von Verlegern und Buchhändlern aufgebracht wird. Er wird von einer Stiftung betreut, deren siebenköpfiger Stiftungsrat zwar von der Abgeordnetenversammlung gewählt und bestätigt wird, ohne aber in irgendeiner Hinsicht weisungsgebunden zu sein. In einem Statut sind Richtlinien festgelegt, nach denen dieser auch international renommierte Preis vergeben werden soll: »Die Stiftung dient dem Frieden, der Menschlichkeit und der Verständigung der Völker. Dies geschieht durch die Verleihung des Friedenspreises an eine Persönlichkeit, die in hervorragendem Maße vornehmlich durch ihre Tätigkeit auf den Gebieten der Literatur, Wissenschaft und Kunst zur Verwirklichung des Friedensgedankens beigetragen hat. Der Preisträger wird ohne Unterschied der Nation, der Rasse und des Bekenntnisses gewählt. Der Preis wird in der Regel jährlich verliehen, er kann auch posthum vergeben werden. Der Friedenspreis kann unter gleichen Voraussetzungen einer Institution oder Organisation verliehen werden. Auch ist im besonderen Falle die Umwandlung des Preises in einen Auftrag oder ein Stipendium zur Förderung des Friedensgedankens möglich.« Die Auflistung belegt, dass der Preis an Persönlichkeiten aus nahezu allen Bereichen des öffentlichen Lebens (Literatur, Politik, Philosophie, Soziologie, Kunst etc.) verliehen worden ist.

Friedenspreisträger des Deutschen Buchhandels

2004	Graf Peter Esterházy	2009	Claudio Magris
2005	Orhan Pamuk	2010	David Grossman
2006	Wolf Lepenies	2011	Boualem Sansal
2007	Saul Friedländer	2012	Liao Yiwu
2008	Anselm Kiefer	2013	Swetlana Alexijewitsch

Deutscher Buchpreis (dbp)

Mit dem Deutschen Buchpreis zeichnet eine Stiftung des Börsenvereins des Deutschen Buchhandels jährlich den besten, neuen Roman in deutscher Sprache aus. Ziel des Preises ist es, über die deutschen Grenzen hinaus für deutschsprachige Autoren, das Lesen und das Leitmedium Buch Aufmerksamkeit zu schaffen.

Dieses Ziel hat der Preis binnen kurzer Zeit mit großem Medienecho erreicht. Der Stellenwert und das Image deutschsprachiger Literatur haben sich weltweit verbessert – das demonstriert nicht nur die Zahl der vergebenen Auslandslizenzen für die Siegertitel. Verlage aus Deutschland, Österreich und der Schweiz können sich mit ihren Titeln direkt um die Auszeichnung bewerben. Sieben jährlich wechselnde Juroren prüfen alle eingereichten und den Teilnahmekriterien entsprechenden Bücher. Der Preis orientiert sich an Vorbildern wie dem englischen Man Booker Prize und dem französischen Prix Goncourt.

Im August wird eine Auswahlliste von 20 Titeln (›Longlist‹) veröffentlicht, im September dann eine auf sechs Titel reduzierte ›Shortlist‹. Die MVB unterstützt den Preis im Vorfeld mit zahlreichen Werbematerialien. Seit 2010 werden Blind-Date-Lesungen mit den 20 Favoriten organisiert. Der Preisträger, der erst am Abend der Preisverleihung bekannt gegeben wird, erhält ein Preisgeld von 25.000 Euro, die übrigen Autoren der Shortlist je 2.500 Euro. Die Auszeichnung wird zum Auftakt der Frankfurter Buchmesse im Kaisersaal des Frankfurter Römers verliehen.

Preisträger des Deutschen Buchpreises

2005	Arno Geiger: *Es geht uns gut*	2010	Melinda Nadj Abonji, *Tauben fliegen auf*
2006	Katharina Hacke: *Die Habenichtse*	2011	Eugen Ruge, *In Zeiten des abnehmenden Lichts*
2007	Julia Franck: *Die Mittagsfrau*		
2008	Uwe Tellkamp, *Der Turm*	2012	Ursula Krechel, *Landgericht*
2009	Kathrin Schmidt, *Du stirbst nicht*	2013	Terézia Mora, *Das Ungeheuer*

Welttag des Buches

Aus einer regionalen Tradition ist ein internationales Ereignis geworden: 1995 erklärte die UNESCO den 23. April zum Welttag des Buches, zum weltweiten Feiertag für das Lesen, für Bücher und die Rechte der Autoren. Die UN-Organisation für Kultur und Bildung hat sich dabei von dem katalanischen Brauch inspirieren lassen, zum Namenstag des Volksheiligen St. Georg Rosen und Bücher zu verschenken. Darüber hinaus hat der 23. April eine weitere besondere Bedeutung: Er ist der Todestag des spanischen Dichters Miguel de Cervantes Saavedra im Jahr 1616 sowie der Geburts- und Todestag (1564 bzw. 1616) von William Shakespeare. Dass dem Buch ein eigener Welttag gewidmet wurde, soll auf die fundamentale Bedeutung von Büchern und ihre unverzichtbare Rolle für die Verbreitung und Bewahrung von Wissen hinweisen.

Seit 1996 wird der Welttag des Buches auch in Deutschland inszeniert. Zahlreiche Buchhandlungen organisieren jedes Jahr am 23. April mit Engagement und Kreativität Veranstaltungen rund ums Lesen.

Vorlesewettbewerb

Die Fähigkeit zu lesen stellt eine der Grundvoraussetzungen für die Existenz des Buchhandels dar. Deshalb ist Leseförderung immer schon ein Thema des Verbandes gewesen. Ein Wettbewerb findet im Zusammenhang mit der Leseförderung besonders starke Beachtung. Seit 1959 gibt es den Vorlesewettbewerb des Deutschen Buchhandels, der für alle Schülerinnen und Schüler des sechsten Schuljahres – gleich welche Schulform sie besuchen – ausgeschrieben und in Kooperation mit Buchhandlungen und Bibliotheken veranstaltet wird.

Der Vorlesewettbewerb soll Spaß am Lesen und Vorlesen vermitteln und einen Einblick in die Vielfalt der Kinder- und Jugendliteratur geben. Die Schüler stellen ein selbst gewähltes Lieblingsbuch vor; bewertet werden Textverständnis und Lesetechnik. Allein die Zahl der 700.000 Kinder ist imposant, die vom Klassen- und Schul- bis zum Bundesentscheid an diesem Wettbewerb teilnehmen. Die außerordentliche Resonanz dieses Wettbewerbs zeigt sich u. a. darin, dass er seit 1979 unter der Schirmherrschaft des Bundespräsidenten stattfindet.

Weitere Preise im Überblick

Mit dem **Alfred-Kerr-Preis für Literaturkritik** wird seit 1977 einmal jährlich im Rahmen der Hauptversammlung die Redaktion eines bemerkenswerten Literaturteils einer deutschsprachigen Zeitung oder Zeitschrift oder auch eines deutschsprachigen Hörfunk- bzw. Fernsehprogramms ausgezeichnet. Alfred Kerr (1867–1948) war bis zu seiner Emigration nach London im Jahr 1933 einer der einflussreichsten Literaturkritiker in Berlin. Bereits frühzeitig trat er für Autoren wie Henrik Ibsen und Gerhart Hauptmann ein, die seinerzeit neue Wege in der Kunst suchten.

Seit 2001 organisiert der Börsenverein den Wettbewerb **Ohr liest mit.** An dem bundesweiten Wettbewerb für kreatives Lesen und Hören nehmen jährlich rund 3.000 Kinder und Jugendliche teil.

Der vom Landesverband Bayern und dem Kulturreferat der Stadt München gestiftete **Geschwister-Scholl-Preis** ehrt Bücher, die der Gesellschaft wichtige Impulse geben, von geistiger Unabhängigkeit zeugen und geeignet sind, bürgerliche Freiheit sowie moralischen, intellektuellen und ästhetischen Mut zu fördern.

Der **Leipziger Buchpreis zur Europäischen Verständigung** wird seit 1994 verliehen und würdigt Persönlichkeiten, die sich in Buchform um das gegenseitige Verständnis in Europa, vor allem aber mit den Ländern Mittel- und Osteuropas, verdient gemacht haben. Das Kuratorium bilden die Stadt Leipzig, der Freistaat Sachsen, der Börsenverein des Deutschen Buchhandels und die Leipziger Messe GmbH. Sie sehen im Preis eine besondere Aufgabe der traditionsreichen Buch- und Buchmessestadt Leipzig.

Weitere kulturelle und kulturpolitische Aktivitäten

Der Börsenverein, die Deutsche Nationalbibliothek und der Magistrat der Stadt Frankfurt am Main tragen seit 1978 gemeinsam die bereits im Jahre 1965 gegründete **Stiftung Buchkunst**. Aufgabe und Zweck der Stiftung ist es, »alle Bestrebungen zu fördern, die auf sachgemäße und künstlerische Buchgestaltung ausgerichtet sind« (Satzung Art. II Abs. 2). Dies geschieht durch Ausstellungen, Veröffentlichungen, Dokumentationen, Vorträge und vor allem durch Wettbewerbe. Der bekannteste von ihnen trägt seit 1990 den Titel ›Die schönsten deutschen Bücher‹. Zwei bedeutende internationale Ausstellungen finden in Leipzig und Frankfurt statt.

Die Vorläufer des mediacampus frankfurt|die schulen des deutschen buchhandels reichen zurück bis ins Jahr 1852, als der Börsenverein in Leipzig eine Buchhändler-Lehranstalt ins Leben rief, um den Nachwuchs adäquat und berufsbezogen ausbilden zu können. Nach dem 2. Weltkrieg gründete 1946 der ehemalige Rheinisch-Westfälische Verleger- und Buchhändlerverband in Köln eine ähnlich konzipierte Buchhändlerschule, die dann sechs Jahre später vom Börsenverein übernommen wurde. 1963 verlegte man den Sitz der Schule nach Frankfurt am Main-Seckbach, wo sie sich noch immer befindet. Die Umfirmierung zum **mediacampus frankfurt** erfolgte 2009. Kein anderer ›kleiner‹ Berufsstand unterhält in Deutschland eine vergleichbare Berufsbildungsinstitution mit einem derartig breit gefächerten kostenpflichtigen Ausbildungs- und Fortbildungsprogramm, das auch ein Bachelor-Studienangebot mit einschließt. Der ›Schul-GmbH‹ steht aktuell die Bildungsdirektorin des Börsenvereins vor.

1.5.5
Die Wirtschaftsbetriebe des Verbandes

Politik und Wirtschaft sind im Börsenverein getrennt. Während sich der Verband im Rahmen des eingetragenen Vereins um politische Lobbyarbeit und verbandspolitische Themen kümmert, werden die Wirtschaftsaktivitäten in der Börsenverein des Deutschen Buchhandels Beteiligungsgesellschaft mbH

Organisationsstruktur des Börsenvereins

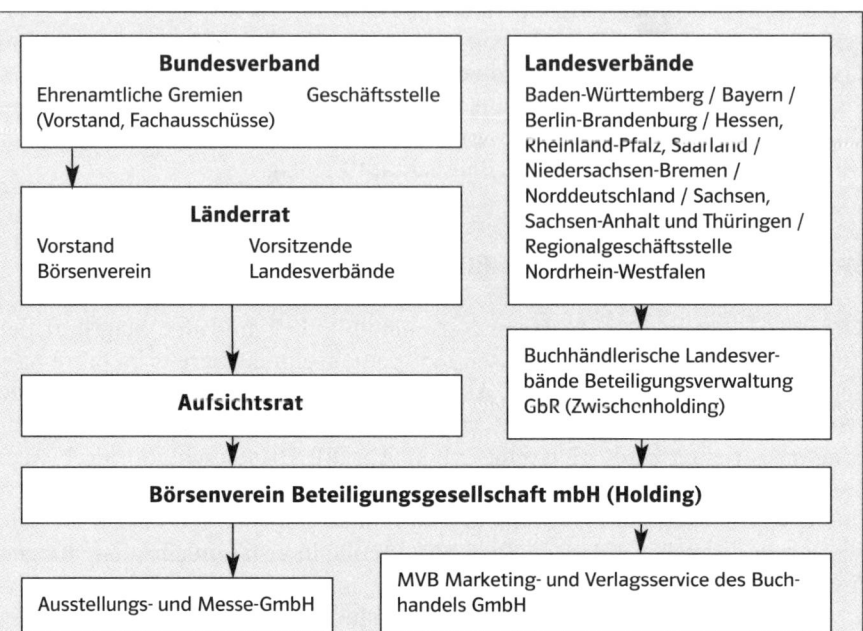

(BBG) gebündelt. An dieser Holding halten der Bundesverband und die buchhändlerischen Landesverbände, die über die Gesellschafterversammlung und den Aufsichtsrat miteinander verbunden sind, Beteiligungen. Die kostenpflichtigen Produkte und Dienstleistungen werden von zwei ›Wirtschaftstöchtern‹ angeboten, die betriebswirtschaftlich unabhängig vom Verband handeln.

MVB Marketing- und Verlagsservice des Buchhandels

Relevant für den Bucheinzelhandel ist vor allem die MVB Marketing- und Verlagsservice des Buchhandels GmbH – ein Unternehmen, das erstmalig 2003 im Rahmen der Neuorganisation des Börsenvereins unter diesem Namen am Markt aufgetreten ist. Die MVB bietet Verlagsprodukte und Dienstleistungen an, die das Marketing von Büchern unterstützen und die Orientierung am Markt erleichtern. Zur breit gefächerten Produktpalette (einzelne Produkte werden zum Teil sachbezogen an anderen Stellen dieses Buches thematisiert) gehören u. a.:
• **Börsenblatt** – das offizielle Verbandsorgan;
• **Buchjournal** – nahezu flächendeckend eingesetzte Kundenzeitschrift;

- **Verzeichnis lieferbarer Bücher** (VlB) – ›die‹ bibliografische Branchen-
datenbank,
- **libreka!** – Geschäftsmodell für die Distribution digitaler Inhalte;
- **Adressbuch für den deutschsprachigen Buchhandel** – eine digitale
Adressdatenbank mit über 24.000 Verlagsadressen;
- **BuchSchenkService** – Koordinationsstelle für die überregionale Einlösung
ausgegebener Bücherschecks;
- **Werbemittelangebote** – von Tragetaschen über Lesezeichen und
Geschenkpapieren bis zu Präsentationshilfen;
- **Buch- und Buchhandel in Zahlen** – das ›statistische Jahrbuch‹ für
branchenrelevantes Zahlenmaterial; für Betriebsberater, Gründer,
Trendforscher und Interessierte.

Ferner tritt die MVB mit dem Namen **Buchindustrie Standardagentur** (BI-
SAG) als Agentur für Buchmarktstandards in Erscheinung und verantwortet
in diesem Zusammenhang u. a. als nationale ISBN-Agentur die Vergabe der
Verlagsnummer (dritter Bestandteil der ISBN; siehe Kap. 5.6.9).

Auch der **Informationsverbund Buchhandel** (IBU), der für Buchhandlungen das Bestellclearing (siehe Kap. 1.2.2.3) managt, ist ein Angebot der
MVB. Weitere IBU-Aufgaben sind das Kommunikations-Clearing elektronischer Geschäftsdaten (elektronische Rückmeldungen, elektronische Lieferscheine und ›Gelbe Beilage‹ elektronisch) sowie datentechnische Konvertie-
rungsdienstleistungen.

Ausstellungs- und Messe-GmbH (AuM)

Die Ausstellungs- und Messe GmbH hat neben der Organisation der Frankfurter Buchmesse die Aufgabe, Ausstellungen deutscher Bücher und Verlagsobjekte im Ausland zu fördern. Deshalb ist sie jährlich auf über 20 bedeutsa-
men Buch- und Handelsmessen vertreten und organisiert dort Gemein-
schaftsstände für die Mitgliedsverlage des Börsenvereins. Ferner unterhält sie
mit www.frankfurt-bookfair.com das weltweit meistgenutzte Online-Portal
der Buchbranche.

Alljährlich kommen mehr als 7.000 Aussteller zur Frankfurter Buchmesse,
davon mehr als die Hälfte aus dem Ausland. Auf über 150.000 Quadratmetern
werden ca. 400.000 Produkte gezeigt. Fachbesucher aus allen Berufssparten
rund ums Buch (Verleger, Buchhändler, literarische Agenturen, Bibliotheken,
Journalisten, Buchhandelsfachklassen etc.) nutzen die Messe zu Gesprächen,
Kontaktaufnahmen oder zu Vertragsabschlüssen. Rund 70 Prozent des internationalen Rechte- und Lizenzgeschäfts werden hier angebahnt und abgewickelt. Das allgemeine Publikum mit eingerechnet besuchen jedes Jahr rund
300.000 Menschen die weltweit größte Buchmesse.

Pflichtprogramm für (angehende) Sortimentsbuchhändler ist ein Besuch der Halle 4.0, in der Dienstleistungen für Verlage und Buchhandlungen präsentiert werden. Hier findet der interessierte Buchhändler alles, was er zu seinem Unternehmenserfolg braucht: angefangen bei Geschenkverpackungen bis hin zu Ladeneinrichtungen und EDV-Lösungen. Seit 2006 ist auch eine Non-Book-Ausstellung in dieser Halle integriert. Es versteht sich von selbst, dass auch der Börsenverein und der Sortimenter-Ausschuss von hier aus ihre Aktivitäten für fünf Tage im Jahr bündeln. Auszubildende im Buchhandel, die mit dem Gedanken spielen, in naher Zukunft eine Buchhandlung zu gründen, erhalten – vom Sortimenter-Ausschuss organisiert – eine kostenlose Betriebsberatung.

Fragen zu Kapitel 1

1.1 Erläutern Sie den ersten Satz des Buchpreisbindungsgesetzes: »Das Gesetz dient dem Schutz des Kulturgutes Buch«.

1.2 Erläutern Sie die Wertschöpfungskette im Buchhandel.

1.3 Kennzeichnen Sie die richtigen Aussagen mit einer 1 und die falschen Aussagen mit einer 2.

( ) Rund 40 Prozent des Umsatzes im allgemeinen Sortimentsbuchhandel entfallen auf Titel, die man mit fiktionaler Literatur in Verbindung bringt.

( ) 5 Prozent der an die Deutsche Nationalbibliothek eingereichten Pflichtexemplare sind bearbeitete Neuauflagen.

( ) Im *Verzeichnis lieferbarer Bücher* sind 1 Millionen Datensätze aus rund 15.000 Verlagen recherchierbar.

( ) Verlage generieren ca. 12 Prozent des gesamten Buchhandelsumsatzes im Direktvertrieb.

( ) Der geschätzte Gesamtumsatz der Buchbranche zu Endverbraucherpreisen liegt bei rund 10 Milliarden Euro.

( ) In Deutschland gibt es zahlenmäßig mehr Unternehmen des herstellenden Buchhandels als verbreitende Buchhändler, aber im Börsenverein überwiegt die Zahl der verbreitenden Buchhändler.

1.4 Welche Lesebedürfnisse bedient ein Publikumsverlag?

1.5 Mit welchen Verlagsabteilungen (nennen Sie drei) müssen ›das Lektorat‹ und ›die Herstellung‹ intensiv zusammenarbeiten, um Maßnahmen bzw. Prozesse ihres Workflows aufeinander abzustimmen?

1.6 Was versteht man unter ›Outsourcing‹, und wo ist Outsourcing im Buchhandel anzutreffen?

1.7 Grenzen Sie für die Wirtschaftsstufe Zwischenbuchhandel die Bereiche ›Absatzmittler‹ und ›Absatzhelfer‹ voneinander ab, und nennen Sie jeweils zwei Beispiele.

1.8 Nennen Sie zwei Großhändler, die ›just-in-time‹ liefern.

1.9 Nennen Sie sechs Gründe, die aus Sicht des Sortimentsbuchhandels für einen Bezug über das Barsortiment sprechen.

1.10 Erläutern Sie die Begriffe:
Rabattfalle,
Bündelung,
Funktionsrabatt,
Rack-Jobbing.

1.11 Erläutern Sie das Verhältnis zwischen einem Kommissionär und einem Kommittent.

1.12 Kennzeichnen Sie die richtigen Aussagen mit einer 1 und die falschen Aussagen mit einer 2. (Einige Antworten erschließen sich nicht anhand der Ausführungen; bitte weitere Quellen hinzuziehen.)

( ) Die VVA (= Vereinigte Verlagsauslieferung) gehört zur Arvato-Gruppe des Bertelsmann Konzerns.

( ) Sigloch Distribution betreut auslieferungstechnisch u. a. die Holtzbrinck-Verlage.

( ) SVK und CVK liefern die Produktion großer Schulbuchverlage aus.

( ) Mit dem Forderungskauf übernimmt eine Verlagsauslieferung das Delcredere.

( ) Eine Auslieferung nach dem Mandanten-Prinzip kann alle Verlagssendungen in einer Sendung zusammenfassen und eine Faktur erstellen.

1.13 Was versteht man unter einer digitalen Verlagsauslieferung?

1.14 Erläutern Sie die Begriffe:
Parkmodell,
Kleinbeischluss,
Avis,
Clearing Center.

1.15 Nennen Sie die umsatzstärksten Unternehmen (Marktführer im Bucheinzelhandel) seit 1945 in zeitlicher Reihenfolge.

1.16 Erläutern Sie je zwei exogene und endogene Faktoren, die den Strukturwandel beeinflusst haben.

1.17 Beschreiben Sie eine allgemeine Sortimentsbuchhandlung anhand von fünf Merkmalen.

1.18 Aktualisieren Sie die Tabelle der umsatzstärksten Unternehmen im Sortimentsbuchhandel, und interpretieren Sie Abweichungen und Unterschiede zur abgedruckten Tabelle anhand der von Ihnen recherchierten Statistiken.

1.19 Erläutern Sie die wirtschaftliche Lukrativität von Filialunternehmen anhand von sieben Aspekten.

1.20 Nennen Sie Gewinner und Verlierer im Kampf der Absatzkanäle um Marktanteile, bezogen auf den Umsatz zu Endverbraucherpreisen.

1.21 Nennen Sie fünf Aufgaben, die zum Bereich ›Einkauf‹ eines Antiquars gehören.

1.22 Was versteht man unter bibliophilem Antiquariat?

1.23 Beschreiben Sie die Angebotspalette im Modernen Antiquariat.

1.24 Unterscheiden Sie ›normale‹ Mängelexemplare von ›gemängelten‹ Mängelexemplarcn.

1.25 Erläutern Sie die Idee des Buch-Abonnements.

1.26 Erläutern Sie die vier preisbindungsrechtlichen Kriterien für Buchgemeinschaftsausgaben gemäß der revidierten Fassung des ›Potsdamer Protokolls‹.

1.27 Nennen Sie drei Betriebsformen des ambulanten Buchhandels.

1.28 Erläutern Sie den Begriff ›Multi-Channeling‹.

1.29 Erläutern Sie zwei Aufgabenbereiche, die zur Lobbyarbeit des Börsenvereins gehören.

1.30 Wofür stehen die Abkürzungen:
AuM,
MVB,
SoA,
AkS?

1.31 Wie hoch ist der Jahresbeitragssatz für eine Mitgliedsfirma im Börsenverein mit einem Jahresumsatz von 1,2 Mio. Umsatz?

1.32 Nennen Sie zwei Mindestkriterien für Sortimentsbuchhandlungen, die vor der Zuteilung einer Verkehrsnummer erfüllt sein müssen.

1.33 Welche Leistungen (nennen Sie fünf) umfasst das Vorteilsprogramm für Mitglieder des Börsenvereins, und wer kann von ihnen profitieren?

1.34 Welche unterschiedlichen Zielsetzungen haben der Friedenspreis des Deutschen Buchhandels und der Deutsche Buchpreis?

1.35 Welche literarischen Verlage haben Autoren im Programm, die den Deutschen Buchpreis gewonnen haben? Recherchieren Sie auch bei aktuellen Preisträgern.

1.36 Auf welches Datum fällt der Welttag des Buches?

1.37 Erläutern Sie die Praxisrelevanz von vier Produkten und/oder Dienstleistungen, die zum Angebot der MVB gehören.

2
Gegenstände und Dienstleistungen des Buchmarktes

Gegenstände und Dienstleistungen des Buchmarktes

Aus: Ausbildungsrahmenplan für die Berufsausbildung zum Buchhändler und zur Buchhändlerin | Sachliche Gliederung (§ 4 Absatz 2 Abschnitt A Nummer 1)

GEGENSTÄNDE UND DIENSTLEISTUNGEN DES BUCHMARKTES

- Gegenstände des Buchhandels, insbesondere Bücher, Zeitschriften und andere Printmedien, unterscheiden und ihre Bedeutung für die Branche darstellen;
- Bücher, Zeitschriften und andere Printmedien von Angeboten in digitaler Form unterscheiden und bewerten;
- kartografische Produkte unterscheiden;
- buchaffine Nebenprodukte beschreiben und ihre Bedeutung für den Buchhandel begründen;
- Dienstleistungen des Buchmarktes und ihre Bedeutung für den Unternehmenserfolg darstellen;
- Kriterien, insbesondere literarischer, künstlerischer, wissenschaftlicher und technischer Art, für die qualitative Beurteilung des Angebots im Ausbildungsbetrieb anwenden.

HERSTELLUNG

- Aufbau von Büchern beschreiben, ihre Ausstattung bewerten;
- Schrift-, Papier- und Einbandarten unterscheiden;
- Satz-, Druck- und Bindetechniken unterscheiden;
- Formen elektronischen Publizierens unter Berücksichtigung rechtlicher Vorschriften und technischer Erfordernisse unterscheiden.

Die zwar branchenübliche, aber etwas gespreizte Formulierung ›Gegenstände des Buchhandels‹ trägt dem Phänomen Rechnung, dass viele verschiedene ›Waren‹ und ›Produkte‹ zu den Handelsgegenständen der Branche gehören. Die Verkehrsordnung für den Buchhandel fasst diese 2006 im Rahmen der Begriffsbestimmungen (§ 1 Abs. 4) wie folgt zusammen. »Werke sind alle Gegenstände des Buchhandels sowie des Zeitschriften- und Kunsthandels, die der Verlag herstellt und verbreitet. Gegenstände des Buchhandels sind alle Erzeugnisse der Literatur, Tonkunst, Kunst, Kartografie und Fotografie, die durch ein grafisches, phonografisches, fotografisches, fotomechanisches, optisches, magnetisches, digitales oder vergleichbares bestehendes oder neues

Verfahren vervielfältigt sind, wie z. B. Bücher, Zeitschriften, Musikalien, Tonträger einschließlich Hörbücher, Daten- oder Bildträger (insbesondere CD-ROM und DVD), Kunstblätter, Kalender, Diapositive, Atlanten, Landkarten, Globen, Schulwandbilder und andere diesen Begriffsbestimmungen entsprechende Lehr- und Lernmittel.« 2007, ein Jahr später, fügt die neue und derzeit noch aktuelle Satzung des Börsenvereins im § 7 zukunftsorientiert hinzu, dass diese Gegenstände auch im Wege der Online-Nutzung verbreitet werden können. Damit gehören auch E-Books und die zu ihrem Lesen erforderlichen Lesegeräte zu den Gegenständen des Buchhandels.

Die Definition der Verkehrsordnung stellt den Werk-Aspekt in den Vordergrund – die geistigen Wurzeln als die Grundlage materieller Erzeugnisse. Einmal mehr zeigt sich der **Doppelcharakter des Buches** als geistiges Erzeugnis und als Ware: Ein Buch ist durch seine Idealität und durch seine Materialität gekennzeichnet. Bertolt Brecht hat diesen Zusammenhang mit der Formulierung ›geheiligte Ware‹ umschrieben. Es ist eben dieser Doppelcharakter, der nicht nur unterschiedliche Sichtweisen auf die Gegenstände des Buchhandels zulässt, sondern auch auf den Berufsstand ›Buchhandel‹ und seine Werte-Identität. Denn der Buchhandel steht in der ständigen Spannung zwischen Geist und Kommerz, zwischen kultureller Aufgabe und ökonomischem Handeln. Und je nachdem, ob man den Gesichtspunkt ›Handel‹ oder den Aspekt ›Buch‹ in den Vordergrund stellt, wird man in unserer Branche eher profitorientierte Ökonomen oder kulturbesessene Persönlichkeiten antreffen.

Non-Books

Wenn kulturelle und kommerzielle Zielsetzungen miteinander in Konflikt geraten, sind Spannungen und Differenzen quasi vorprogrammiert. Aktuell zeigt sich dies anlässlich der Diskussion um (vermehrte) Aufnahme von Non-Books (siehe Kap. 2.3) in die Verkaufsflächen von Buchhandlungen. Bei **Non-Books** handelt es sich im engeren Sinn um Waren, die zwar im Buchhandel verkauft werden, aber keine Bücher sind. Dies ist kein neues Phänomen. Denn schon immer gab es buchaffine Medien, die als verlagstypisch angesehen und deshalb über den Buchhandel vertrieben wurden – und werden, wie die Aufzählung der Verkehrsordnung beweist, die Hörbücher, Kalender, DVD etc. zu den Gegenständen des Buchhandels zählt. Aber auch Papier-, Büro- und Schreibwarenbedarf (PBS-Artikel) sowie Spiele sind häufig in Form von Neben- oder Randsortimenten anzutreffen und gehören damit zur buchhändlerischen Angebotsstruktur.

Buchaffine Non-Books gehören also unstrittig zum Buchhandel. Aber ab welchem Umfang und mit welchen Produkten profiliert sich eine Buchhandlung über nicht-buchaffine Produkte? Auch hier gibt es durchaus unscharfe

Grenzziehungen. Mögen Schokolade und Wein als ›Genussmittel‹ durchaus eine Beziehung zu einer entspannten Lesekultur haben, so kann davon bei beliebigem (und billig produziertem) ›Plüschkram‹ nicht mehr die Rede sein. Es ist diese ›Beliebigkeit‹ und die mit ihr verbundene ausschließlich ökonomische Relevanz, die in einer Branche auf Kritik stößt, die sich – zumindest offiziell – einer differenzierten kulturellen Vielfalt verschrieben hat und dem Leitmedium Buch eine hohe Priorität einräumt.

Exkurs: Lebensdauer

Die Lebensdauer der Gegenstände des Buchhandels variiert von Unternehmen zu Unternehmen. Denn was die eine Buchhandlung mit Freude jahrelang verkauft, kann in einer anderen Buchhandlung bereits nach kurzer Zeit remittiert werden. Das mag zu einem Großteil an den unterschiedlichen Zielgruppen, kann aber auch am Einkaufsverhalten des Buchhändlers liegen. Der Betriebsberater W. E. Heinold hat diesbezüglich bereits Anfang der 1980er Jahre eine Unterscheidung vorgenommen, die heute nahezu unverändert gilt: die in Überzeugungs- und Vermittlungs-Buchhändler.

Der **Überzeugungs-Buchhändler** lebt für sein Credo: »Ich stehe hinter dem, was ich verkaufe«. Das Schnelldreher-Sortiment nimmt er zwar am Rande mit, aber er konzentriert sich auf erklärungs- und überzeugungsbedürftige Produkte mit hohem Beratungsaufwand – entweder um eigene Wertvorstellungen zu verwirklichen oder um seiner Zielgruppe gerecht zu werden, die ihn gerade wegen seiner Beratungskompetenz schätzt. Der Anteil an Backlist-Titeln ist bei ihm besonders hoch. Bei den ›Großen der Branche‹ (siehe Kap. 1.3.2) hingegen hat sich der **Vermittlungs-Buchhändler** durchgesetzt. Er reduziert die Anzahl ›schwieriger‹ Produkte und konzentriert sein Angebot auf stark nachgefragte Titel (Best-, Long- und Steadyseller), die als ›Selbstläufer‹ immer vorrätig sind und auf besten Plätzen ausliegen.

Trotz dieser gelebten Verschiedenheit gibt es eine gemeinsame Terminologie, die sich in Bezug auf die Lebensdauer der Handelsgegenstände etabliert hat. Man unterscheidet:

• **Aktionstitel** Titel, die zeitlich befristet geführt werden.
• **Backlist** Titel, die im Sortiment geführt werden, ohne zu den Novitäten zu gehören. Die Lebensdauer ist unterschiedlich lang.
• **Besorgungstitel** Titel, die auf Kundenwunsch bestellt und über das Abholfach verkauft werden.
• **Bestseller** Die TOP-Seller aus der Warenwirtschaft. In der Regel sind es die Novitäten, die in größeren Stückzahlen eingekauft werden und durch Stapelpräsentation ›Warendruck‹ erzeugen.
• **Imagetitel** Titel, die der Profilbildung einer Buchhandlung dienen und zu ihrem ›guten Ruf‹ beitragen. In der Regel sind es aktuelle oder interessante

Zusatzartikel zu ohnehin gepflegten Sortimentsschwerpunkten. Imagetitel sind nicht mit Ladenhütern zu verwechseln.

- **Ladenhüter** Titel, die in den Regalen der Buchhandlung für einen (sehr) langen Zeitraum bevorratet werden, ohne verkauft zu werden.
- **Longseller/Steadyseller** Titel, die sich über einen längeren Zeitraum, mitunter sogar Jahre, gut verkaufen. Verlage sorgen in regelmäßigen Abständen für Neuauflagen oder Nachdrucke.
- **Novitäten (Neuerscheinungen)** Titel, deren Lebensdauer unbestimmt ist, denn im Raum stehen sowohl ›Top-Titel‹ als auch ›Flops‹. ›Neu‹ allein ist kein Qualitätskriterium; häufig haben die ›Novis‹ nur ein kurzfristiges Absatzhoch.
- **Originalausgaben** Novitäten, die erstmalig veröffentlicht werden. Haben sie Erfolg, erleben sie weitere Auflagen oder Nachdrucke bzw. werden als Lizenzausgaben im Programm anderer Verlage (vor allem Taschenbuchverlage) weitergeführt.
- **Schnelldreher** Titel, die binnen kurzer Zeit häufig verkauft werden.

Preisbindung, Umsatzsteuer und Büchersendung

Die Buchbranche genießt nicht nur das ›Privileg‹ der Preisbindung (siehe Kap. 4.1). Weitere hervorzuhebende Aspekte bestehen in dem ermäßigten Umsatzsteuersatz sowie in einer postalischen Sonderregelung: dem Versand von Büchern mit einem Gewicht von bis zu 1.000 Gramm als Büchersendung (siehe Kap. 9.3).

Die nachstehende Matrix für Gegenstände des Buchhandels macht diese Besonderheiten im Vergleich überschaubar. Auf den ersten Blick fällt auf, dass die meisten neuen Medien nicht preisbindungsfähig sind. Dies hängt ursprünglich mit einer Entscheidung des Bundesgerichtshofes aus dem Jahre 1966 zusammen, nach der Schallplatten nicht preisgebunden werden durften, da sie keine klassischen Verlagsobjekte seien und nicht in größerem Umfang über den traditionellen Vertriebsweg Buchfachhandel verkauft würden. Diese Entscheidung galt in der Folgezeit für alle Neue-Medien-Produkte – bis es in den 1990er Jahren die ersten Ausnahmen bei elektronischen Wörterbüchern oder speziellen CD-ROMs gab. Die Begründung lautet in diesen Fällen: Es sind auch solche Produkte preisbindungsfähig, die als »lesbarer Ersatz des gedruckten Buches« angesehen werden können und funktional mit gedruckten Verlagserzeugnissen austauschbar sind. Allerdings müssen sie von einem Verlag hergestellt sein.

Derzeit (April 2014) setzt sich der Börsenverein bei den Finanzbehörden besonders für die Produktgruppe Hörbuch ein; denn auch diese soll den reduzierten Umsatzsteuersatz erhalten.

Matrix zur Umsatzsteuer, Preisbindung und Büchersendung

Handelsgegenstände des Buchhandels	USt-Satz	Versand als Büchersendung	Preisbindung	Bemerkung
Adressbücher	7	nein	ja	–
Antiquarische Bücher	7	ja	nein	–
Arbeitshefte oder -bücher (mit				–
hohem Anteil gedruckter Texte)	7*	ja	ja	* im Einzelfall prüfen
Bibliografien	7	ja*	nein	* nur ohne Preisangaben
Bilderbücher, -alben, Zeichen-				–
und Malbücher	7	ja	ja	–
Bildmappen, mit Texten	7*	nein	ja	* im Einzelfall prüfen
Briefmarkenalben (mit vorge-				
druckten Marken)	7	nein	ja	–
Briefmarkenalben (Steckalben)	19	nein	nein	–
Briefmarkenkataloge	7	ja	nein	–
Bücher und Broschüren	7	ja*	ja	* Postbestimmungen bez. Werbung
– in Kassetten	7	ja	ja	–
– von Firmen, deren Hauptzweck				
nicht das Verlegen ist	7*	nein**	ja	* im Einzelfall prüfen
				** da meistens Eigenwerbung
Comics	7	ja	ja	–
CD-ROM/DVD	19	nein	nein*	* im Einzelfall prüfen
CD-ROM/DVD (nur Texte,				
ohne Interaktion)	19	nein	ja	–
E-Books	19	nein	ja	–
– Enhanced E-Books	19	nein	nein	–
Einbanddecken	19	nein	nein	–
Fahrpläne	7	ja	nein	–
Folien	19	nein	nein	–
Globen	7	nein	ja	–
Hörbücher	19	nein	nein	–
Jugendgefährdende Schriften				
(lt. Liste der Bundesprüfstelle)	19	ja	ja	–
Kalender (Abreiß-)	19	nein	nein	–
Kalender, Jahrbücher (als Buch)	7*	ja	ja	* sofern hoher Textanteil
Kartenspiele, Spielkarten	19	nein	nein	–
Kleinschrifttum (geheftete Traktate				
o. Ä.)	7	ja	nein	–
Landkarten (kartografische				
Erzeugnisse)	7	ja	ja	–
Lehrtafeln (Wand- und Lehrkarten)	19	nein	ja*	* soweit bedruckt
Lehrmittel, Lernmittel	19	nein	nein	–
Lernspiele	19	nein	nein	–
Loseblattwerke,				
Ergänzungslieferungen	7	ja	ja	–
Loseblattwerke,				
Grundwerk im Ordner	7	ja*	ja	* soweit fest im Ordner

Matrix zur Umsatzsteuer, Preisbindung und Büchersendung (Fortsetzung)

Handelsgegenstände des Buchhandels	USt-Satz	Versand als Büchersendung	Preis-bindung	Bemerkungen
Medienverbundprodukte (z. B. Buch und DVD)	7*	ja	ja	* soweit Buchanteil überwiegt
Noten, Notenblätter	7	nein	ja	
Poster	19	nein	ja*	* sofern mit bedrucktem Text
Postkarten, Kunstpostkarten	19	nein	nein	–
Reprints	7	ja	ja	–
Software	19	nein	nein	–
Spiele	19	nein	nein	–
Spiele-Karteien	7	nein	nein	–
Vorlesungsverzeichnisse	7	ja	ja	–
Wand- und Lehrkarten	19	nein	ja*	* soweit bedruckt
Zeitungen, Zeitschriften	7	nein*	ja**	* Postbestimmmungen hinsichtlich Versand beachten (Streifbandzeitung) ** Preisbindung laut GWB § 15 über Revers

Alte und neue Medien

Die ›neuen Medien‹, die sowohl als Offline- als auch als Online-Medien angeboten werden (siehe Kap. 2.4), gehören zum Buchfachhandel wie die traditionellen Printmedien. Das Wort ›neu‹ steht für die (fast) unbegrenzten Möglichkeiten digitaler elektronischer Datenverarbeitung, die multimediale Aufbereitung mit einschließt. Es ist möglich geworden, Text, Ton, statische und sequenzielle Bilder bzw. Bildeinheiten zu verbinden, es ist möglich geworden, Verlagsprodukte interaktiv zu gestalten, und ist es auch möglich geworden, dass Nutzer bzw. User ihren Inhalt selbst zusammenstellen (UGC – user generated content; siehe Kap. 10.5.8).

Dienstleistungen

Der Begriff ›Sortiment‹ kommt von ›sortieren‹ oder ›auswählen‹. Aus den jährlich rund 30.000 sortimentsrelevanten neuen Titeln stellt sich jede Buchhandlung ihr einmaliges(!) Sortiment zusammen. Diese Einkaufsleistung dient absatzpolitisch zur Profilierung und marketingtechnisch zur Abgrenzung einer Buchhandlung gegenüber der Konkurrenz. Aber nicht nur die je eigene Sortimentszusammenstellung bewirkt die Individualität eines Sortiments. Auch **Dienstleistungen** (siehe Kap. 2.6) schärfen das Profil und können damit entscheidend zum Unternehmenserfolg beitragen. Dabei können sie im Detail höchst unterschiedlich ausfallen. So wird das Besorgungsgeschäft als Basisdienstleistung von jeder Buchhandlung angeboten, und bargeldlose Zahlung, Geschenkverpackung, Versandservice, Benachrichtigung per SMS oder E-Mail, Getränkeangebot (Kaffee, Wasser) werden von vielen Kunden zunehmend als Basis-Dienstleistungen empfunden. Aber es gibt Buchhandlungen, die – ausgehend von ihrem Schwerpunkt oder ihrer inhaltlichen Ausrichtung – ›Besonderes‹ bieten, was sie von anderen Geschäften ihrer Umgebung unterscheidet. Dies kann bei einer ›Kulturbuchhandlung‹ ein ansprechendes Veranstaltungsprogramm sein, bei einer ›Stadtteilbuchhandlung‹ der abendliche Botendienst (per Fahrrad), bei einer stets aktuell ausgerichteten ›Kommunikationsbuchhandlung‹ ein schwarzes Brett im Laden oder Fan-Pages in sozialen Netzwerken etc. Dieses ›Besondere‹ oder ›Mehr‹ kann also durchaus variieren, zementiert aber letzten Endes die Unternehmensidentität und damit das Bild, das Kunden von ›ihrer‹ Buchhandlung haben.

Fast alle Entscheidungen über das Angebot (Sortiment und Dienstleistungen; siehe Kap. 10.2) betreffen die USP (engl. unique selling proposition) und damit das einzigartige Verkaufsversprechen, das die zentrale Frage nach der Existenzberechtigung eines jeden Wirtschaftsunternehmens beantworten helfen soll: »Warum sollen Kunden gerade in meinem Geschäft und meinem Webshop einkaufen?« Letzten Endes geht es also immer um Fragen des Marktes und des Marketings. In diesem Kapitel steht allerdings die buchhändlerische Angebots- und Dienstleistungsstruktur im Fokus: Wie können Gegenstände und Dienstleistungen des Buchhandels beschrieben, unterschieden und bewertet werden?

2.1
Printmedien

Printmedien werden in Buchverlagen sowie in Zeitungs- und Zeitschriftenverlagen (ZZ-Verlage) hergestellt. Der Fokus der folgenden Ausführungen liegt auf dem Bereich Buch mit einem Exkurs zu Print(ing)-on-Demand-Publikationen (PoD). Presserzeugnisse spielen im Sortimentsbuchhandel eine eher untergeordnete Rolle (siehe Kap. 1.2.1.2); Fachzeitschriften eine wichtigere – allerdings nur, sofern ein umfangreiches Rechnungsgeschäft besteht.

2.1.1
Bücher

In formaler Hinsicht sind Bücher gedruckte und der Öffentlichkeit verfügbar gemachte Veröffentlichungen. Die bedruckten, beschriebenen, bemalten oder auch leeren (vakat) Blätter werden mittels Bindetechniken zusammengehalten. Man unterscheidet sie u. a. nach den folgenden Kriterien.

Formale Unterscheidungskriterien bei Büchern

INHALT
Grundlegend ist die englische Unterscheidung in Fiction und Non-Fiction. Die fiktionale Literatur umfasst Romane und Erzählungen, die zu Unterhaltungszwecken geschrieben werden oder als anspruchsvolle Literatur (Belletristik im engeren Sinn) konzipiert ist. Der nicht fiktionale Bereich, in dem Sachthemen und Fachliches im Vordergrund stehen, umfasst Sachbücher, Ratgeber, berufsspezifische Fachbücher, Schulbücher und wissenschaftliche Literatur. Die Trennung in Fiction und Non-Fiction entspricht der eingangs des ersten Kapitels erwähnten Lese-Typologie. In diesem Sinne bedient und fördert Fiction das animatorische oder identifikatorische Lesen und Non-Fiction das zweckgerichtete oder informatorische Lesen.

UMFANG
Neben mehr oder weniger umfangreichen Einzelveröffentlichungen (im Non-Fiction-Bereich als **Monografien** bezeichnet) gibt es mehrbändige Gesamtausgaben eines Verfassers (siehe Kap. 2.1.2).

EINZEL- UND REIHENTITEL
Belletristische Hardcover-Titel und Sachbücher erscheinen in der Regel als Einzeltitel. Nur wenige Verlage (z. B. Diogenes) übergeben ihre Novitäten mit einem konsequent durchgehaltenen Layout der Öffentlichkeit. Reihentitel hingegen sorgen für unmittelbare Wiedererkennung, wie im Fall der Taschenbuchverlage, bei Fachbüchern und bei wissenschaftlichen Schriftenreihen.

Eine Produktion in Reihen ist für Verlage in verschiedener Hinsicht sinnvoll, wobei neben dem Wiedererkennungseffekt bei der Zielgruppe vor allem der Kostenaspekt im Vordergrund steht: Das Reihen-Layout muss nur einmal entworfen werden, Produktionskosten können niedrig gehalten werden (vereinheitlichtes Format, dasselbe Papier) und es ist selten eine aufwändige Einzeltitelwerbung notwendig.

EINBANDART
Man unterscheidet grundlegend zwischen Hardcover (= fester Pappeinband) und Softcover (= flexibler Einband, kartoniert). Hersteller verwenden hierfür die Begriffe Deckenband und Broschur.

EDITIONSFORM
Die einheitliche Warengruppensystematik (siehe Kap. 3.2) trennt Bücher gemäß ihrem Warengruppen-Index nach Hardcover und Softcover auf der einen und Taschenbuch auf der anderen Seite. In diesem Sinne sind Taschenbücher Publika-

tionen, die in ausgewiesenen Taschenbuchverlagen monatlich in Reihen oder aber bei ›gemischten Verlagen‹ in taschenbuchähnlichen Reihen produziert werden.

FORMATE
Der Begriff ›Format‹ bezeichnet im Buchbereich normalerweise eine Größenangabe. Marketingtechnisch wird der Begriff neuerdings verwendet, um spezielle, vor allem ›neue‹ Produktionseinheiten oder Programmsegmente als neues ›Format‹ zu vermarkten. Eine Abgrenzung zum Begriff ›Reihe‹ bleibt unscharf.

ERSCHEINUNGSWEISE
Die meisten Bücher sind nicht periodische Veröffentlichungen. Es gibt aber auch Publikationen, die als Fortsetzungswerke in mehreren Teilen und in mehr oder weniger regelmäßigen Abständen erscheinen (siehe Kap. 2.1.2).

Neben der formalen existiert natürlich auch eine markt- und/oder kundenbezogene Betrachtungsweise. Denn Bücher werden in erster Linie für bestimmte Zielgruppen konzipiert. Hier hilft die im Kap. 1.1.1 vorgestellte Verlagstypologie, aus der nicht nur die unterschiedliche Aufmachung für die Genres Belletristik, Ratgeber, Sachbücher, Fachbücher und wissenschaftliche Literatur ersichtlich wird, sondern auch die unterschiedliche Preis- und Rabattstruktur im Buchhandel.

So bleibt ein abschließender Blick auf wesentliche herstellerische Aspekte: ein Blick auf Schrift-, Papier- und Einbandarten, auf Druck- und Bindetechniken sowie ein Blick in den Aufbau von Büchern. Dies vor allem vor dem Hintergrund, dass angemessene Buchpreise auch immer die Wertigkeit der Produkte widerspiegeln. Die Generierung der Inhalte im Lektorat ist nur ein Geschäftsfeld der Verlage – diese Inhalte (zu vertretbaren Kosten) in eine Form zu bringen, ist Aufgabe der Herstellungsabteilung, die im Spannungsfeld von Kostenoptimierung, Produktqualität und Termindruck arbeitet. Hier wird über die Haptik des Endprodukts und seine Anmutung entschieden – in Zeiten einer um sich greifenden Digitalkultur letztes Endes auch ein Kriterium für Kundenzufriedenheit. Ausführlicher sind die im Folgenden angesprochenen Aspekte in den Büchern *Basiswissen Herstellung für Buchhändler* (Edition Buchhandel Band 19) und *Bücher machen* (Edition Buchhandel Band 13) dargestellt.

2.1.1.1
Aufbau eines Buches

Ein Buch setzt sich aus einem Buchblock und einem Einband zusammen. Der Buchblock gliedert sich im Allgemeinen in Titelei, Textteil und Anhang.

Die **Titelei** umfasst, sofern Widmung, Motto, Danksagung o. Ä. keine besondere Lösung erfordern, üblicherweise die Seiten 1–4:

Seite 1 **Schmutztitel.** Ein historisch überkommener Begriff: Früher brauchte man ein Blatt, das dem aufwändig gestalteten Titelblatt vorgeschaltet war und dieses schützte, denn der Buchblock wurde ohne Einband verkauft.

Seite 2 **Schmutztitelrückseite.** Bei Romanen und Sachbüchern üblicherweise eine Vakatseite (unbedruckte Seite). Bei Taschenbüchern stehen hier, in Ermangelung von Schutzumschlagklappen, häufig Informationen über Inhalt und Autor. Bei Reihen befindet sich hier in der Regel die Reihenbezeichnung. Früher schmückte die Schmutztitelrückseite häufig ein Frontispiz (lat. Titelbild) in Form von Illustrationen/Abbildungen oder eines Fotos des Autors.

Seite 3 **Titelblatt.** Haupttitel, der (bis auf Ortsangabe und Erscheinungsjahr) die vollständigen bibliografischen Angaben (siehe Kap.5.5) enthält.

Seite 4 **Impressum** mit Copyright-Angaben: Verlag und Verlagsort sowie Druckerei und Sitz der Druckerei; weitere Angaben sind möglich, aber nicht zwingend erforderlich. Die Angaben des Impressums können auch am Ende des Buches stehen. In diesem Fall sind die Grenzen zu einem Kolophon (Paratext, der am Schluss eines Druckwerks weitere Informationen über den Titel bietet) unscharf.

Ab der fünften Buchseite sind Aufbau und Umbruch eines Buches abhängig von der Reihenkonzeption, von Gestaltungstraditionen oder von Wünschen des Autors. So können auf der Seite 5 stehen: Widmung/Motto, Vorwort, Inhaltsverzeichnis, Zwischentitel oder Textbeginn. Bei stark gegliederten Inhalten sollte das Inhaltsverzeichnis unter dem Aspekt der Lesefunktion auf der fünften Seite beginnen.

Nach dem **Textteil** (siehe weiter unten) folgt der **Anhang.** Im Bereich Non-Fiction sind Register obligatorisch, die je nach Bedarf differenziert werden (z.B. in Sach-, Stichwort-, Autoren-, Personen- und Ortsregister). Hinzu kommen Literaturverzeichnisse sowie ggf. Abbildungs- und Abkürzungsverzeichnisse u.a.m.

2.1.1.2
Layout und Schrift

Gut gestaltete Bücher bilden eine Einheit von Inhalt, Gestaltung, Papier, Bindung, Einband und Umschlag. Es gehört zu den kreativen Aufgaben der Herstellungsabteilung, in Absprache mit dem Lektorat Büchern eine zweckmäßige und ästhetisch ansprechende Form zu geben. Dabei geht es neben dem Aufbau des Buches um die Seitengestaltung, das richtige Verhältnis von Text und

Klassischer Satzspiegel für einen Roman

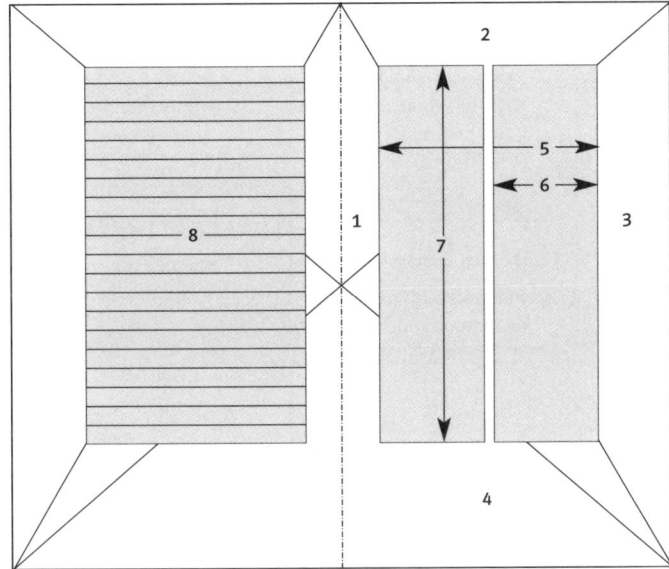

1 Bundsteg
2 Kopfsteg
3 Außensteg
4 Fußsteg
5 Satzspiegelbreite
6 (Text)Spalte
   (Kolumne)
7 Satzspiegelhöhe
8 Satzspiegel mit
   Grundlinienraster

Quelle: H.-H. Ruta, *Basiswissen Herstellung für Buchhändler*, S. 44

Bild, die richtige Wahl von Schriften und Auszeichnungen und manchmal auch um den Umschlag, sofern dieser nicht von einer Agentur als Fremdleistung konzipiert wird. Benutzerfreundlichkeit und optimale Lesbarkeit heißen die Hauptziele.

Das **Layout,** mitunter auch als Makrotypografie bezeichnet, bildet die Entscheidungsgrundlage für alle weiteren herstellerischen Prozesse. Denn in der visualisierten Gestaltungsidee eines Druckprodukts werden die entscheidenden Parameter des Endprodukts festgelegt. Hierzu gehören u. a.:
• beschnittenes Buchformat (Angabe in mm oder cm),
• Satzspiegel (siehe weiter unten),
• Schriften (für Fließtext, Überschriften bzw. Überschriftshierarchien, Infokästen, Legenden etc.),
• Stand der Seitenzahl (Pagina),
• Größe der Abbildungen und deren Platzierung im Layout,
• ggf. der Farbraum für Schriften und Farbfonds (Hintergründe).

Der **Satzspiegel** ist die bedruckte Fläche auf einer Seite. Er besteht aus Schrift, Bild, Tabellen, Kolumnentitel (Seitenüberschriften) etc., umfasst also die Breite und Höhe des gesetzten Textes. Abhängig vom Format kann er ein- oder mehrspaltig angelegt sein. Eine wichtige Rolle für den Lesekomfort spielen Weißräume in Form der den Satzspiegel umgebenden Stege (Fuß-, Bund-,

Antiqua-Schriften in ihrer historischen Entwicklung

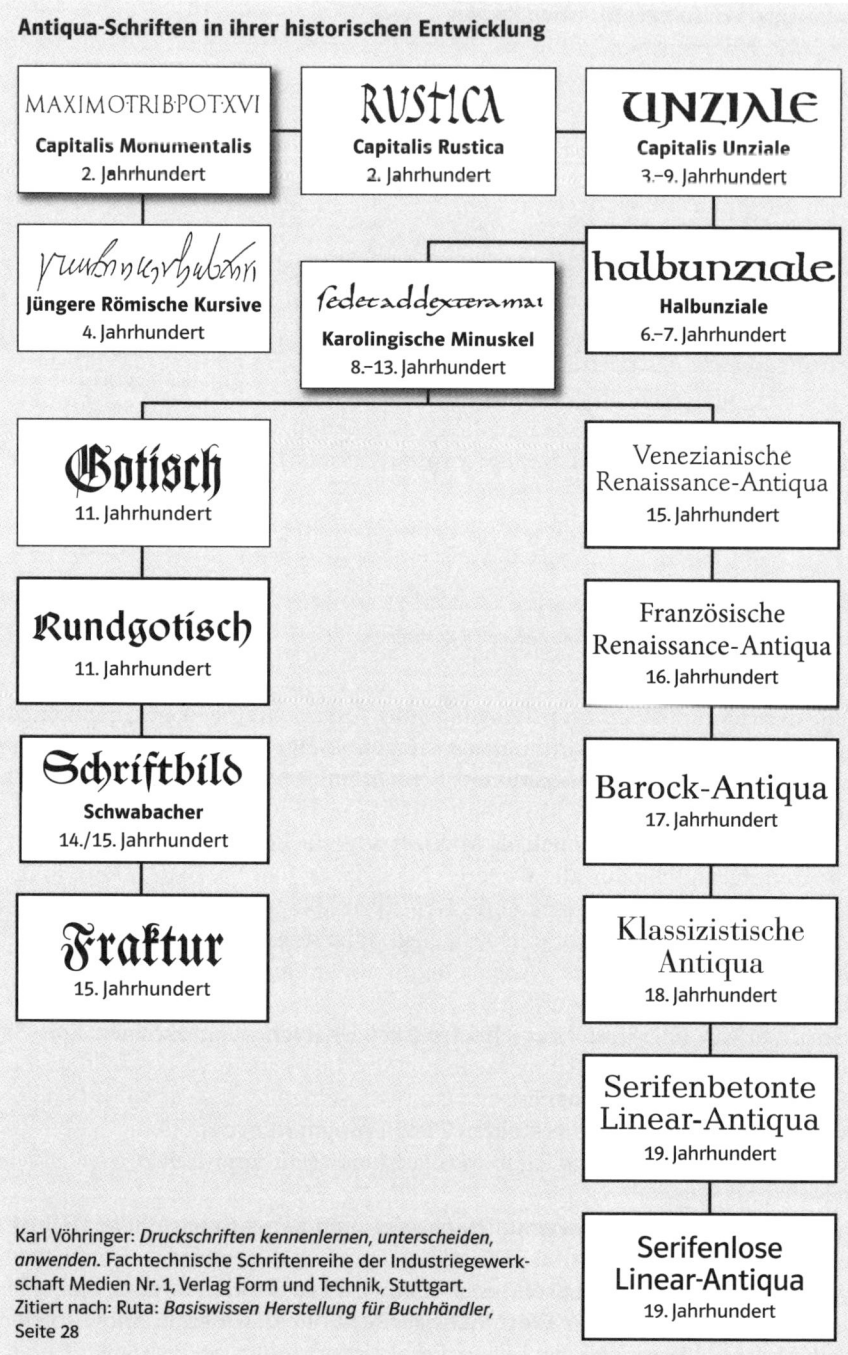

Karl Vöhringer: *Druckschriften kennenlernen, unterscheiden, anwenden.* Fachtechnische Schriftenreihe der Industriegewerkschaft Medien Nr. 1, Verlag Form und Technik, Stuttgart. Zitiert nach: Ruta: *Basiswissen Herstellung für Buchhändler,* Seite 28

Kopf- und Außensteg) und der freien Fläche zwischen den Elementen auf eine Seite. Falls möglich, sollte die Titelei und möglichst auch der Einband im Einklang mit der Innengestaltung angelegt werden; denn Hersteller gestalten ein Buch von Innen nach Außen.

Die **Schrift** beeinflusst den Charakter eines Buches, das sachlich oder emotional, streng oder verspielt, statisch oder dynamisch, traditionell oder modisch konzipiert ist. Dabei bestimmt nicht nur die Schriftgröße die Lesbarkeit, sondern auch der Buchstaben-, Wort- oder Zeilenabstand (Durchschuss). Die Wahl der richtigen Schriftart fällt angesichts mehrerer tausend Schriften schwer und obliegt – vor allem bei gestalterisch anspruchsvollen Werken, bei neuen Reihen oder bei Büchern, die eine besondere Zielgruppe ansprechen – Schriftexperten: also den Herstellern, Typografen oder Grafikern. Verlage beschränken sich in der Regel auf wenige Hausschriften; denn einerseits müssen Schriften, sofern sie nicht gemeinfrei sind, gekauft werden, und andererseits dienen sie der Wiedererkennung (corporate design). Und immer müssen dieselben Fragen beantwortet werden:
• Passt die Schrift zum Inhalt des geplanten Buches?
• Entspricht die Schrift den Bedürfnissen der Zielgruppe?

Besonders häufig werden Antiqua- und Groteskschriften verwendet. Bei den **Antiquaschriften** haben die Buchstaben Serifen (An-, Ab- und Fußstriche mit mehr oder weniger feinen Linien), während die **Groteskschriften** serifenlos sind. Schriften mit Serifen gelten als besser lesbar, weil sie – vor allem durch ihre Fußstriche – die Schriftlinie unterstützen. Deshalb sind serifenlose Schriften bei Büchern eher die Ausnahme. Sie werden jedoch gern bei digitalen Publikationen genutzt, weil Monitore und Lesegeräte wegen ihrer begrenzten Auflösung Serifen häufig nicht optimal darstellen können.

2.1.1.3
Typografie

Schriften, wie überhaupt der Gesamtkomplex Typografie, machen Sprache sichtbar und lenken die Aufmerksamkeit der Leser nicht vom Inhalt ab. Ziel einer Buchproduktion muss es sein, ein Buch seinem Zweck entsprechend für eine Zielgruppe lesbar zu gestalten. Gute Typografie ist also immer gut lesbare Typografie. Kinder und Leseanfänger benötigen zum Lesen eine andere Schrift und ein anderes Layout als Vielleser, Fremdsprachler oder Wissenschaftler. In der Fachliteratur unterscheidet man daher (nach Willberg/Forssman, *Lesetypografie*):

Typografie für lineares Lesen	Der Text wird kontinuierlich von Anfang bis Ende gelesen – Wort für Wort, Seite für Seite. Die Typografie tritt zurück und bietet einen möglichst hohen Lesekomfort. Beispiel: Prosatexte.

Grundmuster für Layout und Typografie

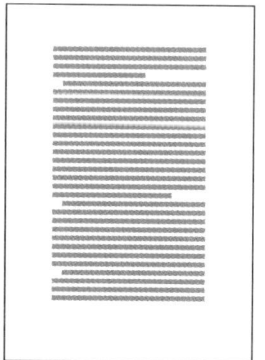

18 Typografie für lineares Lesen

19 Typografie für informierendes Lesen

20 Differenzierende Typografie

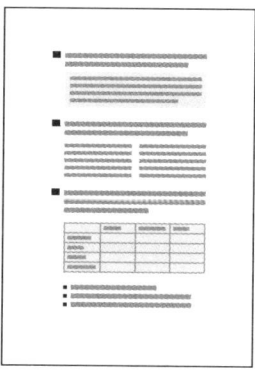

21 Typografie für konsultierendes Lesen

22 Typografie für selektierendes Lesen

23 Typografie nach Sinnschritten

24 Aktivierende Typografie

25 Inszenierende Typografie

Quelle: M. Schickerling, *Bücher machen*, S. 250

Typografie für informierendes Lesen   Der Text wird zuerst überflogen; gelesen wird nur, was interessiert. Wichtig ist eine klare Gliederung. Beispiele: Sachbücher, Zeitungen.

Differenzierende Typografie   Stark strukturierte Texte weisen für (geübte) Leser unterschiedliche, aber gleichwertige Auszeichnungen auf. Beispiele: Wissenschaftliche Bücher, Lehrbücher.

Typografie für konsultierendes Lesen   Texte werden gezielt gesucht und sehr genau gelesen. Die Stichworte müssen deshalb deutlich hervorgehoben werden. Beispiel: Nachschlagewerke.

Typografie für selektierendes Lesen   Unterschiedliche Textinhalte erfordern unterschiedliche Gestaltungselemente. Der Lesekomfort sollte möglichst hoch sein. Beispiele: Ratgeber und Schulbücher.

Typografie nach Sinnschritten   Der Zeilenfall wird nach Sinneinheiten gegliedert. Zielgruppe sind Leseanfänger aller Altersgruppen. Beispiele: Bilderbücher, Lesefibeln.

Aktivierende Typografie   Ein auffälliges Layout dominiert den Text und soll zum Lesen verführen. Beispiele: Geschenkbücher, Magazine.

Inszenierende Typografie   Das Layout soll die Wirkung des Textes verstärken, interpretieren oder verfremden. Beispiel: Lyrik.

Doch mit Layout und Festlegung der Schrift, des Schriftschnitts und ggf. einer Zweitschrift ist es noch lange nicht getan. Nun müssen im Satz Auszeichnungen ([halb]fett, kursiv, gesperrt, Großbuchstaben etc.) vorgenommen und Regeln der Detail- oder Mikrotypografie (richtige An- und Abführungszeichen, richtiger Gebrauch von langen Strichen [Gedankenstriche] und kurzen Strichen [Divis], feste Abstände zwischen Ziffern und Einheitsangaben u. a. m.) angewandt werden. Hier erkennen nicht nur Experten sehr schnell den Unterschied zwischen guten Setzern und solchen, die mit den Möglichkeiten moderner Layoutprogramme nur unvollkommen umgehen.

Auch die Wahl der **Satzart** entscheidet sich mit den Fragen: Passt die gewählte Satzart zum Inhalt? Welche Anmutung soll durch die Gestaltung erreicht werden? Wie wirkt diese optische Anmutung auf den Betrachter? Die ganzseitige Übersicht auf der folgenden Seite illustriert gängige Lösungen.

2.1.1.4
Papier

Laut Angabe des Verbandes der deutschen Papierindustrie gibt es etwa 3.000 grafische Papiere. Die Entscheidung über die Wahl des ›richtigen‹ Papiers fällt also schwer. Sie hängt immer ab von dem Verwendungszweck, dem Inhalt, der typografischen Gestaltung, dem Druckverfahren und der Bindung des Buches. So muss das Papier für einen Reiseführer mehrfarbige Bilder gut wie-

BEISPIEL: **Satzarten**

Blocksatz   Diese Satzart wird für den Satz von Büchern, Zeitschriften und Zeitungen am häufigsten verwendet. Der Wortabstand ist innerhalb der Zeile rechnerisch gleich, verändert sich jedoch von Zeile zu Zeile. Für die Hauptleseform ›Lineares Lesen‹ sollten zwischen 55 und 65 Anschlägen pro Zeile gewählt werden. Dann erhält man ein ruhiges Satzbild mit Wortabständen, die zum Lesekomfort beitragen. Um große Wortabstände zu vermeiden, sollte bei einer Zeilenbreite unter 49 Anschlägen statt des Blocksatzes der Rausatz verwendet werden.

Linksbündiger Flattersatz (asymmetrisch/anaxial)   Die Wortabstände sind bei dieser Satzart innerhalb der Zeilen sowie von Zeile zu Zeile rechnerisch gleich. Es muss ein rhythmischer Zeilenfall erreicht werden (z. B. lang, kurz, lang). Worttrennungen sind zu vermeiden, der Flatterbereich sollte groß sein. Nur durch intensive manuelle Nachbearbeitung nach der letzten Korrektur ist ein optimaler Flattersatz zu erreichen. Der Seitenumfang vergrößert sich bei dieser Satzart.

Rechtsbündiger Flattersatz   Formal wie linksbündiger Flattersatz – jedoch für große Textmengen ungeeignet, da der Leser sich von Zeile zu Zeile einen neuen Leseanfang suchen muss. Geeignet für Bildlegenden in Kombination mit linksbündigem Flattersatz, um so die Zuordnung zu den Abbildungen zu verdeutlichen.

Mittelachse (symmetrisch/axial)
Formal wie Flattersatz – jedoch für große Textmengen ungeeignet, da der Leser sich ebenfalls von Zeile zu Zeile einen neuen Leseanfang suchen muss. Diese Satzart weist in ihrer Anmutung eine hohe Ästhetik auf und eignet sich nicht für alle Inhalte. Kurze Lyrikeinschübe im Blocksatz, Bildlegenden und Überschriften können in dieser Satzart gesetzt werden.

Rausatz   Ein durch das Trennprogramm ausgeschlossener links- oder rechtsbündiger Satz wird als Rausatz bezeichnet. Er verfügt über keine Zeilenrhythmik, der Flatterbereich ist sehr gering, Trennungen und gleich lange Zeilen werden akzeptiert. Die Textmenge pro Zeile entspricht der Menge im Blocksatz – also keine Steigerung des Umfangs durch diese Satzart. Diese Art ist vor allem bei schmaler Satzbreite (unter 48 Anschläge pro Zeile) geeignet, die im Blocksatz zu große Wortabstände ergäbe.

Quelle: H.-H. Ruta, *Basiswissen Herstellung für Buchhändler*, S. 40

dergeben, für ein Kinderbuch besonders reißfest sein oder für eine bibliophile Werkausgabe edel wirken. Dabei bestimmt vor allem der verwendete Rohstoff die Qualität. Hier unterscheidet man:

- **Holzschliff** Besteht aus mechanisch zerkleinerten Nadelhölzern. Papiere aus diesem Material vergilben schnell, weil sie Lignin enthalten. Sie eignen sich deshalb für den Zeitungsdruck, für preiswert produzierte Taschenbücher oder andere kurzlebige Printprodukte.
- **Zellstoff** Wird aus Holzschnitzeln gewonnen. Holzfreies Papier besteht zu mindestens 95 Prozent aus diesem Zellstoff und wird für den Buchdruck oder als Schreibpapier verwendet.
- **Hadern aus Leinen, Wolle oder Baumwolle** Sind sehr haltbar, aber teuer. Verwendet werden sie deshalb z. B. für Dokumente, Wertpapiere und Banknoten oder als Bibeldruckpapier. Handgeschöpftes Büttenpapier besteht ebenfalls aus diesem Material.
- **Altpapier** Grundlage von Recyclingpapieren. Sie werden in unterschiedlichen Qualitäten angeboten und finden im Zeitungsdruck Verwendung.
- **Synthetische Rohstoffe** Kunststoffteilchen können natürlichen Faserstoffen beigemischt werden und sorgen für eine hohe Reißfestigkeit, Wasser- oder Hitzebeständigkeit, z. B. für kartografische Erzeugnisse.

Naturpapiere werden häufig behandelt, damit sie getönt (gelblich, bläulich) wirken, oder mit Aufhellern versehen, um in einem bestimmten Weißton zu erscheinen. Füllstoffe, Leimstoffe und Wasser verbessern die Druckeigenschaften. Naturpapiere besitzen eine raue, matte (maschinenglatte) oder eine glatte, leicht glänzende (satinierte) Oberfläche. Gestrichenes Papier wird zusätzlich an der Oberfläche mit einem ›Strich‹ versehen; das Papier wird dadurch glatter, stabiler und weniger durchscheinend. Die folgende Übersicht zeigt, welche Papiere in der Buchproduktion überwiegend Verwendung finden.

Die Papierauswahl in Verlagen orientiert sich vor allem an praktischen Kriterien. So verwendet man voluminöses bzw. volumiges Papier, damit ein Buch umfangreicher erscheint, als es eigentlich ist, kostengünstiges Papier, um einen niedrigen Ladenpreis zu ermöglichen, und alterungsbeständiges Papier, wenn die Haltbarkeit (und nicht der Gebrauchsaspekt) im Vordergrund steht. Bei reinen Textbänden ist ein Papier mit rauer Oberfläche und einer leicht elfenbeinfarbenen oder gelblichen Tönung besonders lesefreundlich. Eine glänzende Oberfläche bei gestrichenen Papieren neigt zum Spiegeln, und hochweißes Papier überstrahlt oft die schwarze Schrift – beides schadet der Lesbarkeit, ist aber die beste Wahl für detailgetreue Wiedergabe von Abbildungen. Eine wichtige Funktion spielt die Opazität (Deckkraft); eine höhere Opazität wird durch Zugabe von Füllstoffen oder durch einen höheren Holzanteil erzeugt. Denn wenn das Papier stark durchscheint und sichtbar wird, was auf der Rückseite steht, stört dies die Lesbarkeit des Textes und die Wirkung der Abbildungen.

Papiersorte	Gewicht	Merkmale	Verwendungszweck
Bibel-/ Dünndruckpapier	20–60 g/m²	holzfreies, festes, dünnes Papier mit geleimter Oberfläche	umfangreiche Bücher, Nachschlagewerke
Bilderdruck-/ Kunstdruckpapier	60–170 g/m²	holzfreies oder holzhaltiges, zweiseitig gestrichenes Papier mit glänzender oder matter, glatter Oberfläche	Bildbände
Buchbinderpapier	90–300 g/m²	weißes oder farbig getöntes Naturpapier mit Oberflächen-struktur	Vorsatzpapier zum Be-kleben der Innensei-ten des Buchdeckels
Chromopapier	70–120 g/m²	meist holzhaltiges, einseitig gestrichenes Papier mit guter Prägefähigkeit	Umschlagbezüge, Etiketten
LWC-Papier	39–72 g/m²	leichtgewichtiges, oft holzhal-tiges, gestrichenes Papier	Zeitschriften, Kata-loge
Offsetpapier	60–120 g/m²	holzfreies oder holzhaltiges, weißes oder farbig getöntes, geleimtes Papier mit meist glatter, unveredelter Oberfläche	Bücher
Umschlagkarton	130–300 g/m²	holzfreies oder holzhaltiges, ma-schinenglattes, reißfestes und formstabiles Papier, unterschied-liche Oberflächenbehandlung	Buchumschläge
Werkdruckpapier	60–120 g/m²	holzfreies oder leicht holzhal-tiges, maschinenglattes Natur-papier, oft leicht gelblich ge-tönt, leicht geleimte Oberflä-che, unterschiedliche Volumen	Bücher
Zeitungspapier	40–60 g/m²	holzhaltiges, maschinenglattes Papier mit hohem Altpapier-anteil, oft mit geleimter Ober-fläche	Zeitungen, Zeitschriften

Quelle: Schickerling u. a.: *Bücher machen*

2.1.1.5
Druckverfahren

Es gibt unterschiedliche Druckverfahren. Kataloge und farbige Magazine mit hohen Auflagen werden meist im Tiefdruckverfahren produziert; der Hoch-druck wird fast nur für handwerklich hergestellte Kleinauflagen verwendet. Für Bücher (und Zeitungen) ist nur der Flachdruck sowie bei kleineren Auf-lagen der Digitaldruck von Bedeutung. Welches Druckverfahren in Frage kommt, hängt von vielen Faktoren ab: von der Auflagenhöhe, der Qualität, den Kosten, der Wiedergabequalität bei Abbildungen und Farben, vom Papier und von den Nachdruckmöglichkeiten.

Der **Offsetdruck** spielt seine Vorteile besonders bei großen Auflagen aus, denn er ist schnell, preiswert und bietet eine hohe Qualität; er eignet sich auch für den Druck von hochwertigen Bildbänden. Als Druckvorlagen dienen in der Regel PDF-Dateien, als Druckform speziell beschichtete Metallplatten. Verwendet werden können viele Papiersorten und -formate. Beim Bogenoffsetdruck werden einzelne Planobogen verarbeitet, während beim Rollenoffsetdruck Rollenpapier zum Einsatz kommt. Der Offsetdruck gehört zu den Flachdruckverfahren: druckende und nicht druckende Teile liegen sei-

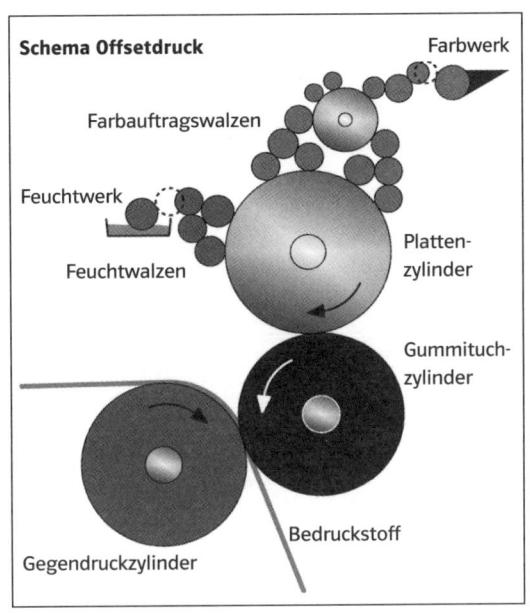

Quelle: H.-H. Ruta: *Basiswissen Herstellung für Buchhändler,* Seite 108

tenrichtig in einer Ebene auf der Druckplatte. Diese wird auf dem Plattenzylinder des Offsetdruckwerks befestigt. Das Druckverfahren bedient sich des Prinzips, dass Fett und Wasser einander abstoßen: Das speziell aufbereitete Wasser im Feuchtwerk benetzt die nicht druckenden Stellen mit Wasser bzw. einem Wasserfilm; diese können deshalb keine fetthaltige Farbe annehmen. Die druckenden Teile, die belichtete Schicht, werden jedoch eingefärbt. Käme jetzt die gefeuchtete und eingefärbte Druckplatte mit dem Bedruckstoff Papier in einen direkten Kontakt, würde das Papier Farbe und Wasser aufnehmen und dabei seine Formstabilität einbüßen. Aus diesem Grunde wird ein Gummituchzylinder als Zwischenträger im Offsetdruckwerk eingesetzt. Dort wird nur das eingefärbte Druckbild auf das Gummituch abgesetzt (engl. to set off). Dadurch entsteht zunächst einmal ein seitenverkehrtes Druckbild, das jedoch vom Gummituch anschließend seitenrichtig auf den Bedruckstoff bzw. das Papier übertragen wird. Dieses Prinzip macht den Offsetdruck zu einem **indirekten Druckverfahren,** das auch für einen Mehrfarbendruck geeignet ist. Die oben stehende Abbildung visualisiert diese Zusammenhänge.

Im **Tiefdruck** befinden sich die druckenden Bereiche als seitenverkehrte Näpfchen vertieft in einem Formzylinder. Die Näpfchen nehmen je nach Größe und Tiefe unterschiedliche Farbmengen auf. Der Zylinder rotiert innerhalb der Druckmaschine in einer Farbwanne, wobei diese sich sowohl in die Näpfchen als auch auf die höher liegenden Stege absetzt. Von letzteren wird die

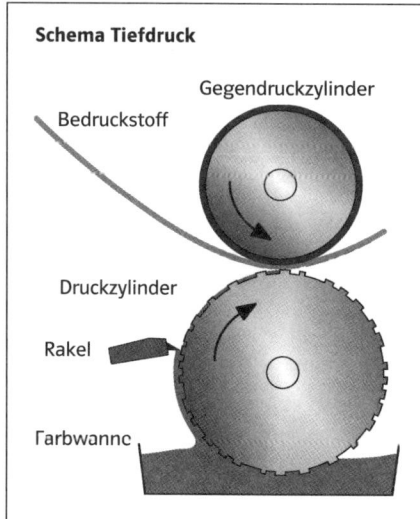

Schema Tiefdruck

Gegendruckzylinder

Bedruckstoff

Druckzylinder

Rakel

Farbwanne

Quelle: H.-H. Ruta: *Basiswissen Herstellung für Buchhändler*, Seite 107

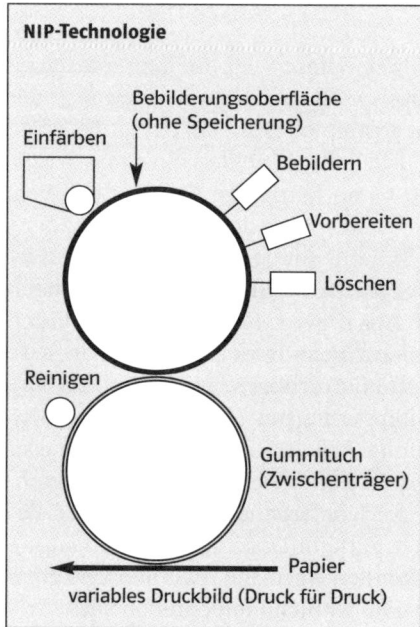

NIP-Technologie

Bebilderungsoberfläche (ohne Speicherung)

Einfärben

Bebildern

Vorbereiten

Löschen

Reinigen

Gummituch (Zwischenträger)

Papier

variables Druckbild (Druck für Druck)

Kipphan: *Handbuch der Printmedien*
Zitiert nach: H.-H. Ruta: *Basiswissen Herstellung für Buchhändler*, Seite 110

überschüssige Farbe mittels eines Rakels (dünnes, verschleißfestes Stahlband) abgestreift. Durch diesen Vorgang sind die nicht druckenden Stellen auf dem Formzylinder frei von Druckfarbe. Der Zylinder kommt danach direkt mit dem zu bedruckenden Papier durch den Gegendruckzylinder in Berührung. Hier liegt also ein **direktes Druckverfahren** vor. Der Tiefdruck ist aufgrund der Druckformherstellung sehr teuer und wird nur in großen Spezialdruckereien angewendet, die hochauflagige Druckobjekte, wie Zeitschriften, drucken. Auch hier visualisiert eine Abbildung die Zusammenhänge.

Digitaldruck ist eine zusammenfassende Bezeichnung für Technologien, die ohne feste Druckform (Druckplatte oder -zylinder) auskommen und deshalb nach dem NIP-Druckverfahren (Non-Impact-Printing) arbeiten. Hier werden ›digitale Druckseiten‹ aus Computern an Drucker übertragen und dort mittels Tonermaterial ausgedruckt. Da im Unterschied zu den herkömmlichen Verfahren keine statische Druckform erforderlich ist, kann der jeweilige Seiteninhalt sogar von Druck zu Druck variieren. Damit ist eine Auflage mit einem(!) Druckexemplar technisch machbar. Hierzu gehören u. a. personalisierte Druckerzeugnisse, bei denen ein Kunde digitale Dateien (Texte und/oder Bilder) individuell auswählen und durch persönliche Elemente wie ein Vorwort oder eine Widmung ergänzen kann. So können sich Nutzer des von Gräfe und Unzer initiierten Internetportals www.kuechengoetter.de ein persönliches Kochbuch mit Lieblingsrezepten aus diesem Portal zusammenstellen (Web-to-Print) – verbunden mit der Möglichkeit, Cover und Innenteil unter Verwendung vorgegebener Mustervorlagen individuell zu gestalten und auf Wunsch/bei Bedarf auszudrucken. Noch gibt es nicht die Papiersortenvielfalt, die für den konventionellen Druck zur Verfügung steht, und auch die Bindearten sind eingeschränkt. Aber die Technik wird sich weiter entwickeln und immer günstigere Lösungen anbieten – auch im Bereich der Druckausgabe.

Der Digitaldruck wird in der Verlagswelt auch als **Printing-on-Demand-Verfahren** (PoD) bezeichnet. (Die Abkürzung BoD für Books-on-Demand hat sich die Firma Libri schützen lassen, die unter diesem Namen eine digitale Buchproduktion anbietet.) In Verbindung mit dem Aspekt, dass der Druck hoher Auflagen das Risiko hoher und damit unwirtschaftlicher Läger birgt, wird der Digitaldruck zu einem neuen Geschäftsmodell. Und wenn es denn eine Wahrheit ist, dass es die Marktführer sind, die Prozesse neu organisieren oder neue ›Spielregeln‹ aufstellen, ist das Credo von Springer Science + Business Media, in naher Zukunft ausschließlich nach der Devise ›online first‹ zu publizieren, wohl wegweisend. Der Kunde erwirbt einen digitalen Datensatz (E-Book) und – falls er den Content in Buchform haben möchte – wird dieses Exemplar (binnen weniger Tage) ausgedruckt. Aber nicht nur Springer nutzt die Möglichkeiten des Digitaldrucks. Die meisten Verlage halten ihre Backlist über dieses Verfahren lieferbar, sodass keine großen Läger entstehen. Auch sie nutzen moderne Digital-Maschinenparks (Hochleistungskopierer mit angeschlossener Bindestraße), um einzelne Exemplare ›bei Bedarf‹ oder ›auf Wunsch‹ in Kleinstauflagen zu produzieren.

2.1.1.6
Buchbinderische Verarbeitung

Die Buchbinderei ist die letzte Station der Buchproduktion vor der Auslieferung. Hier werden die bedruckten Papierbogen weiterverarbeitet. Oft liegen dabei Druck und buchbinderische Weiterverarbeitung in einer Hand.

In einem ersten Arbeitsschritt erfolgt das **Falzen** der so genannten Rohbogen. Dabei werden die Druckbogen gefalzt, sodass nach dem Falzen die späteren Buchseiten in der richtigen Reihenfolge liegen. Beim **Zusammentragen** werden die einzelnen Falzbogen oder Lagen in der richtigen Reihenfolge zu einem Buchblock zusammengelegt. Bei der Kontrolle helfen, außer der Bogennorm und -signatur, so genannte Flattermarken (Balken, die auf jedem Bogen zwischen der ersten und der letzten Seite mitgedruckt werden und treppenförmig angeordnet sein müssen). Die gängigen Bindetechniken sind:
- **Klebebindung**   Der Buchblock wird zunächst am Rücken gefräst, um einzelne Blätter zu erhalten. Diese werden durch das Fräsen aufgeraut und gleichzeitig mit Klebstoff bestrichen. Damit sich das Buch nicht schon bald

in seine Bestandteile auflöst, müssen Klebstoff, Klebeverfahren, Buchformat, Papiersorte und Papiergewicht genau aufeinander abgestimmt sein. Die Klebebindung ist der Regelfall für Broschuren. Der nächste Arbeitsschritt ist das Einhängen des Buchblocks in den Einband bzw. die Verleimung des Buchblockrückens mit dem Einband. Danach wird der Buchblock mit Einband an den drei Seiten beschnitten (Kopf-, Fuß- und Vorderschnitt).

- **Fadenheftung**   Fadengeheftete Bücher – meist Deckenbände – lassen sich gut aufschlagen und sind sehr haltbar. Alle Seiten eines Falzbogens werden entlang des Rückens mit einem Heftfaden durchstochen; anschließend werden die Fäden miteinander vernäht, der Buchrücken verleimt (Gaze, ein festmaschiges Gewebeband, verleiht dem Buchblock zusätzliche Stabilität) und durch das **Vorsatzpapier,** das circa 5 mm breit an die erste und letzte Seite des Buchblocks geklebt wird, mit dem Bucheinband verbunden. Beim Beschneiden wird der Buchblock inklusive Vorsatzpapier zuvor an drei Seiten auf das endgültige Buchformat beschnitten. Der Teil des Vorsatzpapiers, der vollflächig mit der Buchdecke verklebt ist, heißt Spiegel, der andere flatterndes oder fliegendes Blatt.
- **Fadensiegelung**   Die Rücken der Falzbogen werden mit kurzen Plastikfäden oder -klammern von innen durchstoßen. Diese werden von außen erhitzt und so miteinander verschweißt. Die einzelnen Lagen werden dann wie bei der Klebebindung miteinander verleimt. Diese Heftung ist fast genauso haltbar wie die Fadenheftung, jedoch preiswerter, sodass Fadensiegelung eine wirtschaftliche Alternative zur Fadenheftung ist. Das Einhängen in den Einband erfolgt wie bei der Fadenheftung.

Das Verpacken der fertigen Bücher bildet den Abschluss der buchbinderischen Arbeiten. Zunächst werden die Bücher eingeschweißt oder in Papier gewickelt, um sie zu schützen. Anschließend werden sie für den Transport direkt auf Paletten oder in Kartons gepackt und an das Lager des Verlags oder des Auslieferungsbetriebs versandt.

Einbandarten

Broschuren (Paperback) und Deckenbände (Hardcover) sind die gebräuchlichen Einbandarten für Bücher. Daneben gibt es noch Loseblatt- und Mappenwerke, die hier unberücksichtigt bleiben. Bei einer **Broschur** sind die einzelnen Lagen durch Klebebindung, Fadenheftung oder Fadensiegeln miteinander verbunden und in einen biegbaren Umschlagkarton eingehängt. Es gibt zahlreiche Broschurarten, u. a.:

- **Standardbroschur**   Der Umschlag wird im Rücken mit dem Buchblock verklebt und dreiseitig beschnitten. Das ist die einfachste und preiswerteste Broschurart, wie sie z. B. bei der Taschenbuchproduktion angewandt wird.

- **Vorsatzbroschur**   Ein Vorsatzpapier wird an den Buchblock geklebt.
  Dieser wird in den Umschlag eingehängt und ganzflächig mit dem Umschlagkarton verbunden. Die Vorsatzbroschur ist haltbarer und eleganter
  als die Standardbroschur.
- **Klappenbroschur**   Der Umschlag besitzt zusätzliche Klappen, die nach
  innen umgelegt werden. Sie können Beilagen aufnehmen, Werbetexte
  enthalten oder auch auf der Innenseite den Text mit zusätzlichen Informationen ergänzen.
- **Englische Broschur**   Der Buchblock wird wie bei der Standardbroschur in
  einen meist unbedruckten Umschlagkarton eingehängt und dreiseitig
  beschnitten. Danach wird um den Umschlag ein weiterer Schutzumschlag
  mit Klappen entweder lose umgelegt oder am Rücken festgeklebt. Die
  englische Broschur verleiht Büchern eine hochwertige Anmutung.

Beim **Deckenband** wird der fadengeheftete, fadengesiegelte oder klebegebun-
dene Buchblock dreiseitig beschnitten. Gegebenenfalls wird auf den Seiten
Farbe für einen so genannten Farbschnitt aufgetragen. Zusätzlich wird der
Buchblock mit einem farbigen Kapitalband (Stoffbändchen am Kopf und Fuß)
verziert und kann ein farbiges Lesebändchen erhalten. Am Rücken werden
dann ein reißfester Gewebestreifen (Gaze) oder ein Papierstreifen angebracht,
um den Buchblock haltbarer zu machen (siehe Fadenheftung weiter oben).
Anschließend wird die Buchdecke an das Vorsatzpapier angeleimt und dadurch fest mit dem Buchblock verbunden. Die Buchdecke besteht, außer beim
Plastikeinband, aus einer festen Pappe, die mit einem Bezugsstoff (Papier, Gewebestoff etc.) überzogen wird. Dabei bestimmt die Stärke des Einbands dessen Flexibilität. Abhängig vom Einbandmaterial lässt sich die Buchdecke be-
drucken, kaschieren, prägen, ausstanzen oder mit einem Titelschild versehen,
was einen großen Einfluss auf die Wirkung des Buchs hat. Folgende Buch-
decken sind gebräuchlich:

Ganzband   Die Buchdecke wird vollständig mit einem Gewebestoff, Papier,
Leder, Kunstleder oder einem anderen Stoff überzogen. Ein Plastikband,
der mit Kunststofffolie überzogen wird, ist abhängig von seiner Stärke
nicht nur recht flexibel, sondern auch wasser- und schmutzabweisend.

Halbband   Der Rücken wird bis auf den vorderen und hinteren Deckel mit
Gewebe oder anderen Einbandmaterialien überzogen; manchmal auch die
stoßempfindlichen Ecken. Die beiden Deckel werden meist mit Papier
eingefasst.

Wattierter Band   Ein dünner Schaumstoff wird zwischen Kartondeckel und
Bezug eingelegt. Dadurch fühlt sich das Buch weich und gepolstert an.

Ein Buch kann mit einer Vielzahl von zusätzlichen, teilweise teuren Details
veredelt werden. Diese Maßnahmen dienen der Dekoration, aber auch einer
besseren Vermarktung. Zu den wichtigsten Sonderausstattungen zählen u. a.:

- **Schutzumschlag**   Oft wird um einen Ganz- oder Halbband noch ein bedruckter Papierumschlag gelegt. Dieser bewahrt das Buch nicht nur vor Verschmutzungen und Beschädigungen, sondern ist vor allem ein wichtiges Gestaltungs- und Werbeelement.
- **Schuber**   Ein stabiles Futteral aus Pappe oder Karton dient als Schutz für wertvolle Bücher. Dabei bleibt meistens nur noch deren Rücken sichtbar. Die Gestaltung des Schubers wird in der Regel der des Werks bzw. seines Schutzumschlags angepasst.
- **Kassette**   Mehrere Bücher werden in einer Kassette aus Karton, Pappe oder Kunststoff verpackt, deren Gestaltung auf den Umschlag abgestimmt ist.
- **Bauchbinde**   Ein schmaler und auffällig gestalteter Papierstreifen, der um das Buch gelegt wird, enthält meist eine zusätzliche Werbebotschaft.
- **Beilagen**   Karten, DVD oder andere Beilagen können in einer Einstecktasche, die auf der zweiten oder dritten Umschlagseite eingeklebt ist, eingelegt sein. Aufwändiger ist es, die Beilagen in den ausgestanzten Buchdeckel zu integrieren.

Zur Druckveredelung gehören auch alle Verfahren, mit denen das Papier oder andere Bedruckstoffe nach dem Druck weiterverarbeitet werden, um das Buch haltbarer zu machen oder um ihm eine hochwertige Wirkung zu verleihen. Zur Anwendung kommen u. a.:
- **Kaschieren**   Der Umschlag wird mit einer dünnen Folie beklebt, um ihn vor Beschädigungen oder Verschmutzungen zu schützen.
- **Lackieren**   nachträgliches Aufbringen von Glanz- oder Mattlacken.
- **Prägen**   bestimmte Strukturen, z. B. Schriften, Linien oder Ornamente, werden mechanisch auf das Papier gepresst oder hinein- bzw. aufgeprägt (Tief- bzw. Hochprägung).

2.1.2
Loseblattausgaben und Fortsetzungswerke

Loseblattausgaben und Fortsetzungswerke sind Bücher, deren Besonderheiten allein vertriebstechnisch zu erklären sind. Denn es handelt sich um Publikationen, die in mehreren Teilen und/oder in mehr oder weniger regelmäßigen Abständen erscheinen, wobei es unerheblich ist, ob Teile des Fortsetzungswerkes auch einzeln (apart, à part) erhältlich sind. Weil Fortsetzungswerke häufig nur mit dem Erscheinen des ersten Bands bzw. dem Grundwerk in das Sortiment einer durchschnittlichen Buchhandlung aufgenommen werden, werden sie in einer speziellen Datei, in größeren Buchhandlungen auch in einer speziellen Abteilung, betreut. Hierfür zuständig ist die Fortsetzungsabteilung, die neben Zeitschriften (siehe Kap. 2.1.3) auch alle weiteren Abonnements verwaltet.

Wichtige Begriffe rund um Loseblattausgaben und Fortsetzungswerke

PFLICHTFORTSETZUNG   Mit der Abnahme eines Bandes verpflichtet sich der Käufer zur Abnahme aller Bände.

APART-BEZUG   Einzelbezug (eines Grundwerks, einer Zeitschriftennummer), kein Abonnement.

LOSEBLATTAUSGABEN (Loseblattsammlungen, Loseblattwerke)   Sie bestehen aus einem Grundwerk und Ergänzungslieferungen.

GRUNDWERK (GW)   Grundwerk in einem Ordner. Grundwerke in einem Kunststofford-ner werden in mehr oder weniger regelmäßigen Abständen durch das Herausnehmen und Einsortieren neuer, bereits vorgelochter Blätter aktualisiert.

ERGÄNZUNGSLIEFERUNGEN   Nachlieferungen zu einem Grundwerk. Einzelne Blätter, die die Beiträge des Grundwerks aktualisieren/ergänzen. Die (Seiten-)Preise variieren je nach Umfang der Ergänzungslieferung.

GESAMTAUSGABEN   Eine Zusammenstellung mehrerer Werke eines Verfassers. Man unterscheidet gesammelte Werke (ausgewählte Werke) und sämtliche Werke (vollstän-dige Werkausgabe). Umfasst eine Gesamtausgabe auch Tagebuchaufzeichnungen-und/oder Briefwechsel, so spricht man von gesammelten/sämtlichen Schriften. Eine Erstausgabe bezeichnet die erste Fassung, während eine Ausgabe letzter Hand die letzte Ausgabe eines Werkes ist, die noch vom Autor selbst durchgesehen und even-tuell verändert wurde. Groß angelegte historisch-kritische Ausgaben rekonstruieren den Originaltext und erfassen die historischen Textvarianten mit Hilfe eines kritischen Apparates (Anmerkungen, Fußnoten etc.); in der Regel sind sie kommentiert und bieten dadurch Interpretationshilfen.

MEHRBÄNDIGE NACHSCHLAGEWERKE   Zu den Nachschlagewerken gehören Wörter-bücher, Lexika und Enzyklopädien. Wörterbücher vermitteln Sprachinformationen, während es bei Lexika in erster Linie um Sachinformationen geht. Eine Enzyklopädie stellt die jeweils umfangreichste Publikation eines Lexikonverlages dar – sie kann alphabetisch, aber auch thematisch geordnet sein. Mehrbändige Nachschlagewerke werden immer häufiger nur noch in digitalen Versionen angeboten.

MEHRBÄNDIGE MONOGRAFIEN   Umfangreiche Darstellung eines Themas in mehreren (Teil-)Bänden. Das Wort Monografie wird in der Regel im Zusammenhang mit wissen-schaftlichen Abhandlungen benutzt.

REIHEN   Fortlaufend konzipierte Programmeinheiten mit übergeordnetem Reihentitel, die eine inhaltliche (auf eine Sach- oder Zielgruppe zugeordnete Thematik) und optische (eine auf Wiedererkennung angelegte Ausstattung) Geschlossenheit aufwei-sen. Das Reihenphänomen gibt es bei wissenschaftlichen Schriftenreihen, Fachbüchern, Sachbüchern, Ratgebern und Taschenbüchern, seltener bei belletristischen Werken in der Hardcover-Version.

PERIODISCH ERSCHEINENDE VERZEICHNISSE   Datenwerke, die regelmäßig aktuali-siert werden, z. B. Bibliografien. Zu den periodisch erscheinenden Verzeichnissen gehören auch die Jahrbücher, die von rein statistischen Publikationen bis hin zu inhaltlich aufbereiteten Jahresbänden reichen. Auch derartige Datenwerke werden zunehmend in Online-Datenbanken angeboten und vertrieben.

2.1.3
Zeitschriften und Zeitungen

Die Verkehrsordnung erläutert zum Thema: »Zeitschriften sind periodisch erscheinende Druckwerke mit mindestens zwei Ausgaben jährlich in gleicher
Form und Aufmachung. Das Redaktionskonzept mit einer kontinuierlichen
und universellen Stoffdarbietung ist auf bestimmte Zielgruppen ausgerichtet,
vom breiten Publikum bis hin zu Spezialisten. Zeitschriften enthalten Beiträge mehrerer Autoren, sind für eine unbegrenzte Erscheinungsdauer konzipiert
und können im Voraus für einen längeren Zeitraum abonniert werden. Sie haben üblicherweise sowohl einen Einzelbezugspreis als auch einen Abonnementpreis.«

Als buchhandelsrelevante **Zeitschriften** gelten Publikumszeitschriften
(Illustrierte sowie alle General-Interest-Zeitschriften und Nachrichtenmaga-
zine), Fachzeitschriften (inhaltlich auf Sachgebiete begrenzte Zeitschriften,
die sich primär an [Berufs-]Spezialisten wenden) und Special-Interest-Zeit-
schriften (sachbezogene Zeitschriften, die nicht nur für Spezialisten verfasst
werden, sondern für alle Fachinteressierten). Der Bezug von Publikumszeitschriften erfolgt wegen des vollen Remissionsrechts über das Presse-Grosso
(siehe Kap. 1.2.1.2), während Fachzeitschriften über den Verlag bezogen und
über die Fortsetzungsabteilung betreut werden.

Zeitungen werden unterschieden nach Periodizität (Tages-, Wochen- und
Sonntagszeitungen), Verbreitungsgebiet (lokal, regional, überregional) und
nach ihrer Vertriebsform bzw. redaktioneller Orientierung (Abonnement-,
Kauf- oder Boulevard-Zeitung). Sie zählen zu den periodischen Veröffentlichungen und dienen in ihrem redaktionellen Teil der kontinuierlichen, aktuellen und thematisch nicht auf bestimmte Themen begrenzten Berichterstattung mit den Sparten Politik, Wirtschaft, Zeitgeschehen, Kultur, Unterhaltung und Sport. Die **APPU**-Formel bringt die gemeinsamen Merkmale auf
den Punkt: **A**ktualität (tagesaktuelle Informationen aus dem Zeitgeschehen),
Publizität (freie Zugänglichkeit für jedermann), **P**eriodizität (regelmäßiges
Erscheinen; wenigstens 2-mal pro Woche) und **U**niversalität (keine Themen-
grenze; alles Geschehen – soweit es interessant genug ist – wird von der Zeitung gebracht). Im Buchhandel spielen Zeitungen nur dann eine Rolle, wenn
eine Buchhandlung Presseerzeugnisse in ihrem Sortiment führt. Der Bezug
erfolgt über das Presse-Grosso.

2.2
Weitere traditionelle Medien der Buchbranche

Schon immer handelte man in der Buchbranche mit Medien, die sich editi-
onstechnisch von den Büchern unterschieden, was die umfangreiche Aufzäh-

lung der Gegenstände des Buchhandels in der *Verkehrsordnung* belegt (siehe Kapitelbeginn). Da die digitalen Produkte Thema des nächsten Absatzes sind, wird hier nur auf Kalender, kartografische Produkte sowie Lehr- und Lernmittel eingegangen.

2.2.1
Kalender

Unter einem Kalender versteht man die Einteilung der Zeitrechnung in Jahre, Monate, Wochen und Tage. Kalender als Gegenstände des Buchhandels gibt es in zahlreichen Ausführungen. Man unterscheidet:
- **Kleinformatige Tages- oder Wochenkalender:** Thematisch konzipierte Abreißkalender mit täglich wechselnden Sprüchen, Ratschlägen, Informationen o. Ä.
- **Großformatige Foto- oder Kunstkalender:** Thematisch konzipierte Abreiß-Wandkalender für unterschiedliche Länder, geografische Räume, Künstler etc.
- **Gebundene Kalender:** Jahresplaner-Ausgaben für bestimmte Ziel- oder Berufsgruppen.

Natürlich gibt es auch Mischformen, was sich allein sprachlich auffällig in einer Vielzahl von Komposita niederschlägt: Tisch-, Wand- oder Küchenkalender stehen für Platzierungsmöglichkeiten, Buch-, Taschen-, Aufstell- und Abreißkalender verweisen auf die Verwendungsform, Schüler-, Kinder- und Lehrerkalender bedienen unterschiedliche Benutzergruppen und Katzen-, Kräuter-, Natur- und Literaturkalender belegen das Themenspektrum, dem keine Grenzen gesetzt sind.

Das Kalendergeschäft bietet die Möglichkeit saisonaler Aktions- und Zusatzverkäufe, beansprucht aber eine relativ große Präsentationsfläche. Es wird im letzten Tertial des Jahres realisiert, zunehmend im gesamten zweiten Halbjahr. Neben dem Verlagsbezug bietet sich der Einkauf über die Barsortimente an, die Jahr für Jahr Kalenderausstellungen organisieren, auf denen sie ein gemischtes Kalendersortiment mit lukrativen Staffelrabatten anbieten, teilweise auch mit Valuta-Konten.

Aufmerksamkeit verlangen die **unterschiedlichen Steuersätze**. Die Preise der nicht preisgebundenen Abreißkalender beinhalten den vollen Steuersatz, während im Preis gebundene Buchkalender den ermäßigten Umsatzsteuersatz haben. Der ermäßigte Umsatzsteuersatz gilt übrigens auch dann, wenn der Textanteil überwiegt bzw. eine dominierende Rolle spielt. Im Einzelfall achte man auf die Preismitteilungen der Verlage bzw. auf die Angabe auf der Verlagsrechnung.

2.2.2
Kartografische Produkte

Kartografische Produkte zählen zu den ältesten Non-Books der Branche. Daher mag es nicht verwundern, dass die Privilegien für die Ware Buch (ermäßigter Mehrwertsteuersatz, Preisbindung) auch für Landkarten, Globen und Atlanten gelten. Eine ausführlichen Einblick in die Welt kartografischer Erzeugnisse bietet das Kapitel ›Reise‹ in *Warenguppen im Buchhandel* (Edition Buchhandel Band 16). Deshalb beschränken wir uns an dieser Stelle auf die wichtigsten Begriffe und Publikationen.

Fachbegriffe und Publikationen aus der Kartografie

AMTLICHE KARTE Von staatlichen Behörden herausgegebene Karten(werke). In Deutschland sind dies die Landesvermessungsämter (LVA) der einzelnen Bundesländer.

ATLAS, ATLANTEN Gebundenes Kartengroßwerk, das Landkarten thematisch, inhaltlich oder regional zusammenhängend zusammenstellt.

BLATTSCHNITT Eine Blatt(schnitt)übersicht informiert über die Lage der einzelnen Blätter und der jeweils angrenzenden Anschlusskarten für ein Kartenwerk, das sich aus mehreren Detailkarten zusammensetzt.

GENERALISIEREN Anpassung des Karteninhalts an den jeweils verwendeten Maßstab einer Karte. Dabei gilt die Regel: Je kleiner der Kartenmaßstab, desto mehr muss der Karteninhalt vereinfacht und Unwichtiges weggelassen werden oder in höhere Einheiten aufgehen (z. B. Laub- und Nadelwald in Wald).

GLOBUS, GLOBEN Ein verkleinertes, kugelförmiges Modell von Himmelskörpern, die gleichzeitig flächen-, winkel- und längengetreu sind.

HÖHENLINIEN (Isohypsen) Gedachte Linien im Gelände, die benachbarte Punkte gleicher Höhe über dem Meeresspiegel miteinander verbinden. Aus dem Bild der Höhenlinien lassen sich geometrisch genau die realen Landschaftsformen ablesen. Es gilt: Je enger der Abstand der Höhenlinien zueinander, desto steiler ist das Gelände.

KARTE Eine maßstabsmäßig verkleinerte, generalisierte und erläuterte Grundrissdarstellung (von Teilen) der Erde. Größere Kartenwerke mit identischem Maßstab werden gemäß der Blatt(schnitt)übersicht nummerisch geordnet.

LANDKARTE Für spezielle Verwendungszwecke (Wander-, Freizeit-, Radwander-, Straßen-, Tourenkarte) erstellte Kartenwerke.

LEGENDE Erklärung der in einer Karte verwendeten Signaturen (symbolische Landkartenzeichen) und Abkürzungen.

MASSSTAB Der auf jeder Karte angegebene Maßstab gibt Auskunft über das Zahlenverhältnis der Verkleinerung des Kartenbildes gegenüber der Wirklichkeit. Bei einem Maßstab von 1:100.000 entspricht 1 cm auf der Karte 100.000 cm (= 1 km) in der Wirklichkeit. Wanderkarten haben mit 1:25.000, 1:50.000 große, Straßenkarten haben kleine Maßstäbe.

PLANOKARTE Planokarten werden gerollt in Köchern geliefert und sind im Wesentlichen gleichzusetzen mit Poster-Wandkarten.

RELIEFKARTE Dreidimensionale Karte, die Berge und Gebirge als Erhöhungen plastisch hervortreten lässt.

SCHUMMERUNG (Schattierung, Geländetönung) Form der Geländedarstellung, die eine räumlich-dreidimensionale Aussage ermöglicht. Bei einer fiktiv angenommenen Beleuchtung einer Landschaft wird der Schattenwurf eines Bergs in der Karte als Grautönung dargestellt.

TOPOGRAFISCHE KARTE (TK) Karte, die eine Landschaft dem jeweiligen Maßstab entsprechend vollständig, geometrisch exakt und mit Höhenlinien darstellt. Topografische Karten gibt es nur in den Maßstäben 1:25.000 (TK 25), 1:50.000 (TK 50) und 1:100.000 (TK 100); die Topografische Übersichtskarte (TÜK) gibt es im Maßstab 1:200.000.

2.2.3
Lehr- und Lernmittel

Zur Produktvielfalt der wissenschaftlich fundierten und pädagogisch aufbereiteten Lehr- und Lernmittel im Markt für Bildungsmedien gehören unterschiedliche Medien für verschiedene Zielgruppen.

Lernmedien Zielgruppen: Vorschulbereich, Schulen, Erwachsenenbildung (VHS etc.), Eltern und Erziehungsberechtigte

Pädagogische Fachliteratur Zielgruppen: Studierende und Dozierende, Lehrer an allgemein bildenden und beruflichen Schulen, Diplom-Pädagogen, Erzieher

Ratgeberliteratur Zielgruppen: Eltern und Erziehungsberechtigte

Zu den Lernmitteln zählen Schulbücher, Lernhilfen, Wörterbücher, Wandtafeln, Lernsoftware, Online-Angebote u. a. m. Das Gesamttitelangebot liegt bei über 40.000 Bildungsmedien. Der Markt für Bildungsmedien ist höchst komplex, muss er doch einerseits die Kulturhoheit der Länder (länderspezifische amtliche Lehrpläne) und andererseits die jüngsten methodischen und didaktischen Trends im Blick haben. Hinzu kommen die Angebote des **Nachmittagsmarkts,** die sich nicht explizit auf den Lernort Schule beziehen.

Umfassendere Informationen zu Themen rund um Schulbücher und die differenzierte (Aus- und Weiter-)Bildungslandschaft finden sich im Kapitel ›Schule und Lernen‹ in *Warenguppen im Buchhandel* (Edition Buchhandel Band 16). Für spezifisch buchhändlerische Fragen hält der Sortimenterausschuss für das Schulbuchgeschäft mehrere Merkblätter abrufbar; sie thematisieren u. a. Ausschreibungsverfahren und preisbindungsrechtliche Aspekte.

2.2.4
Nebensortiment Kunst

Bei Führung eines Kunst-Zusatzsortiments (Bilder, Keramik u. a. m.) verhält es sich ähnlich wie bei dem Musik-Zusatzsortiment. Interesse und die Bereitschaft, sich in das Gebiet historisch einzuarbeiten, sind hier genauso Pflicht wie die Beobachtung zeitgenössischer Strömungen. Manchmal geht das Zusatzsortiment sogar einher mit einem Galeriebetrieb sowie mit Ausstellungen und Vernissagen. Auch das handwerkliche Rahmen von Grafiken und Bildern kann hier ein Teil der Dienstleistungspalette des Buchhändlers sein.

Bleibt man beim Medium Buch, so ist in diesem Zusammenhang auf den Begriff Faksimile hinzuweisen. **Faksimiles** (lat. = mache es ähnlich) sind aufwändig produziert. Denn hier geht es um die detailgetreue Wiedergabe eines Originals mit allen Eigenschaften. Selbst eventuelle Beschmutzungen oder sonstige Gebrauchsspuren müssen mit dem Original übereinstimmen. Für faksimilierte Handschriften(sammlungen) des Mittelalters beispielsweise müssen schon etliche tausend Euro bezahlt werden. Damit unterscheiden sich Faksimiles deutlich von **Reprints** (unveränderte Neudrucke vergriffener Werke), die im wissenschaftlichen Bereich und im Modernen Antiquariat (siehe Kap. 1.4.1) eine Rolle spielen.

2.2.5
Musikalien, CD, DVD und Hörbücher (Audiobooks)

Musikalien sind gedruckte oder geschriebene Musikwerke. In der Geschichte und teilweise heute noch im Bereich des bibliophilen Antiquariats gab bzw. gibt es Überschneidungen zum Buchhandel. Ansonsten spielt der Handel mit Noten, sofern es sich nicht um Liederbücher mit einer ISBN handelt, im Sortimentsbuchhandel eine eher untergeordnete Rolle. **(Musik-)Tonträger** hingegen sind häufiger im Sortiment anzutreffen. Das mag daran liegen, dass gehörte Musik ein dem Lesen entsprechender Unterhaltungs- und Kulturgenuss ist. Der Grund kann aber auch schlichtweg im Interesse des Inhabers sowie der Verfügbarkeit von Klassik- und Jazz-CDs bei den buchhändlerischen Großhändlern bestehen.

Hörbücher, auch Audiobooks genannt, gehören seit den 1990er Jahren zur buchhändlerischen Angebotsstruktur und bilden einen Brückenschlag zu den ›neuen‹ Medien – vor allem, wenn sie nur noch als digitaler Datensatz im mp3-Format lieferbar sind. Historisch gesehen gab es aber bereits vor der Etablierung der Hörbücher Einspielungen von Literatur oder (Theater-)Inszenierungen, allerdings auf Schallplatte (Vinyl) und/oder Musikkassette. Die neue Digitaltechnik und Kooperationen mit Hörfunkanstalten, die als Lizenzgeber auftreten, ermöglichten den entstehenden Massenmarkt mit einem breit gefächerten Angebot und unterschiedlichsten Genres. Siehe hierzu auch die Ausführungen im Kapitel ›Hörbuch‹ in *Warenguppen im Buchhandel* (Edition Buchhandel Band 16), wo die auf den Seiten 123-124 stehende ›Checkliste mit Qualitätskriterien zur Bewertung von Hörbüchern‹ ebenfalls abgedruckt ist.

Gängige Hörbuchgenres und -techniken – ein Überblick

DRAMATISIERTE HÖRFASSUNG   Eine ganz eigenständige Bearbeitung und Umsetzung eines Stoffes – ähnlich dem Film oder der Bühneninszenierung. So können z. B. Romanwerke ganz individuell bearbeitet werden.

FEATURE   Skizzierende Berichterstattung für Sachthemen, historische oder biografische Inhalte, die verschiedene Techniken wie Reportage, Kommentar, Dialog, Interview, Original-Tondokumente (›O-Töne‹) oder Ton-Collagen etc. nutzt, um (aktuelle) Sachverhalte aufzubereiten. Der Begriff Feature stammt ebenso wie das Hörspiel aus dem klassischen Radiojargon.

HÖRSPIEL   Genre, das dramatische Handlungselemente im Medium Hörfunk umsetzt. Das Geschehen wird in Form von Dialogen, (inneren) Monologen und berichtenden Abschnitten dargestellt, häufig unter Zuhilfenahme von Geräuschen und Musik.

INSZENIERTE LESUNG   Der gesprochene Text wird mit Geräuschen oder Musik untermalt.

LESUNG   Hörbuchformat oder -genre, das eine größtmögliche Nähe zum geschriebenen Text anstrebt. Der Vortragende kann der Autor selbst sein, ein Schauspieler oder ein ausgebildeter Sprecher. Wichtige Entscheidungen stehen auch dann an, wenn Verlage eine gekürzte Version auf den Markt bringen wollen. Wer erstellt die ›Strichfassung‹? Und wer autorisiert diese? Der Autor, dessen Verlag oder Agent? Auch die Frage des Einlese-Ortes stellt sich dem Verlag: Es gibt Inhalte und Sprecher, die auf einer Bühne aufblühen und geradezu nach einer Live-Einspielung verlangen. Andere brauchen die ruhige, konzentrierte Atmosphäre eines Studios.

LIVE-MITSCHNITT Aufzeichnung einer öffentlichen Darbietung mit der entsprechenden Live-Atmosphäre ohne spätere technische Bearbeitung.

SZENISCHE LESUNG Schauspieler sprechen verschiedene Rollen eines Dramas, ohne auf der Bühne zu spielen.

Literarische Stoffe werden nicht nur akustisch umgesetzt, sondern auch durch das Medium **Film.** Die Liaison zwischen Buchhandel und Film begann um 2000 mit der Etablierung des Mediums **DVD** (digital versatile disc; digitale vielseitig verwendbare Scheibe) mit hoher Speicherkapazität und guter Bild- und Tonqualität. Aktuell bietet die Blu-Ray-Technik die beste Wiedergabe- qualität, wobei ›blue ray‹ (blauer Strahl) für den blau-violetten Laserstrahl steht, der die Informationen auf den Silberscheiben liest. (Die bewusst falsche Schreibweise ›Blu-ray‹ ist eine Markenbezeichnung, die von einem Konsorti- um führender Technologie-Unternehmen etabliert worden ist, u. a. von Sony, Panasonic und Samsung.)

Der Zusammenhang zwischen Film und Literatur wird unter dem Stich- wort **Intermedialität** diskutiert. Hier geht es um einen bewussten Medien- wechsel, wie er bei Ton und Bild, Sprache und Musik und eben auch bei Film und Literatur vorliegt. Immer geht es um Stoffe und Motive, die unterschied- lich realisiert werden. In diesem Sinne entspricht der Plot einer Erzählung dem Drehbuch eines Films. Das Storyboard bringt man zwar sprachlich mit dem Medium Film in Verbindung, aber als Visualisierung eines Konzeptes dient es auch zur Verdeutlichung der Verzahnung von Handlungssträngen in Romanen. Als das Filmgenre entstand und sich als Massenmedium in den 1920er Jahren etablierte, beeinflussten sich Literaten und andere Künstler ge- genseitig. In diesem Sinne schreiben Jürgen Lemke und Osama Ishneiwer in *Mehr DVDs verkaufen:* »Literatur, Bilder und schließlich bewegte Bilder wie im Film gehörten kulturgeschichtlich schon immer zusammen. Bilder erzäh- len Geschichten, Bilder dokumentieren – ähnlich wie in schriftlicher Form – Geschichten für die Nachwelt. Literarische Texte inspirierten stets den Schaf- fensprozess von bildenden Künstlern und Bilder wiederum beeinflussten das Entstehen literarischer Werke.«

Weil Filme im Zeitalter des Home-Entertainments bereits ihren Weg in private Haushalte gefunden haben, liegt es nun am Buchhandel, sich in bestimmten Genres zu engagieren und sich über Produktvielfalt und -kenntnis zu profilieren. Manchmal reicht es, ausgewählte Filme den entsprechenden Autoren zuzuordnen oder im Auslagenbereich eine Mischung von Buch- und Filmangebot anzubieten. Bereits dadurch signalisiert man Aufgeschlossenheit gegenüber anderen Medien und schafft eine Voraussetzung für interessante Kundengespräche, für zufriedene Kunden und bestenfalls – wie bei allen Non-Books – auch für Zusatzverkäufe.

Checkliste mit Qualitätskriterien zur Bewertung von Hörbüchern

Check 1: Sprecher und Regie

Ein Hörbuch steht und fällt mit dem Sprecher! Denn Hörbücher sind eine eigenständige Form der Literatur, erst durch die Stimme wird ein Text lebendig. Selbstverständlich braucht auch jeder Sprecher eine eigene Regie, denn auf das Zusammenspiel mit dem Text kommt es an.

- ☐ Bringt der Sprecher das Hörbuch zum Klingen und damit zum Leben?
- ☐ Wie gut ist die Interpretation, und passt der Sprecher überhaupt zum Text? Hört man ihm gern länger zu?
- ☐ ›Zieht‹ der Sprecher den Hörer mit den ersten gelesenen Sätzen in die Erzählung?
- ☐ Liest er im richtigen Tempo, nicht zu langsam oder zu schnell – oder im schlimmsten Falle wie abgelesen?
- ☐ Setzen Sprecher und Regie der Handlung angemessene Akzente?
- ☐ Wird Modulation eingesetzt, an wirkungsvollen Stellen eine Pause gemacht und der Handlung entsprechend das Tempo gewechselt?

Check 2: Inhalt und Bearbeitung

Genauso wichtig ist die Qualität der literarischen Vorlage bzw. des Stoffes, auf dem z. B. ein Originalhörspiel basiert. Viele Verlage machen sich sehr viel Arbeit mit der Bearbeitung, die manchmal sogar die Schwächen der Buchvorlage abmildern kann.

- ☐ Funktioniert das Hörbuch unabhängig vom Buch wie eine eigenständige Version?
- ☐ Ist der Stoff geeignet für eine Hörbuchumsetzung, oder wirkt die Produktion ›erzwungen‹?
- ☐ Erscheint die Sprache eher zäh oder lebendig?
- ☐ Ist die Bearbeitung des Textes adäquat ausgeführt worden?
- ☐ Gab es Kürzungen, die den Sinn entstellen?
- ☐ Kommt man gut ›rein‹, oder braucht das Hörbuch einen langen Anlauf?
- ☐ Ist die Handlung/das Ende vorhersehbar?
- ☐ Ist das, was gelesen wird, inhaltlich gut zu verstehen, oder muss man ständig ›Sinn herstellen‹, das Gelesene im Geist ›reparieren‹?

Check 3: Musik und Geräusche

- ☐ Werden Musik und/oder Geräusche dramaturgisch stimmig eingesetzt, oder wirken sie ›draufgepfropft‹?
- ☐ Ist es unnötige Dudelmusik oder im Gegenteil viel zu opulente Musik, die gegenüber dem Text dominiert?
- ☐ Schafft es die Musik vielleicht sogar, als eine eigenständige Erzählfigur zu wirken?

Check 4: Die Aufnahme

☐ Ist der Klang sauber, sogar besonders brillant?

☐ Ist die Aufnahme zu leise oder zu laut?

☐ Machen Dynamiksprünge das Hören im Auto oder per Kopfhörer zur Qual?

☐ Ist die Produktion in genügend kleine Abschnitte unterteilt worden?

Check 5: Verpackung und Ausstattung

☐ Gefallen Aufmachung und Ausstattung?

☐ Passt die Verpackung zum Preis?

☐ Sind wichtige Angaben auf dem Cover und der Rückseite enthalten (Hörbuch-
gattung, Autor, Inhalt, Laufzeit, evtl. Kürzungen)?

☐ Ist ein Booklet mit interessanten Zusatzinformationen enthalten, oder dient es
nur als reiner Werbeträger für weitere Hörbuchtitel?

Check 6: Rezensionen und Preise

Wenn das Hörbuch, das Sie bewerten, bereits einen oder mehrere Preise gewonnen hat,
kann auch dieser Aspekt für die Bewertung hilfreich sein. Nicht zu verachten ist auch
das Renommee des Verlags, immerhin ein Indiz für die höhere Wahrscheinlichkeit von
Qualität.

☐ Was sagen Kritiker in Fachpresse und Online-Magazinen zu dem Hörbuch?

☐ Wurde das Hörbuch schon durch Insider-Tipps, etwa in Internet-Foren, empfohlen?

☐ Gab es bereits Nominierungen oder Auszeichnungen, z. B. vom Deutschen Hör-
buchpreis oder der hr2-Hörbuchbestenliste?

☐ Ist eventuell die Buchvorlage prämiert worden?

☐ Steht das Hörbuch auch auf Bestsellerlisten, die immerhin die Beliebtheit widerspiegeln?

☐ Gehört der Verlag zu den am meisten ausgezeichneten Hörbuchverlagen? (Eine
Top 25 gibt es regelmäßig im BuchMarkt-Hörbuch-Special zur Mitte jedes Jahres)

☐ Hat der Verlag allgemein einen guten Ruf in Bezug auf die Qualität seiner
Hörbücher?

Darüber hinaus sollten Sie sich – rein subjektiv – drei weitere Fragen stellen: Haben
Sie beim Hören schnell vergessen, dass Sie etwas vorgelesen oder vorgespielt bekommen?
Ist allgemein das Preis-Leistungs-Verhältnis in Ordnung? Und würden Sie das Hörbuch einem
Hörbuch-Anfänger zum Einstieg in die ›erlesene‹ Literatur empfehlen? Wenn Sie drei Mal
mit ›ja‹ antworten, liefert Ihr Hörbuch mit Sicherheit ein schönes Hörvergnügen.

Abdruck mit freundlicher Genehmigung von René Wagner, Erkelenz. Diese Checkliste aus dem *Hörbuch-
Lexikon* erschien erstmals im *hörBücher Magazin 2008*

2.3
Non-Books

Non-Books ist ein schillernder Begriff. Rein formal handelt es sich um einen
Begriff, der ›Anderes‹ ausgrenzt: nämlich Waren, die im Buchhandel verkauft

werden, aber keine Bücher sind. Legt man diese Negativ-Abgrenzung zugrunde, dann zählen die bereits thematisierten Printprodukte wie Zeitschriften und Kalender zu den Non-Books. Wertet man den vollen Umsatzsteuersatz als Kennzeichen für Non-Books, so fallen auch Medien wie Hörbücher, *CD* oder *DVD* hierunter. Aufgrund ihrer inhaltlichen Nähe und ›Verwandtschaft‹ zum Buch oder zu Buchinhalten nennt man diese Medien **buchaffin.** Als buchaffin gilt aufgrund der Nähe zu Papier und Schreibutensilien auch der PBS-Bereich (Papier-, Büro- und Schreibwaren) sowie Spiele, die auch in vielen kleineren Buchhandlungen, vorzugsweise im Bereich des Kinderbuchs, zur buchhändlerischen Angebotsstruktur gehören.

Der Kölner Betriebsvergleich (siehe Kap. 3.1) subsumiert derartige Waren seit 2008 unter dem Begriff **nicht-buchhändlerisches Sortiment** und weist einen zweistelligen Umsatzanteil aus. Ungeklärt ist jedoch die Frage, wie hoch der Anteil **nicht-buchaffiner Produkte** ist, die als Geschenkartikel oder Mitbringsel angeboten werden, wobei die folgende Produktauflistung beliebig ist und endlos fortgesetzt werden könnte: Aromaöle, Duftkerzen, Grußkarten, Kaffee, Plüschtiere, Schlüsselanhänger, Schmuckdosen, ›Schokoladiges‹, Seifen, Tee & Teelichter, Tragetaschen, Wein, Quizboxen etc. Häufig weisen sie eine Verbindung zur Wohnkultur oder Wohlfühlatmosphäre auf, selten eine Nähe zur Literatur im engeren Sinn. Falls doch, findet man Lesezeichen mit Zitaten berühmter Schriftsteller, Buchhüllen, Buchstützen, Lesebrillen, Leselampen, Blanko-Bücher oder eine Vielzahl von trendigen **Merchandising-Produkten** (›Fan-Artikel‹: von Schlüsselanhängern, Stickern und Aufklebern bis hin zu T-Shirts und Bettwäsche), die im Zusammenhang mit der Vermarktung von Buchinhalten oder Figuren stehen, mittels derer Verlage bzw. Hersteller hoffen, den Absatz eines Produktes zu fördern.

Die Grenzen zwischen buchaffin und nicht-buchaffin sind fließend. Den meisten Kunden dürften sie egal sein. Denn es gibt durchaus buchaffine Kunden, die wenig lesen. Weit über 50 Prozent der Kunden betreten nur deshalb eine Buchhandlung, weil sie auf der Suche nach einem ansprechenden, originellen und wertvollen Geschenk sind – und das muss nicht zwangsläufig ein Buch sein. Wenn man den Faktor Kundenzufriedenheit in den Vordergrund stellt, dann haben Non-Books zweifelsohne ihre Berechtigung. Entweder in ihrer Funktion als Geschenkartikel, der den Kunden erfreut, oder als Zweit-Artikel, den man zuzüglich zum Buchkauf erwirbt. Bestenfalls haben sie einen inhaltlichen Bezug zum Sortiment; vor allem zu Sortiments-Schwerpunkten. Unter dem Motto ›Bücher und mehr‹ kann man an Vieles denken, was bei weitem nicht durch die nachstehenden Beispiele abgedeckt wird.

Kinderbuch Spiele, Plüschtiere, Holzspielzeug, Glaskugeln, Kasperle-figuren/-theater etc.

Belletristik Hörbücher, literarische T-Shirts, Literaturkalender, Lesezei-chen, Buchstützen etc.

Esoterik Duft- und Aromastoffe, Tarotkarten, Steine, Pendel etc.

In Zeiten sinkender Absatzzahlen für Bücher werden Non-Books im wahrsten Sinne des Wortes überlebenswichtig. Nicht nur unter dem Gesichtspunkt des Mehr-Umsatzes, sondern auch hinsichtlich der Handelsspanne und Rentabilität, weil die Verkaufspreise frei kalkulierbar sind (siehe Einleitung Kap. 7). Aber Non-Books sind nicht per se Selbstläufer und Renditebringer. Man muss sie auch verkaufen wollen und können, wozu eine entsprechende Fläche (evtl. spezielle Warenträger), eine ansprechende Präsentation und die Produktkompetenz des Buchhändlers gehören. Nur dann schärfen sie das Profil einer Buchhandlung und erleichtern damit gleichzeitig das Abgrenzen zur Konkurrenz.

Mit der Sortimentserweiterung stellt sich auch die Frage nach neuen Einkaufsquellen. Zwar bleiben die Buchmessen in Frankfurt und Leipzig zwei der beliebtesten Treffpunkte, aber **Ambiente** als Trendmesse in Sachen Deko und Lifestyle und die für den PBS-Bereich zuständige ›Papiermesse‹ **Paperworld** kommen hinzu. Häufig dient ein Besuch nur der Information. Denn Mindestbestellmengen sind dort an der Tagesordnung, teilweise verknüpft mit der Abnahme des Gesamtsortiments eines Anbieters bzw. dem Einkauf einer kompletten Produktlinie. Lohnend für Große und Filialisten, aber weniger für die ›Kleinen‹ der Branche. Sie beziehen ihren Bedarf von ihren Buchgroßhändlern als reguläre Barsortiments-Ware, die mitunter in Themenpaketen zusammengefasst wird. Oder sie besuchen den Non-Book-Gemeinschaftsstand auf der Frankfurter Buchmesse in der Halle 4.0, kurz ›Nonbook4.0‹ genannt, wo ausgewählte Lieferanten ›schöne Dinge für den Buchhandel‹ aus den Bereichen Papeterie, Geschenke, Spiele und Accessoires anbieten. 2013 veröffentlichte Angelika Niestrath, die langjährige Leiterin dieser Sonderausstellung, für den Sortimenter-Ausschuss des Börsenvereins die lesenswerte Broschüre *Sortiment mit Gesicht. Wie Nonbooks helfen, Bücher zu verkaufen.*

2.4
Digitale Produkte

Alle digitalen Produkte gehören zu den neuen Medien. Hier liegen die Inhalte als digitale Datensätze vor, die entweder offline oder online zur Verfügung stehen. **Offline-Medien** werden in einer Auflage/Serie oder bei Bedarf (on demand) als physische Artikel produziert und in großem Umfang über den Handel verkauft. **Online-Medien** hingegen werden per Download über Websites bestimmter Anbieter (Downloadportale) auf Rechner oder andere digitale Empfangsgeräte der Interessenten/User heruntergeladen; hier spielt der Direktvertrieb der Verlage oder Produzenten eine ungleich größere Rolle. Um diese digitalen Produkte geht es vorrangig in diesem Kapitel. Unberücksichtigt hingegen bleiben digitale Produkte mit primär verkaufsunterstützender Funktion. Denn Websites oder Portale, Podcasts, Clips, Trailer etc.

werden nicht in erster Linie als Produkt verkauft, sondern legitimieren ihren Stellenwert über das Marketing bzw. über den Vertrieb.

Im Zusammenhang mit den neuen technischen Möglichkeiten verfolgen große Verlagshäuser bereits seit einiger Zeit das Prinzip ›create once – use many‹ – und schließen dabei selbst alte Produktionsformen mit ein. Denn die Inhalte bzw. der Content werden ›medienneutral‹ erfasst und in einem elektronischen Speicher (Server) bereitgestellt. Danach gibt es unterschiedliche Optionen: Ausdruck als Printausgabe oder Download als E-Book. Differenzierter stellt es die folgende Übersicht dar:

›Create once – use many‹ – alte und neue Publikationsformen

PRINT-AUSGABEN
erscheinen in unterschiedlicher Auflagenhöhen als Buch, Zeitschrift, Zeitung oder Loseblattwerk; auch kartografische Produkte, Kalender, Musikalien sowie Lernmittel gehören traditionell zu den Printmedien.

PRINT(ING)-ON-DEMAND (POD)
sind Print-Ausgaben, die dank Digitaldruck und Hochleistungskopierern mit angeschlossener Bindestraße in Kleinstauflagen bis hin zur Einzelstückproduktion verfügbar sind.

DIGITALE OFFLINE-MEDIEN (CD-ROM, DVD und USB-Stick)
können sowohl Text- und Audiodateien als auch multimediale Inhalte (Animationen, Filme etc.) speichern. Entsprechend differenziert ist das Angebot an diesen Medien. Eine **CD-ROM** (engl. compact disc – read only memory) ermöglicht die Wiedergabe von Text- und/oder Audiodateien. Die Nachfolgetechnologie **DVD** (engl. digital versatile disc) macht aufgrund bedeutend höherer Speicherkapazitäten multimediale Inhalte handelsfähig (siehe Kap. 2.2.5). **USB** (engl. universal serial bus) bezeichnet eine Technologie zur Datenübertragung; im Zusammenhang buchhändlerischer Waren jedoch ein Content-Speichermedium (USB-Stick), das aufgrund einer noch höheren Speicherkapazität als der auf DVD große Verbreitung gefunden hat, als Handelsgegenstand aber (noch) eine untergeordnete Rolle spielt.

ONLINE-MEDIEN
bieten Inhalte (Content) ausschließlich über elektronische Speicher (Server, Internet-Plattformen) an. Der Zugang ist entweder gebührenpflichtig (Paid Content) oder ohne Zugangsbeschränkung möglich. Text- und Bildinformationen, die in unterschiedlichen Formaten zur Verfügung stehen, liest man direkt am Bildschirm oder auf anderen Lesegeräten (Tablet, E-Book-Reader, Smartphone). Sofern es keine Beschränkungen gibt, können sie bei Bedarf zum Lesen/für die Ablage ausgedruckt werden.

2.4.1
E-Books

Ein E-Book ist eine elektronische Datei, die wie ein Buch gelesen werden kann. Nur dass das Buch nicht physisch und haptisch verfügbar ist, sondern als digitaler Datensatz vorliegt, der wiederum an eine Hardware (siehe Kap. 2.4.2) und an eine Software gebunden ist. Der Inhalt bzw. Content wird in unterschiedlichen Dateiformaten angeboten, für die eine Software nötig ist. Die aktuell angebotenen Formate sind allerdings derzeit (2014) nicht kompatibel mit allen Geräten; geräteübergreifende Standards stehen also aus. So bevorzugt Amazon ein proprietäres Dateiformat, das nur auf seinem eigenen Lesegerät (Kindle) lesbar und damit für den Sortimentsbuchhandel irrelevant ist. Auch E-Books, die bei Apple (iTunes) gekauft werden, kann man nur mit einer Apple-Software lesen, die wiederum untrennbar mit dem firmeneigenen Betriebssystem iOS verbunden ist. Als ›offene‹ Dateiformate gelten:
- **PDF**   Bei *PDF*-Dateien (Portable Document Format) bleibt das vom Verlag gestaltete Seitenlayout (siehe Kap. 2.1.1.2) auf jedem Lesegerät erhalten; allerdings ist es skalierbar. Die meisten Fach- und auch aufwändig gestaltete Sachbücher werden im PDF-Format angeboten. Sie werden am Bildschirm des PC/Laptops oder auf Tablets gelesen; bei Smartphones mit kleineren Lesedisplays entsteht mitunter großer Scroll-Aufwand.
- **EPUB**   EPUB (electronic publication) wurde von führenden E-Book-Lesesoftware-Anbietern (Microsoft, Adobe etc.) entwickelt. Bei EPUB-Dateien kann eine dynamische Anpassung des Textes an die Bildschirmgröße eines Lesegerätes vorgenommen werden. Der Nutzer wählt ›seine‹ Schrift und ›seine‹ Schriftgröße aus, woraufhin Zeilen- und Seitenumbruch gemäß der individuellen Vorgaben und der Größe des Sichtdisplays erfolgen. In diesem Sinne ist EPUB ein ›Fließtext-Format‹. Dieses Dateiformat bietet sich vor allem für Bücher mit einfach strukturierten Texten an; aber auch Fachbücher gibt es zunehmend im EPUB-Format.
- **EPUB 3**   EPUB 3 ist ein Standard für interaktive, dynamische und multimedial angereicherte E-Books, die damit zur Gruppe der enhanced (angereicherten) E-Books gehören.

In wissenschaftsorientierten Verlagen dürften sich E-Books im PDF-Format durchsetzen. Publikumsverlage werden teilweise, parallel zu ihren Buchausgaben, E-Books im EPUB-Format oder als enhanced E-Book herausbringen. Bei Fachbüchern und Ratgebern haben bereits heute Apps eine immer größere Bedeutung. App ist die deutsche Kurzform für Applikation; damit sind Programme oder Anwendungen für Smartphones und Tablet-Computer gemeint, die schnell und unkompliziert installiert werden können.
Ein Kunde, der ein E-Book kauft, erwirbt im juristischen Sinn kein Eigentumsrecht an dem digitalen Datensatz, sondern eine nicht übertragbare per-

sönliche Lizenz, dieses E-Book zu nutzen. Andernfalls könnte er – wie bei einem richtigen Buch – die Datei nach dem Lesen verleihen oder privat weiterverkaufen. Natürlich kann man E-Books kopieren und auf unterschiedlichen eigenen Geräten installieren. Aber die Weitergabe an Dritte ist illegal. Und damit das ›Geschäft mit illegalen Kopien‹ erst gar nicht in Gang kommt, sind viele E-Books mit einem DRM versehen, das der Produzent (Verlag) festlegt. Im **Digital Rights Management (DRM)** werden die Rechte verwaltet, ein E-Book zu lesen, zu drucken oder auf andere (eigene) Geräte zu kopieren.

Aktuell existiert eine ›harte‹ und eine ›weiche‹ Variante des Kopierschutzes. Das ›Hard DRM‹ reglementiert den Erwerb und die Nutzung eines E-Books am stärksten. Adobe beispielsweise verlangt eine persönliche Adobe-ID als Zugangsschlüssel zu Online-Diensten. Diese ID muss sowohl im E-Book hinterlegt als auch in der Lese-Software verankert sein, bevor die Datei geöffnet werden kann. Außerdem ist die Anzahl der Kopien auf eine bestimmte Anzahl von Lesegeräten beschränkt. Das ›Soft DRM‹ hingegen besteht eher in einem psychologischen Kopierschutz. In die E-Book-Datei wird beim Kaufvorgang sowohl sichtbar als auch unsichtbar ein Wasserzeichen mit Informationen über den Käufer eingefügt. Das E-Book kann nun auf vielen Lesegeräten gelesen werden, und es ist hierfür keine spezielle Software erforderlich. Im Fall einer illegalen Weitergabe kann jedoch der Erstkäufer ausfindig gemacht werden.

Was die Preisbindung betrifft: E-Books sind preisgebunden. Allerdings werden sie mit 19 Prozent Umsatzsteuer an den Endkunden verkauft, da es um eine reine Nutzung des E-Books geht. Die Preise werden unabhängig vom Printprodukt festgelegt; in der Regel sind sie günstiger als die preiswerteste Printausgabe. Auch Bundle-Preise für den gemeinsamen Erwerb von Printausgabe und E-Book sind möglich (siehe Kap. 4.1.1).

2.4.3
E-Book-Reader

E-Books sind an eine Software gebunden – und an eine Hardware: ein Lesegerät, das das E-Book-Format und den jeweiligen Kopierschutz (DRM) unterstützt. Zu Beginn des digitalen Zeitalters war der Bildschirm des PC das übliche Lesegerät; heute können es auch multifunktionale Tablet-Computer und Smartphones sein. Seit den 1990er Jahren gibt es auch spezielle mobile E-Reader in unterschiedlichen Ausstattungen, wobei der kommerzielle Erfolg erst 2007 durch den Kindle von Amazon eintrat. Der Markt der Lesegeräte ist stark in Bewegung, wobei man zwei Technologien unterscheidet: die E-Ink- und die LCD-Technik.

Der **E-Book-Reader** ist ein ›Buch‹, dessen Seiten beim Umblättern durch elektronische Spannungen ständig neu aufgebaut bzw. ›bedruckt‹ werden. Er besteht aus einem Gehäuse mit einem Display (Sichtfläche), das eine klare Flüssigkeit (E-Ink, elektronische Tinte) enthält, in der sich durch einmaliges Anlegen einer elektrischen Spannung positiv geladene Mikropartikel in schwarze Farbe wandeln und damit Schrift darstellen, während negativ geladene Mikropartikel den umgebenden Weißraum bilden. Die Seite erscheint gestochen scharf und flimmerfrei. Diese Geräte eignen sich vor allem für reine Textdokumente, also vorrangig für das Lesen von Romanen – eine ideale Lösung für Leseratten. Da Strom nur für die kurze Zeit des ›Seitenaufbaus‹ benötigt wird, haben E-Book-Reader eine Akku-Leistung von mehreren tausend Seiten.

Neuere Geräte, wie auch die gesamte Generation der Tablet-Computer, benutzen hingegen die **LCD-Technik** (engl. liquid crystal display), die mit Flüssigkristallen arbeitet. Hier verändern Segmente ihre Transparenz, indem mittels elektrischer Spannung die Ausrichtung dieser Flüssigkristalle gesteuert wird. Damit ändert sich die Durchlässigkeit für polarisiertes Licht, das mittels einer Hintergrundbeleuchtung und durch Polarisationsfilter erzeugt wird. E-Reader mit LCD-Technik sind zwar weniger scharf und kontrastreich, und ihr Display spiegelt bei Sonneneinwirkung erheblich, aber sie eignen sich vorzüglich für die Darstellung farbiger Bilder, für Animationen und für multimediale Anwendungen jeglicher Art. Ihr Nachteil: Aufgrund der Hintergrundbeleuchtung ermüden die Augen schneller.

Neue E-Book-Reader-Modelle sorgen für die Weiterentwicklung dieses Marktes, der mit Geräten von Bookeen, Kobo, Sony, Medion und Tolino aufwartet, um nur einige der wichtigen Anbieter aufzuzählen. Auf Kundenseite kennt man nur ein Ziel: die Verbesserung des Leseerlebnisses und die Steigerung der Lese-Convenience. Kriterien für den Kauf und Verkauf von E-Readern sind:
• Displaygröße,
• eingesetzte Technologie (E-Ink-Technik [spiegelungsfrei] oder LCD-Technik [blendempfindlich]),
• Lesbarkeit im Dunkeln (integrierte Beleuchtung),
• E-Book-Formate,
• E-Book-Bezug (über Buchhandel möglich?),
• Größe des Sichtdisplays,
• Schriftvergrößerung (stufenlos),
• Schriftarten (Auswahl),
• Bedienungskomfort (Tastatur, Touchscreen),
• Zusatzfunktionen (Lesezeichenfunktion, Notizen, integriertes Wörterbuch),
• Gehäuse (Robustheit, Farbe, Gewicht etc.),
• Ladezeiten,
• Stromverbrauch, Laufzeit (Akku).

800.000 E-Reader wurden nach Angaben des Hightech-Verbands Bitkom 2012 verkauft, nach rund 320.00 im Jahr 2011. Der Jahresvergleich für E-Books zeigt nach Media Control GfK International dieselben Absatzsteigerungen. Stehen die neuen Märkte damit vor dem Durchbruch? Zumindest der Hype in der Branchenpresse will uns das glauben lassen. Aber **1 Prozent Marktanteil für E-Books im Jahr 2011 und prognostizierte 2 Prozent im Jahr 2012** deuten nicht darauf hin, dass der Umsatz mit gedruckten Medien in absehbarer Zeit zusammenbricht. Und Buchhändler haben durchaus Bedenken gegen die neuen Medien. GfK Panel Services Deutschland hat 2012 diesbezüglich im Auftrag des Börsenvereins recherchiert und als hauptsächliche Barrieren ausgemacht:
• 91 Prozent: zu geringe Nachfrage,
• 67 Prozent: zu kompliziertes Handling (Kopierschutz, Vielfalt der Formate),
• 57 Prozent: geringe Gewinn- und Umsatzmargen,
• 42 Prozent: zu hohe Investitionskosten,
• 39 Prozent: Konkurrenz für das gedruckte Buch.

Das kann und wird sich ändern, wenn der Marktanteil größer wird – und wenn E-(Book)-Reader im Preis noch günstiger werden. Bemerkenswert ist die gemeinsame Initiative von Thalia, Weltbild, Hugendubel, dem Club Bertelsmann und der Deutschen Telekom, die ihre Kompetenzen aus Technologie und Handel bündeln (siehe Kap. 1.3) und das Lesegerät Tolino entwickelt haben. Allerdings dürfte die Konkurrenz in Form von Anbietern immer neuer Tablet- und Smartphone-Generationen nicht schlafen.

2.5
Beurteilungskriterien für Gegenstände des Buchhandels

Bei über 1,2 Millionen lieferbaren Titeln im Jahr 2013 kann von keiner Buchhändlerin und keinem Buchhändler verlangt werden, alle Bücher gelesen zu haben – dies ist schlichtweg unmöglich. Die inhaltliche Produktkenntnis ist selbst für diejenigen Titel selten vorhanden, die zum eigenen Sortiment gehören. Auch hier ist die Erklärung einfach: Es liegt an den zahlreichen Novitäten und an der wenig verfügbaren Zeit der Verkaufskräfte, die zudem nicht immer bei der Einkaufsplanung der Titel mitwirken. Trotzdem muss der Buchhändler als Fachhändler im konkreten Beratungs- und Verkaufsgespräch die Sachlage und den Anspruch der Kunden schnell erfassen, um ihm die eine oder andere für ihn wichtige Information geben zu können – auch ohne das Buch gelesen zu haben.
    Hilfreich sind in diesem Zusammenhang formale Beurteilungskriterien, die als Anhaltspunkte für eine Bewertung zu einer Titeleinschätzung beitragen können. Im Abschnitt über Hörbücher (siehe Kap. 2.2.5) findet man eine differenzierte ›Checkliste mit Qualitätskriterien zur Bewertung von Hörbüchern‹.

Auch an anderen Stellen dieses Kapitels wurden Bewertungskriterien genannt und in verkaufsrelevante Zusammenhänge gestellt. Fast zwangsläufig variieren Kriterienkataloge für unterschiedliche Literaturgattungen, wobei einzelne Bewertungspunkte je nach Genre eine unterschiedliche Wertigkeit haben. Trotzdem folgt eine allgemeine (bei weitem nicht vollständige) Übersicht, die einen großen Freiraum bietet, einzelne Punkte begründet zu akzentuieren.

Formale Bewertungskriterien für Bücher (in Auswahl)

FAKTEN UND DATEN RUND UM DEN TITEL
Umfang
Erscheinungsjahr
Auflagenzahl
Aktualisierungszyklus
Vorwort/Geleitwort
Register (z. B. Sach-, Namenregister)
Literaturverzeichnis
Anzahl der Abbildungen/Grafiken/Statistiken/Übersichtstafeln
Preis

FAKTEN UND DATEN RUND UM DEN AUTOR
Anzahl der veröffentlichten Titel
Medienresonanz bereits veröffentlichter Titel
Schreib-/Erzähltradition
Preisinhaber
Kulturkreis

RUND UM INHALT UND SPRACHE (Fiction)
Zielgruppenadäquater Schreibstil
Handlung (Plot)
Erzählperspektive
Erzählstränge
Spannungsbogen
Stilmittel
Anteil an wörtlicher Rede
Wort- und Sprachwahl (z. B. Sondersprachen, Sprechjargon)
Verständlichkeit
Originalität
Umfang
Möglichkeiten zur Identifikation
Problemorientierung

RUND UM INHALT UND SPRACHE (Non-Fiction)
Aktualität des Themas
Zielgruppenadäquater Schreibstil
Aufbau/Struktur
Verständlichkeit
Originalität
Umfang
Weiterführende Literatur

HERSTELLUNGSTECHNISCHE KRITERIEN
Papier-, Binde- und Druckqualität
Einbandart
Besondere Ausstattung (z. B. Lesebändchen)
Schutzumschlag
Schuber

KÜNSTLERISCH-ÄSTHETISCHE KRITERIEN
Typografie
Layout
Übersichtlichkeit
Covergestaltung
Bild(motiv)auswahl

MEDIENRESONANZ
Bestsellerlisten, Bestenlisten
Vorstellung in Talk-Shows o. Ä.
Rezensionen in Feuilletons
Präsenz in Kundenzeitschriften

MARKTRELEVANZ UND MARKTAKZEPTANZ
Markenname/Bekanntheitsgrad des Verlages
Bekanntheitsgrad des Verfassers/des Herausgebers
Veröffentlichung in eingeführter Reihe
Auflagenzahl der aktuellen Ausgabe

Natürlich können Bücher und andere Gegenstände nicht ausschließlich formal sachadäquat erschlossen werden. Das liegt u. a. daran, dass eine künstlerisch-ästhetische Buchgestaltung ohne einen Bezug zum Inhalt wenig Sinn macht; denn Schrift und Layout interpretieren den Inhalt. Aber die genannten Kriterien bieten zumindest ein formales Gerüst – quasi eine Checkliste, die man abarbeiten kann, um eigene Besprechungen zu erarbeiten oder um fremde Aussagen über Bücher zu bewerten. Eine inhaltliche Einführung in die Welt des Buchhandels kann und will dieses Kapitel nicht bieten; dies ist Sinn und Zweck der bereits an verschiedenen Stellen dieses Kapitels zitierten Publikation *Warengruppen im Buchhandel.*

2.6
Dienstleistungen im Buchhandel

Das Spektrum buchhändlerischer Dienstleistungen ist breit gefächert. Es beginnt bei elementaren Selbstverständlichkeiten, die zum Konzept des Buchfachhandels gehören, wie Beratung (siehe Kap. 6.3 bis 6.7) und Besorgung (siehe Kap. 2.6.1), und hört beim liebevollen Geschenk-Einpacken noch lange nicht auf. Hierzu gehören u. a.:
• Ansichtssendungen,
• Bücherreservierungen,
• Benachrichtigungsdienst,
• kostenloser Zustellservice,
• antiquarische Suche,
• Informationsdienste (siehe Kap. 5.1. und 5.3)
• Monatskonto,
• E-Procurement (siehe Kap. 9.2).

Service ist in der Regel personal- und damit kostenintensiv. Aber man möchte Kunden an sich binden, denn Geschäftstreue hat beim heutigen multioptionalen Kunden nicht gerade Hochkonjunktur. Welche Leistungen – über die bereits erwähnten hinaus – eine Buchhandlung im Einzelnen anbietet, hängt aber letztendlich von ihrem Konzept, von ihrem Schwerpunkt und ihrer USP ab (siehe Abschnitt ›Dienstleistungen‹ am Ende der Einleitung des Kapitels 2). Und auch, ob Buchhandlungen dabei differenzieren in Service (unentgeltliche Leistung) und Dienstleistung (Leistung gegen ein Entgelt).

In welchem Umfang und Ausmaß handelsübliche Service- bzw. Dienstleistungen erbracht werden dürfen, ohne dass der Wettbewerb darunter leidet, und in welchem Rahmen Kundenbindungssysteme möglich sind – das sind Themen, die das *Buchpreisbindungsgesetz* zu klären versucht (siehe Kap. 4.1.1). Aber die Wechselbeziehung zwischen Buchpreisbindung und handelsüblichen Leistungsangeboten ist noch in ganz anderer Hinsicht interessant: Verlage müssen gemäß § 6 Abs. 1 BuchPrG bei der Ausgestaltung ihrer Konditionen den Beitrag der Buchhandlungen zur flächendeckenden Versorgung mit Büchern sowie ihren Service angemessen berücksichtigen. Denn der Gesetzgeber weiß um die Besonderheit der Wertschöpfungskette im Buchhandel und benennt die zwei zentralen Faktoren, die das Wirtschaften der Verlage beeinflussen: die Festlegung der Verkaufspreise und die Ausgestaltung der Konditionen.

Was aber sind angemessene Konditionen? – Auf genaue Werte konnten (oder wollten?) sich die Mitglieder im Börsenverein nicht einigen. Aber seit 2012 liegt eine gemeinsame Empfehlung des Sortimenter- und Verleger-Ausschusses mit dem Titel *Angemessene Handelsspannen und Konditionen* vor, die sich mit dem Problem näher auseinandersetzt. In der Präambel heißt es u. a.:

> Diese für den herstellenden Buchhandel verpflichtende Norm [angemessene Handelsspannen und Konditionen; eig. Erg.] setzt jedem einzelnen Verlagsunternehmen bei der Ausgestaltung seiner Konditionen von vornherein Grenzen und verleiht dem verbreitenden Buchhandel einen einklagbaren Anspruch auf angemessene Rabattierung (unter Berücksichtigung der Gesamtkonditionen). Die gesetzlich geforderte Angemessenheit ist grundsätzlich dann **nicht** gegeben,
>
> • wenn selbst bei optimalen Einkaufsmöglichkeiten, realistischen Lagerdrehzahlen und guten Rahmenbedingungen wie Standort, Wettbewerbssituation, Servicequalität etc. die gewährten Rabatte nicht ausreichen, um positive Deckungsbeiträge zu erwirtschaften und
>
> • wenn eine Buchhandlung trotz angepasster Kostenstrukturen und entsprechender Rahmenbedingungen dauerhaft Betriebsergebnisse erwirtschaftet, die einen rentablen Betrieb der Buchhandlung nicht ermöglichen, wobei sich dies nur mittels detaillierter und individueller Betriebsprüfung des einzelnen Buchhandelsunternehmens feststellen lässt.

Im Rahmen der weiteren Ausführungen kommt man auf den buchhändlerischen Service zu sprechen. Denn zur Erfüllung seines gesetzgeberischen Auftrags (flächendeckende Versorgung mit Büchern sowie buchhändlerischen Service) hat der stationäre Buchhandel eine Reihe von Vertriebs- und Serviceleistungen zu erbringen. Diese Leistungen, die das Sortiment in seiner Mittlerfunktion für die Verlage den Kunden gegenüber erbringt, dürfen übrigens nicht in Form einer Service-Gebühr an den Endabnehmer weitergegeben werden, da sie durch den Grundfunktionsrabatt des jeweiligen Verlages abgedeckt sind.

Die Palette der angebotenen Leistungen reicht vom Besorgungsservice über Lagerhaltung bis hin zum qualifizierten Personal. Der folgende, eigens hierfür erstellte Katalog, der allerdings keinen Anspruch auf Vollständigkeit erhebt, differenziert in standardmäßige Leistungen und sonstige, darüber hinaus gehende (Zusatz-)Leistungen des stationären Buchhandels:

Leistungskatalog sorgfältiger buchhändlerischer Praxis

Im Rahmen der Preisbindung und Erfüllung des kulturpolitischen Auftrages sind die nachfolgenden Leistungen Bestandteil der sorgfältigen buchhändlerischen Praxis eines stationären Sortiments. Sie dienen sowohl Verlagsunternehmen als auch Buchhandlungen als Orientierung bei bilateralen Konditionenverhandlungen.

BEZUG (Bestellung/Besorgung)
• Besorgung aller lieferbaren Titel eines jeden Verlags;
• Besorgung und Beratung zu sonstigen Medien im Sinne des BuchPrG;
• Einsatz qualifizierter Bibliografie-Instrumente;
• Bestellbündelung, Bestellrhythmus;
• Optimierung des Einkaufsverhaltens zwischen Barsortiments und Verlagsbezug;
• elektronische Bestellübermittlung;
• möglichst niedrige Remissionsquote;
• Bereitschaft, Vertreter/Verlagsmitarbeiter zu empfangen.

LAGERHALTUNG
Der Einsatz von elektronischen Warenwirtschaftssystemen erlaubt Optimierungen
und Spielräume hinsichtlich der Kapitalbindung im Warenlager, die insbesondere
auch kleineren Verlagen wieder zugute kommen können.
• Aktualität;
• regelmäßige Lagerergänzung;
• Sortimentstiefe und -breite;
• Vorfinanzierung.

WERBUNG/VERKAUF
• Anzeigen, PR, Kataloge und Prospekte (eigene und Verlagswerbemittel);
• Autorenlesungen und Verlagsaktionen;
• Veranstaltungsbegleitung (Büchertische);
• Mailings (regional oder überregional);
• Schaufenster;
• Inszenierung von Titeln;
• Integration von Webangeboten einschließlich Bestellmöglichkeiten;
• Leseförderungsaktionen.

BERATUNG
• Kundenkontakt: Soziale Komponenten als ›Türöffner‹, angefangen vom ersten
  optischen Eindruck bis zum gezielten Verkaufsgespräch;
• qualifiziertes Personal;
• Bibliografie und Recherche;
• Titelkenntnis;
• Literaturlisten.

LADENLOKAL
• Standort und Umfeld;
• Größe;
• Ladengestaltung;
• Öffnungszeiten.

EXEMPLARISCHE ÜBER DIE »SORGFÄLTIGE BUCHHÄNDLERISCHE PRAXIS«
HINAUSGEHENDE LEISTUNGEN im Sinne des gesetzlichen Auftrages gem. § 6
BuchPrG
- effizientes und zuverlässiges Zahlungsverhalten, Zentralregulierung;
- Information des Verlages durch die Buchhandlung über Bestände und Struktur-
  daten;
- Auslandsbesorgung;
- Bestellung zur Ansicht;
- Besorgung antiquarischer Bücher;
- Beschäftigung eigener Vertreter;
- online: interaktive Elemente (z. B. Kundenrezensionen) auf der Internetseite;
- online: Mitwirkung in buchbezogenen Social Networks;
- Beratung und Unterstützung bei der Auswahl und Lizensierung maßgeschneiderter
  Informationsressourcen;
- Administration von Bestellung und Auslieferung, inklusive konfektionierter
  Rechnungsstellung, Zahlungsabwicklung, Zugangsverwaltung, Reklamationshand-
  ling etc.;
- anbieterübergreifende Nutzungsstatistiken;
- prozessverschlankende Angebots-, Verwaltungs- und Bestellsysteme als Web-
  service;
- E-Procurement-Systeme.

© Börsenverein des Deutschen Buchhandels e.V.; von den Autoren geringfügig modifiziert

Im Zusammenhang mit auskömmlichen Konditionen ist die vom Sortimenter-Ausschuss des Börsenvereins herausgegebene *Gelbe Liste* zu erwähnen,
die alle zwei Jahre erscheint (letzte Ausgabe: 2013). Hier erhält man eine Übersicht der Verlage, die nur an Endverbraucher oder nur gegen Vorkasse oder
per Nachnahme liefern. In der Liste findet sich aber auch eine immer kleiner
werdende Anzahl von ›schwarzen Schafen‹, sprich von den Verlagen, die das
Sortiment ohne Rabatt beliefern, obwohl das BuchPrG diesen Fall nicht vor-
sieht.

2.6.1
Besorgung

Die Besorgung ist die Kern-Dienstleistung des Buchhandels. Sie ergibt sich
fast zwangsläufig aus der Diskrepanz der Zahl der lieferbaren Titel und der
Zahl der von den einzelnen Buchhandlungen eingekauften Titel. Somit stehen der immensen Titelzahl im *Verzeichnis lieferbarer Bücher* (VlB) 3.000,

5.000, 20.000, 50.000 oder mehr Titel der eigenen Buchhandlung gegenüber. Aber die Besorgung ist nicht nur eine praktizierte Good-Will-Dienstleistung, denn sie steht im Zusammenhang mit dem höchsten Gut der Branche: der Preisbindung. Zwar gibt es für den Sortimenter nach dem Buchpreisbindungsgesetz keine rechtliche Verpflichtung, alle lieferbaren Titel zu besorgen. Aber diese Dienstleistung gehört elementar zum Buchhandelsservice, der durch die Preisbindung überhaupt erst ermöglicht wird. Es gibt also Usancen, aber keine Rechtsverpflichtung, wie es der Preisbindungstreuhänder Dieter Wallenfels einmal formuliert hat.

Das Besorgungsgeschäft wird in der Regel über das ›Hintergrundlager des Sortimentsbuchhandels‹ abgewickelt: über das Barsortiment (siehe Kap. 1.2.1.1). Denn die Rabattierung für einen Titel entspricht der einer Einzelbestellung beim Verlag, während die übrigen Warenbegleitkosten (Bestellabwicklung, Warenbezugskosten, Buchungsvorgang etc.) günstiger sind. Beim Verlagsbezug ist das ›Handling‹ ungleich aufwändiger – und der Zeitraum zwischen Bestelleingabe und Wareneingang beträgt mehrere Tage.

Wenn der Begriff ›Besorgungsgeschäft‹ fällt, denkt man normalerweise an einzelne Bücher. Aber der Buchfachhandel verwaltet in seiner Fortsetzungsabteilung auch das Abo-Geschäft für Privat-, Firmen- und Bibliothekskunden. Je nach technischem Standard und je nach Vertrag mit entsprechenden Dienstleistern gibt es EDV-Schnittstellen oder im Rahmen des E-Procurements (siehe Kap. 9.2) eine optimierte Prozessabwicklung via Internet.

2.6.2
Bücherschecks

Neben individuell gestalteten, firmeneigenen Büchergutscheinen, die nur in der jeweiligen Buchhandlung eingelöst werden können, gibt es den von der MVB angebotenen **BuchSchenkService.** Dieser steht allen Mitgliedsfirmen des Verbandes zur Verfügung und gewährleistet die Einlösung der Büchergutscheine in über 2.500 Buchhandlungen. Der Stellenwert des Buches als Geschenkartikel ist bekannt, und manches langwierige Verkaufsgespräch ließe sich abkürzen, wenn auf die Existenz eines Bücherschecks hingewiesen würde. Informationen zu juristischen sowie kassen- und abwicklungstechnischen Aspekten finden sich an anderer Stelle in diesem Buch (siehe Kap. 9.1.3).

2.6.3
Zustellung und Versand

Ein weiterer klassischer Dienstleistungsbereich des Buchhandels ist das Zustellen der Ware. Größere Sendungen sowie laufende Sendungen für (private)

Großkunden werden über einen Botendienst abgewickelt, wobei in kleineren Buchhandlungen auch der Chef ab und zu den Botengang übernehmen kann.

Der Versand der via Internet oder Telefon eingegangenen Einzelbestellungen wird in der Regel über die Post bzw. über private Paket- oder Kurierdienste abgewickelt. Einige Marktteilnehmer sprechen von guten Erfahrungen mit örtlichen Fahrradkurier-Diensten, um Sendungen noch am Tag der Bestellung an Kunden auszuliefern. Nutzt man externe Dienstleister, stellt sich zwangsläufig die Frage nach der Weiterbelastung der Gebühren, die der eigenen Firma selbst in Rechnung gestellt werden. Die Antworten der Buchhandlungen fallen individuell aus: von einer generellen Kostenpauschale für Zustellung und Versand bis hin zur portofreien Zustellung dürfte man alle Varianten antreffen. Häufig werden auch Mischformen praktiziert, indem man eine portofreie Lieferung ab einem bestimmten Bestellwert verspricht. Viele Marktteilnehmer orientieren sich an der Praxis der Marktführer im Versandbereich, insbesondere an dem jeweils aktuellen Gebührenmodell von Amazon.

2.6.4
Monatskonto und Kundenkarte

Die Preise für gebundene Verlagserzeugnisse sind Barzahlungspreise. Für Rechnungskunden und private Vorzugskunden jedoch wird in der Regel ein **Monatskonto** eingeräumt (siehe Kap. 9.1.3). Hier werden alle Verkäufe (abzüglich etwaiger Remittenden) saldiert und in einer Summe in Rechnung gestellt; gleichgelagert sind die Fälle, in denen Kunden die Bücher zur Ansicht erhalten und erst im Folgemonat bezahlen. Sinnvollerweise ist das Monatskonto mit einer Einzugsermächtigung verknüpft. Denn Barzahlungen dulden keinen Zahlungsaufschub. Der Kunde, der später bezahlt, erhält nicht nur einen Warenkredit, sondern auch einen Geldkredit, was den Bestimmungen des Buchpreisbindungsgesetzes widerspricht. Das ist der Grund, warum keine Buchhandlung im Rahmen ihres Service-Katalogs mit einem (langen oder verlängerten) Zahlungsziel werben darf.

Einige Buchhandlungen setzen **Kundenkarten** als Mittel zur Kundenbindung ein, wobei eine Kundenkarte mit Zahlungsfunktion die aufwändigste Variante darstellt. Denn meistens wollen diese Buchhandlungen mit ihrer Karte nur signalisieren: Du bist für mich ein besonders wichtiger Kunde und ich biete dir eine Palette an Serviceleistungen an. Zu dieser Palette können gehören:
• bargeldloses Bezahlen in allen Filialen,
• kostenloser Geschenk-Versand-Service,
• freier oder ermäßigter Eintritt zu Lesungen,
• Reservierung signierter Bücher,
• individuelle Erstellung von Literaturlisten,
• eine spezielle Hotline.

2.6.5
Antiquarische Suche

Die antiquarische Suche (siehe Kap. 1.4.1) erfolgt über Datenbanken, die Buchhandlungen (und Endabnehmern) zur Verfügung stehen. An erster Stelle sei das Zentrale Verzeichnis Antiquarischer Bücher (ZVAB) genannt; hier ist durch diverse Eingabemöglichkeiten, wie Autor, Titel, Stichwort, Schlagwort, Verlag, Erscheinungsjahr (von/bis) oder Preis in Euro (von/bis) und ›Neuzugänge der letzten x Tage‹ eine gezielte Suche möglich.

Als Service für Sortimentsbuchhandlungen bietet das ZVAB die Lösung ›Antiquaria‹ an (antiquaria.com). Hier können Buchhandlungen unter Angabe ihrer Verkehrs- bzw. ihrer Barsortimentskundennummer einen eigens festgelegten Kalkulationsfaktor einstellen, der dann bei der Preisangabe entsprechend berücksichtigt wird. Darüber hinaus werden Buchhandlungen in offener Rechnung beliefert.

Wenn sich ein oder mehrere Anbieter auf eine Suchanfrage hin melden, wird ein Kaufpreis ausgehandelt, der sich traditionell an vier antiquariatsspezifischen Kriterien orientiert:
• Erhaltungszustand des Objekts,
• Seltenheitswert des Objekts,
• Marktwert,
• Sammlerwert.

Für den täglichen Gebrauch in der Buchhandlung ist die abschließende Auflistung gängiger Abkürzungen gedacht, die Antiquariate im Geschäftsverkehr untereinander verwenden.

Gängige Abkürzungen aus dem Bereich des Antiquariatsbuchhandels

besch.	beschädigt	ms.	Manuskript
bez.	bezeichnet	nn.	nicht nummeriert
Bl(l).	Blatt, Blätter	Or/Orig.	Original
def.	defekt	Or/Umschl/ou	Originalumschlag
einger.	eingerissen	pag.	paginiert
ersch.	erschienen	rest./restaur.	restauriert
gebr.	gebräunt	S./SS.	Seite, Seiten
Gr.	Größe	Slg.	Sammlung
hs.	handschriftlich	t.	teilweise / teils
Kat.	Katalog	vorgeb.	vorgebunden
kplt.	komplett	vorw.	vorwiegend
Kte.	Karte	w.	weiß
l.	leicht	wasserfl.	wasserfleckig
läd.	lädiert	wdh.	wiederholt

Fragen zu Kapitel 2

2.1   Worin zeigt sich der Doppelcharakter des Buches?

2.2   Was versteht man unter buchaffinen Non-Books?

2.3   Erklären Sie die Begriffe Imagetitel, Bestseller, Steadyseller und Aktionstitel.

2.4   Welche vier Zuordnungen stimmen nicht?

     a) Globen – ermäßigter Umsatzsteuersatz – Preisbindung

     b) Hörbücher – voller Umsatzsteuersatz – keine Preisbindung

     c) Jugendgefährdende Schriften – ermäßigter Umsatzsteuersatz – keine Preisbindung

     d) Landkarten – ermäßigter Umsatzsteuersatz – Versand als Büchersendung

     e) Abreißkalender – voller Umsatzsteuersatz – Versand als Büchersendung

     f) 20-bändige Taschenbuchausgabe von Thomas Mann – ermäßigter Umsatzsteuersatz – Versand als Büchersendung

     g) Fotokalender – Preisbindung – voller Umsatzsteuersatz

2.5   Bei welchen Verlagsarten spielen folgende Publikationen eine große Rolle: Gesamtausgaben, Monografien, (Buch-)Reihen, Loseblattwerke und Hörbücher?

2.6   Wie viele Seiten umfasst normalerweise die Titelei eines Buches und mit welchen Fachtermini werden die Seiten bezeichnet?

2.7   Nennen Sie fünf Aspekte, die bei einem Buch-Layout eine wichtige Rolle spielen.

2.8   Was versteht man unter Satzspiegel, Antiquaschriften und Groteskschriften?

2.9   Welche Typografieart (siehe Kap. 2.1.1.3) ist für welche Bücher geeignet: Romane/Erzählungen, Nachschlagewerke, Ratgeber und Bilderbücher?

2.10 Welche Papierarten werden vornehmlich für Bildbände, Romane, Ratgeber und Gesangbücher verwendet?

2.11 Erklären Sie Offset-, Tief- und Digitaldruck anhand von jeweils zwei Aspekten.

2.12 Unterscheiden Sie Fadenheftung und Fadensiegelung.

2.13 Unterscheiden Sie Standard- und Klappenbroschur sowie Englische Broschur.

2.14 Nennen Sie, außer Zeitschriften, fünf Handelsgegenstände, die in Ihrer Fortsetzungsabteilung verwaltet bzw. bearbeitet werden.

2.15 Erläutern Sie, warum es im Kalendergeschäft unterschiedliche Umsatzsteuersätze gibt.

2.16 Welche Funktion haben Maßstäbe, Höhenlinien, Schummerung, Legenden und die Blattschnittübersicht bei kartografischen Produkten?

2.17 Welche Maßstäbe gelten für Wander-, Radwander- und Straßen-karten?

2.18 Was versteht man unter Faksimiles, Reprints, Musikalien und Ton-trägern?

2.19 Unterscheiden Sie bei Hörbüchern drei Arten von Lesungen.

2.20 Erläutern Sie fünf kaufrelevante Qualitätskriterien für Hörbücher.

2.21 Welche Messen sind für Non-Books interessant?

2.22 Wählen Sie drei Bücher aus drei verschiedenen Warengruppen aus. Bewerten bzw. beschreiben Sie jeden Titel anhand von mindestens fünf Kriterien gemäß der Aufstellung in Kap. 2.5.

2.23 Bei modernen Technologien und Produkten sind Abkürzungen ge-bräuchlich. Was bedeuten

PoD,

DVD,

UGC,

PDF,

EPUB,

DRM,

App?

2.24 Erläutern Sie die These ›online first‹, die einzelne Verlage propagieren, und setzen Sie sie in Bezug zu dem Postulat ›create once – use many‹.

2.25 Kennzeichnen Sie die richtigen Aussagen mit einer 1 und die falschen Aussagen mit einer 2.

( ) Digitale Datensätze können nur online vorliegen.

( ) Paid Content steht für gebührenpflichtige Inhalte (Content) auf elektronischen Speichermedien (Server, Internet-Plattformen).

( ) Proprietäre Dateiformate sind nicht auf allen E-Book-Lese-geräten lesbar.

( ) Bei EPUB-Dateien bleibt das vom Verlag gestaltete Seitenlayout auf jedem Lesegerät erhalten.

( ) Enhanced E-Books sind mit Booklets angereichert.

( ) Beim Kauf eines E-Books erwirbt der Käufer kein Eigentums-recht an der digitalen Datei.

( ) Beim ›weichen‹ Kopierschutz wird beim Kaufvorgang ein Wasser-zeichen mit Informationen über den Käufer eingefügt.

( ) Die E-Book-Preise entsprechen denen der Printprodukte.

2.26 Unterscheiden Sie E-Book-Reader mit E-Ink- und mit LCD-Techno-logie.

2.27 Nennen Sie fünf Kriterien für den Kauf bzw. Verkauf von E-Book-Readern.

2.28 Nennen Sie acht buchhändlerische Service- bzw. Dienstleistungen.

3
Branchenspezifische Systematik

Branchenspezifische Systematik

Aus: Ausbildungsrahmenplan für die Berufsausbildung zum Buchhändler und zur Buchhändlerin | Sachliche Gliederung (§ 4 Absatz 2 Abschnitt A Nummer 1)

BRANCHENSPEZIFISCHE SYSTEMATIK

- Warengruppensystematik des deutschen Buchhandels, insbesondere im Bezug auf Literatur, Kultur, Wissenschaft und Technik, begründen und anwenden;
- Bedeutung von Autoren, Titeln sowie Verlagen innerhalb von Warengruppen bestimmen;
- Literaturgattungen und -formen sowie Epochen und Grundbegriffe der Literaturgeschichte unterscheiden und bewerten;
- Gegenwartsliteratur und ausgewählte internationale Literatur im Kontext der Weltliteratur einordnen.

Wie gliedert eine Buchhandlung ihr Sortiment? Das Wort ›wie‹ impliziert die Fragestellung: nach welchen Kriterien‹? Planung ist also angesagt, die wechselseitige Abhängigkeiten berücksichtigen muss. Denn eine Gliederung wird nur dann gelingen, wenn die Vorgaben der Produktpolitik (Welche Leistungen bietet die Buchhandlung an?) berücksichtigt werden, und das Sortiment ansprechend präsentiert wird. Die Gliederung tangiert also den Einkauf, so wie dieser wiederum Auswirkungen auf Präsentation und Absatz hat. Doch Einkauf und Marketing sind Themen, die explizit anderen Kapiteln vorbehalten sind (siehe Kap. 7 und 9). In diesem Kapitel geht es nur um das formale Gerüst des Sortiments, um ihr Korsett oder ihre Struktur. Obwohl dies abstrakt klingt, stehen dahinter entscheidende praxisrelevante und betriebswirtschaftliche Fragestellungen:

- **Fragestellung für den Berufsalltag:** In welche Regale und Warenträger werden Bücher eingeräumt, und auf welchen Tischen und Auslageflächen werden Bücher und sonstige Gegenstände des Buchhandels präsentiert?
- **Fragestellung aus dem Blickwinkel der Kundenorientierung:** An welcher Stelle im Laden soll der Käufer die Ware sehen, in die Hand nehmen, begutachten und kaufen?
- **Fragestellung für den Warengruppenleiter:** Welchen Umsatz muss ich mit

meinen Segmenten und meiner Fläche erreichen – verantwortungsvollen Einkauf vorausgesetzt?

• **Fragestellung für den Controller:** Welchen Deckungsbeitrag sollen einzelne Segmente erwirtschaften?

In den Hintergrund treten demnach Aspekte, die grundlegend in *Warengruppen im Buchhandel* (Edition Buchhandel Bd. 16) behandelt worden sind. In diesem Buch werden auf über 200 Seiten rund 20 Warengruppen inhaltlich vorgestellt – von Belletristik bis Medizin, von Kinder- und Jugendbuch bis EDV/Informatik, von Ratgeber bis Recht und Wirtschaft – mit ihrer jeweiligen Systematik, mit wichtigen Trends sowie mit verkaufsrelevanten Verlagen, Autoren und Standardtiteln bzw. -reihen. Auch auf die im Ausbildungsrahmenplan angesprochenen literaturgeschichtlichen Anforderungen sei nicht näher eingegangen. Hierfür gibt es einschlägige Fachliteratur, die sich in den Regalen gut sortierter Buchhandlungen findet. Eine kurze Darstellung innerhalb dieses Buches wird der Sache nicht gerecht, und eine umfangreiche würde den Rahmen des Buches sprengen.

3.1
Sachgruppen versus Warengruppen

Sowohl Sachgruppen als auch Warengruppen strukturieren einen Buchbestand – die einen nach inhaltlichen Gesichtspunkten, die anderen nach ökonomischen Kriterien. Eine inhaltliche Klassifizierung steht bei Bibliotheken im Vordergrund. So sortiert die *Deutsche Nationalbibliografie* (siehe Kap. 5.3) deutschsprachige Publikationen nach Fachgebieten; eine entsprechende Übersicht ›Titelproduktion (Erstauflagen) nach Sachgruppen‹ wird jedes Jahr in *Buch und Buchhandel in Zahlen* (= BuBiZ) veröffentlicht. Seit 2004 werden Fachgebiete in der Reihe A in zehn Sachgruppen zusammengefasst:

Sachgruppe	Fachgebiet
000	Allgemeines, Informatik, Informationswissenschaft
100	Philosophie und Psychologie
200	Religion
300	Sozialwissenschaften
400	Sprache
500	Naturwissenschaften und Mathematik
600	Technik, Medizin, angewandte Wissenschaften
700	Künste und Unterhaltung
800	Literatur
900	Geschichte und Geografie

Eine Zuordnung richtet sich allein nach dem Inhalt, unabhängig von der Editionsform der Publikationen. Eine tiefergehende inhaltliche Erschließung erfolgt über die Belegung der zweiten und dritten Ziffer. So steht beispielsweise 310 für Statistik, 320 für Politik, 330 für Wirtschaft, 340 für Recht, 350 für Öffentliche Verwaltung u. s. w. Doch wird dieser Klassifikationsansatz den Erfordernissen des Buchhandels gerecht? – Wohl eher nicht, und so erfasst *Buch und Buchhandel in Zahlen* in der Sachgruppe 800 handelsrelevante Publikationen separat mit Buchstaben:

B   Belletristik
K   Kinder- und Jugendbuch
S   Schulbücher

Und wenn man denn wollte, könnte man – wie in einer Buchhandlung – die Literatur weiter untergliedern: Die Belletristik z. B. in Klassiker, Lyrik, Krimis; das Kinder- und Jugendbuch in Erstlesealter, Bilderbücher und erzählende Literatur. Häufig entsprechen derartige Gliederungen den Regalüberschriften, und man kann sich weitere Untergliederungen in Form von Regalbeschriftungen oder Etikettierungen an einzelnen Regalböden vorstellen, wie etwa Sachbilderbuch oder erzählendes Bilderbuch, Regionalkrimis oder Krimis international etc., ohne dass man sich um den Begriff ›Warengruppe‹ Gedanken gemacht hätte.

Warengruppen gliedern das Sortiment in ökonomischer Hinsicht, indem das differenzierte Erfassen der Umsätze in den Vordergrund rückt. So bündeln Buchhandlungen inhaltliche Sortimentsbereiche, um verlässliche Zahlen über die Akzeptanz einzelner Sortimentsbereiche seitens der Käufer zu erhalten: Bar- und Rechnungsumsatz werden nicht nur nach Umsatzsteuersätzen separat registriert, sondern darüber hinaus auch nach Warengruppen, die in der EDV angelegt und per Scan erfasst werden. Wobei jede Buchhandlung ein Interesse daran haben dürfte, eigene Warengruppen mit entsprechenden Bezeichnungen festzulegen. Denn ein allgemeines Sortiment hat zwangsläufig eine andere Struktur als eine Fachbuchhandlung und diese ist wiederum anders sortiert als ein Comic-Laden. Prinzipiell kann also jedes selbstständige Unternehmen so fein ökonomisch gliedern, wie es dies für sinnvoll hält.

Doch spätestens wenn es nicht mehr um betriebsinterne Statistiken geht, sondern um einen vergleichenden Blick auf andere Buchhandlungen, ist ein Ende der Individualität erforderlich. Werfen wir also einen Blick auf zwei grundlegende Systematiken, mit denen in der Buchbranche gearbeitet wird.

Kölner Betriebsvergleich

Ein Betriebsvergleich kann entweder einmalig als Momentaufnahme oder in regelmäßigen Abständen durchgeführt werden. Aber immer verfolgt er zwei

Ziele: Zum einen dient er dem Betrieb, weil dieser Anhaltspunkte für seine Rentabilität erhält, zum anderen gibt er Aufschlüsse darüber, wie lukrativ und leistungsfähig sich eine Branche insgesamt in betriebswirtschaftlicher und struktureller Hinsicht darstellt. Deshalb unterstützt der Börsenverein des Deutschen Buchhandels den *Kölner Betriebsvergleich,* der seit 1949 vom Institut für Handelsforschung (IfH) in Köln durchgeführt wird, indem er die Kosten der teilnehmenden Buchhandlungen übernimmt. Der Verband nutzt ihn dann für seine Öffentlichkeitsarbeit, für seine ›Bankengespräche‹ und veröffentlicht die Ergebnisse in *Buch und Buchhandel in Zahlen.*

Das Institut für Handelsforschung (www.ihfkoeln.de) analysiert etwa 50 Einzelhandelsbranchen. Die Anzahl der teilnehmenden Buchhandlungen ist mit rund 200 leider recht gering. Aber an dieser Stelle geht es nicht um die Repräsentativität der Teilnehmer und der Ergebnisse, sondern um die Warengruppen, mit denen man in Köln operiert. Im Jahr 2011 waren es 17 Warengruppen, die mit ihren Umsatzanteilen in der nachstehenden Tabelle aufgeführt sind.

Warengruppen lt. Kölner Betriebsvergleich 2012	Umsatz in Prozent des Gesamtumsatzes
Belletristik (nur Hardcover)	10 %
Belletristik (nur Taschenbuch)	12 %
Kinder- und Jugendbücher	11 %
Sachbücher	8 %
Ratgeber (u. a. Hobby, Freizeit)	5 %
Reiseliteratur	4 %
Schule und Lernen	12 %
Fachbücher Wissenschaft	9 %
Theologie/Religion	4 %
Modernes Antiquariat	2 %
Kalender	3 %
Presseerzeugnisse, Zeitschriften, Fortsetzungen	5 %
Hörbücher	2 %
Digitale Verlagsprodukte	1 %
Sonstige Verlagsprodukte	3 %
Nicht-buchhändlerisches Sortiment (PBS [Papier, Büro, Schreibwaren], Kunst, Musik)	11 %
Anteil E-Books am Gesamtumsatz	–

Quelle: *Buch und Buchhandel in Zahlen 2013*

media control GfK International

Der Börsenverein arbeitet aber auch mit dem Marktforschungsinstitut media control GfK International zusammen und veröffentlicht die Ergebnisse monatlich online in seinem *Branchen-Monitor BUCH*. Diese Zahlen dokumentieren die Entwicklung nach Warengruppen und nach Editionsformen (Hardcover/Softcover, Taschenbuch, Hörbuch). 2012 kommt media control GfK International für ›seine‹ Warengruppen kumuliert auf folgende Werte:

Warengruppen und ihre Umsatzanteile in Prozent (2012)

Warengruppe	alle Editions-formen	Nur Hardcover/ Softcover	Nur Taschen-buch	Nur Hörbuch/ Audiobook
Belletristik	35,0	21,2	72,6	46,6
Kinder- und Jugendbücher	15,6	16,8	8,8	37,2
Reisen	6,1	7,8	2,0	0,4
Ratgeber	13,8	16,9	5,8	7,1
Geisteswissenschaften, Kunst, Musik	4,4	5,6	1,7	1,5
Naturwissenschaften, Medizin, Informatik, Technik	4,4	6,0	0,4	0,3
Sozialwissenschaften, Recht, Wirtschaft	2,5	3,0	1,5	0,4
Schule und Lernen	8,9	12,1	0,6	3,4
Sachbuch	9,3	10,5	6,6	3,1

Quelle: Media Control GfK International. Zit. nach *Buch und Buchhandel in Zahlen 2013*

Die gegenüber dem Kölner Betriebsvergleich abweichenden Werte – vor allem bei der Belletristik gibt es eklatante Unterschiede – sind vor allem auf eine andere Datenbasis und ein anderes Erhebungsverfahren zurückzuführen. Denn die Auswertungen von media control GfK International basieren auf den Abverkaufsdaten (Barverkäufe inkl. Kartenzahlung) von rund 1.500 Sortimentsbuchhandlungen, 220 Warenhausabteilungen, 6 Online-Händlern und rund 1.500 Verkaufsstellen in Nebenmärkten; nach Angabe des Marktforschungsinstituts bildet dies rund 80 Prozent des Einzelhandels-Absatzmarktes mit Büchern ab. Unberücksichtigt bleiben Presseerzeugnisse, Rechnungsverkäufe und das Moderne Antiquariat. Für unseren Zusammenhang aber entscheidend: Die Warengruppen von media control GfK International entsprechen denen der einheitlichen Warengruppensystematik (WGS) des Börsenvereins.

Media control GfK International recherchiert aber nicht nur Absatzdaten für den Börsenverein des Deutschen Buchhandels. Das Marktforschungsinstitut verkauft die gewonnenen Absatzdaten auch an Vertriebsabteilungen einzelner Verlage. Damit können die Entscheidungsträger in den Verlagen Nachdrucke bzw. -auflagen von Novitäten besser kalkulieren, weil sie neben den Absatzzahlen der Vertreter nun auch Zugang zu den tatsächlichen Verkaufszahlen im Sortiment haben.

3.2
Die einheitliche Warengruppensystematik (WGSneu)

Zum 1. Januar 2007 wird unter der Bezeichnung ›Warengruppensystematik neu‹ (WGSneu) eine einheitliche Systematik als ›Branchennorm‹ eingeführt. Damit finden Diskussionen einen Abschluss, die bereits in den 1990er Jahren begannen und vor allem von den Barsortimenten und dem Betriebswirtschaftlichen Ausschuss des Börsenvereins geführt worden sind. Die letzte Fassung der Systematik erarbeitete eine Arbeitsgruppe aus Vertriebsleitern und Buchhändlern in Abstimmung mit den Barsortimenten, dem Internetbuchhandel und den großen Filialisten.

Die WGSneu soll nunmehr als Grundlage für alle Statistiken über die wirtschaftliche Entwicklung einzelner Segmente im Buchhandel dienen. Voraussetzung: Alle Unternehmen müssen mit der einheitlichen Systematik arbeiten. Dies beginnt bereits bei der Titelmeldung der Verlage an das VlB: Jeder Verlag muss für jeden Titel einen 1-stelligen Warengruppen-Index und eine 3-stellige Warengruppennummer festlegen. Die zentrale Verwaltung sowie die redaktionelle Betreuung und Pflege der WGSneu obliegt der VlB-Redaktion. Damit genießt die Systematik – verbandspolitisch gewollt – einen Status, dem man die Beschreibung ›normative Kraft des Faktischen‹ schwerlich entziehen kann.

3.2.1
Warengruppen-Index

Die Warengruppen-Codierung beginnt mit einem 1-stelligen Warengruppen-Index, der die Editionsform kennzeichnet. Hier wird das Trägermedium identifiziert, das die äußere Ausstattung des Produkts charakterisiert. Die neun Editionsformen sind:

1   Hardcover, Softcover
2   Taschenbuch
3   Zeitschrift, Loseblattausgabe
4   DVD, Video
5   Audio CD, Kassette
6   CD-ROM, DVD-ROM
7   Kalender
8   Karten, Globen
9   Non-Book/PBS

Gegenstände des Buchhandels nach ihrem Produktmerkmal zu sortieren und anzubieten, ist zwar nicht originell, aber durchaus nachvollziehbar – erfordern doch einzelne Produkte durchaus unterschiedliche Warenträger und verlangen jeweils besondere Präsentationsmöglichkeiten. Allein ein kurzer Blick auf das Zeitschriften- und Buchsortiment oder auf das Kalender- und Gruß-kartensortiment belegt dies. Auf zwei Besonderheiten sollte trotzdem einge-gangen werden.

Die Abgrenzung der ersten zwei Indizes erscheint auf den ersten Blick un-scharf. Dabei ist nicht die Unterscheidung zwischen Hardcover und Ta-schenbuch gemeint, die sich allein aus herstellerischen Gesichtspunkten ab-leitet (siehe Kap. 2.1.1.6). Aber was grenzt ein Taschenbuch von einem Soft-cover ab? Liegen doch in beiden Fällen flexible Umschläge ohne Schutzum-schlag und Broschuren vor. Die Herstellung bietet also keine Erklärung. Eher eine Definition des besonderen Buchtyps Taschenbuch, die sich an zwei Kri-terien orientiert: Taschenbücher erscheinen vertriebstechnisch im monatli-chen Erscheinungsrhythmus (zu relativ günstigen Preisen) und produktions-technisch in Reihen (mit relativ hohen Auflagen). Erhält nun das Taschen-buch einen eigenen Index, so liegt dies an dem immensen Stellenwert, den es im Laufe der letzten Jahrzehnte erlangt hat. Wobei es vor allem die wirt-schaftliche Relevanz ist, denn Taschenbücher werden über alle Vertriebska-näle (auch Nebenmärkte, Bahnhofsbuchhandel etc.) verkauft und ihr Um-satzanteil liegt selbst im Buchfachhandel im 2-stelligen Bereich; im Einzelfall mag der Gesamtumsatz in kleineren Buchhandlungen bei über 30 Prozent liegen. Und da die WGSneu Grundlage für alle Statistiken über die wirt-schaftliche Entwicklung einzelner Segmente im Buchhandel ist, so erscheint ein separater Warengruppen-Index 2 für Taschenbuch – genauer: für die Pro-duktion der Taschenbuchverlage – sinnvoll.

Erstaunlich, aber wohl dem Jahr des Inkrafttretens 2007 geschuldet, ist die Tatsache, dass es keinen speziellen Warengruppen-Index für E-Books gibt, weist doch auch dieses Marktsegment spezielle und definierbare Produkt-merkmale auf (siehe Kap. 2.4.1). Es ist jedoch wahrscheinlich, dass bei zuneh-mender Marktrelevanz digitaler Produkte die Warengruppen-Indizes in Zu-kunft (im Detail) neu festgelegt werden.

3.2.2
Warengruppen

Die 3-stellige Warengruppennummer setzt sich zusammen aus einer Ziffer für die Hauptwarengruppe und zwei Folgeziffern für weitere Untergliederungen. Als **Hauptwarengruppen** wurden festgelegt:

1   **Belletristik**
2   **Kinder- und Jugendbücher**
3   **Reise**
4   **Ratgeber**
5   **Geisteswissenschaften, Kunst, Musik**

6   Naturwissenschaften, Medizin, Informatik, Technik
7   Sozialwissenschaften, Recht, Wirtschaft
8   Schule und Lernen
9   Sachbuch

Erstmalig werden in einer Systematik die Non Fiction Bereiche Ratgeber, Sachbuch und Fachbuch unterschieden, wobei folgende Kriterien zugrunde liegen:

Ratgeber (WG 4)	handlungs- oder nutzenorientierte Literatur für den privaten Bereich,
Sachbücher (WG 9)	wissensorientierte Literatur mit primär privatem Nutzwert,
Fachbücher (WG 5-7)	handlungs- bzw. wissensorientierte Literatur mit primär beruflichem oder akademischem Nutzwert.

Diese Unterscheidung wird unterschiedlichen Verlagsprofilen gerecht und ist im Hinblick auf verschiedene Zielgruppen bzw. Kundenbedürfnisse (siehe Kap. 1.1.1) getroffen worden. Marketinggesichtspunkte stehen also im Vordergrund. Etwaige Sortierprobleme in den Buchhandlungen, also Logistikaspekte, rücken in den Hintergrund. Aber die WGSneu intendiert ja keine schematische Sortimentsanordnung nach dem Prinzip ›auf Hauptwarengruppe 2 folgt die Hauptwarengruppe 3, die dann in 3.1, 3.2, 3.2.1, 3.2.3 etc. weiter aufgefächert wird‹. Ihr geht es vielmehr um Datenmaterial, mit der die Entwicklung der Branchenprodukte nach Außen hin dokumentiert werden soll.

Doch wie sieht die tiefergehende Untergliederung durch maximal zwei weitere Ziffern innerhalb der Hauptwarengruppen aus? – Beispielhaft sei dies für die sortimentsrelevanten Hauptwarengruppen Belletristik (auszugsweise) sowie Kinder- und Jugendbuch (vollständig) gezeigt, deren Aufdifferenzierung die nachstehenden Übersichten zeigen.

10	**Belletristik**
11	Erzählende Literatur
12	Spannung
13	Science Fiction, Fantasy
14	Gemischte Anthologien Prosa + Lyrik
15	Lyrik, Dramatik
16	Zweisprachige Ausgaben
18	Comic, Cartoon, Humor, Satire
19	Geschenkbücher, Alben, immerwährende Kalender, Postkartenbücher

Die Feingliederung sieht bei den beiden ersten drei Untergruppen dann folgende Differenzierung vor:

110	**Erzählende Literatur** (auch Epen, Vers-Erzählungen)
111	Hauptwerk vor 1945 (auch Gesamtausgaben)

112	Gegenwartsliteratur ab 1945 (auch Gesamtausgaben)
113	Historische Romane und Erzählungen (Romane, in der Gegenwart verfasst, die vor 1900 spielen)
114	Märchen, Sagen, Legenden (auch Fabeln)
115	Anthologien, nur Prosa (auch Anekdoten)
116	Romanhafte Biographien
117	Briefe, Tagebücher
118	Essays, Feuilleton, Literaturkritik, Interviews (auch Reden)
119	Aphorismen

**120	Spannung**
121	Krimis, Thriller, Spionage
122	Historische Kriminalromane (Kriminalromane, in der Gegenwart verfasst, die vor 1900 spielen)
123	Horror

**130	Science Fiction, Fantasy**
131	Science Fiction
132	Fantasy
133	Fantastische Literatur

**200	Kinder- und Jugendbücher**

**210	Bilderbücher**
211	Erzählerische Bilderbücher (auch: Pop-up Bücher)
212	Pappbilderbücher (mit und ohne Zusatzteile, Fühlbilderbücher mit Rädern, mit Fühlelementen, mit Figuren am Band)
213	Stoff-, Holz- und Badebücher
214	Religiöse Bilderbücher

**230	Vorlesebücher, Märchen, Sagen, Reime, Lieder**
231	Vorlesebücher (auch Jahrbücher, Hausbücher, Sammlungen, Anthologien)
232	Märchen und Sagen (auch Fabeln und Legenden; auch für Jugendliche)
233	Gedichte und Reime
234	Lieder und Songs

**240	Erstlesealter, Vorschulalter (auch Großschrift/Schreibschrift, schulvorbereitende Texte, Fibeln)**

**250	Kinderbücher bis 11 Jahre (Romane und Erzählungen)**

**260	Jugendbücher ab 12 Jahre (Romane und Erzählungen)**

**270	Biographien**

**280	Sachbücher/Sachbilderbücher**
281	Allgemeines, Nachschlagewerke (Lexika, Atlanten, Geographie)

282	Tiere, Pflanzen, Natur, Umwelt
283	Naturwissenschaft, Technik (z. B. Fahrzeuge, Mathematik, EDV, Medien)
284	Recht, Wirtschaft
285	Mensch (z. B. Aufklärung, Anatomie, Sexualität)
286	Geschichte, Politik
287	Religion, Philosophie, Psychologie (z. B. Bibelgeschichten, Kinderbibeln, Gebetbücher)
288	Kunst, Musik
289	Sonstiges (z. B. Kochen, Sport, Schönheit, Entspannung)
290	**Spielen, Lernen**
291	Lernen (Lernspiele Vorschulalter, Lernsoftware Vorschulalter)
292	Sprachen
293	Mathematik
295	Kreativität (Malen, Zeichnen, Basteln)
296	Abenteuer, Spielgeschichten, Unterhaltung (Kinderspiele, Kinderbeschäftigung)
297	Quiz, Rätsel
299	Sonstiges (Kinderkalender, Adventskalender, Geburtstagskalender, (Poesie-)Alben, Schülerkalender, Stofftiere, T-Shirts)

Die 4-stellige Warengruppennummer setzt sich somit zusammen aus dem Warengruppen-Index (1. Ziffer), der Hauptwarengruppe (2. Ziffer) sowie einer 3. und 4. Ziffer bei weiteren Differenzierungsmöglichkeiten. Zwei bekannte Buchtitel mögen dies abschließend verdeutlichen.

Warengruppennummer	Buchtitel
1692	Pschyrembel, Klinisches Wörterbuch (Hardcover, de Gruyter) 1 = Buch (= Editionsform) 6 = Hauptwarengruppe: Naturwissenschaften 9 = Warengruppe: Medizin 2 = Weitere Spezifizierung: Allgemeine Nachschlagewerke
2113	Noah Gordon, Der Medicus (Taschenbuch, Goldmann) 2 = Taschenbuch (= Editionsform) 1 = Hauptwarengruppe: Belletristik 1 = Warengruppe: Erzählende Literatur 3 = Weitere Spezifizierung: Historische Romane und Erzählungen

3.2.3
Zuordnungsprobleme mit der WGSneu

Marketinggesichtspunkte stehen bei der Vergabe der Warengruppennummern im Vordergrund. Individuelle Sortierprobleme in den Buchhandlungen sind je nach Sortimentsausrichtung ›vor Ort‹ pragmatisch zu lösen. Falls z. B. Bücher zum Thema Karriere von unterschiedlichen Verlagen sowohl dem Bereich Ratgeber (WG 4) als auch dem Bereich Wirtschaft (WG 7) zugeordnet werden, wird ein bewusst ›sortierender‹ Buchhändler diese Titel trotzdem nebeneinander in sein thematisches ›Karriere-Regal‹ einstellen.

Aber auch in anderen Fällen ist die Sortierfunktion und -leistung des Buchhändlers gefragt. So liegt es eben im Wesen ›schwieriger Titel‹ (Publikationen, die sich zwischen Genres bewegen oder unterschiedliche Zielgruppen im Visier haben), dass man sie nicht eindeutig zuordnen kann. Offiziell wird der ›Schwarze Peter‹ den Verlagen zugeschoben. Denn sie legen die vierstellige Warengruppennummer bei der Meldung der Novitäten an das VIB fest und sollen bei einer mehrfachen Zuordnungsmöglichkeit diejenige Warengruppennummer bevorzugen, die dem Hauptnutzen am ehesten entspricht. Schlimmstenfalls führt das Denken in Nutzen-Kategorien dazu, dass eigenwillige Titel einer wirtschaftlichen Selbstzensur anheim fallen. Verlage verlegen derartige Titel erst gar nicht, und Buchhandlungen verlieren ihre Bedeutung als Ort für Gespräche über ›schwierige‹ Literatur.

An Grenzen stößt die WGSneu auch bei Spezialbuchhandlungen. Denn je ›tiefer‹ eine Buchhandlung sortiert, umso weniger Anhaltspunkte kommen von der WGSneu. Dies betrifft nicht nur spezialisierte Krimi-Läden, die ihr Sortiment höchst individuell in Regio-Krimis aus Deutschland, Länderkrimis aus aller Welt, kulinarische Krimis etc. gliedern, von der Warengruppennummer 121 (= Krimis, Thriller, Spionage) aber nicht bedient werden.

Wie fahrlässig offizielle Statistiken verfälscht werden können, zeigte Hape Kerkelings *Ich bin dann mal weg*. Als Reisebericht (Warengruppennummer 362) sorgte der Titel für einen Boom in der Warengruppe Reise (Hauptwarengruppe 3), obwohl im selben Zeitraum die Umsätze in der ›klassischen‹ Reiseabteilung in den Segmenten Kurzreiseführer und Karten nahezu einbrachen. Eine Binnendifferenzierung tut also im Einzelfall immer gut.

3.3
Warengruppenstatistik

Mit der Warengruppenzuordnung lassen sich Statistiken erstellen, die zeigen, welcher Sortimentsbereich besonders erfolgreich ist und welches Segment unterdurchschnittlich bleibt – eine unerlässliche Grundlage für sortimentspolitische Entscheidungen, wie der Ausbau oder die Zurückstufung entsprechender

Abteilungen. Bei einer tiefergehenden Detailanalyse kann man ferner für jede Warengruppe im Rahmen einer ›Renner-Penner-Analyse‹ ermitteln, ob der Erfolg nur von wenigen Bestsellern abhängt (Trendabhängigkeit), ob er auf einer breiten Grundlage steht, oder ob die Anzahl der ›Imagetitel‹, die angeblich zur Attraktivität des Geschäfts beitragen, aber selten (bis nie) verkauft werden, ökonomisch bedrohliche Ausmaße annimmt. Aufgrund des Warengruppen-Index bietet die WGSneu die Möglichkeit, einzelne Produktgruppen detailliert auszuwerten, um z.B. die Preisniveauentwicklung bei Taschenbüchern und dem restlichen Buchsortiment (Hardcover, Softcover) getrennt zu verfolgen.

Das Lager einer Buchhandlung richtig zu organisieren, ist eine der verantwortungsvollsten Aufgaben überhaupt. Die Warengruppen des Kölner Betriebsvergleichs und die der WGSneu bieten hierzu Anhaltspunkte. Und sie bieten Möglichkeiten für unzählige feingliedrige Statistiken, die mittels Warenwirtschaftssystemen erstellt werden können (siehe Kap. 8). Aber irgendwo gibt es ein normales Maß. Deshalb sollte man zumindest die Übersichtsstatistiken so überschaubar halten, dass sie bequem auf einem DIN-A4-Blatt (im Hoch- oder Querformat) ausgedruckt werden können. So im nebenstehenden Beispiel, wo vier (Informations-)Spalten im Vordergrund stehen:

• Umsätze (gesamt und pro Warengruppe),
• Anteil der einzelnen Warengruppen innerhalb der Hauptwarengruppe (HWG) in Prozent,
• Anteil der Hauptwarengruppen (HWG) am Gesamtumsatz in Prozent,
• Anteil des Durchlaufgeschäfts (bestellte, nicht über das Lager verkaufte Exemplare je Warengruppe in Prozent des erreichten Umsatzes je Warengruppe).

Die Tabelle könnte weitere Spalten aufweisen. Sinnvoll ist es beispielsweise, zusätzlich die Bestandswerte je Warengruppe aufzunehmen um festzuhalten, wie viel Kapital im Warenlager (auch je Warengruppe) gebunden ist. Ferner ist es angebracht, Vergleichszahlen des Vorjahres in die Übersicht aufzunehmen, damit man sehen kann, wie sich Umsätze, Bestände und das Durchlaufgeschäft einzelner Warengruppen und der Hauptwarengruppen entwickeln: Bleiben die Werte stabil, oder weisen die Zahlen nach oben oder nach unten? Spannend wird es erst recht, wenn man die prozentualen Werte mit anderen Filialen, Geschäften oder Durchschnittswerten der Branche vergleicht. Denn hierfür sind Vergleichszahlen ja da. Vor allem: Welche Konsequenzen sind aus einer **Warengruppenanalyse** zu ziehen?

• In welchem Maße muss das Lager reduziert werden, wenn die Umsatzzahlen nachhaltig nach unten zeigen?
• In welchem Maße muss man den Lagerbestand einzelner Warengruppen aufstocken, wenn das Durchlaufgeschäft ständig überproportional hoch ist, sodass man davon ausgehen muss, dass sich nie genug – vielleicht aber auch nie die richtige – Ware am Lager befindet?

Warengruppenstatistik einer Musterbuchhandlung[*]

HWG	Warengruppe (WG)	Umsatz in €	Anteil am Umsatz der WG in %	Anteil am Gesamt- umsatz in %	Anteil Durch- laufgeschäft in % der WG
1	11 Erzählende Literatur	439.992	48,5		
	12 Spannung	247.666	27,3		
	13 Fantasy, Science Fiction	74.390	8,2		
	18 Comic, Humor ...	70.762	7,8		
	19 Geschenkbücher	48.082	5,3		
	Sonstige ...	26.308	2,9		
	Gesamt	**907.200**	**100,0**	**32,4**	**15,0**
2	21 Bilderbücher	113.904	18,0		
	23 Vorlesebücher, Märchen ...	32.273	5,1		
	24 Erstlesealter	40.499	6,4		
	25 Erzählende Literatur (bis 11 Jahre)	183.512	29,0		
	25 Erzählende Literatur (ab 12 Jahre)	178.450	28,2		
	Sonstige ...	84.162	13,3		
	Gesamt	**632.800**	**100,0**	**22,6**	**18,0**
3	31 Reiseführer	98.725	51,1		
	34 Karten, Stadtpläne ...	28.980	15,0		
	35 Bildbände	20.286	10,5		
	36 Reiseberichte	15.842	8,2		
	Sonstige ...	29.367	15,2		
	Gesamt	**193.200**	**100,0**	**6,9**	**30,0**
	Sonstige WG gesamt	1.066.800		38,1	60,0
	Gesamtumsatz	**2.800.000**		**100,0**	**26,5**

[*]Es handelt sich um fiktive Werte. Der Umsatz legt nahe, dass es sich um eine Buchhandlung mit ca. 600 qm Verkaufsfläche handelt – bei einem Barumsatz je qm Verkaufsraum von 3.500 €. Es sind bewusst nicht alle Felder ausgefüllt, weil der Fokus auf größere Zusammenhänge gelenkt werden soll. Die Anteile einzelner Warengruppen am Umsatz der Hauptwarengruppen entsprechen in etwa den Werten, die das *Börsenblatt* im Jahr 2013 im Rahmen einzelner Spezialhefte veröffentlichte. Seit 2014 erscheinen die Ausgaben *Börsenblatt spezial* regelmäßig jede zweite Woche.

• Sollte man die Warengruppen im Verkaufsraum anders platzieren oder gewichten, wenn deren Umsatzanteile nicht den Flächenanteilen entsprechen, wenn beispielsweise 50 Prozent der Fläche nur 20 Prozent zum Lagerumsatz beitragen?

All dies sind Fragen, die in diesem Buch im Rahmen der Sortimentspolitik, des Marketings und des Controllings weiter vertieft werden. Die Warengruppensystematik und die sich aus ihr ergebende Warengruppenstatistik – nur hierum kann es in dem Kapitel ›Branchenspezifische Systematik‹ gehen – sind nur eine Art Rohdiamant, der erst im Zusammenspiel aller Einflussfaktoren geschliffen wird.

Fragen zu Kapitel 3

3.1 Was versteht man unter Warengruppen, und für welche Funktionsbereiche einer Buchhandlung haben sie praktische Relevanz?

3.2 Die in *Buch und Buchhandel in Zahlen* veröffentlichten Branchenzahlen werden aus unterschiedlichen Quellen gespeist. Welche Quellen sind für das Thema Warengruppen relevant, und wie viele Sortimentsbuchhandlungen liefern jeweils Verkaufszahlen?

3.3 Entwerfen Sie eine eigene Warengruppensystematik mit zehn Untergruppen für eine Krimi-Spezialbuchhandlung.

3.4 Begründen Sie, warum der Börsenverein Wert auf die einheitliche Warengruppensystematik (WGSneu) legt?

3.5 Schauen Sie sich die Warengruppenstatistik von media control GfK International (Kap. 3.1) näher an. In welcher Warengruppe liegt der Anteil an Taschenbüchern besonders hoch?

3.6 Welche Branchenteilnehmer sind für die 4-stellige Warengruppennummer verantwortlich?

3.7 Was versteht man unter dem Warengruppen-Index?

3.8 Was unterscheidet Softcover (= Warengruppen-Index 1) und Taschenbuch (= Warengruppen-Index 2) im Rahmen der WGSneu?

3.9 Die WGSneu grenzt die Hauptwarengruppen 4, 5–7 und 9 voneinander ab. Erläutern Sie diese Unterscheidung.

3.10 Welche Warengruppennummern nach der WGSneu würden Sie für die folgenden vier Titel vergeben?
a) Christie, Agatha: *Mord im Orientexpress.* Autorisierte Lesefassung. Der Hörverlag, ISBN: 978-3-89940-132-5
b) Ringelnatz, Joachim: *Das Gesamtwerk.* 7 Bde., Halbleinen, Diogenes, ISBN 978-3-257-06040-9
c) Menasse, Eva: *Vienna.* btb Bd.73253, ISBN 978-3-442-73253-0
d) *Grimms Märchen.* Vollständige Ausgabe. Mit den Illustrationen von Otto Ubbelohde. Anaconda Verlag, ISBN 978-3-7306-0033-7

3.11 Listen Sie vier betriebswirtschaftliche Erkenntnisse auf, die Sie im Rahmen einer Warengruppenanalyse am Ende eines Jahres in Bezug auf Ihre Umsatzstatistiken erhalten.

4
Rechtliche Bestimmungen im Buchmarkt

Rechtliche Bestimmungen im Buchmarkt

Aus: Ausbildungsrahmenplan für die Berufsausbildung zum Buchhändler und zur Buchhändlerin | Sachliche Gliederung (§ 4 Absatz 2 Abschnitt A Nummer 1)

RECHTLICHE BESTIMMUNGEN IM BUCHMARKT

- branchenspezifische Gesetze berücksichtigen;
- Rechte und Pflichten, die sich aus dem Preisbindungsgesetz ergeben, anwenden;
- Bestimmungen des Urheberrechts berücksichtigen;
- branchenspezifische Rahmenbedingungen, insbesondere Verkehrsordnung für den Buchhandel und Wettbewerbsregeln des Börsenvereins des Deutschen Buchhandels anwenden;
- handelsrechtliche Bestimmungen, insbesondere zum Wettbewerb, Internethandel und Fernabsatz, anwenden.

Die Buchbranche ist durch zahlreiche Regularien bestimmt, die die Rahmenbedingungen des Handels mit Büchern und Medien bilden. Hierzu gehören:

Gesetze und Verordnungen, die für alle Handelsunternehmen gelten
Bürgerliches Gesetzbuch (BGB), Handelsgesetzbuch (HGB), Gesetz gegen den unlauteren Wettbewerb (UWG), Jugendschutzgesetz (JuSchG), Ladenschlussgesetze, Preisangabenverordnung (PAngV), Bestimmungen zum Fernabsatzrecht;

Spezielle Gesetze, die für die Medienbranche relevant sind
Buchpreisbindungsgesetz (BuchPrG), Verlagsgesetz (VerlG), Urheberrechtsgesetz (UrhG);

Verbandsspezifische Regelungen
Verkehrsordnung, Wettbewerbsregeln, Normvertrag zwischen Urhebern und Verlagen, Grundlagenpapier.

Die folgenden Ausführungen beginnen mit dem wichtigsten Gut der Branche: der Buchpreisbindung. Es folgen die ›Regeln für den Buchhandel‹, die sich vor allem in der Verkehrsordnung und den Wettbewerbsregeln konkretisieren, bevor allgemeine handelsrechtliche Grundlagen thematisiert werden. Den Abschluss bilden Ausführungen über das Urheber- und Verlagsrecht.

4.1
Buchpreisbindung

Das Buchpreisbindungsgesetz verpflichtet Verlage dazu, gebundene Endverkaufspreise für ihre Bücher festzusetzen. Die kulturpolitische Begründung, der Schutz des Kulturgutes Buch, liefert der bereits im Abschnitt ›Differenzierte, kulturelle Dienstleistung‹ (siehe Einleitung von Kap. 1) zitierte erste Paragraf des Gesetzes. »Das Gesetz dient dem Schutz des Kulturgutes Buch. Die Festsetzung verbindlicher Preise beim Verkauf an Letztabnehmer sichert den Erhalt eines breiten Buchangebots. Das Gesetz gewährleistet zugleich, dass dieses Angebot für eine breite Öffentlichkeit zugänglich ist, indem es die Existenz einer großen Zahl von Verkaufsstellen fördert.« Der Gesetzgeber möchte zum einen ein breites Angebot kultureller Inhalte und zum anderen die flächendeckende Versorgung eben dieses Angebots sicherstellen. »Books are different« hieß es 1962 in der Entscheidung des britischen Kartellgerichts zum Netbook Agreement, dem ehemaligen englischen Preisbindungssystem. Doch während die Buchpreisbindung in Großbritannien mittlerweile aufgehobenen worden ist – übrigens mit den vorausgesagten Konsequenzen, wie fortschreitende Konzentration im Einzelhandel, Verteuerung der Ladenpreise, Ausdünnung des Angebots durch Verzicht auf schwierige Titel –, erkennt der Gesetzgeber in Deutschland weiterhin an, dass Bücher Waren besonderer Art sind, für die die Gesetze des Marktes nur eingeschränkt gelten sollen.

Die Anfänge der Preisbindung reichen in Deutschland bis ins 19. Jahrhundert zurück, denn der 1825 gegründete Börsenverein hatte neben den Themen Zensur und Urheberrecht auch bereits die Preisbindung auf seiner Agenda. Doch erst 1888 trat unter dem damaligen Vorsteher Adolf Kröner eine neue Vereinssatzung in Kraft, die die Mitglieder verpflichtete, die von den Verlagen festgesetzten Ladenpreise einzuhalten und das Anbieten von Rabatten zu unterlassen. Bei Verstößen drohte ein Vereinsausschluss. Diese Reform ging als **Krönersche Reform** in die Buchhandelsgeschichte ein. Vorausgegangen war ein langwieriger Kampf der ›Provinzbuchhändler‹, die sich in zahlreichen Regionalvereinen gegen die ›Fernschleuderer‹ aus den Buchhandelsmetropolen Leipzig und Berlin zusammengeschlossen hatten. Von dort wurde nämlich ein intensiver Versandhandel betrieben. Dabei waren Rabattofferten für Buchkäufer von bis zu 40 Prozent keine Seltenheit. So entstand die Situation, dass die Buchhändler fernab der großen Städte Bücher für ihr Sortiment einkauften, die ortsansässigen Kunden diese jedoch nicht bei ihnen, sondern mit Nachlass bei den großen Versandbuchhändlern kauften. Eine Situation, die durchaus vergleichbar ist mit der heutiger Einzelhändler, die in Verkaufsgesprächen ihre Produkte anpreisen – die der Kunde dann unter dem Aspekt ›best price‹ im Internet bestellt.

Die rechtliche Organisation der Buchpreisbindung hat sich im Laufe des 20. Jahrhunderts mehrmals geändert. Lag sie bis 1945 noch verbandsintern in den Händen des Börsenvereins, so wurde sie in den 1950er Jahren im Rahmen des Gesetzes gegen Wettbewerbsbeschränkungen (GWB), auch Kartellgesetz genannt, gesetzlich gestattet. Jedem Verlag war es freigestellt, die Preise seiner Verlagserzeugnisse zu binden. Rund 1.800 buchhandelsrelevante Verlage machten von dieser Möglichkeit Gebrauch, indem sie einen privatwirtschaftlichen Sammelrevers unterschrieben, der die Buchhandlungen zur Preisbindung verpflichtete. Dieses auf freiwilliger Basis praktizierte Sammelreversverfahren, das rechtlich auf Bestimmungen des Gesetzes gegen Wettbewerbsbeschränkungen basiert, gilt auch heute noch durch den **Sammelrevers 2002** für die Preisbindung von Fachzeitschriften (siehe Kap. 4.1.2).

Das privatwirtschaftlich organisierte Preisbindungssystem, das mit einem ›Drei-Länder-Revers‹ für Deutschland, Österreich und die Schweiz auch grenzüberschreitend galt, geriet in den 1990er Jahren immer wieder in die Kritik der Wettbewerbskommission der Europäischen Union und führte im Sommer 2000 zur Abschaffung der grenzüberschreitenden Preisbindung. Die Preisbindung wurde re-nationalisiert und galt nun nicht mehr für grenzüberschreitende Verkäufe innerhalb des Europäischen Wirtschaftsraumes. Bereits im selben Jahr trat in Österreich ein Bundesgesetz über die Preisbindung bei Büchern in Kraft. Deutschland folgte 2002 mit seinem **Gesetz über die Preisbindung für Bücher**, kurz **Buchpreisbindungsgesetz** (BuchPrG). Die Preisbindungssituation in der Schweiz verlief wechselvoll. Letztendlich sprach sich die Schweizer Bevölkerung 2012 im Rahmen eines Referendums mehrheitlich gegen eine Preisbindung für Bücher aus.

Sowohl in Zeiten des ›Sammelrevers‹ als auch aktuell im ›Gesetzeszeitalter‹ war und ist eine Institution hervorzuheben, die sich um die Belange der Preisbindung im Allgemeinen und um Preisbindungsverstöße im Besonderen kümmert. Die Rede ist von der Anwaltskanzlei Fuhrmann Wallenfels, die als Preisbindungstreuhänder der Verlage fungiert; Dieter Wallenfels und Christian Russ führen derzeit die Geschäfte. Die Preisbindungstreuhänder informieren durch Vorträge und Veröffentlichungen, verfolgen Preisbindungsverstöße von Buchhandlungen, führen Preisbindungsprozesse im eigenen Namen oder als bevollmächtigte Anwälte, kümmern sich organisatorisch um laufende Ergänzungen zum ›Sammelrevers 2002‹ – und dies alles in enger Abstimmung mit dem Börsenverein und dessen Landesverbänden. Als Buchhändler gut zu wissen: Es gibt auch einen Preisbindungsbevollmächtigten, der Preisbindungsverstöße der Verlage verfolgt; diese Tätigkeit übt aktuell RA Birgit Menche aus.

4.1.1
Buchpreisbindung und die Ausnahmen vom gebundenen Ladenpreis

Das Gesetz über die Preisbindung für Bücher, am 1. Oktober 2002 in Kraft getreten und am 14. Juli 2006 in wenigen Punkten novelliert, lehnt sich inhaltlich eng an die bewährten Regelungen des früheren Sammelrevers an. Die wichtigsten Inhalte werden im Folgenden thematisch aufgeführt und ggf. kurz kommentiert; der komplette Gesetzestext ist im Anhang abgedruckt. Untrennbar verbunden mit der Festsetzungspflicht der Preise ist die Pflicht zur Bekanntmachung eben dieser Preise. Das *Verzeichnis lieferbarer Bücher* garantiert in diesem Zusammenhang korrekte, amtliche Preise (siehe VeO §3 Ziffer 3; Kap. 4.2.2). Alle Artikel, die nicht der Preisbindung unterliegen, müssen ebenfalls im VlB, aber auch in Prospekten, Vorschauen, Anzeigen etc. mit dem Zusatz ›unverbindliche Preisempfehlung‹ gekennzeichnet werden.

Laut §3 gelten die Bestimmungen des Buchpreisbindungsgesetzes nur für Firmen und Personen, die **Bücher gewerbs- oder geschäftsmäßig an Letztabnehmer verkaufen.** Hierunter fallen zunächst einmal alle professionell agierenden Gewerbetreibenden, wie Buchhandlungen, Versandhändler, Verlage oder Importeure. Doch wer handelt geschäftsmäßig? Zitieren wir an dieser Stelle die Autoren der populären Publikation *Preisbindung für Dummies*:

> Geschäftsmäßig handelt, wer häufiger Verkaufsgeschäfte durchführt und diese damit zum wiederkehrenden Bestandteil seiner Tätigkeiten macht. Dies ist nach einem Urteil des Oberlandesgerichtes Frankfurt am Main immer dann der Fall, wenn jemand Bücher in einem Ausmaß verkauft, wie dies für Privatleute unüblich ist. Dabei kommt es nicht einmal darauf an, ob etwa ein Gewinn erzielt wird oder ein Verkäufer nur ›nebenbei‹ Bücher verkauft. Es ist also auch nicht von Bedeutung, ob jemand haupt- oder nebenberuflich tätig wird. Wer häufiger Bücher verkauft, unterliegt zumeist der Preisbindung. Dies ist stets bei mehr als dreißig verkauften Büchern pro Monat der Fall, kann aber auch schon beim Verkauf mehrerer Exemplare des gleichen Titels anzunehmen sein. Da es auf eine Gewinnerzielungsabsicht für das geschäftsmäßige Handeln nicht ankommt, unterliegen auch Autoren der Buchpreisbindung, die ihre eigenen Bücher – etwa im Rahmen von Lesungen – auf eigene Rechnung an ihr Publikum verkaufen. Gleiches gilt für Journalisten, die ihre Rezensionsexemplare verkaufen.

Im §3 steht ferner, dass die Preisbindung nicht für den Verkauf gebrauchter Bücher gilt. Damit ist zum einen der professionelle Antiquariatshandel angesprochen (siehe Kap. 1.4.1). Zum anderen aber auch der Tatbestand, dass bereits der Kauf eines Buchs dieses im juristischen Sinn zu einem gebrauchten Buch macht, das nicht mehr der Preisbindung unterliegt. Dies erklärt die zunächst höchst seltsam anmutenden, zum Teil weit unter den gebundenen Ladenpreisen liegenden Angebotspreise von Novitäten auf Amazons ›market place‹ oder auf vergleichbaren Plattformen. Wenn die Anbieter derartiger Offerten Privatpersonen sind, die die Bücher geschenkt bekommen haben und regelmäßig nicht mehr als 30 Bücher pro Monat ins Internet einstellen, liegt de jure kein Preisbindungsverstoß vor. Händler hingegen, die Bücher unter Preis verkaufen, begehen kein Kavaliersdelikt. Als Strafen drohen Unterlassungs- und Schadensersatzansprüche, gegebenenfalls sogar Liefersperren.

Wichtige Bestimmungen aus dem Buchpreisbindungsgesetz (BuchPrG)

OBJEKTE, DIE DER PREISBINDUNG UNTERLIEGEN (§ 2)
Bücher unterliegen der Preisbindung – das ist das Anliegen des Gesetzes. Allerdings gilt dies nicht für alle Bücher. Und auch elektronische Medien können in Ausnahmefällen preisgebunden sein. Preisgebunden sind:
• alle deutschsprachigen Bücher;
• kartografische Produkte (auch Globen);
• Musiknoten;
• Kombinierte Objekte, bei denen Buch, Noten oder Karte die Hauptsache bilden (z.B. Sprachkursbuch mit CD für Aussprachebeispiele);
• CD-ROMs nur, sofern sie reine Texte wiedergeben (also nicht, wenn der Anteil an Multimedia-Elementen überwiegt);
• E-Books ohne multimediale Inhalte unabhängig von ihrem Format (PDF, EPUB). Der Preis kann unter dem der Print-Ausgabe liegen (siehe Kap. 2.4.1).
• Deutschsprachige Bücher ausländischer Verlage (vor allem Österreich, Schweiz) werden durch den Importeur gebunden.

Es gibt selten Gesetze ohne Ausnahmen und Grenzfälle. Viele sind in der Matrix ›Preisbindung – Umsatzsteuer – Büchersendung‹ (siehe Einleitung von Kap. 2) erfasst. Die wichtigsten sind:
• Zeitungen und Zeitschriften unterliegen nicht der Preisbindung. Publikumszeitschriften werden (wie bisher) meist über das Pressegrosso preisgebunden, Fachzeitschriften können von ihren Verlagen über den Sammelrevers 2002 auf der Grundlage des § 30 GWB gebunden werden (siehe Kap. 4.1.2).
• Kalender unterliegen nicht der Preisbindung. Bei Kalendern in Buchform bzw. buchähnlich aufgemachten Kalendern kommt es auf die Umstände des Einzelfalls an. Prägen Buch- bzw. Textinhalte den ›Charakter‹ der Publikation, so unterliegt das Verlagserzeugnis der Preisbindung (siehe Kap. 2.2.1).
• Hörbücher unterliegen nicht der Preisbindung (siehe Kap. 2.2.5). Damit teilen alle Hörbuch-Genres das Schicksal eingespielter Musikwerke, die auch nicht preisgebunden sind.
• Fremdsprachige Bücher unterliegen auch nicht der Preisbindung. Es sei denn, sie sind ausschließlich (oder überwiegend) für den Verkauf in Deutschland bestimmt.
• Enhanced E-Books, d.h. digitale Publikationen unter Verwendung multimedialer Elemente (siehe Kap. 2.4.1), sind ebenfalls nicht preisbindungsfähig.

SONDERPREISE (§ 5 ABS. 4)
Verlage können Sonderpreise festlegen, die dann verbindlich für Endabnehmer gelten. Die folgende Aufzählung ist abschließend.
• Serienpreise: für eine Reihe auch einzeln beziehbarer Bände eines Autors oder für eine Reihe mit inhaltlichem Zusammenhang.

- Mengenpreise: bei Verkauf von einem Titel (in größerer Anzahl) an einen Endabnehmer (Industriegeschäft). Mengenpreise werden in der Regel in den Liefer- und Zahlungsbedingungen der Verlage veröffentlicht. Ansonsten muss nachgefragt werden, denn die im Preis reduzierten Mengenpreise sind rechtsverbindlich.
- Subskriptionspreise: ›Markteinführungspreise‹ bei mehrbändigen Werken bis zum vollständigen Erscheinen. Bei einbändigen und bei mehrbändigen Werken, die gleichzeitig erscheinen, darf der Subskriptionspreis bis max. 3 Monate nach Erscheinen gelten. Die Vergünstigung darf max. 20 % des festgesetzten Ladenpreises betragen.
- Sonderpreise für Institutionen, die bei der Herausgabe von Verlagswerken ausschlaggebend mitgewirkt haben.
- Sonderpreise für Zeitschriften-Abonnenten beim Bezug eines Buches, das die Redaktion dieser Zeitschrift verfasst oder herausgegeben hat.
- Teilzahlungszuschläge (zwingend bei Ratenzahlung).

PREISE FÜR AUSGABEN GLEICHEN INHALTES (§ 5 ABS. 5)
Die Festsetzung unterschiedlicher Endpreise für verschiedene Ausgaben eines Titels ist zulässig, »wenn dies sachlich gerechtfertigt ist«. Dies betrifft vor allem Lizenzausgaben: Taschenbuch- oder Sonderausgaben und Buchgemeinschaftsausgaben, deren preisbindungsrechtliche Kriterien (Ausstattungsunterschied, Zeit- und Preisabstand zur Originalausgabe sowie Mitgliedschaftsbindung) im ›Potsdamer Protokoll‹ festgelegt sind (siehe Kap. 1.4.4).

Sonderfälle sind **Bundle-Preise.** Hier kombiniert ein Händler ein preisgebundenes Buch mit einem nicht-preisgebundenen Produkt (Manga-Heft plus Stifte, Kochbücher plus Deko-Tischset) – und verstößt nur dann gegen die Preisbindung, wenn der Preis des Gesamtproduktes unter dem gebundenen Buchpreis plus dem Einstandspreis des nicht-preisgebundenen Produkts liegt.

Für **E-Books** gehen die Preisbindungstreuhänder in ihrem *Arbeitsbericht 2012* von folgenden Sonderfällen aus. Abo-Preise: Eine vertragliche Kaufverpflichtung zur wiederkehrenden Abnahme von E-Books ist ein sachlich gerechtfertigter Grund zur Festsetzung von reduzierten Abo-Preisen. Bundle: Es kann auch sachlich gerechtfertigt sein, wenn ein Print-Produkt mit dem inhaltsgleichen E-Book als Bundle verkauft wird, und hierfür ein gemeinsamer, unterhalb der Summe der Einzelpreise liegender Preis festgesetzt wird. Flatrates: Rechtlich unproblematisch sind Flatrate-Verträge; hier werden E-Books nicht verkauft, sondern in rechtlicher Hinsicht vermietet.

VERLAGSKONDITIONEN (§ 6)
Verlage müssen bei ihrer Preis- und Konditionengestaltung die Leistungen auch kleinerer Buchhandlungen zur flächendeckenden Bücherversorgung sowie deren buchhändlerischen Service berücksichtigen. Daraus ergeben sich drei Punkte, die auch in die Verkehrsordnung (§ 3 Abs. 1) übernommen worden sind (allerdings konnte man sich bislang innerhalb der Branche nicht auf konkrete Rabatte bzw. andere Konditionen einigen):

- Rabatte dürfen nicht allein am Umsatz ausgerichtet sein.
- Branchenfremde Händler dürfen nicht zu besseren Konditionen beliefert werden als Buchhändler.
- Zwischenbuchhändler, wie Barsortimente, dürfen nicht zu schlechteren Konditionen beliefert werden als (umsatzstarke) Einzelhändler.

BIBLIOTHEKSNACHLÄSSE (§ 7 ABS. 2)

Bibliotheksnachlässe sind erlaubt; sie stehen im Ermessen des Händlers. Das Gesetz benennt jedoch Höchstwerte für preisgebundene Bücher:

- wissenschaftliche Bibliotheken, die jedem wissenschaftlich Arbeitenden zugänglich sind, erhalten bis zu 5 Prozent,
- jedermann zugängliche öffentliche Bibliotheken (gleichgestellt sind konfessionelle Büchereien, Truppen- und Schülerbüchereien) erhalten bis zu 10 Prozent.

SCHULBUCHNACHLÄSSE (§ 7 ABS. 3)

Schulbuchnachlässe müssen den Schulen (Schulbibliotheken) zwingend gewährt werden. Wobei nach der Gesetzesnovelle von 2006 nicht mehr die Frage entscheidend ist, wer die Bücher finanziert, sondern ob sie und in wessen Eigentum sie übergehen. Wenn also von privaten Fördervereinen bezahlte Bücher in der Schule als staatliches Eigentum inventarisiert werden, sind die entsprechenden Nachlässe durch die Buchhandlung zu gewähren. Die im Einzelfall vorgeschriebene Nachlasshöhe (zwischen 8 und 15 Prozent) bemisst sich nach Auftragswert-Staffeln, die im Gesetzestext aufgeführt sind. Soweit Schulbücher im Rahmen eigener Schul-Etats angeschafft werden, ist ein genereller Nachlass von 12 Prozent für alle Sammelbestellungen zu gewähren. Über weitere Detailregelungen in den einzelnen Bundesländern geben die buchhändlerischen Landesverbände Auskunft.

PERSONENKREISE, FÜR DIE SONDERREGELUNGEN GELTEN (§ 7 ABS. 1)

Für einige Personenkreise gelten Sonderregelungen beim Verkauf von preisgebundenen Büchern. Hierzu gehören:

- Mitarbeiter buchhändlerischer Unternehmen: für alle Bücher, wobei die Höhe des ›Kollegenrabatts‹ nicht vorgegeben ist. Dieser Rabatt gilt nur für Buchhändler in Festanstellung und ausschließlich für deren Eigenbedarf, das heißt für Bücher zum Selbst-Lesen oder zum Verschenken.
- Autoren selbstständiger Publikationen: nur für Bücher des eigenen Verlags.
- Lehrer: nur für die Bücher, die dahingehend überprüft werden, ob sie im Unterricht eingesetzt werden sollen. Diese ›Lehrerprüfstücke‹ sind nicht zu verwechseln mit Lehrerfreiexemplaren anlässlich von Klassensatzbestellungen; diese sind verboten.

WIRTSCHAFTLICHE VERGÜNSTIGUNGEN/KUNDENBINDUNGSSYSTEME (§ 7 ABS. 4)

Der Letztverkäufer, also der Buchhändler, darf seinen Kunden folgende Vergünstigungen gewähren:

- Zugaben von geringem Wert. Dies können Sachprämien bis zu 2 Prozent des Warenwertes sein, wobei die Zugabe nicht unmittelbar nach einem Kauf gewährt werden muss. Es ist auch möglich, dass der Kunde erst nach Erreichen eines bestimmten Mindestumsatzes, also erst nach mehreren Käufen, ein Anrecht auf die Zugabe erhält. Eine Auszahlung in Geld, Ausgabe von Gutscheinen oder dem Payback-Verfahren ähnliche Systeme sind unzulässig.
- Handelsübliche Nebenleistungen. Bezogen auf das Schulbuchgeschäft hat der Börsenverein ein ›Merkblatt für kommunale Schulträger‹ erstellt, das handelsübliche Serviceangebote benennt: Bibliografische Recherche und Nachweise (Titel, Bestellnummern, Auflagen, Ladenpreise), Entsorgung des Verpackungsmaterials der zugestellten Bücher, fachliche Beratung mit entsprechendem Anschauungsmaterial vor Ort, Hotline für Einzelauskünfte, Nachbestellungen oder Reklamationen, Lieferung frei Haus (Anlieferungsstelle), Lieferung sortiert und verpackt nach Klassen in einzelne Schulen/Klassenräume, Literaturlisten, Nachbestell-Service, Rechnungsstellung nach Vorgabe der Schulen (auch getrennt nach einzelnen Schulen), Rücknahme beschädigter Bücher sowie Rücknahme von Verpackungen.
- Übernahme von Versandkosten.
- Erstattung von Parkgebühren.

MÄNGELEXEMPLARE (§ 7 ABS. 1)
Mängelexemplare, die mehrheitlich durch unachtsame Behandlung, Verschmutzung, Transportschäden oder Druck- und Bindefehler entstehen, unterliegen aufgrund ihrer Beschädigung nicht der Preisbindung. Weitere Ausführungen hierzu, auch zu den ›gemängelten Mängelexemplaren‹, stehen im Kap. 1.4.1.

BEENDIGUNG DER PREISBINDUNG (§ 8)
Frühestens 18 Monate nach Druck der Erstauflage durch den Verlag zulässig. Ausnahmen: periodisch in einem kürzeren Abstand als 18 Monate erscheinende Publikationen, zum Beispiel Jahrbücher, und Titel,»deren Inhalt mit dem Erreichen eines bestimmten Datums oder Ereignisses erheblich an Wert« verlieren, wie Bücher zu bedeutenden Sportereignissen. Nach dieser ›Schutzfrist‹ von 18 Monaten können Verlage ihre Produkte selbstverständlich preisgebunden lassen und bei Bedarf Preisänderungen vornehmen. Alternativ können sie jedoch Titel aus der Preisbindung herausnehmen und die Restauflage verramschen (siehe Kap. 1.4.1 und 8.4.1.1), sodass der Titel offiziell als vergriffen gemeldet ist.

Verlage gehen höchst unterschiedlich mit diesem § 8 BuchPrG um. Publikumsverlage nutzen diesen Zeitraum eher, da binnen 18 Monaten nach Erscheinen bereits preiswertere Lizenzausgaben auf dem Markt sind. Fachverlage weniger, weil hier Bücher einen längeren Lebenszyklus haben. In der Regel entscheidet die Vertriebsabteilung aufgrund vorliegender Absatzstatistiken über die Preisaufhebung, mitunter möchte aber auch die Verlagsleitung gefragt werden – geht es doch auch um Aspekte wie das eigene Verlagsimage und Autorenpflege.

4.1.2
Preisbindung für Presseerzeugnisse

Die Preisbindung für Presseerzeugnisse ist nicht durch das Buchpreisbindungsgesetz abgedeckt. Zeitschriften und Zeitungen sind jedoch nach § 30 Abs. 1 des Gesetzes gegen Wettbewerbsbeschränkungen (GWB) preisbindungsfähig, wovon fast alle Zeitungs- und Zeitschriftenverlage Gebrauch machen. Im Gesetzestext steht:

> »§ 1 [Verbot wettbewerbsbeschränkender Vereinbarungen; eig. Erg.] gilt nicht für vertikale Preisbindungen, durch die ein Unternehmen, das Zeitungen und Zeitschriften herstellt, die Abnehmer dieser Erzeugnisse [...] rechtlich oder wirtschaftlich bindet, bei der Weiterveräußerung bestimmte Preise zu vereinbaren oder ihren Abnehmern die gleiche Bindung bis zur Weiterveräußerung an den letzten Verbraucher aufzuerlegen. Zu Zeitungen und Zeitschriften zählen auch Produkte, die Zeitungen oder Zeitschriften reproduzieren oder substituieren und bei Würdigung der Gesamtumstände als überwiegend verlagstypisch anzusehen sind, sowie kombinierte Produkte, bei denen eine Zeitung oder Zeitschrift im Vordergrund steht.«

Im Rahmen der vertikalen Preisbindung bindet aber nicht jeder Verlag jeden Händler, sondern das Verfahren wird über ein **Sammelreverssystem** (privatrechtliche Vereinbarung zwischen Branchenteilnehmern) abgewickelt. Nach Vorgabe des GWB muss die Lückenlosigkeit des Preisbindungssystems nachgewiesen werden. Das bedeutet: Jeder Verlag müsste mit jedem Zwischenhändler und Einzelhändler und die wiederum ebenfalls mit jedem einzelnen Endabnehmer einen schriftlichen Vertrag abschließen, bei dem die jeweiligen festgelegten Preise für den Zwischenhandel, Einzelhandel und Endkunden als gebundene Preise festgelegt werden. Da ein solches Vertragssystem praktisch nicht zu realisieren ist, werden diese Verträge über einen Sammelrevers mit einem gemeinsam benannten Treuhänder abgewickelt, der auch eine Liste der teilnehmenden Verlage

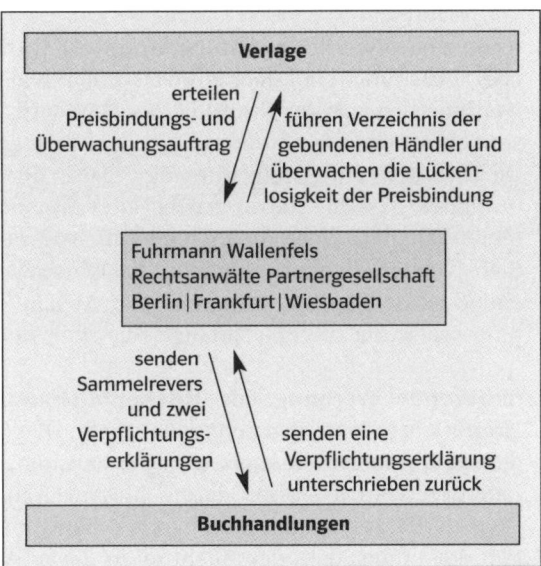

Das Preisbindungsprozedere für Fachzeitschriften

führt. Zurzeit gilt für Fachzeitschriftenverlage der ›Vertragsstrafenvereinbarung und Fachzeitschriften-Sammelrevers‹, nach dem Jahr seines Inkrafttretens Sammelrevers 2002 genannt (im Anhang abgedruckt). Neben der Bindung der Fachzeitschriftenverlage bietet er die juristische Grundlage für eine schnelle und effektive Verfolgung von Preisbindungsverstößen; denn das Buchpreisbindungsgesetz sieht keine konkreten Strafmaßnahmen vor.

Die Preisbindung populärer Presseerzeugnisse wird über Einzelreverse (Einzelverträge) sichergestellt. So binden Verlage der Publikumszeitschriften Unternehmen des Bahnhofsbuchhandels und Presse-Grosso. Der Grossist ist dann aufgrund des Grosso-Vertrags verpflichtet, bei Abschluss seiner Verträge mit dem Presseeinzelhandel diesen wiederum zu verpflichten, den gebundenen Endverkaufspreis einzuhalten; im gleichen Vertragswerk wird auch die Bindung der Abgabepreise der Großhändler an den Handel festgelegt. Auch die Preisbindung für Zeitungen wird über Einzelreverse sichergestellt.

4.1.3
Preisbindung und Wettbewerbsrecht

Die Buchpreisbindung ist Teil des Wettbewerbsrechts und damit sind auch Überschneidungen mit dem Gesetz gegen den unlauteren Wettbewerb möglich. Die Rechtsabteilung des Börsenvereins informiert in ihren Newslettern unregelmäßig über aktuelle Fälle. Mit freundlicher Genehmigung der Rechtsabteilung des Börsenvereins seien im Folgenden einige Fälle aus der Schnittmenge von Preisbindung und Wettbewerbsrecht zitiert:

Irreführende Werbung mit Niedrigpreis-Garantie   »Preisgebundene Bücher dürfen nicht mit dem Hinweis ›100% Niedrigpreis-Garantie‹ beworben werden, da damit der Eindruck erweckt wird, es handele sich um einen besonderen Preisvorteil, der nur bei dem werbenden Unternehmen zu haben ist. Dies stellt eine Irreführung dar. Daran ändert auch der Zusatz »Wir garantieren, dass Sie diesen Artikel neu nirgendwo preiswerter kaufen können« nichts, da diese Aussage im Falle von preisgebundenen Büchern eine Selbstverständlichkeit darstellt. Die Wettbewerbszentrale hat dementsprechend einen Händler erfolgreich zur Abgabe einer Unterlassungsverpflichtungserklärung aufgefordert.« (Newsletter, März 2012)

Irreführende Werbung mit Taschenbuchpreis   »Irreführend handelt ein Händler, der eine Taschenbuchausgabe dergestalt bewirbt, dass er neben dem gebundenen Ladenpreis für das Taschenbuch einen durchgestrichenen Ladenpreis angibt, ohne darauf hinzuweisen, dass es sich dabei um den Preis der Hardcoverausgabe handelt. Der Endkunde geht in einem solchen Fall davon aus, dass der Buchtitel in dieser Ausstattung nun im Preis herabgesetzt ist. Da Hardcover- und Taschenbuchausgaben von der Ausstattung her jedoch nicht vergleichbar sind, liegt eine Irreführung über wesentliche Merkmale der angebotenen Waren sowie eine irreführende Preiswerbung vor. Auch in diesem Fall hat der Händler eine Unterlassungsverpflichtungserklärung abgegeben.« (Newsletter, März 2012)

Irreführende Werbung mit Preisen für Vorauflagen »Das Landgericht Köln hat auf Klage der Zentrale zur Bekämpfung unlauteren Wettbewerbs e.V. entschieden, dass eine Irreführung der Verbraucher vorliegt, wenn in einer Werbung für Bücher, deren Ladenpreis aufgehoben wurde, nicht deutlich gemacht wird, dass es sich jeweils um Vorauflagen zur aktuellen Auflage handelt. In dem zugrundeliegenden Fall warb die Galeria Kaufhof in einem Prospekt damit, den Duden für Euro 10 statt für Euro 21,95 sowie den Marco Polo Reiseführer Finnland für Euro 3,50 statt für Euro 8,95 anzubieten. Zwar wurde per Sternchen erläutert, dass der gebundene Ladenpreis aufgehoben wurde, nicht angegeben wurde jedoch, dass es sich jeweils um eine Altauflage handelt. Das Landgericht Köln begründet seine Entscheidung damit, dass die Aktualität bei den streitgegenständlichen Werken ein entscheidendes Kaufkriterium darstelle. Somit könne das Verschweigen des Umstandes, dass es sich bei den beworbenen Büchern um Vorauflagen der aktuellen Fassungen handelt, die Kaufentscheidung beeinflussen und den Verbraucher irreführen. Das Argument der Beklagten, dass ein aufgeklärter Verbraucher aus den Umständen der Werbung wissen müsse, dass es sich um Vorauflagen handelt, da Bücher grundsätzlich der Buchpreisbindung unterliegen, ließ das Gericht dagegen nicht gelten. Das Buchpreisbindungsgesetz lasse auch Preisreduzierungen aus anderen Gründen zu und der Verbraucher sei daran auch bereits gewöhnt.« (Newsletter, Mai 2011)

Gewinnspiele »In der Vorweihnachtszeit häufen sich bei uns die Anfragen, unter welchen Bedingungen Gewinnspiele preisbindungsrechtlich zulässig sind. Im Newsletter vom 18.6.2010 haben wir über die Aktion von Thalia ›Jeder 100. Schulbucheinkauf ist gratis‹ berichtet. Diese Aktion wurde von der Zentrale zur Bekämpfung unlauteren Wettbewerbs als rechtlich nicht zu beanstanden eingestuft. Die Preisbindungstreuhänder sehen dies jedoch u.a. deshalb anders, weil die Chance, die bestellten Bücher gratis zu erhalten, eine Zugabe sei. Das BuchPrG lässt Zugaben aber nur in dem von §7 Abs.4 Nr.1 BuchPrG gesetzten Rahmen zu, also in Form von geringwertigen Waren. Da eine Gewinnchance keine Ware ist, sei eine solche Zugabe unzulässig. Über diese rechtliche Streitfrage kann letztlich nur ein Gericht entscheiden. Nachdem die Firma Thalia erklärt hat, ihre Schulbuchaktion nicht wiederholen zu wollen, soll bei geeigneter Gelegenheit in einem ähnlichen Sachverhalt eine gerichtliche Klärung herbeigeführt werden. Aufgrund der rechtlich unsicheren Lage raten wir Ihnen daher von Gewinnspielen ab, bei denen die Teilnahme am Gewinnspiel vom Kauf eines preisgebundenen Buches abhängt. Unproblematisch sind Verlosungen, an denen grundsätzlich jeder teilnehmen kann. So ist es z. B. möglich, jedem Kunden, der eine Buchhandlung betritt, ein Los auszuhändigen, mit dem man ein Buch oder einen Buchgutschein gewinnen kann.« (Newsletter, Dezember 2010)

Auch die jährlichen Arbeitsberichte der Preisbindungstreuhänder bieten Hintergrundinformationen zum Thema Buchpreisbindung und Wettbewerbsrecht. So ist im *Arbeitsbericht 2012* ein umfangreiches Kapitel dem Thema **Drittfinanzierte Gutscheine** gewidmet. Denn vor allem die Marktführer der Branche haben in den letzten Jahren verschiedene Gutscheinmodelle praktiziert, die preisbindungsrechtlich umstritten waren. Inzwischen haben einige Gerichte, die sich inhaltlich mit der Problematik befasst haben, die Zulässigkeit der Drittfinanzierung von Buchkäufen als rechtswidrig angesehen. Doch was bedeutet ›drittfinanziert‹? – Hier ein Beispiel: Die Buchhandlung verschenkt einen Gutschein im Wert von 5,– Euro, der anlässlich eines Kaufs in der Buchhandlung eingelöst wird. Eine dritte Firma, die auf dem Scheck plakativ als schenkende Firma ausgewiesen ist, erstattet der Buchhandlung den Nennwert des Gutscheins nach dessen Einlösung. Die Buchhandlung erhält somit zwar unter dem Strich den Betrag des gebundenen Ladenpreises, allerdings in zwei Zahlungen. Dies entspricht dem ›Miles-and-More-Urteil‹ des Oberlandesgerichts Frankfurt am Main aus dem Jahr 2004, wonach der Ladenpreis beim Händler auch in zwei Zahlungen ankommen kann.

Der Börsenverein, die Preisbindungstreuhänder und mehrere rechtskräftige Urteile aus dem Jahr 2012 bewerten die Situation jedoch anders. Denn ihrer Meinung nach kommt es darauf an, dass die Käuferseite, wie bei einem traditionellen Buchgutschein auch, den vollständigen Ladenpreis bezahlt. Bei drittfinanzierten Modellen hingegen zahlt der Käufer nur einen Teil des Preises. Und die ›Sponsoren‹ zahlen der Buchhandlung eigentlich auch keinen Teil des Kaufpreises, sondern bezahlen für den Werbeeffekt, der ihnen durch Formulierungen wie »diesen Gutschein schenkt Ihnen« sowie die plakative Firmennennung und Platzierung ihres Logos auf dem Gutschein entsteht.

Was Marktführer im großen Stil praktiziert haben, lässt sich ohne Weiteres auch auf kleinere Marktteilnehmer übertragen. Denn auch das Sponsoring durch örtliche Sparkassen fällt unter das Verdikt drittfinanzierter Gutscheine. Und eigene Gutscheine, etwa für gute oder auch schlechte Schulnoten, darf man, wie bereits betont, auch nicht verschenken. Welche Option bietet sich also Buchhandlungen, die sich ab und zu ›außerordentlich‹ um ihre Kunden bemühen wollen? – Ein Buch verschenken, ohne dieses Geschenk an einen Buchkauf zu knüpfen. Einige Buchhandlungen haben zum Schuljahresende als Anerkennung für sehr gute Schulnoten entsprechende Aktionen durchgeführt.

4.2
Regeln für den Buchhandel

Zuzüglich zu den ›äußeren‹ Gesetzen der Bundesrepublik Deutschland hat der Börsenverein ›innere‹ verbandsinterne Regeln verabschiedet, die dem Geschäftsverkehr der herstellenden und verbreitenden Unternehmen der Buchbranche zugrunde gelegt werden sollen. Für Mitgliedsfirmen aller Fachsparten gelten demnach:

- **Satzung des Börsenvereins**   Die Börsenvereinssatzung ist für jedes Mitglied verpflichtend. Sie definiert den Handel mit Büchern und anderen Medien (§ 7) und regelt Rechte und Pflichten der Verbandsmitglieder untereinander. Die jüngste Satzungsänderung datiert von 2012.
- **Wettbewerbsregeln des Börsenvereins**   Die Wettbewerbsregeln fassen die Grundsätze des lauteren, den guten kaufmännischen Sitten entsprechenden Wettbewerbs im Buchhandel zusammen (siehe Kap. 4.2.3). Ihre Beachtung gehört zu den satzungsgemäßen Verpflichtungen der Mitglieder des Börsenvereins (Satzung § 13 Ziffer 2). Ein Verstoß kann nach § 16 der Satzung sanktioniert werden.
- **Verkehrsordnung des Buchhandels**   Die Verkehrsordnung kodifiziert die Bedingungen, die im Interesse eines geordneten Geschäftsverkehrs angewendet werden sollen (siehe Kap. 4.2.2). Sie fixiert den Handelsbrauch im Buchhandel und kommt in allen Fällen zur Anwendung, in denen sich Unternehmen nicht ausdrücklich für eigene Geschäftsbedingungen entschieden haben.
- **Grundlagenpapier**   Das Grundlagenpapier ist eine Sammlung von Grundsätzen und Regeln, die zwar nicht rechtlich bindend sind, deren Einhaltung aber anerkanntermaßen im gemeinsamen Interesse aller drei Sparten liegt, um als Buch- und Medienbranche auf Dauer wirtschaftlich erfolgreich zu sein (siehe Kap. 4.2.1). Sie dient sowohl den Mitgliedern zur täglichen Orientierung als auch zur Schlichtung in Streitfällen.

Alle ›Regelwerke‹ wurden im Konsens des Verleger-Ausschusses, des Sortimenter-Ausschusses und des Ausschusses für den Zwischenbuchhandel im November 2006 verabschiedet und sind seither geltendes Verbandsrecht. Um ihre Kenntnis in den Unternehmen lebendig zu halten, sollen sie ein zentraler Gegenstand der Aus- und Fortbildung sein.

Die Originaltexte stehen – bis auf die Börsenvereinssatzung – im Anhang dieser Publikation. Für die folgenden Unterkapitel werden jeweils wichtige Themen und Bestimmungen zusammengefasst. Da sie elementar mit dem ›Funktionieren‹ der Branche zusammenhängen, tangieren sie teilweise auch Ausführungen an anderen Stellen dieser Publikation, vorzugsweise die Kapitel Einkauf (= Kap. 7) sowie Warenwirtschaft und Lagerlogistik (= Kap. 8).

4.2.1
Grundlagenpapier

Das Grundlagenpapier geht von der Besonderheit der Ware Buch aus, die zugleich Kultur- und Wirtschaftsgut ist (siehe Einleitung von Kap. 2). Somit gibt es einen gesellschaftlich-kulturellen Auftrag, nach dem die Werke der Autoren mit dem Kultur- und Bildungsbetrieb und den vielschichtigen Leseinteressen zusammengebracht werden sollen. Aber auch einen ökonomischen Auftrag; denn nur wirtschaftlich erfolgreiche Unternehmen können in Kultur investieren. Weiter heißt es im Originalwortlaut: »Wir begreifen dieses Spannungsfeld nicht als Gegensatz, sondern sehen unsere Chance darin, beide Seiten zu einem für die Gesellschaft fruchtbaren Ausgleich zu bringen. Dieser doppelte innere Antrieb, das Streben nach kulturellem und wirtschaftlichem Gewinn, wirkt sinnstiftend für die gesamte Branche. Dies unterscheidet uns von ausschließlich ökonomisch gesteuerten Branchen.«

In Anbetracht gesetzlicher Privilegien (Buchpreisbindung, ermäßigter Umsatzsteuersatz), die die Rahmenbedingungen des Handelns erleichtern, werden vier zentrale Ziele definiert, die anschließend in Maßnahmenkatalogen für Verlage, Zwischenbuchhandel und Bucheinzelhandel konkretisiert werden:
- Garantie der Vielfalt von Autoren und Inhalten;
- landesweite Verfügbarkeit der Inhalte;
- qualifizierte Titelauswahl durch den verbreitenden Buchhandel;
- umfassende Information und Beratung des Lesepublikums.

Beitrag der Sparten zur Erreichung der zentralen Ziele

VERLAGE ...
... machen das Wissen der Autoren für Leser zugänglich.
... fördern durch Arbeit an Konzept und Text die Qualität der Produktion.
... erarbeiten in einer Wettbewerbssituation eine Vielzahl an Konzepten und Inhalten.
... halten ihre Produktion über einen möglichst langen Zeitraum verfügbar.
... kümmern sich nicht einseitig um Novitäten, sondern auch um eine lebendige Backlist.
... organisieren ein dichtes Vertriebsnetz.
... pflegen die Daten des *Verzeichnisses lieferbarer Bücher* (VIB). Als einziges Gesamtverzeichnis aller lieferbaren Titel ist die Existenz des VIB eine Grundbedingung für den Erhalt der Vielfalt.
... befürworten urheberrechtlich abgesicherte Online-Recherchen (auch Volltextsuche) im digitalen Zeitalter.

DER ZWISCHENBUCHHANDEL ...

... organisiert Prozesse zwischen Verlagen und dem Bucheinzelhandel.

... garantiert die Verfügbarkeit inhaltlicher Vielfalt.

... beachtet auch kleinere Verlage.

... beliefert auch kleinere Buchhandlungen, die abseits der Zustelltouren liegen.

... berücksichtigt bei der Auswahl der Titel Gesichtspunkte wie Meinungsfreiheit und Pluralität.

DER VERBREITENDE BUCHHANDEL ...

... realisiert die kulturelle Vermittlungsarbeit der gesamten Branche mit den Kunden.

... weist einen Weg durch die Titelvielfalt.

... stellt eine fundierte Auswahl der wichtigsten und besten Titel zur Verfügung.

... vermittelt zwischen dem Interesse des Kunden und dem Angebot der Verlage.

... garantiert den individuellen Zugang zur gesamten Informationswelt auf allen Vertriebskanälen.

... stellt die Besorgung aller lieferbaren Titel sicher.

... steht für eine aktive Ansprache, indem er auf Kunden zugeht, Titel anbietet und Alternativen präsentiert.

... nutzt Datenbanken systematisch und recherchiert auf Kundenwunsch auch nicht gängige Werke.

4.2.2
Verkehrsordnung für den Buchhandel

Die Verkehrsordnung für den Buchhandel (VeO) definiert Konditionen und Handelsbräuche zwischen Verlag, Zwischenbuchhandel und Sortiment. Sie gilt als unverbindliche Konditionenempfehlung des Verbandes, deren Paragrafen Mitgliedsfirmen des Börsenvereins häufig als eigene Geschäftsbedingungen verwenden. Seit 1989 wird sie auch von Gerichten im Falle von rechtlichen Auseinandersetzungen herangezogen, da in ihr im Buchhandel geltende Handelsbräuche im Sinne von HGB §346 kodifiziert sind. Insofern erstreckt sich ihre Wirkung auch auf Unternehmen, die dem Börsenverein nicht angeschlossen sind.

Die Verkehrsordnung könnte man also mit den Begriffen ›Mustergeschäftsbedingungen‹ oder ›Branchen AGB‹ umschreiben, die buchhandelsspezifische Sachverhalte regeln; allein im §3 Ziffer 1 werden Passagen aus dem Buchpreisbindungsgesetz zitiert. Erste Bemühungen um eine inhaltliche Fixierung der Handelsbräuche gehen bis ins 18. Jahrhundert zurück, als sich aus dem Tauschhandel der Verlage untereinander der Kaufhandel mit dem Sortimentsbuchhandel entwickelte. Trotzdem wurde erst auf der Hauptversamm-

lung des Jahres 1888 unter dem Vorsteher **Adolf Kröner** eine erste Verkehrsordnung verabschiedet. Seither hat es verschiedene Fassungen gegeben. Die 20
Paragrafen der heute gültigen Verkehrsordnung von 2006, nachträglich nur im
Juni 2011 in Bezug auf §3 Ziffer 3 geändert, kommen nur dann zum Tragen,
wenn zwischen Geschäftspartnern nichts Anderes vereinbart worden ist. Verlage, Buchhändler als auch Zwischenbuchhändler können also im Einzelfall
eigene abweichende Vereinbarungen treffen, entweder durch einen individuell ausgehandelten Vertrag oder durch Allgemeine Geschäftsbedingungen
(AGB). Die folgende thematische Übersicht bietet einen Einblick in die Welt
buchhändlerischer Geschäftsbedingungen und Handelsbräuche.

Wichtige Bestimmungen aus der Verkehrsordnung für den Buchhandel

BÖRSENBLATT – DAS OFFIZIELLE VERBANDSORGAN (§ 1 ZIFFER 8, § 2)
Das *Börsenblatt – Magazin für den deutschen Buchhandel* ist als Verbandszeitschrift
das offizielle Mitteilungs- und Veröffentlichungsorgan des Börsenvereins. Es erscheint in einer Druckausgabe, ist aber auch in einer Online-Version im Internet
abrufbar (siehe Kap. 5.7.6). Alle in der Verkehrsordnung aufgeführten buchhändlerischen Anzeigen und Mitteilungen über geschäftliche Vorgänge, Veränderungen und
dergleichen (u.a. § 3 Ziffer 4, § 4 Ziffer 1) gelten als ordnungsgemäß erfolgt, wenn sie
im *Börsenblatt* veröffentlicht worden sind.

LADENPREISE, PREISAUFHEBUNGEN UND PREISÄNDERUNGEN (§ 3, ZIFFER 3 BIS 9)
Verlage melden ihre Ladenpreise (Endpreise) an das Verzeichnis lieferbarer Bücher
(VlB). Der dort gemeldete Preis gilt als verbindliche Preisfestsetzung und Preisveröffentlichung im Sinne des Buchpreisbindungsgesetzes (siehe Kap. 4.1.1). Preisaufhebungen und Ladenpreisänderungen sind mit einer Vorlauffrist von 14 Tagen im
VlB anzuzeigen. Subskriptionspreise gelten für den Buchhändler bis zu sieben Tage
nach Ablauf der für den Endabnehmer verbindlichen Frist, damit der Vorgang
sachgerecht bearbeitet werden kann.

Liegt im Einzelfall der Rechnungsbetrag (Abgabepreis zuzüglich Versandkosten)
über dem gebundenen Ladenpreis, so darf der Buchhändler die Rechnung um den
entsprechenden Betrag kürzen. In diesem Zusammenhang ist auch auf § 15 Ziffer 1
hinzuweisen. Dort steht ausdrücklich: »Der Abnehmer schreibt Art und Wege der
Versendung generell oder für den Einzelfall vor. Fehlt eine Vorschrift hierüber, muss
der Verlag eingehende Bestellungen auf Kosten des Abnehmers auf dem nach
seinem Wissen günstigsten Wege ausführen. Berechnet werden die reinen Porto-
bzw. Frachtkosten. Verpackung wird grundsätzlich nicht berechnet.«

BESTELLUNGEN (§ 5, § 13)
Bei elektronischen Bestellungen reicht die Angabe der Verkehrs- oder Kundennum-

mer; schriftliche Bestellungen werden entweder auf Firmenpapier oder auf Bestellformularen notiert und übermittelt. Sie gelten grundsätzlich als Fest-Bestellungen,
sofern sie nicht zweifelsfrei anders gekennzeichnet wurden. Sind verschiedene
Ausstattungsarten eines Titels lieferbar, und hat der Buchhändler keine spezielle
Ausgabe bestellt, so liefert der Verlag grundsätzlich die preisniedrigste gebundene
Ausgabe. Bestellte Werke sind stets in neuester Auflage zu liefern; steht das Erscheinen einer in Inhalt oder Ausstattung wesentlich veränderten neuen Auflage binnen
acht Wochen ab Eingang einer Bestellung bevor, so ist der Abnehmer hierauf
hinzuweisen, und die Bestellung nur bei ausdrücklicher Aufrechterhaltung auszuführen. Der Verlag muss das Bestelldatum und das Bestellzeichen auf seiner Rechnung
oder seinem Lieferschein angeben.

KONDITIONEN DER VERLAGE (§ 3, ZIFFER 1)

Verlage setzen ihre Lieferbedingungen unter Berücksichtigung der jeweiligen
Marktfunktion ihrer Abnehmer fest. Dabei müssen sie im Interesse des Erhalts
der Preisbindung (expliziter Verweis auf das Buchpreisbindungsgesetz) auf drei
Dinge achten:
• Barsortimente erhalten als Großhändler einen besseren Rabatt als Einzelhändler,
• Branchenfremde Händler in Nebenmärkten werden nicht zu günstigeren Konditio-
nen beliefert als der Buchhandel,
• Der von kleineren Buchhandlungen erbrachte Beitrag zur flächendeckenden
Versorgung mit Büchern (Besorgungsservice) ist angemessen zu berücksichtigen.
Rabatte dürfen nicht allein an dem mit einem Händler erzielten Umsatz ausgerich-
tet werden. – Die Höhe des ›angemessenen Rabatts‹ ist allerdings (noch) nicht
definiert. (Stand Mai 2014)

UNVERLANGTE SENDUNGEN (§ 9)

Für unverlangte Sendungen trägt der Verlag Gefahr und Kosten der Hin- und
Rücksendung sowie weitere angemessene, beim Abnehmer entstandene Kosten.
Novitäten dürfen unverlangt nur an die Buchhändler versandt werden, die solche
Sendungen grundsätzlich erbeten haben. Titel aus der Backlist dürfen nicht unver-
langt zugestellt werden.

REMISSION (§ 6)

In vier Ziffern und diversen Unterpunkten wird das komplexe Thema zu unterschiedlichen Remissionsgründen unter Angabe zu berücksichtigender Fristen differenziert
abgehandelt (siehe Kap. 8.4.1.2).

ZEITSCHRIFTEN UND FORTSETZUNGEN (§ 7, § 8)

Besonderheiten zu Bestellungen, Rücksendungen und Stornierungen der buchhan-
delstypischen Abonnements, die in größeren Betrieben über eine spezielle Fortsetzungsabteilung abgewickelt werden (siehe Kap. 2.1.2, 2.1.3), finden sich in den
angegebenen Paragrafen, aber auch in § 4 Ziffer 2 und 3.

EINSTWEILIGE VERFÜGUNGEN UND BESCHLAGNAHME VON WERKEN (§ 19,
§ 20)
Darf ein Verlag seine Werke (aufgrund der Inhalte oder ihrer Ausstattung) wegen
einer einstweiligen Verfügung oder anderer Gerichts- oder Behördenentscheidungen
nicht weiter verbreiten, so hat er dies unverzüglich im *Börsenblatt* oder seinen
Abnehmern direkt bekannt zu geben. Zwischenbuchhändler sind dazu verpflichtet,
diese Information an ihre Kunden weiterzugeben. Sortiment und Zwischenbuchhandel müssen ihrerseits dem Verlag unverzüglich mitteilen, wenn ihnen wegen der
Verlagsinhalte oder wegen der Ausstattung eines Werkes dessen weiterer Vertrieb
untersagt worden ist.

Werden Werke beim Buchhändler beschlagnahmt, so fällt der Schaden dem Verlag
zur Last. Etwaige Schadensersatzansprüche erstrecken sich auf die Erstattung des
bei der Lieferung berechneten Abgabepreises und der entstandenen Versandkosten,
nicht jedoch auf die Vergütung eines entgangenen Gewinns.

4.2.3
Wettbewerbsregeln des Börsenvereins

Das Gesetz gegen den unlauteren Wettbewerb (UWG) enthält keine Sonder-
vorschriften für den Buchhandel. Aber die Generalklausel in §1 betrifft alle
Wirtschaftsunternehmen: »Wer im geschäftlichen Verkehr zu Zwecken des
Wettbewerbs Handlungen vornimmt, die gegen die guten Sitten verstoßen,
kann auf Unterlassung und Schadensersatz in Anspruch genommen werden.« Die Wettbewerbsregeln des Börsenvereins konkretisieren das Gesetz,
indem Tatbestände und Handlungen benannt werden, die den guten kaufmännischen Sitten zuwiderlaufen. Ihre Einhaltung gehört nach §13 Nr. 2 der
Satzung des Börsenvereins zu den Mitgliederpflichten. Verstöße gegen die
Regeln können nach §16 der Satzung durch Verwarnung, Geldbuße oder
Ausschluss geahndet werden. Die derzeit geltende Fassung ist 2006 verabschiedet und im Mai 2011 vom Bundeskartellamt genehmigt worden. Es folgt
eine Übersicht über die wichtigsten Bestimmungen.

Wichtige Bestimmungen aus den Wettbewerbsregeln des Börsenvereins

EINHALTUNG DER BESTIMMUNGEN DES BUCHPREISBINDUNGSGESETZES
(ZIFFER 1 PUNKT 4, II, IV, V)
Bestimmungen hinsichtlich des Verkaufs und der Werbung für preisreduzierte
Ware im Modernen Antiquariat (siehe Kap. 1.4.1) werden in mehreren Ziffern
thematisiert. Wie auch in der Verkehrsordnung § 3 Ziffer 3 wird auf die Vorlauffrist
von 14 Tagen für Preisaufhebungen und Ladenpreisänderungen hingewiesen.

BENACHTEILIGUNG EINZELNER MARKTTEILNEHMER (ZIFFER 1 PUNKT 1–3)

Verlage müssen dafür sorgen, alle buchhändlerischen Abnehmer gleich zu behandeln. Dies betrifft vor allem die zeitgleiche Unterrichtung über Neuerscheinungen und die Information über etwaige Mengenpreise. Ferner darf ein Verlag keine Bezugsbedingungen festlegen, die dazu führen, dass der gebundene Ladenpreis eines Werks, das nicht über Buchgroßhandlungen oder andere bündelnde Verkehrswege beziehbar ist, unter dem Einstandspreis (Abnahmepreis zuzüglich Portokosten) liegt; auch hier klingt, wie in der Verkehrsordnung §3 Ziffer 4, das Thema auskömmliche Rabatte an.

ADRESSSCHUTZ (ZIFFER VI PUNKT 1–3)

Kundendaten, auch die im Endkundengeschäft, sind vertraulich zu behandeln; sie dürfen nicht an Dritte weitergegeben werden.

MINDESTBESTELLGRÖSSEN (ZIFFER VII)

Verlage dürfen keine Mindestbestellgrößen fordern, wenn das preisgebundene Verlagserzeugnis nur beim Verlag direkt beziehbar ist, und der Buchhändler es im Rahmen seines Besorgungsauftrags bestellt. Bei niedrigpreisigen Büchern (z. B. Pixi) sind Mindestbestellmengen erlaubt.

ERSTVERKAUFSTAG (ZIFFER VIII)

»Als ›Erstverkaufstag‹ gilt der vom Verlag festgesetzte Tag, an dem ein Werk erstmals ausgestellt und/oder an Endabnehmer verkauft werden darf«, formuliert die Verkehrsordnung im §1 Ziffer 7. Allerdings hat der Erstverkaufstag keine rechtsverbindliche Wirkung – es sei denn, der Verlag schließt mit jeder Buchhandlung, die er beliefert, einen Vertrag, der einen Verkauf vor dem Termin unter Strafe stellt. So spektakulär geschehen bei Hardcover-›Reihen‹, die eine große Fangemeinde aufgebaut haben, wie bei den letzten Bänden der Harry-Potter-Romane, Folgebänden der Twilight-(Bis[s])-Romane oder vereinzelt bei Bestseller-Ausgaben berühmter Autoren. Die Bedeutung des Erstverkaufstags ist also eher in einem Marketinginstrument zu sehen, da Werbe- und Vertriebsmaßnahmen auf diesen Tag hin fokussiert werden. Ein vom Börsenverein geplanter und für alle Verbandsmitglieder verbindlich geltender ›Verhaltenskodex zum Erstverkaufstag‹ wurde nie verabschiedet.

4.3
Handelsrechtliche Bestimmungen

Allgemeine handelsrechtliche Bestimmungen stehen größtenteils in den Grundlagenwerken Bürgerliches Gesetzbuch (BGB) und Handelsgesetzbuch (HGB) sowie in Spezialgesetzen bzw. Verordnungen. Fünf Themengebiete sind Gegenstand dieses Kapitels: Allgemeine Geschäftsbedingungen, das

Fernabsatzrecht, die Preisangabenverordnung, Ladenschlussgesetze sowie Vertriebsbeschränkungen, die bei Verstößen gegen das Strafgesetz, gegen die Rechte Anderer und gegen den Jugendmedienschutz in Kraft treten.

4.3.1
Allgemeine Geschäftsbedingungen (AGB)

Allgemeine Geschäftsbedingungen (AGB) sind alle für eine Vielzahl von Verträgen vorformulierten Vertragsbedingungen, die eine Vertragspartei für Verträge mit anderen Vertragsparteien festlegt. Einige Buchhandlungen legen für den (Rechnungs-)Verkauf eigene Allgemeine Geschäftsbedingungen – häufig Liefer- und Zahlungsbedingungen genannt – fest, wobei die Vorschriften des Bürgerlichen Gesetzbuches (BGB) inhaltliche und formale Kriterien aufstellen. So betont § 307 (›Inhaltskontrolle‹) die Unwirksamkeit von Bestimmungen, die den Vertragspartner entgegen den Geboten von Treu und Glauben unangemessen benachteiligen, was bereits durch unklare Formulierungen der Fall sein kann.

Im Buchhandel können die Lieferungs- und Zahlungsbedingungen einer Buchhandlung die nachstehend aufgeführten folgenden Punkte beinhalten. Die genauen Formulierungen sollten auf jeden Fall von einem Anwalt erstellt und regelmäßig, vor allem im Rahmen des Fernabsatzes (siehe Kap. 4.3.2), auf ihre Richtigkeit hin überprüft werden.

- **Verkaufspreise** Die Verkaufspreise entsprechen den gebundenen Ladenpreisen am Liefertag. Etwaige Nachlässe werden nur gemäß den Bestimmungen des Buchpreisbindungsgesetzes gewährt.
- **Nicht-Lieferbarkeit** Im Falle der Nicht-Lieferbarkeit werden Bestellungen (für einen festzulegenden Zeitraum) vorgemerkt und gegebenenfalls beim Lieferanten angemahnt. Der Besteller kann ggf. vom Kaufvertrag zurücktreten, wenn beispielsweise ein mehrbändiges Werk in nicht angemessener Frist erscheint, oder der Ladenpreis deutlich über dem angekündigten Preis liegt.
- **Reklamationen/Schadensersatzansprüche** Bestellungen werden unter Vorbehalt entgegengenommen. Nicht-Lieferungen, geänderte Erscheinungstermine oder Abweichungen in der Ausstattung der Bücher sind kein Grund für Reklamationen oder Schadensersatzansprüche.
- **Rücksendungen** Rücksendungen aus Ansichtssendungen müssen in einwandfreiem Zustand erfolgen.
- **Kaufpreis** Der Kaufpreis ist ohne Abzug zahlbar nach Erhalt der Rechnung/nach Erhalt der Ware. Verzug tritt nach der gesetzlichen Regelung dann ein, wenn innerhalb von 30 Tagen nach Erhalt der Rechnung keine Zahlung erfolgt. Im Falle eines Zahlungsverzuges werden Verzugszinsen in Höhe von 5 Prozent über dem jeweiligen von der Deutschen Bundesbank

bekannt gegebenen Basiszinssatz berechnet. Bei der Berechnung der Verzugszinsen wird taggenau (›kalendermäßig‹ nach BGB §268, Abs. 2) gerechnet.

- **Widerrufsrecht** Das Widerrufsrecht ist eine Kernbestimmung beim Online-Verkauf, gilt aber für alle Kaufverträge, die Unternehmen mit privaten Verbrauchern unter ausschließlicher Verwendung von Fernkommunikationsmitteln (also auch Briefe, Fax, Telefon etc.) abschließen. Weitere Informationen hierzu im nächsten Abschnitt ›Fernabsatzrecht‹.
- **Eigentumsvorbehalt** Die Ware bleibt gemäß §449 BGB bis zur vollständigen Bezahlung Eigentum der Buchhandlung.
- **Gesetzlicher Erfüllungsort/Gerichtsstand** Der gesetzliche Erfüllungsort des Kaufvertrages ist (lt. §269 BGB) der Wohn- bzw. Geschäftssitz des Schuldners. Ist der Kunde ein privater Endverbraucher, und versendet die Buchhandlung die Ware an den Kunden, dann ist der Erfüllungsort aus Warenlieferung immer am Wohnort des Kunden (BGB §474). Desgleichen ist der Gerichtsstand bei Geldforderungen immer am Wohnort des privaten Endverbrauchers. Formulierungen auf Geschäftsbriefen wie ›Erfüllungs- und Gerichtsstand für beide Teile ist der Geschäftssitz der Buchhandlung‹ sind privaten Endverbrauchern gegenüber nichtig.

4.3.2
Fernabsatzrecht

Das ehemalige Fernabsatzgesetz war ein spezielles Gesetz für Fernabsatzverträge, bevor es 2002 in das Bürgerliche Gesetzbuch integriert wurde. Die gesetzlichen Bestimmungen über Fernabsatzverträge (§§312b ff. BGB) gelten für den Versandbuchhandel und alle Buchhandlungen, die professionell Versandhandel betreiben. Zweck dieser Regelungen ist der Verbraucherschutz in Situationen, in denen der Verkäufer nicht persönlich anwesend ist und das gekaufte Produkt nicht in Augenschein genommen werden kann. Oder – anders ausgedrückt – wenn der Kaufvertrag über ›elektronischen Geschäftsverkehr‹ abgeschlossen worden ist. ›Verbraucher‹ ist hierbei jede natürliche Person, die das Rechtsgeschäft zu einem Zwecke außerhalb einer gewerblichen oder selbstständigen beruflichen Tätigkeit abschließt, wie es §13 BGB festlegt; gewerbliche Kunden sind also von der Regelung nicht betroffen. Die Fernabsatzvorschriften erfassen alle Verträge, die Unternehmen mit Verbrauchern unter ausschließlicher Verwendung von Fernkommunikationsmitteln (Webshops, E-Mails, Briefe, Kataloge, Fax, Telefon etc.) abschließen. Inhaltlich geht es u. a. um nachstehende Informationspflichten:

Identität und Anschrift des Unternehmens Die Anschrift des Unternehmens befindet sich auf der Homepage oder wird durch den Eindruck der Adresse auf Katalogen eindeutig ausgewiesen.

Wesentliche Merkmale der Ware   Die Beschaffenheit des beworbenen Produkts (Einbandart, Auflagenzählung, Mängelexemplar etc.) muss gekennzeichnet sein.

Preis der Ware und sonstige Preisbestandteile   Sämtliche Preise sind einschließlich der gesetzlich vorgeschriebenen Umsatzsteuer anzugeben. Liefer- und Versandkosten sind ebenfalls auszuweisen.

Einzelheiten hinsichtlich Zahlung, Lieferung und Erfüllung   Hier geht es um die Angaben von IBAN und BIC, sowie um besondere Zahlungsmodalitäten wie Kreditkarten, Vorkasse, Nachnahme etc.

Kosten für Nutzung von Fernkommunikationsmitteln   Die Verbraucher sind auf die Gebühren für eine telefonische Hotline hinzuweisen, wenn diese über die marktüblichen Grundtarife hinausgehen.

Widerrufsrecht   Nach § 312d BGB muss der Verbraucher zwingend über das Bestehen eines Widerrufsrechts informiert werden. Dieses Widerrufsrecht wurde zuletzt im Juni 2014 durch das Gesetz zur Umsetzung der Verbraucherrechte-Richtlinie in Deutschland geändert, deren Ziel es war, die Rechte der Verbraucher europaweit zu vereinheitlichen (Stand 2014). Die wichtigsten Regelungen seien im Folgenden aufgezählt:

- **Widerrufsfrist:** Die Widerrufsfrist wird für alle Mitgliedstaaten auf 14 Tage ab Erhalt der Ware festgelegt.
- **Widerrufsrecht bei falscher Belehrung:** Das ›ewige Widerrufsrecht‹ wird abgeschafft. Im Falle einer fehlenden oder nicht korrekten Widerrufsbelehrung verlängert sich das Widerrufsrecht nach dem Ablauf der 14-Tage-Frist auf 12 Monate.
- **Widerrufserklärung:** Der Verbraucher muss den Widerruf ausdrücklich erklären. Das bloße Zurücksenden der Ware reicht dafür nicht aus.
- **Kosten für die Hinsendung:** Die regulären Hinsendekosten trägt der Unternehmer mit Ausnahme etwaiger Expressgebühren oder Zuschläge für den Nachnahmeversand.
- **Kosten der Rücksendung:** Die Rücksendekosten sind bei Ausübung des Widerrufsrechts vom Verbraucher zu tragen, wenn der Händler ihn hierüber informiert hat, und zwar unabhängig vom Warenwert.
- **Zurückbehaltungsrecht:** Der Händler kann die Rückerstattung des Kaufpreises verweigern, solange er die Ware nicht erhalten oder der Verbraucher die Rücksendung der Ware nicht nachgewiesen hat.
- **Ausnahmen vom Widerrufsrecht:** Das Widerrufsrecht erlischt u. a. bei der Lieferung von Ton- oder Videoaufnahmen oder Computersoftware (Videos, DVDs, Kombi-Produkte,Buch plus CD-ROM etc.) in einer versiegelten Verpackung, wenn die Versiegelung nach der Lieferung entfernt wurde.
- **Widerrufsrecht bei Downloads:** Es gibt auch ein Widerrufsrecht für online übermittelte Download-Produkte. Allerdings kommt dies nicht zum Tragen, wenn spezielle Vereinbarungen zwischen Händler und Verbraucher getroffen worden sind.

Vor allem bei **Formulierungen für eigene Internet-AGB** ist es ratsam, einen Rechtsanwalt einzuschalten, um unnötige Abmahnungen zu vermeiden. Wie kompliziert die Rechtslage im Detail ist, und wie vorsichtig man dementsprechend sein muss, mag man allein der Tatsache entnehmen, dass u. a. die Widerrufsbelehrung spätestens unverzüglich nach Vertragsschluss in Textform und zusätzlich zuvor im Onlineshop klar und verständlich angegeben werden muss. Deshalb empfehlen Rechtsexperten, den Text der Widerrufsbelehrung sogleich mit der – bei Shop-Systemen üblicherweise automatisch generierten – Eingangsbestätigungsmail zu versenden.

Die Rechtsabteilung des Börsenvereins stellt den Mitgliedern des Verbands Musterformulierungen zur Verfügung, die zum Teil noch auf die individuellen Gegebenheiten eines Webshops angepasst werden müssen. Ein Blick in die von der Rechtsabteilung des Börsenvereins herausgegebene Publikation *Buchhandel im Netz. Anmerkungen zur Gestaltung von Websites* ist lohnend; sie wurde 2014 anlässlich des ›neuen‹ Widerrufsrechts überarbeitet.

Der Verbraucherschutz war aber nicht nur hinsichtlich des Widerrufsrechts aktiv. Aufgrund unseriöser Praktiken zahlreicher Online-Firmen wirkte er auf eine Gesetzesänderung hin, die unter dem Begriff **Button-Lösung** in die Literatur einging. Im Rahmen der Fernabsatzverträge steht seit 2012 im § 312g Abs. 3 BGB:

> Der Unternehmer hat die Bestellsituation bei einem Vertrag [...] so zu gestalten, dass der Verbraucher mit seiner Bestellung ausdrücklich bestätigt, dass er sich zu einer Zahlung verpflichtet. Erfolgt die Bestellung über eine Schaltfläche, ist die Pflicht des Unternehmers [...] nur erfüllt, wenn diese Schaltfläche gut lesbar mit nichts anderem als den Wörtern ›zahlungspflichtig bestellen‹ oder mit einer entsprechenden eindeutigen Formulierung beschriftet ist.

Ein Kaufvertrag kommt also nur dann zustande, wenn der Unternehmer einen Button ›zahlungspflichtig bestellen‹ in seinem Webshop anbringt. Diese Regelung gilt für Webshops, die sich mit ihrem Angebot an Verbraucher richten, die den Kaufvertrag über ›elektronischen Geschäftsverkehr‹ abschließen. Hierzu gehört der Großteil der Buchhandlungen. Reine B2B-Shops hingegen, die sich nur an gewerbliche Unternehmen richten, sind von der Regelung nicht betroffen. Liefert eine Buchhandlung, wie es meistens der Fall sein dürfte, sowohl an Verbraucher als auch an Unternehmen (Bibliotheken, Rechtsanwälte, Ärzte etc.), muss sie die ›Button-Lösung‹ zwingend umsetzen.

4.3.3
Preisangabenverordnung

Die Preisangabenverordnung (PAngV) dient in erster Linie dem Verbraucherschutz. Ihr Zweck besteht darin, durch eine sachlich zutreffende und voll-

ständige Verbraucherinformation Preistransparenz zu gewährleisten und somit die Stellung der Verbraucher gegenüber dem Handel zu stärken und den
Wettbewerb zu fördern. Nach § 4 Abs. 1 wird dem Handel auferlegt: »Waren,
die in Schaufenstern, Schaukästen, innerhalb oder außerhalb des Verkaufsraumes auf Verkaufsständen oder in sonstiger Weise sichtbar ausgestellt werden, und Waren, die vom Verbraucher unmittelbar entnommen werden können, sind durch Preisschilder oder Beschriftung der Ware auszuzeichnen.«

Diese Bestimmung betrifft im Buchhandel nahezu alle Produkte. Ausnahmen hiervon sind rar – wie im Falle wertvoller Originalgrafiken, wo eine aus-
gehängte Preisliste die Funktion der Preisauszeichnung erfüllt, sofern die Waren im Laden zum Verkauf bereit gehalten werden. Ferner entfällt eine am Objekt auszuführende Preisauszeichnung, wenn die Preise der ausgestellten Titel,
beispielsweise im Rahmen einer Schaufensteraktion, vereinheitlicht sind; hier
reicht ein pauschaler Hinweis auf den für alle Produkte geltenden Preis.

Übrigens: Auch falsch ausgepreiste Bücher unterliegen der Preisbindung.
Denn Preise auf den Waren im Verkaufsraum sowie Preise auf versandten
Literaturlisten oder Werbemitteln gelten formaljuristisch als unverbindliche
›Angebote an die Allgemeinheit‹ – also lediglich als eine Aufforderung, ein
Kaufangebot abzugeben. Damit haben Kunden keinen Rechtsanspruch auf
den Verkaufspreis eines irrtümlicherweise preisgünstiger ausgezeichneten
Buches. Maßgeblich ist der vom Verlag festgesetzte gebundene Ladenpreis
am Tag des Verkaufs, der auch nicht durch einseitige Willenserklärungen der
Händler zu verändern ist. Allenfalls bei Mängeln sind individuelle Preisab-
schläge bei preisgebundenen Verlagserzeugnissen möglich.

4.3.4
Ladenschlussgesetze

Das Ladenschlussrecht gehört zum Gewerberecht. Das Gesetz über den Ladenschluss regelte von 1956 bis 2006 die Öffnungszeiten für Ladengeschäfte
und Verkaufsstellen aller Art. Nach mehrmaligen Änderungen des Ladenschlussgesetzes seit den 1990er Jahren, in denen die Öffnungszeiten schritt-
weise erweitert wurden, schaffte der Deutsche Bundestag im Jahre 2006 die
bundeseinheitliche Regelung im Rahmen der Föderalismusreform ab und
übergab die Gesetzgebungskompetenz in die Hände der Bundesländer. Seit-
dem gibt es in Deutschland unterschiedliche Ausprägungen der erlaubten Ladenöffnungszeiten, wobei die Mehrheit der 16 Bundesländer von Montag bis
Samstag eine Öffnung bis 24 Uhr zulässt (midnight shopping). Dieser Zeitrahmen wird aber bisher zumeist nur von wenigen Geschäften ausgeschöpft. Die
Mehrzahl der Buchhandlungen schließt nach wie vor zwischen 18.30 Uhr und
20.00 Uhr, sofern diese als Center-Filiale nicht dazu verpflichtet sind, sich an
die Ladenschlusszeiten der Einkaufszentrenbetreibergesellschaft zu halten.

Der Sonntag und Feiertage bleiben auch nach den neuen Gesetzen Ruhetage. Hier konnten nicht zuletzt die Gewerkschaften und die Kirchen ihren gesellschaftlichen Einfluss zugunsten des Schutzes von Arbeitnehmern und ihren Familien geltend machen. Ausnahmen gelten nur für den Bahnhofsbuchhandel, der an 365 Tagen im Jahr geöffnet haben darf, für touristisch bedeutsame Verkaufsstätten, wie Museumsbuchhandlungen, und für eine bestimmte Anzahl von verkaufsoffenen Sonntagen im Jahr, die in den Landesgesetzen benannt sind.

4.3.5
Vertriebsbeschränkungen im Buchhandel

In Artikel 5 Absatz 1 des Grundgesetzes ist das Grundrecht auf Kunst- und Pressefreiheit verankert. »Eine Zensur findet nicht statt« heißt hier der Leitsatz. Das Grundrecht kann allerdings, einschließlich der Verbreitungsfreiheit, nach Absatz 2 eingeschränkt werden, wenn die Inhalte von Büchern oder anderen Medien gegen geltende Gesetze verstoßen. Hierbei unterscheidet man drei Fallgruppen: Verstöße gegen das Strafgesetz, Verstöße gegen die Rechte Anderer und Verstöße gegen den Jugendmedienschutz.

Verstoß gegen ein Strafgesetz

Der Vertrieb von Medien, deren Inhalt einen Straftatbestand erfüllt, kann durch ein rechtskräftiges strafrichterliches Urteil verboten werden. Beispiele hierfür sind etwa Delikte wie Volksverhetzung (§130 Abs. 2), Gewaltdarstellungen (§131), Straftaten gegen die öffentliche Ordnung oder im Fall von pornografischen Schriften (§184 ff.) Straftaten gegen die sexuelle Selbstbestimmung.

Verstoß gegen die Rechte Anderer

Zu zeitweiligen oder dauerhaften Vertriebsverboten kann es kommen, wenn der Inhalt einer Schrift gegen die Rechte anderer Personen verstößt. Dies können Urheberrechte sein (im Falle eines Plagiats) oder aber das ›allgemeine Persönlichkeitsrecht‹ eines anderen Menschen, wie im Fall der persönlichen Ehre. Kunst- und Veröffentlichungsrecht im Sinne des Grundgesetzes versus ›Ehrenschutz‹ heißt die Alternative für Gerichte, denn persönlich Betroffene können bei entsprechenden Publikationen Klage bei einem Zivilgericht einreichen. Dieses entscheidet dann über ein Vertriebsverbot des gesamten Werkes oder einzelner zu beanstandender Passagen. Das Werk darf dann entweder im Ganzen nicht mehr verbreitet werden oder nur noch nach Schwärzung der betreffenden Textstellen. So war der Roman *Mephisto* von Klaus Mann jahrelang in Deutschland verboten, weil der Erbe von Gustaf Gründgens dessen Ehre verletzt sah, und das Bundesverfassungsgericht ihm noch 1971 in dieser Auffassung folgte.

Verstoß gegen den Jugendmedienschutz

Der Vertrieb bestimmter Medien kann zum Schutz von Kindern und Jugendlichen eingeschränkt werden. Entsprechende Regelungen nennt das Jugendschutzgesetz (JuSchG). Ziel des Jugendmedienschutzes ist der präventive Schutz vor solchen Medien, die geeignet sind, Heranwachsende »sozialethisch zu desorientieren«. Es sind dies Medien, die verrohend wirken, zu Gewalttätigkeiten oder Verbrechen anreizen, die zum Rassenhass aufstacheln oder das Toleranzgebot verletzen, die NS-Gewaltherrschaft, Krieg oder den Drogenkonsum verherrlichen oder verharmlosen.

Für solche jugendgefährdende Medien gibt es das so genannte Listen- oder Indexverfahren. Auf Antrag können Gremien der **Bundesprüfstelle für jugendgefährdende Medien** darüber befinden, ob ein Medium als sozial-ethisch desorientierend einzustufen ist und indiziert werden soll. Dann wird es in eine Liste aufgenommen und unterliegt ab Bekanntgabe im *Bundesanzeiger* bestimmten Vertriebsbeschränkungen. Ambulante Händler, Kioske, Versandhändler, Bahnhofsbuchhändler, gewerbliche Leihbüchereien und Lesezirkel dürfen indizierte Medien nicht vertreiben, verbreiten, verleihen oder zu diesen Zwecken vorrätig halten. Hersteller und Zwischen(buch)händler dürfen diese Medien nicht mehr an die genannten Vertriebsformen liefern. Des Weiteren gilt ein Werbeverbot, und indizierte Bücher verlieren das Privileg des ermäßigten Umsatzsteuersatzes.

Buchhandlungen und Videotheken, die von Jugendlichen betreten werden können, dürfen indizierte Medien nur ›unter der Theke‹ oder in einem gesonderten, für Jugendliche nicht zugänglichen Raum vorrätig halten und nur an Erwachsene verkaufen, verleihen oder vermieten. Hersteller und Händler müssen sich über eine mögliche Indizierung selbst informieren. Unterlassen sie dies, können sie wegen Verstoßes gegen das Gesetz bestraft werden.

4.4
Urheberrecht

Der wohl wichtigste Rechtsbereich für Verlage ist das Urheber- und Verlagsrecht, aus dem sich in vielerlei Hinsicht Verpflichtungen sowohl für Verlage als auch für Autoren ergeben. In §1 des Gesetzes über Urheberrecht und verwandte Schutzrechte (UrhG) steht: »Die Urheber von Werken der Literatur, Wissenschaft und Kunst genießen für ihre Werke Schutz nach Maßgabe dieses Gesetzes.« Das Urheberrecht steht demnach einem Urheber bestimmter Werke zu, und nur der Urheber kann die ausschließliche Verfügungsgewalt über sein Werk ausüben. Dieses **Urheberrecht im subjektiven Sinne** schützt gegen die unerlaubte wirtschaftliche Auswertung seiner persönlich-geistigen Schöpfung, aber auch gegen jegliche Verletzung seiner ideellen Belange an diesem Werk. Der Urheberrechtsschutz entsteht kraft Gesetz immer dann, wenn einer künstlerischen Idee Ausdruck verliehen wird, wenn sie, etwa in Form einer Skizze oder eines Textes, Gestalt oder Form annimmt. Geschützt ist also nicht die Idee, sondern immer nur das konkrete Werk in seiner spezifischen Ausdrucksform.

Das **Urheberrecht im objektiven Sinne** bezeichnet die Gesetze, die für diesen Rechtsbereich verabschiedet worden sind. Historisch betrachtet, gibt es den urheberrechtlichen Schutz literarischer, wissenschaftlicher und künstlerischer Werke in Europa seit dem 18. Jahrhundert. Aber erst im Jahr 1837 erließ Preußen mit dem Gesetz zum Schutz des Eigentums an Werken der Wissenschaft und Kunst das erste moderne deutsche Urheberrechtsgesetz. 1901 folgte das Deutsche Reich jener Gesetzesvorlage. Dieses erlassene Gesetz betreffend das Urheberrecht an Werken der Literatur und Tonkunst, häufig als Literatur-Urheber-Gesetz (LUG) bezeichnet, wurde 1907 ergänzt durch das Gesetz betreffend das Urheberrecht an Werken der bildenden Künste und der Photographie, kurz Kunst-Urheber-Gesetz (KUG) genannt. Allerdings waren durch diese Gesetze Werke nur bis zu 30 Jahre nach dem Tod des Urhebers geschützt; heute sind es nach dem seit 1965 geltenden Gesetz über Urheberrecht und verwandte Schutzrechte (UrhG) 70 Jahre. Aber auch dieses Gesetz wird in Teilbereichen ständig aktualisiert; vor allem im Hinblick auf die digitalen Medien und europäische Rechtsaspekte, wie die EU-Richtlinie zur Informationsgesellschaft. Vor dem Hintergrund des Internets gewinnen Fragen nach einem internationalen Urheberrechtsschutz erheblich an Bedeutung.

Ein weltweit einheitliches Urheberrecht gibt es zwar nicht, aber es existiert ein System internationaler Abkommen, das die Urheber der Mitgliedsländer entsprechend ihrer jeweils nationalen Rechtsordnung wechselseitig schützt. Bereits seit 1886 schützt die Berner Übereinkunft (BÜ) als erste internationale Urheberrechtskonvention Werke der Literatur und Kunst; eine revidierte Fassung (Revidierte Berner Übereinkunft, RBÜ) trat 1971 in Kraft. Die der **Berner Übereinkunft** angeschlossenen Länder verpflichten sich zum gegenseitigen Urheberschutz der in den jeweiligen Ländern erschienenen Werke. Außerdem wurde im Jahre 1952 von der UNESCO das **Welturheberrechtsabkommen** (WUA) gegründet. Diesen beiden Abkommen sind jeweils mehr als 100 Länder der Welt beigetreten. Die Bundesrepublik Deutschland ist, ebenso wie die meisten anderen westeuropäischen Staaten, Mitglied beider Konventionen.

4.4.1
Das deutsche Urheberrechtsgesetz

Das **Gesetz über Urheberrecht und verwandte Schutzrechte** (UrhG) erläutert im §2 sehr ausführlich den Begriff des Werkes und fügt zahlreiche Beispiele an. Zu den »persönlich geistigen Schöpfungen« – und damit geschützten Werken der Literatur, Wissenschaft und Kunst – zählen demnach:
- Sprachwerke, wie Schriftwerke, Reden und Computerprogramme;
- Werke der Musik;
- pantomimische Werke einschließlich der Werke der Tanzkunst;
- Werke der bildenden Künste einschließlich der Werke der Baukunst und der angewandten Kunst und Entwürfe solcher Werke;
- Lichtbildwerke einschließlich der Werke, die ähnlich wie Lichtbildwerke geschaffen werden;
- Filmwerke einschließlich der Werke, die ähnlich wie Filmwerke geschaffen werden;
- Darstellungen wissenschaftlicher oder technischer Art wie Zeichnungen, Pläne, Karten, Skizzen, Tabellen und plastische Darstellungen.

Die Aufzählung der Werke ist nicht abschließend, sodass es im Einzelfall durchaus zu Streitigkeiten um die Frage der Schutzwürdigkeit eines konkreten Werkes kommen kann und die Gerichte darüber entscheiden müssen. Entscheidend ist aber immer der Gesichtspunkt der ›persönlichen geistigen Schöpfung‹. Insofern sind auch Werkbearbeitungen (Übersetzungen, Verfilmungen, Vertonungen), denen der Urheber zugestimmt hat, als persönliche geistige Schöpfungen wie selbstständige Werke geschützt. Nicht urheberrechtlich geschützt hingegen sind amtliche Werke, wie Gesetze, Verordnungen, amtliche Erlasse und Bekanntmachungen.

Der **Urheber** ist der Schöpfer eines Werkes. Sein persönliches Urheberrecht kann er nicht auf andere Personen übertragen. Selbst die in einem Arbeits- oder Vertragsverhältnis entstandenen Werke sind rechtlich immer dem Urheber zuzuordnen – auch wenn er per Vertrag die Nutzungsrechte übertragen hat. Der Schutz des Urhebers erstreckt sich sowohl auf seine ideellen als auch auf seine materiellen Interessen. Demnach unterteilt der Gesetzgeber in Urheberpersönlichkeitsrechte und Verwertungsrechte:

Urheberpersönlichkeitsrechte   Hierzu zählen das Veröffentlichungsrecht (Recht, ob und wie sein Werk zu veröffentlichen ist), das Recht auf Anerkennung der Urheberschaft (Schutz gegen jede Form des Plagiats; Recht, ob und wie sein Werk mit einer Urheberbezeichnung zu versehen ist) sowie der Schutz vor Entstellung des Werkes durch nicht abgesprochene Änderungen.

Die Bearbeitung oder Umgestaltung eines Werkes, z. B. durch Übersetzung, Dramatisierung, Verfilmung, Vertonung etc., gehört nicht zu dem Schutz vor Entstellung. Allerdings muss die Bearbeitung der ›neuen‹ Werke, sofern sie veröffentlicht und verwertet werden, vom Urheber des Originals genehmigt werden. In der Regel geschieht dies über Nutzungs- oder Lizenzverträge, in denen u. a. auch die Vergütung des Urhebers festgelegt wird. Der Bearbeiter erwirbt nun seinerseits ebenfalls Urheberpersönlichkeits- und Verwertungsrechte an dem neuen Werk, die er geltend machen kann.

Körperliche Verwertungsrechte   Neben dem Ausstellungsrecht, das für Schöpfer von unveröffentlichten Werken der bildenden Künste oder von Lichtbildwerken gilt, gibt es das Vervielfältigungs- und Verbreitungsrecht. Diese beiden Rechte werden im Verlagswesen oft als **Verlagsrecht** oder auch **Hauptrecht** bezeichnet – sofern der Urheber mit einem Verlag zusammenarbeitet und diesem in einem Verlagsvertrag (siehe Kap. 4.4.3) das ausschließliche Nutzungsrecht überträgt. Denn dann ist der Verlag dazu berechtigt, das Werk unter Ausschluss aller anderen Personen, übrigens auch des Urhebers, auf die ihm erlaubte Weise zu nutzen und selbst wiederum im Rahmen seines Lizenzgeschäfts Nutzungsrechte zu vergeben. Dieses Nutzungsrecht kann man auch als rechtliche Absicherung des Verlags sehen, der für Vervielfältigung und Verbreitung ein finanzielles Risiko eingeht und bis zum Erscheinen des Objekts erst einmal investiert und Geld ausgibt. Allerdings kann der Urheber auch räumlich, zeitlich sowie inhaltlich beschränkte Nutzungsrechte vergeben.

Inhalt des Urheberrechts im Überblick

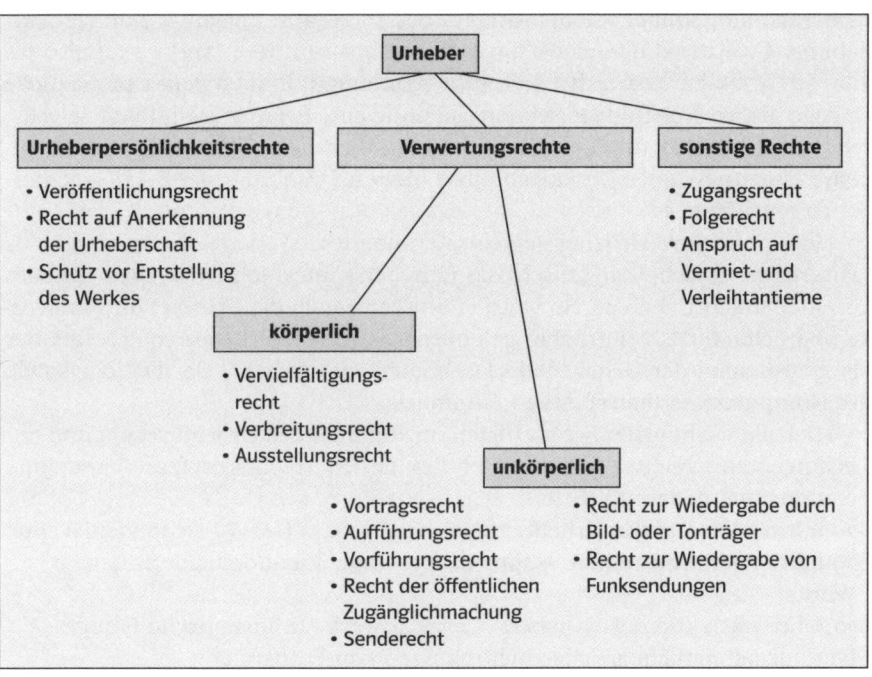

Darüber hinaus ist es Urhebern unbenommen, ihren Erfolg auf Self-Publishing-Plattformen zu suchen, die im Internetzeitalter jedermann zur Verfügung stehen. Denn in juristischer Hinsicht steht allein dem Urheber das ausschließliche Recht zu, sein Werk in körperlicher Form zu verwerten: Er kann sowohl über die Anzahl der Vervielfältigungsstücke von seinem Werk verfügen als auch darüber, wie diese der Öffentlichkeit angeboten und in Verkehr gebracht werden.

Unkörperliche Verwertungsrechte   Hierzu zählen das Vortrags-, Aufführungs- und Vorführungsrecht, das Senderecht, das Recht der öffentlichen Zugänglichmachung, das Recht zur Wiedergabe durch Bild- oder Tonträger sowie das Recht zur Wiedergabe von Funksendungen.

Übertragung, Vererbung und Dauer des Urheberrechts

Das Urheberrecht ist prinzipiell nicht übertragbar. Es kann lediglich im Todesfall des Urhebers auf den Rechtsnachfolger vererbt werden. Den Nachkommen eines Urhebers oder auch seinen testamentarisch eingesetzten Erben fallen dann sämtliche Urheberrechte zu, also sowohl die Urheberpersönlichkeits- als auch die Verwertungsrechte.

Das Urheberrecht erlischt in der Bundesrepublik Deutschland 70 Jahre nach dem Tod des Urhebers (p. m. a.: post mortem auctoris), wobei die Fristenberechnung immer mit dem Ablauf des Todesjahres beginnt. Zur Verdeutlichung: Christa Wolf verstarb am 1. Dezember 2011; ihre Werke sind also bis zum 31. Dezember 2081 urheberrechtlich geschützt. Erst ab dem 1. Januar 2082 sind sie gemeinfrei, und jeder kann sie, ohne eine Erlaubnis einholen zu müssen, benutzen, nachdrucken, verbreiten und bearbeiten. Erst dann sind auch keine Nutzungs- oder Lizenzgebühren mehr an den oder die Rechtsnachfolger zu entrichten.

Haben mehrere Urheber gemeinsam an einem Werk gearbeitet und es als ›Miturheber‹ geschaffen, erlischt das Urheberrecht 70 Jahre nach dem Tod des längstlebenden Urhebers. So werden übrigens auch die Fristen von Filmwerken berechnet: Als Miturheber gelten hier laut dem Urheberrechtsgesetz der Hauptregisseur, der Urheber des Drehbuchs, der Urheber der Dialoge sowie der Komponist der betreffenden Filmmusik.

Hier die wichtigsten Schutzfristen im Rahmen des Urheberrechts und der Leistungsschutzrechte, die im Titel des Urheberrechtsgesetzes ›verwandte Schutzrechte‹ genannt werden:
- 70 Jahre nach Tod des Urhebers: Alle nach §2 des UrhG geschützten Werke.
- 70 Jahre nach Erscheinen: Anonym oder unter Pseudonym erschienene Werke.
- 70 Jahre nach Tod des Urhebers: Lichtbildwerke (künstlerische Fotografien) als persönliche geistige Schöpfungen von Fotografen.

- 50 Jahre nach Erscheinen: Lichtbilder. Fotografien, die keinen künstlerischen Werkcharakter aufweisen, wie Dokumente der Zeitgeschichte, Pressefotos, Fotos von Veranstaltungen, auch Urlaubsfotos.
- 50 Jahre nach Aufführung: Werkinterpretationen ausübender Künstler (Sänger, Schauspieler, Tänzer oder Musiker). Diese dürfen nicht mit technischen Mitteln vervielfältigt werden.
- 25 Jahre nach Erscheinen: Herausgeber wissenschaftlicher Ausgaben nicht geschützter Werke oder Texte, die sich als Ergebnis wissenschaftlich sichtender Tätigkeit wesentlich von bisher bekannten Ausgaben unterscheiden. Die erstmalige Herausgabe eines nicht mehr unter den Urheberrechtsschutz fallenden Werkes ist ebenfalls bis zu 25 Jahren geschützt.
- 25 Jahre nach Erscheinen: ›Entdecker‹ nachgelassener Werke, auch wenn der Urheber bereits länger als 70 Jahre tot ist. Auch Herausgeber von (mündlich) überlieferten Märchen, Sagen oder Volksliedern.
- 15 Jahre nach Veröffentlichung: Schutz von Datenbankerstellern.

Eine Besonderheit besteht bei anonym oder unter **Pseudonym** erschienenen Werken. Hier hängt die Berechnung der Schutzfristen vom Jahr der Veröffentlichung ab. Sollte aber innerhalb dieser Zeit der wahre Name des Urhebers bekannt werden, oder das vom Urheber angenommene Pseudonym (Deck- oder Künstlername) keinen Zweifel an seiner wahren Identität zulassen, so gilt selbstverständlich die ›klassische‹ Fristenberechnung nach dem Todesjahr.

Die Identifizierung der Urheberschaft oder die Identität eines anonym oder unter Pseudonym erschienenen Werkes können u.a. mittels der **Urheberrolle** erfolgen, die beim Deutschen Patentamt in München geführt wird. Allerdings nehmen Autoren den Eintrag in diese Urheberrolle selten vor, da die Einsicht in die Urheberrolle jedermann gestattet ist.

Rückrufrecht des Urhebers

Unter gewissen Umständen hat ein Urheber Möglichkeiten, einmal vergebene Nutzungsrechte zurückzufordern. Sollte beispielsweise ein Verlag als der Inhaber eines ausschließlichen Nutzungsrechts das Werk nur unzureichend verbreiten und dadurch die Interessen des Urhebers erheblich verletzen, so kann dieser das Nutzungsrecht zurückrufen. Natürlich muss der Urheber zuvor entsprechende Nachfristen gesetzt haben.

Ferner besteht ein Rückrufrecht wegen gewandelter Überzeugung. Wenn ein Werk nicht mehr der Überzeugung des Urhebers entspricht, und der Urheber dieses nicht weiter verwertet sehen will, darf er das ursprünglich vergebene Nutzungsrecht zurückrufen. In einem solchen Fall hat er jedoch den Inhaber des Nutzungsrechtes angemessen zu entschädigen.

Schranken des Urheberrechts

In Abwägung mit anderen Rechtsgütern muss ein Urheber in bestimmten Situationen eine Einschränkung seiner Ansprüche in Kauf nehmen. Man spricht in diesem Zusammenhang von Schranken des Urheberrechts. Hierzu gehören beispielsweise die Rechtspflege und öffentliche Sicherheit; Einschränkungen gibt es aber auch zugunsten der Medien und der Allgemeinheit, ferner für Vervielfältigungen zum privaten und sonstigen eigenen Gebrauch (Kopierrecht) sowie für Textsammlungen zum Kirchen-, Schul- und Unterrichtsgebrauch (›Schulbuch-Paragraf‹). Auf einige Fälle sei näher eingegangen:

Rechtspflege und öffentliche Sicherheit   Zur Verwendung in Verfahren vor einem Gericht, Schiedsgericht oder einer Behörde ist es zulässig, einzelne Vervielfältigungsstücke von Werken herzustellen und zu verbreiten.

Einschränkungen zugunsten der Medien   Öffentliche Reden über Tagesfragen dürfen in Zeitungen, Zeitschriften oder anderen Informationsblättern und Medien, die im Wesentlichen den Tagesinteressen Rechnung tragen, vervielfältigt und verbreitet werden. Sie dürfen jedoch nicht dazu genutzt werden, in einer eigenständigen Sammlung von Reden veröffentlicht zu werden. Hierzu ist die Einwilligung des Urhebers unumgänglich.

Vervielfältigungen zum privaten, wissenschaftlichen und sonstigen Gebrauch   Vervielfältigungen mittels Fotokopien sind gestattet, dürfen jedoch nicht verbreitet und kommerziell oder zu öffentlichen Wiedergaben genutzt werden. Eine Nutzung zu Unterrichtszwecken, sogar in Klassenstärke, ist ebenfalls erlaubt. Trotzdem sind Urheber auch Nutznießer des immensen Kopieraufkommens. Denn sie profitieren von den im Gesetzestext festgelegten Vergütungssätzen, die z. B. ein Copyshop-Betreiber oder ein Hersteller von CD- oder DVD-Rohlingen direkt an entsprechende Verwertungsgesellschaften (siehe Kap. 4.4.2) abführen muss. Nicht gestattet sind das Kopieren von Musiknoten sowie das Kopieren vollständiger Bücher oder Zeitschriften.

Seit 2003 dürfen nach §52a unter bestimmten Voraussetzungen Werke auch ohne Erlaubnis der Rechteinhaber digitalisiert und in das Intranet einer Schule oder Universität eingestellt und zugänglich gemacht werden. Darüber hinaus dürfen mit der Urheberrechtsnovelle zum ›Zweiten Korb‹ (§52b) seit 2008 in öffentlichen Bibliotheken, Museen und Archiven urheberrechtlich geschützte Werke an elektronischen Leseplätzen wiedergegeben und somit für Forschungszwecke sowie private Studien zugänglich gemacht werden.

Sammlungen für Kirchen-, Schul- oder Unterrichtsgebrauch   Zur Produktion von Sammlungen dieser Art gibt es eine im UrhG verankerte Entlehnungsfreiheit. Kleinere Teile von bereits erschienenen Werken können aufgenommen werden, wenn dies dem Urheber bzw. dem Verlag mindestens zwei Wochen vor Produktionsbeginn mitgeteilt worden ist. Allerdings muss das Werk noch der Überzeugung des Urhebers entsprechen, und es ist ihm eine angemessene Vergütung zu zahlen.

Zitate Stellen eines erschienenen Werkes dürfen in anderen selbstständigen
Werken zitiert werden, wenn dies in einem dem Zweck gebotenen Umfang geschieht. Allerdings muss eine genaue Quellenangabe erfolgen, und die Werk-
stellen dürfen nicht verändert werden. Werden Zitate beispielsweise in einer
Zitatsammlung oder in größerem Umfang als ›schmückendes Beiwerk‹ aufgenommen, greift das Zitatrecht nicht und man braucht eine Genehmigung.

4.4.2
Verwertungsgesellschaften

Da Inhaber von Urheber- und Leistungsschutzrechten (Autoren und Verlage)
eine Vielzahl von ›kleinen Rechten‹ nicht selbst wahrnehmen können, beauftragen sie Verwertungsgesellschaften damit, diese Rechte kollektiv wahrzu-
nehmen. Verwertungsgesellschaften überwachen also die Werknutzung, ziehen vertraglich festgelegte Entgelte ein und verteilen die Tantiemen nach einem in Verteilungsplänen festgelegten Abrechnungsmodus. So werden zum
Beispiel pauschal vereinbarte Abgaben für Tonträger, Kopien und Kopierge-
räte oder Gebühren für das Abspielen von Musik in Verkaufsräumen erhoben
und den Rechteinhabern zugeführt. Deutsche Verwertungsgesellschaften un-
terstehen einer weitgehenden Aufsicht durch das Deutsche Patent- und Mar-
kenamt (DPMA). Zu ihnen zählen u. a.:

VG Wort (www.vgwort.de) Verwertungsgesellschaft Wort, München.
   Zuständig für Autoren, Übersetzer, Journalisten und Verleger.

GEMA (www.gema.de) Gesellschaft für musikalische Aufführungs- und
   mechanische Vervielfältigungsrechte, Berlin/München. Zuständig für
   Komponisten, Textdichter und Musikverleger.

VG Bild-Kunst (www.bild-kunst.de) Verwertungsgesellschaft Bild-Kunst,
   Bonn. Zuständig für bildende Künstler, Fotografen, Bildjournalisten,
   Bildagenturen, Grafikdesigner und Fotodesigner.

VG Musikedition (www.vg-musikedition.de) Verwertungsgesellschaft zur
   Wahrnehmung von Nutzungsrechten an Editionen (Ausgaben) von
   Musikwerken e.V., Kassel. Zuständig für Verfasser, Herausgeber und
   Verleger von Musikwerken und Ausgaben nachgelassener Werke.

GVL (www.gvl.de) Gesellschaft zur Verwertung von Leistungsschutzrechten, Berlin. Zuständig für ausübende Künstler und Tonträgerhersteller.

4.4.3
Verlagsvertrag

Der Verlag erwirbt vom Autor mit dem Verlagsvertrag das **Verlagsrecht:** das
ausschließliche Vervielfältigungs- und Verbreitungsrecht an dem Werk des Ur-

hebers. Das Verlagsrecht umfasst in der Regel buchnahe und buchferne Verwertungsrechte, also die Möglichkeit der Vergabe weiterer Print-Lizenzen sowie die Vergabe von sonstigen Nutzungsrechten, beispielsweise für digitale Erzeugnisse, Hörbücher, Verfilmungen und Merchandising.

Da in Deutschland das Prinzip der Vertragsfreiheit gilt, ist der Verlagsvertrag weder an eine Form gebunden, noch schreibt das Verlagsgesetz zwingende Bestimmungen vor. Abgesehen von gesetzes- oder sittenwidrigen Bestimmungen können Autor und Verlag ihre Beziehungen also frei vereinbaren. Das Verlagsgesetz kommt nur dann zur Anwendung, falls kein schriftlicher Vertrag geschlossen wurde oder der Verlagsvertrag Lücken aufweist.

Normvertrag für den Abschluss von Verlagsverträgen

Es liegt im ureigenen Interesse der Verlage als Wirtschaftsunternehmen, über jedes zu publizierende Werk einen umfassenden schriftlichen Vertrag mit dem Autor abzuschließen, der eine spätere Rendite – auch in Anbetracht der Vorleistungen (Lektorat, Satz etc.) – sicherstellt. Es liegt aber auch im ureigenen Interesse der Autoren, für sich selbst bestmögliche Verträge zu optimalen Konditionen auszuhandeln. Es müssen also Kompromisse gefunden werden, wie im Falle des jüngsten Normvertrags, den eine gemeinsame Kommission des Verleger-Ausschusses des Börsenvereins des Deutschen Buchhandels und des Verbandes deutscher Schriftsteller (VS) in der Vereinten Dienstleistungsgesellschaft (ver.di) in nahezu drei Jahren ausgehandelt hat. In einer Art Präambel verpflichten sich die Vertragschließenden, auf ihre Mitglieder dahingehend einzuwirken, dass ohne sachlich gerechtfertigten Grund nicht zu Lasten des Autors von den Festlegungen des Normvertrags abgewichen werden soll, der de jure ausschließlich empfehlenden Charakter hat.

Dieser Normvertrag ist in erster Linie für Publikumsverlage konzipiert, während die Vertragsnormen für wissenschaftliche Verlagswerke, die 1980 zwischen dem deutschen Hochschulverband und dem Verleger-Ausschuss vereinbart worden sind, wesentliche Vertragsbestimmungen für wissenschaftliche Werke oder Fachbücher enthalten. Beide Vertragswerke enthalten übrigens keine Ausführungen über das ›Konkurrenzverbot des Autors‹ und über Optionsklauseln – in der Praxis integrale Bestandteile von Verlagsverträgen. Zur Erläuterung: Beim Konkurrenzverbot geht es um die Selbstverpflichtung des Urhebers, während der Gültigkeit des Verlagsvertrages kein konkurrierendes Werk in einem anderen Verlag herauszubringen, wohingegen die Optionsklausel den Autor dazu verpflichtet, seine neuen Werke zunächst seinem ›Erstverlag‹ anzubieten.

Seit 2014 soll Verlagsverträgen, die Publikumsverlage mit ihren Autoren aushandeln, der Normvertrag für den Abschluss von Verlagsverträgen zugrunde gelegt werden, der sich in 13 Paragrafen gliedert. Da der Normvertrag im Anhang des Buches im Originalwortlaut abgedruckt ist, werden im Folgenden wichtige Inhalte der einzelnen Paragrafen stichpunktartig aufgezeigt.

§ 1 **Vertragsgegenstand** Definition des Werkes, (Arbeits-)Titel

§ 2 **Rechtseinräumungen** Nutzungsrechte für Print- und Online-Ausgaben, die der Autor dem Verlag überträgt; Nutzungsrechte, die der Verlag Dritten überträgt

§ 3 **Verlagspflichten** Vervielfältigung, Veröffentlichung, Höhe der Auflage, Ausstattung/Ausgaben, Marketingmaßnahmen, Erscheinungstermin, Festlegung des Ladenpreises

§ 4 **Honorar** Höhe des Honorars, ggf. Vorschuss, Bemessungsgröße (Nettoladenpreis oder Verlagsabgabepreis), Zahlungsmodalitäten, Vereinbarungen für ›unkörperliche elektronische Ausgaben‹ (E-Books, sonstige Downloads), Vereinbarungen für Lizenzerlöse, honorarfreie Exemplare (Pflicht-, Prüf-, Werbe- und Rezensionsexemplare)

§ 5 **Manuskriptablieferung** Terminierung, Nachfrist, Sicherheitskopie

§ 6 **Freiexemplare** Autorenfreistücke zum eigenen Bedarf (nicht zum Verkauf), Anzahl kostenloser Downloads bei E-Books, Rabattregelung für Erwerb weiterer Print-Exemplare zum eigenen Bedarf

§ 7 **Satz, Korrektur** Honorarfreie Korrektur der ersten Satzfassung, Kostenregelung bei Änderungen in der ersten Satzfassung

§ 8 **Lieferbarkeit, veränderte Neuauflagen** Benachrichtigungspflicht des Verlags bei Nicht-Lieferbarkeit, Veröffentlichungspflicht für Neuauflagen, ›Ersatz‹ der Print-Ausgabe durch eine elektronische Ausgabe, Bearbeitungspflicht des Autors, Kündigungsmöglichkeiten und -fristen

§ 9 **Verramschung, Makulierung** Informationspflicht des Verlags gegenüber dem Autor, Festlegung von Verkaufs-Untergrenzen als Voraussetzung zur Verramschung oder Makulierung, Rückkaufsmöglichkeit des Autors

§ 10 **Rezensionen** Zeitpunkt der Zusendung seitens des Verlags

§ 11 **Urheberbenennung, Copyright-Vermerk** Ausweispflicht seitens des Verlags, Anbringung des Copyright-Vermerks

§ 12 **Änderungen der Eigentums- und Programmstrukturen des Verlags** Informationspflicht des Verlags, Bedingungen für Rücktritt vom Vertrag seitens des Autors

§ 13 **Schlussbestimmungen** Salvatorische Klausel, Zugehörigkeit zu und Mandatsverträge mit Verwertungsgesellschaften

Fragen zu Kapitel 4

4.1 Mit welchem Namen verbindet man das Inkrafttreten der Preisbindung, in welchem Jahr trat sie erstmalig als Vereinssatzung in Kraft und seit wann ist sie gesetzlich geregelt?

4.2 Ordnen Sie die nachstehend aufgeführten Rechtstexte den Ziffern
1 bis 3 zu:
(1) Allgemeine Gesetze und Verordnungen,
(2) Spezielle Gesetze der Medienbranche,
(3) Verbandsspezifische Regelungen.
Jugendschutzgesetz, Urheberrechtsgesetz, Normvertrag für den Abschluss von Verlagsverträgen, Fernabsatzrecht, Buchpreisbindungsgesetz, Verkehrsordnung, Wettbewerbsregeln, Gesetz gegen den unlauteren Wettbewerb

4.3 In welchem deutschsprachigen Land gibt es keine Buchpreisbindung?

4.4 Welche Funktion haben in Deutschland die Preisbindungstreuhänder der Verlage?

4.5 Ergänzen Sie den Satz: Das Buchpreisbindungsgesetz ist ein Spezialgesetz des ... .

4.6 Wo erfährt der Buchhändler von den gebundenen Ladenpreisen und etwaigen Preisänderungen?

4.7 Welche Firmen und Personen unterliegen dem Buchpreisbindungsgesetz?

4.8 Kennzeichnen Sie Handelsgegenstände, die der Preisbindung unterliegen, mit einer 1 und Handelsgegenstände, die nicht der Preisbindung unterliegen, mit einer 2:
a) Musiknoten,
b) E-Books im EPUB-Format,
c) Wandkalender,
d) Landkarten,
e) antiquarische Bücher,
f) deutschsprachige Taschenbücher,
g) Multimedia-Produkte,
h) Hörbücher.

4.9 Welche preisrechtlichen Besonderheiten sind bei einem ›Subskriptionspreis‹ zu berücksichtigen?

4.10 Unter welchen Voraussetzungen darf ein ›Mengenpreis‹ gewährt werden?

4.11 Nennen Sie zwei Beispiele für ›Bundle‹-Preise?

4.12 Wie hoch ist der (maximale) Nachlass für Bestellungen folgender Abnehmer:
a) Uni-Bibliothek,
b) katholische Pfarrbücherei,
c) Stadtbibliothek,
d) Schülerbücherei,
e) Gefängnisbücherei,
f) Schule für Anschaffung von Schulbüchern im Rahmen eines eigenen Schul-Etats.

4.13 Im § 7 Abs. 4 thematisiert das Buchpreisbindungsgesetz ›Kundenbindungssysteme‹. Erörtern Sie die Rechtslage.

4.14 Nennen Sie drei handelsübliche Nebenleistungen im Schulbuchgeschäft.

4.15 Welche zwei Funktionen erfüllt der ›Sammelrevers 2002‹?

4.16 Ordnen Sie die nachstehend aufgeführten Themenbereiche den drei ›Regelwerken‹ zu:
(1) Grundlagenpapier,
(2) Verkehrsordnung,
(3) Wettbewerbsregeln.
Mindestbestellgrößen, Adressen- und Abonnentenschutz, Remittenden (Rücknahmepflicht der Verlage), Versandwege, Parallelausgaben, Versandkosten, Titelvielfalt

4.17 Welche Aussagen sind nach der Verkehrsordnung richtig?
a) Abgabepreise enthalten die gesetzliche Umsatzsteuer.
b) Als Erscheinungstermin eines Buches gilt der Tag, an dem das Buch erstmals ausgestellt werden darf.
c) Wenn ein Verlag seine gebundenen Ladenpreise erhöht, so muss er alle bis zum Stichtag aufgegebenen Bestellungen zum alten Preis ausführen.
d) Bei Preisherabsetzungen kann der Verlag die Bücher zurück nehmen oder den Unterschied der Nettopreise vergüten.
e) Wenn ein Verlag seine gebundenen Ladenpreise aufhebt, so muss der Buchhändler seinen Anspruch auf Rücknahme binnen 6 Monaten ab Bekanntgabe der Preisaufhebung geltend machen.
f) Subskriptionspreise gelten für den Buchhändler bis zu sieben Werktage nach Ablauf der für den Endabnehmer geltenden Subskriptionsfrist.
g) Als rechtsgültige Bestellung dient ein Bestellformular, auf das die Firma des Auftraggebers aufgestempelt ist.
h) Der Versandweg wird vom Abnehmer vorgegeben.
i) Verlage dürfen bei der Versendung einen angemessenen Kostensatz für Verpackungen in Rechnung stellen.
j) Ein Verlag darf ein Werk, das er in verschiedenen Ausstattungen führt, der Buchhandlung in der teuersten Ausgabe liefern, wenn diese keine näheren Bestelldaten angibt.

4.18 Nennen Sie – außer den Belehrungen über das Widerrufsrecht – fünf Informationspflichten, die Buchhandlungen laut Fernabsatzrecht für Verkäufe via Webshop erfüllen müssen.

4.19 Welche besonderen Regelungen umfasst das Widerrufsrecht im Rahmen von Fernabsatzverträgen? Nennen Sie fünf!

4.20 In welchen Fällen müssen Bücher im Verkaufsraum nicht einzeln ausgezeichnet werden?

4.21 Nennen Sie drei Besonderheiten, die für indizierte Bücher gelten.

4.22 In welchen Fällen finden die Bestimmungen des Fernabsatzrechts Anwendung?
a) Ein Geschäftskunde bestellt Bücher per E-Mail.
b) Ein Lehrer bestellt Bücher aufgrund eines Newsletters Ihrer Buchhandlung.
c) Ein Stammkunde bestellt Bücher, die er in einem Prospekt Ihrer Buchhandlung gesehen hat, telefonisch.
d) Eine Stammkundin bestellt Bücher im Laden und möchte diese zugesandt haben.
e) Eine Anwaltskanzlei bestellt über Ihren Webshop.

4.23 Wann entsteht laut Gesetz der Urheberrechtsschutz?

4.24 Welche zwei Rechte werden im Verlagswesen oft als ›Verlagsrecht‹ oder auch ›Hauptrecht‹ bezeichnet?

4.25 Wie lange sind die Werke des Nobelpreisträgers Heinrich Böll urheberrechtlich geschützt? Heinrich Böll starb am 16. Juli 1985.

4.26 In Abwägung mit anderen Rechtsgütern muss ein Urheber in bestimmten Situationen eine Einschränkung seiner urheberrechtlich geschützten Ansprüche in Kauf nehmen. Nennen Sie vier Situationen.

4.27 Nennen Sie je drei Pflichten für Verlage und Autoren, die sich aus dem Normvertrag ergeben.

5
Informationssysteme – Bibliografie und Recherche

Bibliografien und Nachschlagesysteme

Aus: Ausbildungsrahmenplan für die Berufsausbildung zum Buchhändler und zur Buchhändlerin | Sachliche Gliederung (§ 4 Absatz 2 Abschnitt A Nummer 2)

BIBLIOGRAFIEN UND NACHSCHLAGESYSTEME

- Aufbau von Bibliografien kennen und Regeln des Bibliografierens anwenden;
- das *Verzeichnis lieferbarer Bücher* und Barsortimentskataloge anwenden und auswerten;
- wichtige Fach- und Spezialkataloge, sowie Recherchemöglichkeiten im Internet nutzen;
- Methoden der Beschaffung antiquarischer und vergriffener Werke anwenden.

ERWEITERTE BUCHHÄNDLERISCHE RECHERCHE

- Möglichkeiten der Volltextsuche nutzen;
- Recherchemöglichkeiten von fremdsprachigen Titeln im Internet nutzen und Besonderheiten berücksichtigen;
- Angebote buchaffiner Nebenmärkte erschließen und Nutzen prüfen;
- Verzeichnisse oder Kataloge mit den bibliografischen Angaben erstellen;
- interaktive Web-Techniken und buchhandelsspezifische Portale nutzen.

BUCHHÄNDLERISCHE FACHINFORMATION

- Fachinformationen, insbesondere das Börsenblatt, auswerten;
- Buchmessen als Informationsquellen nutzen;
- Vorschauen, Internetauftritte der Verlage sowie Informationen von Verlagsvertretern für die Beschaffung und das Angebot des Ausbildungsbetriebes nutzen.

Das kundenorientierte buchhändlerische Arbeiten basiert auf der Kenntnis und der Nutzung einer Vielzahl von Informationen, die verschiedensten Quellen entnommen werden können. Bibliografien, Nachschlagesysteme und buchhändlerische Fachinformationen, kurz: Informationssysteme aller Art, stehen dem Buchhändler als Informationsquellen zur Verfügung, sind also niemals Selbstzweck. Komplexes Recherchehandeln dient immer unternehmerischen Zielen, wie in den Bereichen:
- Marktsichtung,
- Warenwissen,

• Logistikwissen,
• Beschaffungs-/Einkaufshandeln,
• Service-/Informationshandeln,
• Verkaufsförderung,
• Kundenorientierung.

Erst der sichere Umgang mit buchhändlerischen Informationssystemen macht den modernen Buchhändler zu einem **information professional** und unterscheidet ihn vom einfachen User, der zu privaten Zwecken im Netz recherchiert. Buchhändler sind Handelnde im Informationsmarkt. Sie bedienen sich vorhandener Informationen und geben Informationen an Dritte weiter. In diesem Zusammenhang erzeugen sie wiederum neue Informationen und werden letztlich zu Informationshändlern, da sie vom Verkauf der Informationen leben. Sie sind Teil eines vielgestaltigen Informationsmarktes.

Die Voraussetzung für das erfolgreiche buchhändlerische Handeln ist dabei u. a. die Ermittlung relevanter Informationen auf der Grundlage erworbener Beurteilungskompetenz. Im Zentrum der buchhändlerischen Arbeit stehen damit also Informationssysteme, genauer: die Kenntnis von Aufbau und Funktion dieser Informationssysteme und von deren Verwendungsmöglichkeiten für das Erreichen betrieblicher Ziele im Kontext von Kundenorientierung. Dabei kann der Begriff **Informationssystem** in einem ganz generellen Sinn als **strukturierte Menge von Informationen** aller Art, aber auch in einem engeren Sinn als **strukturierte Datensammlung in Datenbanksystemen** verstanden werden.

Informationssysteme im weiteren Sinn (Auswahl)	Informationssysteme im engeren Sinn (Auswahl)
Verlagsinformationen (Gesamtverzeichnisse, Vorschauen, Reader, Prospekte etc.)	Kataloge, Bibliografien und Kompendien
Publikationen der Branchenpresse (Börsenblatt, Buchreport, BuchMarkt etc.)	Adressverzeichnisse
Sonstige Informationssammlungen (Sellerlisten, Bestenlisten, Besprechungsdienste, Kulturportale etc.)	Suchmaschinen

5.1
Kenntnis und Nutzung von Informationssystemen

Ausführungen über die Kenntnis und Nutzung von Informationssystemen wären in früheren Darstellungen wohl allein mit der Überschrift ›Bibliografie‹ betitelt worden. Doch dieser Begriff wird den Anforderungen des digitalen Zeitalters kaum mehr gerecht. Selbst eine moderne Definition, nach der Bibliografie die ›Lehre von nach bestimmten Gesichtspunkten geordneten Druck-

schriften- und Medienverzeichnissen‹ bezeichnet, wirkt einengend und antiquiert. Da signalisiert die Umschreibung ›Kenntnis und Nutzung von Informationssystemen‹ doch mehr Modernität. Dennoch bleiben die Aufgaben nahezu dieselben. Denn im Rahmen buchhändlerischer Recherchearbeit sind die Leistungen weiterhin:
• Titelsuche,
• Literatursuche bzw. -zusammenstellung,
• Literaturkontrolle.

Diese drei Leistungen beschreiben gängige Anforderungen an die buchhändlerische Praxis. Die jeweils ermittelten Rechercheergebnisse sind dann wiederum Ausgangspunkt für eine Vielzahl betriebswirtschaftlich relevanter Handlungen und werden in unterschiedlichen betrieblichen Kontexten genutzt, beispielsweise für Kundenberatung, Verkauf, Marktsichtung und Beschaffungsvorgänge, wie Einkauf, Sortimentsgestaltung und Kundeneinzelbestellung.

Was Informationssysteme leisten müssen

TITELSUCHE
Die Titelsuche erschließt den Eintrag mit den vollständigen bibliografischen Angaben.

LITERATURSUCHE BZW. -ZUSAMMENSTELLUNG
Die Literaturzusammenstellung verfolgt die (in der Regel einmalige) Erstellung von Literaturlisten zu einem speziellen Gebiet oder einem speziellen Thema.

LITERATURKONTROLLE/PERMANENTE SUCHFRAGE
Die Literaturkontrolle verfolgt die (meistens regelmäßig durchgeführte) Erstellung von Literaturlisten zu einem speziellen Gebiet oder einem speziellen Thema und beinhaltet z. B. die ständige gezielte Information über den Markt der Novitäten. Aufgrund der Regelmäßigkeit der Abfrage spricht man in diesem Zusammenhang auch von einer ›permanenten Suchfrage‹.

WEITERE RECHERCHEOPTIONEN
Neben den ›klassischen‹ bibliografischen Aufgabenstellungen (Titelsuche, Literatursuche bzw. -zusammenstellung und Literaturkontrolle bzw. permanenter Suchfrage) verlangt der Alltag im Sortiment häufiger die Lösung spezieller Suchaufgaben, wie die Recherche nach bestimmten Editionsformen oder nach Adressen von Lieferanten.

Geändert haben sich nicht die Aufgaben, jedoch die technischen Zugriffsmöglichkeiten auf Kataloge, Bibliografien und bibliografische Hilfsmittel sowie sonstige Nachschlagewerke, die mittlerweile nahezu vollständig als elektronische Datenbanken vorliegen. Und in dem Maße, in dem die Tendenz zur
Lagerreduktion und Lieferantenkonzentration anhält, muss die Kenntnis
über die nur virtuell verfügbaren Titel steigen. Andernfalls hat der Sortimentsbuchhandel seine Berechtigung verloren, sich ›Fachgeschäft für Bücher‹
zu nennen. In diesem Sinne ist die kenntnisreiche Nutzung von Informationssystemen Voraussetzung für den Erfolg buchhändlerischer Arbeit. Natürlich reicht es nicht aus, sich theoretische Kenntnisse anzueignen. Das Wissen
muss angewendet und dazu genutzt werden, andere wichtige buchhändlerische Kompetenzen weiter zu entwickeln. Dies gilt besonders für den Bereich
der Kommunikation mit Kunden (siehe Kap. 6).

Tägliche Recherche

Der Regelfall im täglichen Routinegeschäft in der Buchhandlung ist die Recherche für den Kunden, der sich mit mehr oder weniger vollständigen Informationen in Bezug auf einen bestimmten Sachverhalt (Suche nach einem
Buchtitel, bestimmte Ausgabe einer Publikation, Erstellung einer Literaturliste
zu einem bestimmten Thema etc.) an den Buchhändler wendet, damit dieser
ihm mittels professioneller Recherche bei der Lösung seines Problems behilflich ist. Vor der Recherche muss er allerdings die Kundenfrage ›verstehen‹.
Idealtypisch vollzieht sich dabei der **Recherchevorgang in neun Schritten:**
1. **Verbale Suchfrage**   Der Kunde äußert eine umgangssprachlich formulierte Suchfrage.
2. **Formale Suchfrage**   Der Buchhändler muss diese Frage a) verstehen
   und b) in eine formale Suchfrage umwandeln, die dann als Dateneingabe
   in der Architektur der jeweiligen Datenbank möglich ist.
3. **Recherchemöglichkeit**   Der Buchhändler wählt eine Datenbank aus.
4. **Recherchestrategie**   Der Buchhändler legt eine für die Datenbank
   mögliche Recherchestrategie fest.
5. **Recherchemodus**   Der Buchhändler nutzt einen bestimmten Recherchemodus, z. B. einfache Suche, Expertensuche.
6. **Rechercheeinstieg**   Der Buchhändler entscheidet sich für einen geeigne-
   ten Rechercheeinstieg, z. B. Eingabe von Verfasser, Schlagwortkette.
7. **Trefferliste**   Das System (= Datenbank) generiert eine Kurztitelliste bzw.
   eine Vollanzeige.
8. **Relevanzprüfung**   Der Buchhändler interpretiert – ggf. im Dialog mit
   dem Kunden – die generierten Treffer.
9. **Umsetzung in Handlungen**   Weitere Aktionen schließen sich an, z. B.
   • erneute Suche (bei nicht-relevanten Treffern),

- Beratung (Hilfestellung bei Auswahlentscheidung des Kunden),
- Abverkauf (falls Treffer = Lagertitel),
- Beschaffung (falls Treffer kein Lagertitel).

Die eigentliche Recherche ist als ›Dialog‹ zwischen Datenbank und Nutzer (Buchhändler) zu verstehen. Der Buchhändler muss wissen, welche Datenbank er für welche Fragen seiner Kunden nutzen kann. Dabei kommen für die buchhändlerische Recherche in erster Linie Literaturdatenbanken in Betracht, vorrangig das *Verzeichnis lieferbarer Bücher* (VIB) sowie die Kataloge der Barsortimente. Aber auch weitere Informationssysteme kommen zum Einsatz, die in der nachstehenden Übersicht über wichtige buchhändlerische (Online-)Informationssysteme zusammengefasst sind.

Übersicht über wichtige buchhändlerische Informationssysteme (online)

Verzeichnis lieferbarer Bücher (VIB) [Bibliografie]
Lagerkataloge der Barsortimente (KNV, Libri, Umbreit) [Katalog]
DNB (Deutsche Nationalbibliografie) [Katalog]
ZDB (Zeitschriftendatenbank) [Katalog]
GEO-Katalog [Kompendium]
Antiquaria.com (Katalog des ZVAB) [Katalog]
KVK (Karlsruher Virtueller Katalog) [Metasuchmaschine]
AbeBooks [Metasuchmaschine]
Amazon.com (Katalog des Internetbuchhändlers Amazon) [Katalog]
Adress- und Zeitschriftenverzeichnisse (siehe Kap. 5.7.4)
Blogs und Foren zu verschiedenen Warengruppen oder zu Aspekten des Literaturbetriebs (z. B. perlentaucher.de oder krimi-couch.de)

[Die Fachbegriffe in eckigen Klammern werden im Kap. 5.7 erläutert.]

Literaturdatenbanken enthalten **Dokumentationseinheiten** (DE = Datensätze als Stellvertreter der originalen Information), die aus dokumentarischen Bezugseinheiten (DBE = Vorlageformen, wie z. B. Romane, wissenschaftliche Monographien, Zeitschriftenaufsätze) nach unterschiedlichen **Standards** erstellt werden. Als Standards können u. a. dienen:
- ISBD (International Standard Bibliographic Description);
- Regelwerke (z. B. RAK-WB = Regeln für die alphabetische Katalogisierung in wissenschaftlichen Bibliotheken, RSWK = Regeln für die Schlagwortkatalogisierung, AACR = Anglo- american-cataloguing rules);
- Normdateien (z. B. GND = Gemeinsame Normdatei).

Bei der Datenerfassung für (Literatur-)Datenbanken werden mittels der erwähnten Hilfsmittel die jeweiligen Vorlageformen (DBE) zu Ansetzungsformen oder Dokumentationseinheiten umgewandelt und recherchierbar gemacht.

5.2
Literaturdatenbanken und ISBD

Ein wichtiges Hilfsmittel für die Erstellung von Literaturdatenbanken ist das Metadatenformat ISBD (International Standard Bibliographic Description), mit dem ein weltweit gültiger Standard für die Erstellung von Dokumentationseinheiten entwickelt wurde. In Abhängigkeit von der Art der Publikation gelten jeweils unterschiedliche Standards. Dies ist sofort einsichtig, wenn man sich vorstellt, dass Romane (sei es als HC oder als TB oder als E-Book), CD, DVD, Kartenmaterial, Musikalien oder weitere Medien erfasst werden sollen. Die ISBD besteht deshalb aus einer regelrechten ›ISBD-Familie‹; die wichtigsten Mitglieder dieser Familie sind in unserem Zusammenhang:
• ISBD(G): General,
• ISBD(M): Monographic publications,
• ISBD(S): Serials,
• ISBD(CM): Cartographic materials,
• ISBD(NBM): Non-book-materials,
• ISBD(PM): Printed music,
• ISBD(ER): Electronic resources.

Der Kerngedanke der ISBD ist die Festlegung einer normierten Abfolge bibliografischer Daten für die Titelaufnahme. Als Gruppen für die bibliografische Beschreibung werden festgelegt (siehe Kap. 5.5):
• Sachtitel- und Verfasserangabe,
• Ausgabebezeichnung,
• Erscheinungsvermerk,
• Kollationsvermerk,
• Gesamttitelangabe,
• Standardnummern (z. B. ISBN, ISSN, Key-title, Report-Nr.),
• Bandaufführungen.

Mit diesen Vorgaben strukturiert die ISBD die jeweilige Titelaufnahme und bildet damit die Basis der unterschiedlichsten konkreten Datenformate, wie man sie heute aus allen Literaturdatenbanken kennt und die die Grundlage für die Eingabe formaler Suchfragen im Rahmen buchhändlerischer Recherchearbeit sind. Dies wird besonders schnell einsichtig, wenn wir uns im Rahmen einer Recherche in einer Literaturdatenbank den gängigen Recherchemodus ›Maskensuche‹ (häufig auch als ›erweiterte Suche‹ bezeichnet) vor Augen halten, der es dem Benutzer ermöglicht, mithilfe bestimmter Suchkriterien Titel zu recherchieren. In vorgegebene Felder schreibt man mehrere Wörter (oder Teile dieser Wörter) und kombiniert möglicherweise einige Begriffe oder Suchkriterien, um das Ergebnis der Recherche schon vorab einzugrenzen. Das Suchergebnis besteht dann in einer Kurztrefferliste, die mittels Auswahl einzelner Treffer zur Vollanzeige oder dem so genannten Haupteintrag (= Eintrag mit den vollständigsten bibliografischen Angaben) führt.

Die Reihenfolge der bibliografischen Angaben in der Vollanzeige variiert in den gängigen Literaturdatenbanken von Fall zu Fall. Denn die internationale Standardisierung durch Anwendung der International Standard Bibliographic Description (ISBD) bedeutet nicht die Verwendung eines normativen Regelwerks, sondern ist lediglich ein Vorschlag für einen generellen Standard, der dann wiederum in bestimmten Sprachräumen mittels jeweils regional geltender Norm-Regelwerke verbindlich geregelt wird. So wurden für den deutschsprachigen Raum die *Regeln für die alphabetische Katalogisierung in wissenschaftlichen Bibliotheken* (RAK-WB) entwickelt (siehe Kap. 5.5), für den angloamerikanischen Sprachraum die *Anglo-american-cataloguing-rules* (AACR) etc. In verbindlicher normativer Form findet des Regelwerk RAK-WB nur im Bereich des Bibliothekswesens Anwendung. So nutzt in Deutschland die Deutsche Nationalbibliothek für die Erstellung der *Deutschen Nationalbibliografie* die RAK-WB. Derzeit entwickelt eine internationale Expertengruppe ein neues Regelwerk, das den Namen RDA (Resource Description and Access) trägt.

5.3
Deutsche Nationalbibliografie (DNB)

Unter http://dnb.dnb.de kann jedermann über öffentliche Netze kostenfrei in der Datenbank der Deutschen Nationalbibliothek recherchieren. Sie verzeichnet den Bibliotheksbestand und erfüllt somit ihren gesetzlichen Auftrag zur bibliografischen Verzeichnung aller in Deutschland erscheinenden Veröffentlichungen. Diese Datenbank dient der bibliografischen Erstverzeichnung. Die *Deutsche Nationalbibliografie* erscheint als Online-Zeitschrift im PDF-Format (außer Reihe O) und wird im Rahmen des Datendienstes, des Titelkartendienstes (außer Reihe O) und über den Datenshop angeboten. Über die verschiedenen Reihen A, B, C, H, M, O und T informiert die Übersicht auf der nächsten Seite.

Neben der frei zugänglichen *Deutschen Nationalbibliografie* gibt es weitere nationalbibliografische Angebote, die die Bedürfnisse derjenigen Kunden erfüllen, die als Mehrwert gegenüber der Nutzung der Datenbank z.B. die Selektion der neu hinzugekommenen Datensätze in bestimmten Liefer-

Reihen der Deutschen Nationalbibliografie

Reihe A	Monografien und Periodika des Verlagsbuchhandels. Bücher, Zeitschriften, nicht musikalische Tonträger, weitere AV-Medien, Mikroformen und elektronische Publikationen. Die Reihe A enthält seit dem Jahr 2004 auch die Übersetzungen und Germanica, die bis dahin separat in der Reihe G erschienen sind. Erscheint wöchentlich.
Reihe B	Monografien und Periodika außerhalb des Verlagsbuchhandels. Bücher, Zeitschriften, nicht musikalische Tonträger, weitere AV-Medien, Mikroformen und elektronische Publikationen. Erscheint wöchentlich.
Reihe C	Karten. Erscheint vierteljährlich.
Reihe H	Hochschulschriften. Dissertationen und Habilitationsschriften deutscher Hochschulen und deutschsprachige Dissertationen und Habilitationsschriften des Auslandes. Erscheint monatlich.
Reihe M	Musikalien. Erscheint monatlich.
Reihe O	Online-Publikationen. Erscheint monatlich.
Reihe T	Musiktonträgerverzeichnis. Erscheint monatlich.

intervallen nutzen möchten oder die auf eine bestimmte, gewohnte Ausgabeform nicht verzichten möchten. So nutzen viele Fachbuchhandlungen solche selektierten Datenangebote, da sie für die betriebsinterne Marktsichtung und die daraus resultierenden Warenbeschaffungsmaßnahmen nur die für sie relevanten Fachgebiete (z. B. Medizin, Jura, Naturwissenschaften) auswählen können, die dann die Grundlage für die Ausgestaltung weiterer betrieblicher Prozesse bilden.

Die *Deutsche Nationalbibliografie,* in der der gesamte Bestand der Deutschen Nationalbibliothek verzeichnet ist, nutzt für die Erstellung ihrer Titelaufnahmen Regelwerke und andere Hilfsmittel. Dabei werden die Medien, die der Katalog der DNB verzeichnet, nach bestimmten Kriterien verzeichnet, die wiederum nach bestimmten formalen oder inhaltlichen (= sachlichen) Ordnungsmerkmalen organisiert sind. Verzeichnisse, die nach formalen Merkmalen geordnet sind (z. B. Namen von Personen, Namen von Körperschaften, Sachtitel), bezeichnet man als Formalkataloge bzw. -bibliografien. Werden Medien in Katalogen bzw. Bibliografien nach inhaltlichen (= sachlichen) Merkmalen geordnet (z. B. Schlagwörter, Notationen), so spricht man von Sachverzeichnissen. In modernen Online-Datenbanken ist diese Unterscheidung inzwischen obsolet geworden, da mittels der jeweiligen Recherchestrategie gleichsam virtuell unterschiedliche Verzeichnistypen realisiert werden. Wählt man beispielsweise eine thematische / inhaltliche Recherche (= Schlagwort-Recherche) als Sucheinstieg, ist der erscheinende Treffer Realisierung eines ›virtuellen‹ Schlagwortverzeichnisses; wählt man hingegen im Recherchemodus Maskensuche den Sucheinstieg mittels Titelstichwort, so ist der angezeigte Treffer Realisierung eines Formalverzeichnisses. Insofern haben Begriffe wie ›Formalkatalog‹ bzw. ›Sachkatalog‹ in Bezug auf Online-Literaturdatenbanken nur noch historische Bedeutung. Dennoch sollte man die Unterscheidung kennen, damit klar wird, wie und warum welche Treffer in entsprechenden Trefferlisten zustande kommen.

Exkurs: Deutsche Nationalbibliothek

Die Deutsche Nationalbibliothek hat die Aufgabe, lückenlos alle deutschen und deutschsprachigen Publikationen ab 1913, im Ausland erscheinende Germanica und Übersetzungen deutschsprachiger Werke sowie die zwischen 1933 und 1945 erschienenen Werke deutschsprachiger Emigranten zu sammeln, dauerhaft zu archivieren, bibliografisch zu verzeichnen und der Öffentlichkeit zur Verfügung zu stellen. Im nationalen und internationalen Rahmen pflegt die Deutsche Nationalbibliothek kooperative Beziehungen. So ist sie u. a. federführender Partner in der deutschen Regelwerks- und Normierungsarbeit sowie maßgeblich an der Entwicklung internationaler Standards beteiligt. Sie ist eine rechtsfähige bundesunmittelbare Anstalt des öffentlichen Rechts. Die jährlich aus dem Haushalt des Staatsministers für Kultur bereitgestellten Mittel betragen rund 45 Millionen Euro. Das **Gesetz über die Deutsche Nationalbibliothek** (DNBG) vom 22. Juni 2006 (BGBl. I S. 1338) schreibt die Aufgaben, Pflichten und Organe der Bundesanstalt fest. Es macht die Deutsche Nationalbibliothek weitgehend autonom; sie untersteht der Rechtsaufsicht des Beauftragten der Bundesregierung für Kultur und Medien.

Der Gesamtbestand der Deutschen Nationalbibliothek belief sich Ende 2012 auf rund 27,8 Millionen Einheiten. Sie hat mehrere Vorgängereinrichtungen: 1912 wurde die Deutsche Bücherei mit Sitz in Leipzig gegründet, 1946 die Deutsche Bibliothek Frankfurt am Main. 1970 kam das in Berlin gegründete Deutsche Musikarchiv hinzu, das seit Dezember 2010 am Standort Leipzig angesiedelt und für die Bearbeitung und bibliografische Verzeichnung der Musikalien und Musiktonträger verantwortlich ist. Mit der Wiedervereinigung Deutschlands wurden diese Einrichtungen zu einer Gesamtinstitution vereinigt, die 2006 einen erweiterten gesetzlichen Auftrag und einen neuen Namen erhielt: Deutsche Nationalbibliothek.

Archivierung und Benutzung erfolgen an beiden Standorten; die Literaturbearbeitung jedoch geschieht arbeitsteilig. Durch dieses Konzept werden an jedem Standort eine komplette Sammlung und ein optimaler Service angeboten. Jedem Standort wurden darüber hinaus Schwerpunktfunktionen übertragen. Am traditionsreichen Standort Leipzig befinden sich das Deutsche Buch- und Schriftmuseum, das Deutsche Musikarchiv, die Sammlung Exil-Literatur 1933-1945 und die Anne-Frank-Shoah-Bibliothek. Der Frankfurter Standort ist für die Entwicklung der Informations- und Kommunikationstechnik zuständig, wozu Aufbau und Führung der zentralen Datenbank gehören. Er übernimmt auch Produktion, Marketing und Vertrieb der natio-

nalbibliografischen Dienstleistungen. Außerdem ist hier das Deutsche Exilar-
chiv 1933–1945 angesiedelt.

Die Grundlage der Sammlung ist das bereits erwähnte Gesetz über die
Deutsche Nationalbibliothek (DNBG). In Ergänzung des Gesetzes präzisiert
die am 23. Oktober 2008 in Kraft getretene Pflichtablieferungsverordnung
(PflAV) den Sammelauftrag (BGBl. I S. 2013). Gesetz und Verordnung legen
grundsätzlich fest, was zu den Sammlungsgegenständen der Deutschen Nationalbibliothek gehört. Die Sammlung umfasst ab 1913:

- in Deutschland veröffentlichte Medienwerke;
- im Ausland veröffentlichte deutschsprachige Medienwerke;
- im Ausland veröffentlichte Übersetzungen deutschsprachiger Medienwerke
  in andere Sprachen;
- im Ausland veröffentlichte fremdsprachige Medienwerke über Deutschland, so genannte Germanica;
- die zwischen 1933 und 1945 von deutschsprachigen Emigranten verfassten
  oder veröffentlichten Druckwerke.

Die Medienwerke sind in körperlicher und auch unkörperlicher Form zu sammeln. Dazu gehören sowohl herkömmliche Veröffentlichungen in Papierform,
Karten, Musikalien und Tonträger als auch Mikroformen, elektronische Publikationen und Netzpublikationen.

Die **Pflichtablieferungsverordnung** konkretisiert das Recht der Deutschen Nationalbibliothek auf unaufgeforderte und kostenlose Belieferung mit
den Medienwerken aus Deutschland und schließt diejenigen von der Abliefe-
rungspflicht aus, für deren Sammlung kein öffentliches Interesse besteht. Jeder gewerbliche oder nicht gewerbliche Verleger in der Bundesrepublik
Deutschland ist verpflichtet, von seinen Medienwerken zwei Pflichtexemplare kostenlos an die Deutsche Nationalbibliothek abzuliefern. Unter bestimmten Voraussetzungen wird zu den abzuliefernden Exemplaren ein Zuschuss
gewährt. Der Erwerb der im Ausland erscheinenden Medienwerke erfolgt entweder durch die Ablieferung von Pflichtexemplaren, durch großzügige Über-
lassung von Belegexemplaren, durch internationale Tauschabkommen oder
auch durch Kauf.

Die gesetzlichen Bestimmungen zum Sammelauftrag werden durch die
Sammelrichtlinien weiter erläutert und präzisiert. Die Funktion der Sammelrichtlinien ist die differenzierte Festlegung, welche Publikationen aus
Deutschland und aus dem Ausland zu sammeln sind, da die ständig wachsende Publikationsmenge und die große Zahl der Internetveröffentlichungen
zu einer Eingrenzung nach formalen Kriterien zwingen. Eine Vielzahl von
weiteren Informationen finden Interessierte unter www.dnb.de. Anlässlich
des 100jährigen Bestehens ist zudem eine kostenlos zu beziehende Festschrift
erschienen, die einen prägnanten Überblick über Angebote und Dienstleistungen der Deutschen Nationalbibliothek vermittelt.

5.4
Regelwerke und Normdateien

Derzeit wird die Entwicklung eines weltweit gültigen Regelwerkes vorange-
trieben. Damit befasst ist das Joint Steering Committee for Revision of AACR
(JSC), das an der Erarbeitung der Resource Description and Access (RDA) als
einem modernen Regelwerk für die Erfordernisse des digitalen Zeitalters arbeitet. Eine abschließende Veröffentlichung steht noch aus. Die Deutsche
Nationalbibliothek hat eine erste autorisierte Übersetzung des RDA-Regel-
werktextes publiziert. Ziel dieser Erstveröffentlichung ist es, der deutschsprachigen Fachcommunity den Zugang und das Verständnis des neuen Regula-
riums zu erleichtern. Der Text wird zunächst für 12 Monate kostenfrei zugänglich gemacht.

Wie und ab wann Erfassungsarbeiten verbindlich nach dem neuen Regelwerk zu erfolgen haben, ob und wie die bisherigen Titeleinträge in der DNB
dem neuen Regelwerk angepasst werden (= Retrokonversion), ist derzeit noch
völlig ungewiss. Mit der Einführung ist vor 2015 nicht zu rechnen. Seit 2001
sind die bis dahin existierenden Regelwerke bis auf einzelne Anpassungen
nicht mehr weiter entwickelt worden. Allgemeine Gültigkeit haben deshalb
(Stand Mai 2013) immer noch die aktuellen Versionen von:
- **RAK-WB**   Regeln für die alphabetische Katalogisierung in wissenschaftlichen Bibliotheken RAK-WB / RAK-WB-Anlage.
- **RAK-NBM**   Regeln für die alphabetische Katalogisierung von Nichtbuch-
  materialien.
- **RAK**-Musik   Regeln für die alphabetische Katalogisierung von Ausgaben
  musikalischer Werke nebst RAK-Musik-Anlage M9.
- **RSWK**   Regeln für den Schlagwortkatalog.

Gemeinsame Normdatei (GND)

Die Gemeinsame Normdatei (GND) enthält Datensätze für Personen, Körperschaften, Kongresse, Geografika, Sachschlagwörter und Werktitel, die bis
April 2012 in den getrennten Normdateien Gemeinsame Körperschaftsdatei
(GKD), Personennamendatei (PND) und Schlagwortnormdatei (SWD) sowie
der Einheitssachtitel-Datei des Deutschen Musikarchivs (DMA-EST-Datei) erfasst wurden.

Die den Normdatensätzen zugrunde liegenden Regelwerke sind zum einen
die Regeln für die alphabetische Katalogisierung in wissenschaftlichen Bibliotheken (RAK-WB) für die Formalerschließung und zum anderen die Regeln für
den Schlagwortkatalog (RSWK) für die Inhaltserschließung. Die Einheitssach-
titel der Musik werden nach dem Regelwerk RAK-Musik erfasst. Für die Fälle,
in denen die Regeln von Formal- und Sacherschließung voneinander abwei-

chen, wurden Übergangsregeln beschlossen, die eine gemeinsame Nutzung der Normdatensätze ermöglichen. Die Übergangsregeln berücksichtigen soweit wie möglich die Regelungen der Resource Description and Access (RDA).

5.5
Titelaufnahme nach den RAK-WB

Auch wenn die Vereinheitlichung bzw. die Vereinfachung durch RDA erklärtes Ziel aller zuständigen Stellen ist, so ist es doch für Buchhändler von Vorteil, einige Grundlagen der RAK-WB zu kennen, ohne dabei die über 800 Paragraphen der Loseblattausgabe der RAK-WB im Einzelnen zu kennen, wie es Bibliothekaren vorbehalten bleiben sollte. Das Regelwerk ist in 11 Kapitel unterteilt, wobei im Kapitel 1 eine Vielzahl von Begriffen definiert wird, die auch im buchhändlerischen Alltag relevant sind, wie Urheber, sonstige beteiligte Personen, Werk, Anonymes Werk, Schriftenreihe (Serie) oder Sammlung. Hier die vollständige Kapitelübersicht:

1. Grundbegriffe (§§ 1–36)
2. Allgemeine Regeln (§§ 101–193)
3. Allgemeine Ansetzungsregeln (§§ 201–208)
4. Ansetzung der Namen von Personen (§§ 301–342)
5. Ansetzung der Namen von Körperschaften (§§ 401–486)
6. Ansetzung von Sachtiteln und Bestimmung des Einheitssachtitels (§§ 501–525)
7. Haupt- und Nebeneinträge unter Personen, Körperschaften und Sachtiteln (§§ 601–696)
8. Bestimmung des Sachtitels oder des Titels für Haupt- und Nebeneinträge (§§ 701–715)
9. Ordnung der Eintragungen (§§ 801–823)
10. Anlagen (1–20)
11. Register

Titelaufnahmen nach den RAK-WB sind ursprünglich für einen konventionellen Zettelkatalog vorgesehen, dienen jedoch nach wie vor auch als Grundlage für die Erstellung von Titelaufnahmen für Online-Datenbanken. Um einen Eindruck davon zu gewinnen, wie solche Titelaufnahmen konzipiert sind, sollen die nachstehenden Grundlageninformationen zur Veranschaulichung dienen. Die Titelaufnahme basiert immer auf der Einheitsaufnahme und besteht aus zwei Teilen:
• bibliografische Beschreibung der Vorlage,
• für die Einordnung (im Zettelkatalog) notwendige Angaben
    ◦ Kopf für die Einordnung als Haupteintragung
    ◦ Nebeneintragungs- und/oder Verweisungsvermerke.

Die bibliografische Beschreibung orientiert sich dabei an dem durch die ISBD formulierten Standard und enthält insgesamt maximal acht Gruppen, die in einer fest vorgeschriebenen Reihenfolge dargestellt werden:

Gruppe 1 Sachtitel- und Verfasserangabe
- Hauptsachtitel
- Zusätze zum Sachtitel
- Verfasserangabe

Gruppe 2 Ausgabebezeichnung
- Ausgabe
- in Verbindung mit der Ausgabe genannte Personen

Gruppe 3 Erscheinungsvermerk
- Erscheinungsort
- Verlag
- Erscheinungsjahr
- Druckort
- Druckerei

Gruppe 4 Kollationsvermerk
- Umfangsangabe
- Illustrationsangabe
- Angabe von Begleitmaterial

Gruppe 5 Gesamttitelangabe
Gruppe 6 Fußnoten
Gruppe 7 Internationale Standardbuchnummer (ISBN)
Gruppe 8 Aufführung der Bände

Beim Erstellen einer konkreten Titelaufnahme wird nun diese Vorgabe im Rahmen der Einheitsaufnahme mittels eines normierten Schemas dargestellt. Als Beispiel soll hier das Grundschema für ein einbändiges Verfasserwerk zweier Verfasser angeführt werden.

Kopf		**1. Verfasser**
Bibliografische Beschreibung	1. Sachtitel und Verfasserangabe	Sachtitel v:v Zusatz zum Sachtitel v;v weiterer Zusatz zum Sachtitel v/v Verfasserangabe. v-v
	2. Ausgabebezeichnung	Ausgabebezeichnung. v-v
	3. Erscheinungsvermerk	Erscheinungsort v:v Verlag,v Erscheinungsjahr. v-v
	4. Kollationsvermerk	Umfangsangabe v:v Illustrationsangabe v+v Begleitmaterial
	5. Gesamttitelangabe	Gesamttitel v;v Bandangabe
	6. Fußnoten	1. Fußnote.v-v 2. Fußnote.v-v letzte Fußnote
	7. ISBN	ISBN
Nebeneintragungsvermerk		NE: 1. NEV;v 2. NEV;v letzter NEV

Zur Erläuterung des Schemas: Die kursiv gesetzten Bestandteile beginnen auf einer neuen Zeile der Titelaufnahme. Das Zeichen v wird verwendet zur Kennzeichnung eines Spatiums (= Leerstelle zwischen Zeichen).

Eine nach diesem Schema ausgefertigte (konventionelle) Titelkarte sähe demnach wie folgt aus:

Haller, Klaus:

Katalogisierung nach den RAK WB : eine Einführung in die Regeln für die alphabetische Katalogisierung in wissenschaftlichen Bibliotheken / Klaus Haller ; Hans Popst. – 6., durchges. und aktualisierte Aufl. – München : de Gruyter u. a., 2003. – 331 S.

ISBN 3-598-11626-8

NE: 2. Verf.:

Die Gruppen 5 und 6 sind im vorliegenden Beispiel nicht besetzt.

Natürlich sind für die Erstellung von Titelaufnahmen viele weitere besondere Regularien zu beachten. So formulieren die RAK-WB z. B. besondere Regeln für Rechtschreibung, Zeichensetzung, Abkürzungen u. a. m. Daneben müssen natürlich außerdem auch die in den mehr als 800 Paragrafen beschriebenen Vorschriften beachtet werden. Darüber hinaus müssen dann die Titelaufnahmen auch noch für elektronische Nutzung aufbereitet werden. Das heißt, die für konventionelle Verzeichnisse erstellten Titelaufnahmen müssen in ein maschinenlesbares Format gebracht werden. Dazu wird derzeit das Format MAB2 (= Maschinenlesbares Austauschformat für Bibliotheken, Version 2) genutzt.

Deshalb kann und soll an dieser Stelle nur ein Eindruck davon vermittelt werden, wie komplex das Thema ›Titelaufnahme‹ ist. Hinzu kommt, dass die RAK-WB ja zudem ausschließlich ein Regelwerk zur formalen Erfassung sind. In dem Augenblick, wo noch die inhaltliche Erschließung hinzutritt (also z. B. im Rahmen der Verschlagwortung), muss mit den RSWK (siehe Kap. 5.4) zusätzlich ein weiteres Regelwerk beachtet werden. Spätestens jetzt wird jedem Leser klar, wie viele Aspekte die Erstellung und die Nutzung elektronischer Datenbanken beeinflussen.

Die Titelnachweise in buchhändlerischen Datenbanken berücksichtigen die obigen Ausführungen meistens nur teilweise. Wichtigstes Kriterium ist immer die Nutzbarkeit für das buchhandelsspezifische Arbeiten. Allerdings finden sich in den meisten Online-Literaturdatenbanken (zumindest partiell) die Kategorien wieder, die die ISBD auflistet, wenn auch häufig in anderer Reihenfolge angeordnet und ebenfalls nicht unter exakter Nutzung der ursprünglichen Kategoriebegriffe. Dies soll hier die nachstehende Suchmaske und ein Suchergebnis aus dem Barsortimentskatalog von KNV (pcbis) veranschaulichen. Als Eingabe- und damit auch als Recherchemöglichkeiten werden folgende Suchkategorien angeboten:

- Autor/Herausgeber (nach ISBD: Verfasserangabe),
- Stichwort (nach ISBD: Sachtitelangabe, Zusätze zum Sachtitel),
- Schlagwort (entsprechend RSWK),
- ISBN (nach ISBD: Standardnummer),
- Verlag (nach ISBD: Teil des Erscheinungvermerks),
- Band/Bestellnummer (nach ISBD: Bandaufzählung),
- Erscheinungsjahr (nach ISBD: Teil des Erscheinungsvermerks),
- zahlreiche Filtermöglichkeiten.

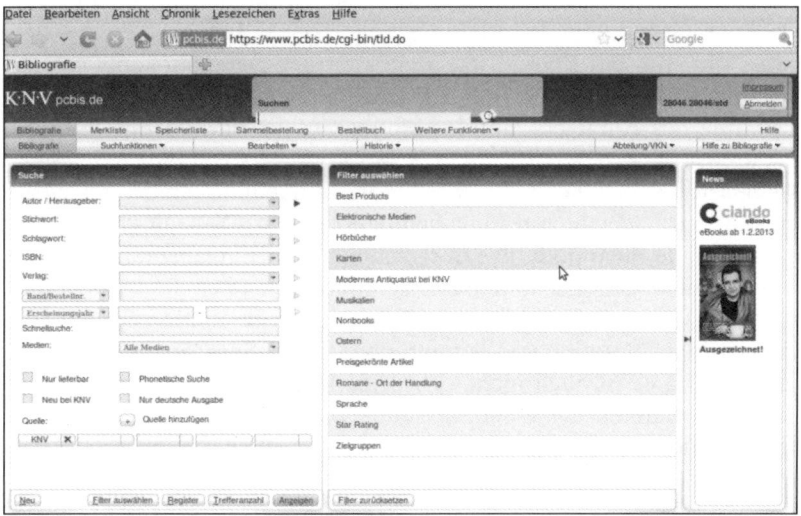

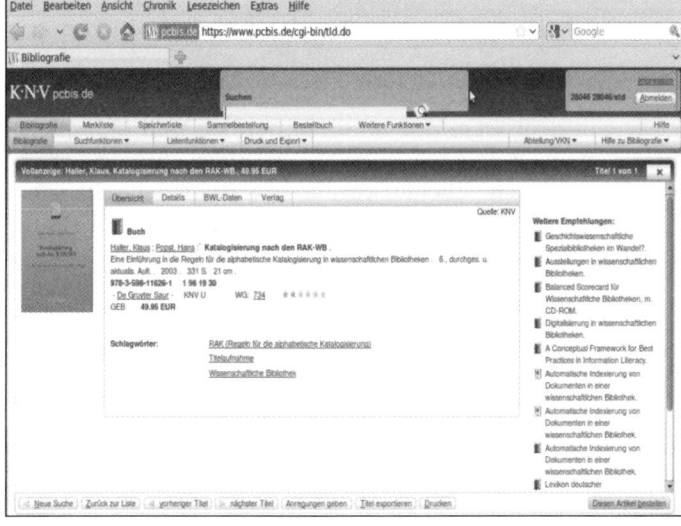

oben:
Eingabefelder und damit gleichzeitig Recherchemöglichkeiten (pcbis).

unten:
Trefferanzeige des KNV-Katalogs (pcbis).

5.6
Recherchestrategien

Im Folgenden sollen Begriffe, Funktionsweisen und Strategien erklärt werden, die im Zusammenhang mit der Recherche in (Literatur-)Datenbanken Anwendung finden. Dabei kann es nicht darum gehen, die detailgenauen Unterschiede verschiedener Datenbanken herauszuarbeiten, vielmehr soll Wert auf das Gemeinsame gelegt werden – unabhängig von der Programmierung der unterschiedlichen Datenbanken, von Systemvoraussetzungen und erst Recht von der Gestaltung der Bildschirmoberfläche. Bei problematischen Fällen muss ohnehin ein Blick in die Leitfäden der Datenbankanbieter geworfen werden. Ansonsten hilft in der Praxis häufig ein kurzer Telefonanruf bei der Hotline des Anbieters, um das bibliografische oder technische Problem zu klären.

In den meisten Fällen haben die verschiedenen Suchmasken der einzelnen Datenbanken eine Vielzahl von Eingabemöglichkeiten. Dies gilt gleichermaßen für nahezu alle Suchmodi. Die unterschiedlichen Eingabemöglichkeiten verfeinern die Suchergebnisse und haben demnach eine Filter-Funktion. Gern benutzt werden Filtermöglichkeiten wie Reihennummer, Editionsform, Lesealter, Warengruppe, Notation (= Warengruppenziffer), Sprache, Lieferbarkeit oder Novität. Und es ist auch nicht verwunderlich, dass in allen relevanten (Literatur-)Datenbanken der Operator ›und‹ voreingestellt ist, denn dessen ›Setzung‹ bedeutet immer die Verfeinerung der jeweiligen Trefferliste durch Reduzierung der Trefferanzahl.

5.6.1
Suchmodus

Bei der so genannten **einfachen Suche** werden alle in einer Suchzeile aufgelisteten Suchbegriffe mit dem Operator ›und‹ verbunden und nur solche Treffer angezeigt, in denen alle gesuchten Begriffe vorhanden sind. In der **erweiterten Suche** werden unterschiedliche Begriffe in verschiedene Suchzeilen (Kategorien) eingegeben. Alle Zeilen und die darin aufgelisteten Begriffe werden bei der Abfrage wiederum mit dem Operator ›und‹ verbunden. Als Treffer erscheinen die Titel, die als Schnittmenge alle gesuchten Begriffe aufweisen.

Bei der **Profisuche** werden unterschiedliche Begriffe in einer Suchzeile mittels Klammerung bzw. der Verwendung unterschiedlicher Operatoren (z. B. ›und‹, ›oder‹ und ›nicht‹) angegeben und entsprechend dieser Vorgabe werden Treffer generiert. Die Verwendung dieses Suchmodus erfordert eine sehr genaue Kenntnis der Datenbank. Im Alltagsgeschäft des Bucheinzelhandels wird sie daher eher selten genutzt.

5.6.2
Boole'sche Operatoren

Die Verwendung der Boole'schen Operatoren ›und‹, ›oder‹ und ›nicht‹ bei der Verknüpfung von zwei Suchbegriffen filtert die Trefferlisten je nach Wahl des Operators.

›**und**‹ Es werden diejenigen Datensätze gefunden, in denen beide Suchbegriffe gemeinsam vorkommen (sowohl A als auch B). Als Ergebnis erhält man die Schnittmenge.

›**oder**‹ Es werden diejenigen Datensätze gefunden, in denen entweder der eine oder der andere Suchbegriff oder beide gemeinsam vorkommen (entweder A oder B oder beide). Als Ergebnis erhält man die Vereinigungsmenge.

›**nicht**‹ Es werden diejenigen Datensätze gefunden, in denen nur der eine, nicht aber der andere Suchbegriff vorkommt (A minus B). Als Ergebnis erhält man die Restmenge.

5.6.3
Maskieren und Trunkieren

Neben der Verwendung der Boole'schen Operatoren werden viele weitere Filterfunktionen der jeweiligen Datenbank genutzt, um relevante Treffer zu erzielen. ›Traditionelle‹ Filterfunktionen sind das Trunkieren bzw. das Maskieren.

Beim **Maskieren** wird eine genau festgelegte Zahl von Symbolen bzw. Buchstaben durch einen Platzhalter (häufig Frage- oder Dollarzeichen, Asterisk oder Leerstellen) ersetzt. Eine solche Strategie bietet sich z. B. an, wenn die Schreibweise eines Namens unklar ist (Beispiel: M**er findet: Mayer, Meier, Meyer, Maier).

Das **Trunkieren** wird genutzt, wenn der Suchbegriff an bestimmten Stellen abgekürzt werden soll (Anfangs- bzw. Endtrunkierung). (Beispiel: Schul* findet: Schule, Schulpolitik, Schulgesetz, Schulamt etc.). Beispiel für Anfangstrunkierung: *verordnung findet: Pflichtablieferungsverordnung, Preisangabenverordnung etc.

5.6.4
Suche über Stichwort und Schlagwort

Ein **Stichwort** ist den Titeldaten einer Publikation entnommen. Die weitaus meisten Suchabfragen erfolgen über das Eingabefeld ›Stichwort‹ in der jeweiligen Suchmaske. In diesem Fall werden alle bibliografischen Angaben der

Gruppe 1 (s. Kap. 5.5) über den/die Verfasser/in (Herausgeber/in, Bearbeiter/in), Sachtitel und Zusätze zum Sachtitel durchsucht. Nicht zugelassen als Eingabewörter sind so genannte Stoppwörter, z. B. Artikel oder die logischen Operatoren ›und‹, ›oder‹ sowie ›nicht‹. Im folgenden Beispiel können alle Wörter (mit Ausnahme der Stoppwörter ›ein‹ und ›den‹) im Eingabefeld Stichwort miteinander verknüpft werden und führen zum Suchergebnis· ›Hans-Helmut Röhring: Wie ein Buch entsteht. Einführung in den modernen Buchverlag‹.

Das **Schlagwort** ist ein übergeordneter thematischer Begriff. Er kann im Titel vorkommen, muss aber nicht. So sind in dem Buchtitel ›Weißes Gold‹ die Wörter ›weißes‹ und ›Gold‹ zwar als Stichworte recherchierbar, aber sie sagen nichts über den Inhalt des Buches aus, dessen Thema die Herstellung von Porzellan ist.

Jede Katalogredaktion gibt die Schlagworte nach den von ihr festgelegten Richtlinien vor, die auch die Hierarchie etwaiger Schlagwortketten (Untergliederungen in Schlagwortgruppen bzw. Schlagwortarten) festlegt, wie beispielsweise Italien/Geschichte/Renaissance. Sinnvoll ist die Nutzung eines Thesaurus, der auch als Index hinterlegt werden kann. So weiß der Datenbankersteller genau, welche Begriffe er für die Verschlagwortung benutzen darf, der Recherchierende wiederum kann genau erkennen, mit welchen Schlagworten bzw. Schlagwortketten er seine Recherche durchführen kann. Dabei sind hinterlegte Indizes, die sich häufig als Pop-Up-Fenster während der Eingabe der Suchbegriffe öffnen, bei der konkreten Recherche ausgesprochen hilfreich. – Das hier dargestellte Verfahren bei der Verschlagwortung nennt man ›gebundenes Indexieren‹. Der wichtigste Thesaurus für den deutschsprachigen Raum ist die GND (siehe Kap. 5.4).

5.6.5
Suche über Verfasser

Das Suchkriterium ›Verfasser‹ (meist wird diese Suchkategorie in buchhändlerischen Datenbanken ›Autor‹ genannt) wird nur dann eingesetzt, wenn gezielt nach Autoren oder Herausgebern gesucht wird. Unsicherheiten bei dem Auffinden von Autorennamen resultieren in der Regel aus der Problematik der Namensansetzung, die Gegenstand des folgenden Exkurses ist. Viele Datenbanken lösen das Problem der Namensansetzung recht elegant, indem sie die **phonetische Suche** anbieten. Man schreibt den Namen so, wie man ihn ausspricht. Damit erübrigen sich theoretisch alle Schwierigkeiten, die besonders bei Namensübertragungen aus nicht-lateinischen Schriften entstehen. Denn da gibt es neben der Möglichkeit der **Transkription** (phonetische oder Lautumschreibung) auch die **Transliteration** (wissenschaftliche Umschreibung), die dem nichtlateinischen Buchstaben einen oder mehrere lateinische

Buchstaben zuordnet. Kyrillisch ЧЕХОВ gibt es auch heute noch in den Schreibweisen Čechov (Transliteration) und Tschechow (Transkription), obwohl die GND die Schreibung Čechov als Norm festgelegt hat. Generell schreibt die GND die jeweilige Namensform in Transliteration vor, da nur so die ›Rückübersetzung‹ in die ursprüngliche Sprache möglich ist.

Exkurs: Ansetzung von Personennamen

Die Ansetzung von Personennamen ist von besonderer Bedeutung und wird deshalb entsprechend ausführlich in den RAK-WB (Paragraphen 301 ff.) beschrieben. Die nachstehenden Hinweise sind dem Skript ›RAK-WB Grundlagen‹ von Christian Kirsch entnommen, den kompletten Text findet man unter www.christian-kirsch.de/rak/rak.pdf.

Eine Person, unter deren Namen mehrere Eintragungen gemacht werden, wird im Allgemeinen unter demselben Namen und in derselben Namensform angesetzt. Ausnahme: Personen des 20. Jahrhunderts, die unter einem Pseudonym schreiben (Datenschutz). Eine Person wird im Allgemeinen unter dem von ihr selbst gebrauchten Namen in der von ihr gebrauchten Namensform angesetzt.

Hat eine Person ihren Namen oder die Namensform geändert oder führt eine Person gleichzeitig mehrere Namen oder Namensformen, so wird sie im Allgemeinen unter dem Namen bzw. der Namensform angesetzt, die sich durchgesetzt hat. Ist nicht festzustellen, welcher Name bzw. welche Namensform sich durchgesetzt hat, so wird sie unter dem am häufigsten vorkommenden Namen bzw. der am häufigsten vorkommenden Namensform angesetzt. Beispiele:

Vorlage	Ansetzung	Verweisung von
Jean Baptiste Poquelin dit Molière	Molière	Poquelin, Jean Baptiste
Agatha Mallowan = Name in der 2. Ehe	Christie, Agatha	Mallowan, Agatha

Namen von Personen, deren ursprüngliche Form nicht in lateinischer Schrift geschrieben wird, werden unter der umgeschriebenen Form angesetzt. Von vorliegenden von der Ansetzung abweichenden Transliterationen oder Transkriptionen wird verwiesen. So wird der Name des russischen Dichters Čechov in allen Sprachen, die nicht die kyrillische Schreibweise nutzen, unterschiedlich geschrieben. Beispiel:

Vorlage	Ansetzung	Verweisung von
Anton Pavlovich Chekhov (engl. Transkription)	Čechov, Anton P.	Chekhov, Anton Pavlovich

Ordnungsgruppen (RAK-WB § 312)

Personen der Neuzeit werden im Allgemeinen unter ihrem Familiennamen – sei er ein- oder mehrteilig – in einer ersten Ordnungsgruppe und unter ihren mit Komma nachgestellten Vornamen in einer zweiten Ordnungsgruppe angesetzt.

- **Einteilige Ordnungsgruppe:**   Müller
- **Mehrteilige Ordnungsgruppe:**   Müller-Lüdenscheidt

Familiennamen (RAK-WB § 313f)

Die modernen Familiennamen in Staaten mit europäischen Sprachen werden in der Form angesetzt, die in dem Staat üblich ist, dessen Bürger die Person ist (Staatsbürgerprinzip). Besondere Regelungen gelten bei **Präfixen**, d. h. bei Präpositionen, Artikeln sowie bei Verschmelzungen aus Präposition und Artikel.

Präfixe gelten als eigene Ordnungswörter – es sei denn, dass sie mit dem folgenden Namensteil in ununterbrochener Buchstabenfolge geschrieben oder durch ein Zeichen verbunden sind, dem kein Leerzeichen vorangeht oder folgt. Für die Ansetzung gelten für die einzelnen Staaten unterschiedliche Regeln. Beispiel:

Vorlage	Ansetzung
Vera von der Heydt (Britin)	Von der Heydt, Vera

Diejenigen Präfixe am Anfang eines Namens, die nach den folgenden Regeln nicht in der Ordnungsgruppe des Familiennamens anzusetzen sind, werden den Vornamen nachgestellt; sie gelten nicht als Ordnungswörter.

Regeln für Staaten mit deutscher Sprache   Eine Präposition, ein Artikel, eine unverschmolzene Präposition und ein Artikel am Anfang eines Namens werden übergangen. Auch mehrere durch ›und‹ verbundene Präfixe am Anfang eines Namens werden im Allgemeinen nicht in der Ordnungsgruppe des Familiennamens angesetzt. Bei Namen luxemburgischer Staatsbürger werden sie jedoch in der Ordnungsgruppe des Familiennamens angesetzt. Beispiele:

Vorlage	Ansetzung
Heinrich von Kleist	Kleist, Heinrich <<von>>
Hans Otto de Boor	Boor, Hans Otto <<de>>
Peter von der Mühll	Mühll, Peter <<von der>>
Otto aus der Au	Au, Otto <<aus der>>
Hanns in der Gand	Gand, Hanns <<in der>>
Paul auf der Maur	Maur, Paul <<auf der>>
Georg Ludwig von und zu Urff	Urff, Georg Ludwig <<von und zu>>
Karl Reichsfreiherr vom und zum Stein	Stein, Karl <<vom und zum>>

Aber:

Émile van der Vekene (Luxemburger)	Van der Vekene, Émile

Eine Verschmelzung von Präposition und Artikel am Anfang eines Namens oder ein Artikel am Anfang eines Namens romanischen Ursprungs wird in der Ordnungsgruppe des Familiennamens angesetzt. Beispiele:

Vorlage	Ansetzung
Fritz vom Berg	Vom Berg, Fritz
Ernst aus'm Weerth	Aus'm Weerth, Ernst
Hein ten Hoff	Ten Hoff, Hein
Heinrich von zur Mühlen	Zur Mühlen, Heinrich <<von>>
Gertrud von Le Fort	Le Fort, Gertrud <<von>>
Alma de L'Aigle	L'Aigle, Alma <<de>>

Regeln für Staaten mit englischer Sprache   Präfixe am Anfang eines Namens (meist fremden Ursprungs) werden in der Ordnungsgruppe des Familiennamens angesetzt. Beispiele:

Vorlage	Ansetzung
Vera von der Heydt	Von der Heydt, Vera
Wernher von Braun	Von Braun, Wernher
Thomas de Quincey	De Quincey, Thomas
Oliver de la Fontaine	De la Fontaine, Oliver
Roger L'Estrange	L'Estrange, Roger
Christopher la Farge	La Farge, Christopher
Daphne du Maurier	Du Maurier, Daphne
Bernard Augustine de Voto	De Voto, Bernard Augustine
Mark van Doren	Van Doren, Mark
John dos Passos	Dos Passos, John

Regeln für Staaten mit französischer Sprache   Präpositionen am Anfang eines Namens werden im Allgemeinen nicht in der Ordnungsgruppe des Familiennamens angesetzt; bei Namen belgischer und luxemburgischer Staatsbürger werden sie jedoch in der Ordnungsgruppe des Familiennamens angesetzt. Beispiele:

Vorlage	Ansetzung
Louis de Broglie	Broglie, Louis <<de>>
Aber:	
Édouard de Lomenie (Belgier)	De Lomenie, Édouard
Alexandre Marius de Sterio (Luxemburger)	De Sterio, Alexandre Marius

Ein Artikel oder eine Verschmelzung von Präposition und Artikel am Anfang eines Namens oder Präfixe am Anfang eines Namens niederländischen oder flämischen Ursprungs werden in der Ordnungsgruppe des Familiennamens angesetzt. Beispiele:

Vorlage	Ansetzung
Roland Le Cordier	Le Cordier, Roland
Jean de La Fontaine	La Fontaine, Jean <<de>>
Joachim du Bellay	Du Bellay, Joachim
Nicolas L'Herminier	L'Herminier, Nicolas
Maxence van der Meersch	Van der Meersch, Maxence
Antoinette van Diemen	Van Diemen, Antoinette

Regeln für Staaten mit italienischer Sprache   Präfixe am Anfang eines Namens werden im Allgemeinen in der Ordnungsgruppe des Familiennamens angesetzt. Die Präfixe d', da, de, de', degli, dei, de li oder di am Anfang von Namen von Personen, die vor dem 19. Jahrhundert gelebt haben, werden jedoch nicht in der Ordnungsgruppe des Familiennamens angesetzt. Beispiele:

Vorlage	Ansetzung
Giuseppe Maria de Rossi	De Rossi, Giuseppe Maria
Francesca von Metz	Von Metz, Francesca
Gabriele D'Annunzio	D'Annunzio, Gabriele
Francesco Dall'Ongaro	Dall'Ongaro, Francesco
Lorenzo da Ponte	Da Ponte, Lorenzo
Andrea de Carlo	DeCarlo, Andrea
Aber (Personen vor dem 19. Jh.):	
Lorenzo de' Medici	Medici, Lorenzo <<de'>>
Fazio degli Uberti	Uberti, Fazio <<degli>>

Regeln für Staaten mit spanischer Sprache   Artikel ohne voranstehende Präposition am Anfang eines Namens werden in der Ordnungsgruppe des Familiennamens angesetzt, außer bei Namen chilenischer Personen. Beispiele:

Vorlage	Ansetzung
Manuel Antonio las Heras	Las Heras, Manuel Antonio
Aber:	
Mauricio la Riva Hernández (Chilene)	Riva Hernández, Mauricio <<la>>

Präposition oder Präposition und Artikel (und zwar sowohl unverbunden als auch verschmolzen) am Anfang eines Namens werden nicht in der Ordnungsgruppe des Familiennamens angesetzt. Ist jedoch der auf eine Präposition folgende Artikel durch einen Bindestrich mit dem nächsten Namensbestandteil verbunden, so wird der Artikel in der Ordnungsgruppe des Familiennamens angesetzt. Beispiele:

Vorlage	Ansetzung
José María de Pereda	Pereda, José María <<de>>
Francisco de la Vega	Vega, Francisco <<de la>>
Ricardo del Arco y Garay	Arco y Garay, Ricardo <<del>>
Aber:	
Agustín de La-Rosa Toro	La-Rosa Toro, Agustín <<de>>

Verwandtschaftsbezeichnungen Verwandtschaftsbezeichnungen am Anfang oder am Ende eines Familiennamens werden vorlagegemäß als Bestandteil des Familiennamens angesetzt. Sie gelten als eigene Ordnungswörter, es sei denn, dass sie mit dem folgenden Namensbestandteil in ununterbrochener Buchstabenreihefolge geschrieben oder durch ein Zeichen verbunden sind, dem kein Spatium vorangeht oder folgt. Das gilt z. B. für Mac, Fitz, O', Ab, Ap, Abu, Ibn, Ben. Beispiele:

Vorlage	Ansetzung
Robert H. Mac Arthur	Mac Arthur, Robert H.
Ian MacArthur	MacArthur, Ian
Grover C. McArthur	McArthur, Grover C.
John M'Arthur	M'Arthur, John
Harriet Fitz Gerald	Fitz Gerald, Harriet
Pat O'Connor	O'Connor, Pat

Das Attribut Sankt Das Attribut Sankt (und seine Entsprechungen in anderen Sprachen, z. B. Saint, Sainte, San, Santa, Santo, Szent) wird nach dem überwiegenden Gebrauch der betreffenden Person ausgeschrieben oder abgekürzt in der Ordnungsgruppe des Familiennamens angesetzt. Beispiele:

Vorlage	Ansetzung
Evaristo San Cristóval	San Cristóval, Evaristo
Alexander St. Goar	St. Goar, Alexander
Robert Saint John	Saint John, Robert
Charles Augustin Sainte-Beuve	Sainte-Beuve, Charles Augustin
Antoine de Sainte-Exupéry	Sainte-Exupéry, Antoine <<de>>

Zusammengesetzte Namen Als zusammengesetzte Namen (Doppelnamen etc.) gelten Familiennamen, die aus mehreren Wörtern, ausgenommen Präfixe, Verwandtschaftsbezeichnungen und das Attribut Sankt, bestehen. Sie können entweder unverbunden oder durch Bindestriche, Präfixe oder Konjunktionen verbunden sein. Im Allgemeinen werden alle Teile eines zusammengesetzten Namens in der Ordnungsgruppe des Familiennamens angesetzt. Steht ein Bindestrich innerhalb zusammengesetzter Familiennamen zwischen zwei oder mehreren Namen, von denen einer nicht als ein Ordnungswort anzusetzen ist, so ist, wie in den folgenden Beispielen, hinter dem Bindestrich stets ein Spatium zu setzen.

DEUTSCHSPRACHIGE STAATEN

Vorlage	Ansetzung
Wilhelm Meyer-Lübke	Meyer-Lübke, Wilhelm
Lulu von Strauß und Torney	Strauß und Torney, Lulu <<von>>
Siegfried Müller-von Hagen	Müller- von Hagen, Siegfried
Theodor Meyer zum Gottesberge	Meyer zum Gottesberge, Theodor
Kurt Müller-Sankt Georgen	Müller- Sankt Georgen, Kurt

GROSSBRITANNIEN UND U.S.A

Vorlage	Ansetzung
Henry Smith Dorrien	Smith Dorrien, Henry

Scheinbare Doppelnamen   Werden, wie in Argentinien, Großbritannien, Kanada, Norwegen, Rumänien, Schweden, Südafrika und den USA, Familiennamen (das können sein: Name eines Vorfahren, Mädchenname, Name einer berühmten Persönlichkeit usw.) als Vornamen verwendet, so werden sie in der Ordnungsgruppe der Vornamen angesetzt. Beispiele:

Vorlage	Ansetzung
John Stuart Mill	Mill, John Stuart
Harriet Beecher Stowe	Stowe, Harriet Beecher

Adelstitel   Diese werden bei der Ansetzung von Personennamen nicht berücksichtigt.

Vorlage	Ansetzung
Adolf Friedrich Graf von Schack	Schack, Adolf Friedrich <<von>
Fürst Otto von Bismarck	Bismarck, Otto <<von>>
Lady Mary Agatha Russell	Russell, Mary Agatha
Sir Timothy Baldwin	Baldwin, Timothy

Berufsbezeichnungen, geistliche Titulaturen, Bezeichnungen geistlicher Orden und andere Bezeichnungen ähnlicher Art   Sie werden nicht zur Namensansetzung herangezogen. Beispiele:

Vorlage	Ansetzung
Professor Karl Jaspers	Jaspers, Karl
Professor Dr. Ernst Meier	Meier, Ernst
Ernst Meier S.J.	Meier, Ernst
Pater Alban Dold O.S.B.	Dold, Alban

5.6.6
Suche über den Sachtitel

Das Suchen über den Sachtitel gibt nur dann einen Sinn, wenn mit der vollständigen und exakten Bezeichnung des Sachtitels gesucht wird. Man nennt diese Art der Suche auch Phrasensuche. Vorsicht ist bei dieser Suchstrategie bei Titeln mit Satzzeichen geboten. Komma, Punkt, Schrägstriche und Ausrufungszeichen können eventuell weggelassen werden. Fragezeichen gelten bei der Maskierung meist als Platzhalter. Sie dürfen z.B. im VIB nicht eingegeben werden. Bindestriche hingegen werden wie Buchstaben behandelt und müssen entsprechend genau eingegeben werden. Ferner ist aufzupassen, wenn in dem Titel die Wörter ›und‹, ›oder‹ sowie ›nicht‹ vorkommen, denn diese werden möglicherweise als Boole'sche Operatoren (siehe Kap. 5.6.2) behandelt. Das VIB zum Beispiel verlangt in diesem Fall, dass die volle Titelbezeichnung in Anführungsstriche gesetzt wird, wie im Falle von ›Nicht ohne meine Tochter‹. All diese Probleme vermeidet man, wenn man Teile des Titels unter dem Suchkriterium ›Stichwort‹ eingibt.

5.6.7
Suche über Medientyp

Suche über den Medientyp – so die Bezeichnung im VIB – bedeutet, dass ein produktspezifischer Filter vorgeschaltet wird. Denn warum sollte man in einem Pool von hunderttausenden Datensätzen suchen, wenn man ohnehin weiß, dass man an einem bestimmten Kalender oder einer DVD interessiert ist? Filtermöglichkeiten des VIB sind u.a.: Hardcover, Taschenbücher, Schulbücher, Hörbücher, Kalender, Landkarten, Software, Zeitschriften, Non-Books, Audio-Kassetten, DVD, Loseblattausgaben und Mikrofiches.

Die meisten Filtermöglichkeiten entsprechen den ›Gegenständen des Buchhandels‹ (siehe Kap. 2). Allein der Begriff ›Mikrofiche‹ erscheint erklärungsbedürftig – ein Mikroplanfilm, der ein Originaldokument stark verkleinert, sodass die Informationen nur über entsprechende Hilfsgeräte zu lesen sind. Es ist wahrscheinlich, dass die Medientypen demnächst an die neue einheitliche Warengruppensystematik angeglichen werden (siehe Kap. 3.2). Denn nach dieser Systematik wird jedem Verkaufsobjekt ein Warengruppen-Index (ein Produktmerkmal oder eine Editionsform) vorangestellt, der seiner Funktion nach ein ›Medientyp‹ ist.

5.6.8
Suche über Volltext

Mithilfe der Volltextsuche können Inhalte eines Internet-Angebotes nach bestimmten Begriffen durchsucht werden. Je nach Programmierung des Angebots kann die Suche auf einen Begriff beschränkt bleiben, oder man kann mit den Boole'schen Operatoren ›und‹, ›oder‹ sowie ›nicht‹ die Recherchemöglichkeiten eingrenzen bzw. erweitern. Durchsucht werden können natürlich nur die Texte, Textpassagen oder Teile eines Buches (Vorwort, Register) oder eines Dokuments, die digitalisiert vorliegen. Volltextsuche im großen Stil bieten die Internet-Giganten Amazon und Google mit ihren jeweiligen Programmen. Allerdings werden bei Google die ungeheuren Datenmengen automatisch indexiert (man spricht in diesem Zusammenhang vom ›freien Indexieren‹), d. h. ein Index-Roboter pflegt alle Begriffe eines Textdokuments (mit Ausnahme der Stoppwörter) in einen riesigen Begriffsspeicher ein, der bei einer Nutzerabfrage dann aktiviert wird.

libreka! ist sowohl eine Volltextdatenbank für elektronisch lieferbare deutschsprachige Titel als auch eine Verkaufsplattform für E-Books. Sie wird von der MVB einerseits für den Bucheinzelhandel angeboten, andererseits auch für den herstellenden Buchhandel. Dabei werden für die jeweiligen Geschäftspartner unterschiedliche Nutzungsvarianten zur Verfügung gestellt. So verkauft libreka! z. B. als Partner des Sortiments im Namen der Buchhandlung E-Books an Endabnehmer. Über das Programm E-Book-Link kann eine teilnehmende Buchhandlung diesen Verkauf auch über die eigene Internetseite abwickeln. Mit dem Programm E-Book-Data kann der gesamte E-Book-Bestand von libreka! über den Webshop der teilnehmenden Buchhandlung direkt angeboten werden. Partner sind buchhändlerisch tätige Unternehmen mit einer Verkehrsnummer. Außerdem arbeitet libreka! auch mit so genannten Affiliates (Unternehmen oder Personen ohne Börsenvereins-Verkehrsnummer) zusammen. Die Verlage ihrerseits können ihre Inhalte in libreka! einstellen und dabei festlegen, wie viel davon sie zur Ansicht freigeben wollen. Sie differenzieren zwischen dem Internetnutzer, der über www.libreka.de auf die Texte zugreift, und dem stationären Buchhandel, dem die Verlage erweiterte Leserechte einräumen können. In beiden Fällen können die Bücher durchgeblättert, gelesen und teilweise sogar im Volltext durchsucht werden. Derzeit [Stand Mai 2013] werden ca. 700.000 E-Books von mehr als 1.600 Verlagen zum Verkauf angeboten, wovon ca. 180.000 mit Volltext-Funktion eingestellt sind. Mehr als 1.000 Handelspartner nutzen die unterschiedlichen libreka!-Angebote. Ob sich die Plattform dauerhaft gegen Anbieter wie Google, Apple oder Amazon im Markt durchsetzen kann, ist ungewiss.

5.6.9
Suche über ISBN/ISSN

In Anbetracht der weltweit steigenden Titelproduktion sowie der technischen Möglichkeiten, die das beginnende EDV-Zeitalter in sich barg, beschäftigten sich in den 1960er Jahren Verantwortliche im Bibliotheks- und Buchhandelsbereich intensiv mit der Frage nach einer einheitlichen Nummerierung für Printobjekte. Das Resultat dieser Bemühungen ist die ISBN, die internationale Standard-Buchnummer (international standard book number). Mittlerweile ist sie aus den Bereichen der Buchproduktion, des Buchhandels und des Bibliothekswesens nicht mehr wegzudenken. Im herstellenden Buchhandel begleitet sie die Verlagsprodukte von der Herstellung über die Lagerhaltung bis hin zum Vertrieb. Im verbreitenden Buchhandel dient ihre strichcodierte Umsetzung vom Scanning im Wareneingang und an den Datenkassen bis hin zur Bestellnummer und zum Identifikationszeichen eines konkreten Titels, der im Warenwirtschaftssystem (siehe Kap. 8) angelegt ist. Im Bibliotheksbereich spielt die ISBN eine entscheidende Rolle bei der Bestellung, der Katalogisierung und der länderübergreifenden Ausleihe.

Bis zum Jahr 2006 war die ISBN stets 10-stellig, unterteilt in vier Bestandteile. Seit dem 1. Januar 2007 vergibt die nationale ISBN-Agentur nur noch 13-stellige Nummern, unterteilt in fünf Bestandteile. Die Umstellung war nötig geworden, weil ein Ende der Kapazitäten des 10-stelligen Systems abzusehen war. Die neue 13-stellige Nummer bot sich geradezu an, weil die ISBN ohnehin schon seit Jahren in ihrer strichcodierten Form und als ›lesbare‹ Variante in Form des 13-stelligen EAN-Codes von zahlreichen Verlagen auf die vierte Umschlagseite (U4) aufgedruckt wurde oder weil innerbetriebliche Warenwirtschaftssysteme mit dem EAN-System arbeiteten.

Das 13-stellige EAN-System (EAN = european article number) gibt es seit 1977 und wird heute in rund 120 Ländern koordiniert von der Organisation GS1 (Global Standard One). Eigentlich bezeichnen im Rahmen des EAN-Systems die ersten Ziffern das Produktionsland – so stehen die Eingangsziffern 400–440 für Deutschland, 90–91 für Österreich und 76 für Schweiz – aber im Buchbereich ist bekanntermaßen ja so manches anders. Da die Gruppennummer der ISBN für Sprachräume (3 = Gruppe deutschsprachiger Länder) vergeben wird, die wiederum von unterschiedlichen nationalen ISBN-Agenturen betreut werden, schaltete man für die Verlagsbranche der 10-stelligen ISBN einfach ein klar definiertes dreistelliges Präfix vor. So gelten 978 und 979 für Bücher oder Noten (ISBN) und die 977 mit zehn Folgeziffern für periodisches Schrifttum, insbesondere für Zeitschriften (ISSN).

Die stets 13-stellige Nummer ist immer in fünf Teile aufgegliedert, die durch Bindestriche oder Zwischenräume voneinander abgegrenzt werden. Den Aufbau und die Zusammensetzung der Nummer entnehme man der Übersicht auf der nächsten Seite. Eine Aufstellung auf der übernächsten Seite gibt Informationen über weitere ein- und zweistellige Gruppennummern.

ISBN 978-3-934054-58-5

		Vergabe	Umfang
Teil 1	Präfix	durch EAN international	3-stellig
Teil 2	Gruppennummer für nationale, geografische Gruppen oder Sprachgruppen	durch die internationale ISBN-Agentur, Berlin	1- bis 5-stellig
Teil 3	Verlagsnummer für einzelne Verlage innerhalb einer Gruppe	durch nationale ISBN-Agenturen oder vergleichbare Institutionen. In Deutschland durch die Agentur für Buchmarktstandards (Servicebereich der MVB)	2- bis 7-stellig
Teil 4	Titelnummer für einen Titel des in Teil 2 bezeichneten Verlages	durch die Verlage innerhalb eines von der Agentur vorgegebenen Nummernkontingents	1- bis 6-stellig
Teil 5	Prüfziffer	durch ein Rechenprogramm	1-stellig

Die Prüfziffer wird durch einen Algorithmus mit der Gewichtung 1-3-1 ermittelt. Für einen Titel, dessen erste zwölf Ziffern 978-3-934054-30-? sind, erfolgt die Berechnung wie folgt:

	Präfix			Gruppen-nummer	Verlags-ziffer			Titel-nummer		Prüf-nummer		Summe	
ISBN	9	7	8	3	9	3	4	0	5	4	3	0	?
Gewichtung	1	3	1	3	1	3	1	3	1	3	1	3	–
Produkt	9	21	8	9	9	9	4	0	5	12	3	0	– 89

1. Schritt: Die Summe der Produkte für die ersten 12 Ziffern der ISBN (gewichtet mit 1-3-1) wird ermittelt.
2. Schritt: Die Summe der gewichteten Multiplikationsergebnisse (= 89) wird durch 10 dividiert, um einen Restwert zu erhalten. 89 : 10 = 8 Rest 9
3. Schritt: Der ermittelte Restwert (= 9) wird von 10 subtrahiert. Die Differenz ist die Prüfziffer (10 – 9 = 1). Ausnahme: ist der Restwert aus dem zweiten Schritt Null, so ist die Prüfziffer ebenfalls Null.

Die ISBN als eindeutiges und unverwechselbares ›Kürzel‹ für jeden Buchtitel wird nach inhaltlichen und herstellungstechnischen Kriterien vergeben. Deshalb kann es durchaus vorkommen, dass ein und derselbe Titel verschiedene ISBN zugeteilt bekommt. Dies ist beispielsweise der Fall bei einer neuen Auflage, die gegenüber der vorhergehenden hinsichtlich des Textes oder der Abbildungen verändert worden ist. Aber auch verschiedene Einbandar-

Übersicht über alle ein- und zweistelligen ISBN-Gruppennummern
(Stand Januar 2014)

0+1 Gruppe englischsprachiger Länder

Australien, Gibraltar, Großbritannien, englischsprachiges Kanada, Irland, Neuseeland, Puerto Rico, Südafrika, Swaziland, USA, Zimbabwe

2 Gruppe französischsprachiger Länder

französischsprachiges Belgien, Frankreich, französischsprachiges Kanada, Luxemburg, französischsprachige Schweiz

3 Gruppe deutschsprachiger Länder

Bundesrepublik Deutschland, Österreich, deutschsprachige Schweiz

4 Japan

5 Russische Föderation

7 Volksrepublik China

80 Tschechien, Slovakei

81 Indien (und 93)

82 Norwegen

83 Polen

84 Spanien

85 Brasilien

86 Ehemaliges Jugoslawien

(Nachfolgestaaten erhielten eine neue Gruppennummer)

87 Dänemark

88 Italien und italienischsprachige Schweiz

89 Südkorea

90 Niederlande (und 94)

91 Schweden

92 Internationale Organisationen (UNO, UNESCO, EU u. a. m.)

---

ten (Leinen, Leder), Ausgaben (Schullektüre, Studienausgabe), Dateiformate (bei E-Books PDF bzw. EPUB) oder verschiedene Medienarten (Buch, DVD) bedingen unterschiedliche ISBN. Ganz zu schweigen von den Fällen, dass ein Titel bei mehreren Verlagen erscheint. Die Preispolitik hingegen hat keinen Einfluss auf die ISBN. So erhält ein und dieselbe Ausgabe oder Auflage eines Buches mit verschiedenen Preisen (Vorzugspreis, Subskriptionspreis, Preiserhöhungen infolge von Preisänderungen) nur eine ISBN.

Mehrbändige Nachschlagewerke erhalten eine ISBN, wenn der Titel für das gesamte Werk gilt und in einer Lieferung verkauft wird. Sollten Bände aus einem mehrbändigen Verlagsobjekt, beispielsweise im Rahmen der Gesamtausgabe, auch einzeln erhältlich sein, so muss eine ISBN für das Gesamtwerk und jeweils eine ISBN für jeden Einzelband vergeben werden; in jedem Teilband muss auch die ISBN für das Gesamtwerk angegeben werden.

Internationale Standard-Seriennummer (ISSN)

Im Unterschied zu Büchern und anderen Verlagsobjekten erhalten Zeitungen, Zeitschriften und zeitschriftenartige Reihen, die keinen von vornherein festgelegten Umfang haben und in aufeinander folgenden Teilen (Hefte, Bände, Jahrgänge) erscheinen, eine ISSN. Die Vergabe und Kontrolle dieser Internationalen Standard Serien-Nummer (international standard serial number) ist abweichend von der ISBN organisiert. Die ›fortlaufenden Sammelwerke‹ – so die offizielle Bezeichnung für Serien – werden zentral in Form eines International Serials Data Systems (ISDS) verwaltet, wobei die Zuteilung durch jeweilige ›national centre‹ erfolgt. Das ›nationale Zentrum‹ für die Bundesrepublik Deutschland ist die Deutsche Nationalbibliothek in Frankfurt. Sie unterteilt gemäß den Richtlinien die stets 8-stellige ISSN in zwei Vierer-Blöcke (beispielsweise 1611-4280 für das Börsenblatt), die nur für den Titel des Sammelwerkes vergeben wird. Anders als bei der ISBN sind keine Rückschlüsse auf Verlage und Titelnummern möglich.

5.7
Verzeichnisse und Datenbanken im Überblick

Der Begriff **Katalog** steht für ein **anbieterabhängiges Bestandsverzeichnis.** Im Buchhandel werden in erster Linie die Katalog-Datenbanken der Barsortimente, der Katalog des ZVAB, der Lagerkatalog des Internetbuchhändlers Amazon sowie die Deutsche Nationalbibliografie genutzt.

Eine **Bibliografie** hingegen ist ein **standortunabhängiges und anbieterübergreifendes Verzeichnis** – wie im Falle des *Verzeichnisses lieferbarer Bücher* (VlB), das deshalb als ›Branchenbibliografie‹ anzusehen ist. Hier sind alle Titel von deutschen Barsortimenten, Auslieferungsfirmen in Österreich und der Schweiz gekennzeichnet, die kurzfristig direkt ab Lager lieferbar sind. Ermöglicht wird dies durch die datenbankübergreifende Bibliografie bibWIN, die online aktualisierbar ist, durch freie Warenwirtschaftssysteme unterstützt wird und Schnittstellen zu Bestellbuchprogrammen hat. Die an sich wichtige begriffliche Unterscheidung zwischen Katalog und Bibliografie ist heute allerdings eher Ausdruck besonderer fachspezifischer Kompetenz. Denn im buchhändlerischen Tagesgebrauch gehen die Begriffe ineinander über und werden manchmal durch den wenig präzisen Begriff ›Titel-Datenbank‹ ersetzt.

Die Qualität der Datenbankeinträge hängt entscheidend davon ab, unter welchen Voraussetzungen die Daten erfasst werden. Diejenigen Datenbanken, die das Verfahren der Autopsie praktizieren, haben zwangsläufig die bessere Qualität. Denn **Autopsie** (gr. auto = selbst; optik = Licht, in Augenschein nehmen) bedeutet, die Angaben werden am Objekt selbst überprüft. Autopsie ist das grundlegende Verfahren bei der *Deutschen Nationalbibliografie* (DNB), wo die Medien durch die Pflichtablieferungsverordnung vorliegen (siehe Kap. 5.3). Aber auch die Großhändler, die ihre Katalogtitel verkaufen wollen, haben ›naturgemäß‹ ein ureigenes Interesse daran, mit autopsierten Daten zu arbeiten. Denn ihre Akzeptanz durch die Einzelhändler steht und fällt mit der Qualität und Zuverlässigkeit ihrer Daten. Allein die Neuerscheinungen sind aufgrund von Meldungen der Verlage recherchierbar.

Beim VlB sieht es mit der Qualität der Daten nicht ganz so optimal aus. Denn die Titeldaten werden durch die Verlage eigenständig online in die Datenbank eingepflegt oder der VlB-Redaktion mitgeteilt. Man sollte meinen, dass die Verlage auch hier aus betriebswirtschaftlichen Gründen (Verkauf) größten Wert auf exaktes Datenmaterial legen müssten, die Realität belegt dies jedoch nicht immer. Aufgrund einer Kooperationsvereinbarung zwischen der MVB und der Deutschen Nationalbibliothek leitet die VlB-Redaktion die Meldungen automatisch an die Deutsche Nationalbibliothek weiter, die die neuen Titel im **Neuerscheinungsdienst** (der nicht Teil der Deutschen Nationalbibliografie ist) publik macht. Die Deutsche Nationalbibliothek versieht die Verlagsmeldungen mit der Sachgruppenzuordnung der DNB und sendet diese Informationen an die VlB-Redaktion zurück. Sobald die Pflichtexemplare bei der Deutschen Nationalbibliothek eintreffen, wird die Publikation nach formalen und inhaltlichen Gesichtspunkten auf der Grundlage nationalbibliografischer Standards per Autopsie erschlossen und in den entsprechenden Reihen der DNB verzeichnet. Der Datenrückfluss an die VlB-Redaktion, die die Sachgruppen und Schlagwörter der DNB übernimmt, funktioniert derzeit noch nicht zufriedenstellend (Stand Mai 2013).

Regelmäßig erscheinende **Datenbankführer** geben einen aktuellen Überblick über Möglichkeiten und Grenzen der jeweiligen Informationssysteme. Eine wichtige Informationsgrundlage für den Buchhandel ist die Broschüre *Das Softwareangebot für den Buchhandel,* die jährlich zur Frankfurter Buchmesse in aktualisierter Form vom Sortimenter-Ausschuss herausgegeben wird. Im Internet ist eine Vielzahl von Datenbankführern recherchierbar. Für die Sachgruppe Medizin sei als Beispiel der *Datenbankführer des Deutschen Instituts für medizinische Dokumentation und Information* (DIMDI; www.dimdi.de) genannt. Natürlich enthalten auch die einzelnen Datenbanken selbst auf den jeweiligen Hilfeseiten wertvolle Tipps und Hinweise. Kriterien einer Datenbankbeschreibung sind u. a.:

- Zielgruppe(n)
- Umfang / Inhalt
- Gegenstände / Inhalt
- Aktualität / Updates
- Erscheinungsform(en)
- Kosten
- Recherchemöglichkeiten (Modi / Kategorien / Indizes / Operatoren ....)
- Zusatztools (z. B. Schnittstellenangebote) und Systemvoraussetzungen

5.7.1
Verzeichnis lieferbarer Bücher

Das *Verzeichnis lieferbarer Bücher* (VIB) erscheint seit 1971, seit 2003 im Verlag MVB. Mit zurzeit rund 1.500.000 Titeleinträgen (Bücher, Kalender, Karten, Hörbücher, DVD, Software, Non-Books u.a.m.) aus 20.000 Verlagen ist das VIB die umfassendste, lieferbare Titel verzeichnende Datenbank für den Buchhandel und das Bibliothekswesen, da sie annähernd alle lieferbaren deutschsprachigen Publikationen verzeichnet. Voraussetzung für meldende Verlage oder sonstige Unternehmen ist die Identifizierung der Objekte durch eine standardisierte Nummer ISBN, ISSN, EAN (siehe Kap. 2.6.9). Die Zahl der Einträge wächst ständig, was u. a. darauf zurückzuführen ist, dass Verlage immer häufiger drei ISBN (für Print- und E-Book-Ausgaben) für einen Titel benötigen. Neben einer Buchhändler-Vollversion (online und 12 DVD jl.) gibt es unter www.buchhandel.de auch eine Endkundenversion im Internet.

Das VIB dient als Bestellplattform und Kommunikationsinstrument und bietet eine Vielzahl von Funktionen. Hierzu gehören unter anderem:
- Zugriff auf tagesaktuelle bibliografische Daten und Preise,
- tagesaktuelle Verfügbarkeits- und Lieferbarkeitsinformationen,
- integrierte Bestellfunktion (recherchierte Titel können jederzeit an ein frei wählbares Bestellziel weitergeleitet werden),
- zahlreiche automatisierbare Exportfunktionen (z. B. Excel),
- Listung umfangreicher Zusatzinformationen, wie Inhaltsangaben, Cover-Abbildungen und Bestsellerlisten,
- zahlreiche multimediale Zusatzinformationen,
- praxisorientierte, miteinander kombinierbare Suchmodi,
- Verlinkung der *Börsenblatt*-Anzeigen und der Media-Control-Bestseller mit VIB-Titeldaten,
- Link zur Volltextsuche für in *libreka!* verfügbare Titel,
- Meldung an den Neuerscheinungsdienst der Deutschen Nationalbibliothek,
- Meldungen an die VG Wort.

Seit 2011 ist das VIB die verbindliche **Referenzdatenbank für Preisangaben** laut Buchpreisbindungsgesetz. Die Meldung der Preise an das VIB genügt damit der Verpflichtung für Verlage, ihre gebundenen Ladenpreise zu veröffentlichen. Parallel wurde die frühere ›Gelbe Beilage‹ im *Börsenblatt* in das VIB integriert (siehe Kap. 5.7.6).

VIB+

In den kommenden Jahren wird das VIB sich stark verändern. Auf den Buchtagen 2013 wurde der Beschluss gefasst, auf der Basis des VIB eine branchen-

übergreifende Metadatenbank zu entwickeln: VlB+. Unter Federführung der MVB soll diese Datenbank zu einer **Metadatenbank** werden, d. h. zu einem zentralen Marketinginstrument für die gesamte Branche. Zielsetzung der Entwicklung ist es (Stand: Mai 2014), eine Alternative zum Online-Giganten Amazon zu entwickeln. Das VlB+ soll deshalb mit zahlreichen Zusatztools hinsichtlich der rein bibliografischen Daten angereichert werden. Die reinen Titelinformationen, also die Daten der bibliografischen Beschreibung (siehe Kap. 5.5), sollen ergänzt werden durch:
• Lieferbarkeitsstatusmeldungen,
• Coverabbildungen,
• Autorenvideos, Lese- und Hörproben,
• Lesereise-Termine,
• Buchbesprechungen etc.

Dabei gilt die Maxime **Metadaten verkaufen Bücher.** Die Entwicklung des VlB+ erfolgt in drei Teilabschnitten:
Erhöhung / Standardisierung der Datenqualität   Die Datenhoheit verbleibt bei den Verlagen, sofern diese nicht darauf verzichten. Dabei stellt die MVB die technische Plattform für die Systemerneuerung zur Verfügung. Zusätzliche Prüfmechanismen und Plausibilitätskontrollen hinsichtlich der Titelmeldungen bis hin zum Aufbau redaktioneller Services sollen bis 2015 umgesetzt sein. Finanzielle Anreizmodelle (je höher die gelieferte Datenqualität, desto niedriger der Preis für die Verzeichnung des Titels) sowie die Entkoppelung der Finanzierung von VlB+ und libreka! sollen zu einem tragfähigen Finanzierungsmodell führen. Derzeit laufen Gespräche mit Auslieferungen und Barsortimenten, damit Schnittstellen für Lieferbarkeitsanzeigen durch gängige Warenwirtschaftssysteme und Bestellsoftware entwickelt werden können. Alle Empfehlungen sind als technische Empfehlungen zu verstehen, nicht als solche, deren Umsetzung in jedem Fall als wirtschaftlich sinnvoll anzusehen ist.
Aufbau einer Bewertungsdatenbank   Diese soll Buchbesprechungen aus dem Buchhandel, sowohl von Mitarbeitern als auch von Kunden, enthalten. Alle Teilnehmer, die ihre Beiträge in die Datenbank einspeisen, sollen sich ihrerseits aus dem gesamten Datenpool für eigene Zwecke bedienen können. Mindestens 350 Sortimente müssen ihre Teilnahme am System garantieren, damit das Tool (versuchsweise) aufgesetzt werden kann.
Digitale Vorschauen   Angedacht ist auch hier ein umfassendes Titelinformationssystem für den gesamten Buchhandel. Dabei sollen jeweils Schnittstellen integriert werden, die den Workflow beim Einkauf für alle Beteiligten effizienter gestalten. Gedacht ist dabei etwa an verlagsübergreifende Novitätenanzeigen, direkte Bestellfunktionen, Exportfunktionen für ein optimales Endkundenmarketing etc. Neben den reinen Titeldaten sollen hier auch Buchtrailer, Lesetermine, Hör- und Leseproben abrufbar sein. Die Finanzierung soll durch die Verlage erfolgen.

Bereits ab Mitte 2014 soll die neue ›Thema‹-Klassifikation im VlB-Onix-Datenclearing zur Verfügung stehen. Verlage sollen ihre Titel mit Hilfe des neuen internationalen Standards verschlagworten, wodurch die inhaltliche Suche nach Büchern erleichtert werden soll. In der Ankündigung der MVB zur Einführung wird ›Thema‹ als inhaltliche Klassifikation beschrieben, die deutlich feinglicdrigcr als die WGSneu die Klassifizierung von Büchern ermöglichen soll. 2.500 Themen (›Subjects‹) werden zusätzlich eingeführt, die wiederum durch 2.000 ergänzende Begriffe (›Qualifier‹) weiter spezifiziert werden können. Dabei soll es den Verlagen auch möglich sein, mehrere Subjects bzw. Qualifier zu vergeben. Das Browsen in Bezug auf Inhalte von Büchern soll kundenorientierter werden, indem für den Endnutzer intuitive Eingabefenster (Pop-ups) zur Verfügung gestellt werden.

Die Ankündigung des neuen Service bleibt allerdings begrifflich unscharf, da aufgrund bisheriger Informationen unklar bleibt, ob ›Thema‹ allein zur klassifikatorischen Erschließung bzw. Recherche oder aber zur verbalen Sacherschließung bzw. Schlagwortrecherche dienen soll. Die Differenzierung zwischen Klassen einerseits, die Gruppen von Produkten einem bestimmten Begriff zuordnen, oder Schlagworten andererseits, die einzelne Produkte inhaltlich/sachlich ganz konkret beschreiben, ist bisher nicht deutlich herausgearbeitet. Der Taskforce des Börsenvereins, bestehend aus 22 Branchenexperten, bleibt also bis zur endgültigen Realisierung noch einige Arbeit. Der konkrete Leistungsumfang des VlB+, die Finanzierbarkeit, die allgemeine Akzeptanz des Systems sowie die Weiterentwicklung der derzeitigen Kooperationsbereitschaft der Branchenteilnehmer werden zu einem späteren Zeitpunkt über den Erfolg des gestarteten Großprojektes entscheiden.

5.7.2
Barsortimentskataloge

Die Datenbanken der Barsortimente sind Bestandsverzeichnisse der Lagertitel. Weit über 500.000 Objekte, vor allem aus Buchverlagen, aber auch aus Softwarehäusern oder von gänzlich anderen Anbietern (Wein, Merchandising u. a. m.) sind gelistet und von heute auf morgen lieferbar – sofern Meldenummern (siehe Kap. 8.2.3) nicht den Grund der Nicht-Lieferbarkeit angeben. Darüber hinaus gibt es Schnittstellen zu weiteren Datenbanken, vor allem im Hinblick auf fremdsprachige Titel. So verkauft Libri Titel von Ingram (USA) und Bertrams (GB), während KNV den Zugang zu den Beständen von Baker & Taylor (USA), Gardners (GB), Horizon (Frankreich), CELESA (Spanien) und Licosa (Italien) ermöglicht und sogar einen Besorgungsdienst anbietet. Einen Einblick in das gegenwärtige Leistungsspektrum bieten (stellvertretend für alle Großhändler) folgende, der Website von KNV entnommene Punkte (Stand: April 2014):

- KNV hat als Buchgroßhändler rund 480.000 lieferbare Titel von über 4.700 Lieferanten ständig am Lager. Über 1.900 Mitarbeiter sorgen dafür, dass die bestellten Artikel pünktlich am nächsten Morgen in den Buchhandlungen ankommen.
- 61.500 Titel gehören zur Sparte der Multimediaprodukte (DVDs, Musik-CDs, Videos, Hörbücher, Software). KNV führt außerdem rund 6.000 Spiele, Lernspiele und Puzzles.
- Über 90.000 englischsprachige Titel sowie 240.000 deutschsprachige und 400.000 fremdsprachige E-Books ergänzen das umfassende Mediensortiment. Dazu kommen etwa 370.000 Besorgungstitel und 400.000 Print-on-Demand-Titel.
- Die KNV-Katalogredakteure haben oft eine bibliothekarische und/oder buchhändlerische Fachausbildung. Als Bibliothekare und Buchhändler wissen sie genau, was dem Sortiment beim Bibliografieren die Arbeit erleichtert. Die Katalogredaktion ist in mehrere ›Kompetenz-Teams‹ nach Spezialgebieten aufgeteilt.
- Im Zeitalter von E-Mail und Internet melden Verlage und Lieferanten ihre Titel inzwischen elektronisch. Elektronische Titelmeldungen per ONIX helfen, die Titel schneller zu erfassen und die Daten noch schneller zur Verfügung zu stellen. Änderungsmeldungen werden automatisch mit den vorhandenen Daten abgeglichen. Jede elektronische Titelmeldung wird, wie die Titelmeldungen auf Papier, von der Katalogredaktion geprüft, ergänzt und veredelt. Bei der Autopsie nach Erscheinen des Titels überprüfen und korrigieren die Fachredakteure die bibliografischen Angaben aus den Titelmeldungen anhand des ›realen‹ Artikels.
- Texte und Bilder ergänzen die bibliografischen Angaben und Produktinformationen. Die Textredaktion recherchiert und schreibt Zusatztexte sowie Porträts von Autoren oder Übersetzern. Außerdem redigiert die Textredaktion Texte, die Verlage und Lieferanten liefern.
- Die KNV-Datenbank verzeichnet alle Titel, die das Barsortiment KNV und die KNO Verlagsauslieferung an Lager haben.

5.7.3
Kompendien: buchhändlerische Fachverzeichnisse

In der bibliografischen Terminologie steht der Begriff ›Kompendium‹ für Fachverzeichnisse, die für zahlreiche Spezialgebiete von Barsortimenten, Buchhandlungen, Instituten und Werbegemeinschaften herausgegeben und Interessenten angeboten werden. In zunehmendem Maße erscheinen sie als Online-Ausgaben.

Der **GeoKatalog 1** wird als Kompendium jährlich vom GeoCenter herausgegeben. Es handelt sich um einen Print-Katalog zuzüglich einer CD-Rom,

wobei diese CD-Rom nicht inhaltsgleich mit der Printausgabe ist, sondern nur den Blattschnitt-Teil enthält. Die Print-Ausgabe des Geokatalog 1 umfasst:
• im deutschsprachigen Raum erhältliche touristische Veröffentlichungen,
• Stichwortregister,
• geografischer Teil,
• Verlagsübersicht mit Programmen,
• Blattschnittübersicht.

Der **GeoKatalog 2** gilt bibliografisch als Katalog (Bestandsverzeichnis), da alle in ihm gelisteten Artikel über das ILH Scientific Cartography liefer- bzw. bestellbar sind. Damit ist auch gleichzeitig der Herausgeber des GeoKatalog 2 genannt, denn das ILH ist eine eigenständige, vom GeoCenter rechtlich getrennte Firma. Die Ordnung ist – wie in wissenschaftlichen Kompendien selbstverständlich – systematisch-nummerischer Art.

Der **Kinderliteraturführer** (KiLiFü) wird seit 2012 von der Buchhandlung Schmitz in Essen publiziert . Er bietet einen Überblick über relevante Veröffentlichungen der Warengruppe Kinder- und Jugendbuch. Ergänzend sind warengruppenspezifische Aufsätze zu aktuellen Themen enthalten.

5.7.4
Adress- und Zeitschriftenverzeichnisse

Von den Adress- und Zeitschriftenverzeichnissen sei hier nur eine Auswahl der wichtigsten vorgestellt. Auch sie werden teilweise auf CD-ROM oder online (zum Teil in unterschiedlichen Versionen und mit ergänzenden Tools) gegen eine Benutzungsgebühr angeboten. Natürlich sind Verlagsadressen auch über das VlB oder über Suchmaschinen recherchierbar. Weitergehende Informationen findet man außerdem auch auf den jeweiligen Websites der Anbieter.

Das Verzeichnis **Verlage - Deutschland Österreich Schweiz und internationale Verlage mit deutschen Auslieferungen** (Verlag der Schillerbuchhandlung Hans Banger, Köln) erschien 2013 im 63. Jahrgang. Es enthält ca. 25.700 Anschriften des Buchhandels in einem Alphabet. Die Adressen folgender Unternehmen und Institutionen sind enthalten: Buchverlage, Zeitschriftenverlage, Zeitungsverlage, Musikverlage, Medienverlage, Kunstverlage, Verlagsauslieferungen, Museen, Galerien, Editionen, Institute, Akademien, Universitäten, Hochschulen, Internationale Verlage mit deutschen Auslieferungen sowie Verbände und Organisationen des Buchhandels. Jeder Eintrag enthält zusätzlich zur Adresse: E-Mail- und Internetadresse, Angaben zur Auslieferung, Verkehrs- bzw. BAG-Nummer, ISBN- bzw. ISMN-Nummer.

Im Anhang befinden sich weitere Adressen und Informationen:
• Literarische Agenturen,
• Bildagenturen,
• ISBN-Register,
• ISMN-Register,
• Fachbereiche der Verlage,
• Importeure für fremdsprachige Literatur,
• Barsortimente und Grossisten.

Zu den Print-Versionen der Banger-Verzeichnisse Verlage und Zeitschriften (siehe weiter unten) sei ein Hinweis auf das Ordnungsverfahren gegeben. Weil hier Adressen oder Publikationen mit vielen gleichnamigen Wörtern alphabetisch sortiert werden, übergeht man ›unwichtige‹ Wörter innerhalb der Bezeichnung. Das bedeutet konkret: Am Anfang des Titels stehende Verhältnis- und Bindewörter werden bei der alphabetischen Einordnung berücksichtigt, nicht hingegen weitere Geschlechts-, Binde- und Verhältniswörter innerhalb des Titels/des Namens. Die Zeitschrift für Ethnologie findet man also hinter der Zeitschrift des Bergischen Geschichtsvereins, so wie der ›Verlag an der Ruhr‹ hinter ›Verlag Der Islam‹ zu finden ist.

Das derzeit umfangreichste Adressverzeichnis für die Recherche nach buchhändlerischen und branchenverwandten Betrieben ist das **Adressbuch für den deutschsprachigen Buchhandel** (AdB), das seit 2012 als Online-Datenbank (www.adb-online.de) von der MVB herausgegeben und verwaltet wird. – Hier kann der Nutzer kostenlos in den Adressen von ca. 7.500 Buchhandlungen und rund 24.000 Verlagen sowie Selbstverlagen, Auslieferungen, Verlagsvertretern, Agenturen und buchhändlerischen Organisationen in Deutschland, Österreich und der Schweiz recherchieren. Vier Recherche-Kategorien stehen dabei zur Verfügung:
• Adress-Suche,
• ISBN-Suche,
• Verkehrsnummern-Suche,
• erweiterte Suche.

Im Rahmen der erweiterten Suche stehen zahlreiche Selektionskriterien zur Auswahl, die jeweils miteinander kombiniert werden können. Die Einzelkriterien (siehe Screenshot 1 auf der folgenden Seite) Firmentyp, Art der Buchhandlung bzw. des Verlags, Fachgebiete, Region, Verbandsmitgliedschaft, BAG-Teilnahme und Mail-Adressen sind dabei jeweils wieder untergliedert (siehe Screenshot 2 auf der folgenden Seite), sodass eine genaue Spezifizierung der jeweiligen Suchfrage möglich ist.
   Die Aktualisierung der Daten durch die Redaktion erfolgt täglich, wobei angemeldete Nutzer ihre jeweiligen Adress- und Firmeninformationen auch

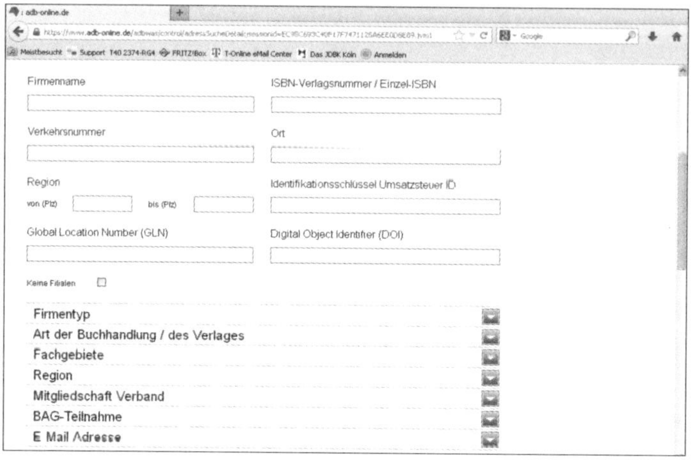

Screenshot 1:
Recherchemaske
AdB/Erweiterte
Suche

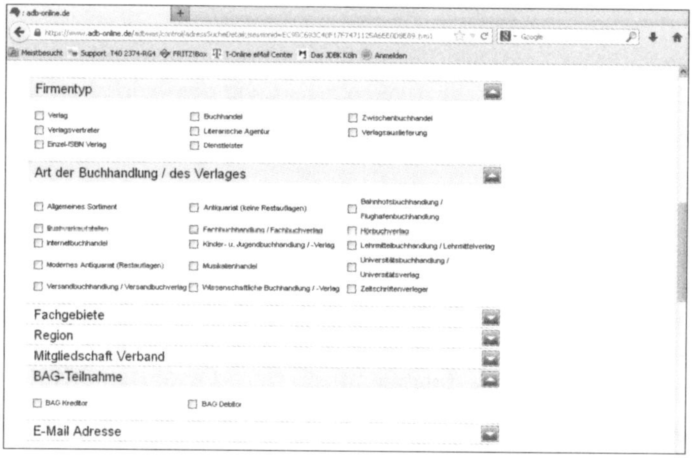

Screenshot 2:
Recherchemaske
AdB/Erweiterte
Suche/Auswahl
Firmensuche/Art
des Betriebes

selbst online bearbeiten können. Die Datenbank bietet zudem zwei weitere
wichtige Dienste an:
• adb-online fungiert als offizielles ISBN-Register,
• der Werbeanschriftenservice (WAS) ist direkt in adb-online integriert.

Das Nachschlagewerk **Oeckl. Taschenbuch des öffentlichen Lebens** (Fest-
land Verlag, Essen) bietet in zwei Ausgaben (Deutschland und Europa) einen
Überblick über die verschiedenen Interessengruppen und staatlichen Institutionen. Der OECKL liegt als Buch, CD-ROM oder Online-Datenbank vor. In
jedem Buchexemplar findet sich ein individueller Zugangscode für die
OECKL-Online Datenbank. Die Deutschland-Ausgabe bietet Adressen u.a.
zu folgenden Bereichen: Bund, Bundesländer, Kommunen, Ausland, Wirtschaft, Tarifpartner und Berufe, Gesundheit und Soziale Sicherheit, Natur

Beispiel: Profilansicht: Hanser, Carl, Verlag GmbH & Co. KG (Download 16.07.2013)

Firmenbezeichnung	Hanser, Carl, Verlag GmbH & Co. KG
Anschrift	**Anschrift** Kolbergerstr. 22, 81679 München, Bayern, Deutschland
	Postfach-Adresse
	Postfachbezeichnung/Nr. 86 04 20, 81631
Organisationsstruktur	Verlag
Telefon/Fax	**Telefon Festnetz** +49 (089) 99830-0
	Fax +49 (089) 99830-157 (Fachzeitschriften)
Online-Kontakt	**E-Mail-Adresse** info@hanser.de
	Web-Adresse www.hanser-literaturverlage.de; www.hanser.de
	Kreditorische Verkehrsnummer 12573
	Debitorische Verkehrsnummer 46314
	Umsatzsteuer ID DE129735021
Buchhandelskennungen	**Global Location Number** 4027083000006
	ISBN-Verlagsnummer / Einzel-ISBN 978-3-446
	BAG-Debitor ja
	Fachzeitschriftenpreisbindung Sammelrevers Ja
Bankverbindung	**Bankverbindung**
	Deutsche Bank München Kto 434343000,
	HypoVereinsbank München Kto 862700,
	Postbank München 7715-805
Ansprechpartner	**Prokurist**
	Storke, Barbara
	Himmelstoß, Michael
	Riedel, Dr. Hermann
	Feilhauer, Felicitas
	Tippe, Evelyn
	Stempel, Dirk
	Schaible, Johannes
	Geschäftsführer
	Beisler, Wolfgang
	Joß, Stephan D.
	Krüger, Michael
	Persönlich haftender Gesellschafter
	(Carl Hanser Verlagsleitungsges. mbH),
	(Carl Hanser Verlagsleitungsges. mbH)
Mitgliedschaften/Teilnahmen	**Landesverband** Bayern
	Verbandszugehörigkeit
	Verband Deutscher Bühnen- und Medienverlage e.V.
	Firma ist im Handelsregister des zuständigen Amtsgerichts eingetragen
	Verband Deutscher Zeitschriftenverleger e.V.
	Börsenverein des Deutschen Buchhandels e.V.
	VLB-Teilnehmer Ja

Fachgebiete	**AdB-Fachgebiete**
	Buchverlag
	Zeitschriftenverlag
Lieferhinweise	**Verlagsauslieferung Deutschland**
	VM
	Verlagsauslieferung Ausland
	A: Verlags- und Kommissionsbuchhandlung Dr. Franz Hain,
	Dr. Otto-Neurathgasse 5, A-1220 Wien,
	CH: Buchzentrum AG, Hägendorf
Verlags-Imprint/Hauptunternehmen	**Alle zugehörigen Imprints zum Hauptunternehmen:**
	Hanser Berlin, 81679 München

Beispieleintrag aus adb-online für den Carl Hanser Verlag

und Umwelt, Bürger und Bürgerinteressen, Medien und Kommunikation, politische Parteien, Religion und Weltanschauung, Bildung und Erziehung, Wissenschaft und Forschung, Kultur und Kunst.

Das Verzeichnis **Zeitschriften – Deutschland/Österreich/Schweiz und ausgewählte internationale wissenschaftliche Zeitschriften** (Verlag der Schillerbuchhandlung Hans Banger, Köln) erscheint 2013 im 57. Jahrgang. Es weist ca. 23.500 Titel in einem Alphabet nach. Die Einträge sind nach Titeln geordnet und enthalten die Verlagsanschrift, Abonnementpreis, Einzelpreis, Auslandspreis und Erscheinungsweise. Im Anhang befinden sich: ISSN-Register, ISBN-Register, ein Titelverzeichnis nach Sachgruppen und eine Liste der Auslieferungsanschriften für Zeitschriftenverlage. Die einzelnen Zeitschriftentypen seien mit gerundeten Werten wiedergegeben:

• 5.000 wissenschaftliche Zeitschriften,
• 10.000 Fachzeitschriften,
• 5.000 Publikums-, konfessionelle und politische Zeitschriften,
• 1.800 Loseblattwerke,
• 2.100 Jahrbücher,
• 400 CD-ROM-Ausgaben,
• 8.000 Online-Ausgaben,
• 170 Auslieferer.

Ulrich's Periodicals Directory (Bowker, New York) erscheint 2012 in der 51. Auflage. Der Schwerpunkt liegt auf englischsprachigen Publikationen. Insgesamt sind mehr als 90.000 Verlage aus über 215 Ländern gelistet und über 220.000 Einträge in 903 verschiedenen Sachgruppen verzeichnet. Eine kostenpflichtige Online-Datenbank (Ulrichsweb) wird für registrierte Nutzer wöchentlich aktualisiert. Die dort aufgeführten Datensätze enthalten u. a. die Kategorien: ISSN, Sachtitel, Veröffentlichungszeitraum, Sprache, Verlag, Preisangaben, Erscheinungsort, Hinweis auf elektronische Verfügbarkeit und Sachgruppenzuordnung.

Der **STAMM** als ein **Leitfaden durch Presse und Werbung** (Stamm Verlag, Essen) erscheint 2013 in der 66. Ausgabe und bietet Ansprechpartner, Tarife, Termine sowie technische Daten der Kommunikationsbranche. Damit ist er das umfangreichste Verzeichnis der deutschen Printmedien mit den Angaben zu Verlag, Anzeigenleitung und verantwortlichen Redakteuren, Verbreitungsgebiet, Erscheinungsweise, Auflage, Anzeigenpreisen und anzeigentechnischen Daten. Alle Printmedien sind titelalphabetisch, Zeitschriften darüber hinaus nach Lesergruppen sortiert.

5.7.5
Metasuchmaschinen

Datenbankübergreifende Suche in verschiedenen Datenbanken gleichzeitig und mit der Formulierung nur einer einzigen Suchfrage für alle angesteuerten Datenbanken – das ist der Vorzug von Metasuchmaschinen. Der **Karlsruher Virtuelle Katalog** (www.ubka.uni-karlsruhe.de/kvk) ist eine der meist genutzten Metasuchmaschinen. Zahlreiche Bibliothekskataloge, elektronische Volltexte und buchhändlerische (Literatur-)Datenbanken können hier gleichzeitig abgefragt werden.

Treffer werden mit Hinweis auf die jeweilige Datenquelle ausgewiesen. Die Nutzung erfordert jedoch einige Übung, vor allem auch bei der Formulierung von Suchfragen für viele Datenbanken gleichzeitig. Denn nicht in jedem Fall wird die ausgewählte Recherchekategorie von allen angesteuerten Datenbanken unterstützt, was dann zu einer Null-Treffer-Recherche führen kann, obwohl möglicherweise Treffer gefunden werden könnten, wenn die Suchfrage anders gestellt worden wäre. Nach ähnlichem Prinzip funktionieren nahezu

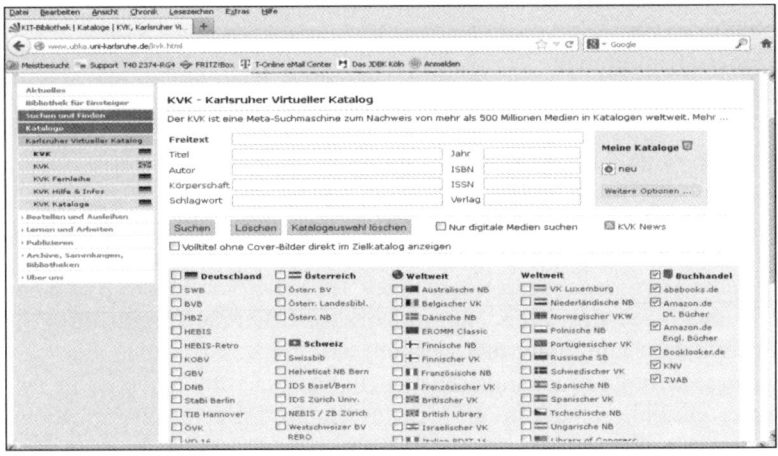

Quelle: http://www.ubka.uni-karlsruhe.de/kvk.html Aufruf: 03.04.2013

alle Metasuchmaschinen, so auch die DigiBib (= digitale Bibliothek des Hochschulbibliothekszentrums NRW [www.hbz-nrw.de/recherche/digibib]) oder das Gebrauchtbücher-Portal AbeBooks (www.abebooks.de).

5.7.6
Buchhändlerische Fachinformation

Neben den Informationssystemen im engeren Sinne nutzen Buchhändler zahlreiche weitere Möglichkeiten zur Verkaufsförderung und Kundenorientierung. Aus der Fülle der im Markt zur Verfügung stehenden **bibliografischen Hilfsmittel** sollen am Schluss dieses Kapitels stellvertretend zwei Informationssysteme im weiteren Sinne näher vorgestellt werden, deren Kenntnis und Nutzung von besonderer Bedeutung für den Erfolg betrieblichen Handelns sind: Verlagsvorschauen und das *Börsenblatt*.

Verlagsvorschau

Verlagsvorschauen informieren in der Regel zweimal jährlich für die Produktionszyklen Frühjahr und Herbst über die Novitäten des Verlags. Enthalten sind oft auch Hinweise auf erfolgreiche Titel der Vorsaison sowie auf Long- und Bestseller aus dem Verlagsprogramm (Backlist). Wichtige Kontaktadressen (Verlagsadressen, Ansprechpartner, Vertriebskontakte, Verlagsvertreter, Auslieferung etc.) werden meist am Ende der Vorschau aufgelistet. Der Aufbau einer Vorschauseite ist dabei klar strukturiert:
• Aufmacher/Schlagzeile (Headline),
• Verlagstext (Werbetext),
• Coverabbildung,
• Annotationen/Testimonials,
• Autorenvita,
• Autorenfoto,
• bibliografische Angaben/EAN-Codierung,
• Marketinghinweise/Kampagnenplanung,
• voraussichtlicher Erscheinungstermin.

Dabei muss eine Vorschauseite den jeweiligen Titel klar positionieren und Argumente für den Kauf des Titels liefern. Wirksame Verkaufsargumente, die Neugierde entfachen und Spannung wecken, sind z. B.:
• USP (= unique selling proposition, Alleinstellungsmerkmal) eines Titels; Abgrenzung zu ähnlichen Autoren auf dem Markt bzw. Bezüge zu bereits im Markt etablierten Autoren als (vermeintliches) Qualitätsindiz;
• Bekanntheit des Autors (Bestsellerautor, Erfolg von Vorgängertiteln);

- Gesamtkonzept der Vermarktung eines Titels bzw. dessen Autors;
- PR-Konzept des Verlags;
- Auftritte des Autors im Buchhandel (Lesung, Signierstunde), in Talkshows u. Ä.;
- Werbung/Mediaplanung (wo? und wie?).

Die ansprechende Zusammensetzung von Headline, Marketingargumenten, Vorschautext, Cover, bibliografischen Daten und Autoreninfo ergibt das Vorschau-Layout. Dabei signalisiert die Platzierung (am Anfang, in der Mitte oder am Ende) sowie der Umfang (ein- oder mehrseitig) die Einschätzung des Verlags in Bezug auf die Relevanz des jeweiligen Titels (A-Titel = Spitzentitel etc.).

Die Kosten für die Herstellung und den Versand der Verlagsvorschauen sind enorm hoch. Um Kosten zu minimieren, nehmen Verlage häufig Angebote eines gebündelten Vorschauversands über die Auslieferung oder eine Agentur an und/oder präsentieren ihre Vorschauen zunehmend auch online auf den jeweiligen Verlagshomepages oder auch innerhalb gemeinsamer Internet-Auftritte, beispielsweise unter www.boersenblatt.net/template/bb_tpl_verlagsvorschauen. Hier findet man über 80 Verlagsvorschauen auf einen Blick und kann in den Frühjahrs- und Herbstnovitäten der teilnehmenden Verlage im interaktiven Livebook blättern. Trotz der vielfältigen Bemühungen der Verlage bevorzugen jedoch die meisten Buchhändler die Nutzung der gedruckten Vorschauen. Regelmäßig vom Börsenverein durchgeführte Befragungen im Sortiment belegen dies. So heißt es im *Börsenblatt* 22-2012:

> Geliebte Papierflut – Die Vorschauen rollen an [und keiner würde sie derzeit] gegen Bits und Bytes eintauschen wollen. Buchhändler wollen blättern, weil es einfacher und effizienter ist. [Buchhändler mögen] klare Strukturen, […] kompakte Informationen, […] Vertreteradressen auf der U 4, […] Empfehlungen von Kollegen […] Marketinginformationen […] EAN-Codes zu jedem Artikel, damit die Daten für die Warenwirtschaft erfasst werden können.

Was Volker Weidermann in seiner Glosse *Vorschau, oh Vorschau* (in: *PREGO, Das Magazin von Edel*, 1-2009, S. 52 f) formuliert hat, hat also nach wie vor Gültigkeit. Vorschauen sind:
- die immer wieder grunderneuerte Visitenkarte des Verlags;
- die Vorabinszenierung erhoffter Kaufereignisse;
- die Simulation einer maximal günstigen Zukunftsvison.

Auch wenn der werbliche Aspekt von Verlagsvorschauen sicherlich im Mittelpunkt steht, so sind jedoch die Kenntnis und die Nutzung dieses bibliografischen Hilfsmittels unabdingbar im Kontext von kundenorientierter Sortimentsgestaltung. Dies wird sich auch in Zeiten digitaler Verlagsvorschauen nicht ändern – ganz gleichgültig, ob die Novitäten-Informationen auf den

Websites der Verlage zu finden sind oder verlagsübergreifend über entsprechende Suchmaschinen recherchiert werden können.

Fachpresse

Das **Börsenblatt** ist die auflagenstärkste Zeitschrift der Buchbranche. Es ist gleichermaßen Informationssystem, Mitgliederzeitschrift, Lobbyorgan und Pflichtlektüre für alle Mitarbeiter im Buchhandel. Nicht zuletzt auch deshalb, weil laut Verkehrsordnung § 1 Ziffer 8 und § 2 alle im *Börsenblatt* veröffentlichten Anzeigen und Bekanntmachungen der gesamten Branche gegenüber als mitgeteilt gelten.

Grundsätzlich teilt sich das *Börsenblatt* in einen anzeigenden und einen redaktionellen Bereich. Während der Anzeigenteil neben umfangreicher Verlagswerbung u. a. noch die Bereiche Titelschutz, Stellenmarkt und Brancheninfos enthält, werden im redaktionellen Teil nach dem Editorial folgende Rubriken präsentiert:
• Wochenschau,
• Markt,
• Management,
• Medien,
• Meinung,
• Börsenverein.

Diese regelmäßig wiederkehrende Struktur hat jedoch nur eines der nunmehr zwei Print-Formate: Denn ab 2013 erscheint das *Börsenblatt – Magazin für den Deutschen Buchhandel* im wöchentlichen Wechsel mit einem *Börsenblatt Spezial*. Das *Magazin* bietet in der oben angegebenen Ordnung als Nachrichtenorgan alle 14 Tage neben aktuellen Meldungen ein vielfältiges Themenspektrum: Marktanalysen, Rechtsfragen, Branchenereignisse, Interviews, Kommentare und Personalia zählen ebenso dazu wie Praxisbeispiele und Hintergrundberichte. Damit ist das *Börsenblatt* eine wichtige Informationsquelle und nicht nur für Verlage und den verbreitenden Buchhandel interessant, sondern auch für Bibliothekare, Autoren, Journalisten und andere Kulturschaffende. Ergänzt wird die Printausgabe durch das Branchenportal www.boersenblatt.net, den täglichen Newsletter sowie wichtige Social-Media-Kanäle.

Neu ist seit März 2013 für Abonnenten der Printausgabe die Möglichkeit, das *Börsenblatt* kostenlos auch in einer E-Paper-Ausgabe mittels Tablets oder anderen mobilen Endgeräten überall und jederzeit zu lesen, wobei zahlreiche Features diesen Service begleiten (z. B. Volltextsuche, Lesezeichenfunktion, interaktive Elemente, In-App-Zugriff auf die Rubrik Meinung u. a. m.).

Ergänzt werden muss die buchhändlerische Informationsgewinnung natürlich zudem durch die Rezeption und Nutzung weiterer branchenrelevanter

Fachzeitschriften, wie dem *BuchMarkt – Das Ideenmagazin für den Buchhandel* (www.buchmarkt.de) bzw. dem *Buchreport* mit seinen Ausgaben *Express* und *Magazin* sowie der Beilage *Spezial* im monatlich erscheinenden *Magazin* (www.buchreport.de). Die abschließende Aufstellung schließt bewusst die Kundenzeitschriften mit ein, da auch hier – allerdings vornehmlich unter verkaufsorientierten Gesichtspunkten – Informationen über Inhalte gegeben werden. Nicht in dieser Tabelle aufgeführt sind Special-Interest-Magazine oder reine Rezensionsorgane. Je nach Intensität, mit der die jeweilige Warengruppe gepflegt wird, sei ihr Studium ebenso empfohlen wie das Lesen der Feuilletons, in denen die Literaturkritik Titel wertend bespricht.

Buchhändlerische Fachpresse im Überblick

Fachzeitschrift	Verlag	Kundenzeitschrift
Börsenblatt Magazin für den Deutschen Buchhandel	MVB	Buchjournal
BuchMarkt	Buchmarkt	
Buchreport (buchreport.express, buchreport.magazin)	Harenberg Kommunikation	buch aktuell

Fragen zu Kapitel 5

5.1   Erläutern Sie (mindestens 3) betriebliche Handlungen, die mittels Informationssystemen bearbeitet werden können.

5.2   Ein Kunde fragt: »Da gibt es doch ein neues Kräuterbuch von GU.« Erläutern Sie Ihr kundenorientiertes Recherchehandeln, wobei Sie sich buchhändlerischer Fachterminologie bedienen.

5.3   Erläutern Sie dem Kunden jeweils anhand eines konkreten Beispiels die buchhändlerisch relevanten Informationssysteme:
Bibliografie,
Katalog,
Kompendium,
Adressverzeichnis,
Branchenzeitschrift.

5.4   Erläutern Sie die Relevanz von bibliografischen Standards und Regelwerken für die Erstellung von Literaturdatenbanken.

5.5   Unterscheiden Sie bibliografische Beschreibung und Einheitsaufnahme.

5.6   Beschreiben Sie (mindestens 4) unterschiedliche Recherchestrategien.

5.7   Der Kunde berichtet Ihnen: »Ich habe gehört, es gibt ein Buch über lateinische Wörter im Deutschen, das ist wohl in einem Verlag erschienen, da kommt irgendwie ›Ab‹ vor?!« – Erläutern Sie auf der Grundlage Ihrer Kenntnisse und Fertigkeiten Ihre Recherche.

5.8   Einer Ihrer Kollegen äußert im Gespräch: »Bei den vielfältigen Anforderungen hier im Geschäft bleibt mir für die Lektüre des *Börsenblatts*
keine Zeit!« – Begründen Sie anhand von zwei Aspekten die Unhalt-
barkeit dieser Äußerung.

5.9   Erläutern Sie einem interessierten Kunden anhand von fünf Aspekten
die Funktionalität des in Ihrer Ausbildungsbuchhandlung genutzten
Barsortimentskatalogs.

5.10 Ein Kunde möchte eine Zeitschrift zur Fortsetzung in Ihrem Betrieb
bestellen. Führen Sie ein entsprechendes Beratungsgespräch.

5.11 Ein Stammkunde bittet Sie, ihm eine Verlagsvorschau zu überlassen,
damit er sich einen Marktüberblick verschaffen kann. Erläutern Sie für
den Kunden wichtige Hinweise zur Nutzung der Vorschau.

5.12 Formulieren Sie jeweils eine verbale Suchfrage, die ausschließlich
mittels des Informationssystems *Verzeichnis lieferbarer Bücher, Deutsche Nationalbibliografie*, Barsortimentskatalog (betriebsabhängig)
sowie Antiquaria.com beantwortet werden kann. Begründen Sie Ihre
Entscheidung.

5.13 Sie erklären einem Kunden die Relevanz der Verwendung von
Boole'schen Operatoren bei der Recherche hinsichtlich der Menge der
zu erwartenden Treffer.

5.14 Ein Kunde beobachtet, dass Sie eine Schlagwortrecherche durchführen.
Er bittet Sie um eine Erläuterung dieser Recherchestrategie.

5.15 Ein Kunde sagt: »Mein Sohn benötigt für ein Referat im Deutsch-LK
vertiefende Informationen zu Goethes *Iphigenie auf Tauris*. Können Sie
mir da weiterhelfen?« – Formulieren Sie eine kundenorientierte
Antwort.

6
Beratung und Verkauf

Beratung und Verkauf

Aus: Ausbildungsrahmenplan für die Berufsausbildung zum Buchhändler und zur Buchhändlerin | Sachliche Gliederung (§ 4 Absatz 2 Abschnitt A Nummer 5)

- Waren und Dienstleistungen des Ausbildungsbetriebes kundenorientiert anbieten, Preise begründen;
- Gesprächsführungstechniken bei Informations-, Beratungs- und Verkaufsgesprächen anwenden;
- im Kundengespräch sprachliche und nichtsprachliche Kommunikationsformen berücksichtigen;
- auf Kundeneinwände und Kundenargumente verkaufsfördernd reagieren;
- Konfliktursachen feststellen, Konfliktlösungen im Beratungsgespräch situationsbezogen anwenden;
- Kundentypen und Verhaltensmuster im Kundengespräch individuell nutzen;
- Kaufmotive und Wünsche von Kunden ermitteln und in Verkaufsgesprächen nutzen;
- kulturelle Besonderheiten im Kundenkontakt berücksichtigen;
- Kunden beraten und Verkaufsgespräche führen, Kauf abschließen;
- Kundenkontakte nutzen und pflegen, dem Kundeninteresse entsprechende Bücher und Produkte aktiv anbieten;
- über Neuerscheinungen informieren, neue Bücher und Bestsellerservice anbieten;
- über Titel und Produktformen kundenorientiert beraten;
- Trends und innovative Ansätze als Verkaufsargument nutzen;
- Kundenbestellungen aufnehmen und bearbeiten;
- Auswirkungen der eigenen Verkaufstätigkeit auf Unternehmenserfolg, Kundenzufriedenheit und Kundenbindung berücksichtigen;
- das Spektrum der buchhändlerischen Dienstleistungen des Ausbildungsbetriebes kundenorientiert einsetzen;
- Einfluss von Kundenbindung und Kundenservice auf den Verkaufserfolg beachten;
- für nicht lieferbare Bücher und Produkte vergleichbaren Ersatz anbieten und erläutern;
- beim Einsatz besonderer Formen des Kundenservices im Ausbildungsbetrieb mitwirken;
- Umtausch, Beschwerden und Reklamationen bearbeiten; rechtliche Bestimmungen und betriebliche Regelungen anwenden;
- Beschwerdemanagement als Instrument zur Kundenbindung nutzen;
- durch eigenes Verhalten zur Kundenzufriedenheit und Kundenbindung beitragen.

Buchhändler verkaufen sowohl Waren als auch Dienstleistungen (siehe Kap. 2). Richtschnur ihres Handelns beim Verkauf ist dabei immer die Zufriedenheit des Kunden. Um die buchhändlerische Arbeit erfolgreich zu gestalten, bedarf es des gelungenen Zusammenspiels einer Vielzahl von Faktoren. Der Kunde, dessen Bedürfnisse der Buchhändler kennen muss und denen er in seiner Sortimentsausrichtung Rechnung trägt, soll sich im Geschäft wohl fühlen. Dabei findet er nicht nur Waren nach seinem Geschmack, sondern auch fachkundiges Personal, das ihn kompetent beraten kann und will. Die Mitarbeiter sind auch in der Lage, ungenau formulierte Wünsche bzw. unklare Bedürfnisse in einem aktiv geführten kundenorientierten Gespräch zu ermitteln und einer Lösung zuzuführen, sodass letztlich beide Seiten, Sortimenter und Kunde, die miteinander gestaltete Kommunikations- bzw. Verkaufssituation als gelungen erleben. Dies kann sich im Abverkauf eines Buches niederschlagen, aber auch im Hinweis auf eine besondere Kulturveranstaltung in der Stadt oder im Versprechen des Kunden, bei Gelegenheit wieder im Laden vorbeizuschauen.

Zwar möchte der Buchhändler grundsätzlich die von ihm angebotenen Waren und Dienstleistungen verkaufen, doch steht die Beratungsleistung gleichsam über und vor dem konkreten Verkauf, der eine mögliche Folge guter Beratung sein kann. Wichtiger ist jedoch, den Kunden in jedem Fall zufrieden zu stellen. Dabei wird Kundenzufriedenheit hier so verstanden, dass die Erwartungen des Kunden hinsichtlich der Leistungen, die der Buchhändler anbietet, voll und ganz erfüllt werden. Dies kann eben unter Umständen auch bedeuten, dass der Kunde nur einige Informationen zu einem bestimmten Thema erhalten möchte. Hinsichtlich möglicher Kundenbindungspotenziale kann der beschriebene ›Nicht-Verkauf‹ im Übrigen sehr viel höheres Potenzial enthalten als ein tatsächlich vollzogener Verkauf. Dies wird unter dem Stichwort Serviceleistungen im Kapitel 5.5 noch näher ausgeführt.

In erster Linie beziehen sich die folgenden Ausführungen auf den stationären Verkauf, wobei die Besonderheiten von Beratung und Verkauf in virtuellen Verkaufsräumen nicht vernachlässigt werden sollen. Es ist jedoch nach wie vor unbestritten, dass die konkrete Präsenz des menschlichen Individuums in echten Kommunikationssituationen denen der virtuellen Präsenz in digitalen Kontexten immer überlegen ist. Dennoch nutzt der moderne multioptionale Kunde unterschiedlichste Kanäle, um seine Bedürfnisse zu befriedigen. Er nimmt Online-Angebote als ebenso selbstverständlich wahr und nutzt sie wie stationäre Angebote.

In diesem Kapitel soll herausgestellt werden, was die Besonderheit der konkreten buchhändlerischen Beratungsleistung ausmacht und warum der Kunde sich nicht mit den Angeboten eines reinen Internet-Buchhändlers zufrieden geben sollte. Denn zig (so genannte) Kundenrezensionen können niemals die Authentizität einer buchhändlerischen Fachberatung ersetzen, die neben Chancen leider auch Risiken in sich birgt.

Bedarf decken, Bedarf wecken und ›Atmosphäre verkaufen‹

Zunächst sollte man sich noch einmal klar machen, was die verkäuferischen Aufgaben einer Buchhandlung ausmacht. Es gibt höchst unterschiedliche Anlässe, eine Buchhandlung zu betreten und nicht immer kommt es zu einer Kaufhandlung. Mehr als zwei Drittel der Kunden, die einen Buchladen betreten, tun dies ohne feste Kaufabsicht, und viele verlassen die Buchhandlung, ohne einen Kauf getätigt zu haben. Das Betreten einer Buchhandlung ist also nicht untrennbar mit einem Kaufwunsch verbunden. Viele Kunden wollen sich einfach nur umschauen, vielleicht um ihre freie Zeit sinnvoll zu nutzen, um sich einen Überblick über das Warenangebot zu verschaffen, um eine Reise vorzubereiten, um sich über ein Spezialthema zu informieren oder was immer man sonst noch als Motiv anführen kann. Wenn eine Buchhandlung kunden- und verkaufsorientiert sein will, muss sie drei unterschiedliche Aufgaben erfüllen: Bedarf decken, Bedarf wecken und Atmosphäre verkaufen.

Verkäuferische Aufgaben einer Buchhandlung

BEDARF DECKEN
Bei einem Zielkauf seitens der Kunden liegt keine verkäuferische Leistung im engeren Sinne vor, denn die Wünsche des Kunden werden aufgrund des eingekauften Sortiments und der Recherche- und Lagerkenntnisse der Mitarbeiter befriedigt. Die Verkaufskompetenz des Buchhändlers tritt erst dann zutage, wenn ein Ersatzverkauf angeboten wird und der Kunde nach einem erfolgreichen Verkaufsgespräch das Buch oder ein anderes Produkt kauft. Ein Extremfall des Bedarf-Deckens liegt vor, wenn ein bestellter Titel aus dem Abholfach heraus ausgehändigt wird.

BEDARF WECKEN
Rund 2/3 aller Kaufentscheidungen fallen am Point-of-Sale. Diese Spontankäufe werden häufig ohne das Verkaufspersonal realisiert und sind Resultat eines visuellen Warenarrangements. Der Kunde wird durch werbewirksame Warenplatzierung und -präsentation im Schaufenster oder im Verkaufsraum (Tische, Regalwände) auf Themen und Titel aufmerksam gemacht, an die er (zunächst) gar nicht gedacht hat.

ATMOSPHÄRE VERKAUFEN
Hier geht es nicht um den kurzfristigen Verkaufserfolg in barer Münze, sondern um den ›Verkauf‹ des Sich-Wohlfühlens in der Buchhandlung. Der Kunde soll sich in Ruhe umschauen dürfen und das Sortiment mit seinem Warenangebot, seinem ihm eigenen Flair und auch mit seiner mitunter hektischen Betriebsamkeit erfahren können. Ein derart positiv beeinflusster Kunde wird wiederkommen, wenn er demnächst Bücher kauft bzw. kaufen muss oder anderen eine Buchhandlung empfehlen soll.

6.1
Verkäufertypen und Verkäuferrollen

Das Gelingen eines Verkaufsgesprächs hängt von den Kenntnissen und Fertigkeiten der im Unternehmen tätigen Mitarbeiter ab. Auch wenn das Unternehmen im Rahmen seiner Corporate Identity bestimmte Richtlinien für seine Mitarbeiter festlegt, so unterscheiden sich die buchhändlerischen Fachkräfte doch genauso wie die vielen verschiedenen Kunden(gruppen), die die Buchhandlung besuchen. Dabei kann man differenzieren zwischen Typen, die die jeweiligen Mitarbeiter repräsentieren, und den Rollen, die sie einnehmen.

6.1.1
Verkäufertypen

In der heutigen Betriebspsychologie unterscheidet man nach Frederick Herzberg Hygienefaktoren und Motivatoren. **Hygienefaktoren** resultieren aus dem Arbeitsumfeld (Betriebspolitik, Führungstechnik, Organisation, Beziehungen zu den Kollegen und Vorgesetzten, Bezahlung etc.). Ihr Vorhandensein wird in der Regel als selbstverständlich vorausgesetzt. Erst wenn diese Faktoren fehlen oder wenn sie für die Mitarbeiter nicht ›stimmen‹, entsteht eine Unzufriedenheit, die demotivierend und damit leistungsmindernd wirkt. Die **Motivatoren** hingegen sind Faktoren, die in direktem Zusammenhang mit dem Inhalt der Arbeit stehen. Hier geht es um Verantwortung, Zuständigkeitsbereiche, Anerkennung, Selbstbestätigung, Fortbildungs- und Beförderungsmöglichkeiten u. a. m. Auch hier gilt: ›Stimmen‹ die Motivatoren, so erbringt der Mitarbeiter gute Leistung, während das Fehlen eine stark verminderte Produktivität nach sich zieht.

Wie kann nun der Mitarbeiter seine optimale Leistung erzielen und gleichzeitig die höchstmögliche Zufriedenheit im Arbeitsprozess ermöglicht werden? Arnd Roszinsky-Terjung spricht in diesem Zusammenhang von einem ›Speichenrad-Theorem‹. Ein Rad hat die vier Speichen Wissen, Können, Dürfen und Wollen. Wenn diese vier Speichen in gleicher Stärke angeordnet sind, dann ›rollt‹ das Rad ohne Probleme, die Fachkraft arbeitet motiviert, bereitwillig, engagiert und mit vollem Einsatz. Ist jedoch eine dieser Speichen weniger stark ausgeprägt, dann entsteht eine ›Unwucht‹, und es treten Dissonanzen auf. Wenn beispielsweise der Mitarbeiter mehr will und kann als er darf oder wenn er mehr darf als er kann, kommt es zu psychischen Zuständen wie Frustration, Enttäuschung, Angst, die sich arbeits- und produktivitätshemmend auswirken.

Die Faktoren des Arbeitsumfeldes wirken sich immer und direkt auf die Grundeinstellung des Buchhändlers zu seinen Kernaufgaben aus, also auf seine Einstellung zu Beratung und Verkauf. Dabei kann der Mitarbeiter verschiedene Rollen einnehmen, die die Amerikaner Greenberg und Maier in einer Verkäufertypologie, unter Verwendung der Begriffe Ego Drive und Empathy erstellt haben. Unter Ego Drive verstehen sie die Disposition und die Fähigkeit zum Verkaufen-Wollen, während Empathy das Vermögen signalisiert, sich in den Kunden hineinzuversetzen. So entstehen vier **Verkäufertypen:**

Der drängende Verkäufer (viel Ego Drive, wenig Empathy)
Der drängende Verkäufer denkt nur an das schnelle Geld. Für diesen ›Hochdruckverkäufer‹ ist kurzfristiger Erfolg langfristigen Unternehmenszielen übergeordnet.

Der einfühlsame Verkäufer (wenig Ego Drive, viel Empathy)
Der einfühlsame Verkäufer berät, erfüllt Kundenwünsche und kann gut auf seine Kunden eingehen. Da jedoch nicht der Verkauf, sondern die Beratung im Vordergrund steht, überlässt er häufig dem Kunden die Entscheidung zum Kauf – oder zum Nicht-Kauf.

Der unglückliche Verkäufer (wenig Ego Drive, wenig Empathy)
Der unglückliche Verkäufer stellt weder seine Kunden noch seine Vorgesetzten zufrieden. Auch er selbst fühlt sich in seiner Haut nicht wohl.

Der ideale Verkäufer (viel Ego Drive, viel Empathy)
Der ideale Verkäufer paart den Willen zum Verkauf mit der Fähigkeit, seine Kunden und deren Wünsche und Interessen zu verstehen und zu befriedigen.

Angesichts der Verschiedenartigkeit einzelner Mitarbeiter sollte jeder Inhaber oder Personalleiter immer solche Verkaufskräfte einstellen, die seiner Firmenphilosophie und seinen Unternehmensleitlinien gegenüber positiv eingestellt sind. Denn im Rahmen kundenorientierten Arbeitens braucht jeder Betrieb, ganz gleich welcher Ausprägung, engagierte und motivierte Mitarbeiter, damit sie in Kenntnis und Ausführung der jeweils relevanten Rolle im Umgang mit dem Kunden das bestmögliche betriebliche Ergebnis erzielen können.

6.1.2
Verkäuferrollen

Bestimmte Verkäufertypen realisieren sich in bestimmten Rollen, die in Beratungs- und Verkaufssituationen eingenommen werden. Dabei erschöpft sich das buchhändlerische Handeln nicht im bloßen Warenangebot bzw. dessen Verteilung (= Verkauf). Erfolgreiche Interaktion beim Verkauf heißt immer auch ›aktiv sein‹, ›sensitiv sein‹. Dies wiederum bedeutet, dass der Buchhändler Promoter (nicht: Filter) seiner Leistungen sein muss, wenn er im Markt erfolgreich agieren will. Buch-Handeln heißt demzufolge: Verkaufs-Handeln bewusst gestalten. Die Interaktion findet u. a. in Verkaufsgesprächen statt, wobei auf die konkrete Gesprächssituation eine Vielzahl weiterer Faktoren einwirken, z. B.:

• psychologische Einflussfaktoren,
• kommunikative Einflussfaktoren
• Einflussfaktor Fachkompetenz,
• Einflussfaktor betriebliches Umfeld

Erst im gelungenen Zusammenwirken aller Faktoren entfaltet sich buchhändlerisches Handeln im Sinne zielgerichteter buchhändlerischer Bera-
tungs- und Verkaufskompetenz.

Der Buchhändler muss sich seines Typus bewusst sein und zudem sein Gegenüber richtig einschätzen, damit er seine ihm angemessene Rolle einnehmen kann. In Abhängigkeit von Kenntnisstand und Beratungsbedarf des jeweiligen Kunden unterscheiden Haucke und Bienert vier verschiedene Verkäuferrollen:

Der Informationsvermittler (Rolle in der Beratung selbstständiger und
bereits (vor-) informierter Kunden) soll dem Kunden lediglich präzise und
konkrete Informationen vermitteln. Eine ausführliche Beratungsleistung
ist nicht erforderlich. In der Regel hat sich der Kunde bereits vorab
informiert und braucht die Kompetenz des Buchhändlers in Hinblick auf
Hintergrundinformationen oder aktuelle Auskünfte.

Der Tippgeber (Rolle in der Beratung wenig informierter, aber durchaus
selbstständiger Kunden) übernimmt die Führung in Beratung und Verkauf.
Der Kunde benötigt klare und einfache Empfehlungen, die zielgerichtet
und Nutzen orientiert die Wünsche des Kunden befriedigen.

Der Fachberater (Rolle in der Beratung informierter Kunden, die jedoch
eingehender Fachberatung bedürfen) ist gleichsam der Experte auf Augenhöhe mit dem Kunden, der sich selbst ebenfalls als ›Profi‹ versteht.
Kenntnisse in Bezug auf das Fachgebiet des Kunden sind notwendig,
damit dieser die Buchhändlerrolle akzeptiert. Entscheidungen trifft der
Kunde in der Regel selbstständig.

Der Lotse (Rolle in der Beratung wenig informierter Kunden, die nach
eingehender Fachberatung verlangen) soll dem Kunden dabei helfen
herauszufinden, was er überhaupt benötigt. Fundiertes Wissen bildet dabei
die Grundlage für qualifizierte und differenzierte Angebote, aus denen der
Kunde dann selbstständig auswählt.

Grundvoraussetzung für das Gelingen von Beratung und Verkauf ist die Fachkompetenz des Buchhändlers in Bezug auf das gesamte Leistungsspektrum
buchhändlerischen Handelns: von Beschaffung und Einkauf über Platzierung
und Präsentation bis hin zu aktivem Verkauf. Darüber hinaus ist die Freundlichkeit im partnerschaftlichen Umgang mit dem Kunden Garant für die erfolgreiche Arbeit. Auch noch so ungewöhnlich erscheinende Kundenwünsche
möchte er kompetent erfüllen. Dabei hat er sowohl die Ziele des Unternehmens als auch seine individuelle psychische Disposition im Blick.

Jeder ist in den unterschiedlichsten Handlungssituationen selbst Kunde. So wie man selbst wahrgenommen und behandelt werden möchte, so soll man auch seinen Kunden entgegen treten. Es gilt also, immer aus der Perspektive des Kunden das eigene Handeln zu betrachten. Nur so kann konsequent kundenorientiertes Arbeiten gelingen. Die richtige Selbstwahrnehmung und die entsprechende Einschätzung der eigenen Persönlichkeit mit ihren individuellen Kompetenzen ermöglichen die adäquate Kundenwahrnehmung und bilden somit die Grundlage der Kundenorientierung. Wie schon erwähnt wurde, ist der Kunde immer dann zufrieden, wenn seine Erwartungen erfüllt werden. Will man den Kunden zu einem begeisterten Kunden machen, sollten zu den genannten Standardleistungen weitere Elemente hinzu treten. Ein angenehmes Ambiente, Zusatzangebote wie Kinderbetreuung sowie weitere Leistungen, wie etwa täglicher Lieferservice, besondere Geschenkverpackung oder verschiedenste Zahlungsmöglichkeiten, bedeuten ein Add-on zu den vom Kunden erwarteten Standards. Mittels solcher Add-ons werden möglicherweise aus Kunden im Laufe der Zeit Stammkunden.

Erwartung (des Kunden) = Leistung (des Buchhändlers)	→ Kundenzufriedenheit
Erwartung (des Kunden) = Leistung (des Buchhändlers) + X	→ Kundenbegeisterung

6.2
Kundentypologien

Der einzelne Kunde zeichnet sich jeweils durch eine ihm ureigene psychische Disposition und entsprechende Verhaltensweisen aus. Die so entstehende Vielzahl ganz spezifischer Verhaltensweisen kann jedoch mittels größerer Gruppen intersubjektiv gültiger Eigenschaften beschrieben werden. Diese Gruppen werden durch Ähnlichkeitsmerkmale gebildet. Eine entsprechende Zuordnung ermöglicht es dann, ausgehend vom einzelnen Subjekt, generelle Kundentypen zu beschreiben

6.2.1
Kundenbedürfnisse – die psychologische Dimension des Kaufens

Verstand und Gefühl sind – analog zu den beiden Gehirnhälften – zwei Seiten der menschlichen Persönlichkeit. Dementsprechend liegen jeder menschlichen Handlung vernünftige Überlegungen und/oder gefühlsmäßige Motive zugrunde. Auslöser bzw. Antriebsfedern für Konsumbedürfnisse sind nicht selten gerade die irrationalen Antriebsfedern wie Gefühle, Sehnsüchte und Wünsche. Diese Erkenntnis hat gleichermaßen Konsequenzen für Verkauf, Beratung und Warenpräsentation.

Eine rein sachliche Argumentation des Verkäufers kann zwar verstandesmäßig überzeugen, aber Kaufen stellt genauso – auch wenn es dem Kunden selten bewusst ist – eine emotionale Bedürfnisbefriedigung dar, die in unserer heutigen Gesellschaft häufig eine kompensatorische Funktion ausübt (Kaufen als Ersatzbefriedigung). Wie sonst ist es zu erklären, dass viele Menschen, obwohl sie eigentlich alles Lebensnotwendige ihr Eigen nennen können, ständig auf der Suche nach Neuem, nach Anderem sind, dessen Besitz oder Konsum sie aber nur kurzfristig befriedigt, sodass die erneute Unzufriedenheit wiederum zu weiteren Kaufwünschen führt. Es ist ein ›offenes‹ Geheimnis, dass viele Werbestrategien gerade an diesem Punkt ansetzen.

Der Buchhändler darf also die psychologische Komponente nicht aus dem Blick verlieren, auch wenn mancher Bücherkauf vordergründig das Resultat einer rationalen Entscheidung ist. Denn auch hinter objektivierbaren Verwendungszwecken stehen häufig irrationale, aber psychologisch begründete Kaufmotive, die dem Kunden mitunter nicht bewusst sind oder die er nicht zur Sprache bringen will. Neben der rationalen Bedarfsdeckung (Produktnutzen) spielt eben auch eine emotionale Bedürfnisbefriedigung (Zusatznutzen) eine große Rolle. Nicht ohne Grund werden Werbefachleute mit dem Satz konfrontiert: »Man verkaufe keine Lippenstifte, sondern schöne Lippen.«

Bedürfnispyramide nach Maslow

An dieser Stelle soll ein Klassiker der Konsumenten-Psychologie vorgestellt werden: Abraham H. Maslow. Der amerikanische Sozialforscher und Psychologe hat die Bedürfnisse des Menschen in eine hierarchische Ordnung gebracht. Die elementaren Grund- oder Primärbedürfnisse wie Essen und Trinken sind physiologischer Art. Erst wenn diese Bedürfnisse befriedigt sind, entwickelt der Mensch weitere (sekundäre) Anforderungen und Bedürfnisse, für deren Befriedigung er Wege und Möglichkeiten finden muss. Da stellen sich die Fragen nach Sicherheit (Gesundheit, Beruf, Vorsorge) und nach sozialer Integration und

Motive menschlichen Verhaltens (nach A. H. Maslow)

Akzeptanz. Da der Mensch aber nie ausschließlich ein Gemeinschaftswesen ist, lassen sich auch individualistische Bedürfnisse feststellen. Während das Wertschätzungsbedürfnis, das sich in Erfolgs- oder Geltungsbedürfnis niederschlägt, die beginnende Abgrenzung zum gesellschaftlichen Umfeld signalisiert, zeigt das Streben nach Selbstverwirklichung verstärkt privatistische Züge.

Menschliche Verhaltensweisen sind allerdings häufig zu komplex, um als Reaktion auf nur ein Bedürfnis reduziert werden zu können. Nehmen wir beispielsweise den Kauf eines großformatigen Weltatlas. Hierbei können verschiedene (Sekundär-)Bedürfnisse ineinander greifen. So will der Käufer nicht nur die Sicherheit haben, das Faktenmaterial gut aufbereitet vorzufinden, sondern er möchte auch in der heutigen Informationsgesellschaft mitreden können. Vielleicht spielt beim Kauf das Bedürfnis, Fachgespräche qualifiziert führen zu können, ebenso eine Rolle wie die Präsentation des möglicherweise mit Goldschnitt ausgestatteten Bandes, die zur Stilisierung seiner Lebenswelt dient und damit gleichzeitig das Bedürfnis nach Selbstverwirklichung befriedigt. Natürlich wäre es falsch, den Kunden unmittelbar auf seine Bedürfnisse anzusprechen, aber herauszufinden, welches Kaufmotiv dominiert und den Kunden dahingehend positiv in seiner Kaufentscheidung zu bestärken, macht u. a. den Reiz eines Verkaufsgespräches aus.

Der Innenarchitekt Wilhelm Kreft hat in seinem Buch *Ladenplanung* in Anlehnung an Maslow eine ›Konsumenten-Bedürfnis-Hierarchie‹ für unsere Industrie- und Verbrauchergesellschaft skizziert. Seine zentrale These besagt, dass mehr Freizeit und höheres verfügbares Einkommen immer neue Bedürfnisse des Konsumenten in Richtung Selbstverwirklichung bewirken. Denn ein Mehr an verfügbarer Kaufkraft führt nicht zwangsläufig zu mehr Käufen, sondern zu bewussteren, sorgfältigeren Kaufentscheidungen. Eine entscheidende Rolle spielt dabei natürlich die Frage, welche Anregungen dem potenziellen Käufer geboten werden. Dies gilt besonders für die Gestaltung des Verkaufsraumes (siehe Kap. 10.6 und 10.7). Die psychologische Dimension des Kaufens und Verkaufens umfasst somit auch die Inszenierung der Verkaufsfläche.

6.2.2
Kundentypen

Ausgehend von den Bedürfnissen des heutigen Konsumenten unterscheidet Kreft fünf Kundentypen:
• der preisbewusste Kunde,
• der warenbewusste Kunde,
• der beratungserwartende Kunde,
• der anregungserwartende Kunde,
• der statusbewusste Kunde.

Diese Typologie wird jedoch nicht näher beschrieben, da es dem Ladenbauer Kreft eher um die Darlegung des Zusammenhangs von Bedürfnisdisposition und Gestaltung der Einkaufsumgebung geht. Die genannten Kundentypen stehen jeweils für spezifische Erwartungshaltungen an die besuchte Einkaufsstätte. Die psychologische Dimension des Verkaufens hat somit das Verkaufsumfeld erfasst und ist zugleich Grundlage des Versuchs, eine entsprechende Kundentypologie zuzuordnen. Diese trägt den wissenschaftlich begründeten psychologischen und soziologischen Zusammenhängen Rechnung. Allerdings muss klar sein: So wie es nicht den(!) Buchhändler gibt, gibt es genauso wenig den(!) Kunden. Deshalb gibt es selbstverständlich eine Vielzahl von unterschiedlichen Kundentypologien, von denen im Folgenden einige genauer vorgestellt werden.

6.2.2.1
Sinus-Milieus

Die Forschungsergebnisse der Sozialwissenschaften sind für die Entwicklung von Kundentypologien von großer Bedeutung. Die Buchbranche nutzt in besonderem Maße die Arbeit des Sinus-Instituts. Dessen Forschungsansatz verbindet soziodemografische Faktoren mit psychografischen Aspekten. Beide Dimensionen werden in so genannten ›Milieus‹ abgebildet, mittels derer man zu allgemeingültigen Aussagen über Lebenswelten und Einstellungen von verschiedenen Gruppen der Gesamtbevölkerung kommt. Die Sinus-Milieus dienen ganz allgemein der Bestimmung von Zielgruppen mittels einer Lebens-

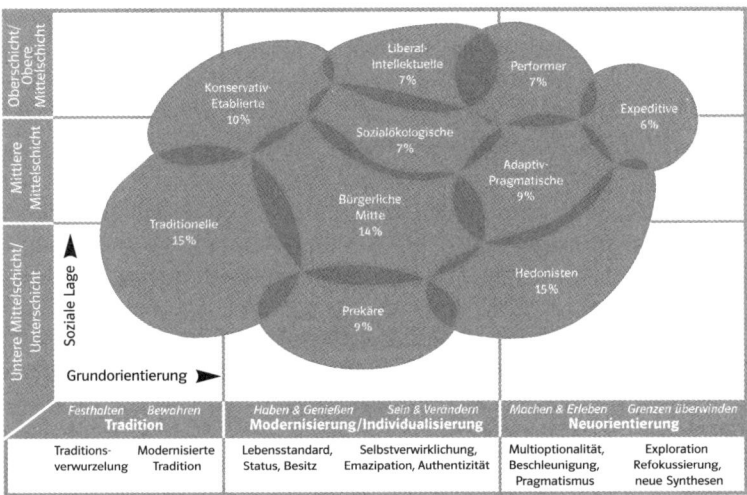

Sinus-Milieus in Deutschland 2012 Milieu-Landkarte

weltanalyse der Gesellschaft. Sie gruppieren Menschen, die sich in ihrer Lebensauffassung und Lebensweise ähneln. Grundlegende Wertorientierungen gehen dabei ebenso in die Analyse ein wie Alltagseinstellungen zur Arbeit, zur Familie, zur Freizeit, zu Geld und Konsum. Sie rücken also den Menschen und das gesamte Bezugssystem seiner Lebenswelt ganzheitlich ins Blickfeld. Dabei ist die von Sinus beschriebene Milieulandschaft ständigen Veränderungen unterworfen, womit der Entwicklung der Gesellschaft, die einem ständigen Wertewandel unterliegt, Rechnung getragen wird. Die Grenzen zwischen den Milieus sind fließend. Sinus nennt dies die ›Unschärferelation der Alltagswirklichkeit‹. Zuletzt wurde die Milieu-Landkarte des Sinus-Instituts 2010 aktualisiert.

Wie schon in früheren Darstellungen veranschaulicht eine ›Kartoffelgrafik‹ die Position der Milieus in der deutschen Gesellschaft nach sozialer Lage und Grundorientierung: Je weiter oben ein Milieu in dieser Grafik angesiedelt ist, desto gehobener sind Bildung, Einkommen und Berufsgruppe; je weiter es sich nach rechts erstreckt, desto moderner im soziokulturellen Sinne ist die Grundorientierung. Alle vorgestellten Milieus werden vom Sinus-Institut genau charakterisiert. Beispielhaft seien hier die Kurzcharakteristiken der sozial gehobenen Milieus und der Milieus der Mitte zitiert:

Sozial gehobene Milieus

KONSERVATIV-ETABLIERTES MILIEU 10 Prozent	Das klassische Establishment: Verantwortungs- und Erfolgsethik; Exklusivitäts- und Führungsansprüche versus Tendenz zu Rückzug und Abgrenzung
LIBERAL-INTELLEKTUELLES MILIEU 7 Prozent	Die aufgeklärte Bildungselite mit liberaler Grundhaltung und postmateriellen Wurzeln; Wunsch nach selbstbestimmtem Leben, vielfältige intellektuelle Interessen
MILIEU DER PERFORMER 7 Prozent	Die multi-optionale, effizienzorientierte Leistungselite mit global-ökonomischem Denken und stilistischem Avantgarde-Anspruch; hohe IT- und Multimedia-Kompetenz
EXPEDITIVES MILIEU 6 Prozent	hyperindividualistisch, mental und geografisch mobil, digital vernetzt und immer auf der Suche nach neuen Grenzen und nach Veränderung

Milieus der Mitte

BÜRGERLICHE MITTE 14 Prozent	Der leistungs- und anpassungsbereite bürgerliche Mainstream: generelle Bejahung der gesellschaftlichen Ordnung; Streben nach beruflicher und sozialer Etablierung, nach gesicherten und harmonischen Verhältnissen. Die Bürgerliche Mitte wird weiter unterteilt in: • STATUSORIENTIERTE 6% Das Status-quo-bewusste Segment der modernen Mitte: Gehoben-konventioneller Lebensstil und Stolz auf den erreichten Lebensstandard • HARMONIEORIENTIERTE 8% Das von der gesellschaftlichen Modernisierung bedrohte Segment: Selbstbild als Mitte der Gesellschaft versus massive Abstiegsängste und Aufstiegsernüchterung

ADAPTIV-PRAGMATISCHES MILIEU   Die zielstrebige junge Mitte der Gesellschaft mit ausge-
9 Prozent   prägtem Lebenspragmatismus und Nutzenkalkül: erfolgs-
                               orientiert und kompromissbereit, hedonistisch und kon-
                               ventionell, flexibel und sicherheitsorientiert

SOZIALÖKOLOGISCHES MILIEU   Idealistisches, konsumkritisches / -bewusstes Milieu mit
7 Prozent   normativen Vorstellungen vom ›richtigen‹ Leben: Ausge-
                               prägtes ökologisches und soziales Gewissen; Globalisie-
                               rungs-Skeptiker, Bannerträger von Political Correctness
                               und Diversity

Wenn im Folgenden also von Kundentypen die Rede ist, dann sind alle genannten Typen immer in Hinblick auf die beschriebene Milieu-Landschaft zu
interpretieren und zwingend in die jeweils beschriebenen Einzelmilieus zu integrieren. Das heißt beispielsweise für den Kundentyp ›Stammkunde‹, dass
bei dessen Charakterisierung und genauer Beschreibung immer zu berücksichtigen ist, welchem konkreten Milieu er angehört. Denn erfolgreiche Beratung und Verkauf gestalten sich bei Stammkunden aus dem Milieu der Performer anders als bei solchen aus dem Milieu der Konservativ-Etablierten
oder der Liberal-Intellektuellen.

Zahlreiche Studien des Börsenvereins bedienen sich der Forschungsergebnisse des Sinus-Instituts, so etwa die Studie *Buchkäufer und Leser – Pro-
file, Motive, Wünsche* (zuletzt 2008 durchgeführt), in der Kundentypen einer
Vielzahl von Käufertypen, wie Nicht-Käufer, Wenig-Käufer, Durchschnitts-
Käufer und Viel-Käufer, zugeordnet werden, die dann wiederum mit Buchtypen korrelieren. Die Studie führt dann im Ergebnis zu einer ausführlichen Beschreibung von Zielgruppen (unter Verwendung der Sinus-Milieu-Begriffe),
deren Käuferpotenziale in Bezug auf Wertstellung des Buches und Einkaufs-
präferenzen dargestellt werden:

Den oben genannten Käufertypen zugeordnete 8 Buchtypen

• der Buchresistente   • der Regalsteller
• der buchkaufende Nichtleser   • der Durchschnittsnutzer
• der Wenignutzer   • die ausleihende Leseratte
• der Gelegenheitsleser   • die kauffreudige Leseratte

6.2.2.2
Kundentypologien

Es gibt kaum eine Veröffentlichung zum Thema Beratung und Verkauf, die
nicht eine eigene Typologie für Kunden vorstellt. Wer sich mit dem Thema
beschäftigt, muss zwangsläufig den Kunden als den zentralen Faktor in den

Mittelpunkt seiner Darstellung rücken. – Stellen wir uns für einen Augenblick die folgende Situation vor: Ein Licht durchfluteter Verkaufsraum, staubfreie Regale, ordentlich gebaute Thementische und sichtbares Personal. Der Kunde betritt die Buchhandlung. Die Buchhändlerin empfängt ihn mit einem freundlichen Lächeln. – Seien Sie gut gewappnet, bleiben Sie gelassen und vergessen Sie nie das oberste Gebot: Der Kunde ist königlicher Gast! Wir leben mit ihm – und von seiner Kaufkraft.

Wer aber ist nun dieser königliche Gast ganz genau, der als Mitglied eines relativ genau bestimmbaren Milieus eine ganz bestimmte Käufergruppe und somit einen spezifischen Buchtyp verkörpert? In einer Projektarbeit haben Auszubildende des mediacampus frankfurt *(Überlebenstraining im Umgang mit schwierigen Kunden*, Edition Buchhandel Band 26) die folgenden 20 Kundentypen benannt und beschrieben:

• der Ahnungslose	• der Helfer	• der Schwätzer
• der Arrogante	• der Komiker	• der Sparer
• der Aufdringliche	• der Nachfrager	• der Streitsuchende
• der Bemitleidenswerte	• der Nicht-Ernstnehmer	• der Unentschlossene
• der Besserwisser	• der Nörgler	• der Verkäuferfixierte
• der Duzer	• der Pingelige	• der Wichtigtuer
• der Eilige	• der Schüchterne	

Das *Handbuch Verkäufer/-innen – Kaufleute im Einzelhandel* listet die folgenden Kundentypen auf:

• emotionale Kundentypen	• der Schweiger	• der Stammkunde
• rationale Kundentypen	• der Hektiker	• der Neuheiten-Typ
• Ausländer	• der Ruhige	• der Nörgler
• Kinder	• der Ungeduldige	• der Sicherheitstyp
• Jugendliche	• der Experte	• der Prestige-Typ
• ältere Kunden	• der Seh-Kunde	• der Schnäppchenjäger
• der Schwätzer	• der Laufkunde	• der Unentschlossene

Welchem Leser fällt nicht auf Anhieb eine ganz konkrete Person ein, die er einer jeden der aufgelisteten Typen-Bezeichnungen zuordnen könnte! – Damit eine Typologie nun aber einen praktischen Nutzwert hat, gilt es, jeden der genannten Typen mittels spezifischer Verhaltensdispositionen bzw. Eigenschaften zu charakterisieren und, davon abgeleitet, entsprechende buchhändlerische Reaktionsweisen zu formulieren.

Eine Übersicht mit generell verbindlichen Kategorisierungen kann es naturgemäß nicht geben. Jeder von uns wird individuell begründete Besonderheiten notieren. Diese haben jedoch quasi eine Art allgemeingültiges Zentrum, um das sich die jeweiligen Formulierungen gruppieren. Beispielhaft sei das für den Kundentyp des ›Nörglers‹ vorgeführt:

Kundentyp	Verhaltensdispositionen bzw. Eigenschaften	buchhändlerische Reaktions- möglichkeiten
der Nörgler	• kritisiert das Leistungsangebot • äußert Unzufriedenheit mit dem Personal • beschwert sich häufig • tauscht Waren oft um • ist genervt von Störungen aller Art • hält sich häufig für einen Experten • hat ein besonderes Geltungsbe- dürfnis etc.	• Geduld und Gelassenheit bewahren • Umtauschregeln erklären • freundliches und entgegenkommen- des Verhalten zeigen • beraten, ohne zu bevormunden • Fachkompetenz demonstrieren • Widersprüche vermeiden • Beleidigungen entschieden zurück- weisen etc.

Hinsichtlich eines jeden Typologisierungsansatzes kann man zwei Groß-Gruppen von Kundentypen unterscheiden:
• generell zu beschreibende Kundentypen (z. B. Männer / Frauen; Kinder / Jugendliche / Erwachsene; Stammkunden / Laufkunden; jüngere Kunden / ältere Kunden; emotional Orientierte / rational Orientierte etc.)
• spezifisch zu beschreibende Kundentypen (z. B. der Ahnungslose; der Arrogante; der Aufdringliche; der Bemitleidenswerte; der Besserwisser etc.)

Von allergrößter Wichtigkeit ist im aktuellen Buchmarkt ein Kundentyp, der mit Begriffen wie **Generation 55+, best ager** oder **silver generation** bezeichnet wird. Das Sinus-Institut führt in diesem Zusammenhang als Beispiel-Persönlichkeiten Senta Berger, Iris Berben, Robert Redford und Sky DuMont an. Für diesen Kundentyp muss das biologische Alter (real age) überhaupt keine Entsprechung zum gefühlten Alter (feel age) haben. Er verfügt in der Regel über ein gesichertes Einkommen und ist sich seiner Rolle als ebenso kritischer wie erfahrener Konsument bewusst. Zudem ist er ausgesprochen gesundheitsbewusst und investiert viel Zeit und Geld, um Vitalität und Aktivität weiter zu bewahren. Die hohe Konsumfreudigkeit dieser Personen muss sich der Bucheinzelhandel zu Nutze machen, denn in naher Zukunft wird nahezu jeder dritte Konsument dieser Gruppe angehören. Hochpreisige Warenangebote mit spezifischer Schwerpunktsetzung in einzelnen Warengruppen (Geschenkbuch, Coffee-Table-Book, Gesundheit, Kochen, Fitness, bibliophile Ausgaben in der Belletristik etc.), auf Produkt und auf Qualität bezogene Argumentation des Verkaufspersonals sowie das Herausstellen der positiven Zukunftsperspektiven durch den Kauf für den Kunden fördern die Bindung dieser Konsumentengruppe an die Buchhandlung.

Besonders hilfreich für den kompetenten Umgang mit Kunden ist die von Haucke und Bienert entwickelte Kategorisierung, die von vier generellen Kundentypen ausgeht, die wiederum in Beziehung zu setzen sind mit vier verschiedenen Verkäufer- bzw. Buchhändlerrollen (siehe Kap. 6.1.2). Erkennt der Buchhändler den Kundentypus, besteht seine verkäuferische Fachkompetenz darin, die entsprechende Verkäuferrolle aktiv einzunehmen, damit Beratung bzw. Verkauf erfolgreich gestaltet werden können. Manfred Haucke und Rolf-Michael Bienert beschreiben die von ihnen präsentierten Kundentypen wie folgt und fassen ihre Typologie in einem einprägsamen Schaubild zusammen:

- **Der informierte, selbstständige Kunde** weiß, was er will, kennt sich aus (auch in der Buchhandlung), agiert weitgehend eigenständig, Beratung sucht er höchstens in Form von knappen Auskünften oder Hinweisen.
- **Der wenig informierte, selbstständige Kunde** kennt sich nicht aus im Sortiment, weiß meist nicht, was er will, die Buchhandlung ist ihm auch etwas suspekt. Er möchte am liebsten einfache Tipps, auf die er sich verlassen kann.
- **Der informierte Kunde mit Beratungsbedarf** ist meist Spezialist mit umfangreichem Fachwissen, der die Buchhandlung aufsucht, um zu recherchieren, sich über Neuentwicklungen zu informieren, und der beim Buchhändler auch eine umfangreiche fachliche Beratung sucht, sozusagen einen Dialog unter Experten.
- **Der wenig informierte Kunde mit Beratungsbedarf** will ein Buch kaufen (für sich oder als Geschenk), weiß aber nicht genau, was für eines. Er ist zwar offen für Anregungen, will aber letztlich selbst entscheiden.

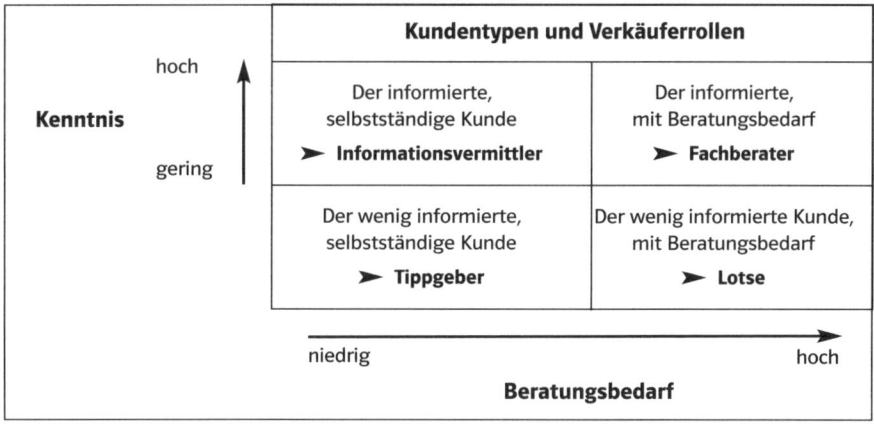

Kundentypen und Verkäuferrollen.
Quelle: M. Haucke/R.-M. Bienert, *Erfolgreich verkaufen als Buchhändler*, S. 61

Im Online Geschäft spricht man weniger von Kundentypen als vielmehr von Einkaufstypen. Eine aktuelle Roland-Berger-Studie (zitiert nach *Buchreport-Magazin* 4/2013) formuliert in diesem Zusammenhang die zugespitzte These: »Kunden gehen nur noch in den Laden, um sich Produkte genau anzusehen und sich zu informieren. Gekauft wird dann aber online.« Die Studie unterscheidet insgesamt sieben Einkaufstypen, wobei die erstgenannten drei Gruppen insgesamt einen Anteil von 64 Prozent an der Gesamtbevölkerung haben und den Kern der stationären Kundschaft bilden. – Gut ausgebildetes Personal im Zusammenspiel mit Qualität, Authentizität, Glaubwürdigkeit und Motivation sind die Garanten für die Zufriedenheit der Kunden, die sowohl online als auch stationär einkaufen. Eine goldene Regel für die Organisation der jeweiligen Multichannel-Angebote gibt es nicht. Damit besteht für den Einzelhändler immer die Herausforderung, sein spezielles Publikum richtig einzuschätzen und sein Waren-, Service- und Multichannel-Angebot entsprechend auszurichten, um erfolgreich im Markt agieren zu können.

Einkaufstyp	Charakteristik
• Mainstream Offline Shoppers	• […] sind zwar täglich mehrere Stunden online, kaufen aber bevorzugt im Geschäft.
• Traditional Senior Shoppers	• […] sind serviceorientiert, häufig im Ruhestand, kaufen gern ein und fast ausschließlich stationär und haben von allen Gruppen den höchsten Anteil von Büchern im Warenkorb.
• Simplistic Shopping Minimals	• […] kaufen ungern ein, und wenn doch, dann muss Einkaufen einfach und stressfrei sein.
• Joy-Seeking Multichannel Natives	• […] sind größtenteils Schüler und Studenten, täglich viele Stunden online, kaufen gern stationär und online – sofern es das Budget erlaubt.
• Well-Off Shopping Enthusiasts	• […] haben das höchste Haushaltseinkommen, kaufen gern ein, kaufen oft stationär und online, achten auf Qualität. Der Preis spielt nur eine untergeordnete Rolle.
• Efficient Multichannel Shoppers	• […] haben wenig Zeit, Öffnungszeiten lassen sich nur schwer mit ihrem Alltag vereinbaren, sie kaufen on- oder offline ein, abhängig davon, was schneller oder einfacher geht.
• Non-Urban Shopping Pragmatists	• […] wohnen weit entfernt vom Shoppingcenter, planen Käufe häufig online, tätigen im stationären Geschäft überproportional Spontankäufe.

Thomas Wilking: *Online-Einkaufstypen*. Quelle: *buchreport.magazin* 4/2013

6.3
Beratungs- und Verkaufsgespräche

Die Zeiten, in denen der Kunde König und der Buchhändler Diener war, sind zum Glück vorbei. Oder nicht? Haben sich vielleicht nur die Perspektiven und das Selbstverständnis graduell, aber nicht prinzipiell geändert? Sicherlich ist der Kunde nicht mehr in dem Sinne König, dass er den Buchhändler knechtet und ihm Unmögliches abverlangt. Aber er ist und bleibt insofern König und Herrscher, als er ›selbstherrlich‹ darüber entscheidet, wo, wie und wann er einkauft. In gleichem Maße hat sich auch die Funktion des Dienens gewandelt. Denn Dienen bedeutet nicht länger ›Bütteln‹, sondern im Rahmen kundenorientierter Kommunikation das zu geben, was der einzelne Kunde von einem Verkäufer erwartet. Das allerdings kann bei jedem Beratungs-, Informations- oder Verkaufsgespräch etwas anderes bedeuten. So ist der Buchhändler mal ein Fachberater und Informationsvermittler und mal ein Zeitgenosse, der mit einem einfachen, klugen und wohlgemeinten Tipp den Kunden zufrieden stellt.

Oder sollte man die Terminologie grundlegend ändern? Der Betriebsberater Jörg Winter hat dies überzeugend vollzogen. Nach ihm sind die Buchhändler Gastgeber und die Kunden Gäste. Diese Sichtweise eröffnet neue Perspektiven. Denn der Gastgeber freut sich über jeden Besuch und bringt ihm Freundlichkeit, Aufmerksamkeit und Kompetenz entgegen. Und die Gäste dürfen sich wohl fühlen und die Gastfreundlichkeit des Gastgebers jeden Tag aufs Neue erfahren. Welche Rolle man dabei als Buchhändler auch einnimmt, entscheidend ist die Erkenntnis, dass es beim Verkaufsgespräch weniger um die Persönlichkeit und die Vorlieben des Buchhändlers geht (die mitunter selbstverständlich eingebracht werden dürfen und müssen), als um den konkreten Menschen vor sich mit seinem individuellen Anliegen und seinen Wünschen. Deshalb muss der gute Verkäufer immer den ›Sie-Standpunkt‹ beziehen: Er muss vom Kunden her denken und argumentieren.

Interaktion im buchhändlerischen Handeln realisiert sich u. a. in Verkaufsgesprächen. Obwohl es das(!) Verkaufgespräch aufgrund der Singularität der jeweiligen Verkaufssituationen nicht geben kann, wird im Folgenden versucht, das Beratungs- und Verkaufsgespräch modellhaft zu beschreiben und dabei auch einzelne Phasen eines abgerundeten Gespräches künstlich zu isolieren und im Einzelnen zu thematisieren.

6.3.1
Struktur und Elemente von Beratungs- und Verkaufsgesprächen

Das Beratungs- und Verkaufsgespräch ist grundsätzlich als partnerschaftlicher Dialog aufzufassen. Herbert Paulerberg nutzt zur Beschreibung von Verkaufsgesprächen die Metapher vom ›Ballwechsel‹. Den Dialog zwischen Kunde und Buchhändler in der Buchhandlung vergleicht er mit einem Fußballspiel. Dabei stehen sich Verkäufer und Käufer nicht als Gegner gegenüber, sondern das Suchen gemeinsamer Vorteile steht im Vordergrund. Der Kunde ist stets ein Partner aus der eigenen Mannschaft. Das Zuspielen der Bälle im Verlauf des Spieles (der Ballwechsel) entspricht dem Gespräch zwischen Kunde und Buchhändler. Das Gelingen der Interaktion gleicht dem Torerfolg, ist also gleichermaßen ein Erfolg für alle am Spiel Beteiligten. Gegner bei diesem

Spiel ist die Konkurrenz aus der eigenen oder aus fremden Branchen. Diese gilt es auszustechen, also mittels eines optimalen Spiels (betriebswirtschaftlich gedacht) zu Verlierern zu machen. Die einzelnen Stationen des Ballwechsels sind die Schaltstellen (an denen der Ball wechselt) zwischen den verschiedenen Phasen eines Beratungs- und Verkaufsgesprächs:

• Kontaktaufnahme / Gruß
• Eröffnung des Gesprächs
• Vorführ-Phase
• Einwand-Beantwortungs-Phase
• Kaufhandlung
• Abschied

Strukturell ähnlich ist das nachstehende Modell angelegt, in dem ebenfalls sechs Gesprächsphasen voneinander abgegrenzt werden. Auch hier handelt es sich in erster Linie um das Modell für ein **Verkaufsgespräch,** da in Phase 5 die konkrete Kaufhandlung thematisiert wird. Bleibt es zunächst bei einer Beratung (die vielleicht erst zu einem späteren Zeitpunkt zu einer Kaufhandlung führt), so ist diese Phase natürlich anders zu benennen. Man könnte diese Phase dann eher als **Beratungsangebots- oder Dienstleistungsangebotsphase** bezeichnen.

Begrüßung

Wenn ein Kunde den Laden betritt und die Buchhandlung nicht konzeptionell das Vorwahlsystem praktiziert (der Kunde darf sich zuerst in Ruhe umsehen und wird erst dann angesprochen, wenn er dies signalisiert), sollte sich die Verkaufskraft als solche zu erkennen geben. Blicke, insbesondere ein Lächeln, signalisieren Aufmerksamkeit. Der beratungssuchende Kunde möchte zur Kenntnis genommen werden, möchte merken, dass er willkommen ist. Auch ein freundlich ausgerichteter Gruß zeigt die prinzipielle Bereitschaft, auf den Kunden einzugehen. Wenn der Kunde verbal oder durch abwartendes Stehenbleiben non-verbal (vergl. Kap. 6.4.2) zu erkennen gibt, dass er Beratung wünscht, beginnt das eigentliche Verkaufsgespräch.

Bedarfsermittlung

Die Bedarfsermittlung erfolgt in der Regel mit öffnenden W-Fragen: welcher Autor, welcher Inhalt, welcher Verwendungszweck, welche Ansprüche an Ausstattung – und bei einem Geschenk kann es auch die Frage nach dem Preis sein. Der Buchhändler hört aktiv zu, fragt eventuell zur Kontrolle nach und versucht mit Hilfe von Alternativfragen, die Wünsche und Erwartungen des Kunden näher einzugrenzen. Die Phase der Bedarfsermittlung ist dann erfolgreich abgeschlossen, wenn man nicht nur erfährt, was der Kunde sagt, sondern darüber hinaus auch herausfindet, was ihn motiviert und bewegt. Da in dieser Phase die Kompetenz, die richtigen Fragen zu stellen von besonderer Relevanz ist, wird das Thema ›Fragen‹ an anderer Stelle (s. Kap. 6.4.1) ausführlich besprochen.

Demonstration

In dieser Phase wird dem Kunden ein Buch bzw. ein überschaubares Warenangebot vorgestellt bzw. vorgelegt (Systemverkauf), das nur im Fachbuchbereich mehr als drei Titel umfassen sollte. Wenn es die Produkt- und die Sortimentskenntnis der Verkaufskraft erlauben, und der Käufer Offenheit und Aufgeschlossenheit signalisiert, darf auch ein zusätzlicher Verkaufsartikel vorgelegt werden, der neue Aspekte des Themas erschließt oder als Non-Book-Artikel das Angebot abrundet. Bei der Präsentation muss der Buchhändler den Blickkontakt zum Kunden behalten. Nur so ist gewährleistet, dass jener der Demonstration auch folgt. Auf jeden Fall soll er dem Kunden die Inhalte nicht theoretisch erklären. Vielmehr soll der Kunde die Bücher in die Hand nehmen können, denn ›Reden ist Silber, Zeigen aber ist Gold‹. Ferner sollte man sich als guter Verkäufer immer daran erinnern, welcher ›Informationsverlust‹ im Laufe eines Gesprächs eintreten kann. Die nachstehende Grafik gibt hierüber beredt Auskunft.

Alles, was man von einem Produkt sagen könnte.

Davon ist nur ein Teil wichtig.

Hiervon weiß der Verkäufer zwar viel, aber nicht alles.

Von dem, was er weiß, ist nicht immer alles in seinem Gedächtnis parat.

Von dem, was er parat hat, kann er nicht alles klar zum Ausdruck bringen.

Von dem, was er klar zum Ausdruck bringt, hört der Kunde nicht alles.

Von dem, was der Kunde hört, versteht er nicht alles.

Von dem, was er versteht, glaubt er nicht alles.

Und von dem, was er glaubt, findet er nur einen Teil genügend wichtig, um zu kaufen.

Der Informationsverlust. Quelle: J. L. Wage, *Psychologie und Technik des Verkaufsgesprächs*, S. 45

Einwandbehandlung

Es kommt nicht selten vor, dass der Kunde – auch nach einer noch so qualifizierten Beratung – bei der Kaufentscheidung zögert. Jetzt gilt es, alle Ein-
wände ernst zu nehmen. Gegenfragen, Relativieren, die einzelnen Argumente
und den Produktnutzen gemäß der Salami-Technik ›Scheibe für Scheibe‹
noch einmal durchsprechen – all dies mag manchen Widerstand gegen die eigentliche Kaufhandlung besiegen. Aber was tun, wenn der Kunde nicht genug
Geld bei sich hat oder sich alles noch einmal in Ruhe überlegen will? In derartigen Fällen sollte der Kunde wenigstens den (oder die) Titel bzw. Waren aus
der Buchhandlung mit nach Hause nehmen dürfen: als Ausdruck aus einer
elektronischen Datenbank, in einem Prospekt angekreuzt oder auf einem
Merkzettel mit Firmenanschrift und bestellrelevanten Daten notiert. So ist der
Kaufprozess nur aufgeschoben, aber nicht abgebrochen.

Vor dem Kaufabschluss passiert bei vielen Kunden etwas, was in der Sprache der Verkaufspsychologie Kaufreue genannt wird. Ist dies Buch wirklich
das Richtige? Diesem Zweifel kann man durch eine Kaufbestätigung entge-
genwirken: »Ich bin sicher, Sie haben Ihre Freude an dem Buch!« – wobei
man die Sicherheit vom Kunden, seinen Wünschen und Vorstellungen her begründet. Diese Bestätigung hat übrigens die Funktion eines Lobes. Und wer
will nicht gelobt werden?

Kaufabschluss

Wenn der Kunde mit einem oder gleich mehreren Artikeln zur Kasse geht,
steht der Kaufentschluss bereits fest. Manche Kunden können sich jedoch in
Anbetracht zweier gleichwertiger Titel schwer entscheiden. Hier sollte ein
›freundliches Machtwort‹ die Entscheidung herbeiführen. Allerdings kann in
bestimmten Fällen auf die hilfesuchende Frage »Dieses oder jenes?« auch au-
genzwinkernd mit »Ja, wenn Ihnen beide so gut gefallen, dann nehmen Sie
doch beide mit!« geantwortet werden. Ergibt sich aus dem Gespräch, dass der
Kunde an einer größeren Anzahl eines Titels interessiert ist (als Geschenk für
Freunde, Firmenmitarbeiter o. Ä.), so sollte der Buchhändler den Mehrver-
kauf mit dem Hinweis auf die preisbindungsrechtlich möglichen Mengenpreise (siehe Kap. 4.1.1) unterstützen.

Gesprächsausklang

Egal ob Ersatz-, System- oder Mehrverkäufe zur Zufriedenheit der Kunden
geführt haben, die Verkaufskraft sollte auch nach dem Kassiervorgang zu erkennen geben, dass sie an mehr als nur an den Umsatz gedacht hat. So sollte

sie das Geschenkverpacken anbieten oder auf den Geschenkverpackungsservice des Hauses hinweisen, falls sie weiß, dass der Artikel zum Verschenken gekauft worden ist. Auch ein Satz wie »Es wäre schön, wenn sie mir bei Gelegenheit erzählen, wie Ihnen das Buch gefallen hat« demonstriert das Interesse am Kunden und fördert mit einfachsten Mitteln die immer gewünschte Kundenbindung an das Unternehmen. Und nicht zu vergessen: Buchkäufer sind potenzielle Leser für Buchhändler!

Der Verkaufszyklus in vier Phasen

Haucke und Bienert sprechen von einem so genannten Verkaufszyklus, in den jedwedes Verkaufsgespräch implementiert werden kann. Sie gehen dabei von insgesamt vier Phasen aus, die jeweils aus drei Einzelsegmenten bestehen. Vorab die Übersicht:

Kontaktphase	• Dienstleistung signalisieren
	• Kontakt herstellen
	• situationsgerecht ansprechen
Informationsphase	• Kundenwünsche erfragen
	• richtig zuhören
	• eigene Kompetenz nutzen
Überzeugungsphase	• Besitzwunsch wecken
	• Abschluss einleiten
	• Bedenken ausräumen
Kundenbindungsphase	• Kauf bestätigen
	• Zusatzwünsche wecken
	• Kundenbindung einleiten

In der **Kontaktphase** findet die erste Begegnung mit dem Kunden statt. Dabei sollte der Kunde nur dann direkt angesprochen werden, wenn er die entsprechenden Signale aussendet. Manche möchten auch zunächst in Ruhe stöbern oder sich allein einen Überblick über das gesamte Warenangebot verschaffen. Der Buchhändler muss deutlich machen, dass er jederzeit bereit ist, mit dem Kunden ins Gespräch zu kommen, wenn dieser es wünscht. Ein kurzes und freundliches Kopfnicken genügt, diese grundsätzliche Dienstleistungsbereitschaft zu signalisieren.

Mit der **Informationsphase** ist der direkte Dialog mit dem Kunden eröffnet. Hier sollte es gelingen, die (oft unklaren) Kundenwünsche möglichst so genau herauszuarbeiten, dass entsprechende Empfehlungen ausgesprochen werden können. Besonders wichtig ist nun die korrekte Typen- bzw. Rollenzuordnung. Mit Einfühlungsvermögen, Freundlichkeit, Aktivität und Fachkompetenz soll der Buchhändler dem Kunden Lust machen auf die angebotenen Waren. Die Kunst, die richtigen Fragen zu stellen, findet Anwendung.

In der **Überzeugungsphase** wird die Entscheidung für oder gegen den Kauf herbeigeführt. Auf keinen Fall darf der Kunde zum Kauf gedrängt werden. Kann er trotz aller verkäuferischer Kompetenz nicht zum Kauf von Waren bewegt werden, dann muss diese scheinbare Niederlage in einen ›Sieg‹ umgedeutet werden. Das ist z. B. möglich, wenn der Buchhändler die möglichen Bedenken des Kunden ausdrücklich ernst nimmt, ihn darin bestätigt, den Kaufentschluss noch einmal in Ruhe zu überdenken und ihm gleichzeitig entsprechende Firmen- und Warenunterlagen in die Hand gibt, damit der Kunde nach einer Phase des Überlegens seine zunächst verschobene Kaufhandlung problemlos und schnell nachholen kann. Unter Umständen ›punktet‹ der Buchhändler mehr, wenn der Kunde sich nicht bedrängt, sondern im Gegenteil optimal verstanden und beraten fühlt. Möglicherweise ist dessen Einkaufstasche nach dem nächsten Besuch viel praller gefüllt als ursprünglich gewollt. Nicht zu unterschätzen ist auch die Chance auf virale Impulssetzungen durch Kunden, wenn diese in ihrem Umfeld die Information weitergeben: »In dieser Buchhandlung wird dir nichts aufgeschwatzt, sondern da wirst du exzellent beraten«.

Insofern ist mit dem oben angeführten Beispiel schon die vierte und letzte Phase im Verkaufszyklus eingeleitet: die **Kundenbindungsphase**. Wenn aus Kunden Stammkunden werden, dann unterstützen sie das Fortbestehen des buchhändlerischen Betriebs und sichern die berufliche Zukunft der Mitarbeiter. Der Buchhändler muss den Kunden in seinen Entscheidungen bestätigen, ihn zum Wiederkommen animieren. Das ›gute Gefühl‹, das er beim Kunden weckt, wird somit zum existenziellen Baustein für den betrieblichen Erfolg. Allerdings bedarf es dazu solcher Mitarbeiter, die nicht nur theoretisch wissen, wie Beratung und Verkauf funktionieren, sondern die dies auch in der Praxis leben, also umsetzen können.

6.3.2
Aktives Verkaufen

Beratung und Verkauf finden sowohl stationär als auch ambulant (online) in einem Käufermarkt statt. Nicht mehr der Buchhändler bestimmt autonom über sein Warenangebot, sondern er muss sich, wenn er erfolgreich sein möchte, bei der Auswahl nach den Wünschen und Vorlieben der Kunden richten. Der moderne Kunde ist multioptional: Er kauft immer dann und immer dort, wo er entsprechende Wunscherfüllungsangebote oder Impulssetzungen vorfindet. Deshalb reicht ein hervorragendes buchhändlerisches Fachwissen allein längst nicht mehr aus, Beratung und Verkauf optimal zu gestalten. Kreativität, Sensitivität und Innovationsbereitschaft sind die Grundlagen des aktiven Verkaufens, das nicht abwartend-defensiv, sondern offensiv und kundenzugewandt die betrieblichen Angebote und Leistungen präsentiert.

Die Kundenansprache muss aktiv gestaltet werden. Das geschieht zwar auch mittels Sortimentsauswahl, Präsentation, Platzierung und der Nutzung des gesamten kommunikationspolitischen Instrumentariums (siehe Kap. 6.4), doch die Gestaltung der Beziehung zwischen Kunde und Buchhändler erfordert auch die verkaufsaktive Umsetzung der jeweiligen Ideen. Deshalb reicht es nicht aus, wenn der Buchhändler sich in erster Linie als Produktberater versteht. Er muss den Verkaufsabschluss aktiv herbeiführen wollen und ihn als umsatz- und gewinnbringendes Kern-Element in den Mittelpunkt seiner verkäuferischen Bemühungen stellen. Der Kunde muss hinsichtlich der Angebote und Leistungen des jeweiligen Betriebs begeistert werden. Das kann nur gelingen, wenn der Buchhändler tatsächlich auch verkaufen will und die Möglichkeit hat, ausschließlich für den Kunden da zu sein. Erst dann kann er mit hoher Emotionalität und in angenehmer Atmosphäre auf der Grundlage einer kompetenten Bedarfsanalyse eine dem Kundenwunsch bzw. der Kundenerwartung entsprechende Produktauswahl anbieten. Aktivität ist also als Mehrwert zu verstehen, mit dem der Kunde ›belohnt‹ wird. Der Mitarbeiter muss sich der Tatsache bewusst sein, dass er die Verantwortung für die erfolgreiche Begegnung mit seinen Kunden hat. Zunehmende Veränderungen, besonders bei den Rahmenbedingungen der buchhändlerischen Arbeit (Wegfall von Administration und Organisationsaufwand durch WWS etc.), schaffen Freiräume, immer mehr in die Rolle des aktiven Verkäufers hinein zu wachsen. Pointiert formuliert fassen Haucke und Bienert ihre Einschätzung so zusammen: »Aktiv soll heißen, dass der Buchhändler […] von sich aus tätig wird, um erfolgsorientierter Gestalter des meist zufälligen Zusammentreffens zwischen potenziellem Buchkäufer und Buchhändler zu werden. Hieraus ergibt sich die starke Mitverantwortung für die gewinnbringende Begegnung mit dem Kunden. Verkaufen wiederum soll bedeuten, dass der Buchhändler nicht nur Warenverteiler ist, der auf Anfrage und Verlangen Bücher aus dem Regal nimmt, dem Kunden aushändigt und dann dafür Geld kassiert, sondern auch Berater, der dem Kunden bewusst und gezielt die von ihm eingekauften Bücher nahe bringt, das heißt die Begegnung mit dem Kunden aktiv und verkaufsorientiert gestaltet.«

6.4
Kommunikation

Spricht man über Kommunikation, dann kommt man nicht umhin, die Namen zweier berühmter Wissenschaftler zu erwähnen, die gleichsam als Pioniere der Kommunikationstheorie die Grundlagen dafür geschaffen haben,

dass ein Bewusstsein für die hohe Komplexität von Abläufen bei Beratungs-
und Verkaufsgesprächen grundgelegt worden ist. Zum einen ist das Paul
Watzlawick, dessen Diktum »Man kann nicht nicht kommunizieren« deutlich
macht, dass der Mensch in jedem Augenblick seiner Existenz ein Individuum
ist, das mit anderen Individuen kommuniziert. Zum anderen muss die Arbeit
von Friedemann Schulz von Thun erwähnt werden, dessen Idee des **Kommu-
nikationsquadrates** im ›Modell der vier Seiten einer Nachricht‹ Eingang in
nahezu alle kommunikationstheoretischen Werke gefunden hat. Zwischen-
menschliche Kommunikation basiert auf Ideen. Diese Ideen werden mittels
eines Systems codierter Zeichen (= Sprache) von einem Sender (= Codierer)
an einen Empfänger (= Decodierer) übermittelt. Auf diese Weise entstehen
Nachrichten. Diese Nachrichten wiederum enthalten grundsätzlich vier mögliche Ebenen:
- die Ebene der Sachinformation (worüber ich berichte),
- die Appellebene (was ich erreichen möchte),
- die Ebene der Selbstoffenbarung (was ich von mir preisgebe),
- die Beziehungsebene (was ich von meinem Gegenüber halte).

Schulz von Thun erläutert dieses Modell anhand des Beispielsatzes, den der
Beifahrer beim Autofahren äußert: »Die Ampel ist grün.« - Auf der sachlich-
informierenden Ebene bedeutet dieser Satz ausschließlich, dass die Ampel tatsächlich Grün zeigt. Auf der Appellebene kann er hingegen bedeuten: »Gib
doch endlich Gas!« Auf der Ebene der Selbstoffenbarung gibt der Beifahrer
möglicherweise von sich preis, dass er es eilig hat. Und auf der Beziehungsebene kann gemeint sein, dass der Fahrer der Hilfe des Beifahrers bedarf, weil
ersterer nicht erkannt hat, dass die Ampel Grün zeigt. Die Nachricht besteht
also aus dem, was gesagt wird. Die Botschaft, die die Nachricht enthält, besteht in dem, was gemeint ist. Es wird immer von der jeweiligen Situation, in
der die Äußerung stattfindet, abhängig sein, was mit dem jeweils Gesagten gemeint ist.

Diese hier nur knapp resümierten Grundlageninformationen zeigen jedoch schon, dass Kommunikation, sei sie nun verbal oder non-verbal, ausgesprochen störanfällig ist. Versteht mein Gegenüber meine Nachricht tatsächlich im Sinne der von mir gemeinten Botschaft? Warum erstaunt mich möglicherweise die Reaktion meines Gegenübers? Wie kann sicher gestellt werden, dass Gesagtes und Gemeintes ›richtig‹ verstanden werden? In jeder
Phase des Gesprächs mit dem Kunden sind Missverständnisse sowohl beim
Sender als auch beim Empfänger möglich. Deshalb ist klar, dass Kundenzufriedenheit bzw. -begeisterung nur dann erzielt werden kann, wenn die Kommunikation in Beratung und Verkauf gelingt. In bestimmten Gesprächsphasen ist dabei besonders darauf zu achten, dass ein gewisses Repertoire an
›Kommunikationshelfern‹ zur Verfügung steht, damit die Zahl möglicher Stö-
rungen deutlich minimiert werden kann.

6.4.1
Fragen und Fragetechniken

Fragen spielen eine zentrale Rolle für das Gelingen von Beratungs- und Verkaufsgesprächen - besonders in der Kontakt- und Informationsphase. Deshalb sollen die Aufgaben, die Wirkung und verschiedene Arten von Fragen genauerer Betrachtung unterzogen werden.

Der fragende Verkäufer lenkt, ergreift die Initiative, ›hält die Zügel in der Hand‹, strukturiert, argumentiert, informiert, kurz gesagt: Er dokumentiert mittels seines ›Fragen-Arrangements‹ Kompetenz. Er ist somit aktiv Handelnder. Fragen wird dadurch zum konstitutiven Bestandteil aktiven Verkaufens. Dabei haben Fragen zahlreiche Funktionen:
• Fragen lenken und strukturieren ein Gespräch.
• Wer fragt, spricht selbst weniger.
• Wer fragt, legt den Grundstein für die Möglichkeit aktiven Zuhörens.
• Wer fragt, aktiviert immer wieder den Kunden.
• Wer fragt, zeigt darüber hinaus ehrliches Interesse für den Kunden.
• Wer fragt, gewinnt Zeit für eine möglicherweise notwendige Selbstorganisation.
• Wer fragt, bietet außerdem dem Kunden die Möglichkeit zur Selbstorganisation.

Die **Wirkung** des Fragens wird immer im Kontext verschiedener Einflussfaktoren interpretiert werden, wie
• Art der Formulierung,
• Tonfall,
• Inhalt,
• oder Körpersprache.

Verkäufer agiert	Kunde reagiert
Flut an Fragen	Kunde fühlt sich ausgefragt
knappe Fragen	Kunde empfindet dies als Desinteresse
Fragen als Dokumentation von Fachwissen	Kunde fühlt sich wie in einer Prüfungssituation (Stressaufbau)
zu früh zu enge Fragen	[...] bedeuten immer Wunscheinschränkung und in der Folge weniger Umsatz
banale Fragen / Phrasen	[...] werden als mangelnde Wertschätzung bzw. Routineverhalten interpretiert
Konflikt auslösende Fragen	[...] werden als Provokation empfunden und können zu Eskalation führen
blamierende Fragen	[...] werden als Bloßstellung empfunden
bedrängende Fragen	[...] werden als Kaufzwang empfunden
keine Fragen	Kunde empfindet dies als Desinteresse
kein Blickkontakt beim Fragen	Kunde empfindet dies als Routine oder Desinteresse

Es gibt eine Vielzahl von **Fragearten**. Grundsätzlich unterscheidet man:
• offene bzw. öffnende Fragen (Kontakt-, Auftakt- und Informationsphase),
• geschlossene Fragen (Überzeugungs- und Entscheidungsphase),
• Alternativfragen (Überzeugungs- und Entscheidungsphase).

Offene bzw. öffnende Fragen (W-Fragen) beginnen mit den Fragewörtern
wer, was, wo, weshalb usw. und dienen in erster Linie der Bedarfsermittlung,
um nähere Auskünfte vom Kunden zu erhalten. Informationen, Gedanken,
Wünsche und Meinungen des Kunden werden so thematisiert. Beispiele:
»Was haben Sie zuletzt gelesen?« »Wer hat Ihnen dieses Buch empfohlen?«
»Welche Ansprüche stellen Sie an eine gute Klassiker-Ausgabe?«
Geschlossene Fragen beginnen mit einem (Hilfs-)Verb und legen die
Antwort ja oder nein nahe. Sie dienen der Vergewisserung und der Kontrol-
le. Sie wollen Entscheidungen herbeiführen oder dienen zur Abklärung
möglicher Zusatzangebote. Beispiele: »Kann ich Ihnen behilflich sein?«
»Habe ich Sie richtig verstanden?« »Darf ich Ihnen noch ein weiteres Buch
zeigen?« »Sind Sie mit diesem Vorschlag einverstanden?«
Alternative Fragen beinhalten die Konjunktion oder und dienen der
näheren Eingrenzung des Kundenwunsches. Darüber hinaus bieten sie
Entscheidungshilfen an, indem sie durch die vorgestellte Alternative die
Entscheidung für den Kunden erleichtern. Beispiele: »Lesen Sie lieber
Romane oder Biografien?« »Soll ich das Buch als Geschenk einpacken oder
nehmen Sie es so mit?«

Die Liste möglicher Fragearten ist damit natürlich nicht abgeschlossen. So
kann man u. a. als weitere Fragearten aufzählen:
Informationsfragen sollen sachlich neutral bestimmte Informationen
fördern.
Gegenfragen dienen dazu, Missverständliches oder Ungenaues zu präzisie-
ren: »Ich habe Sie doch richtig verstanden, Sie suchen ein Geschenk für
Ihre Mutter?«
Rhetorische Fragen gehören zu den ›unechten‹ Fragen, die die Antwort bereits vorgeben: »Ist Ihnen dieses Buch bei dieser Aufmachung
wirklich zu teuer?«
Ja-Fragen dienen der Bestätigung, fördern eine positive Stimmung: »Ist das
nicht ein toll gestalteter Schutzumschlag?«
Suggestivfragen dienen der Beeinflussung des Kunden zur manipulativen
Bestätigung der Verkäufermeinung: »Diesen Autor können Sie doch auch
nicht wirklich ernst nehmen?«
Anregungsfragen bringen den Sie-Standpunkt ins Gespräch und überlassen dem Kunden scheinbar die Entscheidungsfindung. »Haben Sie schon
einmal daran gedacht, dass Sie mit diesem besonderen Band den Grundstock für eine außergewöhnliche Sammlung legen können?«

Bestätigungsfragen dienen der Zusammenfassung von bereits Gesagtem: »Wenn ich Sie richtig verstanden habe, dann ist für Sie der Inhalt wichtiger als die Form?«

Fangfragen lösen Verunsicherung aus und sollten eher vermieden werden: »Sie werden das doch jetzt nicht mehr bestreiten, nachdem Sie eben gesagt haben …?«

Damit Beratungs- und Verkaufsgespräche den von allen Beteiligten gewünschten Erfolg haben, sollten ›Gesprächszerstörer‹ vermieden und ›Gesprächsförderer‹ entwickelt werden:

(Vermeiden Sie) Gesprächszerstörer	(Entwickeln Sie) Gesprächsförderer
• Killerphrasen (weiß ich nicht, kenne ich nicht, führen wir nicht)	• Vertrauensbildende Maßnahmen
• Befehle	◦ Zuhören (aktiv)
• Vorwürfe	◦ Bestätigung
• Überreden	◦ Denkanstöße
• pessimistische Äußerungen	• Empathie / Einfühlungsvermögen
• Selbstdarstellung	• Emotionalität
• Preisdiskussionen	• Freundlichkeit
• Widersprechen	• Höflichkeit
• etc.	• etc.

6.4.2
Interaktion: mehr als Sprache

Buchhändlerisches Handeln wird als ganzheitliches Agieren in einem komplexen Interaktionszusammenhang verstanden. Buch-Handeln heißt also auch immer: Sich-Verhalten. Die verbale (verstanden als rein inhaltsbezogene) Interaktion wird dabei grundsätzlich durch die nicht inhaltsbezogene verbale Interaktion und/oder die non-verbale Interaktion ergänzt:

nicht inhaltsbezogene verbale Interaktion (= paraverbale Interaktion)	non-verbale Interaktion
• Lautstärke	• Körperhaltung
• Stimmhöhe	• Gesichtsausdruck
• Stimmführung	• Gestik
• Sprechtempo	• Mimik
• Sprechweise	• Augenkontakt
• Sprachniveau	• Umgang mit der Ware
• etc.	• etc.
↓	↓
»Der Ton macht die Musik.«	»Alle wortlosen Mitteilungen ergänzen sich gegenseitig.«

Wie in allen Interaktionszusammenhängen sind auch in beiden hier vorgestellten Feldern Fehldeutungen an jeder Stelle jederzeit möglich. Diese Fehldeutungen führen in der Regel dann zu Kommunikationsstörungen, die Beratung und Verkauf beeinträchtigen und mitunter gänzlich unmöglich machen.
Buchhändler müssen deshalb ihr Handeln reflektieren, im offenen Gespräch
mit Kollegen den regelmäßigen Austausch suchen, um so die Voraussetzung
dafür zu schaffen, das eigene Handeln im Sinne des unternehmerischen Erfolgs und zum Wohle des Kunden zu optimieren.

6.4.3
Umtausch, Beschwerden und Reklamationen

Jeder kennt die unangenehmen Problemsituationen nach (scheinbar erfolgreicher) Beratung und Verkauf: Das ausgewählte Produkt hat dem Beschenk-
ten nicht gefallen. Ein Buch stellt sich als Defektexemplar heraus oder weist
sonstige Mängel auf. Eine fest zugesagte Lieferung ist nicht rechtzeitig einge-
troffen. Ein Kunde beschwert sich bei der Geschäftsleitung über das un-
freundliche Verhalten eines Mitarbeiters. Wie sollte man sich in all diesen Fällen verhalten? Generell gilt, dass man als Buchhändler nicht ausschließlich si-
tuationsabhängig reagieren darf, sondern dass ein **Verhaltenskodex** entwickelt werden muss, der bei Umtausch, Beschwerden und Reklamationen für
alle Mitarbeiter des Betriebs bindend ist. Nur im Rahmen eines derartigen Re-
klamations- und Beschwerdemanagementkonzepts kann der Umgang mit den
Kunden systematisch und damit professionell abgewickelt werden. Dabei sind
die folgenden Grundsätze zu beachten:
• Konzeptentwicklung, Konzeptdiskussion, Konzeptumsetzung sind abge-
  sprochen.
• Der Umgang mit Umtausch, Beschwerden und Reklamationen muss
  eingeübt werden.
• Der Umgang mit Umtausch, Beschwerden und Reklamationen erfordert
  mehr als Verkaufskompetenz.
• Kulanz bei Umtausch, Beschwerden und Reklamationen ist eine Investi-
  tion in die (betriebliche) Zukunft.
• Kompetenz bei Umtausch, Beschwerden und Reklamationen ist ein
  Erfolgsfaktor in der buchhändlerischen Arbeit.

Getreu dem Motto, »Fehler sind dazu da, die eigenen Schwächen besser zu
erkennen und sie helfen dabei, sie zu beseitigen« werden die Leistungen im
Sinne konsequenter Kundenorientierung verbessert, wenn man in einer Übersicht sowohl Reklamations-Situationen als auch typische Mitarbeiter-Reak-
tionen abbildet, die dann zur Formulierung von generell gültigen Verhaltens-
regeln herangezogen werden.

Situationen	Reaktionen/ Ist-Situation	Verhaltensregeln/ Soll-Situation
• Geschenkumtausch (verschiedene Gründe) • Defektexemplar erworben • Falschbestellung • Kritik am Mitarbeiterverhalten (verschiedenste Äußerungen) • etc.	• positive Reaktionen ○ Verständnis ○ Entschuldigung ○ Entschädigung ○ Umtausch ohne Bon ○ Geldrückgabe ○ etc. • negative Reaktionen ○ Ignorieren ○ Schuldzuweisung an den Kunden ○ Eskalation ○ etc.	• Umtausch immer ohne Wenn und Aber • Entschädigung immer ohne Wenn und Aber • 100 Prozent Kulanz • Entscheidungskompetenz für alle Mitarbeiter gleich • etc.

Man sollte sich vor Augen führen, dass die Reklamationssituation immer die »Umkehrung der Wunscherfüllungssituation« (so der *BuchMarkt*-Kolumnist Matthias Mayer) ist, für deren Behebung der Buchhändler besonders trainiert sein muss. Interesse am Einzelfall, Fürsorge und Betreuung des Kunden müssen im Mittelpunkt des Handelns stehen. Dabei ist es natürlich jedem unbenommen, leichte, schwierige und schwierigste Fälle zu unterscheiden, in denen jeweils unterschiedliche Aktionen und Kompetenzen zum Tragen kommen können. Besonders die ›unlösbaren Fälle‹, z.B. geöffnete Software, müssen einer kundenorientierten Lösung zugeführt werden. Denn was sind Umtausch, Beschwerden und Reklamationen anderes als ›Unfälle / Notfälle‹, bei denen der Buchhändler zum ›Unfallhelfer oder -retter‹ wird. Indem er sich des jeweiligen Falls mit Geduld, Freundlichkeit, Handlungskompetenz und Verständnis annimmt, also zum Vermittler und Betreuer des Kunden wird, wird die unangenehme Situation zum Kundenbindungsinstrument. Reklamationsmanagement ist also immer Teil des Kundenbindungsprogramms, dessen Potenzialen immer noch zu wenig Aufmerksamkeit geschenkt wird. Dabei hat der Betriebsberater Arnd Roszinsky-Terjung schon 1999 festgestellt, dass »Reklamationen und Beschwerden Prüfsteine der Kundenbindung sind und dass Kulanz im Rahmen von **Reklamationsmanagement** eine Investition in die Zukunft darstellt« *(Börsenblatt* 29 / 1999), die sich in sieben Praxistipps für ein professionelles Reklamationsmanagement niederschlagen:
• Für die Situationen relevante Daten erheben, z.B. wie oft wird reklamiert, welche Gründe gibt es etc.;
• Vereinbarungen von allgemeinen Verfahrensweisen in Mitarbeitergesprächen festlegen;
• Gesprächstrainings durchführen;
• Gleichrangigkeit von Verkaufs-Handeln und Reklamations-Handeln anerkennen;

• Zuständigkeiten festlegen;
• konkrete Spielregeln formulieren;
• Kosten-Nutzen-Bewusstsein entwickeln.

Seine Überlegungen münden in die abschließende Feststellung: »Halten Sie sich immer wieder einmal vor Augen, dass Kulanz eine Investition in die Kundenbeziehung ist. Sie kostet Geld, aber sie bringt mehr als Geld: nämlich ein sehr viel entspannteres Klima im Laden.«

Ein allgemein gültiges Reklamationsmanagementkonzept könnte wie folgt beschrieben werden:
• Planen Sie das betriebliche Handeln.
• Bestätigen Sie Ihre Kunden.
• Helfen Sie Ihren Kunden.
• Trösten Sie, wenn Sie nicht mehr helfen können.

6.4.4
Beratung und Verkauf hochpreisiger Produkte

Kunden sind nicht nur auf der Jagd nach Schnäppchen und ›Geiz‹ ist schon längst nicht mehr nur ›geil‹. Denn wenn ein Buch seinem Käufer einen ganz besonderen Genuss oder Nutzen verspricht, dann spielt der Preis oft überhaupt keine Rolle mehr. Die Aufgabe, die der Buchhändler also zu erfüllen hat, lautet demnach: »Begeistern Sie Ihre Kunden für edle (hochpreisige) Lektüre – zum Vorteil für den Kunden und für den Betrieb!«, so der Kommunikationstrainer Helmut Benze.

Das **Preis-Leistungs-Verhältnis** muss stimmen, dann ist der Kunde bereit, auch sehr viel mehr Geld für seine Ware auszugeben als manch ein Buchhändler vermutet. Allerdings bleibt es die vordringliche Aufgabe des Verkäufers, die Wertigkeit des jeweiligen Produktes aktiv zu vermitteln. Der Verkauf hochpreisiger Produkte fängt also im Kopf des Buchhändlers an. Verkaufstrainer stellen deshalb an den Anfang ihrer Überlegungen häufig so genannte Selbsttests, anhand derer sich der Buchhändler die eigene Einstellung zum Preis klar machen soll:
• Hochwertige und teure Bücher sind schwer zu verkaufen.
• Die meisten Kunden ziehen eine preiswertere Alternative (Taschenbuch) vor, wenn sie die Wahl haben.
• Teure Bücher werden selten spontan gekauft.
• Die meisten Kunden haben eine feste Vorstellung davon, wie viel Geld sie für ein Buch ausgeben wollen.
• Viele Bücher, gerade Bestseller, sind oft ihr Geld nicht wert.
• Bei vielen Kunden kann man abschätzen, wie viel Geld sie ausgeben wollen.

Wer öfter als einmal bestätigend mit Ja antwortet, der hat sich, so Haucke und Bienert, selbst eine Hürde für den aktiven Verkauf aufgebaut. Helmut Benze ergänzt die obige Liste um Fragen wie:
- Haben Kunden und Kollegen, die über zu teure Bücher klagen, grundsätzlich Recht?
- Bin ich besonders fair, wenn ich Kunden nicht präsentiere, was ich mir selbst versage?
- Sollen Taschenbuchausgaben noch schneller auf Hardcoverausgaben folgen?
- Erwarten die meisten Kunden ungefragt Hinweise auf preiswerte Ausgaben?

Nur wer diese Fragen mit Nein beantwortet, bringt im Verständnis Benzes die Qualifikation mit, hochpreisige Bücher erfolgreich zu verkaufen. Der Buchhändler muss also die Fähigkeit entwickeln, auch hohe Preise überzeugend argumentativ zu begründen. Das gelingt, wenn die folgenden Aspekte berücksichtigt werden:
- Preisstabil bleiben, indem man dem Kunden gegenüber ein positives Preisbewusstsein schafft. (»Diese Qualität verlangt einen solchen Preis.«)
- Grundsätzlich nie nach der Preisvorstellung des Kunden fragen. (Ein Kunde, der ein bestimmtes Preislimit nicht überschreiten möchte, sagt dies schon von sich aus.)
- Preise in Argumente verpacken. (›Sandwich-Methode‹: »Diesen Titel kann ich Ihnen besonders empfehlen, weil er so übersichtlich strukturiert ist, sie legen hier 50 Euro wirklich gut an, schauen sie sich doch nur einmal die Qualität der Abbildungen und Grafiken an.«)
- Preise immer offensiv argumentieren. (Prinzip der Relativierung: »Der Preis dieses Bildbandes ist immer noch niedriger als der für eine Flasche Jahrgangs-Champagner, die Möglichkeit des Genusses währt allerdings viel länger.«)
- Hochpreisige Produkte müssen sichtbar platziert werden. (Impulsfaktor: »Das sollte ich mir doch wert sein; das möchte ich mir jetzt gönnen.«)
- Ein entsprechend gestaltetes Präsentationsumfeld unterstreicht die Wertigkeit der Produkte. (Präsentationsmöbel, Beleuchtung, Dekorationsmittel müssen wertig aufeinander abgestimmt sein: bibliophile Ausgaben werden z. B. in einem antiken Schrank präsentiert, der zudem noch verschlossen ist. Schon das Öffnen des Schrankes wird dann zum Teil einer ganz besonderen Wareninszenierung.)

Der Buchhändler soll in der Lage sein, seinen Kunden Genuss zu verkaufen. Dazu muss er professionell beraten und überzeugen können (Aspekt der Fachlichkeit: Hinweise zu Ausstattung, Herstellung, Verarbeitung, Kapitalanlage etc.) und dabei gleichzeitig sensitiv und empathisch die Vorzüge des Produktes und den Nutzen für den Kunden herausstellen (Aspekt der Authentizität: Freude am Besitz des Besonderen, durch den Kauf bedingter Prestigegewinn und Imageförderung gegenüber Dritten, Stärkung von Karrierebewusstsein durch den Kauf etc.). Wichtig ist es, alle Sinne des Kunden anzusprechen, dessen Wertbewusstsein durch Wertgewissheit zu untermauern und die Großzügigkeit des Kunden sich selbst gegenüber in den Mittelpunkt der Argumentation zu rücken. Im Lebensmittel-Einzelhandel boomen derzeit Geschäfte und Abteilungen, in denen Delikatessen angeboten werden. Hochpreisige Produkte sind die Delikatessen des Buchmarktes. Verschenken Sie die Möglichkeit des reichen Ertrags nicht, oder, um es mit den Worten Helmut Benzes zu sagen: »Serviere Deinen Kunden Champagner, auch wenn Du selbst nur vom Mineralwasser nehmen kannst. « Die Tipps stammen von Helmut Benze, der sie in *Für edle Lektüre begeistern* im *Börsenblatt* 7 / 2005 veröffentlicht hat.

6.4.5
Kunden am Telefon

Der Laden ist voller Kunden und alle Mitarbeiter sind beschäftigt. Und jetzt klingelt auch noch das Telefon. Nur bei wenigen Großbuchhandlungen werden eingehende Telefonate über eine Telefonzentrale abgewickelt und auch die Zusammenarbeit mit Call-Centern ist in der Buchbranche eher die Ausnahme. Wie sollte man sich also verhalten? Die Bedürfnisse des Kunden am Telefon sind ja häufig die gleichen, die auch der Kunde im Laden vor Ort hat: Die Nachfrage, ob sich ein bestimmter Titel am Lager befindet, lieferbar oder schnell zu beschaffen ist; eine kurze Beratung bei der Auswahl eines Geschenkes; die Bitte um eine bibliografische Angabe; möglicherweise möchte ein Geschäftskunde eine größere Fachbuchbestellung aufgeben etc. Dass der Telefonkunde nicht persönlich in den Laden kommt, kann unterschiedlichste Ursachen haben: Krankheit zwingt ihn, in der Wohnung zu bleiben; er ruft vom Arbeitsplatz aus an; ein wichtiger Geschäftstermin muss wahrgenommen werden, sodass er die Buchhandlung aus Zeit- und/oder Termingründen nicht aufsuchen kann etc.

Zumeist gilt die Regel: Der Kunde im Laden hat immer Vorrang. Doch ist der Kunde am Telefon deshalb ein Kunde zweiter Klasse? Mitnichten! Wenn es die Situation erlaubt, dann sollte der Buchhändler den Kunden im Laden fragen, ob er den Anruf kurz entgegennehmen darf. Die meisten Kunden werden dies erlauben. Deutet sich dann an, dass das Telefongespräch nicht schnell abgewickelt werden kann, erläutert der Mitarbeiter dem Telefonkunden die Situation im Laden und vereinbart, dass umgehend ein Rückruf erfolgen wird, wozu natürlich Name und Telefonnummer notiert werden müssen. Die Nutzung eines Anrufbeantworters schließt zwar grundsätzlich das beschriebene Dilemma aus, doch ist die Gefahr groß, dass der Anrufer das Angebot, sein Anliegen auf Band zu sprechen, nicht nutzt und wortlos auflegt. Auch die möglicherweise zu lange Wartezeit auf den Rückruf kann den Kunden verärgern, sodass er dann vielleicht bei einem Konkurrenten seinen Bedarf deckt. Der Kunde am Telefon muss genauso wie der Kunde im Laden freundlich, fachkompetent und zielorientiert betreut werden. Denn so wie der Kunde im Laden ist auch der Telefonkunde als potenzieller Käufer ein Garant für Umsatz und damit ein Erfolgsfaktor für die Prosperität der Buchhandlung.

Gesprächsphasen bei eingehenden Telefonaten

Begrüßung und gegenseitige Vorstellung	Die Begrüßung ist gleichsam die Visitenkarte der Buchhandlung. Freundlichkeit wirkt motivierend, das konkrete Anliegen zu äußern. Der Buchhändler wird zum ›Türöffner‹.
Kundenwunsch und Folgereaktion	Sachlich und kompetent erfragen, was gewünscht wird und dabei auf die Stimmung des Gesprächspartners eingehen.
Ansprechpartner zuordnen	Wer der richtige Ansprechpartner im Betrieb ist, das weiß nur der Buchhändler, der das Gespräch entgegennimmt. Wenn er selbst nicht weiterhelfen kann, muss er schnell den Kontakt zur entsprechend kompetenten bzw. gewünschten Person herstellen.
Informationsphase	Durch aktives Zuhören die aktive Beratung bzw. den aktiven Verkauf einleiten.
Überzeugungsphase	Angebote unterbreiten, Einwände entkräften, Konflikte ausräumen, ggf. Entscheidungen treffen.
Verabschiedung und Bindungsphase	Ist das Kundenanliegen bearbeitet, muss geklärt werden, wie das Procedere nach Ende des Telefonats weitergeht (Ware zurücklegen, bestellen, versenden etc.). Mit einer freundlichen Verabschiedung wird die Kundenbindung gefördert.

Strukturell unterscheidet sich das Gespräch am Telefon nicht von ›echten‹ Gesprächen im Laden. Der entscheidende Unterschied beruht jedoch auf dem Fehlen der visuellen Dimension. Man sieht seinen Gesprächspartner nicht, man hört ihn nur. Deshalb sind die im Kapitel 6.4.2 dargestellten Elemente der Kommunikation noch wichtiger als beim Kundengespräch im Laden. Das ›Wie‹ der sprachlichen Interaktion begleitet nicht nur ergänzend das ›Was‹, es hat gleichsam allein die Aufgabe, die Authentizität des Sprechers herzustellen. Deshalb sollten Sprechtrainings (Übungen zur Stimm- und Sprechlehre) und Rhetorikschulungen für die optimale Gestaltung entsprechender Handlungssituationen durchgeführt werden. »Schau zuerst in den Spiegel, bevor Du zum Hörer greifst.« Dieser Grundsatz illustriert, dass hohe Konzentration, am besten verbunden mit einem Lächeln, den Gesprächseinstieg positiv beeinflusst und dem Kunden am Telefon eine gewisse Wohlfühlatmosphäre vermittelt. Das gilt natürlich gleichermaßen für alle vom Buchhändler selbst initiierten Telefongespräche, z. B. bei der Information des Kunden über eine eingetroffene Lieferung oder bei der Einladung zu Veranstaltungen.

Ganz wichtig ist es, das gesamte Handeln auch für Dritte nachvollziehbar zu dokumentieren. Entsprechende Notierhilfen oder Leitfäden sollten in standardisierter Form vorliegen und genutzt werden. Unterlagen müssen die folgenden Komponenten enthalten:

• Datum / Uhrzeit / Mitarbeiter
• Kundenname / Rufnummer (mobil / Festnetz) / Adresse (privat / dienstlich)
• Gesprächsgegenstand / Anliegen / Thema
• getroffene Vereinbarungen (in Stichworten)
• Vorgangsdaten (Kunden- / Produkt- / Prozessdaten)
• Kontakt in der Buchhandlung
• Zuständigkeit
• Erledigung / Ablage

6.4.6
Virtuelle Verkaufsräume und Online-Kunden

Es mag sein, dass der Telefonkunde zunehmend vom E-Mail- bzw. vom Online-Kunden abgelöst wird. Kunden erwarten von ihrer Buchhandlung die Präsentation des Angebotes im Internet (siehe Kap. 6.6). Dabei ist zu unterscheiden zwischen der Darstellung der Leistungen der Buchhandlung, die vom Web-Auftritt generell erfüllt wird und eher werblichen Charakter hat, und dem konkreten Kauf-Angebot, das der meist in die Website integrierte Web-Shop abdeckt. Die Realisierung solcher Web-Shops erfolgt derzeit in ganz unterschiedlichen Ausprägungen (siehe Kap. 9.4.1). Neben individuellen Entwicklungen, die relativ hohe Entwicklungs- und Wartungskosten verursachen und gewisse Kenntnisse und Fertigkeiten bei der Erstellung, Aktualisierung und Anwendung voraussetzen, bieten auch die Barsortimente verschiedenste (Kooperations-)Modelle an. White-Label-Shops ergänzen mittels eines differenzierten Baukasten-Prinzips derlei Angebote, ganz nach Bedarf und Wünschen des einzelnen Unternehmens.

Vergleichsmaßstab für die jeweiligen Lösungen ist jedoch immer das Angebot des Marktführers Amazon. Basierend auf einer umfangreichen Produktdatenbank, die der Nutzer gezielt nach bestimmten Produktgruppen mittels einer entsprechenden Suchmaschine abfragen kann, werden über eine Warenkorbfunktion die vom Nutzer ausgewählten Produkte in diesem Warenkorb abgelegt. Immer wieder werden bei diesem Vorgang ›Beratungs‹-Algorithmen aktiviert, die die Entscheidungsfindung des Kunden positiv beeinflussen sollen: »Kunden, die das interessiert, interessiert auch […].« oder »Kunden, die das gekauft haben, haben auch … gekauft.« Unterstützt wird dieses Verfahren durch die Möglichkeit, Kundenmeinungen zu Rate zu ziehen bzw. selbst Kundenbewertungen abzugeben. Lese- und Hörbeispiele, Abbildungen und Fotos, Video-Einspielungen und Werbe-Trailer etc. runden den ›Beratungs‹-Prozess ab. Eine jederzeit abruf- und überprüfbare Suchhistorie begleitet den gesamten Recherche- und Kaufprozess. Ist der Warenkorb gefüllt, ›lädt‹ das System den Kunden ein, ›zur Kasse zu gehen‹. Basierend auf einem Authentifizierungsprogramm (Kundendaten/Passwort) wird über einen Sicherheitsserver (https), der die Datensicherheit gewährleisten soll, der Kaufvorgang abgeschlossen.

Ebenfalls vollkommen automatisierte Prozessfunktionen (Bestellbestätigung, Tracking- oder Tracing-Funktion, Versandmitteilung etc.) dokumentieren für den Kunden jederzeit den Status der jeweiligen Aktivitäten. Dabei muss jedem Nutzer klar sein: menschlich-reale Beratungs- und Verkaufskompetenz ist mittels Informationstechnologie automatisiert worden. Was beachten derlei Systeme nun im Besonderen und wie sind sie hinsichtlich ihrer Qualität zu bewerten? Wesentliche Elemente der formalen Gestaltung sind:

Seitenlayout
- Seiteninhalt, Performance;
- Informationsanordnung;
- Frames (Scrollen, Links, Quellen);
- Gesamtgestaltung.

Seitennavigation
- Navigationsstruktur (Ordnung und logische Verbindung aller Einzelseiten);
- Navigationshilfen (Inhaltsübersicht, Indizes oder Sitemap [Inhaltsverzeichnis aller Seiten]);
- Hyperlinks.

Seitenelemente
- Textgestaltung (Erkennbarkeit, Lesbarkeit, Schriftarten, Schriftgrößen etc.);
- Gestaltung von Grafiken und Fotos (Verwendung von Formaten wie gif und jpg);
- Tabellen oder Animationen.

Kenntnisse hinsichtlich der Seitenprogrammierung, zum Beispiel
- HTML/XML
- JAVA
- Browserkenntnisse

Grundsätzlich sollten bei der Bewertung von Webseiten die Vorgaben zum ergonomischen Webdesign nach **DIN EN 29241, T10** in Bezug auf die Gestaltungskriterien und -prinzipien beachtet werden. **Gestaltungskriterien** sind:
- Aufgabenangemessenheit,
- Selbstbeschreibungsfähigkeit,
- Steuerbarkeit,
- Erwartungskonformität,
- Konsistenz (Dichtigkeit),
- Fehlerrobustheit,
- Erlernbarkeit,
- Individualisierbarkeit.

Gestaltungsprinzipien nach DIN EN 29241, T10 sind:
• Natürlichkeit,
• Sachbezogenheit,
• Flexibilität und Anpassungsfähigkeit,
• Leistungsfähigkeit,
• Konsistenz (in Bezug auf Logik: Widerspruchslosigkeit),
• Robustheit,
• Kooperativität.

An dieser Stelle kann nur ein eher grober Überblick als grundsätzliche Orientierungshilfe gegeben werden. Die genannten Einzelaspekte könnten und müssten natürlich noch weiter differenziert werden. Als Beispiel für eine solche Differenzierung soll hier exemplarisch der im Rahmen des Seitenlayouts relevante Begriff der ›Informationsanordnung‹ erläutert werden: Informationsanordnung muss die so genannten **psychologischen Gestaltungsgesetze** umsetzen:
• Gesetz der Nähe   →   Gruppen bilden
• Gesetz der Gleichartigkeit →   Gleiches zusammenfassen
• Gesetz der Symmetrie   →   Rechtecke und/oder Linien bilden

Neben diesen formalen Aspekten stehen natürlich für den Nutzer von Webseiten inhaltliche Aspekte (Content) im Vordergrund. Aussagen hinsichtlich der Qualität von Webseiten müssen jedoch immer das Zusammenspiel von Form und Inhalt berücksichtigen. Die Bewertung von Webseiten sollte sich grundsätzlich an folgenden Fragen orientieren:
• Was ist gut?
• Was ist weniger gut?
• Was ist misslungen?
• Was fehlt?
• Trifft die Bewertung auf alle Seiten zu?
• Trifft die Bewertung nur auf einzelne Seiten zu?
• Was ist besonders bemerkenswert?
• Was sollte anders gestaltet werden?
• Wie ist der Gesamteindruck?
• Welche Vergleichsmöglichkeiten liegen der Bewertung zugrunde?

Multioptionalität und Multi-Channeling im Kontext der rasanten Weiter-Entwicklung der digitalen Informationsgesellschaft verändern den stationären Buchmarkt. Ob jedoch virtuelle Beratung und Verkauf den Markt in seiner derzeitigen Gesamtstruktur in seinen Grundfesten so radikal verändern werden, wie es die Propheten der New Economy prognostizieren, wird bezweifelt. Bestimmte Editionsformen werden vom Markt verschwinden. So werden möglicherweise bestimmte Taschenbuchinhalte, sofern es sich um massenkompatible Unterhaltungsliteratur handelt, langfristig gänzlich vom E-Book substituiert werden. Die Anmutung einer gebundenen bibliophilen Publikation wird jedoch kaum durch Elektronik-Spielzeug verdrängt werden. Die Zahl der Verkaufsstellen wird schrumpfen, und das Angebot wird womöglich gleichzeitig noch umfangreicher werden. Einstellungen und Lebenswelten von Kunden und Buchhändlern werden sich weiter entwickeln. Der Buchmarkt muss dieses sich permanent verändernde Feld bestellen, indem die darin Handelnden sich an neue Gegebenheiten anpassen. Dies tut er u. a. mittels eines umfangreichen und variablen Angebotes an Dienst- und Serviceleistungen (siehe Kap. 2.6).

6.5
Beratung und Verkauf im Kontext von Serviceleistungen

Theoretisches Wissen allein verkauft keine Waren. Erfolgreiche Beratung und Verkauf realisieren sich erst in konkreten Handlungssituationen, sei es beim Stöbern im Ladengeschäft oder im Webshop. Serviceleistungen und deren Integration in Servicekonzepte bestimmen deshalb die aktuelle Diskussion in der Branche.

Die Zahl von Checklisten und Tipps, mit denen die Branchenteilnehmer für die Wichtigkeit des Themas sensibilisiert werden sollen, ist deshalb nahezu unüberschaubar. Man kann in diesem Zusammenhang unterscheiden zwischen Standard- bzw. Kernleistungen des Sortiments und solchen, die diese Standards spezifizieren und dadurch den einzelnen Betrieb in seiner jeweils einmaligen Besonderheit charakterisieren. Die Fülle der Leistungen ist dabei im Vergleich zu anderen Branchen ausgesprochen umfangreich, wobei der Fokus auf die vielen Zusatzleistungen gerichtet ist, die die Buchbranche zu einer ganz besonderen Branche im Einzelhandel macht.

6.5.1
Serviceleistungen im Überblick

Im Kapitel 2.6.1 ist bereits der umfangreiche ›offizielle‹ Leistungskatalog des Börsenvereins vorgestellt worden, den der Sortimenter-Ausschuss gemeinsam mit dem Verleger-Ausschuss anlässlich der Diskussion um auskömmliche bzw. angemessene Konditionen zusammengestellt hat. Aber es gibt auch andere Ansätze, Serviceleistungen zu strukturieren. So benennt der Betriebsberater Wolfgang Ehrhardt Heinold in seinem Werk *Bücher und Buchhändler* fünf übergeordnete Bereiche, in deren Rahmen die Kerndienstleistungen des Buchhandels stattfinden. Die Heinoldsche Kategorisierung steht auf der folgenden Seite.

Fünf Kerndienstleistungsbereiche des Buchhandels

BERATUNGS- UND RECHERCHE-SERVICE
Fachliche Beratung durch geschultes Personal
Bibliografische Auskünfte, auch über fremdsprachige Titel
Recherche antiquarischer Bücher
Auskünfte über lieferbare Bücher und deren Lieferstatus
Telefonische Bestellannahme
Literaturzusammenstellungen
Anbindung an Online-Datenbanken
Öffnungszeiten

INFO-SERVICE
Werbemagazine
Aktions- und Bestsellertische
Messenovitäten
Verlagsprospekte
Internet-Zugang
Autorenlesungen

BESTELL-SERVICE
Bestellungen aus dem Inland/Ausland ohne/mit Zusatzkosten
Vormerkungen für noch nicht erschienene Titel
Besorgung antiquarischer Bücher
Exklusiv-Service hinsichtlich
• Lieferung handsignierter Bücher
• Regionaltitel im Verlag der Buchhandlung
• exklusive MA-Ausgaben

ZUSTELLUNGS- UND VERPACKUNGSSERVICE
Ansichtslieferungen
Warenzustellung durch Boten
Auftragsversand ins In- und Ausland
Geschenkfertiges Einpacken

SERVICE BEIM ABRECHNEN UND UMTAUSCHEN
Zahlung mit Monatskonto
Abrechnen über Kreditkartensyteme
Kundenkarte mit Zahlungsfunktion
Umtausch bzw. risikoloser Tausch
Buchschenkservice

Anders organisiert die Fachzeitschrift *BuchMarkt* in der April-Ausgabe 2004 ihre eher kundenorientierte Übersicht, indem zwischen Serviceleistungen unterschieden wird, die ›vor dem Kauf‹ und solchen, die ›nach dem Kauf‹ angeboten werden, ergänzt durch die Rubrik Nebenleistungen. In Anlehnung an die seinerzeit präsentierte Differenzierung können folgende Leistungen aufgeführt werden:

Serviceleistungen vor dem Kauf	Serviceleistungen nach dem Kauf	Nebenleistungen
• reichhaltiges Warenangebot	• Versand/Lieferung (frei Haus)	• Parkmöglichkeiten
• Schaufensterdekoration	• Geschenkverpackung	• Zahlungsmöglichkeiten (Kreditkarten/Monatskonto)
• Warenanordnung	• Monatskonto	• Bindearbeiten
• Warenpräsentation	• Umtausch oder Rücknahme	• Marketing-Informationen
• Werbung	• Fortsetzungslieferung	• Lesungen
• Kataloge/Websites	• Nach-Werbung	• Bibliothekspflege
• Geschenkgutscheine	• VIP-Ansprache	• Öffnungszeiten
• telefonische Bestellungen		• Industriegeschäft: E-Procurement
• Bibliografie/Internet		
• Ansichtsbestellung		
• Probehefte		

Ganz gleich, welchem Systematisierungsansatz man den Vorzug gibt, eines wird in jedem Fall deutlich: Das umfangreiche Dienstleistungsangebot des Sortimentsbuchhandels sucht in anderen Branchen seinesgleichen. Trotz dieser Einschätzung existiert ein ganz besonderes Problem im Buchhandel, das W. E. Heinold so beschreibt: »Es gelingt dem Buchhandel nur selten, dem potenziellen Käufer und der Öffentlichkeit ein realistisches Bild seines umfangreichen Service zu vermitteln.« – Deshalb müssen im Bereich der Service-Kommunikation besondere Anstrengungen unternommen werden, die Leistungen der Buchbranche dem Kunden zu vermitteln. Im Folgenden sollen einige illustrierende Praxisbeispiele vorgestellt werden, die zeigen, wie ein Servicekonzept konkret präsentiert werden kann.

6.5.2
Praxisbeispiele: Gondrom, Thönneßen und Herwig

Die Buchhandlungen von Reinhard Gondrom sind inzwischen zu Filialen der Kette Thalia geworden. Dennoch haben seine Maximen, die er zur Jahrtausendwende in der Märzausgabe 2001 der Zeitschrift *Buchreport* formulierte, nach wie vor Bestand. Er wollte seinerzeit Bestleistungen erreichen, die mittels »totaler Kundenorientierung« erzielt werden sollten. Seine Service-Einstellung nannte er »extremistisch«, denn sie stellte die traditionelle Organisationspyramide einer Buchhandlung ›auf den Kopf‹. Nicht der Chef, seine Führungskräfte und die weiteren Mitarbeiter stehen an der Spitze der Pyramide, sondern die Kunden, denn die kennen ihre Wünsche (vermeintlich) am besten. Daneben gelten in seinem Konzept nur wenige, ganz einfache Regeln:

1. Umtausch immer ohne Wenn und Aber.
2. Keine Lieferkosten für die Kunden.
3. Ansichtsbestellungen immer ohne Wenn und Aber.
4. Geld-Zurück-Garantie.
5. Kundenkarten-Plus mit bargeldloser Zahlung per Monatsrechnung, individuelle Literaturlisten, freier Eintritt zu Veranstaltungen des Hauses als Kundenbindungsinstrument.

Gerade die Einfachheit und die damit verbundene Klarheit des Konzeptes wirkt seiner Einschätzung nach »befreiend« für alle Mitarbeiter, von denen er immer drei Dinge forderte: Belesenheit, Fachwissen und soziale Kompetenz. So glaubte er, seinen Kunden zweierlei bieten zu können: »Information und Genuss«. Gondroms **Service-Extremismus** ist für die gesamte Branche prägend geworden. Viele seiner im Folgenden zitierten ›Merksätze‹ sind heute selbstverständlicher Bestandteil vieler Berater-Äußerungen geworden:

• Wir wollen nicht die Kunden im Griff haben, die Kunden sollen uns im Griff haben.
• Kundenwünsche wollen wir erfüllen und womöglich noch übertreffen.
• Je besser wir auf die Kunden hören, desto erfolgreicher ist die Buchhandlung.
• Wenn man fair mit den Kunden umgeht, werden sich die Kunden auch fair verhalten.
• Kunden sind keine Bittsteller mehr. Sie sind selbstbewusst, wählerisch und aufgeklärt.
• Die Mitarbeiter sind Partner des Kunden und wollen deren Wünsche umsetzen.
• Wir wollen, dass der Kunde glücklich ist.
• Wenn ein Qualitätsziel erreicht ist, ist das nächste Ziel schon zu erkennen.

Der Buchhändler Stephan Thönneßen von der Buchhandlung Seitenweise aus Dormagen im Rheinland stellt seinen Empfehlungsprospekten ein Editorial voran, das auszugsweise vorgestellt sein soll:

Telefon und Internet – das ist die Zukunft.   Natürlich brauchen Sie nicht jedes Mal persönlich zu uns zu kommen. Bestellungen nehmen wir online und per Telefon entgegen.

Übermorgen ist Klausur.   Kein Problem. Heute bestellt – morgen ist es da.

Was gibt es so von … ?   Wir recherchieren Buchtitel und Autoren, ebenso wie Verlage. Der Ausdruck einer Liste ist kostenlos. Damit Sie nichts mehr verpassen.

Mein Sohn braucht das grüne Workbook.   Schulbücher und Lernhilfen besorgen wir Ihnen zügig.

Das erscheint erst im September.   Kein Problem. Wir merken es Ihnen vor. Und benachrichtigen Sie per Telefon oder E-Mail.

Wo sind Sie genau?   Auf der Kölner Straße. Aber hinter dem Haus haben wir einen Kundenparkplatz, so wird die Anfahrt noch bequemer.

Ich möchte es verschenken.   Bücher sind immer ein gutes Geschenk. Und gute Geschenke müssen gut verpackt sein. Wir verpacken jedes Buch, jeden Kalender, jeden Bleistift. Wenn Sie möchten, mit unserer legendären Fischgräten-Technik und doppelseitigem Papier.

Leider habe ich es schon.   Sie sind doppelt beschenkt worden? Glückwunsch. Denn bei uns können Sie jedes Buch zurückgeben oder umtauschen. Egal wann. Egal was.

Wann erscheint das neue Buch von ...?   Mit unserem wöchentlichen Newsletter erfahren Sie kostenlos das Neueste aus der Bücherwelt, spezielle Tipps von unserem Team und Termine der nächsten Veranstaltungen.

Können Sie noch die Mikrobenjäger **von 1991 besorgen?**   Können wir. Denn die antiquarische Buchsuche ist kein Problem für uns. Aber ein großer Gewinn für Sie.

Wer kennt sich hier aus mit Kinderbüchern?   Grundsätzlich natürlich das ganze Team. Doch jeder von uns hat seine Spezialgebiete und Interessen, sodass Sie für fast jedes Gebiet einen Experten bei uns finden.

Mir ist so langweilig.   Das muss nicht sein. Besuchen Sie doch einfach eine unserer Veranstaltungen.

Ein Blick hinter die Kulissen ...   Ein Praktikum bei ›Seitenweise‹ verdient diesen Namen.

Äußerungen von Kunden, die jeder Buchhändler schon einmal gehört hat, werden aufgegriffen, um das Serviceangebot zu veranschaulichen, und das nicht abstrakt in Form eines allgemeinen Leistungskatalogs, sondern ganz konkret mit Bezug auf die jeweilige Kundenäußerung. So wird ein Leistungsspektrum in einen ganz real erfahrbaren Lebenszusammenhang gerückt. Diese scheinbar ganz einfache Konzeptidee ist strategisch ausgesprochen überzeugend, da sie genau an dem Punkt ansetzt, der in allen theoretischen Handreichungen zum hier behandelten Thema als Ausgangspunkt aller Überlegungen beschrieben wird, nämlich beim Kunden!

Der Göppinger Buchhändler Till Herwig geht noch einen Schritt weiter. Für ihn bedeutet ein kundenorientiertes Servicekonzept nichts anderes als die Grundlage für die Sicherung des Unternehmens. »Unsere Kunden sind unsere Gäste. Und so wollen wir gute Gastgeber sein. Wir freuen uns über ihren Besuch und tun alles, damit sie sich bei uns wohlfühlen. Sie sollen unsere Gastfreundschaft spüren. Täglich neu.« Herwig-Buchhandlungen sollen sein: »Modern, aber nicht modisch. Offen, großzügig und doch überschaubar und gemütlich. Animierend und vor allem freundlich.« Eine Bar sorgt für Flair, Mütter finden einen Babywickelplatz, die Regalsysteme laden zum Probelesen ein, am Info-Counter hilft geschultes Personal bei Kundenanliegen aller Art, eigene Kundenrechner bieten individuelle Recherchemöglichkeiten vor Ort und auf dem Desktop findet sich die eigene Website – ein ganz unaufdringlicher Hinweis auf Multi-Channeling . Aufmerksamkeit, Freundlichkeit und Loyalität sind die Erfolgsfaktoren des Herwig-Konzeptes, das er in *BuchMarkt* 2/2008 der interessierten Öffentlichkeit vorgestellt hat. Dabei bildet das Servicekonzept die Grundlage für die von Till Herwig selbst formulierten **Zehn Erfolgsfaktoren eines mittelständischen, inhabergeführten Unternehmens:**

1. Fragen Sie sich permanent, was macht mich und/oder mein Unternehmen einzigartig, unverwechselbar.
2. Analysieren Sie ständig Ihre Stärken und Ihre Schwächen. Verstärken Sie Ihre Stärken, die Schwächen werden dann weniger wichtig.
3. Seien Sie bereit zur permanenten Veränderung und wandeln Sie sich auch persönlich mit.
4. Beobachten Sie andere Branchen und lernen Sie von Ihnen.
5. Richten Sie Ihre Energie, Ihre Gedanken nicht auf ein Feindbild, wie beispielsweise einen Mitbewerber, sondern immer nur auf Ihre eigenen Ziele.
6. Haben Sie keine Angst vor Konzernen. Qualitäten wie Schnelligkeit, Kreativität, Loyalität und soziale Intelligenz brauchen – richtig eingesetzt – Macht, Geld und Technologie nicht zu fürchten.
7. Bilden Sie strategische Allianzen.
8. Beschäftigen Sie sich intensiv mit dem Internet und allen Möglichkeiten, die es bietet.
9. Haben Sie keine Angst vor Banken und Krediten. Die Anhängigkeit ist gegenseitig.
10. Lösen Sie sich von romantischen Sehnsuchtsidealen, die Sie in die »schöne, alte Zeit« zurückzuziehen versuchen.

6.6
Der ›Internet-Tsunami‹

Reichen die skizzierten Konzepte von Gondrom, Thönneßen und Herwig als Strategien gegen den ›Internet-Tsunami‹, wie der Betriebsberater Arnd Roszinsky-Terjung den aktuell beobachtbaren »ökonomischen Klimawandel« in *BuchMarkt* 7/2013 bezeichnet, der den stationären Handel zunehmend verändert? Für ihn gibt es drei Ursachen für die derzeitige Problemsituation der stationären Geschäfte:
• Frequenzverlust in den Städten,
• scharfe Konkurrenz auf den Online-Märkten
• und immer mehr ungeduldige und fordernde Kunden.

Obwohl das Produkt Buch seit Jahren einer der beliebtesten Kaufgegenstände im Internethandel ist, und die Buchbranche deshalb auf die veränderten Einkaufsgewohnheiten im Einzelhandel hätte intensiver reagieren können, bleibt festzuhalten, dass nur größere Marktteilnehmer nennenswerte Online-Umsätze generieren können. Marktführer bleibt der Mega-Händler Amazon, dessen ebenso aggressives wie durchdachtes Geschäftskonzept zum Maßstab für alle Anbieter im Online-Markt geworden ist. Und wie reagiert das Gros der Branche auf den schrumpfenden stationären Markt? Eigene Webshops sind inzwischen Standard, werden von den Kunden erwartet, ohne dass sie entsprechend genutzt werden. Ein grundlegendes Umdenken in der Branche muss stattfinden. Nicht das Produkt (Buch) darf in den Fokus gerückt werden, sondern die Orientierung an Kunden, Käufern und Nutzern ist die »eigentliche Steuergröße, die heute für Geschäftserfolge maßgeblich ist«. Roszinsky-Terjung weiter: »Niemand betritt eine Buchhandlung, weil er bedrucktes Papier nach Hause tragen möchte. Was ihn antreibt, ist vielmehr eine Sehnsucht nach Kurzweil, Sinnerfüllung, Wissensgewinn, Selbstbelohnung etc. Bücher als Produkte liefern dazu nur die materielle Bühne. Im Kern muss sich der Handel heute mit diesen Sehnsüchten mehr beschäftigen als mit den Produkten.« Erfolgreich wird der »Buchexperte« also erst dann und nur sein, wenn er gleichermaßen zum »Experten für Kunden« wird. Der stationäre Handel muss deshalb seine Kompetenzen neu justieren. »Es stimmt, dass der stationäre Handel durch den Internet-Tsunami existenziell bedroht ist. Aber genauso richtig ist auch, dass es Möglichkeiten gibt, auf diese Bewegung mit einer Vorwärts-Strategie zu antworten.«

Dr. Anna Barbara Holstein von der Gruppe Nymphenburg benennt beim Libri-Campus im Mai 2013 fünf solcher Strategieansätze, die als Schlüsseltrends die Zukunft des stationären Einzelhandels positiv gestalten können:

- **Storytelling**
  Dem multioptionalen Kunden, der je nach Situation und Bedarf unterschiedliche Einkaufskanäle nutzt, müssen Geschichten erzählt werden. Der Buchhändler verkauft nicht Bücher allein, sondern Welten, Emotionen, Abenteuer, Liebe etc.
- **Kuratiertes Verkaufen**
  Die angebotenen Produkte müssen nicht durch die schiere Menge überzeugen, sondern durch bewusste, kundenorientierte und sparsame Auswahl. Die besondere Sorgfalt beim Einkauf hebt den einzelnen Titel stärker heraus als es eine vermeintlich breite Auswahl kann. Wenn Ambiente und Präsentation stimmen, dann bedeutet ein Weniger immer ein Mehr.
- **Erlebnisinszenierung**
  Die besondere Auswahl motiviert den Kunden zum Besuch in der Buchhandlung, wenn gleichzeitig alle Sinne angesprochen werden. Kunden verlangen nach Inspiration und Erlebnis, sie wollen sehen, hören, fühlen, riechen, schmecken. Entsprechend müssen die angebotenen Produkte

inszeniert werden. Farbe, Licht, Duft, Klang – all diese Instrumente erzeu-
gen Stimmungen, entfalten emotionale Wirkung. Keinem Internetauftritt
kann dies jemals in dieser Art gelingen.
- **Multi-Channeling**
Dennoch muss auch der Absatzkanal Internet bespielt werden. Die Immer-
und-Überall-Erreichbarkeit ist ein Muss in der digitalen Welt von heute.
Die Kunst besteht in der Verknüpfung der realen mit der virtuellen Welt.
Der Webauftritt muss so gestaltet werden, dass der Kunde Lust bekommt,
den Laden wirklich zu betreten.
- **Beziehungen zwischen Menschen knüpfen und pflegen**
»Im Einzelhandel geht es darum, Beziehungen zwischen Menschen zu
knüpfen«, so der Apple-Macher Ron Johnson. Die angebotene Ware darf
nicht bloß verkauft werden, sie muss gelebt werden. Die Menschen, also
auch die Kunden, haben Probleme, Wünsche, Sehnsüchte. Und der Buchhändler bietet für all diese Aspekte Lösungen, Hilfen und Produkte an.

So gesehen ist der Internet-Tsunami zwar eine Gefahr für den stationären
Handel, gleichzeitig aber auch die Chance für einen nachhaltigen Neu-An-
fang. Durch die konsequente Ausrichtung auf die Bedürfnisse der Kunden
kann der Buchhandel sich als die Branche für die Lösung von Problemen aller Art neu erfinden und damit zukunftsgewiss und erfolgreich auch im 21.
Jahrhundert bestehen.

6.7
Der Kunde als Gast

Beratung und Verkauf beschreibt Jörg Winter in seiner Publikation *Der Kunde
ist Gast* so: Gast und Gastgeber bewegen sich auf einer gemeinsamen Bühne
gleichberechtigt und respektvoll gegenüber dem jeweils anderen. Beide sind
die Teilnehmer an der Party, die der Buchhändler veranstaltet. Die Beziehung
zwischen Gastgeber und Gästen wird durch ›Spielregeln‹ gestaltet, die den
reibungslosen Ablauf der Party gewährleisten. Winters Konzept mündet in ei-
ne Vielzahl von Merksätzen, von denen am Ende dieses Kapitels einige als
Denkanstöße zitiert werden sollen:
- Gewährleisten Sie den unverstellten Zugang zur Ware.
- Entfernen Sie die Schutzfolie, damit der Kunde die Bücher prüfen und
  begutachten kann.
- Präsentieren Sie Bücher auf Tischen ausnahmslos als Stapel.
- Lassen Sie sich in Ihrer Gastgeber-Rolle von einer unaufdringlichen
  Aufmerksamkeit leiten.
- Nutzen Sie die Begrüßung als Chance, das Beratungsgespräch zu eröffnen.
- Binden Sie den Kunden mit offenen Fragen in das Gespräch ein.

- Schauen Sie erst, bevor Sie reden.
- Benutzen Sie im Zweifelsfall Alternativfragen, denn sie bewirken immer eine Zustimmung.
- Ermitteln Sie so schnell wie möglich die Kaufmotive Ihrer Kunden.
- Nutzen Sie Alternativangebote, um spontane Kaufbereitschaft zu befriedigen.
- Verstehen Sie volle Einkaufstaschen als ein Kennzeichen der Kundenzufriedenheit.

Die Buchhändler, die sich auf die Wünsche, Motive und Bedürfnisse ihrer Kunden einstellen, werden zu dem, was die Kunden im 21. Jahrhundert von den Gestaltern des Buchmarktes erwarten: zu aktiven Dienstleistern für Beratung und Verkauf.

Fragen zu Kapitel 6

6.1 Nennen Sie drei mögliche Ursachen für die Problemsituation des stationären Handels in Zeiten des aktuell stattfindenden Strukturwandels.

6.2 Erläutern Sie, warum der Buchhändler von heute weniger ein Buchexperte, sondern vielmehr ein Experte für Kunden sein sollte.

6.3 Erläutern Sie, inwiefern beim Zielkauf zur Bedarfsdeckung keine ›echte‹ verkäuferische Leistung vorliegt.

6.4 Erläutern Sie die Relevanz von Hygienefaktoren und Motivatoren für Beratung und Verkauf.

6.5 Erläutern Sie, was den ›einfühlsamen‹ Verkäufer vom ›idealen‹ Verkäufer unterscheidet.

6.6 Nennen Sie vier verschiedene Verkäuferrollen.

6.7 Differenzieren Sie Kundenzufriedenheit und Kundenbegeisterung.

6.8 Erklären Sie den Begriff der ›Unschärferelation der Alltagswirklichkeit‹ im Zusammenhang mit SINUS-Milieus.

6.9 Nennen Sie drei Milieus der unteren Mittelschicht.

6.10 Erstellen Sie für mindestens vier Kundentypen eine Übersicht mit Verhaltensdispositionen und Reaktionsmöglichkeiten, die der Darstellung im Kapitel 6.2.2.2. entspricht.

6.11 Nennen Sie sechs Phasen, die in einem Verkaufsgespräch in der Regel aufeinander folgen.

6.12 Definieren Sie den Begriff ›aktives Verkaufen‹.

6.13 Benennen Sie die vier Seiten einer Nachricht des Kommunikationsquadrats nach dem Modell von Friedemann Schulz von Thun.

6.14 Erläutern Sie die generellen Aufgaben von Fragen beim Verkaufsgespräch.

6.15 Nennen Sie sechs Arten von Fragen, die in Beratungs- und Verkaufsgesprächen genutzt werden können.

6.16 Nennen Sie drei Aspekte, die helfen können, hochpreisige Waren
erfolgreich zu verkaufen.

6.17 Erläutern Sie die Wendung ›Der Ton macht die Musik‹ im Rahmen von
Beratungs- bzw. Verkaufsgesprächen.

6.18. Erläutern Sie die Wichtigkeit der Konzepterstellung für ein erfolgrei-
ches Reklamationsmanagement.

6.19 Erläutern Sie den Begriffs des ›Storytelling‹ im Kontext von Beratung
und Verkauf.

6.20 Nennen Sie die fünf übergeordneten Servicebereiche, die der Betriebsberater W. E. Heinold zusammengestellt hat.

6.21 Ordnen Sie die Heinoldschen Servicebereiche dem Leistungskatalog
des Börsenvereins (siehe Kap. 2.6.1) zu.

6.22 Kommentieren Sie aus Sicht Ihres Ausbildungsbetriebs Till Herwigs
›Zehn Erfolgsfaktoren eines mittelständischen, inhabergeführten
Unternehmens‹.

7
Einkauf

Einkauf

Aus: Ausbildungsrahmenplan für die Berufsausbildung zum Buchhändler und zur Buchhändlerin | Sachliche Gliederung (§ 4 Absatz 2 Abschnitt A Nummer 4)

SORTIMENTSSTRUKTUR

- die Sortimentsstruktur, insbesondere anhand der Marktausrichtung sowie Breite und Tiefe, beurteilen;
- Zusammenhänge zwischen Anordnung und inhaltlicher Struktur des Sortiments begründen;
- Bedeutung der nicht preisgebundenen Produkte für das Sortiment herausstellen.

EINKAUF UND BESTELLUNG

- Bedarf an Waren unter Berücksichtigung der Umsatz- und Bestandsentwicklung, der saisonalen Schwankungen sowie der Absatzchancen ermitteln;
- Umsatzkennzahlen beim Einkauf berücksichtigen;
- Einkaufsmöglichkeiten bei Verlag, Zwischenbuchhandel und über Einkaufsgemeinschaften sowie Bündelung bei Eigenbestellung beurteilen und beim Einkauf nutzen;
- Waren bestellen.

Ergänzt um:
BESCHAFFUNG (§ 4 Absatz 2 Abschnitt A Nummer 3.4)

- Formen der Beschaffung unterscheiden;
- Warennachbezug anhand der Warenwirtschaftsdaten durchführen;
- bei der Beschaffung wirtschaftliche Aspekte berücksichtigen;
- Sonderkonditionen bei der Beschaffung berücksichtigen;
- Handelsbräuche, insbesondere die Verkehrsordnung, anwenden.

Die Frage nach der (richtigen) Sortimentsstruktur ist eine, wenn nicht die(!) zentrale Frage im Rahmen der Sortimentspolitik einer Buchhandlung und gehört zu den Kernbereichen des Marketings (siehe Kap. 10.2). Und der Begriff ›Marketing‹ signalisiert: Es geht um die **Marktausrichtung** einer Buchhandlung. Denn jede Buchhandlung, die ihr Sortiment nicht für einen aktuellen (oder potenziellen) Markt konzipiert, läuft Gefahr, das in ein Wirtschaftsunternehmen eingesetzte Kapital schnell zu verspielen. Dabei kann es durchaus unterschiedliche ›Spielarten‹ der Marktausrichtung mit je spezifischen ›Spielregeln‹ geben, wie sie im Kapitel 1.3 ausführlich thematisiert worden sind. Dort ging es um verschiedene Betriebstypen, wobei das breit sortierte allgemeine Sortiment und die in die Tiefe gehende spezialisierte Fachbuchhandlung einen groben Orientierungsrahmen bieten. Dort ging es aber auch um verschiedene Optionen für Filialunternehmen und Einzelfirmen sowie um die Besonderheiten der ›Großen‹ und der ›Kleinen‹ unserer Branche. Das Fazit: Alle Unternehmen haben eine Aussicht auf Erfolg, so bescheiden er auch manchmal ausfallen mag, sofern sie ihr Konzept, ihre USP (ihr einzigartiges Verkaufsversprechen) am Markt ausrichten. Die Frage, ob bei einer Einzelfirma die Entscheidung für eine bestimmte Ausrichtung auf einer bewussten Entscheidung des Inhabers für einen bestimmten Betriebstyp (z. B. Mainstream-Buchhandlung in einem Einkaufscenter) basiert oder aber aus persönlicher Neigung (Affinität/Nähe zu bestimmten Themen) getroffen worden ist, ist von sekundärer Bedeutung. Außerdem sind Unternehmer, das kann man vor allem bei Neugründungen immer wieder feststellen, weitaus weniger autark als sie meinen. Beeinflussende Faktoren der Sortimentsstruktur können u. a. sein:

- Lage der Buchhandlung,
- Größe der Buchhandlung,
- vorgegebene Raumflächen (separate Räume, weitere Etagen),
- verfügbares Kapital,
- Einbindung in buchhändlerische Verbundsysteme (siehe Kap. 7.5),
- Sortimentskompetenz der Mitarbeiter (Zuständigkeit für bestimmte Warengruppen oder ganze Verkaufsetagen).

Die Festlegung des Konzepts ist eine wichtige Aufgabe, und für einen Businessplan ist sie eine unabdingbare Voraussetzung, aber die konkrete Umsetzung des Konzepts vor Ort ist viel wichtiger. Geht es doch hier darum, den Laden mit den Augen des Kunden zu sehen und das gesamte Raum- und Sortimentskonzept auf ihn abzustimmen. Denn mehr als die Hälfte aller Kaufentscheidungen fallen erst im Verkaufsraum, neudeutsch am Point of Sale. In diesem Zusammenhang spielen Warengruppen (siehe Kap. 3) und deren Platzierung eine ebenso wichtige Rolle wie die systematische Feingliederung in der Regalwand, die je nach Warengruppe alphabetisch, thematisch, mitunter auch nach Reihen und Nummern ausfallen kann. Ferner sind größere Zusammenhänge grundlegend zu bedenken, wie Fragen nach dem Kundenleitweg (siehe Kap. 10.6.3), den Ruhezonen und der räumlichen Bündelung der Warengruppen, sodass im Verkaufsraum, je nach Konzept und Marktausrichtung, das zusammensteht, was die Kernzielgruppe als zusammengehörend erwartet.

Auf den Auslagetischen oder -flächen hingegen wechselt das Angebot. Hier geht es in der Regel nicht um das Lagersortiment, sondern um zeitlich und inhaltlich begrenzte Aktionssortimente (Novitäten, Thementische, Aktionsware). Dies ist auch die Angebotsfläche für Non-Books, die, für sich oder in Kombination mit Büchern präsentiert, zu Zusatz- oder Ersatzkäufen einladen, denn bestenfalls sollte kein Kunde das Geschäft ohne Kauf verlassen (siehe Kap. 6; Einleitung). Wegen ihrer Sonderstellung in Bezug auf die Profilierung der Buchhandlung, d. h. auf eine mögliche Abgrenzung zur Konkurrenz, aber auch im Hinblick auf abwechslungsreiche Gestaltungsmöglichkeiten, die sich für den Verkaufsraum ergeben und dessen Atmosphäre maßgeblich beeinflussen, sind verschiedene Aspekte der Non-Books im Abschnitt über die Gegenstände des Buchhandels (siehe Kap. 2.2, vor allem aber 2.3) ausführlich thematisiert worden. Der folgende Absatz beschränkt sich deshalb auf Überlegungen zur ökonomischen Relevanz nicht-preisgebundener Produkte: auf die freie Kalkulation und auf das Preisimage, das als Wettbewerbsfaktor eingesetzt werden und dabei profilbildend wirken kann.

Wirtschaftliche Bedeutung nicht-preisgebundener Produkte

Non-Books unterliegen keiner Preisbindung. Dies bedeutet: Jeder Händler hat die Freiheit, die Ladenpreise selbst festzusetzen. Eine eher ungewohnte Situation für Buchhändler, die in kalkulatorischer Hinsicht vom Prinzip der gebundenen Ladenpreise ›verwöhnt‹ sind. Und so akzeptieren sie, wie im Falle von Kalendern und Hörbüchern, in der Regel auch die von den Verlagen festgesetzten unverbindlich empfohlenen Ladenpreise und bestreiten ihre Geschäftskosten vom ausgehandelten Sortimenterrabatt.

Die freie Kalkulation hingegen geht stets vom Bezugs- oder Einkaufspreis aus. Damit sind auf der Seite des Warenbezugs bereits berücksichtigt: Rabatte auf den Listeneinkaufspreis (evtl. Staffelrabatte), Skonti und Bezugskosten. Dieser Einkaufspreis ist ein Nettowert ohne Umsatzsteuer. Eine Verkaufskalkulation verläuft dann wie folgt:

```
   Bezugspreis/Einstandspreis
+  Handlungskosten/Gemeinkosten
=  Selbstkostenpreis
+  Gewinn
=  Nettoverkaufspreis
+  Umsatzsteuer
=  Bruttoverkaufspreis/Ladenpreis
```

Der Wert für Handlungs- oder Gemeinkosten wird in der Buchhaltung bzw. im Controlling festgelegt. Dort weiß man um die Betriebskosten und kann diese als prozentualen Wert für die Aufschlagkalkulation angeben. Würde die Buchhandlung die Ware nun zum Selbstkostenpreis anbieten und verkaufen, hätte sie gerade einmal ihre eigenen Kosten eingespielt. Aber in einer Händlerexistenz geht es um Gewinne bzw. Erträge. Also erfolgt ein Gewinnaufschlag, dessen Höhe im Ermessen des Händlers liegt. Hier sollte die Grundregel angewandt werden, nach der der Aufschlag bei niedrigpreisigen Artikeln höher liegen sollte als der Aufschlag bei höherpreisigen Produkten. Manche Firmen operieren mit einem **Kalkulationsfaktor**, der Handlungskosten, Gewinnaufschlag und Umsatzsteuer in einem Wert zusammenfasst, und gelangen dadurch in einem Rechenschritt zum rechnerischen Verkaufspreis. Auch hier gilt: der Kalkulationsfaktor sollte bei niedrigpreisigen Artikeln größer sein. Hierzu zwei Beispiele.

Beispiel 1

	Bezugspreis/Einstandspreis		1,20 €
+	Handlungskosten/Gemeinkosten	(40 %)	0,48 €
=	Selbstkostenpreis		1,68 €
+	Gewinn	(100 %)	1,68 €
=	Nettoverkaufspreis		3,36 €
+	Umsatzsteuer	(19 %)	0,64 €
=	Bruttoverkaufspreis/Ladenpreis		4,00 €

Vereinfacht mit Kalkulationsfaktor:

	Bezugspreis/Einstandspreis	1,20 €
×	Kalkulationsfaktor (3,3)	
=	Bruttoverkaufspreis/Ladenpreis	3,96 €

Beispiel 2

	Bezugspreis/Einstandspreis		5,40 €
+	Handlungskosten/Gemeinkosten	(40 %)	2,16 €
=	Selbstkostenpreis		7,56 €
+	Gewinn	(50 %)	3,78 €
=	Nettoverkaufspreis		11,34 €
+	Umsatzsteuer	(19 %)	2,15 €
=	Bruttoverkaufspreis/Ladenpreis		13,49 €

Vereinfacht mit Kalkulationsfaktor:

	Bezugspreis/Einstandspreis	5,40 €
×	Kalkulationsfaktor (2,5)	
=	Bruttoverkaufspreis/Ladenpreis	13,50 €

Der rechnerisch ermittelte Ladenpreis entspricht selten dem späteren tatsächlichen Verkaufspreis. Denn dieser muss auch im Hinblick auf seine Wirkung beim Käufer und damit auf seine Markt- und Marketingrelevanz hin festgelegt werden. Zu berücksichtigen sind:

Psychologische Preisschwellen Im ersten Beispiel dürfte der Verkaufspreis auf 3,95 € oder auf 3,99 € festgesetzt werden. Vor allem im Niedrigpreissektor sowie bei 5 €- und 10 €-Angeboten müssen Preisschwellen berücksichtigt werden.

Geschätzte / empfundene Wertigkeit des Artikels Bei höherpreisigen
Artikeln kann man eher nach oben ›aufrunden‹. Im zweiten Beispiel kann
der Verkaufspreis demnach ohne Bedenken bei 14,90 € liegen. Je exklusi-
ver der Artikel, desto leichter fällt das Aufrunden.

Exklusivität Exklusivität kann sich sowohl auf die inhaltliche Qualität
beziehen als auch darauf, dass die Buchhandlung den Artikel allein in
einer Stadt oder Region anbietet.

Preise der Konkurrenz Sollte die Konkurrenz vor Ort denselben Artikel
führen, muss sich die Buchhandlung überlegen, wie sie sich im Preiswettbewerb positionieren will: Gleiches Level? Tiefer oder höher? Die Entscheidung hierüber wird in großem Maße von der eigenen Marktstellung
abhängen.

Mögliche positive Auswirkungen auf die Handelsspanne verpuffen übrigens
bzw. verkehren sich sogar in ihr Gegenteil, wenn die Buchhandlung in hohem
Maße Non-Book-Sortimente aufnimmt, die der Lieferant, ausgehend von einem seitens der Buchhandlung akzeptierten unverbindlichen Ladenpreis, gering rabattiert. Dies ist häufig bei technisch geprägten Produktgruppen der
Fall, wie bei DVDs oder E-Book-Readern. Die Gleichung ›Non-Book = Ren-
dite-Bringer‹ geht also nicht in jedem Fall auf. So auch selten bei schwer zu
beschaffenden Importtiteln, wo die übermächtige Konkurrenz von Amazon
manche Buchhandlung dazu ›zwingt‹, den Titel zwar zu besorgen, ihn aber
nicht kostendeckend zum Angebotspreis von Amazon zu verkaufen. Allerdings ist dies die Ausnahme für allgemeine Sortimentsbuchhandlungen, die
ihre Importtitel meistens mit einem marktgängigen Rabatt über Barsortimente oder Importgrossisten beziehen.

Für den **Buchimport** aus dem Ausland sind einige Besonderheiten zu berücksichtigen. Hierzu ein Beispiel für den Bezug von Titeln aus den USA, wo
die Katalogpreise in der Regel USA-Inlandspreise sind. Daneben existiert jedoch häufig ein spezieller Preis für den Export: der European Sales Price
(ESP), der den Katalogpreis mitunter bis zu 20 Prozent übersteigt. Ferner wird
man mit dem Problem der Vorausrechnung (proforma-invoice) konfrontiert,
sofern keine guten Geschäftsbeziehungen zu den Verlagen bestehen. Die in
Rechnung gestellte Einfuhrumsatzsteuer ist als Vorsteuer abzusetzen. Bei einer Kalkulation sind demnach zu berücksichtigen: der European Sales Price,
der Rabatt des Verlages, die Transportgebühren, der Rechnungsbetrag exklu-
siv Einfuhrumsatzsteuer (= Bezugspreis netto), die Kosten für eine etwaige
Banküberweisung, die Geschäftskosten, der Gewinnaufschlag und natürlich
die Umsatzsteuer für den Verkauf an Kunden in Deutschland. Zusammenfas-
send ist zu sagen: Das Importgeschäft ist kein einfaches Geschäftsfeld und
wird deshalb eher von spezialisierten Firmen oder Universitätsbuchhandlun-
gen mit entsprechender Professionalität kostendeckend bewirtschaftet. Für alle, die trotz der erwähnten Umstände am Direktbezug interessiert sind oder

Verkaufsgespräche mit englischsprachigen Lieferanten führen müssen, ist das kleine Glossar mit den wichtigsten buchhändlerischen Fachtermini im Anhang des Buches konzipiert.

Kernsortiment, Randsortiment und Aktionssortiment

Jede Buchhandlung hat sich an den Wünschen und Bedürfnissen der potenziellen Kunden zu orientieren – dies gebietet das Primat der Marktausrichtung. Bei der Sortimentsgestaltung wird man also das Warenangebot so gestalten, dass es den Zielen des Unternehmens, den Wünschen der angesprochenen Käufer und den wirtschaftlichen Möglichkeiten der Buchhandlung entspricht. Eine Sortimentsbildung ist zwar auf einen bestimmten Zeitpunkt bezogen, aber im Allgemeinen auf einen längeren Zeitraum ausgerichtet. Trotzdem ändert sich die konkrete Zusammensetzung eines Sortiments ständig – kein Wunder bei der jährlichen Bücherflut, die regelmäßig auf sortimentsrelevante Titel hin überprüft werden muss.

Bei der Sortimentsauswahl unterscheidet man zwischen Kern- und Randsortimenten. Das **Kernsortiment** besteht aus Warengruppen und Sortimentsbereichen, die im Sinne der Grundkonzeption einen dauerhaften Platz im Gesamtsortiment haben. Dieses Sortiment bildet den Grundstock des Lagerumsatzes und wird von einer bestimmten Anzahl von Kernlieferanten bezogen; in der Regel von ›Lagerverlagen‹, auch A-Verlage genannt, die das Gesicht des Sortiments maßgeblich prägen und für die vereinbarte Jahreskonditionen (siehe Kap. 7.4.6) gelten. Innerhalb dieses Kernsortiments kristallisiert sich häufig ein **Schwerpunktsortiment** heraus; hier ist die Buchhandlung aufgrund ihrer Titelkompetenz besonders gut sortiert und verkauft auch schwierige Titel aus B- und C-Verlagen. Untersuchungen haben ergeben, dass ca. 20 Prozent der Titel rund 80 Prozent des Umsatzes erwirtschaften, die übrigen 80 Prozent der Titel hingegen nur 20 Prozent. Somit steht das Kernsortiment für gut verkäufliche Titel, während das im nächsten Absatz erwähnte Imagesortiment ein qualitatives Zusatzsortiment darstellt, bei dem Verkäuflichkeit nicht der alleinige Grund für die Einkaufsentscheidung ist. Die Klassifizierung in A-, B- und C-Lieferanten kommt übrigens aus dem Controlling und steht für abgestufte Wertigkeiten (siehe auch Kap. 7.3): A sind die wichtigsten, B die weniger wichtigen und C die nur punktuell wichtigen Lieferanten. Das bedeutet, dass die Produktion der A-Verlage weitestgehend bei den Verlagen bezogen wird, die Titel von B- und vereinzelt auch von C-Verlagen hingegen nur dann, wenn ein ökonomisch vertretbarer Bestellwert vorliegt (siehe Kap. 7.2), der an dieser Stelle als Empfehlung mit mindestens 200,– € netto angegeben sei, von Buchhandlungen aber höchst unterschiedlich angesetzt wird.

Mit einem **Randsortiment** reagiert die Buchhandlung auf aktuelle Trends oder ergänzt das Kernsortiment um profilbildende Warengruppen, die mitunter dem Non-Book-Bereich zuzuordnen sind. In diesem Zusammenhang spricht man auch von einem **Imagesortiment**. Aber auch dieser Sortimentsbereich muss auf einen Absatzmarkt hin eingekauft werden; denn Titel, die sich nicht verkaufen, sind letzten Endes auch nicht profil- oder imagebildend. In diesen Sortimentsbereichen oder bei bestimmten Einzeltiteln wird häufig Kapital gebunden, da die Buchhandlung mehr oder weniger bewusst schlechte Lagerdrehzahlen (siehe Kap. 8.1.2) in Kauf nimmt.

Die genannten Sortimentsbereiche werden häufig ergänzt um ein **Aktionssortiment**, das zeitlich befristet das Gesicht einer Buchhandlung prägt. Hier kann es sich um Produkte auf dem Auslagetisch anlässlich einer Veranstaltung handeln, um die auffällige Präsentation einer Verlagsaktion oder um eigens geplante und organisierte Thementische. Schon diese Beispiele zeigen, dass ein Aktionssortiment selten in die Regale eingeräumt wird. Sein genuiner Platz in einem Geschäft sind die variablen Auslageflächen.

Wirtschaftliche Lagerhaltung bedeutet, das Angebot auf Verkäuflichkeit auszurichten. So schildert es Gudula Buzmann in dem Buch *Gründung und Führung einer Buchhandlung*. Damit sind folgende Fragen zu klären:
• Welche Titel gehören zu den Longsellern, die als ›gute‹ Backlist eine dauerhafte Nachfrage sichern?
• Welche Bestseller in den Bereichen Belletristik und Sachbuch (als Hardcover oder Taschenbuch) haben eine längere oder kürzere Lebensdauer?
• Welchen Stellenwert haben die persönlichen Empfehlungen und wie werden sie von den Kunden akzeptiert?
• Welche Titel sind problematische Verlagserzeugnisse? Zu ihnen gehören Novitäten unbekannter Autoren, nicht mehr aktuelle Titel mit abnehmender Verkaufszahl oder Produkte aus Sachgebieten mit abnehmendem Interesse.

Relevant für den absatzorientierten Einkauf sind zwei Fragestellungen. Wo, an welcher Stelle im Verkaufsraum, sollen die angesprochenen Sortimentsgruppen präsentiert werden? Aber vor allem: In welcher Stückzahl sollen die sortimentsrelevanten Titel eingekauft werden? Denn die Kernaufgabe einer am Markt ausgerichteten Lagerhaltung muss es sein, die **richtigen Bücher zur richtigen Zeit in bedarfsgerechter Menge** vorrätig zu haben.

Organisatorische und rechtliche Aspekte, die im Zusammenhang mit den in den Betrieben eingesetzten Warenwirtschaftssystemen stehen, bilden den Schwerpunkt des Kapitels 8. Dort findet man auch einen betriebswirtschaftlichen Exkurs über wichtige Lagerkennziffern, wie die Lagerdauer in Tagen, die Lagerumschlagsgeschwindigkeit oder den durchschnittlichen Lagerbestand. Die folgenden Ausführungen reflektieren das Einkaufsverhalten eher auf einer allgemeinen Ebene: Im Vordergrund stehen Bestellanlässe, Bezugsquellen und Einkaufskonditionen.

7.1
Bestellanlässe

Im Bucheinzelhandel unterscheidet man – neben den Besonderheiten des Gründungseinkaufs, die hier unberücksichtigt bleiben sollen – vier mögliche Bestellanlässe:
- Novitäteneinkauf, d. h. die Aufnahme von Neuerscheinungen in das Sortiment;
- Backlist-Bestellungen als Lagerergänzung (Backlist = lieferbare Titel ohne Novitäten);
- Bestellung von Aktionsware, die nur zeitweise (saisonal, projektbezogen etc.) am Lager geführt wird;
- Besorgungsgeschäft aufgrund konkreter Kundenwünsche (Einzeltitel und Abonnements), das in den Betriebsstatistiken als ›Durchlaufgeschäft‹ erfasst wird.

Einkauf der Novitäten

Der Einkauf von **Neuerscheinungen** für das Warenlager gehört zu den größten betrieblichen Wagnissen. Hier gilt es – je nach Verlag, Autor, Titel oder Bestellmenge – das Lagerrisiko zu begrenzen oder, positiv formuliert, das Risiko als Chance zum Verkauf anzunehmen. Und je besser die Sortimentspolitik in das Marketingkonzept des Unternehmens eingebettet ist, umso einfacher fallen die Entscheidungen. So sollte, selbstverständlich unter Berücksichtigung der Parameter Zielgruppe(n), Zielmilieu(s), Standort, Einzugsgebiet, Verkaufsfläche, Personal etc., geklärt sein:
- Festlegung der Kernlieferanten im Print- und Non-Printbereich,
- Auswahl und Gewichtung der Warengruppen,
- Anzahl und Präsentationsmöglichkeiten für besondere Titel (Empfehlungstitel und Bestseller),
- Platzierungsmöglichkeiten für Non-Books,
- Relation bzw. Gewichtung des Verhältnisses von Novitäten und Backlist.

Nur der absatzorientierte Einkäufer kann das Problem hoher Lagerbestände und hoher Kapitalbindung minimieren. Ein solcher Einkäufer bestellt selektiv für seinen Markt und überlegt sich bei jedem Titel, für welchen Kunden welcher Einzeltitel einzukaufen ist (Verkauf ggf. direkt über das Abholfach) und für welche Kunden welche Titel auf Tischen oder in der Regalwand zu präsentieren sind. Und nicht nur nebenbei gesagt: Entscheiden schließt die Kunst des Verzichts mit ein. Trotzdem bleibt der Einkauf von Novitäten, wie übrigens auch das Verlegen von Titeln, immer auch eine spekulative Angelegenheit. Kein Buchhändler wird wissen, ob er mit seiner Einschätzung auch richtig liegt. Das weiß er letztendlich erst, wenn sich größere Nachbezüge ergeben oder wenn sich über eine etwaige Remission der Warenkreislauf schließt. Die folgenden **Einkaufskriterien** sollen Anhaltspunkte dafür bieten, den Lagereinkauf (siehe Kap. 8.1.2) bewusster zu organisieren:

- **Finanzielle Mittel** Wie hoch ist das Budget für den Einkauf von Novitäten und Backlist? Wie gewichtet man die Relation von Novitäten zur Backlist? Wie verteilt sich das Budget, das als Einkaufslimit verstanden werden sollte, auf Planungszeiträume?
- **Zeit** Wie schnell können die Novitäten verkauft werden? Übersteigt die voraussichtliche Lagerdauer das mit den Lieferanten ausgehandelte Zahlungsziel?
- **Exemplarzahl** Wie hoch ist die Bestellmenge pro Titel? Die Bestellzahl 1 ist eigentlich immer einer ›Bestellung für die Regalwand‹ oder einer ›Bestellung für das Abholfach‹ gleichzusetzen. Die Bestellzahl 3 (und mehr) hingegen rechtfertigt (in kleineren Buchhandlungen) bereits eine Tischpräsentation, die ins Absatzkonzept der Buchhandlung integriert ist.
- **Verkaufsraum** Wie ist der Raum aufgeteilt? Wie viel Platz steht auf Tischen und in der Regalwand für Warengruppen, Aktionen, Novitäten oder Empfehlungen zur Verfügung? Also: An welcher Stelle und auf welchen Möbeln soll die eingekaufte Ware angeboten werden?
- **Einkaufskonditionen** Welche Konditionen gewährt der Lieferant als Gegenleistung für einen ›guten‹ Einkauf?
- **Werbung** Wie groß ist der Werbeetat und wie viel werbliche Unterstützung bietet der Lieferant?

Wird eine Novität also – zumindest für einen gewissen Zeitraum – zu dem Kernsortiment der Buchhandlung gehören? Passt sie durch Thema und Aufmachung in das Sortiment und wird sie in größeren Stückzahlen verkauft? Oder soll bzw. wird sie ›nur‹ das Imagesortiment bereichern, von dem die Buchhandlung glaubt, es führen zu müssen, ohne größere Absatzchancen zu haben?

Einkauf der Backlist

Hat sich eine Neuerscheinung ›bewährt‹, so wird sie als Backlisttitel weiterhin bevorratet und im Titeldatenstamm des Warenwirtschaftssystems weiter gepflegt. Über Umfang und Ausmaß entscheiden die Instrumentarien der Lagerkontrolle; dementsprechend kann der Einkauf der Backlist auch losgelöst vom Novitäteneinkauf stattfinden. Dabei kann es durchaus sein, dass sich manch ein Titel – zunächst in der Hardcover-Ausgabe, später auch als Taschenbuch – als ausgesprochener Steady- oder Longseller herausstellt. Folgender Regelfall ist jedoch wahrscheinlicher: Der Titel wird immer seltener verkauft und schließlich aus dem Programm genommen. Die Regalverweildauer im Sortiment sollte bei Hardcoverausgaben mindestens 12 Monate betragen, bei Taschenbüchern hingegen nur 6 Monate – so empfehlen es Verbandsgremien.

Die Backlist bildet das Fundament einer gut sortierten Buchhandlung. Hier zeigt sich, in welchen (Schwerpunkt-)Bereichen eine Buchhandlung lieferbare Titel vorrätig hält, um dadurch ihre Sortimentskompetenz zu unterstreichen. Dementsprechend ist auch der Etat für den Backlisteinkauf zu gewichten. Bei backlistorientierten Buchhandlungen kann er sich auf bis zu 70 Prozent des Einkaufsbudgets belaufen.

Aktionseinkauf

Der Aktionseinkauf bezieht sich auf Waren, die nur temporär in das Sortiment aufgenommen werden. Häufig wird dieser Begriff mit (Schaufenster-)Aktionen der Verlage assoziiert. Dabei gibt es auch Aktionseinkäufe, die vom Sortiment ausgehen, wie im Falle von Veranstaltungen für eigens ausgewählte Titel und Themen.

Häufig bemüht man sich bei Aktionseinkäufen um werbliche Kooperationen mit den Lieferanten, wie dies bei gut umgesetzten Sales-Promotion-Aktionen (siehe Kap. 10.9) geschieht. Diese funktionieren nach dem Prinzip des ›Gebens-und-Nehmens‹. Der Händler bietet dem Verlag lukrative Plätze in seinem Geschäft an und unterstützt die Aktion mit dem Einsatz weiterer Werbemittel. Der Verlag unterstützt den Händler bei der Aktion mit Werbemitteln und/oder einem Werbekostenzuschuss und gewährt bessere Konditionen als im Normalfall. So ist es durchaus üblich, dass die Buchhandlung bei einer Lesung bis zu 50 Prozent Aktionsrabatt, ein längeres Zahlungsziel und ein Rückgaberecht für die nicht verkauften Exemplare erhält. Doch nicht nur für Lesungen gilt: Ziel eines jeden Aktionseinkaufs sollte es sein, für Abwechslung im Geschäft zu sorgen, dabei das Lagerrisiko aber von vornherein so zu begrenzen, dass erst nach Abschluss der Aktion die verkaufte Ware bezahlt wird und Lagerüberhänge durch Remissionsrecht vermieden werden.

Besorgungsgeschäft

Zu jeder Sortimentsbuchhandlung gehört neben dem Lagergeschäft ein mehr oder weniger umfangreiches Besorgungsgeschäft: die zentrale Servicefunktion (siehe Kap. 2.6). Dieses ›Durchlaufgeschäft‹, zu dem man alle einzelnen Kundenbestellungen, aber auch die Abwicklung der Abonnements in der Fortsetzungsabteilung (siehe Kap. 2.1.2) zählt, macht im Durchschnitt 30 Prozent des Umsatzes aus, wobei der Prozentsatz – je nach Größe und Sortimentsausrichtung – auch einmal bei 5 Prozent oder 70 Prozent liegen kann.

Umso mehr erstaunt die häufig zu konstatierende ›lieblose‹ Abwicklung des Verkaufs bestellter Bücher über das Abholfach. Dieses wird häufig ausschließlich als ein Regal mit Brettern verstanden, in dem aus organisationstechnischen Gründen die bestellten Bücher für die täglich nach dem Alphabet umsortiert werden. Nur selten wird der Kunde auf den buchhändlerischen Servicekatalog hingewiesen: »Wir besorgen Ihnen Hunderttausende Bücher von heute auf morgen, 1,5 Millionen Bücher binnen zehn Tagen und 25 Millionen Bücher antiquarisch, und zwar gern, kostengünstig und unproblematisch«. Wenn Online-Buchhändler auf diesen Service hinweisen – warum nicht auch das klassische Sortiment? Denn sollte eines Tages der über das Abholfach generierte Umsatz einbrechen, fehlt der ständige Liquiditätszufluss für laufende Ausgaben und eine kostengünstige Finanzierungsmöglichkeit des eigenen Lagersortiments.

7.2
Die Wahl der Bezugsquelle – Verlag oder Barsortiment?

Bestellanlässe sagen noch nichts über die Wahl der Bezugsquelle aus. Hier stehen dem Sortimenter **drei Einkaufsalternativen** zur Verfügung: der Verlag als Produzent und Hersteller, das Barsortiment (oder Importeure) als Großhändler oder aber der Bezug über genossenschaftlich organisierte Einkaufsmodelle. Der Kölner Betriebsvergleich ermittelte für das Geschäftsjahr 2011 die Relation Verlag (63 Prozent) – Großhandel (33 Prozent) – Einkaufsgenossenschaften (4 Prozent). Das von vielen Buchhandlungen praktizierte Einkaufssplitting wird durch das in der nachstehenden Übersicht skizzierte Bestellverhalten erklärt.

Verlag als Bezugsquelle	Barsortiment als Bezugsquelle
Größere Lagerbestellungen bei A- oder B-Verlagen, sofern ein ökonomisch vertretbarer Bestellwert erreicht wird	Einzelbestellungen für das **Abholfach**
Bestellungen der **Novitäten** über den Verlagsvertreter	**Kleinere Lagerbestellungen,** sofern beim Verlag kein ökonomisch vertretbarer Bestellwert erreicht wird
Bestellungen anlässlich gemeinsamer **Aktionen** (Schaufenster, Lesungen etc.) – auch wegen kostenloser Werbemittel, Give Aways oder wegen des Deko-Materials	**Eilige** Bestellungen, die tagesaktuelle Bedeutung haben
Einzelbestellungen von Titeln, die das Barsortiment nicht am Lager führt	Bestellungen unter den Gesichtspunkten der **Bündelung** und **Arbeitserleichterung (Prozessoptimierung)**
Längere Zahlungsziele, vor allem Valuta	

Kurzgefasst: Da Verlage traditionell besser rabattieren, wird so viel wie möglich bei ihnen bestellt. Dies betrifft vor allem größere Bestellvolumina, die beim Novitäten- oder Backlisteinkauf anfallen oder bei anstehenden Aktionen. Einzelbestellungen sollten hingegen nur dann beim Verlag bestellt werden, wenn der Großhändler den entsprechenden Titel nicht führt oder wenn zwischen Verlag und Sortiment besondere (Konditionen-)Vereinbarungen bestehen. Das Barsortiment gilt als bevorzugte Bezugsquelle für Einzelbestellungen, da es zum Originalverlagsgrundrabatt liefert. Aufgrund der schnellen Zustellzeit dient es darüber hinaus als Lieferant tagesaktueller Titel. Diese und weitere Pluspunkte für einen Barsortimentsbezug sind bereits im Kapitel 1.2.1.1 thematisiert worden.

Allerdings lässt sich die Frage ›Verlag oder Barsortiment?‹ nicht nur mit dem Hinweis auf Rabatte und Schnelligkeit beantworten, denn weitere Faktoren, wie Warenbezugskosten, Zins- und Lagerkosten, Buchhaltungsaufwand, Remissionsmöglichkeiten, Lagerauszeichnungshilfen sowie Skonto- und/oder Bonusgewährung, sind ebenfalls zu berücksichtigen. Und so bestellen Buchhandlungen, die im Rahmen der Beschaffungsorganisation den Gesichtspunkt der Arbeitserleichterung in den Vordergrund stellen, konsequent bei den Adressen, bei denen eine **Bündelung** in Aussicht steht. Dies sind zunächst einmal die Läger der Barsortimente, ggf. ein eigenes Genossenschaftslager, Verlagsauslieferungen, die verlagsübergreifend fakturieren, oder Verlage bzw. Verlagsgruppen, die über ihre Auslieferung eine Versand- oder Fakturgemeinschaft anbieten (siehe Kap. 1.2.2.1). Und so gibt es durchaus Unternehmen, die entweder 80 Prozent ihres Warenbezugs über Verlage abwickeln, wie solche, die 80 Prozent ihres Bestellvolumens über ein Barsortiment organisieren.

Die Frage **Verlag oder Barsortiment?** ist aber nicht nur eine Frage nach der Wahl der richtigen Bezugsquelle, sondern führte im ersten Jahrzehnt des 21. Jahrhunderts zu einer tiefgreifenden, branchenpolitischen Diskussion, die ab der 5. Auflage des *ABC des Zwischenbuchhandels* unter dem Stichwort **Rabattfalle** Eingang in die Diskussion um optimale Bezugsquellen gefunden hat. Worum ging und geht es? Vordergründig und historisch bedingt ist das ökonomische Denken der Buchhändler durch Rabatte bestimmt. Dies liegt zum großen Teil an der Buchpreisbindung, die den Buchhändler nur in Ausnahmefällen zur Kalkulation zwingt. Dementsprechend waren für ganze Buchhändlergenerationen Rabatte der ausschlaggebende Faktor für ein rentables Betriebsergebnis. Im Rahmen des ›neuen Denkens‹ spielen Rabatte zwar weiterhin eine bedeutende Rolle, aber eben nur als ein(!) Rentabilitätsbaustein. Um diesen Aspekt zu konkretisieren: Bei Verlagen, bei denen man für das Lager einkauft (A- und B-Verlage) erhält man höhere Rabatte. Was nutzen aber diese höheren Rabatte, wenn an anderen Stellen höhere Kosten entstehen? 10 bis 12 Prozentpunkte Mehr-Rabatt beim Verlagsbezug sind schnell verbraucht, wenn man den entgangenen Barsortiments-Bonus sowie die Kosten dagegen stellt, die bei Verlagsbestellungen für Vertreterbesuche, Transportgebühren,

Wareneingang, Buchhaltung und Remissionen entstehen. Da gilt es zu rechnen, und selbst für größere Buchhandlungen kann es lukrativ sein, verstärkt über ein Barsortiment zu bestellen. Zugespitzt lautet die Frage zur Einkaufsentscheidung: Mehr Rabatte und höhere Kosten oder weniger Rabatte, dafür aber auch weniger Kosten? Denn ›unter dem Strich‹ zählt das operative Betriebsergebnis.

7.3
Verlagsbezug über Verlagsvertreter

Steigenden Umsatzanteilen zugunsten des Barsortiments und der Einkaufsgenossenschaften zum Trotz: Das Gros der Buchhandlung bestellt sein Kernsortiment weiterhin bei den Verlagen. Dabei liegen für das Backlistgeschäft Daten der Warenwirtschaft und mitunter automatisierte Bestellroutinen vor, während Novitäten vorrangig über den Außendienst der Verlage bezogen werden. Dabei sind Vertreter als die ›dritte Kraft‹ im Buchhandel ein nicht zu unterschätzendes Bindeglied zwischen dem herstellenden Buchhandel und dem Bucheinzelhandel.

Im Vorfeld entscheidet jedoch die Vertriebsabteilung der Verlage, welche Unternehmen überhaupt vom Außendienst besucht werden. Denn der Vertrieb hat die Kunden des Verlags mittels einer A-B-C-Analyse segmentiert. Die für den Verlagserfolg wichtigen Schlüsselkunden (= A-Kunden) werden durch spezielle Key-Accounter betreut, sofern diese Aufgabe nicht vom Vertriebsleiter persönlich wahrgenommen wird; er ist für Jahresgespräche und größere Aktionen/Einkäufe im Laufe des Jahres zuständig. Die zahlreichen Klein(st)buchhandlungen (= C-Kunden), die kaum relevante Verlagsumsätze tätigen, und – falls doch – die Bestellungen zu Vertreterkonditionen direkt an den Verlag mailen oder faxen, bleiben bei der Reiseplanung unberücksichtigt. Die mittleren Buchhandlungen (= B-Kunden), deren Anzahl durchaus in die Hunderte geht, werden von den Verlagsvertretern besucht, die entweder als Reisende oder als freie Handelsvertreter unterwegs sind.

Der **Reisende** ist mit festem Gehalt bei den Verlagen angestellt und hat als deren Arbeitnehmer Anspruch auf gesetzliche und betriebliche Sozialleistungen. Er ist unmittelbar weisungsgebunden und erhält in der Regel einen Provisionserlös bei verstärkten Verkaufsaktivitäten. Der **freie Handelsvertreter** hingegen ist als selbstständiger Kaufmann weniger weisungsgebunden und bestreitet seinen Lebensunterhalt ausschließlich vom Provisionserlös. Er reist fast immer für mehrere Verlage, deren Programme sich nicht überschneiden sollten, um so möglichst viele Buchhandlungen besuchen zu können.

Der Vertreter ist auf der einen Seite in den Vertrieb der Verlage eingebunden und besitzt Informationen über Marktdaten im Allgemeinen und über das lieferbare und geplante Programm im Besonderen. Auf der anderen Seite muss er auf die Besonderheiten der einzelnen Buchhandlungen eingehen können und ist vor allem bei kleineren Buchhandlungen bei der Auswahl ihres Sortiments behilflich. Regelmäßig besucht er die in seinem Reisegebiet tätigen Kunden während seiner zweimal im Jahr stattfindenden ›Reisezeit‹ (›Frühjahrsreise‹ zwischen Januar und April; ›Herbstreise‹ zwischen Juni und September), was nicht ausschließt, dass er wichtige Kunden häufiger besucht. Das Gespräch mit den Kunden ist ein wichtiges Feedback-Instrument für den Verlag. Es ist eine Form von Rückkopplung, die die rein formalen Verkaufsstatistiken mit inhaltlicher Aussagekraft füllt.

Der Vertreter hat eine doppelte Aufgabe. Originär ist seine Funktion als Verkäufer. Gerade an diesem Punkt zeigt sich, wie intensiv er sich mit den unterschiedlichen Kunden in seinem Reisegebiet beschäftigen muss. Verkauft er ihnen zu wenig, so entgeht ihm möglicher Umsatz. Wenn er jedoch mehr verkauft, als der Markt verkraftet, so muss er sich mit dem leidigen Problem der Remittenden auseinandersetzen, die seinen Erlös durch nachträgliche Entprovisionierung schmälern. Immer wichtiger jedoch wird seine ›Hermes-Funktion‹ – soll er doch, in dieser Funktion dem früheren Götterboten gleich, neben den Produkten des Verlags auch dessen Marketingaktivitäten vermitteln. Dadurch ist er weit mehr als ein Verkäufer; denn er vermittelt Informationen über Werbeschwerpunkte und sonstige absatzfördernde Maßnahmen, die weit über die Informationen in den Verlagsvorschauen hinausgehen. Das ideale Selbstverständnis eines Vertreters liegt demnach in der Kombination von optimaler Information und maßgeschneidertem Verkauf.

Der vom Verlag bzw. dessen Vertreter gewährte **Reiserabatt** stellt die ökonomische Existenzgrundlage der meisten Sortimentsbuchhandlungen dar. Deshalb sollte der Buchhändler zur Vorbereitung eines effektiven Gesprächs seine ›Hausaufgaben‹ machen. Zu diesen Tätigkeiten gehören u. a.:
• sich vorab durch Vorschauen, Leseexemplare oder buchhändlerische Fachinformationen (siehe Kap. 5.7.6) über die Novitäten informieren;
• vorläufige Bestellzahlen notieren;
• ggf. individuelle Liefertermine notieren (Lieferung sofort oder Terminkauf zu einem späteren Termin);
• das Einkaufslimit festlegen;
• Absatzzahlen aus seiner Warenwirtschaft ermitteln, um ggf. ›Renner‹ nachzubestellen oder ›Penner‹ für eine Remissionsgenehmigung bereitzulegen;
• Konditionen überprüfen, um auf günstigere Leistungen bei guter Geschäftsentwicklung hinzuwirken;
• sich über die geplanten verkaufsfördernden Maßnahmen (Lesereisen, Aktionen) informieren, um entsprechende Termine zu buchen;
• festlegen, in welchem Ausmaß Werbematerialien (Prospekte etc.) zu bestellen sind;
• etwaige Beschwerdepunkte zurechtlegen (lange Lieferzeiten, Unstimmigkeiten im Zusammenhang mit dem vorherigen Auftrag etc.).

Vertreterbörse

Viele Sortimenter führen das Vertretergespräch nicht mehr in ihren eigenen
Geschäftsräumen, sondern besuchen Vertreterbörsen. Auf solchen regional
durchgeführten Veranstaltungen finden sich zahlreiche Vertreter der bedeutenden Publikumsverlage an einem Wochenende ein. Die Gespräche sind
halbstündlich bzw. stündlich terminiert, sodass zahlreiche Lagerverlage an einem Tag abgearbeitet werden können.

Die Vorteile solcher Börsen liegen auf der Hand. Der Sortimenter muss
nicht mehr viele Stunden während seiner Ladenöffnungszeit mit den Vertre-
tern verhandeln, und die Vertreter können ihre Reiseroute straffen. So gesehen kann das magische Einkaufsdreieck ›Zeitaufwand – Informationsinput –
ökonomischer Nutzen‹ sinnvoll optimiert werden. Allerdings verliert der Vertreter den unmittelbaren Kontakt zum Ladengeschäft und dessen Platzierungsmöglichkeiten. Aus diesem Grund plädieren viele Sortimenter für ein
Einkaufssplitting: einmal im Jahr zur Börse und einmal der Empfang des Vertreters im eigenen Ladengeschäft.

Größere Buchhandlungen lösen dieses Problem durch Hausbörsen. In diesem Fall werden die Vertreter aller wichtigen Lagerverlage gezielt eingeladen.
Wegen des straffen Zeitplans – selbst große Verlagshäuser erhalten selten
mehr als eine Stunde Zeit zum Vorstellen ihres Programms – stehen verkaufsfördernde Maßnahmen im Vordergrund.

7.4
Einkaufskonditionen

Eine Buchhandlung erwirtschaftet ihre Rendite durch den Ein- und Weiterverkauf ihres Sortiments. Die für die Branche so wichtige Preisbindung birgt
jedoch in kaufmännischer Hinsicht gravierende Beschränkungen. Denn die
gebundenen Ladenpreise haben Höchstpreisfunktion. Somit bleibt die kaufmännische Kalkulation auf den Bereich nicht-preisgebundener Waren beschränkt. Deshalb muss der Buchhändler zwangsläufig sein kaufmännisches
Geschick verstärkt auf die Einkaufskonditionen richten, worunter man die
Bedingungen (lat. conditio = Bedingung) versteht, zu denen er von Herstellern und Großhändlern beliefert wird. Dabei geht es für ihn vor allem um drei
Nutzeffekte:
- **Verbesserung des Rohgewinns** durch höhere Rabatte, geringe Bezugskosten und Ausnutzung von Skonto;
- **Verbesserung der betrieblichen Liquidität** durch längere Zahlungsziele
  und Valuta seitens der Verlage;
- **Minderung des Lagerrisikos** durch spezielle Bezugsformen, wie Remis-
  sions- oder Umtauschrecht.

7.4.1
Rabatte

Die Frage nach der Höhe des Verlagsrabatts muss ausgehend vom **Original-verlagsgrundrabatt**, dem Grundrabatt der Verlage, geklärt werden, zu dem auch der Großhandel beim Einzelbezug liefert (siehe Kap. 1.2.1.1). Innerhalb einer gewissen Rabattspreizung (Spielraum zwischen dem niedrigen Grund- und dem Höchstrabatt der Verlage) spielt sich das Rabatt-Szenario der Verlage ab. Aufgrund ihrer Hoheit über Konditionen gewähren die herstellenden Unternehmen in Form von Reise-, Messe-, Natural-, Staffel- und Aktionsrabatten höchst unterschiedliche Rabatte.

Reise- und Messerabatt

Der **Reise-** bzw. **Vertreterrabatt** erhöht den Grundrabatt in der Regel um 10 Prozent. Bei Publikumsverlagen liegt er bei damit 40 Prozent, bei Fachverlagen erreicht er 35 Prozent. Dieser Rabatt hat eine gewisse ›Türöffnungs‹-Funktion, denn die Verlage können über die Vertreter ihre (neue) Produktion in das Sortiment einführen. Der Reiserabatt setzt übrigens nicht zwangsläufig einen Vertreterbesuch voraus. Reiseaufträge und Ergänzungen zu Reiseaufträgen können durchaus auch ›zwischendurch‹ aufgegeben werden.

Genauso unabhängig vom Bestellvolumen wie der Reiserabatt ist der **Messerabatt**. Da aber die Messe in erster Linie nicht mehr als eine Einkaufsmesse, sondern in verstärktem Maße als Präsentations- und Lizenzmesse anzusehen ist, verliert der traditionelle Messerabatt seine frühere exponierte Stellung. Er gleicht sich zunehmend dem normalen Reiserabatt an.

Naturalrabatt

Einem Naturalrabatt begegnet man in Form der **Partie.** Hier erhöht sich der Rabatt durch Freiexemplare (Naturalien) eines Titels. Publikumsverlage bieten Partien über 11/10 an, das heißt, es werden 11 Exemplare geliefert, jedoch nur 10 berechnet. Wissenschaftliche Verlage gewähren unterschiedliche Partiebezüge, gängig ist 7/6, aber auch 6/5 ist anzutreffen. Welche Auswirkungen dieses Freiexemplar auf den Effektivrabatt hat, verdeutlicht die Übersicht auf der Folgeseite.

Doch Vorsicht! Eine Partie sollte nur dann bezogen werden, wenn die bestellten Exemplare binnen kurzer Zeit (spätestens binnen drei Monaten) verkauft werden können. Ansonsten sind die Lagerkosten höher als der zusätzliche Rabattgewinn. Um in Anbetracht dieser Situation dennoch einen verstärkten Kaufanreiz zu bieten, propagieren zahlreiche Verlage das Modell der

Partiebezug bei Publikumsverlagen	Partiebezug bei wissenschaftlichen Verlagen
Vertreterrabatt: 40 %, Partie 11/10	Vertreterrabatt: 30 %, Partie 7/6
10 Expl. à 40 % = 400 % 1 Expl. à 100 % = 100 %	6 Expl. à 30 % = 180 % 1 Expl. à 100 % = 100 %
11 Expl. = 500 %	7 Expl. = 280 %
500 % : 11 = 45,45 % Effektivrabatt	280 % : 7 = 40 % Effektivrabatt

Partieergänzung (PE). In diesem Fall bestellt der Buchhändler zunächst 5 Exemplare eines Titels mit Reiserabatt. Wenn der Titel schnell verkauft wird, kann er unter Angabe des Erstbezugsdatums nach der Verkehrsordnung § 3 Abs. 5 innerhalb von 6 Monaten eine zweite Bestellung über 6/5 Expl. aufgeben – es sei denn, der Verlag hat einen kürzeren Zeitraum festgelegt. Hier wird die Partie 11/10 also erst bei der zweiten Bestellung komplettiert.

Von einer **Reizpartie** spricht man, wenn bei größeren Bestellmengen zusätzliche Freiexemplare gewährt werden. Derartige Reizpartien sind vor allem bei Publikumsverlagen anzutreffen, die 23/20 (statt 22/20), 35/30 (statt 33/30), 58/50 bzw. 59/50 (statt 55/50), 120/100 oder ein Mehrfaches davon anbieten.

Eine **gemischte Partie** bedeutet, dass sich die Partie nicht nur auf einen Titel bezieht, sondern auf verschiedene Titel einer Verlagsproduktion. Häufig sind gemischte Partien bei Verlagsreihen mit vereinheitlichtem Preis und bei Kalenderverlagen anzutreffen.

Einige Publikumsverlage haben in den letzten Jahren den Partie-Verkauf aufgrund des aufwändigen Handlings zugunsten von Staffelrabatt-Lösungen aufgegeben. Als Vorreiter dieser Entwicklung sind die Random-House-Verlage zu nennen.

Staffelrabatt

Bei einem **Staffelrabatt** ist der Rabatt an die bestellte Menge gekoppelt. Er kann für einzelne Titel, komplette Reihen oder den gesamten Jahresumsatz gelten. Auch Barsortimente bieten Staffelrabatte für einzelne Titel an. Damit wollen sie eine höhere Bündelung erreichen.

Werden einzelne (Schriften-)Reihen oder ähnliche Verlagseinheiten komplett vom verbreitenden Buchhandel abgenommen, so bedeutet das für den Verlag einen garantierten Mindestabsatz. Aufgrund besserer Kalkulationsgrundlagen bietet er einen höheren Rabatt an: den **Fortsetzungsrabatt**, der je nach Höhe der Fortsetzung gestaffelt ist. Der Begriff Fortsetzung ist eng mit dem Begriff ›standing order‹ verknüpft. Standing order besagt, dass der Buchhändler sich zur Abnahme bestimmter Verlagseinheiten (Programmbereiche oder Reihen) verpflichtet, ohne die Titel einzeln bestellen zu müssen. Auch in solchen Fällen wird die zugesagte Abnahme über den Rabatt honoriert. Während der Begriff standing order häufig im Fachbuchbereich bei Hardcover-Ausgaben anzutreffen ist, wird der Begriff Fortsetzung eher im allgemeinen Sortiment vor allem bei Taschenbuchverlagen verwendet. Beide Begriffe signalisieren ausschließlich ein Reihen-Abonnement und sagen nichts über die Bezugsform (siehe Kap. 7.4.3) aus.

Der umsatzbezogene **Abschlussrabatt** wird bei größeren Auftragsvolumina gewährt. Häufig kennt man ihn als **Jahresabschluss,** wenn sich der Buchhändler verpflichtet, binnen 12 Monaten einen im Voraus festgelegten Umsatz zu erreichen. Im Taschenbuchbereich gilt ein derartiger Abschlussrabatt auf alle Bestellungen: auf Fortsetzungsbezüge, Reiseaufträge, Lagerergänzungen, ggf. auch auf Sondereditionen, wie Kassettenwerke. Der Abschlusszeitraum richtet sich entweder nach dem Kalenderjahr oder für die Zeit vom 1. April bis zum 31. März des Folgejahres. Der Jahresabschluss gilt übrigens immer remittendenbereinigt, von den Einkäufen werden also die Remittenden abgezogen. Bei Nicht-Erreichen des vereinbarten Jahresumsatzes behält sich der Verlag vor, die Differenz zwischen dem Abschlussrabatt und der de facto erreichten Abschlussstaffel nachzubelasten. Er kann aber auch kulant sein und nur eine Neueinstufung vornehmen.

> ab   3.000,– € netto = 40 %
> ab   5.000,– € netto = 42 %
> ab   8.000,– € netto = 44 %
> ab 10.000,– € netto = 47 %

Bedeutet der Abschlussrabatt eine Vereinbarung im Voraus, so stellt der **Bonus** eine Form der rückwirkenden Vergütung dar. Selbst wenn der Bonus zu Beginn eines Geschäftsjahres vereinbart worden sein sollte, so wird er doch erst nach Abschluss des Jahres – meist in Form einer Gutschrift – gewährt.

Der **Aktionsrabatt** gilt zeitlich begrenzt. Er wird für Aktionspakete gewährt sowie für den Warenbezug im Rahmen von Veranstaltungen, die den Absatz der Bücher fördern (Lesungen, Signierstunden, Schaufensterwettbewerbe) und erreicht Größenordnungen bis zu 50 Prozent. Dabei ist es zweitrangig, ob der Verlag oder das Sortiment die jeweilige Aktion initiiert hat.

7.4.2
Zahlungsbedingungen

Obwohl die jüngste Fassung der Verkehrsordnung Zahlungskonditionen nicht mehr ausdrücklich thematisiert, haben sie im täglichen Geschäftsverkehr wegen der Steuerung der Liquidität eine nicht unerhebliche Funktion.

Zu unterscheiden sind: Skonto, Ziel, Valuta und in gewisser Hinsicht auch die BAG, da hier im Rahmen der Zahlungsabwicklung Fristen verlängert werden.

Ziel und Skonto

Von **Ziel** (30, 60, 90 oder auch 120 Tage) spricht man, wenn der Rechnungsbetrag nicht sofort, sondern erst zu dem vereinbarten Zeitpunkt bezahlt sein muss. ›Ziel 30 Tage‹ besagt, dass der zu bezahlende Betrag am 30. Tag nach Rechnungsdatum beim Lieferanten eingehen muss.

Damit der Buchhändler aber trotz verlängerter Zahlungsziele relativ schnell zahlt, räumen viele Lieferanten 2 Prozent **Skonto** bei Zahlung binnen 10 Tagen ein, denn Skonto sichert ihnen Liquidität. Und den Buchhandlungen Rentabilität – muss man hinzufügen. So lohnt es sich für den Buchhändler bei den derzeit geltenden Zinssätzen immer, Skonto auszunutzen. Denn bei einer Vereinbarung von ›30 Tage Ziel oder 2 Prozent Skonto bei Zahlung binnen 10 Tagen‹ bedeuten die 2 Prozent Ersparnis für 20 Tage (10. bis 30. Tag ab Rechnungsdatum) einen effektiven Jahreszinssatz von 36,5 Prozent, wenn man der Berechnung 365 Tage im Jahr zugrunde legt. Da die Kontokorrentkredite deutlich niedriger liegen, ist sogar eine kurzfristige Kreditaufnahme zu empfehlen, um sich über Skonto eine bessere betriebliche Rentabilität zu sichern.

Valuta

Auch **Valuta** ist eine Kreditierungsform für erhaltene Ware; hier besteht ebenfalls das Vertrauen eines Verlages in die Zahlungsfähigkeit und -willigkeit des Buchhändlers. Valuta bedeutet in der Banksprache ›Wertstellung‹ und kann mit der Umschreibung ›gedankliche Verschiebung des Rechnungsdatums‹ erklärt werden. Denn erst nach Ablauf des Valutazeitraumes beginnt die eigentliche Zahlungsabwicklung mit Skonto- oder Zielfrist. Während die Zahlung mit Ziel Skonto ausschließt, kann Skonto ohne weiteres zuzüglich Valuta vereinbart werden. Bei einem Valutazeitraum von 60 oder 90 Tagen ist die Wahrscheinlichkeit, dass die Bücher dem Verlag erst nach ihrem Verkauf an das Publikum bezahlt werden, nicht eben gering. Es versteht sich, dass Verlage fast ausschließlich bei großen Bestellmengen, vor allem anlässlich der Vertreterreise oder vor dem Weihnachtsgeschäft, diese Vorzugskondition einräumen.

BAG-Abrechnungsverfahren

Das Kerngeschäft der Dienstleistungsaktivitäten der BAG Buchhändlerabrechnungsgesellschaft (www.bag-service.de), im Buchhandel kurz BAG genannt, besteht im ›Zahlungsclearing‹: in der Abrechnung von Verbindlichkeiten zwischen Verlag und Sortiment. Die BAG ist also keine Zahlungsbedingung, allerdings hat die Teilnahme am BAG-Abrechnungsverfahren Auswirkung auf den Zeitpunkt des Zahlungsausgangs bei der Bezahlung von Verlagsrechnungen.

Das Procedere der am Abrechnungsverfahren partizipierenden Unternehmen (ca. 3.000 Buchhandlungen und 1.500 Verlage und sonstige Lieferanten) sieht wie folgt aus: Verlage übergeben der BAG alle an Buchhandlungen in Rechnung gestellten Forderungen und bekommen sie nach Fälligkeit in einer(!) Summe ausbezahlt. Buchhandlungen ihrerseits erhalten von der BAG eine Sammelabrechnung für alle Verlagsrechnungen und gleichen sie mit nur einer(!) Zahlung aus. Damit kann jede Buchhandlung ihre buchhalterischen Arbeiten auf ein Minimum reduzieren. Denn jeden Monat aufs Neue kommen Hunderte von Rechnungen aus einer Vielzahl von Verlagen. Und jede dieser Rechnungen, oft mit sehr geringen Rechnungsbeträgen, muss auf die vereinbarten Konditionen hin kontrolliert, verbucht, bezahlt und abgelegt werden. Für Teilnehmer am BAG-Abrechnungsverfahren gilt nun: Sie erhalten zweimal im Monat eine **Sammelabrechnung** mit einer Gesamtübersicht über die bei Lieferanten ausstehenden Zahlungen, und der jeweils aufgelaufene fällige Zahlbetrag zum Abrechnungsstichtag wird in einer Summe an die BAG bezahlt. Diese Sammelabrechnung hat **Grundbuchfunktion:** Mit nur zwei Buchungen im Monat anlässlich der beiden **Abrechnungsstichtage** (15. und Ultimo, d. h. der letzte Monatstag) werden alle Rechnungen verbucht.

Buchhandlungen, die Mitglied im Börsenverein sind, zahlen für dieses Zahlungsclearing eine ermäßigte Kontoführungspauschale. Für sie ist dann, abgesehen von etwaigen Verzugszinsen oder Vorfälligkeitsentgelten für skontobegünstigte Beträge, die weitere Teilnahme am Abrechnungsverfahren kostenlos. Die von den Verlagen zugesicherten Zahlungskonditionen bleiben jedoch erhalten und werden sogar verbessert. Denn aufgrund der festgelegten Abrechnungsstichtage verlängert sich so mancher Skonto-, Ziel- und Valutatermin zugunsten der Buchhandlung; so wird eine an den Verlag direkt zahlbare Rechnung zum 8. eines Monats via BAG zum 15. des Monats abgerechnet, eine zum 19. des Monats fällige Rechnung via BAG zum Monatsletzten etc.

7.4.3
Bezugsformen

Die im Buchhandel am häufigsten vorkommende Bezugsform ist der **Fest-Bezug.** Hier verpflichtet sich der Sortimenter zur Abnahme der bestellten Ware und zur rechtzeitigen Bezahlung der entstandenen Verbindlichkeiten. Um sein Lagerrisiko zu mindern, ist der Buchhändler jedoch darum bemüht, mit anderen Bezugsformen zu bestellen, die im Folgenden erklärt sind.

Standing order

Die Bezugsform **standing order** kann man, wie den **Fortsetzungsbezug,** als eine Art Dauerauftrag bezeichnen. Gemäß einer Standing-Order-Vereinbarung schickt der Verlag sofort nach Erscheinen vor allem die Neuauflagen der bereits im Handel befindlichen Titel sowie Neuerscheinungen aus vereinbarten Produktlinien an den Händler. Diese Bezugsform bietet vor allem für den wissenschaftlichen Buchhandel sowie für spezialisierte Abteilungen im Fachbuchbereich den Vorteil, dass die Aktualität des Lagers gewährleistet ist. Eine Standing-Order-Lieferung kann – je nach Vereinbarung mit dem Verlag – fest, fest mit RR oder auch àc erfolgen. Ausführungen zum Fortsetzungsrabatt stehen im Abschnitt über Staffelrabatte (siehe Kap. 7.4.1).

Fest mit RR

Fest mit RR (Remissionsrecht) besagt, dass der Buchhändler nach einem vereinbarten Zeitraum Bücher, die er bezogen hat, zurückschicken darf. Gewährt der Lieferant RR, so muss er auf der Rechnung den Rücksendungstermin angeben, der nicht unter 60 Tagen nach Rechnungsdatum liegen sollte (Verkehrsordnung § 6 Abs. 1). Weichen Zahlungsziel und Remissionszeitpunkt voneinander ab (beispielsweise 30 Tage Ziel und 60 Tage RR), erhält der Buchhändler für die zwischenzeitlich geleistete Zahlung eine Gutschrift. Sinnvollerweise sind RR- und Zahlungszielfristen aber identisch. Dieses Verfahren wird beispielsweise immer häufiger bei zeitlich befristeten Aktionen angewandt. Nach dem Ende der Aktion stellt sich dann bei 60 Tagen Ziel und RR die Alternative: verkaufte Ware bezahlen oder Bücher zurücksenden.

Fest mit UR

Fest mit UR (Umtauschrecht) bedeutet, dass der Sortimenter die Ware gemäß den vereinbarten Zahlungsbedingungen bezahlt, sich aber vorbehält, Titel, die bei ihm – aus welchen Gründen auch immer – nicht verkäuflich sind, gegen andere Titel des Verlagsprogramms umzutauschen. Er remittiert bei gleichzeitiger Aufgabe einer Ersatzbestellung. Der Verlag erteilt für die Remission eine Gutschrift und liefert die Ersatzbestellung in fester Rechnung.

Vereinbarungen über RR und UR bieten dem Sortimenter einen nützlichen Nebeneffekt. Da eine etwaige Remission bereits bei der Bestellaufgabe vereinbart worden ist, handelt es sich nun nicht mehr um ›nicht genehmigte Remittenden‹ und der Verlag kann die Sendung nicht zurückweisen (Verkehrsordnung § 6 Abs. 2a)

Bedingt-Bezug / àc-Bezug

Der Bedingt-Bezug / àc-Bezug, nach dem Bücher **in Kommission** gehalten
werden, war früher durchaus üblich. Heute stellt er eine Ausnahme im Warenbezug dar und findet in der Verkehrsordnung auch keine Erwähnung
mehr. àc, das traditionelle Kürzel für diese Bezugsform, steht für ›à condition
qu'on le vende‹: Titel werden unter der Bedingung ans Lager genommen; dass
man sie verkaufen möge – bei späterer Abrechnung. Im Falle des àc-Bezugs
ist der Buchhändler Kommissionär nach dem HGB und handelt in eigenem
Namen, aber auf fremde Rechnung.

Die Bücher kommen mit Lieferschein und werden in einer Art Vor-Buch-
haltung verwaltet. Am Ende einer Abrechnungsperiode – bei wissenschaftlichen Verlagen in der Regel ein Kalenderjahr – rechnet der Buchhändler ab.
Die verkaufte Ware wird dem Verlag gemäß der vereinbarten Lieferungs- und
Zahlungsbedingungen bezahlt (man spricht von ›fest übernehmen‹). Die nicht
verkaufte Ware wird entweder mit einfachem Remissionslieferschein an den
Verlag zurückgeschickt, oder sie wird, wenn man ihr noch Verkaufschancen
einräumt, ›disponiert‹. Disponierte Bücher bleiben unbezahlt (der Lieferschein hat weiterhin Gültigkeit) in den Beständen des Sortiments und werden
bei der nächsten Abrechnung bezahlt, remittiert oder wiederum disponiert.

Die meisten Verlage haben das aufwändige und Vertrauen fordernde àc-
Geschäft (manche Buchhändler disponieren trotz Verkauf der Ware) inzwischen aufgegeben. Um trotzdem ihre – teilweise sehr hochpreisige – Ware im
Handel zu wissen, bieten sie dem Sortiment als Ersatz ein langes Zahlungsziel und großzügige Remissionsfristen an.

7.4.4
Bezugskosten

Bezugskosten bei Verlagsbezügen gelten als ›Renditekiller‹. Nur bei Sonder-
aktionen des Verlags, wie der ›Schnellschiene‹ im Weihnachtsgeschäft, stehen
sie im Vorfeld fest. Denn hier ist ein fixer Kilopreis Bestandteil der Bezugsbedingungen. Der Verlag lässt dann über private Paketdienste zustellen. Das ist
jedoch nicht die Regel.
Der Regelfall ist vielmehr folgender: Buchhandlungen bestellen beim Verlag
oder beim Vertreter, und die Sendung wird dann über den Büchersammelverkehr (siehe Kap. 1.2.2.2) zugestellt. Das ist bei größeren Backlist-Bestellungen
völlig unproblematisch, weil hier die magische 5-Kilo-Gewichtsgrenze problemlos erreicht wird, ab der die Kosten für den Warenbezug preiswert werden. Problematisch wird es jedoch bei kleineren Bestellvolumina: bei der Zusendung von Novitäten, die einzeln (nicht gebündelt) an den Handel ausgeliefert werden, oder bei kleineren Lagerergänzungen und Novitäten-Bestell-

mengen. Hier entstehen zahlreiche Kleinsendungen, was die *Logistikumfrage* des Börsenvereins jährlich aufs Neue belegt. Und damit hohe Kosten. Was ist zu tun? – Bewusster bestellen, auch im Hinblick auf das Gewicht der Sendung. Ferner: Auch beim Bezug der Novitäten Konditionen festlegen, die die eigenen Kosten gering halten. Gängige Vereinbarungen in diesem Zusammenhang sind:

• Portoersatz durch Freiexemplare bestellter(!) Titel,
• Bezugskostenbonus in Prozent vom Bestellwert des Gesamtauftrags,
• portofreie Lieferung bei größeren Lageraufträgen.

Es gibt weitere Besonderheiten, die im Zusammenhang mit den Bezugskosten einer Buchhandlung stehen.

Regellieferant ist der **Büchersammelverkehr**, der die nach Kilogramm gestaffelten Gebühren entfernungsunabhängig berechnet. Nutzt eine Buchhandlung auch andere Zustelldienste, so verringert sich zwangsläufig das Gesamt-Gewichtsvolumen, und es fehlen unter Umständen entscheidende Kilo für den nächstgünstigeren Staffelpreis des Büchersammelverkehrs. Nun muss der Buchhändler rechnen und entscheiden. Aber er sollte dabei nicht nur auf seine Kosten schauen, sondern er muss auch das Bündelungspotenzial durch die Anlieferung von nur einem (Haupt-)Lieferanten, den Personaleinsatzplan im Wareneingang u. a. m. berücksichtigen.

Im Einzelfall ist allerdings zu überlegen, ob man von einer Regelbelieferung durch den Büchersammelverkehr absieht. Das betrifft **Kleinst- und Großsendungen** gleichermaßen. Denn bei Sendungen bis 1.000 Gramm ist die **Büchersendung** der Deutschen Post AG eine ebenfalls preiswerte Zustellart. Alternativen sucht man mitunter auch für sehr schwere Sendungen, wie Schulbuchlieferungen; hier mag man mitunter den Transport mittels Speditionsunternehmen oder Frachtsendungen (Deutsche Bahn AG) in Erwägung ziehen. Die weiter oben beschriebenen Konsequenzen für den Staffelpreis des Büchersammelverkehrs sollte man dabei aber nicht vergessen.

Natürlich bleibt es jedem Sortimenter unbenommen, bestellte Ware im Falle örtlicher Nähe durch den eigenen Fahrer selbst abzuholen. Je nach Absprache wird der Fahrer den Verlag, dessen Auslieferung und im Extremfall sogar dessen Druckerei anfahren. Die Versandanweisung heißt in diesem Fall folgerichtig **Selbstabholer**.

Laut §15 Abs. 1 der Verkehrsordnung bestimmt der Sortimenter, da er die Zustellkosten trägt, den Versandweg. Falls der Verlag diese Anweisung jedoch nicht befolgt, muss er nach §16 Abs. 1 nachweisbare Mehrkosten übernehmen. Der Verlag darf übrigens nur die reinen Porto- bzw. nachweisbaren Frachtkosten in Rechnung stellen. Die Position **Verpackungsmaterial** hat auf Verlagsrechnungen nichts zu suchen. Der Sortimentsbuchhändler hat ein Anrecht darauf, entsprechend ausgewiesene Beträge nicht zu bezahlen.

7.4.5
Werbekostenzuschuss (WKZ)

Es liegt auf der Hand, dass die Marktführer für ihre Distributionsleistung die
›besten‹ Einkaufskonditionen fordern. Da ihnen aber die klassischen Konditionen selten ausreichen, stellen sie zusätzliche Forderungen in Form eines
Werbekostenzuschusses, kurz WKZ genannt. Sofern es um spezielle Zuwen-
dungen für das Spitzentitelgeschäft geht, mag das Gerangel um Zuschüsse
noch angehen. Aber wenn Unternehmen ganze Rolltreppenanlagen in neuen
Häusern mit Hilfe von Verlagsgeldern finanzieren wollen, ist Zweifel daran
angebracht, ob es sich hierbei noch um eine warenbezogene Kondition handelt oder ob nicht vielmehr eine Finanzierungsleistung für die Expansionsbe-
strebungen des Gesamtunternehmens vorliegt. Wie dem auch sei: Die ›Großen‹ erhalten nicht nur wegen der Menge, sondern auch wegen des geringen
Aufwandes für Zentrallagertitel und zentralen Wareneingang die ›besten‹
Konditionen. Damit wird Größe belohnt – und die ökonomische Kluft zu kleineren und mittleren Firmen vergrößert.
     Der Werbekostenzuschuss berechnet sich in Prozent vom Ladenpreis. Er
wird in der Regel für Titel gewährt, die in Katalogen beworben und gleichzeitig in den Läden in bester Lage präsentiert werden. De facto kommt er einer
Rabatterhöhung gleich. Ob der WKZ darüber hinaus für den Gesamteinkauf
gilt oder sogar nach dem Marktanteil des Unternehmens berechnet wird, darüber entscheiden die Jahresgespräche zwischen Einkaufsleitung und Key Ac-
counter (siehe Kap. 7.3), deren Einzelheiten nicht veröffentlicht werden.
     Werbekostenzuschüsse gibt es auch für kleinere Unternehmen. Nur nicht
in so spektakulärem Ausmaß. Aber es gibt durchaus Verlage, die in Anerkennung des Engagements einer Buchhandlung, z. B. für einen selbst gestalteten
Weihnachtskatalog, freiwillig kostenlose Belegexemplare versenden, die dann
zum gebundenen Ladenpreis verkauft werden. Von Werbekostenzuschüssen
spricht man auch, wenn die Buchhandlung in einer Anzeige einen Verlagstitel
prominent bewirbt und sich die Kosten für die Anzeige mit dem Verlag teilt.
Der Komplex WKZ ist also, um einmal die Formulierung des alten Briest aus
Fontanes Roman *Effi Briest* zu zitieren, durchaus »ein weites Feld«.

7.4.6
Jahreskonditionen

Seit Mitte der 1980er Jahre werden im Buchhandel zunehmend Jahreskonditionen vereinbart. Darunter versteht man Absprachen über Konditionen, die
für jeden Warenbezug im Laufe des Geschäftsjahres gelten. Hierbei handelt es
sich um einen Konditionen-Mix, der nicht nur die traditionellen Konditionen
Rabatte, Bezugsformen, Bezugskosten und Zahlungsbedingungen berücksich-

Pflichten des Verlages	Pflichten der Buchhandlung
Jahresabschlussrabatt ... %	Mindestumsatz pro Jahr/pro Auftrag
Portobeteiligung ... % vom Warenbezug	regelmäßiger Vertreterempfang
... Tage Ziel, 2 % Skonto	verkaufswirksame Präsentation
Beim Einkauf der Novitäten: ... Tage Valuta	Remission nicht vor einem Jahr
Remission nach einem Jahr ohne Genehmigung	Beteiligung an den Werbeaktionen des Verlages
Abwicklung von Privatbestellungen über die Partnerbuchhandlungen	Mindestpräsenzpflicht für Taschenbücher 6 Monate
Kostenloser Firmeneindruck in Werbemitteln	Akzeptieren von Unverlangtsendungen bei Schnellschüssen
Werbekostenzuschüsse über ... %	

tigt, sondern darüber hinaus auch Aspekte der Verkaufsförderung und den WKZ. Derartige Modelle, eines liegt beispielhaft in der Gegenüberstellung ›Pflichten des Verlages – Pflichten der Buchhandlung‹ vor, dominieren mittlerweile in unterschiedlichsten Detailausprägungen den Konditionen-Alltag. Allerdings funktionieren sie nur dann, wenn beide Vertragspartner in einer Win-Win-Situation an einem gegenseitigen Nehmen und Geben interessiert sind. Für die Buchhandlung geht es dabei um das eingangs dieses Kapitels Gesagte: Es geht um die Verbesserung des Rohgewinns durch günstigen Warenbezug und Werbekostenzuschüsse, um die Verbesserung der betrieblichen Liquidität und um die Minderung des Lagerrisikos.

7.5
Einkaufsgenossenschaften und Verbundgruppen

Anlässlich der Hinweise zur Wahl der Bezugsquelle im Kapitel 7.2 ist bereits das Bündelungspotenzial angesprochen worden, das sich Buchhandlungen durch die Nutzung von Einkaufsgemeinschaften, Einkaufsgenossenschaften oder sonstigen Verbundgruppen bietet.

Die Genossenschaft **eBuch** (siehe Kap. 1.3.3) hat dabei den konsequentesten Weg beschritten. Denn eBuch hatte die Idee eines eigenen genossenschaftlichen Barsortiments, das seit 2005 logistisch in das Bad Hersfelder Libri-Lager implementiert ist. Die rund 600 eBuch-Mitglieder, die das Einkaufsmodell ANABEL (automatische Nachführ- und Bestell-Logistik) praktizieren, verpflichten sich, 80 oder mehr Prozent des Warenbezugs über dieses Lager abzuwickeln und erhalten dafür als Gegenleistung günstige Staffelrabatte (Bezug von Titeln der Publikumsverlage: ein Exemplar: 35 Prozent, zwei Exemplare 37 Prozent, drei Exemplare 39 Prozent), geringe Transportgebühren (auch für Remittenden), eine Kulanzremissionsquote von 5 Prozent bei einer Remissionsfrist von 6 Monaten sowie günstige Zahlungsbedingungen, die 2 Prozent Skonto bei Zahlung binnen 7 Tagen einschließen. Ferner: 1 Prozent Bonus bei einer Bezugsquote von über 85 Prozent beim genossenschaftlichen Barsortiment (Stand 2013). Damit ist ein (besonders) für kleinere Unternehmen konzipiertes Konditionenpaket geschnürt, das in der Summe eine günstige Einkaufs- und Kostenstruktur ermöglicht und eine durchaus rentable Handelsspanne garantiert. Andere Genossenschaften stehen dem aber nicht nach. So beziehen die rund 200 Mitglieder der Leistungsgemeinschaft Buchhandel, kurz **LG Buch,** einen Großteil ihres Buchangebots über rund 75 Partnerverlage und profitieren von einem Konditionenmodell, das in Zusammenarbeit mit dem Barsortiment Umbreit entwickelt worden ist.

Die zwei genannten Genossenschaften mögen in der Literatur als Einkaufsgenossenschaften gelten. Aber intern umfasst das Leistungsspektrum für ihre Mitglieder auch andere Geschäfts- oder Dienstleistungsbereiche, wie Marketing, Werbung, Zahlungsoptimierung, gemeinsam genutzte Call-Center etc. Dies gilt gleichermaßen für andere Verbundgruppen: Mal steht der Einkauf im Vordergrund, mal das Marketing, mal das Dienstleistungspotenzial. Namentlich erwähnt seien: AG Marketing, Nordbuch Marketing, Arbeitsgemeinschaft unabhängiger Buchhandlungen (AUB) und die EK/Servicegroup. 2014 soll eine neue Verbundgruppe entstehen, die aus einer Allianz zwischen der EK/Servicegroup und der ANWR-Group hervorgeht und ihren Mitgliedsfirmen ein umfangreiches Portfolio anbietet. Die ANWR-Group (Ariston-Nord-West-Ring eG) unterhält u. a. die DZB BANK, eine 1979 für den Handel und mittelständische Unternehmen gegründete Spezialbank, die 2010 die BAG übernommen hat.

Einkaufsgenossenschaften und Verbundgruppen geht es immer um **Bündelung**. Immer um **Kostenoptimierung**. Und immer um **Ertragssteigerungen**. Bemerkenswert: Alle beteiligten Firmen betonen, dass Kooperationen und selbstauferlegte Pflichten nicht mit Einschränkungen verknüpft sind, sondern mit deren Gegenteil: der Stärkung der individuellen wirtschaftlichen Beweglichkeit.

Fragen zu Kapitel 7

7.1 Im Ausbildungsrahmenplan finden Sie den Satz »die Sortimentsstruktur, insbesondere anhand der Marktausrichtung sowie Breite und Tiefe, beurteilen«. Beurteilen Sie die Sortimentsstruktur Ihrer Buchhandlung anhand folgender Fragen:
Welche Märkte und Zielgruppen bedient Ihre Buchhandlung?
Wie breit und wie tief ist das Sortiment angelegt?
Wie würden Sie die USP Ihrer Buchhandlung beschreiben?

7.2 Nennen Sie vier Faktoren, die Ihre Sortimentsstruktur beeinflussen.

7.3 Erläutern Sie zwei nicht-preisgebundene Produkte in Bezug auf ihre wirtschaftliche Bedeutung.

7.4 Inwiefern wirkt das Preisimage Ihrer Non-Books profilbildend?

7.5 Bei einer antiquarischen Suchaktion lag das günstigste Angebot bei 19,00 € (inkl. USt.) zuzüglich Versandkosten (Büchersendung: Gebühr 1,65 €, zuzüglich USt.). Der Rechnungsbetrag beläuft sich auf 20,77 €. Die Buchhandlung kalkuliert mit 40 % Geschäftskosten und 20 % Gewinnaufschlag. Wie hoch ist der rechnerische Verkaufspreis?

7.6 Ihre Buchhandlung bezieht Lesezeichen zu einem Stückpreis von 0,70 € (= Bezugspreis) und möchte sie für 2,99 € anbieten. Bei diesem niedrig-preisigen Artikel möchte man mit einem Gewinnaufschlag von 200 % operieren; die Geschäftskosten werden mit 40 % angesetzt. Ist der angedachte Marktpreis kalkulatorisch zu realisieren?

7.7 Welche Funktion hat der Kalkulationsfaktor?

7.8 Sie wollen Buchstützen zu einem Set-Preis von 24,90 € anbieten. Wie hoch ist Ihre Handelsspanne, wenn das Set im Einkauf für 9,00 € (netto) zuzüglich 4,00 € Bezugskosten (netto) angeboten wird und die Geschäftskosten in Ihrer Buchhandlung mit 40 % angesetzt werden? Runden Sie auf eine Stelle hinter dem Komma.

7.9 Rechnerisch kalkulierte Non-Book-Preise entsprechen nicht immer den Preisen, zu denen das Produkt am Markt angeboten wird. Nennen Sie drei Gründe, warum dies so ist.

7.10 Beschreiben Sie das Kernsortiment und das Aktionssortiment einer Buchhandlung jeweils anhand von zwei Merkmalen.

7.11 Welche Titel zählt man zu den ›problematischen‹ bzw. ›schwierigen‹ Verlagserzeugnissen?

7.12 Worin besteht die ›Kunst‹ des Einkaufs?

7.13 Im Buchhandel unterscheidet man vier Bestellanlässe. Erläutern Sie diese.

7.14 Was versteht man unter einem absatzorientierten Einkauf?

7.15 Nennen Sie vier Einkaufskriterien, die Sie Ihrem Lagereinkauf zugrunde legen können.

7.16 Der Börsenverein empfiehlt seinen Mitgliedern gewisse Fristen, die die Verweildauer der Titel in den Buchhandlungen betreffen. Wie lang sollen Hardcoverausgaben bzw. Taschenbücher im Sortiment bevorratet werden, bevor eine Remission in Erwägung gezogen wird?

7.17 Aktionseinkäufe vereinbart man von langer Hand mit den Lieferanten. Bei den Konditionen versucht man darauf hinzuwirken, dass die Buchhandlung kein Lagerrisiko übernimmt. Welche zwei Konditionen tragen im Zusammenspiel dazu bei?

7.18 Erläutern Sie das Phänomen ›Rabattfalle‹ im Zusammenhang mit der Bezugsquellenwahl ›Verlag oder Barsortiment?‹.

7.19 Hinsichtlich welcher zwei Einzelkonditionen sind die Verlage den Barsortimenten weit überlegen?

7.20 Die Realität sieht so aus, dass – sofern das Kernsortiment über Verlage bezogen wird – eine Buchhandlung Novitäten über Verlagsvertreter bestellt. Erläutern Sie den Unterschied zwischen freien Handelsvertretern und Reisenden der Verlage.

7.21 Welche Aufgaben hat ein Key-Accounter?

7.22 Das Aufgabenspektrum der Verlagsvertreter hat sich in den letzten Jahren gewandelt. Worin zeigt sich das?

7.23 Der Vertreter eines Publikumsverlags kommt in 14 Tagen. Nennen Sie sieben vorbereitende Tätigkeiten.

7.24 Nehmen Sie zu der These Stellung: »Vertreterbörsen sind ein sinnvoller Ersatz für Vertreterbesuche in der Buchhandlung.«

7.25 Die Buchhandlung möchte ein Maximum an besten Konditionen aushandeln. Um welche betriebswirtschaftlichen Nutzeffekte geht es bei der Bezugsformen:
Fest mit RR,
Aktionsrabatt,
Valuta?

7.26 Inwiefern ist die Vereinbarung ›60 Tage Ziel, 60 Tage RR‹ günstiger als ›30 Tage Ziel, 60 Tage RR‹?

7.27 Errechnen Sie den Effektivrabatt bei den Reizpartien 23/20 und 59/50.

7.28 In welcher Hinsicht unterscheiden sich der Jahresabschluss(rabatt) und ein Bonus?

7.29 Eine Rechnung ist auf den 18. Juni datiert. Sie nutzen die Zahlungsmöglichkeit ›60 Tage Valuta, 30 Tage Ziel und 2 % Skonto‹ rentabilitätstechnisch zu Ihren Gunsten aus und lassen über BAG einziehen. Zu welchem BAG-Abrechnungstermin wird diese Rechnung fällig?

7.30 Erklären Sie den Unterschied zwischen Fest mit RR und Fest mit UR.

7.31 Sie sollen in Ihrer Buchhandlung Möglichkeiten zur Senkung der Bezugskosten ausmachen. Welche drei Maßnahmen würden Sie unter dem Gesichtspunkt einer konsequenten Bündelung vorschlagen?

7.32 Ihre Buchhandlung möchte mit A-Verlagen einen WKZ vereinbaren. Nennen Sie zwei wiederkehrende Ereignisse, bei denen eine Kostenbeteiligung der Verlage sinnvoll erscheint.

7.33 Ihre Buchhandlung möchte A-Verlagen ein Modell für Jahreskonditionen vorlegen. Welche Punkte wollen Sie vertraglich vereinbaren?

7.34 Recherchieren Sie über das Internet öffentlich zugängliche Modelle von zwei Verbundgruppen. Vergleichen Sie deren Leistungen in einer tabellarischen Übersicht.

8
Warenwirtschaft und Lagerlogistik

Warenwirtschaft und Lagerlogistik

Aus: Ausbildungsrahmenplan für die Berufsausbildung zum Buchhändler und zur Buchhändlerin | Sachliche Gliederung (§ 4 Absatz 2 Abschnitt A Nummer 3.1 bis 3.3)

WARENWIRTSCHAFT

- Grundsätze, Aufgaben und Ziele der Warenwirtschaft erläutern, das Warenwirtschaftssystem des Ausbildungsbetriebes nutzen;
- Zyklus eines Bestellvorganges anhand der Warenwirtschaft beschreiben;
- Warengruppen anhand der Warengruppensystematik als Teil des betrieblichen Warensortimentes unterscheiden;
- Bestände erfassen und kontrollieren.

WARENEINGANG

- Ware annehmen, Lieferungen nach Art, Menge und auf offene Mängel prüfen, bei Beanstandungen Maßnahmen einleiten;
- Rechnungen und Lieferscheine mit den Bestell- und Wareneingangsdaten vergleichen und auf Richtigkeit prüfen, Abweichungen und Unstimmigkeiten klären;
- Ware auszeichnen.

LAGERLOGISTIK

- bei der Lagerverwaltung des Ausbildungsbetriebes mitwirken und die Lagerorganisation des Ausbildungsbetriebes begründen;
- Methoden der Lagerhaltung, Lagerbereinigung, insbesondere Remissionen, unterscheiden und anwenden;
- bei der Inventur mitwirken, rechtliche Vorschriften beachten, zur Vermeidung von Inventurdifferenzen beitragen.

Der Einkauf findet zunehmend unter betriebswirtschaftlichen Gesichtspunkten statt. Die Tendenz weg von der individuellen Produktorientierung einzelner Einkäufer hin zu einer von den Medien gesteuerten Marktorientierung ist bei immer mehr Betrieben festzustellen und scheint unumkehrbar. EDV-Auswertungen liefern Lagerkennziffern, die – aus dem Funktionsbereich Absatz gewonnen – zunehmend auf Einkaufsentscheidungen und Maßnahmen zur Lagerkontrolle Einfluss gewinnen: Während Verkaufsdaten der Backlisttitel Entscheidungshilfen über deren weiteren Verbleib als Lagertitel bieten, beeinflussen Budgetvorgaben den Einkauf der Novitäten. Das Zauberwort **Controlling** bedeutet dabei nicht Kontrolle, sondern lässt sich am besten mit den Begriffen ›Regeln‹ oder ›Steuern‹ übersetzen. Controlling dient demnach nicht einer nachträglichen Kontrolle, sondern leistet als Steuerungsinstrument wichtige Hilfestellungen bei der Vorbereitung zukunftsorientierter Entscheidungen, so auch für den Einkauf.

Lagerkontrolle und **Lagerplanung** gehören unstrittig zu den wichtigen Führungsinstrumenten – dienen sie doch dazu, die Zeitdauer zwischen Einkauf und Absatz überschaubar zu halten, am Lager gebundenes (oder totes) Kapital zu ermitteln und damit die Liquidität des Unternehmens zu sichern.

Das Kernstück betrieblicher Organisation bildet in den meisten Sortimentsbuchhandlungen ein **Warenwirtschaftssystem (WWS).** Hier werden die Bestände vom Wareneingang bis hin zum Verkauf bzw. zur Remission lückenlos erfasst und verfolgt. Dadurch kann der Sortimenter sein Lager ständig kontrollieren und sich jederzeit per Mausklick einen Überblick darüber verschaffen, wie viele Titel er am Lager hat und welche Bestandswerte für einzelne Titel oder Warengruppen vorliegen, was einer permanenten Inventur nahekommt (siehe Kap. 8.5). Das ist aber nur ein Rationalisierungsaspekt der Warenwirtschaftssysteme, wie die nächste Übersicht zeigt; denn die EDV bietet zahlreiche weitere Abfragemöglichkeiten und Statistiken. Einen Überblick über den Leistungsumfang und die Anbieter von Warenwirtschaftssystemen bietet die Broschüre *Das Softwareangebot für den Buchhandel,* die jährlich zur Frankfurter Buchmesse in aktualisierter Form vom Sortimenter-Ausschuss herausgegeben wird (siehe Kap. 5.7).

Die Aufzeichnungen in Bezug auf den **Warenkreislauf** beginnen im Wareneingang. Hier muss jeder Artikel codiert vorliegen bzw. codiert werden,

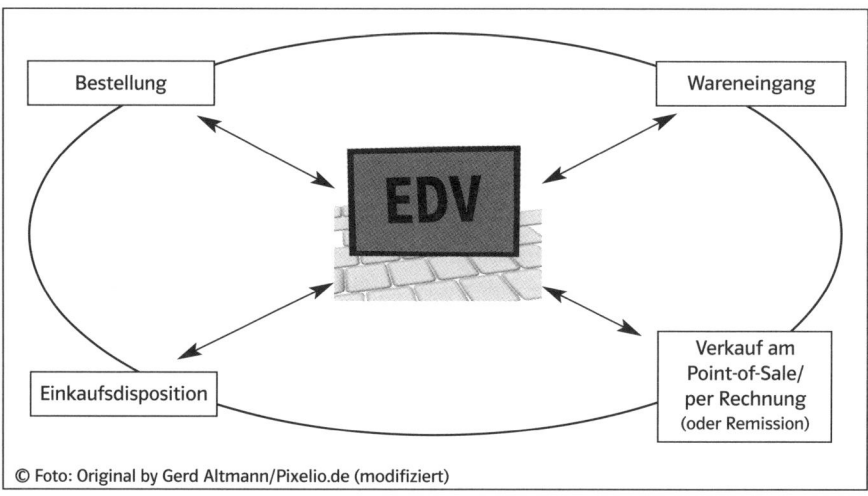

© Foto: Original by Gerd Altmann/Pixelio.de (modifiziert)

damit er im System registriert und auffindbar ist. Hier steht der Etiketten-
drucker – für die Ware, die noch codiert werden muss, oder für die Buchhandlungen, denen die EAN-Codierung auf der U4 (vierte Umschlagseite)
oder die aufgeklebten Etiketten der Lieferanten nicht genügen. Neue Titel
können aber auch bereits vor Erstanlieferung angelegt worden sein: entweder direkt im Anschluss an den Einkauf durch das Einscannen der Barcodes,
die die Verlage bereits titelbezogen in ihren Programmvorschauen mitliefern,
oder durch die Übernahme elektronischer Lieferscheine (ELS) oder Rechnungen der Lieferanten.

Dem Check-in-System ist ein Check-out-System beiseite gestellt. So erfassen Scanner oder Lesestifte die nach Verkauf oder nach Remission ausschei-
denden Bestände, sodass unmittelbar der neue Lagerbestand vorliegt. Auf diese Weise entstehen differenzierte Statistiken hinsichtlich verschiedener Parameter, wie Titel, Umsatz, Lieferanten, (anstehende) Aufträge und Kunden.
Durch die lückenlose Datentransparenz und die nahezu unbegrenzten Möglichkeiten der Datenverknüpfung erzielt der Sortimenter zahlreiche Rationa-
lisierungseffekte, die in der folgenden Übersicht zusammengefasst sind.

Rationalisierungspotenziale durch Warenwirtschaftssysteme

LAGERAUFNAHME
Die klassische Lageraufnahme am Regal wird hinfällig. Als Vorbereitung zu einem
Vertretergespräch können ›auf Knopfdruck‹ Titel-, Absatz-, Konditionen- und Lieferan-
tenstatistiken ausgedruckt werden, die die vorrätigen und verkauften Titel gleichermaßen erfassen.

LAGERBESTANDSLISTEN
Die Lagerbestandslisten können nach Vorgabe des Buchhändlers erstellt werden.
So besitzt der Sortimenter sein standardisiertes Formular statt vieler unterschied-
licher Lieferantenformulare und erfasst schnell alle Warenbestände hinsichtlich Titel,
Menge und Wert. So genannte ›Renner- und Pennerlisten‹ machen Ladenhüter
schnell aus und ermöglichen ein kundenorientiertes Angebot.

VERKAUFSLISTEN
Die Verkaufslisten können wie die Bestandslisten nach unterschiedlichen Kriterien
angefertigt werden: nach Verlagen und Titeln, nach Warengruppen, nach Menge und
Wert und nach Zeiträumen (interessant für den Abverkaufszeitraum von Novitäten).
Ferner sind Verkaufslisten ein Hilfsmittel zur täglichen Lagerergänzung aus dem
Ersatzlager und werden in diesem Zusammenhang auch ›Nachräumlisten‹ genannt.
Betriebsinterne ›Hitlisten‹ sorgen für den rechtzeitigen Nachbezug gut gehender
Titel, die ständig vorrätig sein müssen.

DISPOSITIONSLISTE (DISPO)

Verkaufte Titel werden über Verkaufslisten erfasst, und der Buchhändler entscheidet spätestens, wenn der Mindestbestand erreicht ist, welcher Titel in welcher Stückzahl nachbestellt werden soll. Als Entscheidungsgrundlage wird ihm hierbei – je nach Systemvoraussetzung auch filialübergreifend – angezeigt:

• der aktuelle Bestand,
• die Einkäufe der letzten Zeit,
• die Anzahl der laufenden Bestellungen,
• Remittenden,
• Außenstände in Filialen und bereits vorgemerkte Exemplare.

Dadurch wird die Lagerergänzung kontinuierlich und rentabel ermöglicht. Die Dispo-Listen können nach Erreichen eines definierten Bestellwertes automatisch an den Verlag oder dessen Auslieferung weitergeleitet werden.

KASSIERVORGÄNGE

Die Kassenvorgänge vollziehen sich durch die Scannertechnik beschleunigter und weniger fehlerhaft. Etwaige Preisdifferenzen werden schnell erkannt, Quittungsbelege mit Titeln können per Knopfdruck ausgestellt werden u. a. m.

STATISTIKEN UND KENNZIFFERN

Die mit geringem Aufwand erstellten Lager- und Verkaufsstatistiken bieten die Möglichkeit einer ständigen Lagerkontrolle. Der Sortimenter erhält die aufgelaufenen und tagesaktuellen Lagerbestände ebenso wie die (kumulierten) Umsätze. Aus Umsatz und durchschnittlichem Lagerbestand errechnen sich die Lagerumschlagsgeschwindigkeit und weitere Lagerkennziffern.

WERBESELEKTION

Aufgrund der Verknüpfungsmöglichkeit des Bestellverwaltungsmoduls mit der Kundenadressverwaltung können Kundenprofile erstellt werden (Kunde x kauft häufig Bücher aus dem Gebiet y). Dadurch wird die Buchhandlung in die Lage versetzt, Mailings ohne Streuverlust zielgruppengenau als effizientes Werbemittel einzusetzen.

Obwohl die Segnungen der Warenwirtschaftssysteme unumstritten sind – den automatisierten Einkauf können sie nicht leisten. Sowohl für die Backlist, aber vor allem für die Novitäten gilt weiterhin das buchhändlerische Fingerspitzengefühl beim Erfassen neuer oder saisonaler Trends, beim Umgang mit Preisverleihungen und Medientiteln sowie beim Aufspüren neu zu entdeckender Autoren. Somit werden die subjektiven Komponenten im Bestellverhalten durch die Warenwirtschaft nicht eliminiert, aber ihnen werden sinnvolle objektive Kontrollinstrumente zur Seite gestellt.

Die folgenden Ausführungen orientieren sich am Warenkreislauf. Sie beginnen mit dem Bestellvorgang (Kap. 8.1), thematisieren anschließend den Wareneingang (Kap. 8.2) und schließen mit der Bestandsverwaltung (Kap. 8.3). Oder anders ausgedrückt: auf ›Ware bestellen‹ folgt ›Ware annehmen‹ und ›Bestände verwalten‹. Dass sich Lagerbewegungen und Bestandsänderungen selten auf das Gesamtlager beziehen, sondern immer auch für einzelne Geschäftsvorgänge spezifisch ausgewertet werden können, versteht sich von selbst. In dieser Hinsicht sind vor allem die Warengruppen (siehe Kap. 3) von besonderer Bedeutung. Denn sie bilden die Grundlage der betrieblichen Feindifferenzierung und sind für Einkaufsverantwortlichkeit, Platzierungsoptionen und Kassenstatistiken gleichermaßen wichtig.

8.1
Bestellvorgang

Die technisch-organisatorischen Schritte eines Bestellvorgangs mögen zwar identisch sein – es geht immer darum, Daten zu erfassen, sie ins System einzugeben und dann abzusetzen (zur Bestellung freizugeben) – aber ›Bestellung‹ ist nicht gleich ›Bestellung‹. Dies belegen allein die vier unterschiedlichen Bestellanlässe (siehe Kap. 7.1), die im Folgenden aus methodischen Gründen auf die zwei besonders relevanten reduziert werden. Einerseits bestellt man Ware für das Lager, andererseits werden Bestellungen im Rahmen des Besorgungsgeschäfts (siehe Kap. 2.6.1) ausgeführt. Zum einen wird also Kapital ins Warenlager investiert, um Kunden ein am Markt ausgerichtetes Sortiment anzubieten, zum anderen spielen Aspekte der Vorfinanzierung kaum eine Rolle. Umsatzerlöse und(!) Lagerkosten werden also aus zwei höchst unterschiedlichen Quellen generiert: über das Warenlager und über das Durchlaufgeschäft. Aus diesem Grund ist es sinnvoll, Lager- und Kundenbestellungen grundlegend zu trennen.

Doch zuvor sei darauf hingewiesen, dass dem Thema ›Bestellung‹ im §5 der Verkehrsordnung (siehe Anhang) zehn Unterpunkte eingeräumt werden. Sie betreffen Regelungen in Bezug auf die Rechtsgültigkeit einer Bestellung, deren fristgerechte Ausführung seitens der Lieferanten, Kosten für die Bestellübermittlung u. a. m.

8.1.1
Kundenbestellungen

Für das Besorgungsgeschäft benötigt man (mitunter detaillierte) kundenbezogene Daten, egal ob die Bestellung via Mail, Fax, Twitter, Facebook oder Webshop eingeht oder im Laden aufgenommen wird. Natürlich sind die Eingabefelder durch die Bestellmaske vorgegeben, oder sie sind schnell auf einem Bestellzettel notiert. Die nachstehende Auflistung stellt einen Maximalkatalog dar, mit dessen Hilfe auch komplexe Bestellvorgänge im Abonnementgeschäft erledigt werden können.

Kundenbezogene Daten bei der Bestellaufnahme

NAME DES KUNDEN

ANSCHRIFT(EN)
Bestellanschrift,
Rechnungsanschrift,
Lieferanschrift.

BEZUGSFORM
fest, zur Ansicht, mit RR.

ANZAHL DER GEWÜNSCHTEN EXEMPLARE
1 Exemplar für den Kunden (und ein weiteres für das Lager?).

ZUSTELLMODUS
Kunde holt ab,
Zustellung durch Boten,
Zustellung per Post,
Direkteinweisung (vom Verlag direkt zum Kunden oder im Auftrag des Kunden
    an Dritte).

BEZAHLUNGSMODUS
Zahlung nach Empfang in bar,
Lieferschein,
Rechnung (Anzahl der Rechnungsexemplare notieren),
Bankeinzug,
Nachnahme,
Monatskonto,
ggf. Anzahlung bzw. Höhe der Anzahlung.

SERVICE
telefonische Benachrichtigung,
schriftliche Benachrichtigung (per Karte, E-Mail, Social Media etc.),
Vormerk-Service.

Für die Bearbeitung der Bestellung erhält der Verlag bzw. dessen Auslieferung auftragsbezogen zusätzliche Informationen wie Verkehrsnummer, Bestelldatum, Hinweise auf die spätere Zahlungsabwicklung (BAG-Hinweis) und selbstverständlich Objektdaten wie Verfasser, Titel, ISBN etc. (Im Falle einer Abonnement(ab)bestellung sollte man sicherheitshalber auch die Höhe der ab dann geltenden Bestellmenge angeben.) Der Nachname oder die Anfangsbuchstaben des Bestellers dienen in der Regel als **Bestellzeichen.** Bestellzeichen dienen dazu, das Buch und den dazugehörigen Vorgang leicht wieder aufzufinden – entweder im System oder im Abholfach (siehe Kap. 8.2.6). Auch chronologisch fortlaufend vergebene Nummern können diese Funktion erfüllen.

Anschließend wird die Bestellung abgesetzt oder aber zur Weiterleitung freigegeben, was betriebsintern automatisiert an bestimmte ›Abruftermine‹ seitens der Bestellanstalt (Clearing Center siehe Kap. 1.2.2.3). verknüpft sein kann. Der Zeitpunkt des letzten Bestellabrufs erfolgt dabei in direktem Zusammenhang mit der Tour des Bücherwagens. Denn die Dienstleistung der Barsortimente ›Heute bestellt – morgen geliefert‹ kann nur eingehalten werden, wenn die Bestell- und Lagerlogistik auf die Logistik des Transportweges abgestimmt ist.

Auch im Zeitalter nummerischer Bestellzeichen werden immer noch vereinzelt ›Klartextbestellungen‹ in Schriftform an Verlage übermittelt. Das Resultat: Die Bestellbearbeitung dauert länger. So mag beispielsweise eine Mail-Bestellung binnen kurzer Zeit auf dem Bildschirm des Sachbearbeiters erscheinen, allerdings muss sie dort noch für das weitere Bestellprocedere nach- bzw. aufbereitet werden. Dies gilt ebenso für postalisch zugesandte Reiseauftragsformulare anlässlich von Lagerbestellungen.

Exkurs: Verwaltung von Zeitschriften und Fortsetzungswerken

Bestellungen für Zeitschriften und Fortsetzungswerke (siehe Kap. 2.1.2 und 2.1.3) erfordern eine besondere Behandlung. Deshalb werden sie in der Regel in einem separaten Modul des Warenwirtschaftssystems bearbeitet. Hier ruft man nach eingegangener Bestellung zunächst die **Titelmaske/Titeldatei** auf bzw. legt bei einer Erstbestellung einen entsprechenden Datensatz an. Die Titelmaske verzeichnet alle Daten, die unmittelbar mit dem Objekt oder aber mit der Geschäftsbeziehung zwischen Buchhandlung und Verlag zu tun haben. Im Einzelnen sind dies Angaben über Titel, ISBN, Verlag bzw. Auslieferung, Bezugsweg, Preis (auch etwaige Sonderpreise), Rabattstaffeln, Anzahl der bestellten Exemplare, Kündigungsfristen u. a. m. Bei Zeitschriften wird darüber hinaus die Erscheinungsweise sowie die ISSN, bei Fortsetzungen evtl. der geplante Umfang des Gesamtwerkes notiert.

Ebenfalls vermerkt ist die Anzahl der Bezieher, für die es jedoch je Kunde eigene Dateien mit je individuellen kundenbezogenen Daten gibt; diese werden im Wareneingang dann nacheinander abgearbeitet. Nach Wareneingang und erfolgter Bearbeitung des Vorgangs werden hier auch die Rechnungsbeträge notiert.

Exkurs: Datenschutz

Beim Datenschutz geht es u. a. – und dies ist in unserem Zusammenhang wichtig – um den Missbrauch bei der Verarbeitung personenbezogener Daten. Die Rechte des Einzelnen sind in verschiedenen gesetzlichen Bestimmungen geregelt, insbesondere im Bundesdatenschutzgesetz (BDSG) und in den einzelnen Landesdatenschutzgesetzen, wobei das BDSG die Rechte der Person, über die Daten gespeichert sind, in den Vordergrund stellt. In § 1 Abs. 1 heißt es: »Zweck dieses Gesetzes ist es, den Einzelnen davor zu schützen, dass er durch den Umgang mit seinen personenbezogenen Daten in seinem Persönlichkeitsrecht beeinträchtigt wird.« Es geht also um eine mögliche Beeinträchtigung des Einzelnen, um Gefährdungen seines Persönlichkeitsrechtes, die sich aus der Informationsverarbeitung seiner persönlichen Daten ergeben können. Man spricht in diesem Zusammenhang auch von dem Recht auf informationelle Selbstbestimmung des Einzelnen. Dies ist so definiert, dass der Einzelne grundsätzlich über die Preisgabe und Verwendung seiner persönlichen Daten bestimmen kann. Es gilt das **Verbotsprinzip mit Erlaubnisvorbehalt:** Die Erhebung, Verarbeitung und Nutzung von personenbezogenen Daten ist verboten, sofern keine klare Rechtsgrundlage gegeben ist, oder sofern die betroffene Person nicht ausdrücklich (meist schriftlich) ihre Zustimmung zur Erhebung, Verarbeitung und Nutzung gegeben hat. Damit dürfen kundenbezogene Daten, die bei der Bestellaufnahme erfasst worden sind, beispielsweise nicht in der Werbung eingesetzt werden – es sei denn, der Kunde wünscht dies oder ist damit einverstanden. Im Folgenden seien wichtige Bestimmungen aus dem BDSG (Stand 2013) zitiert:

> **§ 4 Zulässigkeit der Datenerhebung, -verarbeitung und -nutzung**
>
> (1) Die Erhebung, Verarbeitung und Nutzung personenbezogener Daten sind nur zulässig, soweit dieses Gesetz oder eine andere Rechtsvorschrift dies erlaubt oder anordnet oder der Betroffene eingewilligt hat.
>
> (3) Werden personenbezogene Daten beim Betroffenen erhoben, so ist er [...] über die Zweckbestimmungen der Erhebung, Verarbeitung oder Nutzung [...] zu unterrichten.
>
> **§ 28 Datenerhebung und -speicherung für eigene Geschäftszwecke**
>
> (1) Das Erheben, Speichern, Verändern oder Übermitteln personenbezogener Daten oder ihre Nutzung als Mittel für die Erfüllung eigener Geschäftszwecke ist zulässig, wenn es für die Begründung, Durchführung oder Beendigung eines rechtsgeschäftlichen oder rechtsgeschäftsähnlichen Schuldverhältnisses mit dem Betroffenen erforderlich ist. [...]. Bei der Erhebung personenbezogener

Daten sind die Zwecke, für die die Daten verarbeitet oder genutzt werden sollen, konkret festzulegen.

(3) Die Verarbeitung oder Nutzung personenbezogener Daten für Zwecke des Adresshandels oder der Werbung ist zulässig, soweit der Betroffene eingewilligt hat und im Falle einer nicht schriftlich erteilten Einwilligung die verantwortliche Stelle nach Absatz 3a verfährt. [...]

(3a) Wird die Einwilligung [...] in anderer Form als der Schriftform erteilt, hat die verantwortliche Stelle dem Betroffenen den Inhalt der Einwilligung schriftlich zu bestätigen, es sei denn, dass die Einwilligung elektronisch erklärt wird und die verantwortliche Stelle sicherstellt, dass die Einwilligung protokolliert wird und der Betroffene deren Inhalt jederzeit abrufen und die Einwilligung jederzeit mit Wirkung für die Zukunft widerrufen kann. [...]

§ 33 Benachrichtigung des Betroffenen

(1) Werden erstmals personenbezogene Daten für eigene Zwecke ohne Kenntnis des Betroffenen gespeichert, ist der Betroffene von der Speicherung, der Art der Daten, der Zweckbestimmung der Erhebung, Verarbeitung oder Nutzung und der Identität der verantwortlichen Stelle zu benachrichtigen. Werden personenbezogene Daten geschäftsmäßig zum Zweck der Übermittlung ohne Kenntnis des Betroffenen gespeichert, ist der Betroffene von der erstmaligen Übermittlung und der Art der übermittelten Daten zu benachrichtigen. [...]

Die datenschutzrechtlichen Bestimmungen beziehen sich auf alle Phasen der Computernutzung und der Telekommunikation: auf das Anlegen und Bearbeiten von Daten, auf deren Weitergabe, Aufbewahrung und Bereithaltung, auf das Abrufen von Daten (sowohl auf den Datentransfer in internen Netzwerken wie auch den mittels elektronischer Schnittstellen nach Außen) sowie auf das Löschen von Daten und die Vernichtung von Datenträgern.

In BDSG § 9 und dessen Anlage wird dargelegt, welche technisch organisatorischen Maßnahmen von den verantwortlichen Stellen zu ergreifen sind, wobei eingeräumt wird, dass diese Maßnahmen nur erforderlich sind, wenn ihr Aufwand in einem angemessenen Verhältnis zu dem angestrebten Schutzzweck steht.

Technisch-organisatorische Maßnahmen zum Schutz personenbezogener Daten

ZUGANGSKONTROLLE
Unbefugten ist kein Zugang zu EDV-Anlagen zu gewähren, in denen personenbezogene Daten verarbeitet werden.

DATENTRÄGERKONTROLLE
Datenträger dürfen nicht unbefugt gelesen, kopiert, verändert oder entfernt werden.

SPEICHERKONTROLLE
Die unbefugte Eingabe in den Speicher sowie die unbefugte Kenntnisnahme, Veränderung oder Löschung gespeicherter Daten sind zu verhindern.

BENUTZERKONTROLLE
EDV-Systeme dürfen nicht mit Hilfe von Einrichtungen zur Datenübertragung von Unbefugten genutzt werden.

ZUGRIFFSKONTROLLE
Die für die EDV-Anlage Verantwortlichen müssen gewährleisten, dass die zur Benutzung eines Datenverarbeitungssystems Berechtigten ausschließlich auf die ihrer Zugriffsberechtigung unterliegenden Daten zugreifen.

ÜBERMITTLUNGSKONTROLLE
Es muss überprüfbar sein, an welchen Stellen personenbezogene Daten durch Einrichtungen zur Datenübertragung übermittelt werden können.

EINGABEKONTROLLE
Es muss auch nachträglich überprüfbar sein, welche personenbezogenen Daten zu welcher Zeit von wem in die Datenverarbeitungssysteme eingegeben worden sind.

AUFTRAGSKONTROLLE
Personenbezogene Daten, die im Auftrag verarbeitet werden, dürfen nur entsprechend den Weisungen des Auftraggebers verarbeitet werden.

TRANSPORTKONTROLLE
Es ist zu verhindern, dass bei der Übertragung personenbezogener Daten sowie beim Transport von Datenträgern die Daten unbefugt gelesen, kopiert, verändert oder gelöscht werden können.

ORGANISATIONSKONTROLLE
Die innerbetriebliche Organisation ist so zu gestalten, dass sie den besonderen Anforderungen des Datenschutzes gerecht wird.

Für öffentliche Stellen sind der Bundesdatenschutzbeauftragte und die jeweiligen Landesdatenschutzbeauftragten zuständig. In der Privatwirtschaft ist zwischen größeren und kleineren Firmen zu unterscheiden. In größeren Unternehmen, in denen mehr als zehn Personen ständig mit der Bearbeitung personenbezogener Daten mittels EDV beschäftigt sind, muss ein Datenschutzbeauftragter bestimmt werden. Seine Aufgabe besteht darin, die Datenverarbeitungsprogramme zu überwachen und das Personal mit dem Datenschutz vertraut zu machen; in kleineren Firmen fallen diese Pflichten der Geschäftsführung zu.

Zunehmend stehen nicht mehr das Verbot der Verarbeitung personenbezogener Daten mit Erlaubnisvorbehalt im Vordergrund, sondern die EDV-Systeme selbst und deren sichere und ordnungsgemäße Ausgestaltung. Vorgaben hierfür liefert die Europäische Datenschutzrichtlinie; hier geht es vorrangig um:

Datenschutzaudit Produkte, deren Vereinbarkeit mit den Vorschriften über den Datenschutz und die Datensicherheit in einem förmlichen Verfahren festgestellt wurde, sollen vorrangig eingesetzt werden.

Vertraulichkeit Unbefugten ist der Zugang zu Datenträgern, auf denen personenbezogene Daten gespeichert sind, zu verwehren.

Authentizität Es gilt zu verhindern, dass personenbezogene Daten unbefugt verarbeitet werden oder Unbefugten zur Kenntnis gelangen.

Revisionssicherheit Es ist zu gewährleisten, dass die Daten verarbeitende Person, der Zeitpunkt und Umfang der Datenverarbeitung festgestellt werden kann.

Erfahrungen aus der Praxis zeigen allerdings, dass das Gesetz in vielerlei Hinsicht immer den technischen Neuentwicklungen hinterherläuft. Vor allem bei Entwicklungen im Internet, im Bereich der Mobiltelefonie oder bei der RFID-Technik (Radio Frequency Identification) – einer Technik zur berührungslosen Übertragung von Identifikationsmerkmalen (z. B. Funketiketten), die ständig neue Möglichkeiten zur Datenerfassung schafft.

8.1.2
Lagerbestellungen

Den Bestellzeichen für Kunden im Besorgungsgeschäft entsprechen im Rahmen des Lagereinkaufs Bezeichnungen für Warengruppen oder Aktionswaren oder eigens hierfür definierte Zeichen- und/oder Nummernkombinationen. Ansonsten gleicht der technische Bestellvorgang dem der Kundenstellungen. Mit vielleicht einem Unterschied. Da Bestellungen für das Lager nicht in allen Fällen von heute auf morgen erforderlich sind, können sie in der Dispo geparkt (siehe Parkmodelle im Kap. 1.2.2.2) und erst ab einem definierten Bestellwert abgesetzt werden. Dadurch entstehen keine kostenintensiven Kleinbeischlüsse.

In den folgenden Ausführungen stehen Fragen zur Budgetierung und zur Lagerumschlagsgeschwindigkeit im Vordergrund, die gleichermaßen für das Novitäten- und das Backlistgeschäft von elementarer Bedeutung sind. Die Aktionsware (siehe Kap. 7.1) wird nicht näher thematisiert; denn sie birgt, sofern die Aktion zeitlich befristet ist, in der Regel kein Lagerrisiko. Wenn die

Aktion abgeschlossen ist, muss es für das Geschäft heißen: verkaufte Ware bezahlen, nicht verkaufte Ware remittieren. Andere Entscheidungen und Maßnahmen sind im Einzelfall zu begründen.

Budgetierung

Das Geld, das für den Einkauf zur Verfügung steht, wird anhand der Einkaufswerte des vergangenen Geschäftsjahres ermittelt. Dabei wird es sich um ein Gesamtbudget handeln, das auf einzelne Warengruppen oder andere Bestellanlässe verteilt wird, in einem weiteren Planungsschritt auch nach Einkaufszeiträumen. Nur eine Position darf nicht zur Berechnung des Einkaufsbudgets herangezogen werden: der vorjährige Durchlaufgeschäft-Umsatz in Form von Kundenbestellungen und des Schulbuch- bzw. Bibliotheksgeschäfts; denn diese Umsätze sind bis auf wenige Ausnahmen ohne Lageraufwand realisiert worden. Im Grunde lassen sich alle Fragen, die mit der Budgetierung zu tun haben, auf fünf reduzieren – was aber nicht bedeutet, dass man sich nicht über so manche Antwort trefflich streiten könnte:

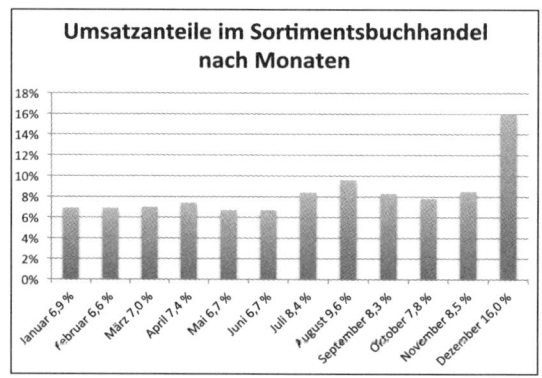

- Wie wird sich der Umsatz im kommenden Jahr entwickeln?
- Wie hoch wird der Anteil der lagerunabhängigen Umsätze (= Durchlaufgeschäft) sein?
- Wie verteilt sich der Umsatz auf Planungszeiträume?
- Wie stark soll der Anteil der Novitäten gewichtet werden?
- Wie hoch ist der durchschnittliche Rabatt?

Es folgt ein modellhaftes Beispiel für die Budgetberechnung einer Warengruppe. Vorausgeschickt sei, dass es sich bei allen Werten um Eurobeträge ohne Umsatzsteuer handelt, dass es um das Novitäten-Budget für den Erstbezug (für viele Buchhandlungen entspricht das dem Wert des Reiseauftrags) für Titel einer Warengruppe geht und dass – der buchhändlerischen Umsatzverteilung gemäß (siehe abgebildetes Säulendiagramm) – das Budget analog zur Frühjahrs- und Herbstreise auf zwei Planungszeiträume verteilt wird. Das ermittelte Ergebnis, in diesem Fall 12.825,00 Euro, ist dann auf die lagerrelevanten A- und B-Verlage zu verteilen.

Plan-Umsatz	500.000,00 €
− Durchlaufgeschäft (25 %)	125.000,00 €
= Plan-Lagerumsatz	375.000,00 €
Hiervon 40 % für den Frühjahrseinkauf	150.000,00 €
Hiervon 15 % für den Novitäten-Erstbezug	22.500,00 €
− Abschlussrabatt des Vorjahres (43 %)	
Einkaufsbudget	12.825,00 €

Lagerumschlagsgeschwindigkeit (LUG)

Die Lagerumschlagsgeschwindigkeit (LUG) gibt darüber Auskunft, wie häufig sich in einem bestimmten Zeitraum einzelne Titel, Warengruppen oder das Gesamtlager verkaufen. Sie ist ein Indikator für die Lagerleistung einer Buchhandlung, deren wirtschaftlicher Zweck darin besteht, einen maximal erreichbaren Umsatz mit einem optimalen Lagereinsatz zu erzielen. Um bei dem einsichtigsten Fall anzufangen: Ein Titel aus der Backlist, der sich im Jahr fünfmal aus dem Regal heraus verkauft und stets nur einmal am Lager stand, hat eine Lagerdrehzahl von fünf.

In der Regel wird die LUG aber erst am Ende des Jahres nach erfolgter Inventur ermittelt, indem der Umsatz in Relation zum Lagerbestand und damit zum eingesetzten Kapital gesetzt wird. Zähler und Nenner müssen dabei vergleichbare Bezugsgrößen aufweisen, damit der Quotient immer gleich bleibt: Wird der Umsatz inklusive Umsatzsteuer erfasst, so gilt dies gleichermaßen für den durchschnittlichen Lagerbestand, wird der Umsatzwert exklusive Umsatzsteuer genommen, so hat dies dieselbe Konsequenz für den Nenner und erfasst man den durchschnittlichen Lagerbestand zu Einstandspreisen, so muss auch der Umsatz zu Wareneinsatzwerten angesetzt werden.

Entscheidend ist immer nur die Relation. Je höher der Lagerbestand, desto geringer wird die LUG bei dem erreichten (Jahres-)Umsatz ausfallen und desto höher auch der Kapitaleinsatz. Und umgekehrt gilt: Je niedriger der Lagerbestand, desto höher fällt die LUG bei dem erreichten (Jahres-)Umsatz aus und desto niedriger die Kapitalbindung. Ist man also an einer hohen LUG interessiert, so muss ein optimaler Umsatz im Zähler mit einem effizienten Lager im Nenner einhergehen. Der Branchendurchschnittswert liegt laut *Buch und Buchhandel in Zahlen 2013* bei 5,0. Wobei kleinere Buchhandlungen mit 4,8 eine weitaus geringere LUG aufweisen als größere Sortimente mit 6,0. Begründet wird die verhältnismäßig niedrige LUG nicht zuletzt mit der Titelproduktion auf hohem Niveau, die dem Sortimenter die Übersicht und die gezielte Angebotsauswahl erschwert und zu Fehldispositionen führen kann.

$$LUG = \frac{Umsatz}{\varnothing \ Lagerbestand} \qquad \text{Lagerdauer in Tagen} = \frac{360 \ Tage}{LUG}$$

$$LUG = \frac{4.000.000}{800.000} = 5 \qquad \text{Lagerdauer in Tagen} = \frac{360 \ Tage}{5} = 72 \ Tage$$

Die abgebildete Übersicht erklärt, wie beispielsweise eine LUG von 5 entsteht. Sie verdeutlicht aber gleichzeitig auch einen weiteren Zusammenhang, weil sie die LUG mit der Kennziffer Lagerdauer in Tagen verknüpft. Jetzt erst erhält die LUG eine quasi ›sinnliche‹ Dimension. So entspricht eine LUG von 5 einer Lagerdauer von 72 Tagen, d. h. jeder Titel in der Buchhandlung befindet sich – statistisch gesehen – vom Tage des Einkaufs bis zum Tag des Verkaufs 72 Tage am Lager. 72 Tage bei einem durchschnittlichen Zahlungsziel von 45 Tagen bedeutet jedoch 27 Tage Vorfinanzierung – es sei denn, der Sortimenter erhält über Valutierung und Zielgewährung einen langfristigen Lieferantenkredit seitens der Verlage. Hier sieht man, dass nicht nur Verlage, sondern auch Buchhandlungen ›in Vorlage‹ treten und ihr Warenlager in der Hoffnung auf einen späteren Abverkauf vorfinanzieren.

Das Problem verschärft sich allerdings entschieden, wenn man den Gesamtumsatz im Buchhandel näher betrachtet, denn die Jahresumsatzleistung setzt sich, wie bereits mehrfach erwähnt, zusammen aus dem Umsatz, der aus dem eingekauften Lagersortiment resultiert, und dem Umsatz, der sich aus dem **Durchlaufgeschäft** ergibt. Nimmt man nun für den Buchhandel einen Durch-

$$\text{Bereinigte LUG} = \frac{Umsatz - Durchlaufgeschäft}{\varnothing \ Lagerbestand}$$

$$\text{Bereinigte LUG} = \frac{4.000.000 - 1.200.000}{800.000} = 3,5$$

$$\text{Lagerdauer in Tagen} = \frac{360 \ Tage}{3,5} = 103 \ Tage$$

schnittswert von 30 Prozent Durchlaufgeschäft an (dieser Wert variiert je nach Standort, Größe und Profil der Buchhandlung), so verändern sich die betrieblichen Kennziffern und aus 72 Tagen durchschnittlicher Lagerdauer werden bei einer bereinigten Lagerumschlagsgeschwindigkeit 103 Tage.

Buchhandlungen müssen ihren Lagereinkauf und Kapitaleinsatz an den vom Durchlaufgeschäft bereinigten Lagerdrehzahlen ausrichten. Das Durchlaufgeschäft ist zwar für temporäre Liquidität und Umsatzrendite höchst willkommen, aber in betriebswirtschaftlicher Hinsicht nur so etwas wie ein ›Zusatz-Umsatz‹. Anders ausgedrückt: Buchhandlungen geraten weniger durch das Besorgungsgeschäft in ökonomisch schwierige Situationen, als vielmehr durch Fehlplanungen im Bereich des Warenlagers. Denn während der Besorgungsumsatz wenigstens Geld in die Kasse fließen lässt, führt eine falsche Kapitalinvestition in das Warenlager schlimmstenfalls zu totem Kapital.

Die Konsequenz für den Einkauf könnte vereinfacht formuliert so lauten: Wenn man an einer bereinigten LUG von 6 interessiert ist, müsste man stets so viel Ware einkaufen, wie binnen der nächsten zwei Monate voraussichtlich verkauft wird. Dass sich die Werte nach oben und unten verändern können, versteht sich von selbst. Aber das Regulativ ist nun gegeben – und der Buchhandel nimmt Abschied von zu vollen Lägern.

Jeder wirtschaftlich denkende Buchhändler wird an einer **Lagerbestandsfortschreibung** interessiert sein, um die Lagerbewegungen und den aktuellen Lagerbestand anhand betrieblicher Kennziffern zu kontrollieren. Die drei Möglichkeiten zur Errechnung des durchschnittlichen Lagerbestands sind der nachstehenden Formelübersicht zu entnehmen. Hierbei sind grundsätzlich zwei Methoden zu unterscheiden: die überkommene manuelle und die zeitgemäße elektronische Kontrolle mit Hilfe von Warenwirtschaftssystemen. Allerdings dürfte die erste Formel aufgrund ihrer geringen Aussagekraft für betriebswirtschaftlich geführte Unternehmen nur geringe Aussagekraft besitzen. Denn das arithmetische Mittel aus zwei Größen zu errechnen, die zur Inventurzeit nach dem Weihnachtsgeschäft – also bei stark abgebautem Lagerbestand – ermittelt worden sind, hat wenig praktische Relevanz.

$$\varnothing \text{ Lagerbestand} = \frac{AB + EB}{2}$$

$$\text{echter } \varnothing \text{ Lagerbestand} = \frac{AB + 12 \text{ Monatsendbestände}}{13}$$
(nach monatlicher Bestandsfortschreibung)

$$\text{echter } \varnothing \text{ Lagerbestand} = \frac{AB + \text{Summe der aufgelaufenen Tagesendbestände}}{1 + \text{Anzahl der aufgelaufenen Verkaufstage}}$$
(Lagerbestandsfortschreibung mit Hilfe der Warenwirtschaft)

Der Ausgangswert für die Lagerbestandsfortschreibung ist bei beiden Methoden der Warenbestand zur Inventurzeit, wobei der Endbestand (EB) vom 31.12. des Vorjahres dem Anfangsbestand (AB) vom 1.1. des Folgejahres entspricht. Das manuelle Verfahren basiert auf einer Art monatlichen Inventur. Da Unternehmen jeden Monat ihre Zahllast an das Finanzamt abführen müssen, sind sie verpflichtet, die Umsätze und Einkäufe getrennt zu erfassen. Auf diese Weise kann Monat für Monat das Lager fortgeschrieben werden. Ende Januar/Anfang Februar wird somit der Lagerwert nach folgender Formel errechnet: AB (vom 1.1.) + Zugänge/Einkäufe (Januar) ./. Abgänge/Verkäufe (Januar). Allerdings ist mit vergleichbaren Größen zu operieren, da die Eingänge zu Einstandswerten und die Verkäufe zu Ladenpreisen registriert worden sind. Also macht man entweder die Einstandspreise rechnerisch – mit Hilfe der für das laufende Jahr kalkulatorisch angenommenen Handelsspanne – zu Verkaufspreisen, oder man überführt die Verkaufswerte in Einstandswerte.

Warenwirtschaftsprogramme erfassen alle Eingänge und Ausgänge per EDV und bieten unmittelbare Verknüpfungsmöglichkeiten. Hier findet eine Art ›permanente Inventur‹ (siehe Kap. 8.3.5) statt: nicht Monat für Monat, sondern Sekunde für Sekunde. Das stets aktualisierte Zahlenmaterial gewährleistet eine nahezu **vollständige Lagertransparenz.** Nur den Schwund durch Diebstahl bekommen auch Warenwirtschaftssysteme nicht in den Griff.

Der errechnete Lagerbestand hat Konsequenzen für das Einkaufsbudget des Sortiments. Denn er ist ein untrüglicher Indikator für den Abverkauf bzw. Nicht-Abverkauf des Lagers. Und sollte einmal ein firmenindividuell festgesetztes Lagerbestandslimit erreicht werden, bleibt nur noch das Mittel ›Haushaltssperre‹: Nun wird entweder gar nicht bzw. auf jeden Fall kontrollierter eingekauft.

Ein letzter Absatz sei hinzugefügt. Natürlich versetzen Warenwirtschaftssysteme die Buchhandlungen in die Lage, das Lager zu reduzieren. Aber Lagerreduktion ist nicht immer und in jedem Fall das Allheilmittel. Denn wenn der Lagerabbau bewirkt, dass die ›kritische Masse‹ – damit ist das Sortiment gemeint, das die Buchhandlung für den Kunden attraktiv macht – unterschritten wird, so wird dies in der Folgezeit zwangsläufig zu Umsatzeinbußen und Renditeproblemen führen. Diese ›kritische Masse‹ für die eigene Buchhandlung herauszufinden, ist die Kernaufgabe betriebswirtschaftlich geführter Unternehmen zu Beginn des 21. Jahrhunderts. Und noch ein weiterer Gedanke sei angefügt. Maßnahmen zur Lagerreduktion müssen nicht zwangsläufig mit Maßnahmen zur Titelreduktion gleichgesetzt werden. Denn die Senkung des Lagerbestandes kann durchaus mit einer Titelaufstockung einhergehen. Auch dies bzw. gerade dies wird mit Warenwirtschaftssystemen möglich.

8.2
Wareneingang

Der Wareneingang wird in Buchhandlungen höchst unterschiedlich praktiziert. Dies hängt mit den Optionen zusammen, die der Warenbezug bietet. So wirkt sich beispielsweise die Beantwortung der Frage ›Barsortiments- oder Verlagsbezug?‹ (siehe Kap. 7.2) unmittelbar auf die Arbeit im Wareneingang aus. Wird vorrangig beim Barsortiment bestellt, besteht der Wareneingang fast ausschließlich darin, eine Wanne nach der anderen ›abzuarbeiten‹: Die Kundenbestellungen sind ins Abholfach einzuräumen, das Lager ist aufzufüllen und die Meldenummern müssen verarbeitet werden. Gibt es allerdings neben den Barsortimentswannen eine Vielzahl von Verlagssendungen, die in unterschiedlicher Kartonage und vielleicht auch durch unterschiedliche Zustelldienste angeliefert werden, sind die anfallenden Arbeitsvorgänge zwangsläufig komplexer.

Bei Filialunternehmen kennt man den **zentralen Wareneingang.** Hier wird der komplette Wareneingang im Haupthaus bzw. einer Filiale oder in einer angemieteten Logistikfläche abgewickelt, und die Waren werden anschließend über hauseigene Fahrer oder Kurierdienst auf die Filialen verteilt bzw. an Endkunden mit Rechnung versandt. Dieses Modell ist für den Fortsetzungsbezug unstrittig von Vorteil; ansonsten gilt es, Kosten und Aufwand für die Verteillogistik mit denen eines dezentralen Wareneingangs, der in jeder Filiale einzeln durchgeführt wird, zu vergleichen.

Bei filialisierten Unternehmen findet man eine weitere Besonderheit: das **Zentrallager.** Dieses ist in der Regel an einen Logistik-Dienstleister gekoppelt, der genügend Lagerfläche hat und diese EDV-technisch betreut (siehe Kap. 1.2). Das Zentrallager bildet das engste Kernsortiment (siehe Einleitung zum Kap. 7) ab und umfasst wenige tausend Titel; die nämlich, die in allen Filialen verfügbar sein müssen. Im Einzelnen sind dies:

• ständige ›Renner‹ der Backlist,
• wichtige Novitäten (Schwerpunkttitel der Verlage),
• temporär geplante Aktionen mit den entsprechenden Titeln,
• aufgekaufte Restauflagen für das hauseigene Moderne Antiquariat.

Diese Titel werden von den Verlagen (oder direkt ab Druckerei) in der Regel palettenweise angeliefert. Ersteingänge (Novitäten, Aktionstitel) werden nach betriebsinternen Verteilungsschlüsseln auf die einzelnen Filialen verteilt. Auf die Titel der Backlist hat jede Filiale jederzeitiges Zugriffsrecht. Damit hat jede Filiale die Möglichkeit, Top-Titel zu Top-Konditionen zu beziehen – und zwar von heute auf morgen, wie beim Barsortimentsbezug.

Eine dritte Besonderheit ist ebenfalls nur bei größeren Unternehmen anzutreffen. Denn hier kommt es bei einigen Produktgruppen vor, dass **Rack-Jobber** (siehe Kap. 1.2.1.2), also Fremdfirmen, die Warenträger in der Buchhandlung bestücken. Häufig wird diese Option im Rahmen des Kalendergeschäfts und für das (Gruß-)Kartensortiment genutzt. In diesem Fall entfällt der Wareneingang ersatzlos.

8.2.1
Verlagssendungen

Da nach §15 Abs.1 der Verkehrsordnung Verlage gemäß den Anweisungen der Buchhandlungen liefern müssen, kann es für den Wareneingang durchaus eine Vielzahl von Zustellunternehmen geben:

• der bereits erwähnte Büchersammelverkehr als Branchenspediteur für die Produktion von allen sortimentsrelevanten Verlagen (siehe Kap. 1.2.2.2);
• weitere Paketdienste (DHL als Paketdienst der Deutschen Post AG) sowie DPD, UPS etc.);

• Deutsche Post AG als Lieferant für Büchersendungen (spezielle Tarife für Sendungen bis zu 1.000 Gramm), die zusammen mit der Geschäftspost entweder an die Adresse der Buchhandlung oder postlagernd zugestellt werden;
• Speditionsunternehmen oder die Deutsche Bahn AG als Lieferanten für besonders schwere Sendungen, z. B. im Schulbuchgeschäft.

Unabhängig von der Wahl des Transportunternehmens erfolgt eine Überprüfung im Wareneingang. Die im Folgenden aufgeführten Arbeitsschritte stehen für einen idealtypischen Ablauf.

Überprüfen der Anschrift   Es ist zu kontrollieren, ob die Sendung für die eigene Buchhandlung bestimmt ist. ›Irrläufer‹ sind zurückzuweisen.

Überprüfen auf Vollständigkeit   Die Anzahl der gelieferten Packstücke muss mit den Angaben auf dem Begleitpapier (Avis) übereinstimmen. Differenzen sind anzuzeigen. Eventuell wird die Sendung (nach)gewogen, damit zuviel berechnetes Porto zurückgefordert werden kann.

Überprüfen auf Unversehrtheit   Die Packstücke dürfen äußerlich nicht beschädigt sein. Reklamationen sind dem Transportunternehmen sofort mitzuteilen, da Verlage für derartige Schäden nicht haften (Verkehrsordnung § 17 Abs. 1). Bei Zustellung über die Deutsche Post AG muss man den festgestellten Schaden bescheinigen lassen. Da die Post nur dem Absender Schadenersatz leistet, ist dieser zu verständigen.

Überprüfen auf Mängel   Nach dem Auspacken wird die Ware auf ihren einwandfreien Zustand hin kontrolliert (siehe Kap. 8.2.4).

Überprüfen mit den Bestellunterlagen   Im Rahmen der Rechnungsprüfung wird die Lieferung mit den Bestellunterlagen (elektronisches Bestellbuch, Reiseauftrag, E-Mail etc.) verglichen. Zu kontrollieren sind neben der Bestellmenge vor allem die ausgehandelten Konditionen, wie Zahlungsbedingungen, Rabatte etc.

Zuordnung der Sendung   Anhand der Bestellzeichen wird ersichtlich, ob die Ware ins Lager oder aber ins Abholfach einzusortieren ist.

Meldenummern bearbeiten   (Fehl-)Meldungen werden festgehalten und im elektronischen Bestellbuch vermerkt (siehe 8.2.3). Hieraus ergeben sich Kundenbenachrichtigungen, Vormerkungen etc.

Ware auszeichnen   Nach der Preisangabenverordnung besteht für alle im Verkaufsraum angebotenen Waren eine Preisauszeichnungspflicht (siehe Kap. 8.2.5)

Rechnungsablage   Die Rechnungen werden an die Buchhaltung weitergeleitet. Dort werden sie zuerst nach ihrer Skontierfähigkeit sortiert. Rechnungen, die per Lastschriftverfahren bezahlt werden, wie BAG, VVA und andere Auslieferungsunternehmen mit Factoring-Funktion, kommen in die entsprechenden OP-Dateien oder Aktenordner (OP = offene Posten). Der Rest wird bei Fälligkeit überwiesen. Lieferscheine werden in einer Art

Vorbuchhaltung erfasst. Sie kommen bei Verlagssendungen nur im Rahmen von Monatskontenführung oder beim àc-Bezug (siehe Kap. 7.4.3) vor.

8.2.2
Barsortimentssendungen

Bereits bei der Bestellung hat die Buchhandlung Kunden- und etwaige Lagerbestellungen voneinander getrennt. Sofern nicht bereits elektronische Lieferscheine (ELS) über Liefer- bzw. Nicht-Lieferfähigkeit informieren, werden die gelieferten Titel mit dem Lieferschein verglichen und nach Lagertiteln für einzelne Abteilungen und Besorgungstiteln sortiert und anschließend in das Verkaufslager bzw. ins Abholfach eingeräumt. In der Regel werden zunächst die Kundenbestellungen bearbeitet, da die Besorgung über Nacht ein Serviceversprechen ist, das man auf jeden Fall einlösen sollte.

Zahlreiche Arbeitsschritte, die bei Verlagssendungen anfallen, wie die Kontrolle der Konditionen, erübrigen sich bzw. werden im Back-Office-Bereich am Bildschirm durchgeführt. Die Lieferscheine werden abgelegt bzw. elektronisch abgespeichert und bis zur nächsten Dekaden- oder Monatsrechnung gesammelt. Da die Ware bereits voretikettiert und damit die Preisauszeichnungspflicht sichergestellt ist, muss man die Bücher nur noch ins Abholfach oder in die Regale einräumen. Etwaige Aktionsware wird für die Präsentation auf Tischen bereitgestellt.

8.2.3
Meldenummern

Meldenummern stehen für unterschiedliche Lieferhindernisse. In Anbetracht einer stattlichen Anzahl von Gründen für die Nicht-Lieferbarkeit von Titeln hat der Rationalisierungsausschuss des Börsenvereins ein einheitliches Meldenummernsystem entwickelt, das zu Beginn der 1990er Jahre verabschiedet worden ist. Seit November 2007 gelten die auf der Folgeseite abgedruckten Meldenummern als Branchenstandard.

Es steht im Ermessen der Buchhandlung, ob sie ihren Kunden die Verzögerungen im Warenbezug mitteilt oder nicht. Die meisten Buchhandlungen unterrichten über den Grund der jeweiligen Verzögerung. Wenn Titel noch nicht erschienen bzw. aktuell nicht lieferbar sind, können sie vom Sortiment vorgemerkt werden; Doppellieferungen sind somit ausgeschlossen. Auch dieser **Vormerkservice** gehört zu den unverzichtbaren Instrumenten der Kundenbindung. Liefert ein Verlag nicht, muss der Buchhändler die Bestellung nach einer angemessenen Frist anmahnen; bei inländischen Verlagsbestellungen liegt diese Frist bei ca. zwei Wochen.

Meldenummern im Buchhandel (in Auswahl)

07 Vergriffen, keine Neuauflage
09 Bestellung unklar, bitte mit neuen Angaben neu bestellen
11 Erscheint laut Verlag in / am …
12 Nachdruck. Folgt laut Verlag in / am …
13 Telllleferung, Rest folgt mit nächster Lieferung
15 Fehlt kurzfristig am Lager
17 Führen wir nicht bzw. nicht mehr
18 Besorgungstitel
19 Ladenpreis aufgehoben. Führen wir nicht mehr
20 Noch nicht erschienen. Bestellung nicht vorgemerkt
21 Noch nicht erschienen. Erscheint laut Verlag in / am …
24 Erscheint nicht laut Verlag
25 Titel neu aufgenommen. Noch nicht am Lager
26 Titel wird nicht mehr am Lager geführt. Wird nicht besorgt
27 Bestellung storniert
29 Titel nicht zu ermitteln
46 Nur noch in anderer Form lieferbar. Bitte Rücksprache
60 Indiziert, führen wir nicht
62 Titel infolge rechtlicher Auseinandersetzung nicht lieferbar. Bestellung nicht vorgemerkt
73 Fortsetzungswerk
80 Fehlt, da der Verlag derzeit nicht liefern kann.
88 Konditionenänderung durch den Verlag. Führen wir nicht mehr
94 Wird zurzeit nur ab Verlag geliefert. Bestellung nicht vorgemerkt
96 (freies Textfeld; individuell zu benutzen)
97 (freies Textfeld; individuell zu benutzen)
98 (freies Textfeld; individuell zu benutzen)
99 Titel hat Nachfolgetitel

8.2.4
Mängelrüge

Mit Abschluss eines Kaufvertrags ergeben sich für Käufer und Verkäufer Rechte und Pflichten. So hat der Verkäufer Anrecht auf Bezahlung der Ware, und der Käufer hat Anrecht auf eine fehlerfreie Ware.

Bei berechtigten Reklamationen können Buchhandlungen Rechtsansprüche geltend machen. Nach § 434 BGB liegt ein **Sachmangel** oder eine Schlechtleistung dann vor, wenn ein Artikel nicht die »vereinbarte Beschaffenheit hat« oder er sich, falls keine spezielle Beschaffenheit vereinbart wurde, nicht für die »nach dem Vertrag vorausgesetzte Verwendung« (fehlerhafte Ware, herstellungsbedingte Mängel, verschmutzter Schnitt o. Ä.) eignet. Ebenfalls als Sachmangel gelten das Fehlen von in der Werbung herausgestellten Eigenschaften des Artikels sowie Falsch- oder Minderlieferung. Rechtsansprüche bestehen je nach Fall in Nacherfüllung (Nachbesserung oder Lieferung eines mangelfreien Artikels), Rücktritt (bei Weigerung des Verkäufers zur Nacherfüllung) und Minderung (Höhe nach Einzelfallprüfung). Soweit die Bestimmungen des BGB.

Die Verkehrsordnung für den Buchhandel (siehe Kap. 4.2.3) thematisiert das Thema Mängelrüge vorrangig im § 6 (Genehmigte Remission und Rücknahmepflicht des Verlages), im § 10 (Inhalt und Gewicht der Sendung) sowie im § 11 (Beschädigte und fehlerhafte Ware); vereinzelte weitere Remissionsfälle (siehe auch Kap. 8.4.1.2) sind in den §§ 5, 8, 9, 12, 13 und 14 aufgeführt. Interessant sind die Fristen für unterschiedliche Sachlagen:

- Laut VeO § 10 stimmt der Inhalt mit der Rechnung überein, falls die Buchhandlung nicht spätestens innerhalb von 14 Tagen nach Eingang der Sendung die Abweichung anzeigt.
- Laut VeO § 6 Abs. 2c müssen Beanstandungen bei Festbezügen unverzüglich, spätestens jedoch innerhalb von 4 Wochen nach Eingang der Sendung gegenüber dem Abnehmer geltend gemacht werden.
- Laut VeO § 6 Abs. 5 sind Verlage innerhalb von 2 Monaten vom Tag der Lieferung an zur Rücknahme und zur Übernahme der Kosten für Hin- und Rücksendung verpflichtet, falls sie a) falsche Titel geliefert, b) die Absendung schuldhaft verzögert, c) Lieferfristen oder -vorbehalte nicht eingehalten haben oder d) zu neuen, wesentlich erhöhten Ladenpreisen geliefert haben. Allerdings muss die Buchhandlung (wie in § 6 Abs. 2c) binnen 4 Wochen nach Eingang der Sendung die Rücknahme verlangen.

8.2.5
Preisauszeichnung

Jede Ware, die im Verkaufsraum ausgelegt wird, muss mit einem Verkaufspreis inkl. USt. ausgezeichnet sein. So will es die Preisangabenverordnung (PAngV), die dem Verbraucherschutz dient (siehe Kap. 4.3.3). Verlagsprodukte haben ihren gebundenen Ladenpreis, und so weisen viele Buchrückseiten oder Klebeetiketten der Barsortimente bereits den Ladenpreis aus. Ansonsten sind Bücher ebenso wie Non-Books manuell auszuzeichnen oder mithilfe von Etikettiermaschinen auszupreisen.

Von der Preisauszeichnungspflicht ist nur in wenigen Fällen abzusehen. Zum Beispiel, wenn eine Vielzahl von Büchern im Schaufenster oder im Verkaufsraum angeboten werden, die denselben Preis haben; hier reicht ein einmaliger sichtbarer Hinweis. Oder in den Fällen, wo die Verkaufsobjekte nicht zugänglich aufgestellt sind und vom Verbraucher nicht unmittelbar entnommen werden können, wie im Kunstbereich oder bei wertvollen antiquarischen Buchausgaben; hier reicht eine Einsicht in Preisverzeichnisse. Aber das sind, wie gesagt, wenige Ausnahmen.

8.3
Abholfach

Sofern der Kunde das bestellte Buch nicht zugeschickt haben möchte (siehe Kap. 9.3), wird es in das Abholfach einsortiert. Die Mehrzahl der Buchhandlungen praktiziert ein nach dem Kundenalphabet geordnetes System – obwohl es zwei Schwachstellen aufweist. Einerseits müssen die Bücher bei hohem Bestellaufkommen fast täglich von einem Regalboden auf den angrenzenden umgeräumt werden, andererseits ist für den Sortimenter nicht ersichtlich, ob die bestellten Bücher auch tatsächlich abgeholt worden sind. Demnach muss ein Mitarbeiter in regelmäßigen Abständen das Abholfach auf nicht abgeholte Ware hin überprüfen. Dabei könnte man auch chronologisch ordnen. In diesem Fall stehen die Bücher entweder in Reihenfolge der laufenden Bestellnummern oder aber nach Bestelldatum (Tag bzw. Woche der Bestellung). Die Zuordnung von Bestellnummer und Besteller bzw. Name des Abholers erfolgt über das entsprechende Modul des Warenwirtschaftssystems.

8.4
Bestandsverwaltung

Die Verwaltung der Bestände unterscheidet sich je nach **Lagerort.** Am einfachsten ist sie bei den Beständen, die in einem etwaigen **Zentrallager** (siehe Kap. 8.2) einlagern, zu handhaben. Denn hier übernimmt der Logistik-Dienstleister alle anfallenden Arbeiten: Er verteilt die Waren auf die Filialen, er führt die Inventur durch etc. Von seiner Funktion her ist das Zentrallager ein filialübergreifendes Verteil- und Ersatzlager; allerdings nur für die wichtigsten Titel. Damit fallen die Arbeiten an den anderen Lagerorten zwangsläufig komplexer aus.

Je nach Größe und räumlichen Begebenheiten führt eine Sortimentsbuchhandlung ein mehr oder weniger großes **Ersatz- oder Ergänzungslager,** das sich in Schubläden oder ggf. im Reservelager oberhalb der Verkaufsregale bzw. in anderen Räumlichkeiten (Keller, Garage, Back-Office-Bereich) befindet. Dieses Nachräumlager ist dafür vorgesehen, Bestände einzulagern, die man in größeren Mengen (Aktionsware, Reizpartien o. Ä.) eingekauft hat. Eine Unterabteilung des Ersatzlagers ist das ›Remissionslager‹; wo zwischenzeitlich Titel lagern, die zur Rücksendung anstehen sowie schlimmstenfalls Buchstapel angeblicher Spitzentitel, die man fest ohne RR bezogen hat. Rechtlich und organisatorisch sind diese Bestände wie die des Verkaufslagers zu sehen: ggf. müssen Preisumzeichnungen vorgenommen werden und bei der Inventur zählen sie zu den regulären Beständen des Unternehmens.

Die umfangreichsten Arbeiten fallen im **Verkaufslager** an. Denn zu den eben erwähnten verwaltungstechnischen Arbeiten gesellen sich verkaufstechnische. Hier geht es nicht nur darum, das Sortiment entweder thematisch, alphabetisch oder nummerisch ›in Schuss zu halten‹, indem man falsch stehende Titel wieder an der richtigen Stelle einsortiert, sondern auch darum, ›Regalwandhygiene‹ zu betreiben, indem man u. a.:

• Lücken im Regal schließt,
• Titel in der (Frontal-)Auslage immer wieder neu zusammenstellt,
• Beschriftungen am Regal überprüft,
• Titel nachbezieht, um eine intendierte Sortimentspräsenz zu demonstrieren.

Die Optik spielt dabei eine große Rolle, erst Recht beim Arrangement der auf Tischen ausliegenden Ware. Im Verkaufslager geht es um den Kunden, der sich in einem Raum wohl fühlen soll, der mitunter sein ›zweites Zuhause‹ ist oder, wenn man den Arbeitsplatz der Kunden mit einrechnet, der mitunter sein ›dritter Lebensort‹ ist. Deshalb ist das Verkaufslager und dessen Präsentation ein wichtiges Marketing-Thema (siehe Kap. 10.6 und 10.7).

8.4.1
Lagerkontrolle und wiederkehrende Lagerarbeiten

Die Kontrolle des Warenlagers ist in betriebswirtschaftlicher Hinsicht der wichtigste Aspekt von Warenwirtschaftssystemen. Die einfache Frage lautet: Wie erreicht ein Unternehmen maximalen Erfolg mit einem optimalen Lagereinsatz? Bei der Beantwortung helfen die bereits in der einleitenden Übersicht ›Rationalisierungspotenziale durch Warenwirtschaftssysteme‹ herausgestellten Lagerbestandslisten, ergänzt um Verkaufs-, Nachräum- und Dispositionslisten. Doch solange die Warenwirtschaft noch nicht in allen Buchhandlungen eingeführt ist, sei auf die Buchlaufkarte (BLK) hingewiesen, die in den 1980er und 1990er Jahren das am meisten eingesetzte Rationalisierungsinstrument zur Kontrolle des Warenlagers war. Auch wenn die Buchlaufkarte nur noch selten eingesetzt wird, so verdeutlicht die Übersicht auf der folgenden Seite die wesentlichen Entscheidungsfelder im Einkauf und dient zur Festigung des Wissens im Bereich Lagerlogistik.

8.4.1.1
Preisänderungen

Zu den wiederkehrenden Lagerarbeiten gehört auch das Bearbeiten anstehender Preisänderungen. Denn maßgeblich ist jeweils der Ladenpreis, den der Verlag festgesetzt hat. Dies gilt auch für Preisänderungen ab bestimmten Stichtagen, wofür es drei Gründe geben kann: Der Verlag erhöht die Preise, der Verlag setzt die Preise herab oder der Verlag hebt die Ladenpreisbindung auf. Nur

Arbeiten mit einer Buchlaufkarte (Titelwanderkarte)

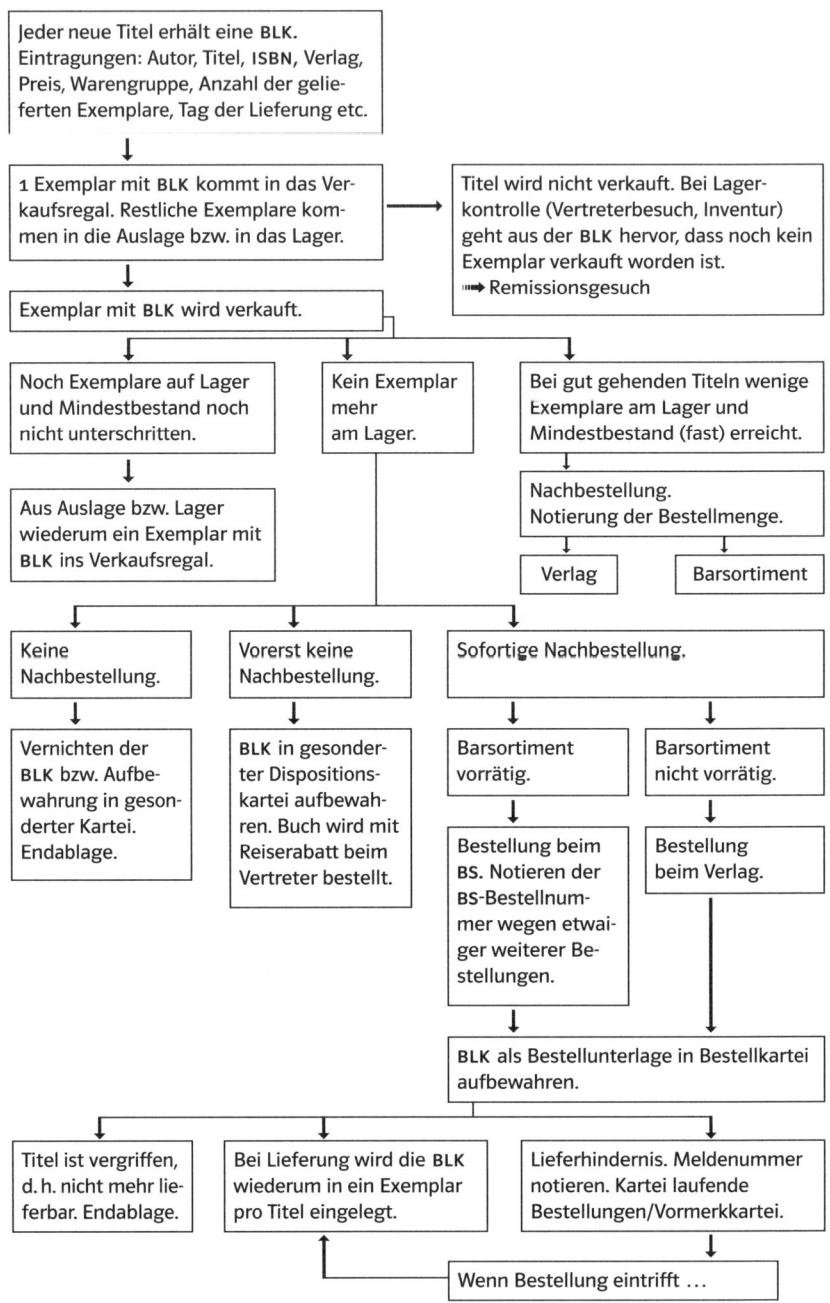

für den letzten Grund gibt es eine zeitliche Rahmenvorgabe, denn nach Buchpreisbindungsgesetz § 8 Abs. 1 darf die Preisbindung, von Ausnahmen bei aktualitätsgebundenen Titeln einmal abgesehen, erst 18 Monate nach Erscheinen aufgehoben werden. Diese 18 Monate stellen also gewissermaßen eine Schonfrist für Novitäten dar (siehe Kap. 4.1.1).

Sämtliche Preisänderungen sind nach der Verkehrsordnung (§3 Abs. 3) spätestens 14 Tage vor Inkrafttreten dem Handel mitzuteilen. Dies geschieht via Meldung im *Verzeichnis lieferbarer Bücher*, dem amtlichen Verzeichnis für gebundene Ladenpreise. Hier wird jeden Donnerstag eine ›Gelbe Beilage‹ zur Verfügung gestellt, in der alle Änderungen aufgelistet werden, die dem VlB-Titelservice gemeldet worden sind. Buchhandlungen können diese ›Gelbe Beilage‹ als PDF-Datei downloaden; Kunden des IBU-Dienstes (siehe Kap. 1.2.2.3) wird das Dokument über einen FTP-Server in Form einer Datei zur Verfügung gestellt.

Bestenfalls fließen die neuen Preise automatisiert in die Warenwirtschaftssysteme ein. In der Buchhandlung selbst müssen dann nur noch neue Preisetiketten gedruckt und auf der Rückseite der Bücher fixiert werden. Die Umetikettierung ist zum Stichtag vorzunehmen. Sie muss übrigens auch dann erfolgen, wenn der Verlag, beispielsweise bei Taschenbüchern, den Preis bereits aufgedruckt hat. Das Überkleben alter Preise sieht zwar nicht schön aus, genügt aber den gesetzlichen Bestimmungen. In der Regel nehmen Taschenbuchverlage ihre Preiserhöhungen jedoch bei neuer Bindequote bzw. bei neuer Druckauflage vor.

Falls ein Titel aus der Backlist von einer **Preiserhöhung** betroffen ist, so kann ihn der Buchhändler noch zum alten Preis einkaufen, der bis zum Inkrafttreten des erhöhten Preises gilt (Verkehrsordnung §3 Abs. 6). Einkauf zum alten Preis, Verkauf zum neuen Preis – da kann man seine betriebliche Rendite mitunter verbessern. Und im Einzelfall mag sich auch ein werblicher Hinweis auf die anstehende Preiserhöhung lohnen.

Bei **Preisherabsetzungen** gibt es nach Verkehrsordnung §3 Abs. 8 zwei Möglichkeiten für den Sortimenter. Entweder er remittiert die Bücher zur Gutschrift, oder er lässt sich die Differenz der Abgabepreise vergüten und behält den Titel weiterhin am Lager. Die Wahlmöglichkeit wird nur dann eingeschränkt, wenn Verlage einen bestimmten Modus vorgeben. Auf jeden Fall muss die Differenzvergütung der Abgabepreise unter Beibehaltung des ursprünglichen Rabattsatzes geschehen. Hierzu ein Geschäftsfall. Ein Ratgeberverlag kündigt an, eine Verlagsreihe, die sich nicht wie erwartet abverkauft hat, nach Ablauf von zwei Jahren im Preis zu reduzieren. Die Bände sollen nun 6,99 Euro statt ursprünglich 19,80 Euro kosten. Der Buchhändler hatte 30 Exemplare mit 45 Prozent Rabatt bezogen, von denen er 21 Exemplare verkauft hat. Folglich stehen noch 9 Exemplare am Lager. Für diese nicht verkauften Exemplare möchte er vom Verlag eine Gutschrift über 63,41 Euro, da er sie zu dem herabgesetzten Preis im modernen Antiquariat verkaufen will.

Die dazugehörige Rechenoperation geht wie folgt:

Differenzvergütung der Abgabepreise

9 x 19,80 € =	178,20 €	(früherer Ladenpreis)
– 45 % Rabatt =	80,19 €	
	98,01 €	(früherer Abgabepreis)
9 x 6,99 € =	62,91 €	(neuer Ladenpreis)
– 45 % Rabatt =	28,31 €	
	34,60 €	(neuer Abgabepreis)
	98,01 €	
	– 34,60 €	
	63,41 €	

Die **Aufhebung der Ladenpreise** erfolgt für Titel und Reihen, die entweder veraltet sind, die erhoffte Rentabilität nicht erwirtschaften oder sehr langsam vom Verlagslager abfließen und ihren Deckungsbeitrag bereits erwirtschaftet haben. Der Sortimenter muss zunächst die Bezugsdaten der in der Buchhandlung noch vorrätigen Exemplare feststellen. Denn der Verlag ist nur dazu verpflichtet, die innerhalb der letzten zwölf Monate vom verbreitenden Buchhandel bezogenen und dort noch vorrätigen Exemplare zurückzunehmen, wobei der Anspruch des Abnehmers auf Rücknahme binnen sechs Wochen ab Bekanntmachung geltend zu machen ist (Verkehrsordnung §3 Abs.7 und 9). Es erfolgt dann eine Gutschrift über den Abgabepreis. Wenn das Bezugsdatum jenseits des angegebenen 12-Monats-Zeitraums liegt, so bieten sich dem Buchhändler zwei Möglichkeiten. Entweder setzt er sich mit dem Verlag oder dem Vertreter des Verlages in Verbindung und hofft auf Kulanz, oder er platziert die Ware im hauseigenen Modernen Antiquariat mit dem Hinweis ›Ladenpreis aufgehoben‹. Hierbei hat der Buchhändler in Bezug auf die Preisgestaltung völlig freie Hand. Er kann die Bücher im Preis herabsetzen, den ursprünglichen Preis beibehalten (nun als unverbindliche Preisempfehlung) oder den früheren Preis überschreiten. Über die Akzeptanz des Preises entscheidet der Markt. Große Marktteilnehmer können, wie im Abschnitt ›Restauflagen/vergriffene Titel‹ beschrieben (siehe Kap. 1.4.1), eine komplette Restauflage aufkaufen und gewinnbringend weiterverkaufen.

8.4.1.2
Remission

Das ausgeprägte Remissionswesen ist eine Besonderheit der Buchbranche. Die jährlich vom Börsenverein durchgeführte Logistik-Umfrage belegt: Mehr als jedes zehnte eingekaufte Buch wird remittiert. Da die Remissionsquote bei Fachverlagen vergleichsweise niedrig ausfällt, sind vor allem Publikumsverlage von ausufernden Remittendenbergen betroffen – und versuchen, zumindest bei Kulanzremissionen, das Problem mit Bearbeitungsgebühren wirtschaftlich einigermaßen in den Griff zu bekommen. Aber die Remissionsgründe sind zahlreich, wie folgende Aufstellung belegt.

Remissionsgründe im Buchhandel (in Auswahl)

DER VERLAG ...
- liefert mehr Exemplare als bestellt worden sind;
- liefert falsche Titel;
- versäumt bei einem Fixkauf die angegebene Lieferfrist;
- ruft Bücher zurück;
- stellt Sendungen unverlangt zu;
- liefert eine Novität zu einem Ladenpreis, der den angekündigten wesentlich überschreitet.

DAS SORTIMENT REMITTIERT ...
- Bücher nach erfolgter Rücksendegenehmigung durch den Vertreter oder den Verlag;
- irrtümlich falsch bestellte Bücher;
- Bücher, die mit RR oder UR bezogen worden sind;
- Bücher im Rahmen einer vereinbarten Remissionsquote;
- beschädigte Bücher;
- alte Auflagen;
- aus àc-Bezügen;
- fehlerhafte Bücher (Defektexemplare).

Auf dem Remittendenformular müssen der jeweilige Remissionsgrund sowie die Bezugsdaten angegeben werden. Ferner ein Hinweis darauf, wie der Warenwert gutgeschrieben werden soll (Bank, BAG-Gutschrift). Bei Rücksendungen, die ein Verlag verursacht hat, etwa durch Falschlieferungen oder Unverlangtsendungen, kann der Buchhändler in Rechnung gestellte Porto- und Versandkosten zurückfordern sowie eine angemessene Bearbeitungsgebühr für den Remissionsvorgang in Rechnung stellen. Strittige Rücksendungen dürfen nur nach erfolgter Remissionsgenehmigung erfolgen.

Jörg Winter, ein Betriebsberater der Branche, hat einmal treffend formuliert, dass eine Remission eigentlich keine Schadensbegrenzung für das Sortiment darstelle, sondern vielmehr zusätzlichen Schaden verursache. In konkreten Zahlen ausgedrückt sind dies mindestens 1,20 Euro Prozesskosten pro Buch. Diesen Betrag hat die Arbeitsgemeinschaft Prozesse, Rationalisierung,

Organisation im Börsenverein, kurz AG PRO genannt, im Rahmen einer umfangreichen Studie ermittelt. Die AG PRO brachte auch ›sechs goldene Remi-Regeln‹ auf den Punkt:

- Remittenden sind, soweit es geht, zu vermeiden. Falls dennoch remittiert werden muss:
- Nicht mehr als zwei, maximal drei Remissionstermine pro Verlag und Jahr.
- Hardcoverausgaben bleiben für mindestens zwölf und Taschenbücher für mindestens sechs Monate am Lager.
- 10 Prozent Remissionsquote ist die oberste Schmerzgrenze. Möglichst eine feste Remissionsquote statt Einzel-Genehmigungen mit den Verlagen vereinbaren.
- Keine Remission von Einzeltiteln. Verlagsbündelung auch bei Remission beachten. Bei Aufhebungen der Ladenpreise Einzeltitel einfach bis zum Vertretertermin liegenlassen.
- Pro Paket ein Rücksende-Avis ausdrucken; Remissionsgenehmigung kopieren pro Paket und Minder-Rabatte und Mehrarbeit verhindern. Besondere Bedingungen bei Barsortimentsremissionen beachten.

Remittenden im Rahmen der **allgemeinen Remission,** die vom Barsortiment bezogen und an dieses wieder zurückgesandt werden, unterliegen keinem aufwändigen Verwaltungsaufwand. Es reicht die Rücksendung der Bücher mit dem selbstklebenden Auszeichnungsetikett, auf dem alle erforderlichen Bezugsdaten vermerkt sind. Zu berücksichtigen ist allenfalls die Remissionsquote, ab deren Erreichen Bearbeitungsgebühren anfallen.

Sonderfälle: körperlose und Vereinfachte Remission (VR)

In der Regel werden die Bücher im Originalzustand zurückgeschickt. Es gibt aber auch die Möglichkeit einer **körperlosen Remission,** nach der vorzugsweise die Umschlagseite oder die Haupttitelseite zurückgesandt werden. Dieses Verfahren praktiziert man u. a. bei Taschenbüchern, wenn Neuauflagen überarbeiteter Gesetzestexte erscheinen.

Eine **Vereinfachte Remission** (VR) gilt speziell für **Defektexemplare:** Bücher mit Fehlern, die eindeutig erkennbar während der Herstellung entstanden sind:

- verschmierter oder fehlerhafter Druck,
- zerknitterte, zerrissene, fehlende, doppelte Seiten,
- fehlerhafter Beschnitt, mangelhafte Bindung.

Auch Defektexemplare müssen nach Absprache mit dem Verlag nicht komplett an diesen zurückgeschickt werden, da Teile dieser Bücher, in der Regel der defekte Druckbogen bzw. die defekten Druckbögen, ausreichen, um den

Ersatzanspruch in Form von Umtausch oder Gutschrift zu prüfen. In diesem Fall sollte man die Rücksendung deutlich mit ›Achtung – Vereinfachte Remission, bitte sofort bearbeiten‹ beschriften und sie als Brief frankieren.

8.5
Inventur

Die Inventur als mengen- und wertmäßige Bestandsaufnahme aller Vermögens- und Schuldwerte einschließlich deren Bewertung ist nach §240 HGB steuerrechtlich vorgeschrieben und muss einmal im Jahr zum Bilanzstichtag am Ende eines Geschäftsjahres vorgenommen werden. Sie ist nach allgemeiner Auffassung Bestandteil der Buchführung. Fehlt sie, so liegt ein ›Systemfehler‹ vor; die Buchführung gilt dann als nicht ordnungsgemäß geführt. Die steuerrechtliche Konsequenz: Das Finanzamt ist zur Schätzung des Gewinns berechtigt.

In der Regel wird die Inventur als Stichtagsinventur zeitnah versetzt mit dem Abschlussstichtag 31.12. vorgenommen. Abweichungen sind aufgrund firmeninterner Geschäftsjahre möglich; weitere Besonderheiten sind mit dem für das Unternehmen zuständigen Finanzamt abzusprechen (§241 HGB). Nicht-bilanzierungspflichtigen Unternehmen (Einzelkaufleute mit einem Umsatz unter 500.000 Euro und einem Gewinn unter 50.000 Euro an zwei aufeinander folgenden Bilanzstichtagen) genügt eine Einnahmen-Überschuss-Rechnung ohne Bestandsaufnahme. Im Rahmen der Jahresabschlussarbeiten gelangt man über die Abschreibung (= Bewertung) der Ware zum Bilanzwert. Dieser Wert hat nun Konsequenzen für die Unternehmensbesteuerung. Denn je höher die Abschreibung, desto geringer der Bilanzwert, desto größer der Wareneinsatz, desto kleiner Roh- und Reingewinn und desto geringer fällt die Unternehmensbesteuerung aus.

Buchhandlungen, die mit Warenwirtschaftssystemen arbeiten, praktizieren eine **permanente Inventur.** Trotzdem müssen sie einmal im Jahr in jeder Warengruppe die Bestände überprüfen, können diese körperliche Bestandsaufnahme aber über das ganze Jahr hinweg verteilen. Zu- und Abgänge vor oder nach dem Zeitpunkt werden durch Speicherung der Bestände in der Warenwirtschaft buchmäßig festgehalten. Zum Inventurstichtag müssen demnach viele Bestände überhaupt nicht in die Hand genommen werden.

Im Rahmen der Inventur festgestellte **Inventurdifferenzen** ergeben sich aus der Differenz von Soll-Werten mit tatsächlichen Ist-Werten. Der größte Teil der Inventurdifferenzen dürfte aus Schwund resultieren, beispielsweise durch Diebstahl. Aber es gibt auch Fehlerquellen aufgrund menschlichen Versagens, so u.a. wenn …
• Ware falsch ausgezeichnet wird,
• die Aufnahme fehlerhaft vorgenommen wird,

- außer Haus befindliche Ansichtssendungen für Kunden nicht registriert werden,
- Verpackungseinheiten falsch verbucht werden,
- Kommissionsbestände zum Firmenbestand gezählt werden.

So unterschiedlich die Gründe im Einzelfall auch sein mögen, die Konsequenz ist immer dieselbe: Der anlässlich der Inventur ermittelte Zähl-Bestand gilt grundsätzlich als neuer Ist-Bestand. Die bis dato im System stehenden Werte werden also ggf. korrigiert / überschrieben. Wie hoch die Gesamt-Inventurdifferenz in steuerrechtlicher Hinsicht sein darf, liegt im Ermessen des für die Buchhandlung zuständigen Finanzamts. So lange der Wert unter 3 Prozent liegt, dürfte die Inventur im Ganzen nicht beanstandet werden.

Die Inventur ist nicht nur steuerrechtlich vorgeschrieben, sie liefert auch grundlegende betriebswirtschaftliche Daten. Mit ihr erhält die Buchhandlung am Ende des Geschäftsjahres einen abschließenden **Komplettüberblick** über das Lager und die einzelnen Warengruppen. Damit kann die Betriebsauswertung erfolgen, in deren Rahmen Rohgewinn und Handelsspanne ebenso wie Lagerumschlagsgeschwindigkeit und weitere betriebliche Kennziffern analysiert werden. Vergleichswerte mit Vorjahren und mit anderen Betrieben (Möglichkeit des Benchmarking: Vergleich mit den Besten) zeigen an, in welche Richtung sich die Buchhandlung wirtschaftlich entwickelt hat.

8.5.1
Bestandsaufnahme

Mit dem Ladenverkaufspreis aufzunehmen sind alle Waren, die am Stichtag zum Bestand gehören, d.h. alle Bestände im Lager, Ersatzlager, Wareneingang, Schaufenster sowie die sich außer Haus befindenden Ansichtssendungen. Auch die im Preis herabgesetzten Werke sind mit dem Ladenverkaufspreis, der am Stichtag gilt, zu erfassen. Eine Ausnahme bilden allein die à c-Bestände – handelt es sich hierbei doch um Ware, die der Buchhändler als ein Kommissionär nach HGB in Kommission bezogen hat (siehe Kap. 7.4.3); für die Inventur dieser Bestände ist der Verlag zuständig. Da alle Bestände zum Zeitpunkt der Inventur erfasst werden müssen, sind alle zwischenzeitlichen Bestandsveränderungen zwischen dem Inventur-Stichtag und dem Tag der Aufnahme zu berücksichtigen. Es reicht aber, die (elektronischen) Wareneingangsrechnungen oder -lieferscheine mit Ladenpreisen, Verlag, Rechnungsnummer, Rechnungsdatum separat zu erfassen.

Zu einer ordnungsgemäßen Bestandsaufnahme gehört auch eine Dokumentation über Durchführung und Ergebnis dieser körperlichen Inventur. Festzuhalten sind:

• Zeitpunkt der Aufnahme,
• aufnehmende Personen (Zweier-Teams),
• Unterzeichnung durch die prüfende Person,
• Überprüfungsvermerk des Verantwortlichen,
• ggf. Korrektur der Lagerbestände bei festgestellten Differenzen,
• Inventurlisten mit Einzeltitelnachweis und Gesamtbestand.

Die Verfahren der Bestandsaufnahme können durchaus variieren und mitunter kombiniert werden: Hauptsache, alle Bestände werden erfasst, und die ermittelten Werte werden dem Finanzamt übermittelt – sind sie doch als Vermögenswerte (Umlaufvermögen) Bestandteil der Berechnungsgrundlage für die Besteuerung des Unternehmens. Buchhandlungen, die mit Warenwirtschaftssystemen arbeiten, erfassen die Bestände mit einem Scanner, und ein Programm druckt anschließend eine gegliederte und den steuerlichen sowie handelsrechtlichen Anforderungen gerecht werdende Warenbestandsaufnahme aus. Andere Buchhandlungen fotografieren die Bestände (Regale, Tische, sonstige Ausstellungsflächen); anschließend werden die Ladenpreise über so genannte Inventurkassen erfasst oder unter Angabe von Menge und Ladenpreis in (vorgedruckte) Listen eingetragen. Verzichtet man auf den Fotobeleg, sind alle Bestände mit Verfasser, (Kurz-)Titel, Menge, Ladenpreis, ersatzweise der ISBN, in Listen zu erfassen.

8.5.2
Inventurverfahren und Bewertung

Seit Juni 2011 ist das Bayerische Landesamt für Steuern die zuständige Behörde für den Einzelhandel mit Büchern. Im September 2012 wurde auf Initiative des Sortimenter-Ausschusses ein ›Merkblatt für die körperliche Aufnahme der Lagerbestände im Sortimentsbuchhandel und ihre Bewertung in der Steuerbilanz‹ veröffentlicht, das den steuertechnischen Erfordernissen Rechnung trägt. Unter dem Punkt ›Allgemeines‹ liest man:

Eine wesentliche Voraussetzung für die Anerkennung der Ordnungsmäßigkeit der Buchführung bildet die körperliche Bestandsaufnahme. Der Grundsatz der materiellen Ordnungsmäßigkeit der Buchführung erfordert u. a., dass die Lagerbestände nach Art und Menge vollständig aufgenommen und einschließlich der Wertansätze jederzeit nachprüfbar sind.

Diese Richtlinie dient der Erleichterung der Lagerbewertung im Buchhandel. Ihr Zweck ist einerseits, eine gleichmäßige vereinfachende Bewertung im gesamten Bundesgebiet zu ermöglichen, andererseits soll eine den praktischen Erfordernissen des Buchhandels Rechnung tragende Bewertung innerhalb der bestehenden gesetzlichen Rahmenbedingungen ermöglicht werden. Über die gesetzlichen Bestimmungen hinausgehende Rechte und Pflichten können daraus nicht abgeleitet werden.

Eine vereinfachende pauschale Bewertung ist nur entsprechend dieser Richtlinie zulässig. Die Anwendung der vereinfachenden Bewertung steht dem Steuerpflichtigen frei. Wird auf die Anwendung verzichtet, hat die Bewertung entsprechend den Vorschriften des § 6 EStG zu erfolgen.

Basis sowohl für die Einzelbewertung als auch für die pauschalierende Bewertung bilden die um die Umsatzsteuer gekürzten Ladenverkaufspreise. Es kann einheitlich im gesamten Unternehmen nur ein Verfahren angewendet werden. Der Wechsel von einem Verfahren zum anderen ist grundsätzlich zulässig, darf aber nicht willkürlich vorgenommen werden. [...] Die formellen und materiellen Vorschriften betreffende Grundaufzeichnungen für die Inventur finden unverändert Anwendung.

In dieser Richtlinie, die für die Sparten Bucheinzelhandel (Sortiment), Buch-, Kunst- und Musikalienantiquariat sowie Zeitungs- und Zeitschriftenhandel gilt, sind auch die Bewertungsregeln definiert. Hierzu weiter im Original:

A. Bucheinzelhandel (Sortiment) Auf den gesamten, im Rahmen der Inventur festgehaltenen Buchbestand kann grundsätzlich ein Pauschalabschlagsatz von 60 v. H. auf den Ladenverkaufspreis, netto ohne Umsatzsteuer, vorgenommen werden. Das Pauschalbewertungsverfahren bezieht sich ausschließlich auf das Buchsortiment des Einzelhändlers (insbesondere gebundenes Buch, Taschenbuch, Hörbuch).

B. Buch-, Kunst- und Musikalienantiquariat Das Antiquariat erwirbt sein Lager in der Hauptsache aus zweiter Hand, es handelt also mit gebrauchten Wirtschaftsgütern. Werke mit Altertums- oder Liebhaberwert, wie Erstdrucke (Inkunabeln), Kupferstiche, Holzschnitte u. Ä. zählen nicht zum Buchbestand unter A.). Die Bewertung mit einem Pauschalabschlagsatz ist insoweit nicht möglich. Die vorgenannten Werke mit Altertums- oder Liebhaberwert sind stets mit den Anschaffungskosten oder dem niedrigeren Teilwert (Einzelbewertung) zu bewerten.

C. Zeitungs- und Zeitschriftenhandel Zeitungen und Zeitschriften im Eigenbestand des Einzelhandels sind grundsätzlich mit den Anschaffungskosten zu bewerten.

Seit August 2012 gilt also für das Buchsortiment zeitgenössischer Verlagsproduktion ein einheitlicher pauschaler Abschlagsatz von 60 Prozent auf den Nettoladenverkaufspreis ohne Umsatzsteuer, wobei hierzu auch das Hörbuchsortiment zählt. Zeitschriften sind mit den Anschaffungskosten anzusetzen. Antiquarische Titel (echtes Antiquariat) fließen einzeln bewertet mit den Anschaffungskosten oder – bei Nicht- bzw. Schwer-Verkäuflichkeit – mit einem niedrigeren Teilwert in die Inventur ein. Basierend auf dem Prinzip der Einzelbewertung galten jahrelang folgende Nachlasssätze als angemessen:

Erwerb im letzten Geschäftsjahr	80 %	vom Anschaffungswert
Erwerb im zweitletzten Geschäftsjahr	60 %	vom Anschaffungswert
Erwerb im drittletzten Geschäftsjahr	40 %	vom Anschaffungswert
Erwerb im viertletzten Geschäftsjahr	20 %	vom Anschaffungswert
Vorher erworbene Bestände	0 %	(= Makulaturwert)

Das Prinzip der Einzelbewertung zu Anschaffungskosten gilt auch für Non-Books. Diese sind gemäß § 6 (1) 2 EStG »mit den Anschaffungs- oder Herstellungskosten oder dem an deren Stelle tretenden Wert, vermindert um Abzüge nach § 6b und ähnliche Abzüge, anzusetzen. Ist der Teilwert auf Grund einer voraussichtlich dauernden Wertminderung niedriger, so kann dieser angesetzt werden.« Bei Unverkäuflichkeit eines Artikels – das Gesetz spricht von einer »voraussichtlich dauernden Wertminderung« – ist also ein noch geringerer Wert als der Anschaffungswert anzusetzen, der im Einzelfall dem Makulaturwert entsprechen kann.

Übrigens: Die Richtlinie des Bayerischen Landesamts für Steuern sollte in jeder Sortimentsbuchhandlung bei den Bilanzunterlagen aufbewahrt werden. »Dem Unternehmer selbst dient das ›Merkblatt‹ zum Nachschlagen, unkundigen Steuerberatern zur Information und Betriebsprüfern als Rechtsgrundlage, sollte die praktizierte Bewertung angefochten werden.« – so formuliert es Gudula Buzmann, die in *Gründung und Führung einer Buchhandlung* ein umfangreiches Kapitel zum Thema Inventur verfasst hat. Schlussendlich sei auf die vom Sortimenter-Ausschuss herausgegebene Publikation *Bestandsaufnahme und Bewertung von Vorräten im Sortiment* von Karl Petersen, Kai Peter Künkele und Erwin Herzing hingewiesen, die Detailfragen rund um die Inventur klärt.

Fragen zu Kapitel 8

8.1 Inwiefern beeinflusst ›Controlling‹ den Einkauf von Novitäten?

8.2 Was ist die grundlegende Aufgabe von Warenwirtschaftssystemen?

8.3 Erläutern Sie fünf Rationalisierungspotenziale, die Sie durch Nutzung von Warenwirtschaftssystemen erreichen.

8.4 Wann und wie werden Titel im WWS angelegt?

8.5 Bei welchem Bestellanlass wird Kapital gebunden: Aktionseinkauf, Einkauf der Novitäten oder Besorgungsgeschäft (Abholfach)?

8.6 Sie nehmen kundenbezogene Daten für einen neuen Rechnungskunden auf. Welche Angaben brauchen Sie, um einen Bestellvorgang ohne weitere Nachfragen bearbeiten zu können?

8.7 Sie arbeiten in der Fortsetzungsabteilung. Was versteht man unter ISSN, Subskriptionspreis, Direkteinweisung und Pflichtfortsetzung?

8.8 Was bedeutet im Zusammenhang mit dem Bundesdatenschutzgesetz die Formulierung ›Verbotsprinzip mit Erlaubnisvorbehalt‹?

8.9 Berechnen Sie das Einkaufsbudget bei folgende Ausgangsdaten: Plan-Lagerumsatz 120.000,00 €, 15 % Vertreter-Ersteinkauf, verteilt auf fünf A-Verlage und 10 B-Verlage. Jeder B-Verlag erhält 800,- €. Welcher Betrag entfällt auf jeden A-Verlag, gleiche Verteilung vorausgesetzt?

8.10 Worin besteht das größte Problem, wenn eine Buchhandlung den Einkauf budgetiert, beispielsweise bei Publikumsverlagen?

8.11 Welche drei Aussagen sind richtig?

a) Je höher die LUG, desto geringer der Kapitaleinsatz.

b) Je niedriger die LUG, desto geringer der Kapitaleinsatz.

c) Je höher die LUG, desto höher der Kapitaleinsatz.

d) Je schlechter die LUG, desto höher der Kapitaleinsatz.

e) Je höher die LUG, desto liquider ist eine Buchhandlung.

f) Je niedriger die LUG, desto liquider der Kapitaleinsatz.

8.12 Erläutern Sie zwei Methoden der Lagerbestandsfortschreibung.

8.13 Bringen Sie fünf Arbeitsschritte, die im Rahmen des Wareneingangs anfallen, in die chronologisch richtige Reihenfolge.

8.14 Unterscheiden Sie ›zentralen Wareneingang‹ und ›Zentrallager‹.

8.15 Unterscheiden Sie drei Arten von ›Sachmängeln‹.

8.16 Bis zu welcher Frist (nach VeO) müssen Buchhandlungen Verlage darüber informieren, dass der Inhalt einer Sendung nicht mit der Rechnung übereinstimmt?

8.17 Welche drei Aussagen sind richtig?

a) Verlage müssen die Änderungen ihrer Ladenpreise spätestens 10 Tage vor Inkrafttreten dem Handel mitteilen.

c) Änderungen der Ladenpreise kann der Verlag 18 Monate nach Erscheinen der Erstausgabe vornehmen.

d) Mitteilungen über Preisänderungen erfolgen durch die monatlich erscheinende ›Gelbe Beilage‹ des VlB.

e) Bei Preisaufhebungen sind Verlage dazu verpflichtet, die innerhalb der letzten zwölf Monate vom Bucheinzelhandel bezogenen und dort noch vorrätigen Exemplare zurückzunehmen.

f) Nach Preisaufhebungen kann die Buchhandlung den ursprünglich gebundenen Preis als unverbindliche Preisempfehlung beibehalten.

8.18 Anlässlich einer Preisherabsetzung entscheidet sich eine Buchhandlung für die Differenzvergütung der Abgabepreise. Über wie viel Euro beläuft sich die Gutschrift, wenn folgende Daten vorliegen: früherer LP: 18,– €, neuer LP: 8,– €, Ersteinkauf 20 Expl. mit 40% Rabatt, 12 verkaufte Expl.

8.19 Nennen Sie fünf Remissionsanlässe von Buchhandlungen.

8.20 Grenzen Sie die Stichtagsinventur von einer permanenten Inventur ab.

8.21 Nennen Sie drei Gründe für mögliche Inventurdifferenzen.

8.22 Zu einer ordnungsgemäßen Lagerbestandsaufnahme gehört die Dokumentationspflicht über Durchführung und Ergebnis der körperlichen Inventur. Welche Dinge gilt es schriftlich festzuhalten?

8.23 Ihr Lagerbestand für Buchbestände beläuft sich auf 139.100 € zu Ladenpreisen. Wie hoch ist der Bilanzwert für Ihre Buchbestände?

8.24 Bei der Aufnahme von Non-Books gilt das Prinzip der Einzelbewertung. Was versteht man darunter?

9
Vertrieb

Vertrieb

Aus: Ausbildungsrahmenplan für die Berufsausbildung zum Buchhändler und zur Buchhändlerin | Sachliche Gliederung (§ 4 Absatz 2 Abschnitt A Nummer 5.5)

VERTRIEBSWEGE

- Vertriebswege des Buchhandels nutzen;
- Informationen zur Erschließung neuer Vertriebswege auswerten und nutzen;
- Waren unter Berücksichtigung von Kundenwünschen sowie wirtschaftlichen und ökologischen Gesichtspunkten versenden;
- besondere Anforderungen der Firmenkunden bei der Organisation des Vertriebs berücksichtigen;
- Besonderheiten des Rechnungsverkaufs und Versands berücksichtigen;
- Vor- und Nachteile von E-Commerce aus Sicht von Unternehmen und Kunden beurteilen.

Ergänzt um:
KASSENFÜHRUNG (§ 4 Absatz 2 Abschnitt A Nummer 5.3)

- Kasse vorbereiten, kassieren, bare und unbare Zahlungen abwickeln, Kaufbelege erstellen;
- Kasse abrechnen, Kassenbericht erstellen, Einnahmen und Belege weiterleiten;
- Kunden beim Kassiervorgang Serviceleistungen anbieten;
- Kassiervorgang als Mittel zur Kundenbindung nutzen;
- buchhandelsspezifische Zahlungsmittel erläutern;
- Besonderheiten beim Kassieren von Rechnungen berücksichtigen und die erfolgreiche Durchführung des unbaren Zahlungsvorgangs sicherstellen.

Geschickt angewandte Kenntnisse der Informationssysteme (siehe Kap. 5), ausgeklügelte Maßnahmen für einen am Markt ausgerichteten Einkauf (siehe Kap. 7) und optimierte Betriebsabläufe (siehe Kap. 8) nutzen in wirtschaftlicher Hinsicht nichts, so lange die Ware nicht verkauft wird; sie liefern sozusagen ›nur‹ die Infrastruktur für einen erfolgreichen Verkauf (siehe Kap. 6). Während sich beim **Verkauf** fast alles um das aktive Anbieten der Ware und um Regeln für einen verkaufsorientierten Umgang mit Kunden dreht, thematisiert der **Vertrieb** vorrangig Fragen der Vertriebskanäle und kümmert sich um Aspekte der Verkaufsabwicklung innerhalb der gewählten Absatzkanäle.

Vertriebsmaßnahmen umfassen im Rahmen der Distributionspolitik (siehe Kap. 10.2) alle planerischen und organisatorischen Aspekte des Verkaufs. Der Vertrieb – in Verlagen gibt es eigene Vertriebsabteilungen, in Buchhandlungen sind Vertriebsentscheidungen in der Regel Chefsache – kümmert sich dementsprechend u. a. um:

• Wahl der Vertriebs- oder Absatzkanäle,
• Erschließen besonderer Vertriebswege,
• technisch-organisatorische Abwicklung von Bar- und Rechnungsumsatz,
• Fragen des Warenversands.

In diesem Sinne verstehen sich die Ausführungen in diesem Kapitel. Unberücksichtigt bleiben die juristischen Aspekte des Warenverkaufs, die bereits im Rahmen der AGB (siehe Kap. 4.3.1) und des Fernabsatzrechts (siehe Kap. 4.3.2) angesprochen worden sind.

Hinsichtlich der Vertriebswege des (Sortiments-)Buchhandels sei auch auf den Abschnitt über die Be- und Vertriebstypenvielfalt des Sortimentsbuchhandels (siehe Kap. 1.3) verwiesen. Im Kapitel ›Buch- und Medienwirtschaft‹ wurde darüber hinaus, ausgehend von konkurrierenden Vertriebsmodellen (siehe Kap. 1.4), die buchhändlerische Einzelhandelslandschaft anhand der jeweils spezifischen Vertriebsaktivitäten einzelner Vertriebskanäle beschrieben. Bereits dort wurde klargestellt, dass künftig zuzüglich zum stationären Vertrieb (Verkauf über ein Ladengeschäft mit ausgewiesener Verkaufsfläche) der ambulante Vertrieb (Verkauf ohne Verkaufsraum), vor allem in Form des E-Commerce (siehe Kap. 9.4), eine immer stärkere Rolle spielen wird.

9.1
Barverkauf

Der Kassiervorgang bildet den ökonomischen Abschluss des Verkaufsvorgangs. Der Preis wird über eine Ladenkasse mittels Scanner-Technik (mobiler Hand-Scanner, Lesepistole, Ablesefeld o. Ä.) erfasst oder manuell über die Kassentastatur eingegeben. Elektronische Point-of-Sale-Registrierkassen sind die Regel; für den Verkauf außer Haus (oder in Einkaufszentren für den Mall-Verkauf auf Aktionsflächen) stehen mobile Handkassen zur Verfügung. Sofern Buchhandlungen mit Warenwirtschaftssystemen arbeiten, registriert die Daten- oder Computerkasse nicht nur den Preis, sondern mithilfe des Barcodes (siehe EAN-Code im Kap. 5.6.9) auch den einzelnen Artikel und weitere artikelrelevante Angaben, u. a. die Warengruppe. Basis hierfür ist die PLU-Technik (price-lock-up): Kassen rufen nach Erfassen des Strich- bzw. Barcodes den Preis und die Artikelbezeichnung direkt aus dem Zentralrechner oder Server der Buchhandlung ab. Aufgrund der genauen Artikelbezeichnung kann der Kunde den Kassenbon als Fachbuchbeleg beim Finanzamt einreichen; bei

anderen Kassenlösungen erhält der Kunde auf Wunsch zuzüglich zum Kassenbon einen separaten Verkaufsbeleg mit Titelangabe. Je nach Kassenlösung und Warenwirtschaftssystem enthalten Kassenbons folgende Angaben:
- Artikelbezeichnung,
- Menge des gekauften Artikels,
- Ladenpreis des Artikels,
- USt.-Satz des Artikels,
- vom Kunden zur Zahlung gegebener Betrag,
- Rückgeld,
- ggf. Bezeichnung der unbaren Zahlungsmittel (siehe weiter unten),
- Kassennummer (falls mehrere Kassen),
- Datum und Uhrzeit,
- Name der Firma,
- ggf. UID-Nummer (Umsatzsteuer-Identifikationsnummer, auch mit USt-IdNr. abgekürzt)
- laufende, für das Finanzamt identifizierbare Bon-Nummer,
- ggf. die Kennzeichnung oder Nennung des Verkäufers (Nummer oder Name[nskürzel]),
- ggf. Werbetextfeld für die Angabe von Öffnungszeiten, Internetadresse etc.

Falls die Ware durch einen Boten zugestellt wird und dieser den Betrag bar in Empfang nimmt, wird der erhaltene Betrag quittiert. Das kann entweder durch einen Quittungsvermerk auf der Rechnung geschehen oder mithilfe eines Quittungsblocks. Das Original der Quittung erhält der Kunde, die Durchschrift bleibt bei den Unterlagen der Buchhandlung. Auf Quittungen mit höheren Beträgen als 150,00 Euro muss, wie bei einer Rechnung über 150,00 Euro (siehe Kap. 9.2), der Umsatzsteuerbetrag in Zahlen ausgewiesen werden, sofern der Kunde vorsteuerabzugsberechtigt ist. Ansonsten sollte eine Quittung folgende Angaben enthalten:
- das Wort ›Quittung‹,
- Betrag in Zahlen und Buchstaben,
- Name des Käufers,
- Zahlungsgrund (Vermerk),
- Zahlungsbestätigung,
- Ort und Datum,
- Unterschrift des Zahlungsempfängers.

9.1.1
Kundenorientierter Kassiervorgang

Der Kassiervorgang bildet nicht nur den ökonomischen Abschluss eines Verkaufsvorgangs, sondern er hat auch seine Bedeutung im Hinblick auf zufriedene Kunden und künftige Umsätze. Schließlich geht es darum, Kunden nicht nur einmal ›ordnungsgemäß abzufertigen‹, sondern auch darum, sie als potenzielle Käufer (für weitere Produkte) zu gewinnen oder zu halten (siehe Kap. 6.3.1); jeder Kaufabschluss ist damit gleichzeitig eine ›Einladung‹ für künftige Geschäftsbeziehungen. Deshalb geht es auch an der Kasse um den Faktor Kundenzufriedenheit, und der Kassiervorgang, der übrigens bereits mit dem Anstehen an der Kasse beginnt, sollte auch als Mittel zur potenziellen Kundenbindung und Stammkundengewinnung genutzt werden. Der kundenorientierte Kassiervorgang kann idealtypisch in sieben bzw. acht Schritten ablaufen:

- Kunden freundlich ansehen, ggf. grüßen;
- Artikel einzeln (per Scan) erfassen;
- Kasse die Endsumme bilden lassen (Bon-Ausdruck);
- zu zahlenden Betrag nennen;
- Zahlungsmittel entgegennehmen:
  - Kartenzahlung (unbare Zahlung; siehe weiter unten),
  - vom Kunden erhaltenes Bargeld nicht als erstes in die Kasse einlegen, sondern zunächst das Wechselgeld herausgeben, dann den Kassenbeleg mit dem Artikel übergeben und erst vor Schließen der Kasse das erhaltene Bargeld in die Kasse geben;
- Kunden situationsbezogen Dienstleistungen der Buchhandlung (siehe Kap. 2.6) anbieten;
- ggf. Give-aways als Mittel zur Kundenbindung überreichen;
- Kunden freundlich verabschieden.

Der Betriebsberater Jörg Winter meint, Kundenzufriedenheit an der Höhe des Wertes der getätigten Käufe festmachen zu können. Auf der Suche nach einem diesbezüglichen Anhaltspunkt, nämlich dem **durchschnittlichen Bon-Umsatz** (Barumsatz je Barverkauf), hilft *Buch und Buchhandel in Zahlen*. In der Ausgabe 2013 wurde das statistische Mittel mit 15,63 Euro pro Kassiervorgang angegeben. Allerdings dürfte es im Einzelfall starke Abweichungen nach unten und nach oben geben, und zwar vor allem in Abhängigkeit von der jeweiligen Betriebsgröße, der Kundenstruktur, der Angebotsstruktur und des Ladenpreis-Niveaus.

Der durchschnittliche Bon-Umsatz ist ein wichtiger, aber bei weitem nicht der einzige Indikator für die Attraktivität eines Geschäfts. Ergänzend hilft ein Blick auf die **Anzahl der Barkunden,** der von größerer Bedeutung sein kann als die rein wertmäßige Beobachtung des Umsatzes. Denn die Kundenzahl steht für die Substanz einer jeden Sortimentsbuchhandlung – so das Statement der Betriebsberaterin Gudula Buzmann. Sie vertritt die Meinung, dass eine abnehmende Kundenzahl weitaus alarmierender ist als ein temporärer Umsatz- oder Bonrückgang.

9.1.2
Kassenbericht

Die Bar-Umsätze werden über die Ladenkasse abgewickelt: Geld kommt herein und Geld wird entnommen. Nach Geschäftsschluss werden alle Zahlungsvorgänge addiert und in einem (automatisiert erstellten) Kassenbericht zusammengefasst. Die während des Tages entgegen genommenen Schecks werden separat erfasst. Bar bezahlte Rechnungen werden an die Buchhaltung weitergegeben. Größere Geldeinnahmen, die zu einem beachtlichen Teil erst nach dem Ende der Öffnungszeiten der Bank eingenommen werden, gehören in den Nachttresor der Hausbank; hierfür benötigte ›Geldbomben‹ werden von der Bank zur Verfügung gestellt. Ansonsten dient der firmeneigene Tresor zur Aufbewahrung der Einnahmen und/oder des Wechselgelds. Für Kleingeld reicht mitunter auch eine Geldkassette. Der Kassenbericht, der mit der **Tageslosung** als Summe endet und gleichzeitig die Belege dokumentiert, besteht aus folgenden Positionen:

Anfangsbestand am Abend
(= Summe der nach Geschäftsschluss in der Kasse gezählten Bargeldbestände)
+ Tagesausgaben lt. Belegen (bar ausgezahlte Beträge)
– sonstige Einnahmen lt. Belegen (alles außer Warenverkäufen)
+ Privatentnahmen (in bar gegen Belege)
– Wechselgeld

Tageslosung

Natürlich kann der Kassenbericht die Umsätze auch getrennt nach einzelnen Warengruppen erfassen und diese Statistiken zu Wochen- und Monats-, Quartals- und Tertialsberichten kumulieren. Und es bleibt zu hoffen, dass ›besorgte Bücher‹ – am zweckmäßigsten in Kombination mit entsprechenden Warengruppenkennungen – separat registriert werden. Denn nur so erschließen sich der Buchhandlung relevante Sortimentszusammenhänge, die notwendige Umstrukturierungen nachvollziehbar machen. Sollte sich beispielsweise herausstellen, dass eine bestimmte Warengruppe über einen längeren Zeitraum mehr als 30 Prozent Besorgungsanteil aufweist, kann eine Lageraufstockung dieser Warengruppe eine sinnvolle sortimentspolitische Maßnahme sein.

Während die Kasse durch Kassenberichte regelmäßig kontrolliert wird, steht der Begriff **Kassensturz** für eine außerplanmäßige Kassenkontrolle. Der Kassensturz dient dem Abgleich des Betrags, den die Kasse auswirft, mit dem tatsächlich in der Kasse vorhandenen Geldbetrag. Ein solcher Vergleich stellt glücklicherweise eine Ausnahme im Tagesgeschäft dar. Er ist aber erfoderlich, wenn geklärt werden muss, ob von der Kassierkraft ein falscher Betrag herausgegeben worden ist, oder ob der Kunde tatsächlich einen höheren Betrag bezahlt hat, als er hätte zahlen müssen. Um einem solchen Kassensturz zuvorzukommen, soll, wie bereits im vorigen Abschnitt beschrieben, das Bargeld des Kunden immer erst dann in die Kasse eingelegt werden, nachdem der Kunde Ware und Wechselgeld erhalten hat.

9.1.3
Bargeldlose (unbare) Zahlungsarten

Traditionelles Zahlungsmittel bei Käufen in Einzelhandelsunternehmen ist das Bargeld. Doch zunehmend löst der bargeldlose Zahlungsverkehr durch EC- und Kreditkarten unterschiedlicher Art das überkommene Zahlungsmittel ab. Im Bereich Electronic Cash kooperiert der Börsenverein mit einem zertifizierten Netzbetreiber im kartengestützten Zahlungsverkehr, der Lösungen für die Verarbeitung von EC- und Kreditkarten zu günstigen Konditionen ermöglicht; vermittelt wird dies über das Vorteilsprogramm Seitenreich (siehe Kap. 1.5.2). Die BAG (siehe Kap. 7.4.2) vermittelt eine ähnliche Finanzdienstleistung.

Zahlung mit EC-Karte

Der Zentrale Kredit Ausschuss der deutschen Bankenverbände propagiert das **EC-Cash-Verfahren**, bei dem die verdeckte Eingabe einer PIN-Nummer (Personal Identity Number) notwendig ist. Dadurch erfolgt ein direkter Zugriff auf das Girokonto des Käufers, und die Buchhandlung hat durch die Online-Abfrage bei der Bank des Kunden eine Zahlungsgarantie. Die Umbuchung erfolgt sofort bargeldlos; für die Buchhandlung fallen (geringe) Transaktionskosten an. Dieses Verfahren nennt man auch EC-Cash am POS (Point of Sale).

Hiervon zu unterscheiden ist das **ELV-Verfahren** (elektronisches Lastschriftverfahren). Hier kann der Kunde mit seiner EC-Karte ohne PIN zahlen. An der Kasse erteilt er dem Einzelhändler durch seine Unterschrift auf dem Beleg der Buchhandlung eine einmalige Einzugsermächtigung. Dieses Verfahren ist kostengünstiger als EC-Cash, geht aber auch mit einer gewissen Unsicherheit bezüglich der Zahlungsgarantie einher. Gegebenenfalls muss die Buchhandlung bei späterer Nicht-Einzugsmöglichkeit alle rechtlichen Mittel ausnutzen, um an ihr Geld zu kommen.

Zahlung mit GeldKarte

Eine weniger genutzte Variante des bargeldlosen Zahlungsverkehrs ist die **GeldKarte,** eine Art ›elektronische Geldbörse‹. Der Benutzer kann bis zu einem bestimmten Betrag ein Chip-Feld aufladen. Beim Bezahlen verringert das Kassenmodem das Chip-Guthaben automatisch um den Zahlbetrag. Die Beträge werden in dem Chipkartengerät der Buchhandlung gespeichert und regelmäßig an eine Abrechnungsstelle übermittelt.

Zahlung mit Kreditkarte

Kreditwürdige Personen können von Kreditkartenorganisationen (größtenteils gegen einen Jahresbeitrag) eine Ausweiskarte erhalten, die dazu benutzt wird, um Rechnungen oder Barbeträge bei Vertragsunternehmen zu bezahlen. Die Organisationen – American Express, VISA, MasterCard / EuroCard, Diners Club, um nur die größten zu nennen – belasten den Kreditkarteninhaber im Rahmen einer Monatsrechnung und buchen den Betrag vom Bankkonto des Kunden per Einzugsermächtigung ab. Mit einer Verzögerung von bis zu drei Monaten nach Umsatztätigkeit (hinsichtlich dieses Zeitkorridors unterscheiden sich die Vertragsbedingungen der Kreditkartenorganisationen erheblich) bekommen die Vertragsunternehmen, in unserem Fall die Buchhandlungen, unter Abzug von einer Provision, die zwischen 2 Prozent und 5 Prozent vom Umsatz liegt, den Betrag gutgeschrieben.

Genau hier liegt das Problem für den Sortimentsbuchhandel. Denn betrachtet man die Relation Rohgewinn und betriebliche Kosten (beide Größen machen rund 32 Prozent vom Umsatz aus), stellt sich zwangsläufig die Frage, von welchem Geld die Provision bezahlt werden soll. Denn im Unterschied zu anderen Einzelhandelsunternehmen sind die Verkaufspreise in der Mehrzahl gebunden – die Provision kann also nicht auf die Endabnehmer umgelegt werden. Deshalb lehnen viele Buchhandlungen Kartenzahlungen über Kreditkartenorganisationen schlichtweg ab. Diejenigen Unternehmen, die trotzdem Kreditkarten annehmen, müssen selbst darüber entscheiden, ob die Kreditkartenakzeptanz einen verstärkten Abfluss von gut rabattierten Lagertiteln bewirkt, ob der bargeldlose Verkehr generell zu größeren Einkäufen (ver)führt oder ob das Image, Vertragspartner einer weltweit agierenden Kreditkartenorganisation zu sein, die Provision vergessen machen kann.

Zahlung mit Monatskonto, Kundenkarte und unternehmensbezogener Kreditkarte

Im Buchhandel gibt es eine gängige Praxis, guten Kunden eine Art Firmen-Kreditrahmen einzuräumen. Dies geschieht häufig mit Hilfe des **Monatskontos**, das ohne besonderen Ausweis für die Benutzer eingerichtet wird. In diesem Fall verlässt der Kunde die Buchhandlung mit der Ware und einem Lieferschein, auf dem Kundendaten, Titel und Menge notiert sind. Die Lieferscheine eines Monats werden addiert und zu Beginn des nächsten Monats wird eine (Sammel-)Rechnung erstellt. Vergleichbar ist auch das Procedere mit Kundenkarten ohne Zahlungsfunktion.

Bei unternehmensbezogenen Kreditkarten mit Zahlungsfunktion werden die Verkäufe über ein Lesegerät erfasst und zu Beginn des Folgemonats per Einzugsermächtigung abgerechnet. Der große Vorteil bei einem solchen Verfahren: Jegliche Art von Provision an Kreditkartenorganisationen entfällt. Übrigens: Ein derartig kurzfristiges Kreditgeschäft verstößt nicht gegen die Bestimmungen des Buchpreisbindungsgesetzes. Denn es wird nicht mit einem Kreditrahmen geworben, wie etwa durch eine Zahlungskondition ›30 Tage Ziel‹, sondern es wird lediglich die Zahlungsweise vereinfacht. Die Spielregeln in Bezug auf die Endabnehmerpreise preisgebundener Verlagserzeugnisse, die als Barzahlungspreise für das Zug-um-Zug-Geschäft an der Kasse gelten, werden nicht verletzt.

Einlösung von Gutscheinen

Auch Gutscheine zählen zu den bargeldlosen (unbaren) Zahlungsmitteln, erhält man doch vom Kunden kein Bargeld, sondern löst ein zuvor gegebenes Warenversprechen ein. Bereits bei den Dienstleistungen des Buchhandels ist in diesem Zusammenhang auf Bücherschecks hingewiesen worden (siehe Kap. 2.6.2). Die **firmeneigenen Büchergutscheine** kann man in finanztechnischer Hinsicht mit unternehmensbezogenen Kreditkarten mit Zahlungsfunktion vergleichen. Denn die Buchhandlung braucht an keine Stelle irgendwelche Provisionen abzuführen – ihr Aufwand besteht einzig darin, diese Büchergutscheine zu layouten, zu drucken und zu verkaufen.

Dies sieht bei einem von der MVB im Rahmen des **BuchSchenkService** angebotenen Gutschein anders aus. Hier fällt nur dann keine Provision an,

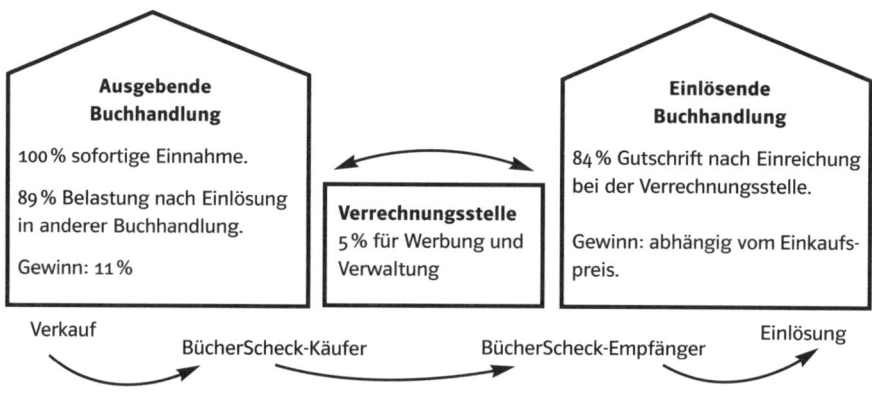

Verrechnungsmodalität: *BuchSchenkService*

wenn der ausgegebene Bücherscheck in der ausgebenden Buchhandlung selbst eingelöst wird. Sind jedoch scheck-ausgebende und scheck-einlösende Buchhandlung zwei unterschiedliche Firmen, so erfolgt die Verteilung des Gewinns über die zentrale Verrechnungsstelle bei der MVB, die 5 Prozent für den eigenen Aufwand und für Werbung einbehält; die Abrechnung kann finanztechnisch über die BAG abgewickelt werden. Gewinnschmälerungen entstehen also bei beiden Buchhandlungen, wie die Grafik belegt. Dafür ist der ›Branchen-Bücherscheck‹ überregional einzulösen, was auf dem auch von anderen Einzelhandelsunternehmen hart umkämpften Geschenkemarkt eine wichtige Funktion erfüllt. Fleurop lässt grüßen.

Bücherschecks müssen beim Verkauf mit Ausgabedatum, Firmenstempel (soweit nicht bereits bedruckt) und Unterschrift des Ausstellers versehen werden. Sie sind in der Kasse separat einzugeben; auf jeden Fall ohne Umsatzsteuer, weil man ja noch nicht weiß, ob der beschenkte Kunde später ein Buch oder einen Non-Book-Artikel erwirbt. Juristisch gesehen stellt ein Bücherscheck ein Waren- und kein Geldversprechen dar. Falls also bei einem Kauf der volle Scheckbetrag nicht eingelöst wird, besteht für die Buchhandlung keine Verpflichtung der Herausgabe von Bargeld; stattdessen wird sie eine Gutschrift über den Restbetrag ausstellen. Bücherschecks können nicht zeitlich unbegrenzt eingelöst werden. Ihre Gültigkeit richtet sich nach der gesetzlichen Verjährungsfrist: dies sind drei Jahre, beginnend mit dem Ende des Ausstellungsjahres.

9.2
Rechnungsverkauf

Die durchschnittlichen Werte für den Kreditumsatz (Rechnungsgeschäft) variieren von Buchhandlung zu Buchhandlung – je nach Anteil und Art des Rechnungsgeschäfts; *Buch und Buchhandel in Zahlen* weist in der Ausgabe 2013 den Betrag 150,70 Euro aus. Häufig geht dem Rechnungsumsatz eine Ansichtssendung mit beigefügtem Lieferschein voraus. Diese Lieferscheine sind lückenlos zu führen, damit sowohl die eingehenden Remittenden zugeordnet als auch die im Folgemonat über das Monatskonto (siehe Kap. 9.1.3) abzurechnenden Beträge ohne große Mühe erfasst werden können.

Bei den regelmäßigen Rechnungskunden sollten deren Adresse sowie die vereinbarten Zahlungs- und Zustellmodalitäten in einer Kundendatei abgespeichert sein. Auf der Rechnung müssen – neben den Hinweisen auf die Zahlungsmodalität und den Eigentumsvorbehalt – die aufgelisteten Bestandteile (siehe Folgeseite) manuell, maschinell oder per EDV eingetragen werden. Denn Rechnungen, die nicht alle Pflichtangaben enthalten, berechtigen nicht zum Vorsteuerabzug nach § 15 Umsatzsteuergesetz (UStG); eine Musterrechnung befindet sich auf einer der Folgeseiten im Rahmen des Kapitels 9.3.

Pflichtbestandteile einer Rechnung lt. § 14 UStG (Stand Januar 2014)

Rechnungen über 150,– Euro	Ausnahmen für Rechnungen bis 150,– Euro (= Rechnungen über Kleinbeträge nach § 33 UStDV)
Name und Anschrift des leistenden Unternehmers;	Name und Anschrift des leistenden Unternehmers.
Name und Anschrift des Empfängers;	Auf die Nennung des Empfängers kann verzichtet werden.
Liefermenge, handelsübliche Bezeichnung der Lieferung bzw. Leistung;	Liefermenge, handelsübliche Bezeichnung der Lieferung bzw. Leistung;
Ausstellungsdatum und Tag der Lieferung bzw. Leistung;	Ausstellungsdatum. Tag der Lieferung bzw. Leistung darf entfallen;
Netto-Entgelt ohne Umsatzsteuer;	Netto-Entgelt und Umsatzsteuer in einer Summe;
Umsatzsteuer-Ausweis als Betrag in Euro mit anzuwendendem Steuersatz;	Ausweis des Umsatzsteuersatzes (oder Betrag).
Angabe der Steuer- oder Umsatzsteuer-Identitätsnummer;	Diese Angabe kann entfallen.
Fortlaufende Rechnungsnummer.	Diese Angabe kann entfallen.
Hinweis auf die Befreiungsvorschrift bei steuerfreien Lieferungen und Leistungen.	Hinweis auf die Befreiungsvorschrift bei steuerfreien Lieferungen und Leistungen.

E-Procurement

Die Grundidee des E-Procurements besteht darin, Bestell- und Verwaltungsprozesse, die sowohl in der Buchhandlung als auch bei Rechnungskunden (Industrieunternehmen, öffentliche Verwaltung, Kanzleien etc.) anfallen, mittels EDV und/oder internetbasiert kostenoptimiert zu organisieren.

Der Kunde erhält passwortgeschützte Zugriffsmöglichkeiten auf die Katalogdaten der Buchhandlung und kann über deren Webshop – in diesem Fall über ›seinen‹ Webshop – seine Bestellungen absetzen. In einer nur firmenintern zugänglichen Bestandsverwaltung, die mit einer Software arbeitet, die auch die Besonderheiten des buchhändlerischen Abonnement-Bezugs kennt, werden dann die Medien und anstehende Bestellungen verwaltet. Um diese Kernfunktion herum stehen weitere Dienstleitungen modular zur Verfügung. So können Kostenstellen separat verwaltet und Budgetvorgaben berücksichtigt werden. E-Procurement dient somit auch der Kostentransparenz auf Seiten des Kunden. Das Entscheidende für die Buchhandlung aber bleibt: Sie bestellt die Ware beim Lieferanten, liefert die Ware aus und ist auch weiterhin für die Fakturierung zuständig.

9.3
Warenversand

Holt der Kunde die Ware nicht in der Buchhandlung ab, und wird sie auch nicht per Boten überbracht (siehe Kap. 2.6.3), so wird die Ware postalisch zugestellt. Grundsätzlich kann jede Buchhandlung die ihr entstehenden Versandkosten weiterberechnen. Allerdings verzichtet sie aus Kulanzgründen, oder weil andere Marktteilnehmer dies auch so machen, meist auf die Berechnung der Versandkosten bzw. versendet ab einem definierten Betrag portofrei.

Sofern aber das Porto weiterberechnet wird oder eine Pauschale für Porto- und Verpackung in den Rechnungsbetrag einfließt, muss die Buchhandlung auf der Rechnung für die Position Porto/Verpackung einen Betrag inkl. USt. angeben, weil das Finanzamt die Umsatzsteuer aus dem Gesamt-Rechnungsbetrag ermittelt. Die Buchhandlung muss also den Wert der aufgeklebten Briefmarke um die Umsatzsteuer kalkulatorisch erhöhen, wobei sich der Umsatzsteuersatz nach dem Inhalt der Sendung richtet: ermäßigt bei einem Buchversand und voll bei Non-Book-Verkäufen – und dies, obwohl Postwertzeichen grundsätzlich umsatzsteuerneutral sind. Tut die Buchhandlung dies nicht, erfüllt sie den Tatbestand der Steuerminderung, da der Rechnungsbetrag geringer ausfällt und das Finanzamt weniger Umsatzsteuer erhält. Eine Vereinheitlichung bei gemischten Sendungen (Warenverkäufe mit zwei Umsatzsteuersätzen) lässt sich aus dem Umsatzsteuerrecht nicht herleiten.

Büchersendung und Streifbandzeitung

Der Versand als Büchersendung, ab Januar 2013 verknüpft mit einem Sondertarif der Deutschen Post für Büchersendung Groß bis 500 Gramm und Büchersendung Maxi bis 1.000 Gramm, kann für Bücher, Broschüren, Notenblätter und Landkarten in Anspruch genommen werden, sofern 90 cm Formatumfang für Länge, Breite und Höhe des Packstücks nicht überschritten werden. Allerdings ist die Gewährung der niedrigen Transportgebühr nicht nur an bestimmte Formate geknüpft, sondern auch an weitere Bedingungen, die die Deutsche Post in ihren **Service-Informationen** zusammengestellt hat. Mindestanforderungen sind u. a.: Bücher und Broschüren müssen einen Einband oder Umschlag haben und an einer Seite fest zusammengehalten sein. Welche Handelsgegenstände des Buchhandels per Büchersendung versandt werden können, entnehme man im Einzelnen der ›Matrix zur Umsatzsteuer, Preisbindung und Büchersendung‹ (siehe Kap. 2, Einleitung).

Als **Beilagen in Büchersendungen** sind erlaubt: die Rechnung und ein entsprechender Zahlscheinvordruck, ein Lieferschein, ein Rückantwortumschlag sowie eine Leih- und/oder Buchlaufkarte. Auch eine Widmung des Autors mit einem kleinen Zitat darf auf einer der ersten Seiten oder auf einer

:**Bramanns Bücherkiste** – Am Bücherberg 17 – 12345 Buchhausen

Steuer-Nr.: 012 807 25192
beim Finanzamt Frankfurt VI
UID DE202723312

Redaktionsbüro Schreibstil
Im Buch 15/2

45678 Backlist

Rechnungsnummer WV / 2013 / 16
Rechnungs- und Lieferdatum 21. Januar 2014
Ihre Bestellung vom 20. Januar per Mail
Bestellzeichen Buchsucher
Kundennummer 60012

1 Ex. Warengruppen im Buchhandel
ISBN 978-3-934054-24-0

gebundener Ladenpreis   28,00 Euro
Versandkosten inkl. USt.   1,77 Euro
_____

St. Entg.   27,82 Euro
USt. (7 %)   1,95 Euro
_____

Rechnungsbetrag   **29,77** Euro

Die Lieferung erfolgt auf Grund der Lieferungs- und Zahlungsbedingungen des Verlags,
ergänzt durch die in der _Verkehrsordnung_ niedergelegten Handelsbräuche. Die Ware bleibt
bis zur vollständigen Bezahlung Eigentum des Verlags; es gilt Eigentumsvorbehalt gemäß
§ 449 BGB.

Bitte überweisen Sie den Rechnungsbetrag nach Erhalt der Ware auf das Firmenkonto:
:**Bramanns Bücherkiste**
IBAN: DE38 5049 0000 0607 8765 70
BIC: BBBBDEFFXXX
Bank: Frankfurter Bücherbank

Zur Erläuterung der Versandkosten: Das Porto für die Büchersendung-Maxi beläuft sich
auf 1,65 Euro (Stand: 2014). Die Umsatzsteuer in Höhe von 7 Prozent wird kalkulatorisch
berücksichtigt.

beiliegenden Karte stehen. Jedoch darf die Büchersendung nicht geschäftlichen Zwecken dienen; somit entfällt beispielsweise die Beilage eines Prospekts der Buchhandlung. Werbung ist nur auf dem Buchumschlag sowie auf je zwei aufeinander folgenden Seiten am Anfang und Ende des Werkes zugelassen.

Grundsätzlich sind offener Versand sowie die Bezeichnung ›Büchersendung‹ oberhalb der Anschrift erforderlich. Die innere Verpackung kann verschlossen sein, sofern es sich um die Original-Einschweißfolie des Verlages handelt, und Verlage und Buchhandlungen ihr Einverständnis hinsichtlich der Öffnung zu Prüfzwecken durch einen Hinweis ›Darf zu Postprüfzwecken geöffnet werden‹ geben.

Einzelne Zeitschriftennummern sind als **Streifbandzeitung** zu versenden, sofern der Titel über eine 4- oder 5-stellige Zeitungskennzahl verfügt, wie die Ziffer 1835 für das *Börsenblatt*. Diese Nummer bedeutet, dass die Zeitschrift alle Auflagen erfüllt, die die Deutsche Post AG an Presseerzeugnisse stellt: regelmäßiges Erscheinen, presseübliche Berichterstattung, redaktionelle Beiträge ohne Werbecharakter etc. Damit können Zeitschriften im Vergleich zu anderen Postsendungen kostengünstiger verschickt werden. Streifbandzeitung bedeutet: Das Exemplar kommt in eine adressierte Banderole oder in einen Umschlag mit dem Aufdruck ›Streifbandzeitung‹ und wird, wie ein Brief, als Einzelstück eingeliefert und versandt.

Eigene Zustellung oder Direkteinweisung

Bei Versand von (Fach-)Zeitschriften über das Sortiment gibt es zwei unterschiedliche Modelle, mit denen Presseerzeugnisse zum Kunden gelangen. Bei der traditionellen Variante erhält der Buchhändler die Zeitschrift vom Verlag und stellt sie auf Kundenwunsch zu, wobei die ›Zustellung‹ über das Abholfach, den hauseigenen Boten oder auch per Post organisiert ist. Diese Variante wird vor allem praktiziert, wenn der Kunde ohnehin regelmäßig in den Laden kommt, wenn ein Botendienst besteht oder wenn besonderer Wert auf die Wareneingangskontrolle gelegt wird.

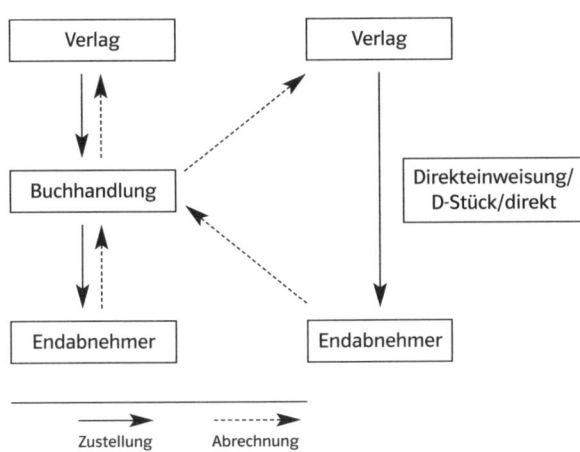

Die Buchhandlung als Absatzmittler für Abonnements

Bei der zweiten Variante übernimmt die Buchhandlung die Bestellung und die Abrechnung, aber der Verlag erhält die Anweisung, die Zeitschrift per Direkt-Belieferung, als so genanntes D-Stück, an den Endabnehmer zuzustellen. Da hierdurch im Wareneingang wie in der Expedition Prozesskosten eingespart werden, favorisieren viele Buchhandlungen dieses Modell, das sich bei einzelnen Abos geradezu anbietet. Allerdings ›honorieren‹ die Verlage die Leistung des Buchhändlers häufig mit unterschiedlichen Rabattsätzen. Und so sollte der Buchhändler sich über Formulierungen wie ›Minder-Rabattierung da Direkteinweisung‹ nicht wundern.

9.4
E-Commerce

E-Commerce bezeichnet die Nutzung des Internets für die Vorbereitung (Informationsphase), Verhandlung (Kommunikationsphase), Durchführung (Transaktionsphase) und Nachbereitung (Kundenbindungsphase) von Geschäftsprozessen zwischen ökonomischen Partnern. Unterschiedlichste Statistiken belegen, dass es sich bei der Entwicklung des E-Commerce um ein wachsendes Marktsegment handelt. Nicht nur die Fachpresse, sondern auch die allgemeine Berichterstattung thematisiert das Medium Internet in all seinen Facetten. Die Gründe für die umfassende Medienpräsenz sind gleichzeitig die Wachstumstreiber der ökonomischen Entwicklung:
• die Zahl der Internet-User steigt,
• die Zahl der Anbieter steigt,
• die Zahl der Angebotsformen steigt,
• die Nutzungsintensität bei Endkunden steigt,
• der Werbemarkt wächst.

Die Arbeitsgemeinschaft Online-Forschung (AGOF) mit ihren regelmäßigen Studien *internet facts* sowie die *ARD/ZDF-Online-Studie* sind zwei gute Quellen, die Auskunft über die Entwicklung der Internetnutzung in Deutschland geben. So belegt die AGOF-Studie *internet facts 2012/4* unter anderem: die Mehrheit der Online-Nutzer ist zwischen 20 und 49 Jahren alt und das Internet wird bei höherer Bildung und höherem Einkommen überdurchschnittlich genutzt. Bücher (59 %), Reisen und Eintrittskarten werden online am häufigsten gesucht, wobei Bücher (43 %) und Eintrittkarten am häufigsten gekauft werden. Die meistgenutzten Online-Anwendungen sind übrigens E-Mail und Suchmaschinen-Nutzung und kommen damit nicht aus der Welt des Handels. 2012 surften 51,4 Millionen Deutsche ab 14 Jahre im Internet, fünf Jahre zuvor waren es ›nur‹ 40,8 Millionen.

Es kann in diesem Kapitel nicht darum gehen, alle Trends und Marktforschungsergebnisse zum Thema E-Commerce oder E-Business zusammenzustellen. Denn die meisten Neuerungen gehen so rasant vonstatten, dass eine heute als ›neu‹ gefeierte Lösung bereits in ein, zwei Jahren als überholter Ansatz ihre ewige Ruhe auf dem schier unendlich großen digitalen Datenfriedhof findet. Und auch das Zahlenmaterial so mancher Untersuchung sollte man kritisch hinterfragen – liegen Steigerungsraten im dreistelligen Bereich bereits schon dann vor, wenn der Marktanteil bestimmter Segmente von 0,2 auf 0,4 Prozent steigt (derartige Steigerungsraten verringern sich dann aber im Laufe der Produktlebenszyklen).

Damit soll der beschriebene Veränderungsprozess jedoch nicht kleingeredet werden. Denn 16,5 Prozent des gesamten Buchumsatzes zu Ladenpreisen, dies entspricht rund 1,6 Mrd. Euro, erwirtschafte 2012 der Einzelhandel im Internet – und in diesem Wert sind die via Direktgeschäft generierten Verlagsumsätze noch nicht einmal eingerechnet. Tendenz steigend. Die Käufer finden sich in allen Schichten der Bevölkerung, überproportional aber in den für den Buchhandel relevanten Sinus-Milieus (siehe Kap. 6.2.2.1). Woher rührt der Erfolg dieses Mediums, das sowohl den privaten als auch den geschäftlichen Alltag verändert hat?

Erfolgsfaktoren des Mediums Internet

INTERAKTIVITÄT
Die Möglichkeit für den Nutzer, in das Geschehen einzugreifen und den Ablauf der Nutzung zu bestimmen, unterscheidet das Internet deutlich von den klassischen Massenmedien. Plattformen, Communitys und soziale Netzwerke à la Facebook und Twitter binden die Nutzer ein.

Das Internet ermöglicht den Austausch mit Gleichgesinnten oder Followern und bietet die Möglichkeit der sozialen Vernetzung. Es ist also weit mehr als ein rein technisches Medium. Durch die multimediale Umsetzung von Themen hat sich für viele Zielgruppen das Internet auch zu einem emotionalen Medium mit hoher Wertidentität entwickelt.

VERFÜGBARKEIT
Das Internet gestattet die Verfügbarkeit rund um die Uhr an 365 Tagen im Jahr. Am Tag und in der Nacht. Werktags und am Wochenende. Einfach immer. Vorausgesetzt, man hat eine Verbindung ins World Wide Web.

INDIVIDUALISIERBARKEIT
Der Kunde erhält auf Wunsch Informationen zu ›seinen‹ spezifischen Produkten aufgrund eines hinterlegten Interessenprofils (Agentenfunktion). Das Internet kann also als Marketing- und Kommunikationsinstrument an die jeweilige Situation des Nutzers angepasst werden. Der Nutzer entscheidet allerdings darüber, was er zulassen möchte und wann er die Kommunikation abbricht.

AKTUALITÄT

Daten (Informationen, Produktbeschreibungen, Preise etc.) können kurzfristig aktualisiert werden. Content-Management-Systeme (CMS) dienen dabei als Redaktionssystem; das Einpflegen von Änderungen ist ohne Programmierwissen möglich.

INTEGRIERBARKEIT

Da alle Daten digital vorliegen, können unterschiedlichste Medienformen (Bild, Text und Ton, Filmsequenzen und Animationen) aufeinander abgestimmt bzw. miteinander verlinkt werden. Dies gilt gleichermaßen für eine nicht kommerziell geführte Website wie für den geschäftlichen Internetauftritt, der unterschiedliche betriebliche Funktionsbereiche miteinander verknüpfen kann. Ohne Medienbruch, ggf. mit Hilfe von Links, lässt sich die Kundenansprache inklusive Verkauf im Internet umsetzen.

AUTOMATISIERUNG

Im Internet lassen sich viele Prozesse automatisieren, wie automatisierte Bestellbestätigungen, Aufrufen hinterlegter Benutzerdaten, bestimmte Abläufe (beim Bestellvorgang, bei der Recherche etc.), sodass eine kundenbezogene Individualisierung ohne zu hohen Personalaufwand möglich ist.

Das Internet als Plattform digitaler Informations- und Kommunikationstechnologie hat alle Bereiche des Buchhandels erfasst. Und wie bei der Durchsetzung aller neuen Technologien gab es auch hier Widerstände, die zum Teil nur langsam überwunden oder die schlichtweg durch die ›normative Kraft des Faktischen‹ beseitigt wurden. So ist die Kommunikation per E-Mail aus dem Geschäftsalltag nicht mehr wegzudenken, das frühere Fax wird als gescannte Datei versandt und Bestellprozesse laufen automatisiert über Clouds ab. Gedruckte Kataloge oder Bibliografien, einst das Wissensmonopol unserer Branche, sind aus dem Alltag der Buchhandlungen nahezu verschwunden. Der Umgang mit digitalen B2B-Datenbanken (siehe Kap. 5.7) ist Routine, und immer mehr Kunden sind durch den Zugang zu Endkundenversionen bibliografischer Datenbanken immer informierter. Damit hat sich der Buchhändler mittlerweile abgefunden. Ebenso wie mit der Tatsache, dass die Wahrnehmung von Außen nicht nur von seinem Schaufenster und seiner Verkaufsraumatmosphäre geprägt wird, sondern auch von seiner Website und seinem Auftritt in sozialen Netzwerken.

Nicht abgefunden – und dies zu Recht – hat der Sortimentsbuchhandel sich allerdings mit Entwicklungen, die ihn in seiner ökonomischen Existenz einengen bzw. bedrohen. Hierzu gehören nicht nur Geschäftsmodelle, die ›online first‹ propagieren (denn diese suggerieren, dass offline bzw. print ›out‹ sind), sondern vor allem Aktivitäten, die im Zusammenhang mit dem Vertrieb elektronischer Buchvarianten stehen. Warum sollten etwa Verlage das Direktgeschäft ihrer E-Books einseitig fördern? Und warum sollten die

Rabatte für E-Books gering ausfallen, wenn der Buchhändler sie beratend verkauft? Wieder einmal sorgen Veränderungen der Märkte für einen Konflikt der Vertriebskanäle.

Multi-Channeling

E-Commerce ermöglicht einen Kaufvorgang ohne Medienbruch. Und trotzdem gibt es Interdependenzen zwischen Online-Käufen, Print-Werbung und stationärem Geschäft. So wird bei rund 30 Prozent der Online-Käufe vorher ein stationäres Geschäft aufgesucht, was zum hybriden Einkaufsverhalten der Kunden (siehe Kap. 6.4.6 und Kap. 6.6) passt und die Multi-Channel-Strategien erklärt, die sich im Handel durchsetzen. **Multi-Channeling** bedeutet: mehrere Kanäle bespielen und koordinieren. Und dies nicht nur bei der Unterbreitung des Angebots (Schaufenster, Anzeige, Auslage und Webshop), sondern auch bei der Kaufabwicklung. So bestellen Kunden im Internet und holen die Bücher im Laden ab; bei Filialunternehmen in der gewünschten Filiale. Die Rückgabe funktioniert ebenso: im Netz bestellen, im Laden zurückgeben. On- und offline verschmelzen. Nach Berechnungen des High-Tech-Verbandes Bitkom informieren sich 47 Prozent der Internet-Nutzer und 33 Prozent der Bundesbürger vor der Kaufentscheidung auf den Websites der Händler: über das Angebot, die Preise, aber auch über die Adresse, etwaige Filialen und die Anfahrtsbeschreibung. Die Online-Präsenz fördert somit den Umsatz in den Läden. Das Hauptmotiv für einen ergänzenden Blick ins Internet ist übrigens der Preisvergleich. Dieser spielt jedoch bei preisgebundenen Erzeugnissen keine Rolle – wohl aber im Modernen Antiquariat oder bei Gebrauchtbüchern, die die Verkaufsplattform Ebay genauso erfolgreich anbietet wie der market-place von amazon.de.
　　Eine Website und ein Webshop sind also unabdingbar. Weil sich das Kaufverhalten ändert. Weil die Zahl kaufkraftstarker Internet-Nutzer wächst. Und weil das wachsende Marktsegment E-Books (siehe Kap. 2.4.1) nun einmal virtuell verkauft wird. Damit muss der stationäre Buchhandel aber nicht zwangsläufig zur ›Offline-Auslage‹ der Internetshops mutieren.

Marktentwicklung

Webshops und E-Books stehen aktuell für die diskutierten Bereiche des E-Commerce, die man unter dem Gesichtspunkt strategischer Geschäftseinheiten (SGE) mit unterschiedlichem Marktpotenzial sehen kann. So wie in allen anderen Wirtschaftsbereichen unterliegen auch im Buchhandel ökonomische Programmbereiche, Produktlinien oder auch einzelne Produkte einem bestimmten Lebenszyklus, der sich in der Absatz-, Umsatz- und Rendite-Ent-

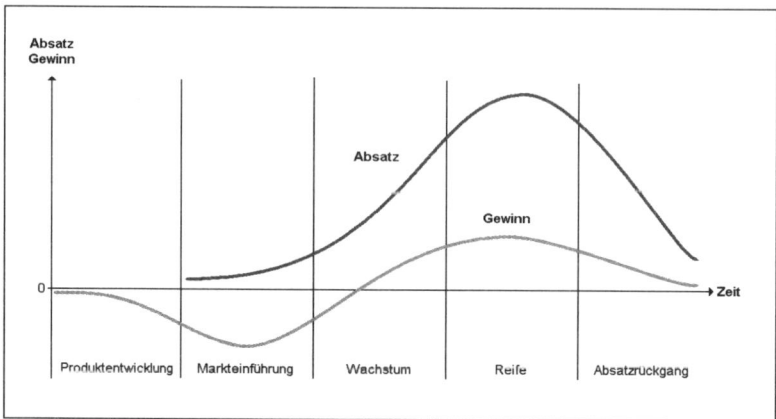

Produktlebenszyklus. Quelle: Schickering, *Bücher machen*, Seite 18

wicklung widerspiegelt. Die Produktphasen lassen sich am leichtesten ideal-typisch mit den Stadien Entwicklung, Einführung, Wachstum, Reife und Rückgang (Sättigung) umschreiben. Für jedes neue Marktsegment gilt: Vor ei-ner Rendite- und Abschöpfungsphase muss erst einmal für Konzeption, Mar-keting und Vertrieb Geld in die Hand genommen werden. Und da bei tech-nologieorientierten Produkten die Entwicklungs- und Einführungsphase ver-hältnismäßig lang ist, geht es auch um viel Geld. Kein Wunder, dass nur die großen Unternehmen unserer Kulturbranche in diese Geschäftsfelder inves-tieren und Branchenfremde dominieren.

Sony und Amazon (Kindle) sind Marktführer bei den E-Book-Readern, während Apple mit seinen iBookstores das Ranking bei den E-Book-Shops anführt. Apple nimmt sogar Einfluss auf die Preisgestaltung und begibt sich somit auf das Hoheitsgebiet der Verlage. Denn 9er-Preise in der zweiten De-zimalstelle hinter dem Komma müssen es schon sein – auch wenn Verlage auf diesen Schwellenpreis keinen Wert legen sollten. Natürlich bleibt es Ver-lagen unbenommen, sich diesem Diktat nicht zu beugen. Aber dann haben sie keinen direkten Zugriff auf die Apple-Klientel. Und dass diese nicht auf einen kleinen Kreis von Technik-Ästheten beschränkt ist, zeigt sich nicht nur daran, dass iStore-Gutscheine in Lebensmittel- und Drogeriemärkten erhält-lich sind.

René Kohl, Inhaber der Internet- und Versandbuchhandlung Kohlibri, be-schrieb 2011 drei mögliche E-Commerce und E-Book-Strategien für den Sorti-mentsbuchhandel. Rhetorisch geschliffen formulierte er auf www.boersen-blatt.net/445490: ignorieren, absentieren – oder duellieren? Um den Beitrag zusammenzufassen: ›Ignorieren‹ – ein No-go. Denn Amazon hat heute einen Marktanteil im buchhändlerischen E-Commerce von mehr als 10 Prozent. ›Absentieren‹ – eigentlich widersinnig. Denn warum sollten Buchhändler ge-rade E-Books nicht zu ihrem Handelsgegenstand erklären? Geht es doch um

Inhalte und kulturelle Leistungen, die buchhändlerische Kernkompetenz. ›Duellieren‹ scheint der einzige Ausweg – kämpfen, sich messen, Kräfte entwickeln, den Verstand einsetzen, Verbündete suchen und finden.

Und so gibt es immer wieder neue Ansätze, den Markt zu beleben, ihn zu öffnen und ihn originell zu popularisieren. Meistens sind es Teillösungen, weil einzelne Marktteilnehmer ihre Ideen (zunächst) allein vermarkten und die potenzielle Konkurrenz vom Vertrieb ausschließen wollen. Eine interessante Lösung liegt mit der E-Book-Card vor, entwickelt und angeboten von Epidu, Umbreit und der E-Book-Plattform ceebo. Der Kunde kauft eine Geschenkkarte im Laden, und der Buchhändler schaltet den Code im Laden frei. Danach erfolgt der Download. Zunächst für rund 100 Bestseller konzipiert, wurde bereits nach sechs Monaten eine ›Joker-Variante‹ hinzugefügt. Der Kunde wählt im Laden aus einem Angebot von E-Book-Titeln aus, die über eine Karte aktiviert werden können. Bleibt abzuwarten, welche Maßnahmen sich findige Köpfe in naher Zukunft ausdenken.

9.4.1
Webshops

Laut Berechnungen des Bundesverband des Deutschen Versandhandels (www.bvh.de) erzielen Online- und Versandhändler Zuwachsraten im zweistelligen Bereich. Der Umsatz mit Medien, Bild- und Tonträgern legt dabei überproportional zu und erreicht hinter Bekleidung und Elektronik/Computer den dritten Platz. Wachstumstreiber ist das Online-Buchgeschäft, wobei Amazon gegenüber dem Sortimentsbuchhandel überproportional gewann und damit seine Marktposition weiter ausbaute.

Der hohe Stellenwert von Büchern und Medien im Online-Bereich beruht auf der **Conversion Rate,** die über die Relation Online-Info zu realisiertem Online-Kauf Auskunft gibt. Bei online-affinen Produkten, und dazu gehören aufgrund ihrer guten Beschreibbarkeit Verlags- und Medienprodukte, ist dieser Wert besonders hoch. Die AGOF-Untersuchung *internet facts 2012/4* ermittelte – bei 59 Prozent ›Bücher-Sucher‹ und 43 Prozent ›Bücher-Käufer‹ – eine Conversion Rate von 72,9 Prozent. Ein Spitzenwert, den nur wenige Produkte erreichen.

Webshops sind das Zuhause für Bücher und Medien im Internet. Doch einen eigenen Shop nach individuellen Kriterien zu gestalten oder gestalten zu lassen, dürfte nur Programmier-Enthusiasten gelingen – und ist auch nur für Online-Spezialisten notwendig. Ganz allein geht es ohnehin nicht, weil man auf die Produktdatenbanken angewiesen ist, die man in seinen Shop einbindet, um die schier unendlich große Welt lieferbarer Bücher und Medien anzubieten. Und so liegt die Lösung häufig in **White-Label-Shops** – eine Online-Lösung unter der Verwendung vorgegebener Bausteine.

Roman Zenner hat für die Fachzeitschrift *BuchMarkt* im Herbst 2012 fünf handelsrelevante White-Label-Shops untersucht. Auch das *buchreport.magazin* bietet in seiner Mai-Ausgabe 2014 zwei Webshopvergleiche: einen für die Lösungen der Barsortimente und einen zweiten für Eigenprogrammierungen. Für unseren Zusammenhang sind nicht die Bewertungsresultate entscheidend (diese sind zum Teil Ermessenssache und ändern sich mit jeder weiteren Untersuchung), sondern die Bewertungskriterien. – Obwohl die Auflistung der Kriterien nicht die Probleme löst, die viele Branchenteilnehmer aktuell sehen. So gibt es zwar mit bibWin eine datenbankübergreifende Bibliografie-Software, die die gleichzeitige Suche in mehreren Online-Katalogen sicherstellt, allerdings können sich die meisten Händler nur einen Webshop leisten, der bei den Großhändler-Lösungen an den Datenpool des jeweiligen Unternehmens geknüpft ist. Hinzu kommt, dass nicht alle Verlage oder Vertriebskooperationen ihre E-Books über alle Plattformen verkaufen. Der Ruf nach einer lieferantenunabhängigen ›Metadatenbank‹ (siehe Kap. 5.7.1) für das Geschäftsfeld E-Commerce wird unüberhörbar.

Was White-Label-Shops im Buchhandel bieten *(nach Buchmarkt 10/2012)*

BASICS
- Inbetriebnahme (Übernahme von AGB und Zahlungseinstellungen),
- Grad der Individualisierbarkeit des Designs,
- Schulungsangebote (Webinare).

KOSTEN UND LEISTUNGEN
- monatliche Lizenzkosten (variieren nach Leistungsumfang),
- Einrichtungskosten,
- Payment-Dienstleister und monatliche Payment-Gebühren,
- Versandgebühren (Handling und Versandkosten),
- Geschenkoptionen,
- Risiko beim Zahlungsverkehr,
- Rechtliches (AGB),
- Kundenservice,
- Mobile Applikation für E-Books (E-Reader, Smart-Phones, Tablets),
- Native Apps für mobile Endgeräte (Betriebssysteme).

RABATTE UND PROVISION
- bei Lieferung in die Buchhandlung,
- bei Direktversand an Endkunden.

KATALOGE UND SORTIMENT
- Integration verschiedener Datenbanken,

- Anzahl physischer Lagertitel,
- Anzahl digitaler Daten (E-Books, mp3),
- eigene Artikel,
- redaktionell gepflegte Inhalte (Themen- und Autorenspecials).

SUCHE UND DARSTELLUNG

- erweiterte Suche (Suche in verschiedenen Suchfeldern),
- Suchkomfort (Vorschlagsuche, phonetische Suche),
- unscharfe Suche (Suche nach ähnlichen Begriffen),
- Relevanz bei Suchergebnissen,
- Stöbern (nach Themen und Warengruppen),
- Empfehlungen,
- Kundenrezensionen,
- Merklisten,
- Social-Media-Funktionen.

EIGENE GESTALTUNGSMÖGLICHKEITEN

- Shop-System mit CMS (Content Management System),
- eigene redaktionelle Seiten,
- Newsletter.

MULTI-CHANNEL-FUNKTIONEN

- Kunden-Account im Laden anlegen,
- Bestand in der Buchhandlung online anzeigen,
- Gutscheine im Shop und Laden verkaufen und einlösen.

9.4.2
Der eigene Internetauftritt

Eine firmenindividuell gestaltete Website ist für Buchhandlungen in dem Maße Pflicht, in dem der Online-Handel eine bedeutende Rolle spielt und die individuelle Gestaltung der Profilbildung und Herausstellung der ›Marke‹ dienen soll. Wieder einmal geht es um die USP (engl. unique selling proposition) – um das einzigartige Verkaufsversprechen, das ein Geschäft unverwechselbar und damit für andere Unternehmen schwer nachahmbar macht. Sieht man den Online-Auftritt als Maßnahme zur Kundenbindung, gilt es, auch in der digitalen Welt den Mehrwert für die Kunden herauszustellen und mit einer gewissen Originalität seine Stärken zu kommunizieren.

Je mehr Standards von Fremdanbietern verwendet werden, desto anonymer muss ein Auftritt erscheinen. Auf der anderen Seite gilt: Je persönlicher, beispielsweise durch das Einstellen aktueller Schaufensterfotos mit Erklärungen, warum die ›Besten‹ wirklich die Besten sind, desto eher wird eine Wohlfühl-Atmosphäre suggeriert, die der Kunde auch im stationären Geschäft zu schätzen weiß. Ein gelungener Internet-Auftritt ist demnach weit mehr als die Lösung prozess- und bestelltechnischer Probleme. Denn stellt man den Kunden in den Mittelpunkt, geht es zumindest gleichwertig um subjektiv empfundene Komponenten, wie persönliche Ansprache, Vertrautheit, Sicherheit, das Gefühl des Aufgehobenseins und des Ernst-Genommen-Werdens. Letztlich geht es, wie im stationären Geschäft, um den ›share of customer‹, der sich in der Frage zuspitzt: Wie bekommt die Buchhandlung einen größeren Anteil am Leben ihrer Kunden? Oder: Wie wird sie für ihre Kunden relevanter?

Das Besondere des **Web 2.0** ist sein Mitmachcharakter, seine Interaktivität, die Möglichkeit zum Austausch mit Gleichgesinnten. Als spezifische Kommunikationsform des Web 2.0 gilt der Blog – eine Social-Media-Kommunikationsform, mit deren Hilfe der Kunde Kommentare hinterlassen oder auch eigene Artikel veröffentlichen kann (siehe Kap. 10.5.8). So könnte es auch auf der Website von Buchhandlungen zugehen, wenn Buchhändler Geschichten zu einzelnen Titeln oder Ereignissen erzählen. Aber das ist aufwändig, und ohne eine gewisse Regelmäßigkeit verpufft der Mitmacheffekt. Dies als Hinweis dafür, dass auch die beste Initiative nichts fruchtet, wenn man sich nicht die Zeit dafür nimmt, Inhalte zu beschaffen, diese regelmäßig und zeitnah zu ›warten‹ und auch weiterzuentwickeln.

In Sachen Gestaltung und Ästhetik haben Buchhandlungen bei einer eigenen Website große Freiheiten. Dies fängt mit der Auswahl der Kategorien an, zu denen man Inhalte ins Netz stellen will, geht über Layout-Entscheidungen, wie groß die einzelnen Felder, Spalten oder Bereiche sein sollen, und endet in Überlegungen hinsichtlich der Bilder bzw. Bildmotive. Einzig für die (Grund-)Farbwahl dürfte es durch das vorgegebene Corporate Design der Buchhandlung keinen Handlungsspielraum geben.

Layout und Design sind wichtig. Aber die Funktionalität ist noch wichtiger. Dürfte doch der Besuch einer Website häufig mit einer konkreten Suche bzw. einer Bestellung einhergehen. Neben der Atmosphäre ist also vor allem Übersichtlichkeit erforderlich. Denn man möchte mit möglichst wenigen Klicks zum Rechercheergebnis kommen. Wenige, aber aussagekräftige Menüpunkte mit möglichst wenigen Hierarchiestufen, kurze Textbausteine und Ladezeiten bestimmen demnach den Aufbau eines Webauftritts. Und im Hintergrund ein zuverlässiges Content-Management-System (CMS), das als Redaktionssystem das Einpflegen von Änderungen und Aktualisierungen ohne Programmierwissen ermöglicht. Es gibt kleine und große Lösungen, bequeme und aufwändige, ästhetische und effektive. Hinweise hierfür findet man auch in der SoA-Publikation *E-Business für Buchhandlungen*.

Der **Domainname** einer Website sollte übrigens mit .de enden. Internetadressen für diese länderspezifische Top-Level-Domain vergibt die offizielle

Registrierungsstelle DENIC unter www.denic.de. Aus juristischer Sicht informiert die Rechtsabteilung des Börsenvereins in der von ihr herausgegebenen Broschüre *Buchhandel im Netz* u. a. über:
- Pflichtangaben nach dem Telemediengesetz (TMG),
- Pflichtangaben im elektronischen Geschäftsverkehr,
- Pflichten bei Fernabsatzverträgen,
- Besonderheiten und Klauseln bei der Abfassung der AGB,
- Aufbau einer Website (Start-, Produkt- und Bestellseite).

Kundenerwartungen – Wechsel der Perspektive

Was erwarten Kunden von ihrer Buchhandlung im Internet? Die folgende Checkliste ist zugegebenermaßen ein Maximalkatalog. Und nicht jeder Punkt ist von jeder Buchhandlung zu realisieren. Denn dafür braucht man Programmierkompetenz (oder das nötige ›Kleingeld‹, um sich diese einzukaufen), eine sinnvolle Organisationsstruktur, die Abläufe routinemäßig im Griff hat, Mitarbeiter, die den Online-Auftritt genauso schätzen wie Kundengespräche im Laden und die für die anfallenden Aktivitäten auch freigestellt werden, – und nicht zuletzt den Willen des Unternehmers, das Projekt Online-Präsenz entschieden anzugehen.

Ein erfolgreicher Internet-Auftritt ist wie eine eigene Filiale, wie eine eigene Warengruppe oder wie ein eigenes Profit-Center. Und der dazugehörige Online-Shop als das Herzstück des Händlerauftritts ist ein neuer Unternehmenszweig (Versandbuchhandlung via Internet) – und dieses Geschäftsfeld bearbeitet man nicht einfach so nebenbei. Zumindest nicht ambitionierte Marktteilnehmer. In diesem Buch wird häufig von Benchmarks gesprochen. Also warum nicht auch von Benchmarks im Online-Bereich? Sie dienen der Orientierung und werden von internet-affinen Kunden zunehmend als selbstverständlich angesehen.

Die Buchhandlung im Netz – was internet-affine Kunden erwarten

AUFTRITT
- Übersichtlichkeit der Website,
- eigene Startseite,
- Adresse, Lageplan, Öffnungszeiten, evtl. Filialen,
- Kontaktmöglichkeiten,
- Porträt und Konzept der Buchhandlung,
- unternehmensspezifische Menüpunkte,
- individuelles Design,
- Infos über die Firmengeschichte und das Mitarbeiter-Team.

WEBSHOP

- Auswahl aus einer möglichst großen Zahl lieferbarer Titel und Medien, auch E-Books, Mp3-Dateien, Tonträger etc.,
- gute und schnelle Suche,
- Zusatzinformationen über Titel , wie Abbildungen, Rezensionen, Trailer, Klappentexte, Lese- und Hörproben,
- Links zu weiteren Büchern des Autors,
- Links zu Bewertungen und Rezensionen ehemaliger Käufer,
- Verwendung des Webshops auch bei der Inhouse-Recherche.

AGB/KUNDENINFORMATIONEN

- Information über Sicherheit des Bestellprozesses (Datenschutz),
- sichere und bequeme Zahlungsabwicklung (auch Gutschriften, Storni),
- schnelle und zuverlässige Lieferung (evtl. Tracking Codes),
- transparente Lieferbedingungen (Benachrichtigung bei Verzögerungen),
- Hotline,
- Anfragen per Mail.

WERBUNG

- persönliche Empfehlungen, ggf. aus einzelnen Abteilungen oder Warengruppen,
- Übersicht über Veranstaltungen inkl. einer Archivfunktion,
- regelmäßige Rubriken, wie Tipps/Infos der Woche,
- Newsletter (optional)

SOCIAL MEDIA

- Anbindung an facebook und twitter,
- Chatprogramm,
- Austauschforen, wie Leseclubs,
- Blog mit Kommentarfunktion.

Im Rahmen mehrerer AkS-Jahrestagungen wurde ein Webprojekt ins Leben gerufen und weiterentwickelt. Das anfangs von AkS, LG Buch, dem Barsortiment Umbreit und der DZB-Bank (Muttergesellschaft der BAG; siehe Kap. 7.4.2) unterstützte Projekt verspricht u. a. folgende Funktionen (Stand 2013):
- Möglichkeit, eigene Titel im Shop einzustellen (z. B. Regionalia oder Non-Books);
- vollständige Einbindung des VIB und des Umbreit Katalogs, weitere Kataloge in Vorbereitung; also keine Bindung an nur ein Barsortiment;
- Bibliografiefunktion im redaktionellen Teil: Einstellen von Titeln mit Cover und Zusatzinformationen;
- E-Book-Einbindung über Umbreit und die Plattform CEEBO von Media-Control;

- Integration der MVB-Plattform *libreka!* (Volltextsuche und E-Book-Angebot in Vorbereitung);
- virtuelles Schaufenster mit Themenmotiven und einfacher Administration;
- Integration von Social Media (Facebook, Twitter);
- Anbindung an Warenwirtschaftssysteme (aktuell BONUS-WWS und BoNus Start);
- Zahlungsabwicklung (Payment) über die DZB-BANK;
- Unterstützung für mobile Geräte;
- Shop-Vorbereitung für E-Book Reader.

Wenn die Technik steht, ist es nicht aufwändiger, die eigene Website zu pflegen als ein Schaufenster zu gestalten oder einen Büchertisch zu organisieren. Man muss es nur machen, und die Maßnahmen aufeinander abstimmen. Dann gehen online und offline zusammen. Dann besuchen die Kunden das Geschäft nicht mehr nur zu den Ladenöffnungszeiten, sondern rund um die Uhr. Damit wird auch der Glaubenskrieg zwischen analog und digital obsolet. Denn gleichgültig, welchen Aspekt auch immer man betrachtet, es gibt immer Interdependenzen: das gilt für das Leseverhalten wie für das Einkaufsverhalten, für die Werbung und erst recht für die Markenbildung und die Wahrnehmung als Marke. Es geht also um einen ganzheitlichen Ansatz. Das bedeutet wiederum zwangsläufig: Wer im Internet nicht mitspielt, kann schnell zu den Verlieren im stationären Geschäft werden.

Boris Langendorf formuliert in *BuchMarkt* 12/2013: »Ein Onlineshop ist Pflicht. Diesem die persönliche Note der Buchhandlung zu geben, ist die Kür.« Damit sind wir gedanklich bereits mitten im letzten Kapitel des Buches.

Fragen zu Kapitel 9

9.1 Unterscheiden Sie die Aufgaben des Vertriebs und die des Verkaufs.

9.2 Unterscheiden Sie stationären und ambulanten Vertrieb.

9.3 Was versteht man unter der PLU-Technik (price-lock-up), mit der moderne Kassensysteme ausgestattet sind?

9.4 In welchen Fällen ist der Einsatz von Handkassen sinnvoll?

9.5 Nennen Sie sieben Angaben, die auf Kassenbons ausgedruckt werden.

9.6 Worin unterscheidet sich eine Quittung von einem Kassenbon?

9.7 Welche Kommunikationsbestandteile gehören zu einem kundenorientierten Kassiervorgang?

9.8 Sie verantworten die Kassenauswertung. Was versteht man unter dem durchschnittlichen Bon-Umsatz?

9.9 Wie errechnet sich die Tageslosung?

9.10 Was versteht man unter einem Kassensturz?

9.11 Welche bargeldlosen Zahlungsarten sind handelsüblich?

9.12 Wie funktioniert das EC-Cash-Verfahren?

9.13 Ihre Buchhandlung stellt am 21. Mai 2014 einen Bücherscheck aus. Bis zu welchem Datum kann der Bücherscheck spätestens eingelöst werden?

9.14 Nennen Sie sieben Pflichtangaben, die nach dem USt. Gesetz auf Rechnungen stehen müssen.

9.15 Nennen Sie drei Angaben (der unter 9.14 verlangten Pflichtangaben), auf die Sie bei der Ausstellung von Rechnungen bis zu einem Betrag von 150,00 € verzichten können?

9.16 Ein Kunde bestellt bei Ihnen zwei kartonierte Bücher (Gesamtladenpreis: 28,80 €) und bittet um Zusendung mit Rechnung. Die Sendung wiegt 465 Gramm; die entsprechende Gebühr für Büchersendungen stellen Sie in Rechnung; die Verpackung berechnen Sie nicht. Ermitteln Sie Rechnungsbetrag, Steuerliches Entgelt und Umsatzsteuerbetrag für diese Rechnung.

9.17 Welche Beilagen können Sie einer Büchersendung gebührenfrei hinzufügen?

9.18 Erläutern Sie fünf Merkmale, anhand derer man das Anwachsen des E-Commerce festmachen kann. Nehmen Sie ggf. Bezug auf aktuelle Studien.

9.19 Was bedeuten im Zusammenhang mit E-Commerce die Begriffe:
Conversion Rate,
White-Label-Shop,
Web 2.0,
CMS,
DENIC?

9.20 Was bedeutet Multi-Channeling aus Sicht des Vertriebs?

10
Marketing

Marketing

Aus: Ausbildungsrahmenplan für die Berufsausbildung zum Buchhändler und zur Buchhändlerin | Sachliche Gliederung (§ 4 Absatz 2 Abschnitt A Nummer 6)

MÄRKTE UND ZIELGRUPPEN
- Strukturen der Buchhandelslandschaft bei Marketingentscheidungen berücksichtigen;
- Marktdaten erfassen, Marktsituation am Standort unter wirtschaftlichen und regionalen Gesichtspunkten beurteilen und Schlussfolgerungen für das Marketing ziehen;
- Informationen über Kauf- und Konsumverhalten von bestehenden und potenziellen Zielgruppen ermitteln und für Marketingmaßnahmen aufbereiten;
- Kundenwünsche und -bedürfnisse ermitteln, mit betrieblichen Leistungsangeboten vergleichen und daraus bedarfsgerechte Vorgehensweisen ableiten.

MARKETINGKONZEPTE
- Ergebnisse der Marktforschung für die Entwicklung, Planung und Durchführung eines Marketingkonzeptes nutzen;
- Marketingmaßnahmen auswählen und Marketinginstrumente einsetzen, Budgetvorgaben berücksichtigen;
- Erfolg der Marketingmaßnahmen beurteilen;
- Möglichkeiten der freien Preisgestaltung als Instrument der Angebotspolitik nutzen.

VERKAUFSFÖRDERUNG
- visuelle Verkaufsförderung gezielt einsetzen;
- anlass- und zielgruppenbezogene Informationen für die Verkaufsförderung einsetzen;
- verkaufsstarke und verkaufsschwache Zonen feststellen und Maßnahmen zur Verkaufsförderung ableiten;
- verkaufsfördernde Maßnahmen planen, durchführen und auswerten.

WARENPRÄSENTATION
- verkaufspsychologische Erkenntnisse bei der Gestaltung der Warenpräsentation berücksichtigen;
- Ladengestaltung und Lichtdesign zur Warenpräsentation nutzen;
- Präsentationsflächen im Rahmen der innerbetrieblichen Werbung gestalten;
- Schaufensterplan erstellen und Schaufenster dekorieren;
- eigene Dekorationsmittel und Materialien der Verlage einsetzen.

WARENPRÄSENTATION
- verkaufspsychologische Erkenntnisse bei der Gestaltung der Warenpräsentation berücksichtigen;
- Ladengestaltung und Lichtdesign zur Warenpräsentation nutzen;
- Präsentationsflächen im Rahmen der innerbetrieblichen Werbung gestalten;
- Schaufensterplan erstellen und Schaufenster dekorieren;
- eigene Dekorationsmittel und Materialien der Verlage einsetzen.

WERBUNG
- Werbeplan erstellen;
- Werbemittel und Werbeträger unter Berücksichtigung von Kosten und Erfolg einsetzen;
- Medien zielgruppenorientiert einsetzen;
- Erfolg der Werbemaßnahmen beurteilen.

ÖFFENTLICHKEITSARBEIT
- Maßnahmen der Öffentlichkeitsarbeit planen, durchführen und beurteilen;
- Maßnahmen der Öffentlichkeitsarbeit und Werbung unterscheiden und koordinieren;
- mit Medienvertretern zusammenarbeiten und Medienanalysen durchführen;
- Interessen von Kooperationspartnern und Sponsoren berücksichtigen.

Eigentlich müsste dieses zehnte Kapitel das erste sein. Denn Gedanken darüber, wie Unternehmen sich selbst oder ihre Produkte ›auf den Markt bringen‹, sind für Wirtschaftsunternehmen jeglicher Art von grundlegender Bedeutung. Letzten Endes sollten sich alle betrieblichen Entscheidungen aus dem Marketingkonzept des Unternehmens erklären lassen. In der Einleitung des ersten Kapitels wurde bereits dargelegt, dass die Preisbindung für Verlagserzeugnisse Wettbewerb und Konkurrenzsituationen keineswegs verhindert, sondern allenfalls entschärft. In einem **Käufermarkt** besteht nun einmal der Wettbewerb über den Standort, über die Größe und die Atmosphäre des Verkaufsraums, die Auswahl des Sortiments, über die Qualifikation der Mitarbeiter, über die Präsentation der Ware, über die Form der Werbung, die Wahl der Absatzkanäle und nicht zuletzt über den Service. Viele Aspekte sind in den vorangegangenen Kapiteln zur Sprache gekommen. Der Schwerpunkt in diesem letzten Kapitel liegt auf der Darstellung der absatzpolitischen Maßnahmen im Rahmen der so genannten Kommunikationspolitik. Um die beschriebenen Zusammenhänge besser nachvollziehen zu können, werden zunächst einige Aspekte der Theorie des Marketings thematisiert, wobei die Marktforschung als konstitutiver Bestandteil besondere Aufmerksamkeit erfährt (siehe Kap. 10.3).

Modern geführte Unternehmen verstehen Marketing als ›Denkhaltung‹, die betrieblichen Prozessen und Entscheidungen zugrunde liegt. Alle Entscheidungen sind vom Markt her zu treffen (vom Markt her denken und handeln), wobei der Kunde mit seinen Bedürfnissen im Mittelpunkt steht und der

Nutzen des Angebots für den Kunden herauszuarbeiten ist. Unter **Marketing** versteht man also die Gesamtheit aller Maßnahmen, die ein Unternehmen treffen muss, um auf Dauer sowohl die Kundenbedürfnisse als auch die eigenen Unternehmensziele zu befriedigen.

Marketing bedeutet demnach, das eigene Unternehmen strategisch auf einen Absatzmarkt hin zu positionieren, um ihm eine unverwechselbare Identität zu geben. Die dazugehörigen Fragen lauten: »Was macht meine Buchhandlung einzigartig?« Oder konkreter formuliert: »Welchen Vorteil oder Nutzen hat mein Kunde davon, gerade in meinem Laden oder meinem Webshop zu kaufen?« Jede Bemühung um Individualisierung und Einmaligkeit bewirkt gleichzeitig eine Profilierung gegenüber der Konkurrenz, eine Abgrenzung zu den Mitbewerbern und erschwert den Markteintritt neuer Konkurrenten. Hieraus erklärt sich der Stellenwert der **unique selling proposition (USP),** der Stellenwert des Alleinstellungsmerkmals einer Buchhandlung. Aus dem Zusammenspiel von unternehmerischem Selbstverständnis (die Buchhandlung steht für diese und jene Leistung) und den daraus abgeleiteten praktischen Umsetzungsmaßnahmen resultiert die Unternehmensidentität, die **corporate identity (CI),** die sich in verschiedener Hinsicht äußert, u. a. in den folgenden Elementen:

- corporate design (CD) – einheitlicher Außenauftritt durch Schrift, Farben und Formen;
- corporate behaviour – Stil bzw. Auftritt nach innen und außen;
- corporate communication – Mittel und Wege der Kommunikation;
- corporate culture – Unternehmenskultur.

10.1
Unternehmensphilosophie und Unternehmensleitlinien

Bei der **Unternehmensphilosophie** und der hiervon wesentlich beeinflussten Unternehmenskultur spielen Wertvorstellungen eine wesentliche Rolle, die für das Verhalten des Unternehmens gegenüber seinen Mitarbeitern, Kunden und etwaigen Anteilseignern entscheidend sind. Hier geht es um Fragen wie:

- Welche Einstellungen hat die Buchhandlung hinsichtlich Wachstum, Wettbewerb und technischer Innovation?
- Wie steht die Buchhandlung zu der »geheiligten Ware« Buch (B. Brecht)? Welchen Stellenwert haben die digitalen Medien für die Buchhandlung?
- Welchen gesellschaftlichen Anspruch hat die Buchhandlung? Will sie nur das Bedürfnis nach Information und Unterhaltung stillen, oder will sie auch Akzente im politischen, wirtschaftlichen und kulturellen Dialog setzen?

Aber nicht nur die wertehaltigen ›philosophischen‹ Festsetzungen sind verpflichtend und wegweisend für Marketingziele und deren Realisierung, sondern auch die bereits auf die Praxis hin formulierten **Unternehmensleitlinien**, die alle betrieblichen Bereiche erfassen und beschreiben sollen, und damit u. a. betreffen:

- **Sortiment / Dienstleitungen**
  Unsere Buchhandlung bietet das umfassendste Angebot zu einem bestimmten Thema. Unsere Buchhandlung führt vor allem die Publikationen kleinerer Verlage. Unsere Buchhandlung führt ein bewusst ausgewähltes Sortiment. Unsere Buchhandlung bietet den bestmöglichen Besorgungsservice; dies gilt auch für Importtitel und Antiquaria.
- **Kunde / Käufer**
  Unsere Buchhandlung ermöglicht jedem Kunden den problemlosen Zugang zur Ware. Unsere Buchhandlung versteht sich als Gastgeber und empfängt die Kunden als Gäste.
- **Mitarbeiter**
  Unsere Buchhandlung informiert jeden Mitarbeiter über Umsatzzahlen und Leistungskennziffern. Unsere Buchhandlung schätzt die Arbeit jedes Mitarbeiters. Unsere Mitarbeiter sollen gegenüber den Kunden nicht als Einzelkämpfer auftreten; der Teamgedanke soll stets im Vordergrund stehen. Unsere Mitarbeiter sollen in einem angenehmen Betriebsumfeld arbeiten, für das die Geschäftsleitung zuständig ist.

Unternehmensleitlinien können hinsichtlich aller Unternehmensaktivitäten festgelegt werden. Aber erst wenn nach diesen Leitlinien auch gehandelt wird, kann man von einer gelebten Unternehmenskultur oder einer gelebten CI sprechen.

10.2
Marketingziele, Marketingkonzepte und Marketinginstrumente

In der Fachliteratur unterscheidet man strategisches und operatives Marketing, und im Idealfall ergibt sich das letztgenannte aus dem erstgenannten: Auf der Grundlage übergeordneter ›Vorgaben‹ (Unternehmensphilosophie und -leitlinien) werden in Reaktion oder im Hinblick auf (konkrete) geschäftliche Situationen **Marketingziele** definiert, die am Markt umgesetzt werden sollen. Mag auch das letztendliche Geschäftsziel in einem hohen Ertrag bestehen, im Detail gibt es eine Fülle denkbarer Teilziele.

Eine vordergründige Orientierung bietet die Einteilung in betriebswirtschaftliche Ziele, die quantitativ in Zahlen und Prozentangaben festgelegt werden können, und in verkaufspsychologische Ziele, die auf qualitative Veränderungen hinsichtlich der Einstellung zum Kaufen zugunsten des Unternehmens abzielen. Aber auch gemeinschaftsorientierte Ziele sollten nicht aus dem Blickfeld geraten.

Betriebswirtschaftliche Ziele	Kundenorientierte Ziele	Gemeinschaftsorientierte Ziele
Umsatzsteigerung	größtmögliche Kundenzufriedenheit	Arbeitsplätze schaffen und sichern
Erreichung definierter Marktanteile	Verbesserung des Einkaufsklimas	angenehme Arbeitsatmosphäre
Verbesserung der Handelsspanne	Nr. 1 im Bewusstsein der Kunden	Erhaltung der Buch- und Lesekultur
Optimierung von Beschaffungslogistik und Distribution	bestmöglicher Service	Teilhabe am kulturellen Leben der Stadt bzw. des Stadtteils
Verbesserung der Rendite	Neukundengewinnung	Leseförderung

Marketingziele sollten stets so formuliert sein, dass sie später überprüft werden können. Denn ohne spätere kritische Beurteilung ihres Erfolgs oder auch Misserfolgs laufen sie ins Leere. Deshalb sind sie nach Inhalt, Ausmaß und Zeit zu präzisieren – auch unter Berücksichtigung von Budgetvorgaben, die ihrerseits ständig auf ihre Effektivität hin zu prüfen und zu nutzen sind. Falls Zielkonflikte auftreten sollten, sind Prioritäten für das eine oder das andere Ziel zu setzen. Die Klärung der Marketingziele ist die oberste Hierarchieebene bei der Erstellung von **Marketingkonzepten**, bei denen es drei Konzeptionsebenen zu unterscheiden gilt:

* Marketingziele (= erste Konzeptionsebene):
»**W**o wollen wir hin? **W**as wollen wir erreichen?«
* Marketingstrategie (= zweite Konzeptionsebene):
»**W**ie schaffen wir es? **W**ie kommen wir dahin?«
* Marketing-Mix oder Marketing-Instrumente (= dritte Konzeptionsebene):
»**M**it **w**elchen Maßnahmen erreichen wir unsere Ziele? Was müssen wir einsetzen?«

Damit wird deutlich, dass Marketing der Planung bedarf. Ein gängiges Verfahren, mit dem **Planungsarbeit** strukturiert wird, ist das **SMART-Verfahren,** das die je spezifische Gesamtplanung in fünf Einzelbereiche unterteilt. Das folgende Beispiel zeigt, wie eine ›SMARTe‹ Planung die Transparenz hinsichtlich der Realisierung des Marketingziels, in diesem Fall eine fünfprozentige Umsatzerhöhung in der Warengruppe Belletristik, deutlich erhöht:

S(pezifisches)	Umsatzerhöhung um 5 Prozent
M(essbarkeit)	Daten des Monatsabschlusses
A(ktionsplan)	Sonderpräsentationen, Veranstaltungen, Aktionswochen
R(elevanz)	Sicherung quantitativer und qualitativer Unternehmensziele
T(erminierung)	am Quartalsende

KOMMUNIKATIONSPOLITIK
(Wie mache ich meine Leistungen
dem Kunden verständlich?)

Werbung
- Schaufenster
- Prospekte
- Anzeigen
- etc.

Sales Promotion
(Verkaufsfördernde Maßnahmen)
- Lesungen
- Signierstunden
- Vorlesewettbewerbe
- etc.

PR (public relations –
Werbung um öffentliches Vertrauen)
- Kontakte zur Presse
- Kontakte zu wichtigen Multiplikatoren

Gesprächsführung
- Verkaufsgespräche
- Telefonische Auskünfte
- Beratungsgespräche beim Kunden
- etc.

Verkaufsraum
- Beschriftung
- Präsentation
- Licht
- Mittenmöbelgestaltung
- etc.

PRODUKTPOLITIK
(Welche Leistungen biete ich
meinen Kunden oder Zielgruppen an?)

Sortiment
- Auswahl der Verlage (A-, B-, C-Verlage)
- Auswahl der Warengruppen
- Diversifikation durch Non-Books
- Aktualität: Relation Novitäten – Backlist
- Stellenwert der Bestseller
- Stellenwert der Neuen Medien

Service
- Auskünfte zu Titeln
- Besorgungsgeschäft
  (Einzeltitel- und Abo-Besorgung)
- Verfügbarkeit
  (Website, Hotline, Anrufbeantworter, Fax)
- Ansichtssendungen
- Zustellung
- Bücherschecks
- Antiquarische Recherche
- Infos über Novitäten
  bestimmter Sortimentsbereiche

MARKETING-INSTRUMENTE IM BUCHEINZELHANDEL

DISTRIBUTIONSPOLITIK
(Wo und wie vertreibe ich meine
Leistungen?)

Stationärer Verkauf
- Eigenes Ladengeschäft
- Filialkonzept
- Kommissionsverkauf in Nebenmärkten

Ambulanter Verkauf
- Versandbuchhandel
- Reisebuchhandel
- Verkauf via Büchertisch
- Online-Vertrieb

**PREIS- BZW. KONTRAHIERUNGS-
POLITIK**
(Zu welchen vertraglichen Bedingungen
biete ich meine Leistungen an?)

Preisniveau
- bei preisgebundenen Büchern
- bei Non-Books

Rechtsnormen/vertragliche Bestimmungen
- BuchPrG
- Fernabsatzrecht
- AGB

Aus der Abstufung der Hierarchieebenen ergibt sich zwangsläufig die ›dienende‹ bzw. ausführende Funktion der **Marketing-Instrumente**, die kein Selbstzweck sind, sondern Mittel, um gesetzte Ziele zu erreichen. Dabei steht jeder Buchhandlung eine Vielzahl von Maßnahmen zur Verfügung, die sie bei Bedarf einsetzen kann. Häufig wird Marketing auf die Instrumente reduziert, die – aus dem amerikanischen kommend – als die ›vier P‹ in die Literatur eingegangen sind und im **Marketing-Mix** zusammenwirken:

Product	Produktpolitik
Placement	Distributionspolitik
Promotion	Kommunikationspolitik
Price	Kontrahierungspolitik

In der Fachliteratur ergänzen zwei weitere ›P‹ die ›4-P-Formel‹: **P**eriphery (betriebliches Umfeld) und **P**erson (Mitarbeiter). Damit wird die Möglichkeit der Reflexion hinsichtlich weiterer Einflussfaktoren im Kontext der zentralen Marketinginstrumente optimiert.

Die nebenstehende ganzseitige Abbildung bietet einen Überblick über die wichtigsten Marketing-Instrumente im Sortimentsbuchhandel. Dem an letzter Stelle aufgeführten Marketinginstrument, bei dem es um Preise oder den Preis beeinflussende Vertragsbestandteile geht, wie etwa um die Porto-Belastung beim Internet- oder Versandgeschäft, kommt allerdings aufgrund der mehrheitlich gebundenen Ladenpreise eine geringe Bedeutung zu. Zu berücksichtigen sind jedoch in diesem Zusammenhang unbedingt der Preis-Mix des Warenangebots (hochpreisige Bücher, Taschenbücher oder MA-Ware) sowie die preisrelevanten Aspekte im Kontext der Distributionspolitik (Monatskonto, Kundenkarte). Wird bei Non-Books die freie Preisgestaltung als Instrument der Angebotspolitik genutzt, kommt es zu Überscheidungen zum Marketing-Instrument Produktpolitik.

Im Rahmen der Produktpolitik wird auch entschieden, wie die Buchhandlung mit neuen Produkten verfährt. In diesem Zusammenhang ist das Vier-Felder-Modell für mögliche Produkt-Markt-Strategien des Wirtschaftswissenschaftlers Harry Igor Ansoff interessant. Ansoff unterscheidet in Bezug auf alte und neue Produkte bzw. Märkte die Optionen Marktdurchdringung, Marktentwicklung, Produktentwicklung und Diversifikation. Dabei liegt es auf der Hand, dass jede Entscheidung der Buchhandlung für eine Option, oder sogar für mehrere Optionen, je eigene Kommunikations- und Distributionsstrukturen nach sich zieht. Marketing – genauer: das erfolgreiche Auf-den-Markt-Bringen – gelingt eben immer nur mit einem Bündel von Maßnahmen.

	Bisherige Märkte	**Neue Märkte**
Bisherige Produkte	Marktdurchdringung	Marktentwicklung
Neue Produkte	Produktentwicklung	Diversifikation

Produkt-Markt-Strategien nach Harry Igor Ansoff

›Gespielt‹ werden die verschiedenen Instrumente von Mitarbeitern und Führungskräften in ihren Buchhandlungen. Häufig basieren sie auf Ergebnissen der Marktforschung, die man für die Entwicklung, Planung und Durchführung eines Marketingkonzeptes nutzen sollte. Nur den Firmen, denen es gelingt, ihre Mitarbeiter durch Motivation und Weiterqualifizierungsmöglichkeiten in einen lebendigen Marketing-Mix einzubeziehen, wird ein langfristiger Erfolg am Markt nicht verwehrt bleiben.

10.3
Marktforschung und Markterkundung

Marktforschung beschafft und analysiert Daten für das Absatzmarketing. Im Rahmen der Informationsgewinnung grenzt man durch eigene Untersuchungen gewonnene **Primärdaten** von **Sekundärdaten** ab, die aus bereits durchgeführten Untersuchungen oder anderen Quellen abgeleitet werden. Da die Sekundärdaten in der Regel via PC recherchiert werden, spricht man hier auch von ›desk research‹ – im Unterschied zur ›field research‹ eigener Untersuchungen. Des Weiteren lassen sich die Daten trennen in **interne** aus dem eigenen Unternehmen gewonnene Daten und **externe** Informationen, die aus unternehmensfremden Quellen stammen. In der Regel ergänzen sich die unterschiedlichen Datenquellen und ergeben erst in der Kombination ein Abbild des gegenwärtigen oder künftigen Marktes ›vor der Haustür‹, denn ›all business is local‹.

Datenquellen für Marktforschung

	primär (field research)	sekundär (desk research)
intern	Eigene Marktuntersuchung mit firmenspezifischer Fragestellung	Kassenstatistik Kundenstatistik WWS etc.
extern	Befragungen durch Marktforschungs-institute	Marktdaten der Stadt/Kommune Studien von allgemeinem Interesse Literaturquellen (*Buch und Buchhandel in Zahlen* etc.)

Methoden der Datengewinnung

Primärdaten gewinnt man durch Befragung, Beobachtung, Experiment und Panelforschung. Von großer Bedeutung für die Qualität der Ergebnisse ist die **Stichprobenbildung**. Da es im Normalfall nicht möglich ist, alle potenziellen

Kunden oder Käufer zu befragen, muss eine repräsentative Auswahl getroffen werden. Hierfür gibt es zum einen unterschiedliche Verfahren der **Zufallsauswahl (Random-Verfahren),** die repräsentative Ergebnisse sicherstellen sollen, und zum anderen Verfahren der **Quotenstichprobe**. Im letztgenannten Fall wird dem Marktforschungsinstitut vorgegeben, nach welchen soziodemografischen Merkmalen (Geschlecht, Alter etc.) es seine Stichproben zu bilden hat.

Die **Befragung** wird entweder schriftlich (online oder offline) oder in Form von Diskussionsrunden und Interviews durchgeführt. Während die Interview-Ergebnisse dadurch verzerrt werden können, dass Fragesteller und Befragte in direktem Kontakt stehen, hat die schriftliche Befragung den Nachteil einer geringen und evtl. nicht repräsentativen Rücklaufquote. Entscheidend für das Ergebis ist die Formulierung der Fragen. Wegen der preisgünstigen Durchführung werden die schriftlichen Befragungen sehr häufig eingesetzt, obwohl sie eine Reihe von Nachteilen aufweisen, so können keine direkten Kontrollfragen eingebracht werden. Allerdings kompensieren entsprechend professionell konzipierte Fragebögen den genannten Nachteil durch Stimmigkeits- bzw. Ausschlussfragen, die die Validität der erzielten Ergebnisse gewährleisten.

Die **Beobachtung** bzw. das **Experiment** lässt sich entweder im ›Labor‹ mit Wissen der Versuchspersonen oder im ›Feld‹, an einem realen Ort, durchführen. So gibt es beispielsweise Methoden der Blickaufzeichnung am Point-of-Sale, die feststellen, welche Regalsegmente eine Testperson als erste sieht. Auch von Kunden bevorzugte Laufwege lassen sich durch Beobachtung analysieren. Publikumsverlage testen mitunter vor Start eines neuen Produktes (Pretest) das Verhalten der anvisierten Zielgruppe und die Markttauglichkeit der grafischen Gestaltung (Cover, Werbeplakate etc.), zunehmend mithilfe von social media (siehe Kap. 10.5.8).

Ein **Panel** ist eine Wiederholungsbefragung, bei der im Rahmen von Langzeituntersuchungen in derselben Personengruppe die gleichen Fragenkataloge zu unterschiedlichen Zeitpunkten eingesetzt werden. Neben Haushaltspanels, bei denen Konsumgewohnheiten wöchentlich per Fragebogen und/oder Scan-Technik erhoben werden, gibt es Handelspanels, die den Abverkauf von Produkten und Produktkombinationen in einer Verkaufsstelle erfassen. Vor allem der Einsatz von Scannerkassen ermöglicht die einfache Erfassung von Verkaufsdaten. Seit 2003 besteht eine Kooperation zwischen dem Börsenverein des Deutschen Buchhandels und der Media Control GmbH. Auf der Basis des Buchhandelspanels von Media Control GfK International erscheint seit Februar 2004 der monatliche Newsletter *Branchen Monitor Buch*.

Marktforschung im Buchhandel

Aus dem Gesagten wird klar, dass allein aus finanziellen Gründen nur wenige Untenehmen des verbreitenden Buchhandels Marktstudien in Auftrag geben können; dies bleibt großen Firmen oder dem Börsenverein als Dachverband aller Buchhandelsunternehmen vorbehalten. Es kann hier nicht der Ort sein, auf alle Buchmarktanalysen und -studien einzugehen, die unter Fragestellungen wie ›Buchkäufer und Leser‹, ›Hörlust und Lesefrust?‹ oder ›E-Book-Studie‹ durchgeführt worden sind. Alle Veröffentlichungen dieser Art sind in den Fachbibliotheken der Studiengänge rund um Bücher und Medien einsehbar.

Der Börsenverein des Deutschen Buchhandels informiert seine Mitglieder über neue Studien und deren Ergebnisse im *Börsenblatt*, macht die monatlichen aktuellen Umsatztrends durch den Newsletter *Branchen Monitor Buch* publik, präsentiert eigene Studien auf seiner Website im geschlossenen Bereich und wertet in der Publikation *Buch und Buchhandel in Zahlen*, die alljährlich im Rahmen der Wirtschaftspressekonferenz des Börsenvereins vorgestellt wird, relevante Studien und Quellen aus. Das fängt in der letztgenannten Publikation bei Marktdaten an, die amtlichen Umsatz- und Außenhandelsstatistiken entnommen sind (Steuerpflichtige Betriebe nach Umsatzgrößenklassen; Einfuhr von Büchern, Zeitungen und Zeitschriften), geht über Daten der Allensbacher Markt-Analyse für Werbeträger (Interesse an Medien) und Auswertungen des Kölner Betriebsvergleichs für den Einzelhandel (Analysen und Kennziffern für den Sortimentsbuchhandel hinsichtlich der Erlös- und Kostenstruktur unterschiedlicher Betriebe) bis hin zu Statistiken hinsichtlich der Titelproduktion und der Durchschnittsladenpreise, wofür Angaben der *Deutschen Nationalbibliografie* und des *Verzeichnis lieferbarer Bücher* (VlB) herangezogen werden.

Markterkundung

Marktforschung im Buchhandel setzt sich mit der Situation und Entwicklungstendenzen der Branche auseinander sowie mit allgemeinen und branchenbezogenen Verbrauchertrends. Doch was fängt der einzelne Sortimenter in seiner konkreten Situation mit diesen Informationen an? Zunächst einmal wird er hoffentlich für bestimmte Fragestellungen und Zusammenhänge sensibilisiert. Bestenfalls treffen bestimmte Tendenzen oder Analysen auch für ›seinen‹ Markt zu, und er kann die Ergebnisse der Studien zu seinem Vorteil nutzen.

Trotzdem muss er sich zusätzlich um konkrete Zahlen aus seinem Geschäftsumkreis kümmern. Da er jedoch in den seltensten Fällen eigene Studien mit wissenschaftlichem Anspruch in Auftrag geben kann, wird man seine individuellen Analysen besser mit dem sachadäquaten Begriff ›Markterkundung‹ beschreiben. Auch hier unterscheidet man – je nachdem, ob die Buchhandlung Daten durch Erhebungen, Umfragen o. Ä. selbst gewinnt, oder ob sie vorhandene Datenquellen der IHK, der Berufsverbände, der kommunalen Verwaltung oder einfach Telefonverzeichnisse auswertet – primäre und sekundäre Marktdaten; in der Regel handelt es sich um desk research.

Maßnahmen der Markterkundung (in Auswahl)

MARKTANALYSE
• Kaufkraft,
• Geschäftslage,
• Einzugsgebiet,
• Infrastruktur,
• Zahl der Haushalte,
• Beschäftigungsstruktur,
• Behörden,
• Industrie-/Handels-/Dienstleistungs-/Handwerksunternehmen,
• Bildungseinrichtungen,
• Bildungsstruktur,
• Baugenehmigungen für neue Wohnviertel.

KONKURRENZANALYSE
• stationäre Wettbewerber,
• ambulante Wettbewerber,
• Marktanteile der Konkurrenz,
• Konkurrenz außerhalb der Branche.

KUNDENANALYSE
• Kaufkraft,
• Pendlersituation,
• Lebensstile/Milieus,
• Kaufmotive,
• Ansprüche hinsichtlich Sortiment, Präsentation, Beratung, Service,
• Relation Laufkunden/Stammkunden,
• Informationsverhalten der Kunden.

Eine häufig angewandte Analysetechnik der Markterkundung besteht in der **SWOT**-Analyse. Dies ist eine **Stärken-Schwächen-Analyse,** die einerseits das individuelle Firmenumfeld (Mikroumwelt) mit seinen Stärken und Schwächen beleuchtet und andererseits die rechtlich-politischen, ökonomisch strukturellen, soziokulturellen, ökologischen und technologischen Rahmenbedingungen (Makroumwelt) mit ihren Chancen und Gefahren diagnostiziert. Die Abkürzung SWOT steht für:

S	strength (Stärken)
W	weaknesses (Schwächen)
O	opportunities (Chancen)
T	threats (Gefahren)

Stärken und Schwächen verdeutlichen in einem generellen Sinn die Faktoren, die ein Unternehmen beeinflussen kann. Chancen und Gefahren indizieren Faktoren, die die einzelne Buchhandlung nicht verändern kann. Bezogen auf die Attraktivität des Sortimentsbuchhandels – die Stärken und Schwächen des eigenen Unternehmens muss jede Sortimentsbuchhandlung selbst ausloten – könnte eine Matrix wie folgt aussehen:

Beeinflussbare Faktoren (in Auswahl)	Nicht beeinflussbare Faktoren (in Auswahl)
Stärken	**Chancen**
• Individualität (USP)	• intakte Buchpreisbindung
• Sortiment	• Studien belegen weiterhin Lesekompetenz der
• umfangreicher Service	nachwachsenden Generation
Schwächen	**Gefahren**
• geringes Eigenkapital	• Verlage forcieren das Direktgeschäft (Print- und
• schlechte LUG	digitale Geschäftsmodelle)
• geringe Rendite	• Abhängigkeit von der jeweiligen Gesetzeslage
• hohe Mietkosten für gute Lagen	

SWOT-Analyse: Attraktivität des Sortimentsbuchhandels

Die Matrix zeigt, dass einzelne Punkte gleichzeitig Stärke und Schwäche bzw. Chance und Gefahr bedeuten können. So zum Beispiel der Punkt Sortiment, der aufgrund der Sortierleistung als Stärke des Buchhandels anzusehen ist, bei fehlendem Absatz aber Kapital bindet. Oder das Buchpreisbindungsgesetz, das bei der jetzigen Rechtslage ein dichtes Buchhandelsnetz ermöglicht, während sich bei einer Änderung der Gesetzeslage die jetzige Buchhandelslandschaft ändern wird.

Eng verknüpft mit der SWOT-Analyse ist eine **Potenzialanalyse,** die die Mikroumwelt untersucht. Als Frage formuliert: »In welchen Bereichen besitzt die Buchhandlung Kompetenzen und in welchen kann bzw. muss sie gegebenenfalls Know-how aufbauen?« Hierzu kann man einzelne Unternehmensfunktionen in einer Checkliste darstellen und deren Zustand anhand einer Skala als eher positiv oder negativ bewerten. Ein besonderer Reiz besteht darin, eine derartige Potenzialanalyse im eigenen Haus vornehmen zu lassen und parallel dazu eine Fremdbefragung durchzuführen. Denn das Fremdbild, eine Bewertung von Außen, ist ungleich wichtiger als die Eigendiagnose. Und je nachdem, wie das Ergebnis ausfällt, muss es dann heißen: ›Die Schwächen angehen!‹ Aber auch: ›Die Stärken stärken!‹

Ein Beispiel für eine Potenzialanalyse steht auf der folgenden Seite. Haupt- und Unterpunkte können selbstverständlich beliebig modifiziert und ergänzt werden – je nachdem, in welchem Zusammenhang die Marktanalyse steht und für welchen Zweck der Inhaber der Buchhandlung die (Einzel-)Ergebnisse der Untersuchung nutzen möchte.

Beispiel einer Potenzialanalyse für eine Sortimentsbuchhandlung

	3	2	1	-1	-2	-3
Äußere Erscheinung						
• Hausfassade	☐	☐	☐	☐	☐	☐
• Außenwerbung	☐	☐	☐	☐	☐	☐
• Abhebung von Nachbargeschäften	☐	☐	☐	☐	☐	☐
• Schaufensteranlage	☐	☐	☐	☐	☐	☐
• Eingangslösung	☐	☐	☐	☐	☐	☐
Verkaufsraum						
• Übersichtlichkeit	☐	☐	☐	☐	☐	☐
• Blendenbeschriftung	☐	☐	☐	☐	☐	☐
• Regalbodenbeschriftung	☐	☐	☐	☐	☐	☐
• Sortimentsauswahl	☐	☐	☐	☐	☐	☐
• Erkennen von Neuerscheinungen	☐	☐	☐	☐	☐	☐
• Erkennen von Sonderplatzierungen	☐	☐	☐	☐	☐	☐
• Erkennen des Schwerpunktsortiments	☐	☐	☐	☐	☐	☐
Service						
• Besorgungsdienst	☐	☐	☐	☐	☐	☐
• Zustellung/Versand	☐	☐	☐	☐	☐	☐
• Behandlung von Sonderwünschen	☐	☐	☐	☐	☐	☐
Personal						
• Kundenorientierung	☐	☐	☐	☐	☐	☐
• Lagerkenntnisse	☐	☐	☐	☐	☐	☐
• Freundlichkeit	☐	☐	☐	☐	☐	☐
• Qualität der Führungskräfte	☐	☐	☐	☐	☐	☐
Warenpräsentation						
• Schaufenstergestaltung	☐	☐	☐	☐	☐	☐
• Auslagengestaltung	☐	☐	☐	☐	☐	☐
• Gestaltung der Mittenmöbel	☐	☐	☐	☐	☐	☐

10.4
Zielgruppen und Milieus

Marktorientiert denkende Buchhandlungen haben immer schon den Markt im Visier gehabt, häufig perspektivisch verkürzt im Hinblick auf ihre **Zielgruppen**. Allerdings sind diese häufig ungenau definiert – beispielsweise dann, wenn das lese-interessierte Publikum im Fokus steht. Oder die Zielgruppe ist vom Konzept her limitiert, wie im Falle eines Fachbuchsortiments, das wissenschaftliche Literatur führt, oder einer Kinder- und Jugendbuchhandlung, die allein dieses Warensegment am Lager führt. Und wenn man als einziger Anbieter für alle Menschen im Stadtteil oder in einer kleineren Stadt verantwortlich ist, entscheidet allein der geografisch-lokale Aspekt.

In der heutigen Marketingtheorie unterscheidet man zwei Ansätze, um nahe beim Kunden zu sein. Der traditionellere ist der **soziodemografische Ansatz,** der quantifizierbar erfassbare Merkmale von **Zielgruppen** ausmacht, wie Geschlecht, Alter, Familienstand, Haushaltsgröße, höchster erreichter Schulabschluss, Einkommen etc. ›Spannender‹ – und in den letzten Jahren in den Mittelpunkt gerückt – ist der **psychografische Ansatz.** Ausgehend von der Erkenntnis, dass Zielgruppen nicht mehr allein über ihre Kaufkraft und weitere äußere Merkmale zu definieren und zu umwerben sind, arbeiten Marktforschungsinstitute, wie Sinus Sociovision, gemeinsame Wunsch- und Leitbilder, Lebensstile, Werthaltungen und Freizeitmuster einzelner gesellschaftlicher Gruppen heraus (siehe Kap. 6.2.2.1). Aus Zielgruppen werden Milieus. Warum diese für die Marktforschung (und die Verwertung ihrer Erkenntnisse im Handel) interessanter sind als traditionelle Zielgruppen, verdeutlicht ein bekanntes Beispiel aus der Literatur, in dem es um ›soziodemografische Zwillinge‹ geht: Jeder der Zwillinge wurde 1948 in Großbritannien geboren, beide sind sehr vermögend, beide schätzen die Alpen als Urlaubsregion, beide sind geschieden und haben wieder geheiratet, beide haben zwei Kinder – und sind dennoch so grundverschieden, dass kein Mensch auf den Gedanken kommen würde, sie derselben Zielgruppe zuzuordnen. Das Beispiel von Prinz Charles und Ozzy Osbourne zeigt die Grenzen des Zielgruppen-Ansatzes, der mit soziodemografisch-statistischem Material arbeitet, und weist den Weg zu gesellschaftlichen Milieus, die durch ähnliche Wertvorstellungen und Verhaltensweisen charakterisiert sind. Trotzdem: Nicht jeder Mensch ist eindeutig einem gesellschaftlichen Milieu zuzuordnen, und so bleiben Überschneidungen mit angrenzenden Milieus nicht aus, was in der Sinus-Matrix mit den Achsen ›Soziale Lage‹ und ›Grundorientierung‹ durch ›Kartoffelgrafiken‹ symbolisiert wird. Die immer auftretenden Überschneidungsbereiche werden von Sinus Sociovision mit dem Begriff der ›Unschärferelation der Alltagswirklichkeit‹ bezeichnet (siehe Kap. 6.2.2.1).

Sinus Sociovision hat sich seine sozialen Cluster oder Milieus mit dem Begriff Sinus-Milieus® schützen lassen. In Zusammenarbeit mit der Gesellschaft für Konsumforschung (GfK) führt das Institut auch die repräsentative Verbraucherstudie *Buchkäufer und Leser* durch, die 2008 zum zweiten Mal erschien und vom Börsenverein herausgegeben wird. Befragt werden in dieser Langzeitstudie 10.000 Personen ab zehn Jahren; außerdem sind Kaufdaten von knapp 8.000 Teilnehmern erfasst worden. Die Ergebnisse der Studien sind im geschlossenen Bereich auf der Website des Börsenvereins zugänglich. Obwohl sich die gesellschaftlichen Milieus mitunter verändern und Sinus Sociovision in unregelmäßigen Abständen Anpassungen, Ergänzungen bzw. Neukonzeptionen entwickelt und vorstellt (zum Zeitpunkt der Drucklegung dieses Buches standen die Milieus von 2012 zur Verfügung), sind die Kern-Zielgruppen für den Buchhandel schnell ausgemacht. Das größte Potenzial bieten das sozial-ökologische Milieu (konsumbewusstes Milieu mit normativen Vorstellungen vom ›richtigen‹ Leben mit ausgeprägtem ökologischen und sozialen Gewissen) sowie das liberal-intellektuelle Milieu (aufgeklärte Bildungselite mit liberaler Grundhaltung und postmateriellen Wurzeln, vielfältigen intellektuellen Interessen und dem Wunsch nach einem selbstbestimmtem Leben), gefolgt vom konservativ-etablierten Milieu und der bürgerlichen Mitte. Für den Internethandel sind die Expeditiven und Performer ungleich wichtiger; sie tätigen über 30 Prozent ihrer Bestellungen im Internet.

Auf welches Milieu eine Buchhandlung gegebenenfalls setzen soll, bleibt selbstverständlich dem Eigentümer überlassen. Auch die Entscheidung darüber, ob er konsequent auf nur ein Milieu setzen soll. Bedenkenswert ist auf jeden Fall die Aussage Reinhold Gondroms, der bereits in den 1990er Jahren mit dem Sinus-Modell arbeitete und damals sinngemäß sagte: »Jeder Kunde möge sich in meinen Buchhandlungen wohlfühlen, aber für meine Kernzielgruppe [die bürgerliche Mitte; eig. Ergänzung] tue ich besonders viel.« So löste er das Problem, das herstellende Unternehmen in der Medienbranche anders angehen können, indem sie Programmsegmente oder einzelne Reihen für bestimmte Milieus konzipieren und diese ›milieugerecht‹ vermarkten. Die Programmleiterin des Callwey Verlags sagte hierzu im *Börsenblatt* 33/2007: »Wir haben sie [Vertreter der Kernzielgruppen; eig. Ergänzung] verheiratet, ihre Wohnungen eingerichtet, ihre Bücherregale gefüllt. Sie sind Persönlichkeiten, mit denen wir leben – und denen wir unsere Titel auf den Leib schneidern.«

10.5
Werbung

Werbung als ein wichtiger Teilaspekt absatzorientierten Handelns ist das wohl publikumswirksamste Mittel, um sich von der Konkurrenz abzugrenzen und um Marktanteile zu erwerben, zu sichern und zu vergrößern. Durch geschickten Einsatz verschiedener Werbemittel und -träger ist jede Buchhandlung aufgefordert, ihr Sortiment und ihre Dienstleistungen transparent zu machen und auf Produkte oder Themen hinzuweisen, die der Kunde ohne diese ›Sonderplatzierung‹ oder ›Herausstellung‹ nicht zur Kenntnis genommen hätte. Neben der klassischen **produktorientierten Werbung** gibt es auch eine **imageorientierte Werbung,** deren erklärtes Ziel es ist, das Image des Unternehmens und die Einstellung der Kunden zum Unternehmen zu verbessern.

Als »versuchte Meinungsbeeinflussung« *(Gablers Wirtschaftslexikon)* oder als »planmäßige psychologische Beeinflussung« (Uhlig, *Der Sortimentsbuchhandel)* gekennzeichnet, versucht die Werbung einerseits rational-informativ, andererseits psychologisierend-manipulativ die Konsumenten für die Durchsetzung ihrer Werbeziele zu gewinnen. Wenn man die verschiedenen Begriffserklärungen für die Belange des Sortimentsbuchhandels zusammenfasst, kann man Werbung wie folgt definieren: Planmäßig konzipierte, me-

diengebundene Information an tatsächliche und potenzielle Buchleser und
-käufer, um den Wert, Vorteil und Nutzen von Waren und Dienstleistungen einer Buchhandlung mit dem Ziel aufzuzeigen, den Absatz herausgestellter Titel und Themenbereiche anzubahnen.

Werbung findet nicht im rechtsfreien Raum statt. Im Gesetz gegen den un
lauteren Wettbewerb (UWG) sind die wichtigsten Beschränkungen aufgeführt.
So darf Werbung nicht sittenwidrig oder irreführend sein. Für den Buchhandel konkretisieren die Wettbewerbsregeln (siehe Kap. 4.2.3) im Punkt 5 den
unlauteren Wettbewerb; hier geht es vor allem um die korrekte Preisauszeichnung. Vergleichende Werbung, die erkennbar die eigene Leistung in Relation zu einem Mitbewerber hervorhebt (im Sinne von ›besser als …‹), darf
nur in engen Grenzen eingesetzt werden.

10.5.1
Werbeetat

Der US-Werbefachmann Steve McKenzie hat einmal gesagt: »Wer aufhört zu
werben, um Geld zu sparen, der könnte genau so gut seine Uhren stehen lassen, um Zeit zu sparen.« Und von Henry Ford ist der Satz überliefert: »Ich
weiß, dass ich die Hälfte meines Werbeetats falsch ausgebe; ich weiß nur nicht
welche Hälfte.«

Anders als bei Verlagen, die ihren Werbeaufwand in den Ladenpreis mit
einkalkulieren können, muss der Buchhandel alle Werbeausgaben von seiner
Gewinnspanne bestreiten. Dies erklärt den vergleichsweise niedrigen prozentualen Anteil von rund 1 Prozent vom Umsatz im Sortimentsbuchhandel.
Zwar fließen manche Werbekosten, wie die Aufwendungen für die Schaufens-
terbeleuchtung oder die Portoauslagen für Werbebriefe, in die allgemeinen
Geschäftskosten ein und werden als Werbeausgaben erst gar nicht ersichtlich,
doch auch mit 1,5 Prozent vom Umsatz lassen sich kaum große Sprünge machen. Selbst die größten Buchhandlungen sowie Gründungskonzepte neuer
Buchhandlungen veranschlagen selten mehr als 3 Prozent vom Umsatz für
Werbeaktivitäten oder Maßnahmen zur Verkaufsförderung (siehe Kap. 10.9).
In Anbetracht dieser Situation werden Möglichkeiten der Gemeinschaftswerbung (siehe Kap. 10.5.6) ausgenutzt. Ferner kommt der so genannten **Media-
selektion** eine entscheidende Rolle zu: Welche Werbemittel und welche Werbeträger sind zu wählen, damit die jeweilige Zielgruppe zu vertretbaren Kosten am effizientesten erreicht wird?

Für größere Aktivitäten werden Sponsoren als Kooperationspartner gesucht, die Gelder oder sonstige Sachzuwendungen zur Verfügung stellen, ohne sich inhaltlich in die Werbung der Buchhandlung einzumischen. Natürlich
liegt dem **Sponsoring** eine gewisse Förderabsicht zugrunde, aber mitunter
geht es auch über die Präsentation des Firmenlogos des Sponsors hinaus.

Denn das Sponsoring ist selbst Bestandteil der Kommunikationspolitik der Sponsoren, die vor allem bei medienwirksamen Ereignissen auf sich selbst aufmerksam machen wollen und damit auch ihre eigenen Interessen verfolgen. Da es diese indirekte ökonomische Nutzenerwartung des Kooperationspartners gibt, bietet es sich an, Verträge zu formulieren, die den Umfang von Leistungen und Gegenleistungen schriftlich fixieren.

10.5.2
Werbemittel und Werbeträger

Jede Werbung bedarf der Festlegung effektiver und erfolgversprechender Werbemittel und -träger, wobei Werbemittel gestaltete Werbebotschaften sind, die mit Hilfe eines Werbeträgers zum Konsumenten ›transportiert‹ werden. Die Werbemittel-Werbeträger-Matrix verdeutlicht, dass fast alle Werbemittel verschiedenen Werbeträgern zuzuordnen sind.

Das wohl häufigste im Sortimentsbuchhandel eingesetzte **Werbemittel** ist die Schauwerbung im eigenen Schaufenster, denn eine Schaufensteranlage gehört zum Inventar fast eines jeden Ladengeschäfts, sofern es sich nicht in Einkaufszentren befindet. In Anbetracht der geringen finanziellen Mittel ist die Buchhandlung in der Regel gezwungen, sich sehr gründlich zu überlegen, welcher Werbeträger sich eventuell für Maßnahmen der Streuwerbung an einen breiteren Publikumskreis eignet. Da bleibt man doch lieber beim Versand von

Werbemittel \\ Werbeträger	Zeitung	(Fach-) Zeitschrift	Haushaltsdirektwerbung	Kino	Hörfunk	Internet	Schaufensteranlage	Verkaufsraum/POS	Messen	Direct Mail	Telefonmarketing
Anzeige	●	●									
Prospekt/Katalog	●	●	●					●	●	●	
Spot				●	●	●					
Gespräch								●	●		●
Produkt							●	●	●		
Brief			●							●	
Plakat							●	●	●		
Schauwerbung							●	●	●		
Banner						●	●	●	●		

Werbemittel-Werbeträger-Matrix

Literaturempfehlungslisten, Prospekten, Weihnachtskatalogen oder Kundenzeitschriften an die Adressen der hauseigenen Kundendatei.

Während – neben den finanziellen – vor allem inhaltliche Überlegungen
den Ausschlag für oder gegen bestimmte Werbemittel geben, steht bei der Wahl
der **Werbeträger** der Gesichtspunkt eines etwaigen **Streuverlustes** im Vordergrund. Denn ein solcher tritt unweigerlich ein, wenn das Verbreitungsgebiet eines Werbeträgers größer ist als der Einzugsbereich der Buchhandlung. So ist
der Streuverlust bei einer themenspezifischen Individualwerbung im Rahmen
eines Mailings an hauseigene Adressen weitaus geringer als bei einem Radio-
Commercial oder einer Anzeigenkampagne in regionalen Großräumen.

10.5.3
AIDA-Prinzip

Die Frage, wie Werbung funktioniert, haben amerikanische Werbepsycholo-
gen mit der AIDA-Formel beantwortet. Da Werbung Nachfrage stimulieren, also Bedarf wecken will, geht es zunächst einmal darum, Aufmerksamkeit beim
Umworbenen zu erregen **(A = Attention)**. Dies geschieht in der Regel durch
Bilder oder durch kontrastreich gestaltete Werbemittel, die den Konsumenten
aus seiner Gleichgültigkeit herausreißen, wobei die Aufnahme von Bildern viel
schneller erfolgt als die von Textinformationen (›Ein Bild sagt mehr als 1.000
Wörter.‹). Erst nachdem sich der Werbeimpuls gegenüber vielen anderen
(Kauf-)Impulsen, denen der Umworbene tagtäglich ausgesetzt ist, durchgesetzt hat, wird sich der Kunde mit dem Inhalt der Werbung auseinandersetzen;
erst jetzt kann sein Interesse **(I = Interest)** geweckt werden. Wobei es prinzipiell nicht entscheidend ist, ob man neue Produkte/Autoren/Themen o. Ä. vorstellt oder ältere noch einmal bewirbt. Hauptsache: ein Kaufwunsch wird sti-
muliert **(D = Desire)** und ein Kaufabschluss **(A = Action)** wird erreicht.

Das AIDA-Prinzip schließt nicht aus, dass einzelne Werbemaßnahmen
mitunter auch unterhalten oder – bei entsprechender Gestaltung – darüber
hinaus einen gewissen ästhetischen Reiz ausstrahlen. Zum einen kurz, sachlich und sparsam, zum anderen aufwändig, kritisch und intelligent – die Buchhandlung hat viele Möglichkeiten, ihre Werbung zu gestalten. Doch sollten alle Werbemaßnahmen stets aus dem Marketing- bzw. Kommunikationskonzept des Unternehmens hervorgehen.

10.5.4
Werbeplan

Ein Werbeplan fixiert die unterschiedlichen Werbeaktivitäten einer Buchhandlung. Dabei leistet er Zweierlei. In einer horizontalen Ebene legt er den

Zeitpunkt der Werbemaßnahmen fest. Hierin unterscheidet er sich nicht wesentlich von einem ausführlichen Terminkalender. Ein richtiger Werbeplan hat aber darüber hinaus eine zweite Dimension. Hier wird festgehalten, welche flankierenden Werbemaßnahmen ergriffen werden müssen. Ein Beispiel möge dies verdeutlichen: Im Frühsommer startet die Buchhandlung in Zusammenarbeit mit einem Verlag eine große Kampagne zum Thema Wellness. Der Werbeplan erfasst sowohl die Tage, an denen die Verlagsprospekte in den Zeitungen gestreut werden, als auch die Dekoration des Themas im Schaufenster und im Verkaufsraum, ein Mailing an die Gesundheitsinstitute im Umkreis und die Information der Mitarbeiter über den Umfang der Aktion. Ein Werbeplan hilft also nicht nur dabei, Themen und Termine aufeinander abzustimmen, sondern er leistet auch einen Beitrag zur Koordination der unterschiedlichen Werbeaktivitäten. Um die Zeitpunkte der Werbeaktivitäten festzulegen, gibt es theoretisch drei Orientierungsmöglichkeiten:

Zyklische Werbung Werbeaufwand und -etat verteilen sich analog zu den Umsatzspitzen. Die Werbung für das Weihnachtsgeschäft beginnt mit dem Katalogversand Anfang November, die Werbung für Studienliteratur zu Semesterbeginn etc.

Antizyklische Werbung Der Werbeeinsatz wird in (konjunkturell bedingten) umsatzschwachen Zeiten verstärkt. Im Sommer läuft eine Kampagne für die Zuhause-Gebliebenen, zu Jahresbeginn eine für Abo-Bestellungen und Dienstleistungen der Buchhandlung etc.

Konstante Werbung Die Werbung erfolgt ohne Berücksichtigung der Umsatzschwankungen eines Geschäftsjahres. Konsequent wird dies beispielsweise bei monatlich versandten Newslettern praktiziert. Aber auch Veranstaltungen können regelmäßig zu einer bestimmten Uhrzeit, an immer denselben Wochentagen in denselben Räumlichkeiten stattfinden.

Gleichgültig, wie eine Buchhandlung ihre Werbung vom Zeitrahmen her plant oder welche Mischform sie wählt, alle Werbeaktivitäten sollten mittel- und langfristig geplant und entsprechend umgesetzt werden. Nur wenn man dem ›Prinzip Zufall‹ wenig Raum gibt, wird auch der umworbene Kunde die Schlüssigkeit des Werbekonzepts durch Umsatz honorieren.

10.5.5
Werbeerfolg

Eine Werbeerfolgskontrolle fällt umso leichter, je genauer die Werbeziele im Vorfeld formuliert worden sind. Wenn beispielsweise die Rücklauf- und Verkaufsquote nach einem Mailing oder die Umsatzsteigerung in einer bestimmten Warengruppe in Zahlenwerten festgelegt worden sind, können anschließend auch Zahlen eine eindeutige Antwort über Erfolg oder Misserfolg geben.

Vergleichbares gilt auch für die Erfolgskontrolle im Internet. Hier ist es sinnvoll, die Entwicklung von Bestellzahlen und -werten regelmäßig zu überprüfen, wobei auch die regionale Herkunft der Internetbestellungen erfasst werden kann, um ggf. die Verbreitung des Bekanntheitsgrades über den eigenen Ort hinaus zu verfolgen und mit entsprechenden Werbemaßnahmen darauf zu reagieren. Die Attraktivität der eigenen Website misst man anhand der Maßeinheit ›Visits‹, die die Zahl der Besucher pro Website/Einzelseite angibt. Weitere Erfolgsparameter für Online-Aktivitäten stehen im Kap. 10.5.8.

Allerdings gibt es auch einen indirekten Werbeerfolg, der beispielsweise dadurch zum Ausdruck kommt, dass vermehrt Kundenkontakte stattfinden oder das gute Image am Markt verfestigt wird (siehe Kap. 10.9.1 und 10.9.2). Auch bei der Schauwerbegestaltung ist es nicht so wichtig, ob fünf oder zwanzig Bücher aus einem Schaufenster verkauft werden; entscheidender ist, dass durch das positive Erscheinungsbild der Gesamtumsatz gesteigert wird.

Grundstein für einen Werbeerfolg ist und bleibt die sorgfältige Planung jeder einzelnen Werbemaßnahme. Deshalb an dieser Stelle eine Checkliste, die bewusst mit offenen Fragen arbeitet. Denn wenn bereits zu Beginn der Werbekampagne alle entscheidenden Fragen geklärt sind, steht dem Werbeerfolg nur noch wenig im Wege.

Fragen an die Werbeplanung

Was soll die Werbung bezwecken?
Welche Produkte/Leistungen sollen herausgestellt werden?
Welcher Etat steht zur Verfügung?
Wer organisiert die Werbemaßnahmen bzw. die Werbekampagne?
Welche Werbemittel versprechen den meisten Erfolg?
Welche Werbeträger bieten die gewünschte Resonanz?
Wann ist der günstigste Werbezeitpunkt?
Welche Aufmachung bewirkt welchen Effekt?
Welcher Aufwand ist gerechtfertigt?
Welche Partner (z. B. Agenturen) helfen bei Bedarf weiter?
Welcher Gemeinschaftswerbung schließt man sich ggf. an?

10.5.6
Gemeinschaftswerbung

Die Herstellung von Werbemitteln kostet nicht nur Geld, sondern erfordert auch handwerkliches bzw. gestalterisches Geschick und setzt ein angemessenes Zeitbudget voraus – Faktoren, die in den Buchhandlungen nicht immer gegeben sind. Was liegt also näher, als sich Partner für die Werbung zu suchen oder Fremdwerbemittel einzukaufen?

Wenn man sich dem Phänomen der Gemeinschaftswerbung von der terminologischen Seite nähert, muss man zwischen horizontaler und vertikaler Gemeinschaftswerbung unterscheiden. Von **horizontaler Gemeinschaftswerbung** spricht man, wenn sich Unternehmen einer Handelsstufe zusammenschließen, beispielsweise nur Sortimentsbuchhandlungen, die Werbemittel gemeinsam erstellen und vermarkten. Einen Spezialfall der horizontalen Gemeinschaftswerbung stellt die **Verbundwerbung** dar. Hier erfolgt die Werbung branchenübergreifend, im Einzelhandel beispielsweise durch Gewerbevereine oder Einkaufszentren.

Eine **vertikale Gemeinschaftswerbung** liegt vor, wenn Unternehmen verschiedener Wirtschaftsstufen, in der Medienbranche also Verlage und Buchhandlungen, zusammenarbeiten. Die einfachste Form dieser gemeinsamen Werbung besteht in dem Auslegen oder Versenden von Verlagsprospekten und Gesamtverzeichnissen durch die Buchhandlungen, die ihrerseits ihren Namen aufstempeln oder ab einer gewissen Mindestabnahme ihr Firmenlogo eindrucken lassen. Interessanter und vielschichtiger wird diese **kooperative Werbung** erst, wenn gemeinsame Aktionen durchgeführt werden, wobei es von nachgelagerter Bedeutung ist, wer diese initiiert. Denn es besteht eine gemeinsame Interessenlage: Die Buchhandlung setzt sich für Autoren/Themen/Produkte des Verlages ein. Dafür erhält sie als Gegenleistung Aktionsrabatte, Zuschüsse für Werbemaßnahmen, Vorzugs-Zahlungsbedingungen u. a. m.

Werbemittel oder (Fach-)Kataloge mit Eindruck des Firmennamens sind auch über **Werbemittelanbieter** zu beziehen, wobei an dieser Stelle stellvertretend für viele andere auf das Werbemittelangebot von *Buchreport* (Harenberg) und der MVB hingewiesen sei. Buchhandlungen, die in Verbünden organisiert sind (siehe Kap. 7.5), übernehmen vertragsgemäß oder freiwillig Werbemaßnahmen, die die jeweiligen Marketingagenturen konzipiert haben. Häufig besteht für derartige Werbeaktionen Ortsexklusivität, damit nicht zwei Buchhandlungen an einem Ort oder in einem Stadtteil dieselben Werbemittel einsetzen.

Eine Gemeinschaftswerbung besonderer Art ist die **Branchenwerbung.** Hier geht es weniger um einzelne Firmen als vielmehr um die Gesamtbranche, die sich von anderen Branchen durch bestimmte Angebote und Dienstleistungen abgrenzt. Hierzu zählen in erster Linie die Kundenzeitschriften *Buchjournal* aus dem Verlag MVB und *Buch aktuell* von Harenberg. Zur Branchenwerbung zählt aber auch die 2013 gestartete, groß angelegte Medienkampagne des Börsenvereins ›Vorsicht Buch‹ sowie weitere Angebote des ›Branchenverlags‹ MVB (siehe Kap. 1.5.5), wie eine Außenleuchtreklame mit dem Signet des Börsenvereins, Lesezeichen, Taschen und Tüten mit branchenspezifischen Schlagzeilen etc.

Besondere Erwähnung in diesem Zusammenhang verdienen, neben dem Vorlesewettbewerb, auch die Aktionen anlässlich des Welttags des Buches (siehe Kap. 1.5.4). Obwohl der Börsenverein alles Erdenkliche für die Medienresonanz dieses Tages in die Wege leitet, und die MVB von zentraler Stelle aus gemeinsame Werbemittel für die Mitgliedsfirmen anbietet, wären die Aktivitäten am 23. April ohne die unterschiedlichsten und originellen Ideen einzelner Buchhändler im Dienst der Werbung für die Branche und ihrer Leistungen nur die Hälfte wert.

10.5.7
Ausgewählte Werbemaßnahmen (Print)

Es kann nicht Aufgabe dieses Buches sein, alle erdenklichen Werbemaßnahmen von Buchhandlungen zu erläutern und zu kommentieren. Dies widerspricht allein der Einsicht, dass jede Buchhandlung ihr eigenes Kommunikationskonzept erarbeiten und individuell umsetzen muss. Deshalb werden an dieser Stelle nur ausgewählte Werbemaßnahmen thematisiert. Und es bleibt dem Leser unbenommen, seine kritische Distanz zu der einen oder anderen Aussage zu bewahren. Gilt doch die Aussage, dass es in der Kommentierung von Werbemitteln weniger um ein ›Gefallen oder Nicht-Gefallen‹ geht, sondern eher um die Frage ›Passt die Werbemaßnahme für die anvisierte Zielgruppe, und geht sie konform mit dem Werbekonzept des Unternehmens?‹ Schauwerbegestaltung (siehe Kap. 10.7) und Online-Werbung (siehe Kap. 10.5.7) werden an anderer Stelle thematisiert.

Anzeigenwerbung

Sie steht im Kreuzfeuer der Kritik: die Anzeigenwerbung. Den einen sind die Kosten und der Streuverlust zu hoch sowie die Möglichkeiten der Erfolgskontrolle zu dürftig, während andere Anzeigen durchaus für ein angemessenes Mittel halten, um auf die Leistungen ihres Unternehmens aufmerksam zu machen. Obwohl Anzeigen nicht nur in Zeitschriften und Zeitungen, sondern auch in Vorlesungsverzeichnissen, Festschriften örtlicher Vereine o. Ä. wirkungsvoll platziert sein können, beschränken sich die folgenden Ausführungen auf die Werbung in Presseerzeugnissen.

Der erste Schritt zu einer effektiven Anzeigenwerbung besteht in der **Mediaplanung.** Welcher Werbeträger findet bzw. welche Werbeträger finden bei den Kunden der eigenen Buchhandlung größtmögliche Akzeptanz? Fast alle Zeitungs- und Zeitschriftenverlage lassen in regelmäßigen Abständen Leseranalysen durchführen, die Aufschlüsse über soziodemografische Daten (siehe Kap. 10.4) ihrer Käufer bzw. Leser geben. Derartige Leseranalysen werden mit weiteren **Mediadaten,** wie Preislisten, Verbreitungsanalyse, Auflagenziffern etc., dem Inserenten zur Verfügung gestellt. In den Mediadaten und im Impressum steht häufig ein ivw-Zeichen. Hinter der Abkürzung ivw verbirgt sich die Informationsgemeinschaft zur Feststellung der Verbreitung von Werbeträgern. Diese Informationsgemeinschaft, der sich mehr als 1.000 Verlage freiwillig angeschlossen haben, überprüft die Auflagenzahlen der Presseerzeugnisse (gedruckte, verbreitete, verkaufte, unentgeltlich vertriebene Auflage), um den Insertionswilligen verlässliche Daten über die Werbeträger zur Verfügung zu stellen. Hierzu gehören ggf. auch Informationen über unterschiedliche Teilausgaben mit regionaler Berichterstattung und einem dazugehörigen Anzeigenteil mit evtl. abweichenden Preisen.

Häufig erfüllen Anzeigen die Funktion einer Erinnerungswerbung. Deshalb sollte man bei dieser Werbeform weniger punktuell als kontinuierlich denken. So wie Lesungen am wirkungsvollsten in Lesereihen eingebettet sind (gleicher Wochentag, gleiches Layout für vergleichbare Werbemittel etc.), bieten auch Anzeigenserien die Möglichkeit, die Buchhandlung regelmäßig ins Gespräch zu bringen und trotzdem abwechselnd Themen oder firmenindividuelle Leistungen herauszuheben.

Direktwerbung

In vielen Geschäften wird die Direktwerbung als unverzichtbares Instrument der Kundenbindung gepflegt. Unter Direktwerbung versteht man die unmittelbare, nicht über Medien (Zeitungen, Zeitschriften etc.) vermittelte werbliche Kontaktaufnahme zu potenziellen Käufern. Die Palette der Ansprachemöglichkeiten ist verständlicherweise groß und reicht von Newsletter-Infos bis zu aufwändig gestalteten Prospekten für hochpreisige Werke. Bei jeder Direktwerbeaktion wird auf Bestellmöglichkeiten hingewiesen, denn Direktwerbung betreiben heißt: Einen Kunden zu einem Auftrag per Post oder durch andere Telekommunikationstechnologien bewegen (Mail-Order-Prinzip). Dabei verwendet man einstufige Mailings (Adressat bestellt das Objekt) oder indirekte, mehrstufige Mailings (Adressat muss, vorzugsweise bei Premium-Objekten, nach einem Erstkontakt nähere Informationen anfordern).

Das A und O für den Erfolg im Mail-Order-Geschäft ist die Auswahl der Adressen. Selbst ein schlechtes Mailing kann bei gutem Adressenmaterial mehr bewirken als das perfekteste Mailing bei der falschen Zielgruppe. Hier hilft eine gut geführte und ständig aktualisierte Kundendatei, die nach Interessengebieten differenziert ist. Adressen von Kunden, die viel und regelmäßig bestellen, gelten dabei als ›heiße Adressen‹, während neue Adressen zunächst einmal als ›kalt‹ eingestuft werden. Auf jeden Fall spricht die Rücklaufquote eine klare Sprache, die sich bei kalten Adressen auf bis zu 2 Prozent und bei heißen auf bis zu 20 Prozent und manchmal auch mehr beläuft. Neue Adressen recherchiert man in Branchenverzeichnissen oder in speziellen Internetdatenbanken. Oder man kauft – bzw. genauer formuliert: man mietet für den einmaligen Gebrauch – Anschriften von so genannten Adressverlagen, die potenzielle Kundendaten bereits nach diversen Kriterien (Beruf, Kaufkraft etc.) vorselektiert haben.

Wenden wir uns dem **Mail-Order-Package** zu, dem wohl verbreitetsten Direktwerbemittel neben Newslettern (siehe 10.5.7) und (Weihnachts-)Katalogen. Es besteht traditionell aus einem Prospekt, einem personalisierten Werbebrief, dem Versandumschlag, der zu Werbezwecken genutzt werden kann, und einer Bestellkarte o. Ä., um auf die Bestellmöglichkeit hinzuweisen. Zusätzlich enthält es manchmal noch Teilnahmescheine für Preisausschreiben, Stuffer (Kleinwerbemittel) oder Gutscheine für Werbegeschenke. Der häufig aufwändig gestaltete Prospekt, welcher das Produkt vorstellt und beschreibt, stammt in der Regel vom Verlag, während der **Werbebrief,** der mit namentlicher Nennung des Umworbenen beginnt, von der Buchhandlung konzipiert wird.

Erfolgsfaktoren eines Werbebriefs

ADRESSMATERIAL UND AUFMACHUNG

Die Erfolgschancen eines Werbebriefes richten sich zunächst nach der Qualität des Adressmaterials, aber auch nach der Art der Aufmachung. Unverlangte Mailings gehören zum unwichtigen Lesestoff. Der Umworbene entscheidet – so er den Brief ottnet – binnen weniger Sekunden, ob er sich näher mit den Inhalten des Mailings auseinandersetzen möchte oder nicht.

HERAUSSTELLUNG DES NUTZENS

Produkt- und Kundennutzen müssen an zentraler Stelle herausgestellt sein, wobei auch hier das Prinzip ›weniger ist mehr‹ greift. Die KISS-Methode (keep it short and simple) besteht darin, die wichtigsten Vorteile in aller Kürze herauszuarbeiten und evtl. durch Bildmotive zu verstärken.

DRAMATURGIE

Bewirkt der Einleitungssatz oder die Headline Aufmerksamkeit? Geht er/sie auf die Interessen der Umworbenen ein? Sind die Gedanken in logischer Reihenfolge geordnet? Erhält jeder neue Satz bzw. Absatz einen neuen Gedanken? Zieht sich ein ›roter Faden‹ durch den Text?

LAYOUT

Das Layout sollte sich unbedingt an das Corporate Design der Buchhandlung anlehnen, wobei das Firmenlogo auf dem Briefkopf zur Geltung kommt. Der Text ist leicht zu überblicken. Absätze umfassen bewusst nur wenige Zeilen und sind deutlich voneinander abgegrenzt. Dies erreicht man am besten durch kurze Sätze mit einer klaren Aussage.

Auszeichnungen (z. B. kursiv, fett, Versalien, sperren, Schriftgrad- und Schriftmischungen etc.) werden wirkungsvoll eingesetzt. Auch bei Auszeichnungen gilt: Weniger ist mehr!

SPRACHE

Liest sich der Text leicht? Hat man schwerfällige Satzkonstruktionen vermieden? Gibt es irgendwelche ›dass‹, die man nicht unbedingt braucht? Statt statischer Substantivierungen nutze man eher Aktivität vermittelnde Verben.

Ist die Sprache auf den Leser abgestimmt? Alle Fach- und Fremdwörter müssen verständlich sein bzw. hinreichend erklärt werden. Negative Begriffe sind weitgehend ausgeschaltet, während werbewirksame Wörter wie ›neu‹, ›sicher‹, ›garantieren‹ geschickt eingesetzt sind.

UMFANG

In der Regel beschränkt sich die Buchhandlung auf eine übersichtlich gestaltete Seite. Nur exklusive, hochpreisige Objekte sollten mit zwei Seiten oder auch mehr beworben werden.

PERSONALISIERUNG

Nicht nur im Adressfeld wird ein Kunde als Person angesprochen, auch der Absender der Werbebotschaft bzw. der zuständige Sachbearbeiter gibt sich namentlich zu erkennen. Wobei gemäß dem Grundsatz der Empathie Wörter wie ›Sie‹ und ›Ihnen‹ häufiger vorkommen als Wörter wie ›ich‹, ›mein‹ und ›wir‹.

BESTELL-, LIEFERUNGS- UND ZAHLUNGSBEDINGUNGEN

Es versteht sich von selbst, dass der Werbetreibende alle Kommunikationswege (Briefpost-, Telefon-, Fax-, E-Mail-Verbindung etc.) in seinem Schreiben bekannt gibt, damit der Bestellvorgang optimal abgewickelt werden kann. Hinzu kommt die verständliche Darstellung der Lieferungs- und Zahlungsbedingungen. Auch auf das Widerrufsrecht nach den Fernabsatzvorschriften (siehe Kap. 4.3.2) ist hinzuweisen.

Die **Kosten einer Mail-Order-Aktion** variieren je nach Gestaltungsaufwand, Umfang, Auflage, Gewicht und Gebühren. Im Einzelnen sind zu berücksichtigen:
* **Adressenbeschaffung**   firmeneigene Kundenkartei, Branchenverzeichnisse, Adressverlage
* **Text und Gestaltung**   eigene Mitarbeiter/Werbeabteilung, Werbeagentur
* **Werbemittelkosten**   Werbebrief, Prospekt, Stuffer (Kleinwerbemittel), Antwort-/Anforderungskarte, Versandhülle
* **Konfektionierung und Versandfertigmachen**   Zusammentragen, Falzen, Kuvertieren, Frankieren
* **Versandkosten**

10.5.8
Ausgewählte Werbemaßnahmen (Digital)

Jedes neue Medium hat seine Besonderheiten. Das gilt nicht nur in technischer Hinsicht, sondern auch für dessen Vermarktung. Und so sind die Werbemittel im digitalen Zeitalter zum Teil völlig andere als zu ehemals ausschließlichen Print-Zeiten. Aus Anzeigen und Plakaten werden Banner und Flash Layer, aus der Direktwerbung entsteht die Massen- oder Serien-E-Mail und aus Einträgen in Verzeichnissen wird das Suchmaschinen-Marketing. Das alles ist für ›digital immigrants‹, für alle diejenigen Menschen, die nicht mit digitalen Technologien, wie PC, Internet, Mobiltelefonie und MP3-Player, aufgewachsen sind, zunächst einmal gewöhnungsbedürftig; für Auszubildende hingegen, die zu den ›digital natives‹ gehören, mehr als selbstverständlich. Die mit ›Newsletter‹ beginnende Zusammenstellung beruht in Teilen auf Ausführungen von Ulrich Huse in seinem Buch *Verlagsmarketing*. Doch zuvor sei auf online-spezifische Aspekte hinsichtlich der Zielgruppen und der Werbeerfolgskontrolle eingegangen.

Der Fachterminus **Online-Targeting** (Zielgruppenansprache; engl. target = Ziel) bezeichnet das zielgruppenorientierte Einblenden von Werbung auf Websites. Ziel des Targeting ist es, durch eine möglichst genaue Definition der Zielgruppe oder der Community dem Internetnutzer entsprechende Werbung einzuspielen. Je präziser das Targeting, desto höher ist die Chance, die richtige Zielgruppe anzusprechen. Für Buchhandlungen kommen in erster Linie Feuilletonseiten überregionaler Online-Zeitungen und -Zeitschriften in Frage, Websites von Literatur-Blogs oder -Communitys oder bei kleineren Firmen auch örtliche Online-Auftritte.

Für fast alle digitalen Targeting-Formen werden **Cookies** verwendet. Dies sind lokale Speicher für Zugangs- und Vorgangsdaten, die unter anderem bei Foren Anwendung finden, wo der Nutzer persönliche Voreinstellungen speichern kann, um sich nicht jedes Mal neu anmelden zu müssen, oder bei Webshops, um Waren in virtuellen Einkaufskörben zu sammeln. Durch die Analyse von Cookies kann das Nutzerverhalten im Web ausgewertet und für Werbung nutzbar gemacht werden.

Die wichtigsten Messgrößen für Online-Kampagnen sind Visits, AdImpressions und AdClicks. Es braucht Fachwissen, um sie im jeweils richtigen Umfeld interpretieren und bewerten zu können, deshalb holen sich Buchhandlungen in der Regel externe Unterstützung. Diese Experten werden bereits bei der Konzeption größerer Online-Werbekampagnen, aber auch für langfristig angelegte Aktivitäten in sozialen Netzwerken hinzuzuziehen sein. Sie begleiten die Kampagnen und greifen gegebenenfalls auch steuernd und korrigierend ein, falls die Kampagnen nicht den gewünschten Verlauf nehmen. Diesen coachenden Begleitprozess nennt man **Monitoring**.

Erfolgsparameter für Online-Kampagnen

VISITS
Messgröße zur Werbeträgerleistung der Website. Hiermit werden anonyme ›Besuche‹ erfasst: Besucher einer Website, die von anderen Websites her kommen.

ADIMPRESSIONS
Kontaktchance mit einem Werbemittel. Während Visits sich damit beschäftigen, die Zahl der Besucher pro Website/Einzelseite zu messen, geht es bei den AdImpressions lediglich um den möglichen Sichtkontakt mit einem Werbemittel auf einer Website. AdImpressions beschreiben also, wie oft das betreffende Werbemittel, beispielsweise ein Banner, technisch ausgeliefert wurde, sodass eine Chance auf Sichtkontakt bestand.

ADCLICKS
Angeklickte Werbemittel. Messgröße, die die Anzahl der Nutzer der Werbemittel angibt. Wie viele Nutzer haben also auf Online-Werbemittel reagiert und das Werbemittel angeklickt? Die AdClick-Ratio bezogen auf die Zahl der AdImpressions gibt an, wie viel Prozent der Nutzer, die ein bestimmtes Werbemittel gesehen haben, hierauf mit einem Klick reagiert haben. Häufig werden Klickraten von weniger als 1 Prozent erzielt.

Newsletter

Das beliebteste (da kaum Geld kostende) Instrument des digitalen Dialog-Marketings ist der Newsletter, der aufgrund vorangegangener Adressenselektion den zielgenauen Dialog mit den Kunden ermöglicht. Aufgrund der direkten Response-Möglichkeit lässt sich der Erfolg schnell messen, sodass die Aktivitäten schnell korrigiert, neu justiert oder intensiviert werden können. Je nach Zielsetzung und Zielgruppe setzen Newsletter unterschiedliche Schwerpunkte, die redaktionell oder werblich sein können; auch Mischformen sind möglich.

Das massenweise Versenden unerwünschter Werbe-E-Mails hat aber dazu geführt, dass die Newsletter-Akzeptanz abnimmt. Die Internet-Nutzer differenzieren damit ganz klar zwischen erwünschten Werbe-Mails auf der einen und unverlangt zugesandten Mails auf der anderen Seite; abonnierte Newsletter werden mehrheitlich gelesen oder zumindest überflogen, während unverlangt zugesandte Mails in über 90 Prozent der Fälle direkt gelöscht oder sogar als **SPAM** aussortiert werden. Apropos unverlangt zugesandte Mails – die dürfte es eigentlich nicht geben. Denn die Zusendung von unerwünschten Werbe-E-Mails in Deutschland ist sitten- und damit wettbewerbswidrig. Der

Gesetzgeber verlangt daher in juristischer Hinsicht zwingend das **Double-Opt-In** (engl. to opt = sich für etwas entscheiden). Während bei einem Single-Opt-In um die Einwilligung des Adressaten gebeten wird, muss der Adressat beim Double-Opt-In seine Einwilligung anschließend noch einmal bestätigen, um endgütig in die Mailingliste der Buchhandlung aufgenommen zu werden.

Banner

Banner sind Werbemittel, die für definierte Flächen auf fremden Websites oder ggf. auch auf für die jeweilige Zielgruppe relevanten Portalen erstellt werden. Sie können mit unterschiedlichem Inhalt und Aufwand gefüllt werden; nur mit Text, mit Animationen oder auch mit Interaktionsmöglichkeiten. Sonderformen sind aufklappende Pop-up-Fenster sowie (Flash-)Layer-Ads – animierte Anzeigen, die sich über den Inhalt einer Website legen. Mit nur einem Klick auf die Werbefläche gelangt der Nutzer auf die beworbene Seite. Der Vorteil der Banner-Werbung liegt also in der Möglichkeit der optimalen Auswahl geeigneter Werbeorte und somit einer gezielten Ansprache potenzieller Interessenten oder Käufer. Zudem bietet sie eine gute Chance zur Erhöhung der Besucherzahlen auf der eigenen Website bzw. zur Generierung von mehr Traffic, wie Online-Experten dies ausdrücken würden.

SEM – Search Engine Marketing (Suchmaschinen-Marketing)

Als Suchmaschinen-Marketing werden alle Maßnahmen bezeichnet, die dazu dienen, die Auffindbarkeit eines Webauftritts durch Suchmaschinen zu verbessern. Denn wer im Internet nicht auffindbar ist, ist so gut wie nicht existent. Und wer, beispielsweise bei einer Google-Suche, nicht auf der ersten Ergebnisseite nach einem Suchlauf weit oben gelistet wird, findet bei den meisten Internetnutzern kaum Beachtung. »To exist is to be indexed by a search engine« – so formulierten es die US-amerikanischen Kommunikationsforscher Lucas Introna und Helen Nissenbaum 2000 in ihrem vielbeachteten Aufsatz *Shaping the Web: Why the Politics of Search Engines Matters*, der in Band 16 von *The Information Society* veröffentlicht worden ist. Die Suchmaschinen – genauer formuliert die Suchmaschinenbetreiber à la Google (der Marktanteil in Deutschland liegt bei über 80 Prozent), Yahoo, BING und wenige andere mehr – übernehmen also die Funktion moderner Gatekeeper (deutsch: Pförtner, Torwächter oder Schleusenwärter) für Informationen.

Suchmaschinen-Marketing wird häufig als Oberbegriff für zwei unterschiedliche Themenkomplexe eingesetzt. Auf der einen Seite steht die Optimierung von Websites für deren Durchsuchbarkeit durch Webcrawler und Suchmaschinen durch **Search Engine Optimization** (Suchmaschinen-Optimierung). Das Ziel der **SEO** ist schnell benannt: die eigene Website soll auf einem besseren Platz im Ranking der Suchergebnisse landen. Dies geschieht sowohl ›onsite‹ als auch ›offsite‹. Zu den wichtigsten Onsite-Maßnahmen gehören die Aufbereitung der Struktur, der Navigation sowie die Schaffung umfangreicher und attraktiver Seiteninhalte. Hier ist unter anderem die Kompetenz professioneller Programmierer gefragt, die mittels entsprechender Maßnahmen, wie die Implementierung so genannter Meta-Tags, die Ranking-Höhe beeinflussen können. Die Offsite-Optimierung hingegen zielt auf die Verbesserung aller für die Suchmaschinen relevanten externen Faktoren, wie die Steigerung der Link-Popularität, also der Anzahl und Qualität der Links, die auf die eigene Seite verweisen. Denn Links werden von den Suchmaschinen als Empfehlung gewertet und gehen in das Ranking einer Website ein.

Von der SEO grenzt sich die **SEA** ab: die **Search Engine Advertising** (Suchmaschinen-Werbung). Hier geht es um das gezielte Bewerben der eigenen Internetseite oder besonderer Produkte mittels bezahlter Anzeigen, die über oder neben den Suchergebnissen erscheinen. In diesem Zusammenhang spricht man auch von **Keyword-Advertising:** von Anzeigen, die bei den Suchmaschinenbetreibern so gebucht werden, dass die Anzeige nur dann erscheint, wenn einzelne Suchbegriffe (engl. keywords = Schlüsselwörter) von Internetnutzern eingegeben werden. Keyword Advertising gilt als Idealfall des Pull-Marketings. Denn die Anzeigen ziehen den Kunden auf eine so genannte Landing Page (= Landeseite): eine speziell eingerichtete Webseite der Buchhandlung, auf der das Angebot und Response-Elemente zu finden sind, wie ein Anfrageformular, ein Call-Back-Button oder Links zum Webshop. Zumindest sollte die Landing Page im Kontext zum Keyword stehen. In diesem Zusammenhang ist auch auf **QR-Codes** hinzuweisen, die auf Websites, Facebook- und Twitter-Seiten verweisen, auf denen der Internet-Nutzer weitergehende Informationen oder Bestelloptionen findet.

Der Markt des Keyword-Advertising wird beherrscht von dem Google-Programm AdWords, doch auch die Angebote anderer Suchmaschinenbetreiber funktionieren nach demselben Prinzip: Die Anzeigenplätze werden gewissermaßen versteigert. Jeder Werbekunde nennt für ein bestimmtes Keyword den Preis, den er maximal pro Klick auf seine Anzeige zu zahlen bereit ist. Die Höhe dieses Gebots bestimmt die grundlegende Rangposition der Anzeige. Das Einblenden der Anzeige ist kostenlos; der Werbekunde zahlt erst, wenn auf die Anzeige geklickt wird. Der Abrechnungsmodus lautet also: Pay per Click.

Affiliate-Programme

Affiliate-Programme sind eine internetspezifische Form des Kooperationsmarketings und gehören zum Standardangebot von Online-Händlern. Sie basieren auf dem Prinzip, dass ein Produktanbieter seine angegliederten Vertriebspartner (engl. to affiliate = sich anschließen) für die Vermittlung von Kunden erfolgsorientiert provisioniert. Die Buchhandlung platziert dazu Banner auf den Websites der Affiliates; anders ausgedrückt: sie bewirbt dort ihre Produkte. Kommt nun eine Vermittlung über die fremde Website zustande, so kann der Partner durch den Link, der einen speziellen Code enthält, eindeutig identifiziert und provisioniert werden.

Die Abrechnungsmodi für Affiliate Programme variieren je nach Vertrag: im Raum stehen **Cost per Click** (CpC), **Cost per Order**/Cost per Sale (CpO/CpS) und **Cost per Costumer**/Cost per Lead (CpC/CpL). Die Buchhandlung zahlt also an den Partner entweder pro Klick auf das Werbemittel (Pay per Click), pro Übermittlung qualifizierter Kundenkontakte (Pay per Costumer/Pay per Lead) oder nach abgeschlossenem Kaufvorgang (Pay per Sale/Pay per Order).

Virales Marketing

Virales Marketing überträgt das Prinzip der Mundpropaganda auf das Internet, indem Werbebotschaften über soziale Netzwerke (Social Media siehe weiter unten) wie ein Virus verbreitet werden. Im Gegensatz zu anderen Werbeformen hängt der Erfolg des viralen Marketings von der Bereitschaft ›neutraler‹ Menschen ab, den Virus auch ohne materiellen Anreiz zu verbreiten. Denn nur so kann die ›Werbebotschaft‹ der community als glaubwürdige persönliche Empfehlung vermittelt werden. Aber nicht nur positive Empfehlungen können sich zugunsten der Buchhandlung auswirken – auch negative Nachrichten können sich schnell verbreiten und sich unter Umständen zu einem ›Shitstorm‹ ausweiten.

Social Media

Als Social Media werden die Online-Plattformen oder -Kanäle bezeichnet, die dem Austausch, der Interaktion und der Mitgestaltung ihrer Nutzer dienen. Social Media basiert auf der technologischen Weiterentwicklung des World Wide Web der ersten Generation in Richtung Interaktivität. Denn die Nutzer (User), die sich im Web 1.0 mit einzelnen, statischen Anbieterseiten konfrontiert sahen und reine Rezipienten bzw. Konsumenten waren, haben sich im Web 2.0 zu potenziellen Produzenten entwickelt. Die durch das Verschmelzen der englischen Wörter ›producer‹ und ›consumer‹ entstandene Wortbildung **Prosument** bezeichnet diese Doppelrolle heute. Der von einzelnen Nutzern oder ganzen Communitys auf partizipativen Plattformen wie Facebook, Wikipedia oder YouTube entstandene oder entstehende **User Generated Content (UGC)** ist für alle kostenfrei nutzbar.

Die Kommunikation erfolgt interaktiv. Stellvertretend sei in diesem Zusammenhang auf das Blogging hingewiesen. Ein **Blog** (Wortkreuzung von engl. web für World Wide Web und log für Logbuch) bezeichnete ursprünglich ein auf CMS-Basis erstelltes öffentliches Tagebuch, wobei CMS (Content Management System) ein Redaktionssystem ist, das zum unkomplizierten Erstellen und zur Pflege von digitalen Inhalten, auch von Websites, eingesetzt wird. Blogs fördern, da sie auf gedanklichen Austausch hin angelegt sind, die soziale Vernetzung der User und gelten damit als ein wichtiges Instrument des Web 2.0. Mittlerweile hat sich die Bedeutung des Wortes erweitert: Blog steht für alle digitalen Plattformen, bei denen es um Inhalte geht, egal ob es sich um Rezepte oder um wissenschaftliche Arbeiten handelt. Ein Blogger ist jemand, der in seinem eigenen oder in anderen Blogs publiziert und sich in diesen auch Blogosphäre genannten Communitys ›Zuhause‹ fühlt.

Social-Media-Klassifizierung*

Formen	Funktion	Beispiele
Kooperativ erstellte Plattformen	Gemeinschaftliche Erstellung von Inhalten	Wikipedia, Wikis
Blogs/Microblogs	Meinungsaustausch und Diskussion, Hilfestellung in allen Lebensfragen	Twitter, wasmitbuechern.de, lovelybooks
Content Communitys	Austausch von Inhalten (Texten, Fotos, Videos etc.)	Flickr, YiGG, YouTube
Soziale Netzwerke	Selbstpräsentation und Kontaktsuche	Facebook, MySpace, Pinterest, Xing
Online-Spiele und virtuelle Welten	Fun und Thrill in interaktiven Computer-Rollenspielen, die nur über das Internet spielbar sind (auch als MMORPGs = Massively Multiplayer Online Role-Playing Games bezeichnet), sowie in virtuellen Welten, in denen sich mehrere Nutzer gleichzeitig und unabhängig voneinander bewegen.	World of Warcraft, Second Life

*nach Kaplan, Andreas M. / Haenlein, Michael: *Users of the world, unite!* The challenges and opportunities of Social Media. In: *Business Horizons* 53 (2010), S. 59–68

Da der Aufbau eigener Plattformen von Buchhandlungen nicht zu leisten ist, und auch keine Gewähr besteht, dass für solche Neugründungen hinreichend viele Interessenten zu gewinnen sind, konzentrieren sich Social-Media-Aktivitäten auf die drei größten Kanäle in Deutschland: auf Facebook, Twitter und unter Umständen auch auf YouTube. Hier geht es darum, ein Empfehlungsmarketing anzustoßen, das nicht nur die Markenbekanntheit steigert, sondern auch

die Kommunikation mit Kunden fördert. Lässt sich ein Erfolg durch Social Media messen? Ja, auch wenn dieser nicht zwingend in Absatz- und Umsatzzahlen vorliegt. Zu den quantitativen Messwerten gehören u. a. die Anzahl der:
- Follower (Abonnent eines Twitter-Accounts);
- ReTweets (Weiterleitung und Zitieren des max. 140 Zeichen umfassenden Tweets [der Mitteilung] eines anderen Twitterers);
- Fan-Zustimmungen durch ›Like it/Gefällt mir‹ auf Facebook (ursprünglich wurden die Facebook-Seiten ›Fanpages‹ genannt; daher die Bezeichnung ›Fan‹);
- @mentions; mit @mentions markiert bzw. verlinkt man andere Personen, um ihnen gezielt entsprechende Textbeiträge oder Fragen zuzuordnen;
- Kommentare in Blogs;
- Zugriffe auf die eigene Website.

Social Media ist keine Verkaufsplattform. Wer dies behauptet, verkennt das ursprüngliche Anliegen der neuen ›Kommunikationskultur‹, das erstmalig 1999 im *Cluetrain Manifesto* schriftlich fixiert wurde. Auf www.cluetrain.com heißt es auch fünfzehn Jahre später noch:

> A powerful global conversation has begun. Through the internet, people are discovering and inventing new ways to share relevant knowledge with blinding speed. As a direct result, markets are getting smarter – and getting smarter faster than most companies. These markets are conversations. Their members communicate in language that is natural, open, honest, direct, funny and often shocking. Whether explaining or complaining, joking or serious, the human voice is unmistakably genuine. It can't be faked.

Wibke Ladwig umschreibt diese Gedanken in *Social Media für die Verlagspraxis* mit wenigen Worten: »Märkte sind Gespräche. Zwischen Menschen. Offen. Natürlich. Unprätentiös.«

Aber aufgepasst: Wer immer meint, Social Media kostet nichts, nur weil die meisten Netzwerke kostenlos sind, der irrt sich. Denn (der Einstieg in) Social Media verlangt Zeit – und diese will bekanntermaßen bezahlt sein. Aber die Investitionen dürften sich lohnen. Denn aufgrund der weitverbreiteten Akzeptanz sozialer Netzwerke werden (nicht nur) junge Zielgruppen angesprochen und bestenfalls zu Communitys zusammengeschlossen. Wie dies konkret umgesetzt werden kann, darüber informiert u. a. die vom Sortimenter-Ausschuss herausgegebene Publikation von Wibke Ladwig *Social Media für Buchhandlungen,* in der jeweils in den einzelnen Kapiteln in der Rubrik ›Fünf Tipps‹ wertvolle Hinweise für den Umgang mit Facebook, Xing, Google +, Twitter, YouTube, Flickr und mit Unternehmensblogs gegeben werden. Internetaffin aufgestellten Buchhandlungen bieten sich durch Social Media vielfältige Möglichkeiten für die Kommunikation mit ihren Kunden. Allerdings sind zuvor einige Fragen zu beantworten:

- Auf welchen Kanälen sind die eigenen Zielgruppen am effektivsten zu erreichen?
- Wie sieht eine erfolgreiche Positionierung im Social Web aus?
- Wie kann ein lebendiger Austausch mit der Online-Community organisiert werden?
- Mit wie viel zeitlichem Aufwand ist dieser zu organisieren?
- Wer übernimmt diese Aufgabe?

10.6
Verkaufsraum

Warenarrangements und Kaufatmosphäre (siehe Kap. 10.7) spielen im Käufermarkt eine entscheidende Rolle. Auch hier gilt die Devise: Je klarer die Vorstellungen von den anvisierten Zielgruppen sind, umso erfolgversprechender werden die Wareninszenierungen von den entsprechenden Kunden wahr- und angenommen. Gerade im Hinblick auf die Gestaltung des Verkaufsraums ist es wichtig, sich von der stationären und ambulanten Konkurrenz abzugrenzen und sich auch durch ein Gestaltungskonzept für die Kunden unverwechselbar zu machen. Dies erreicht man durch bestimmte Einrichtungsstile und Farbarrangements, durch signifikante Materialien oder durch geplante visuelle Stimulierungen im Bereich der Regalblende. Das einheitliche Konzept sollte alle Laden- und Arbeitsbereiche umfassen: angefangen bei der Schaufensteranlage, über die Wahl des Fußbodens und der Beleuchtungsquellen bis hin zur Gestaltung der Mittenmöbel, der Regalwände und des Kassenbereichs. – Und wenn man hierfür Hilfe braucht? Der Sortimenter-Ausschuss des Börsenvereins bietet neben seiner Datenbank der Betriebsberater im Buchhandel in seiner Schrift *Wo ist was zu haben?* unter Stichworten wie Ladenbau, Schaufensterartikel, Lichtdesign oder Hörstationen Anschriften von Lieferanten und Dienstleistungsunternehmen.

Die unverwechselbare **corporate identity (CI)** einer Sortimentsbuchhandlung liegt in der assoziativen Verquickung von den aufgeführten formalen Gestaltungsmerkmalen, die zum **corporate design (CD)** mit der inhaltlichen Aussagekraft des Unternehmens gehören (siehe Kap. 10; Einleitung). Eine wichtige Funktion übernimmt dabei die verwendete Schrift bzw. Typografie. Auch sie trägt in allen Bereichen (Fassade, Regalblende, Regalboden, Übersichtstafel) zur Einmaligkeit der Buchhandlung bei. Nicht zu vergessen das Logo oder Firmensignet, das an markanten Stellen angebracht werden kann.

Die **Anordnung der Warengruppen** im Verkaufsraum orientiert sich an unterschiedlichen Kriterien: einmal stehen die Bedürfnisse der Zielgruppen, ein anderes Mal die räumlichen Besonderheiten, und ein weiteres Mal die besondere Sortimentsausrichtung, verbunden mit der inhaltlichen Feinjustierung einzelner Warengruppen, im Vordergrund (siehe Kap. 7; Einleitung). Die

einheitliche Warengruppensystematik, die der Börsenverein für die Gesamtbranche als sinnvoll erachtet (siehe Kap. 3.2), muss nicht zwangsläufig auch
geeignet für Verkaufsräume einzelner Unternehmen sein. Im Gegenteil. Das
uniforme Sortiment wäre das Ende der differenzierten, kulturellen Vielfalt im
Einzelhandel. Denn gemäß der Devise ›all business is local‹ entscheidet sich
der Erfolg des stationären Handels vor Ort. Zwischen statistischem Waren-
gruppen-Zahlenmaterial und der Lebendigkeit der Warengruppen-Anord-
nung im Verkaufsraum können also Welten liegen. Wahrscheinlich auch deshalb, weil Kunden, die eine Buchhandlung besuchen, sich von denen unterscheiden, die mit einer bestimmten Nutzenerwartung einfach nur eine Publikation zu einem Thema suchen – und diese dann unter Umständen im
Internet erwerben.

Kundenorientierung im Verkaufsraum

Kann die so intensiv geforderte Kundenorientierung auch im Verkaufsraum
umgesetzt werden? – Ja! Denn es kann durchaus reizvoll sein, den eigenen
Verkaufsraum immer wieder mit den Augen der Kunden zu sehen und nicht
nur als buchhändlerischen Arbeitsplatz. Ein Wechsel der Perspektive verändert die eigene Sichtweise und erweitert gleichzeitig den eigenen Horizont.
Schauen wir uns diesbezüglich exemplarisch den Kassenbereich und die Lagerordnung in Buchhandlungen an.

Die **Kasse** erfüllt natürlich zunächst einmal eine betriebliche Funktion: Sie
dient zur Registrierung der Verkäufe und zur Abwicklung der Zahlung. Der
Geschenkverpackungsservice verlangt zusätzlich Unterbringungsmöglichkei-
ten für das Verpackungsmaterial und eine bequeme großzügige Auslagefläche.
Aber auch als Depot für Kleinmaterial wird der Kassenbereich gern genutzt
(und missbraucht). – Aber was erwarten die Kunden? Zunächst einmal eine Ab-
lagemöglichkeit für Tasche, Gepäck und notfalls den Schirm, körpergerechte
Maße und Platz für Schreibtätigkeit (bei Kartenzahlung) sowie einen freundlichen und kompetenten Ansprechpartner ›für alle Fälle‹. Zuviel verlangt?

Die **Lagerordnung** des Buchhändlers orientiert sich überwiegend an wa-
renkundlichen Aspekten: nach Hardcover, Taschenbuch, Straßenkarten, Bildbänden, Ratgebern, Wörterbüchern etc. Aber nur die buchgewohnten Käufer
kennen die buchhändlerischen Ordnungskriterien oder können sie problemlos erschließen. Viele Kunden haben eine völlig andere Suchlogik. Sie suchen
nach Schnäppchen, nach Unterhaltung, sie bereiten eine Reise vor, sie suchen
Geschenke, sie wollen im Beruf weiterkommen etc. Warum kommt man diesen Kaufmotiven so selten entgegen? Warum also nicht eine Rubrik ›Urlaub
machen‹ statt Reiseliteratur, ›Für Schnäppchenjäger‹ statt Modernes Antiquariat, warum also nicht eine Präsentationseinheit ›Kleine Präsente‹, die Titel aus
allen Sortimentsbereichen anbietet?

An dieser Stelle sei noch einmal an den wehrhaften, aber trotzdem verführbaren Konsumenten (siehe Kap. 6) erinnert. Der Kunde der Zukunft wird dort einkaufen, wo es ihm Spaß macht, wo es immer etwas Neues zum Entdecken gibt, wo er es bequem hat (ich weiß, wo ich die Bücher finde; ich weiß, dass ich hier mit Kreditkarten bezahlen kann) und wo er sich wohl fühlt (dies ist mein Sortiment; die sprechen meine Sprache). Er kann auch einmal nichts kaufen, weil er sich nur umsehen und informieren will. Aber wenn es ›seine‹ Buchhandlung ist, will und wird er wiederkommen.

10.6.1
Eingangsbereich

Im Fachbuch gilt die Feinsortier-Regel ›vom Allgemeinen zum Besonderen‹. Für das allgemeine Sortiment könnte man ebenfalls ein Anordnungsprinzip festlegen: ›vom Bekannten zum Unbekannten‹. Das Bekannte bzw. das Erwartete liegt im vorderen Sortimentsbereich. Hierzu gehören in der Regel:
• Titel, die auf den Bestsellerlisten platziert sind;
• das persönliche Empfehlungsregal des Buchhändlers;
• Titel, die wegen ihres Inhalts aktuell im Gespräch sind;
• Novitäten, die der Verlag beim Endkunden bereits durch Werbung vorverkauft hat;
• Titel, die auf regelmäßige Veranstaltungen der Buchhandlung hinweisen;
• buch- oder nicht-buchaffine Produkte, die aufgrund ihrer Preisstruktur als Lockvogelangebot eingesetzt werden.

Im Eingangsbereich herrscht also eine Art ›Marktatmosphäre‹ mit einem hohen Anteil an Sonderplatzierungen und Selbstbedienung. Hat der Kunde sich erst wieder stöbernd an seine Buchhandlung gewöhnt und bringt er genügend Zeit mit, schließt sich eine Entdeckungsreise in die anderen Abteilungen an. Wie der Buchhändler diesen mit Titeln aus der Backlist gespickten Kompetenzbereich anordnet, ist wiederum höchst unterschiedlich.

10.6.2
Kompetenzbereich

Die Anordnung der Warengruppen wird sichtbar durch die **Blendenbeschriftung** der Regale. Diese ›Regalüberschriften‹ können sehr nüchtern daherkommen. Häufig folgt auf Belletristik das Segment Kinder- und Jugendbuch, dann die Reise, Ratgeber etc. Wie genau anschließend in der Tiefe sortiert wird, hängt auch von der Anzahl der Titel ab, die der Buchhändler für entsprechende Warengruppensegmente einkauft.

Buchhandlungen machen sich immer wieder Gedanken darüber, welche Begriffe am besten zu ihrer Sortimentsausrichtung passen und unter welchen Begriffen ihre Kunden wohl suchen. So ist die Überschrift ›Unterhaltung‹ oder ›Romane und Erzählungen‹ in populär ausgerichteten Buchhandlungen durchaus ein adäquater Ersatz für das Fremdwort ›Belletristik‹. Manchmal geht es aber gar nicht mehr um buchhändlerische Begriffe, sondern um Formulierungen, die dem Kunden vermitteln, worum es in den Abteilungen und Regalen geht. In diesem Sinne ist ›Gesund an Leib und Seele‹ mehr als ein Regalsegment zu den Einzelthemen Gesundheit, Sport und Ernährung; hier könnte der Kunde auch Bücher zum Thema Esoterik finden. Warengruppen kann man also in einer Buchhandlung höchst unterschiedlich kundenorientiert gemeinsam platzieren. Aber stets geht es darum, Zusammenhänge zwischen der Anordnung und der inhaltlichen Struktur des Sortiments herzustellen. Es gilt, Zielgruppen, Inhalte und räumliche Begebenheiten jeweils individuell in ein schlüssiges Konzept zu integrieren.

Jedes Sortiment kann durch drei unterschiedlich strukturierte Bereiche gekennzeichnet werden: ein allgemeines Sortiment, ein inhaltliches Schwerpunktsortiment, das intensiv gepflegt und relativ umfassend geführt wird, sowie wechselnde Aktionssortimente (siehe Kap. 7; Einleitung). Diese verschiedenen Sortimentsbereiche erfordern nicht nur einen unterschiedlich organisierten Einkauf (siehe Kap. 7.1), sondern auch unterschiedliche Platzierungen und Arrangements im Verkaufsraum. Das **allgemeine Sortiment** mit seiner Bereithaltungsfunktion gehört genauso eindeutig in die Regalwand, wie zeitlich begrenzte **Aktionssortimente** sowie für Zusatzverkäufe eingekaufte Non-Books mit Frontalpräsentation und Auslageflächen (Schaufenster, Tische etc.) verknüpft sind. Das **Schwerpunktsortiment** sollte, da es eine besondere Leistung der Buchhandlung darstellt, in der Regalwand besonders gekennzeichnet und unter Umständen auch als eine Art ständige Aktion im Mittenbereich angeboten werden. Wie auch immer die Buchhandlungen ihre Herausforderungen im Einzelnen lösen mögen – die Angebotsstruktur muss für den Kunden verstehbar und ersichtlich sein. Denn das, was Kunden von ihrer Buchhandlung vor allem anderen erwarten, ist eine erkenn- und nachvollziehbare Ordnung. Optische Einheiten unterstützen hierbei die Bemühungen um Übersicht und Transparenz, sei es durch Gruppenbildung, wie im Schaufenster, oder durch Berücksichtigung von Reihen oder (farbig) ähnlich gestalteten Covern in der Regalauslage.

Im Rahmen der vorgegebenen Abteilungen oder Warengruppen lassen höchst unterschiedliche **Ordnungsprinzipien** das Lager transparent erscheinen. Die Aufstellung auf der folgenden Seite gibt eine Übersicht über denkbare und praktizierte Ordnungsmöglichkeiten unter Zuordnung der entsprechenden (Fach-)Abteilungen. Sie erhebt keinen Anspruch auf Vollständigkeit, da sie nicht für alle Möglichkeiten konzipiert ist. Gerade die Kombination der Ordnungsprinzipien unter Nutzung ladenbaulicher Hervorhebungsmöglichkeiten macht einen Großteil der buchhändlerischen Individualität aus; auf Aktionstischen kann beispielsweise das Ordnungsprinzip Farbe wirkungsvoll eingesetzt werden. In klar definierten Fachabteilungen kann das Sortiment seine Systematik an die von Spezial-Datenbanken oder von Fachverzeichnissen anlehnen, wie im Falle von Buchhandlungen, die die Bestände ihrer Reiseabteilung nach dem *Geokatalog* (siehe Kap. 5.7.3) ordnen.

Ordnungsprinzip (in Auswahl)	Anwendungsbereiche (in Auswahl)
Autorenalphabet	Belletristik
Länderalphabet	Reiseabteilung
Sprachenalphabet	Wörterbücher
Inhaltliche Systematik	Ratgeber, Fachbuch
Chronologie	Historische Sachgebiete
Nummern	Reihen
Größe, Format	Bildbände, Bilderbücher, einzelne Produktgruppen
Alter	Kinder- und Jugendbuch
Preis	Modernes Antiquariat
Farbe	Reihen, einzelne Produktgruppen

10.6.3
Kundenleitweg – der Loop

Der Kundenleitweg bildet als ein Instrumentarium der Sortimentspolitik und Raumstrategie die Grundlage für Kommunikationsmöglichkeiten im Verkaufsraum. Das erklärte Ziel muss sein, den gesamten Verkaufsraum (Eingangsbereich und Kasse, Gänge und Plätze, Theken und Kontaktmöglichkeiten, Sitzplätze und Servicestationen etc.) so zu gestalten, dass …
… Kunden möglichst an allen verkaufsrelevanten Tischen und an möglichst vielen Warengruppen vorbeikommen,
… an markanten Stellen Zusatz- oder Impulsverkäufe initiiert werden,
… sich die Kunden möglichst lange im Verkaufsraum aufhalten, weil mit zunehmender Verweildauer die Wahrscheinlichkeit auf (Mehr-)Umsatz zunimmt.

Bei der Planung des Loops (wörtlich übersetzt Schleife, aber auch Kreis, Wiederkehr) muss man davon ausgehen, dass dieser, je nach räumlichen Gegebenheiten, höchst unterschiedlich gedacht und angelegt werden muss. Bei großen Flächen unterscheidet man beispielsweise Hauptwege, die in die Tiefe des Raumes führen, und sich verästelnde Nebenwege. Bei kleineren Flächen ist es meistens sinnvoll, den Begriff ›Schleife‹ wörtlich zu nehmen, wobei auch hier verkaufsstarke und verkaufsschwache Zonen zu unterscheiden sind.

Raumaufteilung und Anordnung der Warengruppen
(Quelle: *Die Eule. Internationales Magazin für Merchandising-Architektur* Nr. 7, S. 20.
Abdruck mit freundlicher Genehmigung der Firma Wilhelm Kreft GmbH)

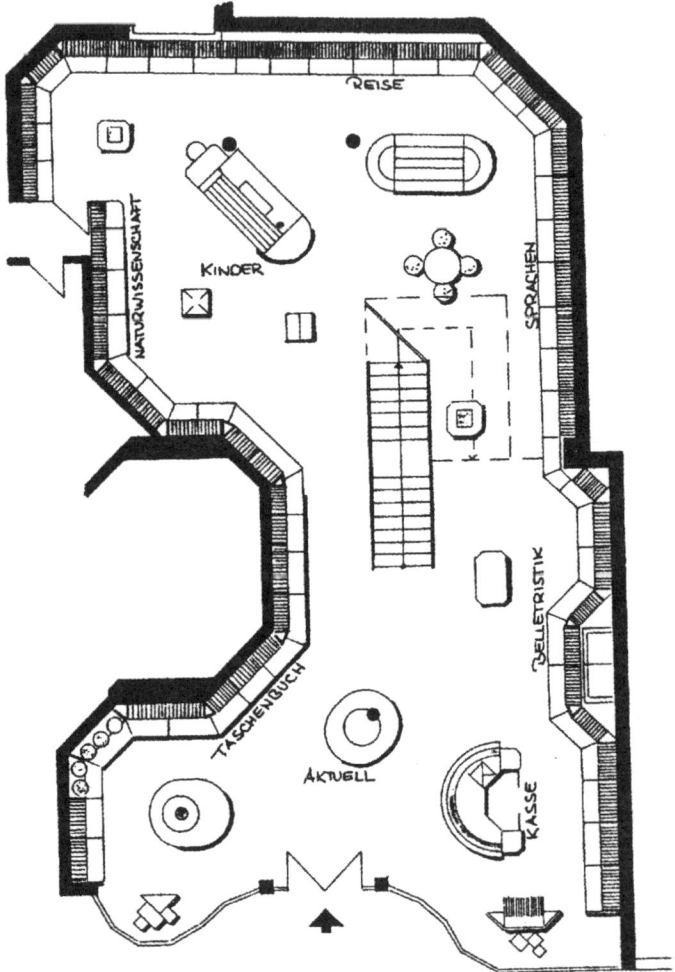

Zur Logik eines Loops gehört auch die Platzierung der Ware. Nach der Devise ›Kann-Käufe nach vorne‹ sind im Eingangsbereich Sonderangebote, Novitäten sowie umworbene Titel und Themen zu platzieren. ›Muss-Käufe‹ hingegen gehören in den hinteren Teil des Ladens – in den Kompetenzbereich, wo
der Buchhändler mit seinen bedienungsintensiven Warengruppen auf seine
Kunden wartet. Verdeutlichen wir uns abschließend einige Grundregeln für
den Verkaufsraum anhand einer allgemeinen Sortimentsbuchhandlung

Grundregeln für den Verkaufsraum

KANN-KÄUFE GEHÖREN IN DEN VORDEREN GESCHÄFTSBEREICH
Dies betrifft vor allem ›Titel im Gespräch‹, Bestseller oder Empfehlungen, die in einem ›Stöber-Bereich‹ ausliegen können/sollten. Häufig sind es Titel, die durch Werbung oder Listenplätze bekannt und damit bereits vor-verkauft sind.

MUSS-KÄUFE KOMMEN IM HINTEREN GESCHÄFTSBEREICH ZUR GELTUNG
Bei Fachbüchern und Ratgebern ist Beratung angesagt und wird von Kunden auch gewünscht und erwartet. Hier zeigt sich die Kompetenz des Buchhändlers, der sich auch entsprechende Zeit für den Kunden nehmen sollte und ggf. in Ruhe die Recherche erledigen kann.

DIE KINDERABTEILUNG GEHÖRT NICHT IN TÜRNÄHE
Der weite Weg für Kinder zum Ausgang ist nur ein Grund, warum Kinderbücher in der Regel im hinteren Bereich des Ladens untergebracht sind. Der Hauptgrund ist vielmehr: Die begleitenden Erwachsenen möchten in Ruhe, ohne ›Verantwortungs-Stress‹, Bücher für andere oder sich selbst aussuchen.

ZU EINANDER PASSENDE WARENGRUPPEN/SEGMENTE WERDEN IN RÄUMLICHER NÄHE PLATZIERT
Nach dem Prinzip der Bedarfsbündelung sollte man ›benachbarte‹ Warengruppen zusammenfassen. In diesem Sinne stehen Lernhilfen neben dem Kindersachbuch, Wirtschaft neben Aktuelle Zeitgeschichte, Sport und Kochen neben Gesundheit etc. Aber auch aus Sicht der Kunden kann man bündeln; so interessieren sich Mütter neben dem Bereich Kinderbuch auch für die Themen Erziehungsratgeber und Gesundheit.

WANDREGALE GEHÖREN DEM STANDARD-SORTIMENT, TISCHE STEHEN FÜR WECHSELNDE ANGEBOTE ZUR VERFÜGUNG
In den Wandregalen sind die Titel je nach Warengruppe alphabetisch, thematisch, mitunter auch nach Reihen und Nummern eingestellt. Davon ausgenommen ist nur der Sichtbereich in Augenhöhe, der häufig für die Frontalpräsentation einzelner Titel genutzt wird. Auf die Auslagetische hingegen gehören wechselnde Angebote. Hier ist auch der bevorzugte Platz für Non-Books (siehe Kap. 2.3), um Zusatzverkäufe zu initiieren. Im Auslage- und Präsentationsbereich sollen also Produktgattungen miteinander gemischt werden.

LOCKVOGEL-ANGEBOTE GEHÖREN VOR DIE TÜR ODER IN DEN EINGANGS-BEREICH
Kartenständer können nicht schaden. Oder Modernes Antiquariat, das ›Schnäppchenjäger‹ wertschätzen und das in ›Ramschkisten‹ oder auf ›Ramschtischen‹ präsentiert wird.

Das Wort Loop kommt von Schleife und bezeichnet den Weg, den der idealtypische Kunde durch den Laden geht. Über unterschiedliche Teppichbeläge, Lichtlösungen, Aktionsflächen, Tische, Anordnungen der Warengruppen, Platzierungs-Highlights etc. kann der Laufweg gesteuert werden.

Am besten, man plant eine kleine und eine große ›Schleife‹. Denn es gibt Bummelkäufer (›Flaneure‹), die sich Zeit für den ganzen Laden nehmen, und Schnellkäufer (›Zielkäufer‹), die sich nur kurze Zeit im Laden aufhalten wollen, beispielsweise um einen bestellten Titel abzuholen oder einen aktuellen Titel von den Eingangstischen mitzunehmen.

10.7
Präsentation und Wareninszenierung

Die Aufgaben kundenorientierten Handelns sind in diesem Buch bereits häufiger angesprochen worden: Es geht um Sortiments- und Beratungskompetenz, um Produktauswahl und -präsentation, um Titelkenntnis und ›Animation‹. Der im letzten Abschnitt angesprochene Loop (Wie sollen die Kunden durch den Laden laufen?) wird in Wechselwirkung mit Überlegungen zur Warenplatzierung und -präsentation (Wo und wie werden welche Sortimentsbereiche ausgestellt?) erarbeitet. Das Ergebnis der strategischen Vorüberlegungen und quasi die Krönung aller non-verbalen Verkaufsbemühungen ist jedoch eine ansprechende **Wareninszenierung.** Wobei diese nicht immer etwas mit kunstvollem Gestalten zu tun haben muss. Manchmal kann auch ein einzelnes quer, nicht an ›seiner‹ Stelle liegendes Buch beim Kunden den Reiz auslösen, dieses in die Hand zu nehmen, zu begutachten und zu kaufen; mitunter reicht also auch ein scheinbar zufällig inszeniertes Chaos.

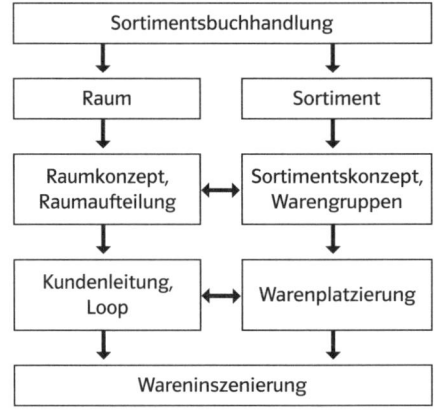

Wareninszenierung am Point-of-Sale als visuelles Ergebnis von Planungsprozessen
(Als Vorlage für die Grafik dient die Übersicht *Der Kundenleitweg* aus dem Buch *Ladenplanung* von W. Kreft, Verlagsanstalt Alexander Koch, 2001)

Neben den Bedienungsverkauf sind in den letzten 20 Jahren verstärkt die Selbstbedienung und der Verkauf nach vorausgegangener Vor-Auswahl getreten. Die Vor-Auswahl ist dadurch gekennzeichnet, dass der Kunde zunächst das Angebot allein sichtet und dann erst eine Beratung in Anspruch nimmt. Jede Verkaufsform erfordert ihre eigene Präsentation. Während die Rücken-an-Rücken-Präsentation in der Regel mit dem Bedienungsverkauf Hand in Hand geht, verlangt der Kunde, der sich zunächst einfach nur unverbindlich und frei umsehen möchte, ein Höchstmaß an **Frontalpräsentation.** Er möchte Buchcover statt Buchrücken sehen. Dies gilt für die Regalwand in Augenhöhe genauso wie für die Auslagetische, auf denen Buchstapel (plano übereinander, treppenförmig auf unterschiedlichen Auslageebenen) und Einzelpräsentationen (frontal, schräggestellt) vorherrschen. Im besten Fall gelingt es, einen psychologischen Kaufzwang – der Fachterminus hierfür heißt **Warendruck** – auszuüben. Für den Fall, dass man große Flächen bespielen muss, kann man für Spitzentitel exklusive Plätze vergeben und hier mit nur einem oder wenigen Büchern runde oder eckige Inszenierungen vornehmen.

Auch für die Frontalpräsentation in der Regalwand gilt das **Prinzip von Reihung und Herausstellung.** Denn ein Zuviel von Rücken-an-Rücken-Präsentation ermüdet den Kunden ebenso wie ein Zuviel an Frontalpräsentation. Hier helfen zum einen variable Regalböden. Ladenbaufirmen fertigen serienmäßig Winkelböden, mit deren Hilfe jeder Sortimenter bei Bedarf den Abstand zwischen den Böden sowie den Neigungswinkel und die Tiefe der Böden individuell variieren kann, und so genannte Sägezahneinsätze machen eine Halbfrontalpräsentation möglich. Abwechslung entsteht zum anderen durch unterschiedlich breite Regale oder Unterbrechungen zwischen den Regalen (Pufferzonen). Regale oder Regalböden haben also nicht mehr ausschließlich die Funktion eines Warenträgers, sondern werden, wie Lichtlösungen, als Mittel der Verkaufsförderung eingesetzt; sie sind Bestandteil einer Verkaufsraumdramaturgie, die ein Innenarchitekt anlässlich der Gründung oder nach Umbauten individuell konzipiert hat. Umsatz entsteht aber erst dann, wenn sich das Personal regelmäßig um die Ware kümmert, wozu nicht nur der Einkauf und das tägliche Nachräumen gehören, sondern auch eine regelmäßige **Regalwandhygiene.** Zu beachten sind insbesondere folgende Aspekte:
• Gibt es leere Flächen im Regal?
• Sind entnommene Bücher ersetzt?
• Sind die für Frontalpräsentation vorgesehenen Flächen oder Regale ›zugemüllt‹?
• Sitzen die Beschriftungsfelder (Autorennamen, Sachgebiete, Rankingnummern) an der richtigen Stelle und stehen dort die entsprechenden Bücher?
• Passen die Cover der ausgestellten Bücher zueinander (Farbharmonie)?

Bücher verkaufen sich aus unterschiedlichen **Regalzonen** – auch bei ausnahmsloser Frontalpräsentation – unterschiedlich gut. Die höchste Wertig-

keit, die mit den größten Zugriffsquoten und damit auch den größten Verkaufschancen, hat der Sichtbereich in Augenhöhe (ca. 150–170 cm), gefolgt
von der Griffzone (ca. 70–150 cm) und der Reckzone (ca. 170–220 cm); cm-An-
gaben jeweils vom Boden aus. Die schlechteste Wertigkeit hat die Bückzone,
die in der Regel als Ersatzlager dient. Wenn man es seinem Kunden leicht machen will, sollte man Ware auf Augenhöhe auffallend präsentieren.

Die abschließenden Grundregeln für die Gestaltung des Verkaufsraums
bilden gleichzeitig die Überleitung zum Punkt Wareninszenierung, der im Folgenden anhand der Schauwerbegestaltung exemplarisch vorgestellt wird, aber
auch in weiten Bereichen auf die Dekoration der Auslagetische übertragen
werden kann.

Grundregeln für die Gestaltung des Verkaufsraums

SPANNUNG ERREICHT MAN DURCH DIE ABWECHSLUNG VON REIHUNG UND HERAUSSTELLUNG
Dies gilt gleichermaßen für die Regale an der Wand, Tische sowie für die Warenpräsentation im Regal. Denn jede bloße Reihung ist letztes Endes langweilig – egal ob sie nur frontal oder ausschließlich Rücken-an-Rücken stattfindet.
Am besten, man berücksichtigt Unterbrechungen unter Wahrung von Mindest-
abständen zwischen den Ausstellungselementen (ca. 80 cm) und optischen
Ruhepunkten.

DIE AUGENHÖHE DES KUNDEN IST DER ATTRAKTIVSTE BEREICH
150–170 cm vom Boden aus berechnet ist der Bereich, den der Kunde am stärksten
wahrnimmt. Hier wird Wichtiges augenfällig präsentiert. Dies gilt gleichermaßen
für den Blickfang im Schaufenster wie für die Frontalpräsentation im Regal.

STRUKTUR GEWÄHRLEISTET TRANSPARENZ UND ORDNUNG
Kunden erwarten von ihrer Buchhandlung eine erkennbare Ordnung. Dies gilt
nicht nur für die Gliederung und Platzierung der Warengruppen, sondern auch für
das Warenarrangement. Geschlossene optische Einheiten fördern den Überblick
über das Angebot; sei es durch Gruppenbildung im Schaufenster, durch Berücksichtigung von Reihen und/oder (farbig) ähnlich gestalteten Covern in der Regalauslage.

LICHT LOCKT LEUTE
Die ›drei L‹ bilden die Grundvoraussetzung visueller Kommunikation. Punkt- und
Streulicht, direktes und indirektes Licht, farbiges Licht und spannungsvolles Lichtdesign – all dies sind Maßnahmen, um Wichtiges von weniger Wichtigem unterscheiden zu helfen. Dies gilt gleichermaßen für Schaufenster, Aktionstische und
wichtige Regalzonen.

DAS GESETZ DES SEHENS BESAGT: ERST BILD, DANN WORT
Menschen nehmen die Eigenschaften dessen, was sie sehen, in einer bestimmten Reihenfolge wahr: zunächst die Farbe, dann die Form, später das Bild und zuletzt die Schrift. Eine Erkenntnis, die einem schriftfixierten Beruf wie dem eines Buchhändlers nicht gerade in die Karten spielt. Schrift sollte also nicht die primäre und einzige Quelle für eine Orientierung sein. Demnach ist die Blendenbeschriftung der Regale, sofern dies möglich ist, durch Bilder oder dekorative Gegenstände, die das Thema der Abteilung weithin sichtbar machen, zu ergänzen. Im Schaufenster und über Auslagetischen übernimmt der Blickfang diese Funktion.

Schauwerbegestaltung

Das **Schaufenster** ist die Visitenkarte einer jeden Buchhandlung. Obwohl es das individuellste Werbemittel ist, wird die Wirkung dieses Kommunikationsmittels in vielen Geschäften nicht beachtet bzw. unterschätzt. Häufig dient es ausschließlich als verlängertes Warenlager, die (Gesamt-)Aussage des Fensters ist nicht verständlich, und Bücher werden ohne erkennbare Ordnung präsentiert. Damit stellt man vielleicht seine Stammkunden zufrieden, die ohnehin in den Laden kommen, aber man reißt keine Passanten aus ihrer Gleichgültigkeit und vernachlässigt somit potenzielle neue Kunden. Wenn man so verfährt, braucht man sich über das Fernbleiben kauf(un)entschlossener Konsumenten nicht zu wundern.

Folgende Punkte zeichnen ein gelungenes Schaufenster aus. Der Blickfang (Display, Plakat, Attrappe etc.) muss verhältnismäßig groß sein, am besten in DIN A0 (84,0 x 118,9 cm), aber mindestens in DIN A1 (59,4 x 84,0 cm). Falls das Schaufenster eine Textaussage hat, dann wird auch die Schrift in gut und leicht lesbaren Lettern angefertigt. Der Text sollte so gehalten sein, dass er mehr mitteilt als die Bücher ohnehin bereits signalisieren und demnach besonders den Nutzen herausstellen (Was hat der Kunde davon, sich dieses Fenster näher anzuschauen?). Es sollte also nicht heißen ›Ihre Reiseliteratur in unserer Buchhandlung‹, sondern ›Für Ihren Kurzurlaub‹.

Die aussagekräftige Kombination von Bild/Blickfang und Text bewirkt das Stehenbleiben des Passanten und unterstützt somit das erste A des **AIDA**-Prinzips (siehe Kap. 10.5.3). Die Bücher werden in Gestaltungsgruppen platziert, wobei Respekträume zwischen den einzelnen Gruppen einzuhalten sind, denn erst eine Gruppenbildung macht das Angebot transparent. Da nachgewiesen ist, dass das menschliche Auge nie mehr als fünf Teile gleichzeitig differenziert wahrnehmen kann und die Sehgewohnheiten auf ungeraden Mengen beruhen, sollten Gruppen mit ungeraden Mengen (3 – 5 – 7 oder 8 [3 + 5]) arrangiert werden. Dies wirkt auf das Auge beruhigend und harmonisch – und macht trotzdem neugierig.

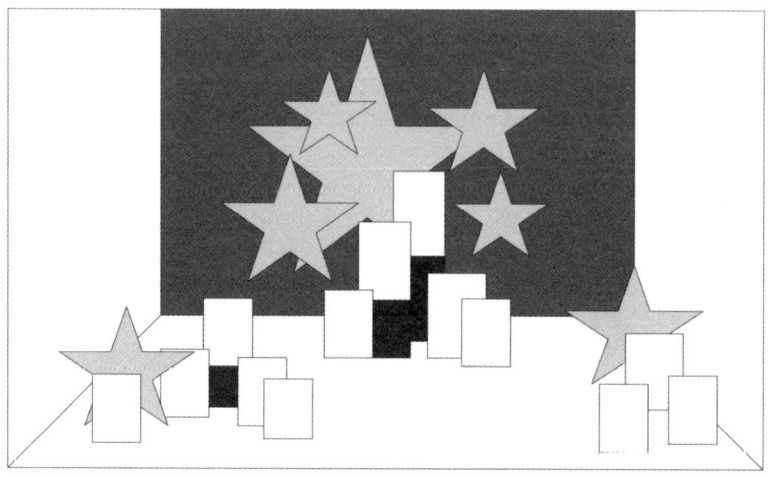

Bei einer gelungenen Dekoration stehen Ware, Requisite und Freiraum immer im richtigen Verhältnis.
Quelle: Sabine Gauditz, *Schaufenster als Spiegel der Geschäfte*, Seite 63

Unterstützt werden die ›ungeraden Verhältnisse‹ durch die Berücksichtigung des **Goldenen Schnitts,** der seit Jahrhunderten als Basis für gefällige Proportionen gilt. In einer Teilung nach dem Goldenen Schnitt verhält sich die kleinere Strecke m (Minor) zur größeren Strecke M (Major) wie die größere Strecke zur Gesamtstrecke. In Ziffern ausgedrückt: eine Strecke von 1 wird in das Verhältnis von 0,38 zu 0,62 aufgeteilt. Bei einer 5 Meter langen Schaufensterfront müsste also der Blickfang eines links von der Eingangstür liegenden Schaufensters ca. 1,90 Meter von der Eingangstür angebracht werden; denn der Kunde sollte aus verkaufspsychologischen Gründen nur noch die kürzere Strecke (m) zum Betreten der Buchhandlung zurücklegen. Unterteilt man die Schaufensteranlage in Breite und Tiefe mit gedachten Hilfslinien nach der Grundregel des Goldenen Schnitts, ergeben sich zwangsläufig die Positionen der einzelnen Gestaltungsgruppen. Mindestens eine Gruppe stellt die Verbindung zum Blickfang/Text her, damit der Blick des Betrachters die Einheit der Fenstergestaltung nicht aus dem Auge verliert.

Da das Schaufenster das einzige Werbemittel mit dreidimensionalen Platzierungsmöglichkeiten ist, muss die Tiefe des Raumes genutzt werden, wobei die Lichtlösung (Spots nahe der Schaufensterscheibe, die die Gestaltungsgruppen von vorn beleuchten) für Schattenwurf sorgt und den räumlichen Aspekt vertieft. Formkontraste – vor allem im Blickfangbereich – beleben das Schaufenster, und auch Farbkontraste bzw. inszenierte Farb(dis)harmonien können die Wirkung erheblich steigern. Bild- und Leseproben aus Büchern, aber auch buchferne Gegenstände in Gestalt von Gartengeräten, Backformen, etc., illustrieren ein Fenster und verstärken dessen Attraktivität. Ganz wichtig ist auch die **freie Fläche,** die als **Gestaltungsfaktor** einzusetzen ist.

Die Belegdauer des Schaufensters beträgt etwa zwei Wochen. Während dieser Zeit sollten die ausgewählten Titel auch im Laden ausgestellt sein, denn das Schaufenster gibt ja nur den ersten Kaufimpuls – der Verkauf findet im Ladeninneren statt. Aus dem Fenster entnommene Bücher werden ersetzt, oder man arrangiert neue Gruppen, damit das Schaufenster jeden Tag seine Vorzeige-Funktion behält. Abschließend sind die wesentlichen Punkte noch einmal in einer Checkliste zusammengefasst.

Erfolgsfaktoren für Schauwerbegestaltung

Das Schaufenster ist mindestens vier Wochen vor dem Dekorieren geplant und wird mit anderen Werbemaßnahmen koordiniert.

Das Schaufenster wirkt stärker als die der Nachbargeschäfte und die der buchhändlerischen Konkurrenz.

Jede Stelle des Schaufensters ist prinzipiell dekorierbar (Deckenraster, Podeste o. Ä.).

Der Blickfang wird in Augenhöhe angebracht (ca. 150–170 cm über Bodenhöhe).

Die Signalwirkung des Blickfangs erreicht auch die gegenüberliegende Straßenseite.

Ein atmosphärischer Einstieg über Farben, Formen, Materialien und Requisiten ist in der Regel zu bevorzugen.

Die Dekorationshilfen des Verlags (Displays, Autorenfotos, Poster etc.) bilden die Grundlage des eigenen Warenarrangements.

Form- und Farbkontraste steigern die Wirkung des Fensters.

Die Schlagzeile/das Motto des Fensters ist schnell erfassbar und typografisch gut gestaltet.

Die Schlagzeile kann unter Umständen durch eine Inszenierung von Blickfang und Ware in Augenhöhe ersetzt werden.

Der Blickfang ist mit einer Gestaltungsgruppe optisch verbunden.

Die Bücher werden in Gestaltungsgruppen zusammengefasst.

Der freie Raum (Respektzonen zwischen den Gruppen und zum Schaufensterrand) wirkt als Gestaltungsfaktor.

Die Gestaltung nutzt die Schaufenstertiefe.

Der Schaufensterraum ist kein Warenlager.

In der Schaufensteranlage besteht ein optimales Verhältnis zwischen Streulicht und Punktlicht.

Technische Hilfsmittel (Podeste,Schnüre etc.) fallen nicht auf.

Texttafeln, Abbildungen, Text-/Leseproben aus Büchern, fremde Ware etc. vertiefen die Wirkung der ausgestellten Titel.

Entnommene/verkaufte Bücher werden ersetzt, oder es werden neue Gestaltungsgruppen gebildet.

Die Belegdauer sollte maximal drei Wochen nicht übersteigen.

Beworbene Titel sind auch im Laden herausgestellt.

In manchen Buchhandlungen, und dies gilt erst Recht für Buchhandlungen in Einkaufscentern, verliert das Schaufenster konzeptionell an Bedeutung. Im Zuge von Umbauten wird einem hellen, großzügig gestalteten Eingangsbereich mehr Bedeutung zugemessen als einer Schaufensteranlage. Allerdings tritt dann häufig an die Stelle der traditionellen Schaufenstergestaltung die Schauwerbegestaltung im Innenbereich der Buchhandlung; denn auch dort gilt es, dem Kunden immer wieder Neues zu zeigen und Themen zu arrangieren. Die Checkliste Schaufenstergestaltung behält somit auch in diesem Zusammenhang in vielen Punkten ihre Gültigkeit.

10.8
Öffentlichkeitsarbeit – Public Relations (PR)

Eine Sortimentsbuchhandlung veranstaltet eine Autorenlesung. Die Kunden werden persönlich eingeladen, das Plakat der Autorin und ihre Bücher werden im Schaufenster und auf Auslageflächen arrangiert und vielleicht steht auch noch eine Anzeige in der örtlichen Zeitung. Bei gründlicher Vorbereitung der Lesung wird eine Mappe für die Presse zusammengestellt, anhand der sich der zuständige Redakteur über den Gast oder auch über etwaige organisatorische Besonderheiten informieren kann. Der Redakteur berichtet daraufhin vor und nach der Lesung über das Ereignis. Die Buchhandlung wird für ihr literarisches Engagement gelobt und verfestigt dadurch ihren Ruf als die ›Buchhandlung für …‹.

In dem hier skizzierten Fall greifen drei unterschiedliche Elemente des marketingpolitischen Instruments ›Kommunikationspolitik‹ ineinander: Sales Promotion (siehe Kap. 10.9), Werbung (siehe Kap. 10.5) und PR. Die Lesung selbst ist eine der beliebtesten verkaufsfördernden Maßnahmen im Buchhandel. Sie wird durch jeweils passende Werbemittel publik gemacht. Aber man will auch die interessierte Öffentlichkeit für sich einnehmen; Andere, in der Regel die Medien, sollen positiv über das Unternehmen sprechen. Bei der PR-Arbeit geht es also um das »Management von Kommunikation«, wie es die Deutsche Public Relations Gesellschaft (DPRG) definiert hat.

Die Grenzziehung zwischen Werbung auf der einen und PR auf der anderen Seite mag im Einzelfall schwierig sein. Aber die vorrangige Aufgabe der PR-Arbeit besteht in der Konstituierung einer (publizistischen) Öffentlichkeit, die dem Unternehmen gegenüber positiv eingestellt ist. PR-Arbeit geht aber auch über das reine Bestreben nach journalistischer Berichterstattung hinaus, weil sie letzten Endes vom Etat eines Wirtschaftsunternehmens bezahlt und zweckgebunden eingesetzt wird. Außerdem werden, wenn es um die konkrete PR-Arbeit für öffentlich relevante buchhändlerische Aktionen geht (Lesungen, Veranstaltung von Vorlesewettbewerben, Welttag des Buches etc.), diese selbstverständlich in den Mediaplan integriert (Berichterstattung für unser Event am … ist vorgesehen für den …). Wichtig festzuhalten ist: Die PR-Abteilung ist kein verlängerter Arm der Verkaufsabteilung. Die Theorie benennt Unterschiede, die in der folgenden Übersicht idealtypisch gegenübergestellt sind.

	Werbung	Öffentlichkeitsarbeit
Zeithorizont	kurzfristig	langfristig
Funktion der Medien	Werbeträger für kauf-/ mietbare Werbefläche	Informationsträger für redaktionelle Berichterstattung
Gegenstand	Titel, Themen	eigene Firma, besondere Anlässe, Aktivitäten oder Aktionen, Jubiläen
Ziel	erhöhter Absatz bzw. Umsatz	transparentes, positives Firmenimage, Information, Service und Ansprechbarkeit
Kommunikation mit Zielgruppe	direkte, steuerbare Beeinflussung	indirekte Kommunikation und Meinungsbeeinflussung
von der Buchhandlung eingesetzte Medien	Werbemittel, Werbetexte etc.	Pressetexte, Pressemappen etc.

Klassische PR-Arbeit legt ihren Schwerpunkt auf die Information der Redakteure. Ein breiterer PR-Ansatz erweitert die Arbeitsgebiete. Denn wenn die Öffentlichkeitsarbeit zuständig ist für die Präsentation, die Imagepflege und die Profilierung des Unternehmens als Ganzes, dann muss sie das ihr zugrunde liegende Selbstverständnis erweitern, indem sie sich auch als Dialogpartner mit Meinungsführern, Investoren, öffentlichen Interessenvertretungen (Lobbyismus) und auch mit den eigenen Mitarbeitern versteht. Dann besteht das Hauptziel sämtlicher PR-Aktivitäten in der Schaffung einer Vertrauensbasis mit der unternehmensexternen und -internen Öffentlichkeit, die selbst dann eingesetzt wird, wenn es um heikle und schwierige Sachverhalte geht (Krisen-PR). Die Kernfrage aber bleibt: Wie bringt eine Buchhandlung Andere dazu, positiv über das eigene Unternehmen, seine Produkte und seine Dienstleistungen zu berichten? Setzt man sich nun dem Urteil und der Einschätzung Anderer aus, so ist es nur ein kleiner Weg zu Social Media, wodurch die Community oder Follower informiert werden und diese im besten Fall ein Empfehlungsmarketing anstoßen (siehe Kap. 10.5.8). So oder so – im Vorfeld muss eine Vielzahl von Fragen geklärt sein.
• Welche Botschaft soll mitgeteilt werden?
• Welche Zielgruppen sollen angesprochen werden?
• Welche Informationskanäle (Print, Social Media) sollen bedient werden?
• Welche konkreten Medien sollen die Informationen streuen?
• Welches Budget steht zur Verfügung?
• Welche PR-Instrumente (Pressemitteilung, Info-Broschüren etc.) sollen verfasst und eingesetzt werden?

- Wie viel Zeit steht zur Verfügung?
- Welcher personelle Aufwand wird veranschlagt?
- Welcher Kooperationspartner kommt für das Erreichen einzelner (Teil-)Ziele in Frage?

PR-Instrumente ermöglichen einen organisierten Informationsaustausch zwischen Buchhandlung und Öffentlichkeit. Zu den schriftlichen PR-Instrumenten gehören Presseinformationen, Pressemappen, Newsletter, Blogs, Image-Broschüren oder Geschäftsberichte, aber auch das Schwarze Brett oder das Intranet zur Kommunikation innerhalb des Unternehmens. Wichtige digitale PR-Instrumente sind der eigene Internetauftritt oder audiovisuelle Präsentationen, zum Beispiel Podcasts oder auch Filme zur Selbstdarstellung von Buchhandlungen und ihren kulturellen Aktivitäten (inkl. Archiv).

Der Tenor der PR-Texte muss ein anderer sein als der der Werbetexte (siehe Kap. 10.5.7). Man verdeutliche sich dies anhand der **Pressetexte**. Auch hier geht es nicht in erster Linie um das Verkaufen, sondern darum, den verantwortlichen Redakteur davon zu überzeugen, dass die Leser seines Presseorgans ein Interesse daran haben, etwas über die Buchhandlung und deren Aktivitäten zu erfahren. Im Fokus stehen also nicht die Buchkäufer, sondern die Leser der Zeitungen und Zeitschriften. Und diese erreicht man am besten über folgende Aufhänger: Neuigkeit, Nutzwert, Exklusivität, Emotion, Betroffenheit und einen räumlichen bzw. intellektuellen Bezug. **Pressemappen** können sowohl in einer Print-Fassung als auch digital verteilt werden. Sie sollten enthalten:
- Pressemitteilung zu dem Thema;
- ggf. ein zusätzliches Daten-und-Fakten-Blatt über Anwesende (Name, Funktion etc.), Referenten/Redner/Autoren;
- ggf. Leseproben oder bereits vorliegende Pressestimmen;
- Visitenkarte bzw. Ansprechpartner bei Rückfragen;
- Fotos auf CD (300 dpi) bzw. Fotos zum Download (300 dpi) mit Vermerk ›frei und kostenlos abdruckbar‹.

Zur PR-Arbeit gehört auch, die Stimmung nach Aktionen einzufangen. Man beobachtet die Medien und die Reaktionen der Öffentlichkeit. Die wichtigsten Zeitungen werden in der Regel selbst gelesen und ausgewertet. Doch natürlich ist es unmöglich, alle Medien im Blick zu behalten. Gegen ein Honorar helfen hier so genannte Ausschnittdienste oder **Clipping-Dienste** weiter. Sie beobachten eine Vielzahl von Medien und durchsuchen diese nach bestimmten Stichworten. Was Clipping-Dienste für die klassischen Medien leisten, leistet Social-Media-**Monitoring** im Internet. Hier beobachten Dienstleister im Auftrag der Buchhandlung das Social Web, analysieren die Informationen und fassen diese zusammen – um daraus ggf. neue Online-Maßnahmen abzuleiten (siehe Kap. 10.5.8). Alle wichtigen Artikel oder Meinungsbeiträge kann man dann in einem **Pressespiegel** zusammenstellen und in Umlauf bringen.

Anhand des Medienechos kann man den Erfolg der PR-Aktivitäten kontrollieren; es zeigt, ob die Pressearbeit ihre Ziele erreicht hat. Schließen wir mit einer im *Börsenblatt* veröffentlichten, praxisorientierten Checkliste für Pressemitteilungen.

Checkliste für Pressemitteilungen*

DARSTELLUNG
• Ist der Text allgemein verständlich? Sind unvermeidliche branchenspezifische Fachbegriffe ausreichend erklärt?
• Macht die Überschrift neugierig und entspricht sie dem Inhalt der Meldung?
• Sind die sechs ›Ws‹ einer Pressemitteilung berücksichtigt: wer, was, wann (das Wichtigste), wo, warum (nähere Umstände) und wie (Details)? Diese Infos gehören an den Anfang des Textes. Denn Journalisten kürzen die ihnen vorgelegten Texte von hinten.
• Ist eine ausführliche Hintergrundinformation erforderlich?
• Wirkt die Darstellung authentisch und passt sie zur Buchhandlung?

ÄUSSERE FORM
• Ist der Absender deutlich erkennbar?
• Ist die Betreffzeile präzise formuliert? (Nicht: ›Pressemitteilung‹ oder ›Veranstaltung im Bücherparadies‹, sondern ›Nele Neuhaus liest in Nordendstraße‹.)
• Haben Sie den Text in die Mail kopiert, damit der Empfänger auf einen Blick sieht, worum es geht? Dann macht es auch nichts, wenn sich ein Dateianhang einmal nicht öffnen lässt. Denn aus Zeitgründen werden Anhänge oft gar nicht geöffnet.
• Sind Veranstaltungsdatum und -ort erwähnt? (Der klassische Fehler – eine Angabe fehlt immer wieder mal.)
• Sind Bilder (immer farbig, immer 300 dpi) angehängt, oder stehen sie als Download zur Verfügung?
• Sind die Urheberrechte an den Abbildungen mit den Fotografen abgeklärt?
• Sind für Rückfragen Ansprechpartner und Telefonnummer angegeben, unter der auch wirklich jemand immer erreichbar ist?

STREUUNG
• Entspricht der Verteiler dem Inhalt der Meldung?
• Entspricht die Art der Darstellung der ausgewählten Zielgruppe (nicht wahllos verschicken)?
• Sind die Adressen der Verteilergruppen auf dem neuesten Stand und vollständig?

*Quelle: *Börsenblatt* 25|2013, geringfügig bearbeitet

10.9
Verkaufsförderung (Sales Promotion)

Größere oder kleinere Maßnahmen zur Verkaufsförderung organisiert jeder Einzelhändler. Sei es die Extra-Flasche bei einem Bierkastenkauf im Getränkemarkt, ein verkaufsoffener Sonntag (ohne Beratung) im Möbelhaus oder ein kostenloses Wochenend-Probefahren neuer Modelle bei einem Autohändler. Über das Ziel dieser Bemühungen muss man nicht streiten: Der Kunde soll die entsprechenden Produkte oder Dienstleistungen kennenlernen, sie gegebenenfalls kaufen – und falls nicht, sie zumindest weiter empfehlen. Im Buchhandel bieten vor allem Publikumsverlage Veranstaltungen an, die entweder als Tagesveranstaltung stattfinden (Plätzchenbacken zur Weihnachtszeit am ...) oder aber nur wenige Stunden dauern (Signierstunde am ... von ... bis ...).

Maßnahmen zur Verkaufsförderung finden häufig ohne Eintrittsgeld statt. Die Kunden merken ohnehin, dass die Veranstaltungen auf einen direkten oder indirekten Verkauf ausgerichtet sind. Aber vor allem größere Aktivitäten dienen nicht nur der Umsatzsteigerung, sondern sie bezwecken auch ein bestimmtes Bild in der Öffentlichkeit. Will die Buchhandlung doch, dass Andere im redaktionellen Teil der Tageszeitung, in Literaturzirkeln oder in Hobby- und Sportvereinen positiv über sie berichten.

Ideen zu derartigen Veranstaltungen, die Abwechslung in den buchhändlerischen Alltag bringen und in größerem Rahmen durchgeführt neudeutsch als **Event** (Ereignis) mithilfe eines entsprechenden Veranstaltungs- oder Eventmanagements organisiert werden, sind bei einem so vielschichtigen Medium wie dem Buch schnell gefunden. Neben den klassischen Aktivitäten anlässlich von Jubiläen jeglicher Art bieten sich u. a. an:
• Lesungen und Signierstunden,
• Vorstellungsabende von Novitäten,
• Verlagsabende,
• Film- oder Tonbildvorführungen,
• Informationsveranstaltungen zu digitalen Themen (E-Books, E-Book-Reader),
• Fahrten zu Buchmessen oder regionalen Büchertagen,
• Schaufenstergestaltung durch Schulklassen oder ortsansässige Vereine,
• prämierte Vorlesewettbewerbe,
• ein ›Tag der offenen Tür‹.

Mit *Die besten Aktionen. 99 Ideen für den Buchhandel* ist das erste Heft eines ›börsenblatt kompass‹ betitelt, das am 20. Juni 2013 erschien und neugierig auf Folgebände macht. Der einleitende Artikel mit der Überschrift ›Einzigartigkeit zelebrieren‹ betont, dass etablierte Veranstalter die CI ihrer Buchhandlung auf ihre unterschiedlichen Veranstaltungsformate übertragen und

Veranstaltungen dadurch als Marke wahrgenommen werden. Denn gute Veranstaltungen …

… senden eine deutliche Botschaft,

… bauen bei der Zielgruppe Vertrauen auf,

… fördern Kundenloyalität,

… haben einen hohen Wiedererkennungswert.

Die Grenzen zwischen Veranstaltungen zur Verkaufsförderung und Veranstaltungen zur Kundenbindung und Imagepflege sind also fließend. Um die Kontaktpflege zur Presse zu optimieren, bietet es sich an, vorab Pressemappen zu erstellen, in denen die ›öffentliche Relevanz‹ der Veranstaltung hervorgehoben wird (siehe Kap. 10.8). So braucht sich der Journalist während der Veranstaltung nur noch einen zusätzlichen persönlichen Eindruck zu verschaffen. Nicht überflüssig zu erwähnen: Auch die Mitarbeiter der Firma müssen optimal informiert und an den Aktionen beteiligt werden. Am besten geschieht dies mithilfe von übersichtlichen Checklisten, die Verantwortungsbereiche, zuständige Mitarbeiter und Termine gleichzeitig im Blick haben. Die Buchhandlung Lesezeit in Kaiserswerth hat dem Abdruck ihrer praxiserprobten Checkliste für dieses Buch dankenswerterweise zugestimmt.

Aufgabe	Bemerkungen	wer	bis wann	erledigt
Thema festlegen				
Preise einholen (Autor, Ort, Catering)				
Kosten kalkulieren				
Entscheidung pro oder kontra fällen				
Verantwortlichkeiten im Team festlegen				
Liste von Ansprechpartnern (Verlag, Ort, Presse) erstellen				
Kontakt zu Autor und Verlag herstellen				
Termin festlegen				
Veranstaltungsort festlegen				
Veranstaltungsort buchen				
Eintrittspreise festlegen				
Kundenliste für Einladungen erstellen				
Einladungen verfassen, gestalten und drucken				
Presse informieren				
Presseinformationen erstellen und versenden				
Anzeigen schalten				
Bücher u. a. bestellen				
Catering organisieren				
Reservierungsliste anlegen				

10.9.1
Kosten und Erfolgskontrolle

Einzelne Veranstaltungen und erst recht ganze Veranstaltungsreihen kosten Geld. Deshalb müssen bzw. sollten sie einer Kosten-Nutzen-Relation standhalten. Doch welche Elemente haben zum Erfolg geführt? Die Betriebsberaterin Gudula Buzmann, deren Ausführungen in *Gründung und Führung einer Buchhandlung* die Autoren in diesem Abschnitt weitgehend folgen, hat einige Faktoren benannt – wohl wissend, dass meist mehrere Faktoren ihren Beitrag zum Erfolg beisteuern. Hier eine kleine Auswahl:
• ein prominenter Kooperationspartner vor Ort;
• ein renommierter Autor;
• ein aktuelles Thema;
• effiziente Mundpropaganda im Vorfeld, auch via Social Media;
• ein besonderer, der Veranstaltung angemessener Veranstaltungsort;
• Einbettung in ein attraktives Veranstaltungsumfeld (Stadtfest).

Für die Kalkulation im Allgemeinen sollten von Anfang an alle Kosten Berücksichtigung finden. Bei der Führung einer Schulklasse durch die Buchhandlung entstehen diese Kosten durch die Vorbereitungszeit, die Zeit, die die Führung selbst dauert, Give-aways inklusive Bezugskosten und die Zeit für das anschließende Aufräumen. Wie viel Geld (Personalkosten und Material) darf diese Veranstaltung insgesamt kosten?

Auch für einen **Büchertisch** entstehen Kosten, die durch den Verkauf oft nicht gedeckt werden. Es handelt sich ebenfalls um Personalkosten (Vorbereitungszeit, Zeit vor Ort, Nachbereitung) sowie um die Bezugskosten für die bestellten Bücher und deren Rücksendung, sofern nötig. Gegebenenfalls fallen bis zu 10 Prozent Vermittlungsprovision an und führen zu einer Schmälerung des Rohgewinns. Wer sich die Vorbereitung in Zukunft mit einer Checkliste erleichtert, spart Zeit und damit Geld. Wer regelmäßig Büchertische bestückt, sollte die Bestellzahlen für die Titel optimieren, eine Word-Vorlage für die Titelliste haben (als Bestellzettel konfigurieren und den Kunden am Büchertisch mitgeben), die Titel anschließend auch auf der eigenen Website präsentieren (mit Foto des Büchertischs bei der Veranstaltung) und zudem alles, was mitzunehmen ist, in einer Box fix und fertig zusammengestellt haben. In diese Box gehören auf jeden Fall: Wechselgeld (in konstanter Grundbestückung), Taschenrechner, Quittungsblock, Kugelschreiber, Bestellzettel, Namensschilder, Visitenkarten, Stempel, Gummibänder, Tüten, Tesafilm und das aktuelle Veranstaltungsprogramm.

Alle Kosten, inklusive der für eine etwaige Remission, werden nach Abschluss addiert und den Erträgen – genauer formuliert: dem Rohgewinn – der Aktion gegenübergestellt. Ergibt sich ein positiver Deckungsbeitrag, war die Veranstaltung auch in ökonomischer Hinsicht ein Erfolg. Kommt ein negativer Deckungsbeitrag heraus, ist zu fragen, ob der immaterielle Imagewert höher anzusetzen ist als der entgangene Gewinn. Aber hat die Buchhandlung mögliches Einsparpotenzial konsequent genutzt? Ein Blick auf die Übersicht ›Kosten sparen‹ hilft, diese Frage zu beantworten.

Entstehende Kosten	Kosten sparen durch	Mögliche Partner
Honorar	gutes Verhandeln	prominente Personen aus der Region, regional bedeutsame Personen mit prominenten Themen, Sponsoren
Anzeige	Hinweise in Amtsblättern	Verlagsbeteiligung, Pressestelle, Stadtmarketing
Druck für Karten, Einladungen, Plakate	Angebote einholen bei größeren Mengen, Wechselrahmen bzw. Wechselvorrichtung für Plakatträger, immer gleiches Layout, Belegexemplare für Buchempfehlungen auf Programm anfordern	Gemeinde (Stadtbücherei), Verlage, 50% der Kosten übernimmt jeweiliger Partner
Porto für die Aussendung	Versandangebote der Post	
Raummiete	Rabatt bei Veranstaltungsreihen	der Stadt ein Podium bieten (keine Kosten oder Nachlass bei Miete in öffentlichen Räumen), Verein, Kirche, Galerie, Schule, Apotheke (vor Ort lesen), open air (Genehmigung einholen)
Leihgebühren Technik		Schulen (Oberstufe): Technik- oder Foto-AG, Hotel des Autors, Musikschule
Fahrtkosten	Lesereisen berücksichtigen	
Übernachtung	Firmenrabatt, private Unterbringung, gewünschte Hotelkategorie erfragen	Hotel als Sponsor
Dekoration		Gärtner, Floristen, Schulprojekte (Kunstunterricht), Kunstlehrer, regionale Künstler, eigene Mitarbeiter, Kunden
Bewirtung (Essen, Getränke)	kostendeckenden Eintritt anstreben	Restaurants, Gaststätten als Veranstaltungsort, Kooperation mit Caterer
Helfer	Buchgutschein, signiertes Exemplar, Freikarte für nächste Veranstaltung	Freunde
Pressearbeit		Presse als Mitveranstalter

© Gudula Buzmann, geringfügig bearbeitet

10.9.2
Autorenlesung

Eine der wirkungsvollsten Maßnahmen einer Buchhandlung, sich in der Öffentlichkeit zu präsentieren, besteht in dem Format Autorenlesung. Je nach Profil, Engagement und zur Verfügung stehendem Etat wird die Buchhandlung vielversprechenden Newcomern der Literaturszene ein Podium zur Verfügung stellen oder (regionale) Autoren mit hohem Bekanntheitsgrad lesen lassen. Die erste Kontaktaufnahme erfolgt in der Regel über den Verlag.

Wenn die Lesung nicht in den eigenen Räumlichkeiten stattfinden kann, bemüht man sich um Mitveranstalter, die sich in Bildungseinrichtungen wie Bibliotheken, VHS etc. finden lassen. Bei zu hoher Saalmiete trägt ein angemessenes Eintrittsgeld zur Finanzierung der Aktion bei. Es mag zwar einige Kunden vom Kommen abhalten, erhöht aber unbestritten den Wert der Veranstaltung. An welchem Ort auch immer die Veranstaltung stattfinden mag, der geeignete Kooperationspartner ist der Verlag des Autors, denn jede Lesung ist zugleich auch für den Verlag eine verkaufsfördernde Maßnahme. So stellt der Verlag Autorenplakate zur Verfügung, liefert die Bücher zu günstigen Konditionen (RR, Aktionsrabatt etc.), beteiligt sich an flankierenden Werbemaßnahmen und finanziert mitunter Reise- und Übernachtungskosten seines Autors, der im Mittelpunkt der Veranstaltung steht. Der Buchhändler hat die Aufgabe, ihn einzuladen, für seine Übernachtung zu sorgen, ihn zu bewirten, ihn über Ablauf der Lesung und des geplanten (Rahmen-)Programms zu informieren, ihn zu Beginn der Veranstaltung einleitend zu begrüßen, ihm wichtige Personen (Persönlichkeiten des Kulturlebens der Stadt, Redakteure der Presse) zuzuführen und ihm auch eine Nachbereitung der Lesung zukommen zu lassen.

Maßnahmen zur Organisation einer Lesung (in Auswahl)

VORBEREITENDE WERBE-, PR- UND EINKAUFSMASSNAHMEN
- Werbemittel (Plakate, Prospekte, Anzeigen etc.) aufeinander abstimmen,
- Werbeträger für die unterschiedlichen Werbemittel festlegen,
- Handzettel mit bio- und bibliografischen Daten des Autors erstellen,
- Einladungen für Kunden und Presse schreiben,
- Pressetext für den redaktionellen Teil der Zeitungen vorbereiten,
- Plakate, Displays, Autorenfotos o. Ä. beim Verlag anfordern,
- ausreichende Buchanzahl zu Aktions-Bezugsbedingungen ordern,
- Sonderfenster gestalten und Bücher bereits auf Aktionsmöbeln präsentieren.

AUSSTATTUNG DES RAUMES
- für Bestuhlung sorgen (ggf. auch für Kinder),
- Lesetisch für den Autor zurechtmachen (Leselampe, ggf. Tischdecke, Getränk),

- Beleuchtung überprüfen,
- Soundcheck der Mikrofonanlage,
- Zu- und (Not-)Ausgänge kenntlich machen,
- Veranstaltung auch vor der Tür durch Aushang von Plakaten anzeigen,
- Veranstaltungsplakat hinter dem Autor aufhängen (sinnvoll für etwaige Pressefotos),
- bei geschlossener Veranstaltung in fremden Räumlichkeiten Verkaufstische mit Standbetreuung organisieren.

DURCHFÜHRUNG DER LESUNG
- Abholen des Autors,
- Begrüßung der eintreffenden Gäste,
- Bekanntmachen des Autors für Presseinterview,
- (persönliche) Begrüßungsrede mit Einführung des Autors,
- Platzzuweisung für zu spät kommende Gäste,
- Umtrunk und ggf. Bewirtung,
- Bezahlung des Autors,
- Abräumdienst.

NACHBEARBEITUNG DER LESUNG
- Dankesschreiben an Autor mit Fotos und Reaktionen auf den Abend,
- Meldung beim Verlag mit Presseberichten,
- Manöverkritik mit Angestellten oder Mitveranstaltern,
- signierte Bücher des Autors mit Hinweis auf die Lesung im Laden weiterhin an exponierter Stelle auslegen.

Auch öffentlich angekündigte Veranstaltungen müssen gesetzliche Bestimmungen beachten, vor allem die des Ladenschlussgesetzes (siehe Kap. 4.3.4). Eine Autorenlesung in den Geschäftsräumen einer Buchhandlung darf auch nach Ladenschluss stattfinden, wenn zur Organisation der Veranstaltung der Geschäftsinhaber und/oder das Verkaufspersonal anwesend sind. Bei dieser Gelegenheit dürfen dann auch Exemplare desjenigen Buches, aus dem vorgelesen wurde, verkauft werden. Wenn Eintritt genommen wird, gilt die Veranstaltung als ›geschlossene Veranstaltung‹, denn damit hält man das Ladenlokal nur für einen begrenzten und ausgewählten Kreis offen; auch in diesem Fall darf nach dem offiziellen Ladenschluss verkauft werden. In den Ankündigungen zur Lesung sollte man auf keinen Fall den an dem Abend möglichen Einkauf bewerben, sondern nur die Lesung. Vorbestellungen für signierte Exemplare dürfen selbstverständlich entgegengenommen werden.

Bei der **Honorarzahlung** anlässlich von Lesungen sind einige Besonderheiten zu berücksichtigen. So sind deutsche Autoren von der Umsatzsteuer befreit (Bescheinung vorlegen lassen), oder sie sind umsatzsteuerpflichtig (in diesem Fall sind 19 Prozent Umsatzsteuer auf das Honorar aufzuschlagen). Ferner sind Abgaben an die Künstlersozialkasse (KSK) zu zahlen, denn Buchhandlungen gehören zu denjenigen Unternehmen aus Kunst und Publizistik, die Beiträge abführen müssen. Die Höhe der KSK-Gebühr wird jährlich neu festgelegt; es handelt sich um einen prozentualen Beitrag vom Honorar.

Der Geschäftsführer einer literarisch ambitionierten Buchhandlung vertritt die These: »Lesungen rechnen sich nicht – sie zahlen sich jedoch aus.« Denn Lesungen sind eine der wirkungsvollsten Maßnahmen einer Buchhandlung, sich Öffentlichkeit zu verschaffen; sie ...

... sind in hohem Maße imagebildend,

... steigern den Bekanntheitsgrad,

... bedeuten kostenlose Werbung (am Ort) durch Multiplikatoren nach gelungenen Veranstaltungen,

... bieten einen Mehr-Wert für Kunden (Autor zum Anfassen),

... und steigern den Teamgeist (nach innen).

Ein reibungslos funktionierendes Veranstaltungsmanagement, das in ein schlüssiges Kommunikationskonzept der jeweiligen Buchhandlung eingebettet ist, schafft günstige Voraussetzungen für das physische und geistige Zusammentreffen von Autor und Leser. Erst dann wird der Buchhändler – im wahrsten Sinne des Wortes – der Rolle gerecht, die er in der Vergangenheit eingenommen hat und auch weiterhin in einer hoch komplexen Medienlandschaft einnehmen möchte: der **Rolle des Kulturvermittlers.**

Fragen zu Kapitel 10

10.1 Was versteht man unter Marketing?

10.2 Die corporate identity (CI), die Unternehmensidentität, besteht aus mehreren miteinander in Beziehung stehenden Teilbereichen. Nennen Sie vier!

10.3 Wie heißt der englischsprachige Fachbegriff für ›verkäuferisches Alleinstellungsmerkmal‹?

10.4 Entwerfen Sie Unternehmensleitlinien für die Bereiche Sortiment/Dienstleitungen, Kunde/Käufer und Mitarbeiter, die nicht bereits im Kap. 10.1 genannt sind.

10.5 Marketingziele können sowohl aus betriebswirtschaftlicher als auch aus verkaufspsychologischer Sicht formuliert werden. Stellen Sie je zwei Beispiele vor.

10.6 Ziele sollten generell so formuliert werden, dass sie erreichbar sind und dass das Erreichen überprüfbar ist. Die SMART-Formel bietet hierzu eine Handreichung. Wofür steht die Abkürzung SMART?

10.7 Welche Bestandteile hat der Marketing-Mix?

10.8 Nennen Sie für jeden Bestandteil des Marketing-Mix je zwei Gesichtspunkte.

10.9 Erläutern Sie den Begriff ›Diversifikation‹.

10.10 Ordnen Sie den folgenden Marktdaten-Erhebungen die methodische Begrifflichkeit ›intern oder extern‹ bzw. ›primär oder sekundär‹ zu:
a) Passantenbefragung,
b) Auswertung der Kassenstatistik für sortimentspolitische Entscheidungen,
c) Analyse anderer Einzelhandelsbranchen,
d) Ermittlung der Kaufkraft in der Region,
e) SWOT-Analyse durch Befragung der eigenen Mitarbeiter.

10.11 Was versteht man unter einem Handelspanel?

10.12 Unterscheiden Sie Kundenanalyse und Marktanalyse.

10.13 Wofür steht die Abkürzung SWOT?

10.14 Grenzen Sie den soziodemografischen Ansatz vom psychografischen Ansatz im Rahmen von Zielgruppenforschung ab.

10.15 Nennen Sie fünf Gesichtspunkte, die geklärt sein sollten, bevor Sie Werbeaktivitäten realisieren.

10.16 Geben Sie für die ›Beilagenwerbung‹ Werbemittel und Werbeträger an.

10.17 Bei welcher der folgenden Werbeaktivitäten ist der Streuverlust am geringsten und bei welcher am größten:
a) Postwurfsendung im Stadtteil,
b) Anzeigenwerbung in der überregionalen Presse,
c) Schaufensterwerbung?

10.18 Klären Sie, um welche Form der Gemeinschaftswerbung es sich in den nachstehend aufgeführten Fällen handelt:
(1) vertikale Gemeinschaftswerbung,
(2) horizontale Gemeinschaftswerbung,
(3) Verbundwerbung,
(4) Branchenwerbung.
   a) Eine Buchhandlung organisiert den Regionalausscheid des Vorlesewettbewerbs des Börsenvereins.
   b) Eine Buchhandlung startet eine Werbeinitiative gemeinsam mit anderen Unternehmen des örtlichen Gewerbevereins.
   c) Buchhandlungen in einer Stadt veranstalten einen gemeinsamen Bücher-Flohmarkt.
   d) Eine Buchhandlung gibt das *Buchjournal* kostenlos an ihre Stammkunden weiter.
   e) Eine Buchhandlung nimmt an der Schaufensteraktion eines Publikumsverlages teil.
   f) Eine Buchhandlung legt Verlagsprospekte mit Firmeneindruck in ihrem Verkaufsraum aus.

10.19 Nennen Sie je drei Grundregeln für eine attraktive Schaufenstergestaltung, für erfolgreiche Werbebriefe und für die Konzeption eines erfolgreichen Verkaufsraums.

10.20 Erläutern Sie die AIDA-Formel.

10.21 In welche vier Zonen kann man eine Regalwand unterteilen und von welcher Zone gehen die größten Verkaufschancen aus?

10.22 Von welchen Faktoren hängt eine Werbeerfolgskontrolle ab? Nennen Sie drei.

10.23 Beschreiben Sie die Größen, mit denen man den Erfolg von Online-Werbekampagnen misst.

10.24 Welche zwei Grundformen des Suchmaschinen-Marketings (SEM) gibt es?

10.25 Wofür steht der Sammelbegriff Social Media?

10.26 Was bedeuten im Zusammenhang mit Online-Kommunikation die Begriffe Double-Opt-In, Banner, Keyword Advertising, Affiliate Programme, Blog, UGC und Follower?

10.27 Auch die Social-Media-Kommunikation sollte nicht dem Zufall überlassen werden. Welche Grundsatzentscheidungen muss eine Buchhandlung, die bei den sozialen Netzwerken engagiert ist, treffen bzw. klären?

10.28 Unterscheiden Sie Werbung und PR anhand von drei Gesichtspunkten.

10.29 Nennen Sie je zwei digitale und je zwei Print-PR-Instrumente, die dem Informationsaustausch einer Buchhandlung mit der Öffentlichkeit dienen.

10.30 Zum ›Einfangen‹ der öffentlichen Resonanz in den Medien bzw. im Internet können Sie Dienstleistungsunternehmen beauftragen. An welche Firmen wenden Sie sich?

10.31 Welche sechs ›Ws‹ sind bei einer Pressemitteilung zu berücksichtigen?

10.32 Sie planen eine Veranstaltungsreihe, um Ihren Kunden Novitäten des Buchmarkts vorzustellen. Nennen Sie zehn Aufgaben, die im Vorfeld zu erledigen sind.

10.33 Sie organisieren einen Büchertisch auf einem Fachkongress in der örtlichen Stadthalle. Erstellen Sie eine Liste für Dinge, die Sie unbedingt mitnehmen sollten.

10.34 Sie organisieren eine Lesung. Nennen Sie fünf Maßnahmen, die nach dieser Veranstaltung zu erledigen sind.

Anhang

Gesetz über die Preisbindung für Bücher
(Buchpreisbindungsgesetz – BuchPrG) in der Fassung vom 14. Juli 2006

§ 1 Zweck des Gesetzes
Das Gesetz dient dem Schutz des Kulturgutes Buch. Die Festsetzung verbindlicher Preise beim Verkauf an Letztabnehmer sichert den Erhalt eines breiten Buchangebots. Das Gesetz gewährleistet zugleich, dass dieses Angebot für eine breite Öffentlichkeit zugänglich ist, indem es die Existenz einer großen Zahl von Verkaufsstellen fördert.

§ 2 Anwendungsbereich
(1) Bücher im Sinne dieses Gesetzes sind auch
1. Musiknoten,
2. kartographische Produkte,
3. Produkte, die Bücher, Musiknoten oder kartographische Produkte reproduzieren oder substituieren und bei Würdigung der Gesamtumstände als überwiegend verlags- oder buchhandelstypisch anzusehen sind sowie
4. kombinierte Objekte, bei denen eines der genannten Erzeugnisse die Hauptsache bildet.
(2) Fremdsprachige Bücher fallen nur dann unter dieses Gesetz, wenn sie überwiegend für den Absatz in Deutschland bestimmt sind.
(3) Letztabnehmer im Sinne dieses Gesetzes ist, wer Bücher zu anderen Zwecken als dem Weiterverkauf erwirbt.

§ 3 Preisbindung
Wer gewerbs- oder geschäftsmäßig Bücher an Letztabnehmer verkauft, muss den nach § 5 festgesetzten Preis einhalten. Dies gilt nicht für den Verkauf gebrauchter Bücher.

§ 4 Grenzüberschreitende Verkäufe
(1) Die Preisbindung gilt nicht für grenzüberschreitende Verkäufe innerhalb des Europäischen Wirtschaftsraumes.
(2) Der nach § 5 festgesetzte Endpreis ist auf grenzüberschreitende Verkäufe von Büchern innerhalb des Europäischen Wirtschaftsraumes anzuwenden, wenn sich aus objektiven Umständen ergibt, dass die betreffenden Bücher allein zum Zwecke ihrer Wiedereinfuhr ausgeführt worden sind, um dieses Gesetz zu umgehen.

§ 5 Preisfestsetzung
(1) Wer Bücher verlegt oder importiert, ist verpflichtet, einen Preis einschließlich Umsatzsteuer (Endpreis) für die Ausgabe eines Buches für den Verkauf an Letzt-

abnehmer festzusetzen und in geeigneter Weise zu veröffentlichen. Entsprechendes gilt für Änderungen des Endpreises.

(2) Wer Bücher importiert, darf zur Festsetzung des Endpreises den vom Verleger des Verlagsstaates für Deutschland empfohlenen Letztabnehmerpreis einschließlich der in Deutschland jeweils geltenden Mehrwertsteuer nicht unterschreiten. Hat der Verleger keinen Preis für Deutschland empfohlen, so darf der Importeur zur Festsetzung des Endpreises den für den Verlagsstaat festgesetzten oder empfohlenen Nettopreis des Verlegers für Endabnehmer zuzüglich der in Deutschland jeweils geltenden Mehrwertsteuer nicht unterschreiten.

(3) Wer als Importeur Bücher in einem Vertragsstaat des Abkommens über den Europäischen Wirtschaftsraum zu einem von den üblichen Einkaufspreisen im Einkaufsstaat abweichenden niedrigeren Einkaufspreis kauft, kann den gemäß Absatz 2 festzulegenden Endpreis in dem Verhältnis herabsetzen, wie es dem Verhältnis des erzielten Handelsvorteils zu den üblichen Einkaufspreisen im Einkaufsstaat entspricht; dabei gelten branchentypische Mengennachlässe und entsprechende Verkaufskonditionen als Bestandteile der üblichen Einkaufspreise.

(4) Verleger oder Importeure können folgende Endpreise festsetzen:

1. Serienpreise,
2. Mengenpreise,
3. Subskriptionspreise,
4. Sonderpreise für Institutionen, die bei der Herausgabe einzelner bestimmter Verlagswerke vertraglich in einer für das Zustandekommen des Werkes ausschlaggebenden Weise mitgewirkt haben,
5. Sonderpreise für Abonnenten einer Zeitschrift beim Bezug eines Buches, das die Redaktion dieser Zeitschrift verfasst oder herausgegeben hat und
6. Teilzahlungszuschläge.

(5) Die Festsetzung unterschiedlicher Endpreise für einen bestimmten Titel durch einen Verleger oder Importeur oder deren Lizenznehmer ist zulässig, wenn dies sachlich gerechtfertigt ist.

§ 6 Vertrieb

(1) Verlage müssen bei der Festsetzung ihrer Verkaufspreise und sonstigen Verkaufskonditionen gegenüber Händlern den von kleineren Buchhandlungen erbrachten Beitrag zur flächendeckenden Versorgung mit Büchern sowie ihren buchhändlerischen Service angemessen berücksichtigen. Sie dürfen ihre Rabatte nicht allein an dem mit einem Händler erzielten Umsatz ausrichten.

(2) Verlage dürfen branchenfremde Händler nicht zu niedrigeren Preisen oder günstigeren Konditionen beliefern als den Buchhandel.

(3) Verlage dürfen für Zwischenbuchhändler keine höheren Preise oder schlechteren Konditionen festsetzen als für Letztverkäufer, die sie direkt beliefern.

§ 7 Ausnahmen

(1) § 3 gilt nicht beim Verkauf von Büchern:

1. an Verleger oder Importeure von Büchern, Buchhändler oder deren Angestellte und feste Mitarbeiter für deren Eigenbedarf,
2. an Autoren selbständiger Publikationen eines Verlages für deren Eigenbedarf,
3. an Lehrer zum Zwecke der Prüfung einer Verwendung im Unterricht,
4. die auf Grund einer Beschädigung oder eines sonstigen Fehlers als Mängelexemplare gekennzeichnet sind;

5. im Rahmen eines auf einen Zeitraum von 30 Tagen begrenzten Räumungsverkaufs anlässlich der endgültigen Schließung einer Buchhandlung, sofern die Bücher aus den gewöhnlichen Beständen des schließenden Unternehmens stammen und den Lieferanten zuvor mit angemessener Frist zur Rücknahme angeboten wurden.

(2) Beim Verkauf von Büchern können wissenschaftlichen Bibliotheken, die jedem auf ihrem Gebiet wissenschaftlich Arbeitenden zugänglich sind, bis zu 5 Prozent, jedermann zugänglichen kommunalen Büchereien, Landesbüchereien und Schülerbüchereien sowie konfessionellen Büchereien und Truppenbüchereien der Bundeswehr und des Bundesgrenzschutzes bis zu 10 Prozent Nachlass gewährt werden.

(3) Bei Sammelbestellungen von Büchern für den Schulunterricht, die zu Eigentum der öffentlichen Hand, eines Beliehenen oder allgemein bildender Privatschulen, die den Status staatlicher Ersatzschulen besitzen, angeschafft werden, gewähren die Verkäufer folgende Nachlässe:

1. bei einem Auftrag im Gesamtwert bis zu 25.000 Euro für Titel mit
mehr als 10 Stück 8 Prozent Nachlass
mehr als 25 Stück 10 Prozent Nachlass
mehr als 100 Stück 12 Prozent Nachlass
mehr als 500 Stück 13 Prozent Nachlass

2. bei einem Auftrag im Gesamtwert von mehr als
25.000 Euro 13 Prozent Nachlass
38.000 Euro 14 Prozent Nachlass
50.000 Euro 15 Prozent Nachlass

Soweit Schulbücher von den Schulen im Rahmen eigener Budgets angeschafft werden, ist stattdessen ein genereller Nachlass von 12 Prozent für alle Sammelbestellungen zu gewähren.

(4) Der Letztverkäufer verletzt seine Pflicht nach § 3 nicht, wenn er anlässlich des Verkaufs eines Buches

1. Waren von geringem Wert oder Waren, die im Hinblick auf den Wert des gekauften Buches wirtschaftlich nicht ins Gewicht fallen, abgibt,

2. geringwertige Kosten der Letztabnehmer für den Besuch der Verkaufsstelle übernimmt,

3. Versand- oder besondere Beschaffungskosten übernimmt oder

4. andere handelsübliche Nebenleistungen erbringt.

§ 8 Dauer der Preisbindung

(1) Verleger und Importeure sind berechtigt, durch Veröffentlichung in geeigneter Weise die Preisbindung für Buchausgaben aufzuheben, deren erstes Erscheinen länger als achtzehn Monate zurück liegt.

(2) Bei Büchern, die in einem Abstand von weniger als achtzehn Monaten wiederkehrend erscheinen oder deren Inhalt mit dem Erreichen eines bestimmten Datums oder Ereignisses erheblich an Wert verlieren, ist eine Beendigung der Preisbindung durch den Verleger oder Importeur ohne Beachtung der Frist gemäß Absatz 1 nach Ablauf eines angemessenen Zeitraums seit Erscheinen möglich.

§ 9 Schadensersatz- und Unterlassungsansprüche

(1) Wer den Vorschriften dieses Gesetzes zuwiderhandelt, kann auf Unterlassung in Anspruch genommen werden. Wer vorsätzlich oder fahrlässig handelt, ist zum Ersatz des durch die Zuwiderhandlung entstandenen Schadens verpflichtet.

(2) Der Anspruch auf Unterlassung kann nur geltend gemacht werden

1. von Gewerbetreibenden, die Bücher vertreiben,
2. von rechtsfähigen Verbänden zur Förderung gewerblicher Interessen, soweit
ihnen eine erhebliche Zahl von Gewerbetreibenden angehört, die Waren oder gewerbliche Leistungen gleicher oder verwandter Art auf demselben Markt vertreiben, soweit sie insbesondere nach ihrer personellen, sachlichen und finanziellen
Ausstattung imstande sind, ihre satzungsgemäßen Aufgaben der Verfolgung gewerblicher Interessen tatsächlich wahrnehmen, und die Handlung geeignet ist, den
Wettbewerb auf dem relevanten Markt wesentlich zu beeinträchtigen,
3. von einem Rechtsanwalt, der von Verlegern, Importeuren oder Unternehmen, die
Verkäufe an Letztabnehmer tätigen, gemeinsam als Treuhänder damit beauftragt
worden ist, ihre Preisbindung zu betreuen (Preisbindungstreuhänder),
4. von qualifizierten Einrichtungen, die nachweisen, dass sie in die Liste qualifizierter Einrichtungen nach § 4 des Unterlassungsklagengesetzes oder in dem Verzeichnis der Kommission der Europäischen Gemeinschaften nach Artikel 4 der Richtlinie
98/27/EG des Europäischen Parlaments und des Rates vom 19. Mai 1998 über
Unterlassungsklagen zum Schutz der Verbraucherinteressen (ABl. EG Nr. L 166 S. 51)
in der jeweils geltenden Fassung eingetragen sind.
Die Einrichtungen nach Satz 1 Nr. 4 können den Anspruch auf Unterlassung nur
geltend machen, soweit der Anspruch eine Handlung betrifft, durch die wesentliche
Belange der Letztabnehmer berührt werden.
(3) Für das Verfahren gelten bei den Anspruchsberechtigten nach Absatz 2 Nr. 1
bis 3 die Vorschriften des Gesetzes gegen den unlauteren Wettbewerb und bei Einrichtungen nach Absatz 2 Nr. 4 die Vorschriften des Unterlassungsklagegesetzes.

§ 10 Bucheinsicht

(1) Sofern der begründete Verdacht vorliegt, dass ein Unternehmen gegen § 3 verstoßen hat, kann ein Gewerbetreibender, der ebenfalls Bücher vertreibt, verlangen,
dass dieses Unternehmen einem von Berufs wegen zur Verschwiegenheit verpflich-
teten Angehörigen der wirtschafts- oder steuerberatenden Berufe Einblick in seine
Bücher und Geschäftsunterlagen gewährt. Der Bericht des Buchprüfers darf sich
ausschließlich auf die ihm bekannt gewordenen Verstöße gegen die Vorschriften
dieses Gesetzes beziehen.
(2) Liegt eine Zuwiderhandlung vor, kann der Gewerbetreibende von dem zuwider-
handelnden Unternehmen die Erstattung der notwendigen Kosten der Buchprüfung
verlangen.

§ 11 Übergangsvorschrift

Von Verlegern oder Importeuren vertraglich festgesetzte Endpreise für Bücher, die
zum 1. Oktober 2002 in Verkehr gebracht waren, gelten als Preise im Sinne von § 5
Abs. 1.

Vertragsstrafenvereinbarung und
Fachzeitschriften-Sammelrevers („Sammelrevers 2002")

Allgemeiner Teil

1. Mir ist bekannt, dass ab 1. Oktober 2002 die Preisbindung des Buchhandels in Deutschland durch das Preisbindungsgesetz vom 02.09.2002 geregelt ist. Die bislang vertraglichen Verpflichtungen zur Einhaltung der Preisbindung werden durch die gesetzliche Verpflichtung gemäß § 3 des Buchpreisbindungs-Gesetzes ersetzt. Diese Verpflichtung erstreckt sich auf alle in § 2 des Gesetzes aufgeführten Verlagserzeugnisse, mithin

   – Bücher,

   – Musiknoten,

   – kartographische Produkte,

   – Produkte, die Bücher, Musiknoten oder kartographische Produkte reproduzieren oder substituieren und bei Würdigung der Gesamtumstände als überwiegend verlags- oder buchhandelstypisch anzusehen sind sowie

   – kombinierte Produkte, bei denen eines der genannten Erzeugnisse die Hauptsache bildet.

   Fremdsprachige Bücher fallen nur dann unter das Preisbindungsgesetz, wenn sie überwiegend für den Absatz in Deutschland bestimmt sind.

   Die nachfolgende Vereinbarung bezweckt zweierlei:

   Zum einen enthält Teil A. die Vereinbarung einer Vertragsstrafe, um eine schnelle und effektive Verfolgung von Preisbindungsverstößen zu gewährleisten.

   Zum anderen lässt § 15 Abs. 1 GWB den Verlegern von Fachzeitschriften die Wahl, ob sie diese Zeitschriften im Preis binden wollen oder nicht. Diejenigen Verlage, die in der Verleger-Liste genannt sind, haben von der Möglichkeit zur Preisbindung ihrer Fachzeitschriften Gebrauch gemacht. Die hierzu erforderlichen vertraglichen Regelungen finden sich unter B. (Fachzeitschriften-Sammelrevers).

   Die in der Verlegerliste aufgeführten Verlage haben Rechtsanwalt Dieter Wallenfels, Wiesbaden, gem. § 9 Abs. 2 Ziff. 3 Preisbindungs-Gesetz beauftragt, ihre Preisbindung zu betreuen.

2. Dieser Vertrag tritt mit Unterzeichnung in Kraft. Er wird auf unbestimmte Zeit abgeschlossen. Der Vertrag kann von beiden Seiten mit einer Frist von vier Wochen jeweils zum Monatsende durch eingeschriebenen Brief, der an den Preisbindungstreuhänder zu richten ist, gekündigt werden. Für die bei Wirksamwerden der Kündigung bereits gelieferten Bücher bleibt er bestehen.

3. Für alle aus diesem Preisbindungsvertrag sich ergebende Streitigkeiten werden wahlweise als Gerichtsstände vereinbart: Wiesbaden oder die Hauptstadt des Bundeslandes, in dem der Verlag seine Niederlassung hat, oder die Hauptstadt des Bundeslandes, in dem der gebundene Händler seine Niederlassung hat, oder der Ort der Niederlassung des Verlages.

4. Weitere, insbesondere neue Verlage werden Buchhändler ebenfalls zur Einhaltung einer Vertragsstrafe verpflichten oder ihre Fachzeitschriften im Preis binden wollen. Die Einholung neuer Reverse (von ihren Kunden und denen des Zwischenbuchhandels) würde für sie allein einen untragbaren Kostenaufwand verursachen. Um zu ermöglichen, dass sie dieser Vertragsstrafenvereinbarung und dem Fachzeitschriften-Sammelrevers beitreten, erteile ich Frau Rechtsanwältin Ira Troa-Korbion, Düsseldorf, Vollmacht, für mich dabei zu unterzeichnen. Außerdem bevollmächtige ich sie, in meinem Namen mitzuwirken, wenn Sie in Vollmacht der an dieser Vereinbarung beteiligten Verlage den Sammelrevers veränderten tatsächlichen und rechtlichen Verhältnissen anpassen müssen. Frau Troa-Korbion kann die Vollmacht, insbesondere auch für den Fall ihres Ablebens, weiter erteilen.

5. Erklärungen des Bevollmächtigten in meinem Namen – gleich welcher Art – werden erst wirksam, wenn sie der Bevollmächtigte in zwei aufeinanderfolgenden Nummern des Börsenblattes an auffälliger Stelle bekannt gemacht hat und ich die Vollmacht nicht inzwischen allgemein oder aber für den Einzelfall binnen Monatsfrist nach der zweiten Bekanntmachung schriftlich widerrufen habe.

   Neu hinzukommende Verlage müssen in ihren Preislisten, Preismitteilungen und Geschäftsbedingungen deutlich auf den Beitritt zu diesem Vertrag hinweisen.

A. Vertragsstrafenverpflichtung

Ich verpflichte mich durch die Unterzeichnung dieser Vereinbarung gegenüber den in der Verlegerliste aufgeführten Verlagen zur Zahlung einer Konventionalstrafe für jeden Fall des vorsätzlichen oder fahrlässigen Anbietens oder Gewährens unzulässiger Nachlässe. Die Vertragsstrafe hat die Höhe des Rechnungsbetrages des angestrebten oder vollzogenen Geschäftes. Sie beträgt bei Verstößen von durchschnittlicher Schwere mindestens € 1.500,00 für den ersten Verstoß, € 2.500,00 für jeden weiteren Verstoß und € 5.000,00 für unzulässige Nachlassangebote an eine Mehrzahl von Abnehmern. Gleiches gilt bei Überschreitung des Ladenpreises. Die Vertragsstrafe ist unter Berücksichtigung der Umstände des jeweiligen Falles unter Wahrung des Grundsatzes der Verhältnismäßigkeit in Absprache mit den betroffenen Verlagen geltend zu machen. Der Betrag ist, sofern die Verlage nicht ausnahmsweise Zahlung an sich wünschen, an das Sozialwerk des Deutschen Buchhandels oder eine andere von Ihnen (dem Preisbindungstreuhänder) zu bestimmende soziale gemeinnützige Einrichtung des deutschen Buchhandels zu zahlen.

Der Verlag ist berechtigt, neben oder anstelle der Vertragsstrafe seine sonstigen Rechte geltend zu machen (Schadensersatzansprüche alternativ zur Vertragsstrafe).

Der Verlag verpflichtet sich, die Preisbindung zu überwachen. Er verpflichtet sich ferner mir gegenüber zur Zahlung einer Konventionalstrafe für den Fall, daß er seine gebundenen Preise (einschließlich der Sonder-

preise) selbst unterbietet oder schuldhaft die Unterbietung durch Dritte veranlaßt. Absatz 1 gilt entsprechend. Die Konventionalstrafe kann für alle Betroffenen als Gesamtgläubiger (§ 428 BGB) nur einmal und nur von der Preisbindungsbevollmächtigten des Sortiments, Frau Rechtsanwältin Ira Troa-Korbion, Düsseldorf, zur Zahlung an das Sozialwerk des Deutschen Buchhandels geltend gemacht werden.

B. Preisbindung für Fachzeitschriften

Mir ist bekannt, dass die Preisbindung für Fachzeitschriften nicht vom Buchpreisbindungs-Gesetz geregelt ist, sondern weiterhin gemäß § 15 GWB durch Preisbindungsverträge zu regeln ist. Zur Gewährleistung einer lückenlosen und effektiven Preisbindung der in der Verleger-Liste genannten Verlage verpflichte ich mich gegenüber den Verlagen wie folgt:

1. Ich werde die Endabnehmerpreise allen Kunden in Deutschland in Euro berechnen. Sie werden von den einzelnen Verlagen durch ihre jeweils gültigen (gegenwärtigen und künftigen) Preislisten oder Preismitteilungen für ihre Zeitschriften festgesetzt. Sie enthalten die Mehrwertsteuer.

   Ich werde die Preisbindung auch nicht indirekt verletzen, etwa durch Zugaben, Freiexemplare und Boni, auch nicht durch sonstige Umgehungsformen, wie z.B. Umsatzprämien oder Gewinnbeteiligungen, soweit diese von den von mir mit dem Kunden getätigten Umsätzen für preisgebundene Zeitschriften abhängen. Dies gilt im Rahmen gesellschaftsrechtlicher Vertragsverhältnisse, wenn deren Zweck darauf gerichtet ist, Endabnehmern preisgebundene Zeitschriften im Ergebnis billiger zukommen zu lassen. Auch werde ich Abzüge seitens der Käufer nicht dulden.

   Ich werde die Preise auch nicht überschreiten, darf aber außergewöhnliche Auslagen, z.B. bei Eilbestellungen oder Versand an den Kunden, berechnen.

2. Sofern der Verlag „Sonderpreise" festsetzt, bin ich auch an diese gebunden. Ihre Auftraggeber werden insbesondere die folgenden herkömmlichen Begriffe verwenden:

   a) Ermäßigte Preise für Zeitschriften, die zur Ausbildung oder zur Ausübung der beruflichen oder gewerblichen Tätigkeit benötigt werden, und zwar, wenn der Bezieher sich in der Ausbildung befindet oder noch kein volles Gehalt bezieht oder Mitglied eines Fachvereins ist. Der Nachlass und der Kreis der Berechtigten werden in der Zeitschrift bekannt gegeben.

   b) Vorzugspreise für ausdrücklich so bezeichnete „Sonderveröffentlichungen" einer Zeitschrift (Sonderhefte, Ergänzungshefte) für deren Abonnenten.

   c) Sonderpreise für Körperschaften (Behörden, Organisationen oder Unternehmungen anderer Art), die bei der Herausgabe der betreffenden Fachzeitschrift in ausschlaggebender Weise mitgewirkt haben.

3. Von der Preisbindung ausgenommen ist die Lieferung zum Eigenbedarf an:

   a) Selbständige herstellende und verbreitende Buchhändler.

   b) Angestellte und feste Mitarbeiter von buchhändlerischen Betrieben.

   c) Angestellte von buchhändlerischen Abteilungen gemischter Betriebe.

   Zu a), sofern sie reversgebunden sind, zu b) bis c), sofern der Abnehmer schriftlich oder durch Betriebsordnung verpflichtet wird, diese Verlagserzeugnisse nicht (auch nicht gefälligkeitshalber) weiterzuveräußern.

4. Die Verpflichtungen dieses Vertrages gelten auch dann, wenn ich die Zeitschriften von dritter Seite, z.B. vom Zwischenbuchhandel, von einem anderen Händler beziehe. Davon ausgenommen sind Lieferungen aus Mitgliedsstaaten der EU. Aus einem Mitgliedsstaat der EU reimportierte deutsche Fachzeitschriften sind von der Preisbindung nur dann erfasst, wenn sich aus objektiven Umständen ergibt, dass diese Fachzeitschriften allein zum Zweck ihrer Wiederausfuhr ausgeführt worden sind, um die Preisbindung nach diesem Revers zu umgehen. Sinn dieser Regelung ist es, eine Beeinträchtigung des Handels zwischen Mitgliedsstaaten i.S.d. Art. 81 EGV durch den Sammelrevers auszuschließen. Sie ist entsprechend diesem Zweck auszulegen.

   Sofern ich meinerseits, z.B. als Zwischenbuchhändler, preisgebundene Fachzeitschriften an inländische Wiederverkäufer veräußere, bin ich verpflichtet, zuvor zu prüfen, ob der betreffende Händler bereits gebunden ist. Ist er nicht gebunden, muss ich ihn meinerseits entsprechend diesem Vertrag durch Revers binden.

   Wiederverkäufer, die ich außerhalb von Deutschland beliefere, habe ich entsprechend den vorstehenden Absätzen 1 und 2 zur Verhinderung der Umgehung einer lückenlosen Preisbindung schriftlich für den Fall zu binden, dass sie nach Deutschland reimportieren (ich habe sie außerdem zu verpflichten, beim Weiterverkauf an Händler diese ebenfalls zu binden).

   Grenzüberschreitende Verkäufe von Fachzeitschriften an Endabnehmer in anderen Mitgliedsstaaten der EU unterliegen nicht der Preisbindung nach diesem Sammelrevers.

   Bei Gewährung von Vermittlungsprovisionen werde ich sicherstellen, dass diese nicht, auch nicht teilweise, an Endabnehmer weitergegeben werden. Nicht gewerbsmäßige Vermittler dürfen keine Vermittlungsprovision erhalten.

   Bei einer Veräußerung meines Betriebes werde ich den Rechtsnachfolger schriftlich verpflichten, die von mir übernommenen Verpflichtungen aus diesem Revers ebenfalls einzuhalten.

5. Ich verpflichte mich durch die Unterzeichnung dieser Vereinbarung gegenüber den in der Verlegerliste aufgeführten Verlagen zur Zahlung einer Konventionalstrafe für jeden Fall des vorsätzlichen oder fahrlässigen Anbietens oder Gewährens unzulässiger Nachlässe. Die Vertragsstrafe hat die Höhe des Rechnungsbetrages des angestrebten oder vollzogenen Geschäftes. Sie beträgt bei Verstößen von durchschnittlicher Schwere mindestens € 1.500,00 für den ersten Verstoß, € 2.500,00 für jeden weiteren Verstoß und € 5.000,00 für unzulässige Nachlassangebote an eine Mehrzahl von Abnehmern. Gleiches gilt bei Überschreitung des Ladenpreises. Die Vertragsstrafe ist unter Berücksichtigung der Umstände des jeweiligen Falles unter Wahrung des Grundsatzes der Verhältnismäßigkeit in Absprache mit den betroffenen Verlagen geltend zu machen. Der Betrag ist, sofern die Verlage nicht ausnahmsweise Zahlung an sich wünschen, an das Sozialwerk des Deutschen Buchhandels oder eine andere von Ihnen (dem Preisbindungstreuhänder) zu bestimmende soziale gemeinnützige Einrichtung des deutschen Buchhandels zu zahlen.

Der Verlag ist berechtigt, neben oder anstelle der Vertragsstrafe seine sonstigen Rechte geltend zu machen (Schadensersatzansprüche alternativ zur Vertragsstrafe), insbesondere Lieferungen – auch aus laufenden Bestellungen – einzustellen; dies auch dann, wenn ich meine Verpflichtungen gemäß Ziff. 6 verletze.

Der Verlag verpflichtet sich, die Preisbindung zu überwachen. Er verpflichtet sich ferner mir gegenüber zur Zahlung einer Konventionalstrafe für den Fall, dass er seine gebundenen Preise (einschließlich der Sonderpreise) selbst unterbietet oder schuldhaft die Unterbietung durch Dritte veranlasst. Absatz 1 gilt entsprechend. Die Konventionalstrafe kann für alle Betroffenen als Gesamtgläubiger (§ 428 BGB) nur einmal und nur von dem Preisbindungsbevollmächtigten des Sortiments, Herrn Rechtsanwalt Dr. Giessen, Kassel, zur Zahlung an das Sozialwerk des Deutschen Buchhandels geltend gemacht werden.

6. Ich verpflichte mich, einem von Ihnen zu bestimmenden vereidigten Buchprüfer Einblick in meine Bücher einschließlich Geschäftsunterlagen zu geben, wenn die begründete Vermutung besteht, dass ich gegen die Preisbindung verstoße. Als Zwischenbuchhändler bin ich auch ohne Anlass bereit, einem Buchprüfer offenzulegen, dass ich nur reversgebundene Firmen mit Händlerrabatt beliefere. Der Buchprüfer hat sich mir in diesem Fall bei Beginn der Prüfung zu verpflichten, über alle ihm durch die Prüfung bekannt werdenden Vorgänge, die nicht Preisbindungsverstöße betreffen, Stillschweigen zu bewahren.

Ich trage die Kosten einer Bucheinsicht, wenn die Zweifel an meiner Preisbindungstreue von mir verschuldet oder schuldhaft nicht ausgeräumt worden sind oder wenn Verstöße festgestellt werden.

Habe ich die Prüfung von Preisbindungsverstößen (etwa durch nicht ordnungsgemäße Buchführung) ganz oder teilweise vereitelt, verpflichte ich mich, über die Verpflichtung gem. B.5 Abs. 1 hinaus zur Zahlung einer Vertragsstrafe in Höhe von € 5.000,00.

Grundlagenpapier
(Stand: 12. April 2007, verabschiedet von Vorstand, Fachausschüssen und Abgeordneten-versammlung in den Sitzungen am 24., 25. und 26. April 2007)

Die Buchbranche handelt mit einer Ware, die zugleich Kultur- und Wirtschaftsgut ist. Hieraus ergeben sich für uns besondere Verpflichtungen.

Als Kulturbranche erfüllen wir unseren gesellschaftlichen Auftrag, indem wir als Vermittler Brücken schlagen zwischen den Autoren, dem Kultur- und Bildungsbetrieb und dem Lesepublikum mit seinen unterschiedlichen Bedürfnissen. Dies ist der Kern unseres Selbstverständnisses. Er begründet unsere besondere gesellschaftliche Stellung.

In der Kombination aus kultureller Sicherung und wirtschaftlicher Erfolgsorientierung liegt unsere besondere Verantwortung. Nur wenn wir als Wirtschaftsunternehmen erfolgreich sind, können wir in Kultur investieren. Wir begreifen dieses Spannungsfeld nicht als Gegensatz, sondern sehen unsere Chance darin, beide Seiten zu einem für die Gesellschaft fruchtbaren Ausgleich zu bringen. Dieser doppelte innere Antrieb, das Streben nach kulturellem und wirtschaftlichem Gewinn, wirkt sinnstiftend für die gesamte Branche. Dies unterscheidet uns von ausschließlich ökonomisch gesteuerten Branchen.

Im verständlichen Bemühen um den kurzfristigen Erfolg unterstreicht die Branche die Bedeutung einer Orientierung an den beschriebenen langfristigen Aufgaben. Langfristige

Ziele und Strategien erfordern klare Regeln und eine offene Kommunikation derselben, damit der Einzelne sie sich zu eigen machen kann. Gemeinsames Handeln basiert auf Vertrauen. Das ist vor allem das Vertrauen, dass sich alle an gemeinsame Regeln halten.

Der Gesetzgeber erkennt die besonderen Aufgaben der Branche an, indem er wesentliche Rahmenbedingungen unseres Handelns schützt. Dazu gehören unter anderem die Bindung des Buchpreises und die Gewährung des Umsatzsteuerprivilegs. Die Branche mahnt den Gesetzgeber, bei allen verständlichen Maßnahmen zur Förderung von Bildung und Kultur die wirtschaftlichen Bedingungen ihrer Verbreitung auch im Internetzeitalter nicht zu vernachlässigen. Dieser gesetzliche Rahmen sichert die vier zentralen Ziele unseres Handelns ab und verpflichtet uns zugleich, uns aktiv für diese Ziele einzusetzen: für die Garantie der Vielfalt von Autoren und Inhalten, der landesweiten Verfügbarkeit dieser Inhalte, einer qualifizierten Auswahl von Titeln durch den verbreitenden Buchhandel sowie der umfassenden Information und Beratung des Lesepublikums.
Das bedeutet im Einzelnen:

Verlage

Verleger erkennen das Bedürfnis der Gesellschaft nach Information, Wissen und Kultur als Chance für unternehmerisches Handeln. Sie spüren Autoren und ihre Potenziale auf – Werteorientierung bestimmt ihre Programmarbeit. Durch intensive Arbeit an Konzept und Text machen sie das Wissen der Autoren für die Leser zugänglich. Der Wettbewerb zwischen Verlagen fördert und ermöglicht eine große Vielfalt an Konzepten und Inhalten. Diese Vielfalt spiegelt die Pluralität und Komplexität der modernen Gesellschaft und wird ihr gerecht.

Die Verfügbarkeit von Titeln erfordert vor allem, dass Titel über einen möglichst langen Zeitraum vom Verlag angeboten und lieferbar gehalten werden. Nicht nur einer großen Zahl an Neuerscheinungen, sondern ebenso einer lebendigen Backlist und einem dauernden Einsatz für diese muss das Bemühen der Verlage gelten. Zur Verfügbarkeit gehört auch, dass das verlegerische Angebot einer möglichst großen Zahl von Kunden im verbreitenden Buchhandel zugänglich gemacht wird.

Mit der Auswahl der Titel und der Gestaltung des Verlagsprogramms übernimmt der Verleger gegenüber Lesern und Autoren Verantwortung für den Inhalt, dessen Sicherung und dessen Qualität.

Medienkonkurrenz und Datenflut erfordern eine immer präzisere und präsentere Information über das Angebot. Dabei ist die Pflege und Gestaltung des *Verzeichnisses lieferbarer Bucher* (VIB) eine besondere Verpflichtung. Neben den klassischen Informationskanälen gewinnt das Internet immer mehr an Gewicht. Hier gestaltet die Branche mit ihrem Projekt der urheberrechtlich abgesicherten Volltextsuche-Online das Informationsverhalten im digitalen Zeitalter.

Zwischenbuchhandel

Der Zwischenbuchhandel ist die Drehscheibe des buchhändlerischen Verkehrs und damit Garant für die Verfügbarkeit inhaltlicher Vielfalt. Die für die Innovationskraft und für die langfristige Qualität des Angebots notwendigen kleinen Verlage können nur bestehen, wenn sie von den Barsortimenten und Verlagsauslieferungen beachtet werden. Erst die logistische Leistungsfähigkeit des Zwischenbuchhandels, insbesondere die Belieferung auch entlegener sowie kleiner Buchhandlungen garantiert die Verfügbarkeit des verlegerischen Angebots.

Bei der Auswahl der Titel sind sich die Barsortimente ihrer Verantwortung für die Meinungsfreiheit und die Pluralität bewusst. Der Gesetzgeber erkennt und unterstreicht diese Bedeutung durch die besondere Stellung im Gesetz.

Die Information durch Datenbanken und Kataloge von Barsortimenten bestimmt über die Wahrnehmung und damit faktisch über die Verfügbarkeit eines Werkes. Die Datenbanken haben in dieser Hinsicht eine besondere Bedeutung. Ihre Existenz liegt im Interesse aller Marktteilnehmer. Da nicht alle Titel von Barsortimenten geführt werden, ist die Existenz des VlB als Gesamtverzeichnis aller lieferbaren Titel eine Grundbedingung für den Erhalt der Vielfalt.

Verbreitender Buchhandel

Erst in der Arbeit des verbreitenden Buchhandels mit seinem Sortiment realisiert sich der Erfolg der kulturellen Vermittlungsarbeit der gesamten Branche. Der Buchhändler ist für seine Kunden Wegweiser durch die große Titelvielfalt. Er vermittelt zwischen dem Interesse des Kunden und dem breiten Angebot der Verlage. Der Kunde soll darauf vertrauen können, dass er die wichtigsten und besten Titel im Sortiment findet. Der Buchhändler stellt eine fundierte Auswahl zur Verfügung und beschränkt sich nicht nur auf die bloße Bereitstellung des Angebots. Vielmehr sichert er auf allen Vertriebskanälen beratend den individuellen Zugang zur gesamten Informationswelt.

Die Verfügbarkeit eines breiten und tiefen Angebots über einen langen Zeitraum ist nur möglich, wenn der Buchhandel neben den angebotenen Titeln die Besorgung aller lieferbaren Titel aktiv sicherstellt.

Die Information des Kunden ist wesentliche Grundlage für den Verkauf. Der Buchhändler ist auf die breite Information des Publikums in den Medien insbesondere durch den Verlag angewiesen. Die aktive Ansprache des Kunden ist vornehmlich Aufgabe des verbreitenden Buchhandels. Der Buchhändler geht auf Kunden zu, bietet Titel an, präsentiert Alternativen und stellt die Vielfalt aktiv dar. Dazu gehört die systematische Nutzung von Datenbanken, über die auch nicht barsortimentsgängige Werke auf Kundenwunsch ermittelt und besorgt werden.

Verkehrsordnung für den Buchhandel in der Fassung vom 9. November 2006
(mit Änderungen § 3 Ziffer 3 vom Juni 2011)

§ 1 Begriffsbestimmungen
1. Die Begriffsbestimmungen für den herstellenden Buchhandel, im Folgenden kurz »Verlag« genannt, den verbreitenden Buchhandel, im Folgenden kurz »Sortiment« genannt, sowie den Zwischenbuchhandel ergeben sich aus der Satzung des Börsenvereins. »Abnehmer« sind Buchhandlungen und Buchgroßhandlungen.

2. Importeur ist ein Unternehmen insbesondere aus dem Bereich des Sortiments oder des Zwischenbuchhandels, das Werke im Sinne von Ziffer 4 Satz 1 aus dem Ausland zum Zwecke des Weiterverkaufs einführt.

3. Für den Zwischenbuchhandel finden folgende Begriffsbestimmungen Anwendung:

a) Buchgroßhandlungen sind Barsortimente und andere Unternehmen, die im eigenen Namen und auf eigene Rechnung Gegenstände des Buchhandels von den Verlagen kaufen, ein eigenes Lager unterhalten und an Sortimente verkaufen sowie Dienstleistungen erbringen.

b) Der buchhändlerische Kommissionär handelt im Auftrag, im Namen und für Rechnung des Verlages, des Sortiments oder beider. Buchhändlerischer Kommissionär einer Firma ist der im *Adressbuch für den deutschsprachigen Buchhandel* oder im *Börsenblatt* (s. Ziffer 8) bekannt gegebene Kommissionär, solange ein Kommissionswechsel oder die Kommissionsaufgabe nicht gemäß § 2 angezeigt worden ist.

c) Der Sortiments-Kommissionär fasst Dienstleistungen im Rahmen des buchhändlerischen Bestell- und Lieferverkehrs zusammen. Als Bücherwagen-Dienst übernimmt der Sortiments-Kommissionär im Auftrag des Sortiments-Kommittenten die Übernahme und die Zustellung von Gegenständen des Buchhandels von Verlagen bzw. deren Auslieferung (Beischlüsse) und fasst sie ggf. mit Sendungen der Barsortimente gleichrangig zusammen. Er übernimmt die Abholung von Remittenden bei den Sortiments-Kommittenten und deren Zustellung an die Verlage bzw. deren Auslieferungen entsprechend der Versandanweisung des Sortiments-Kommittenten. Als Bestellanstalt leitet er im Auftrag des Sortiments-Kommittenten dessen Bestellungen an die Verlage bzw. deren Auslieferungen weiter.

d) Der Verlags-Kommissionär liefert aus dem von ihm verwalteten Auslieferungslager im Auftrag, für Rechnung und nach Weisungen der Verlags-Kommittenten aus (Verlagsauslieferung).

e) Buchgroßhandlungen, Sortiments-Kommissionäre und Verlags-Kommissionäre erfüllen, ungeachtet der Zusammenfassung von Dienstleistungen, in sich selbstständige und voneinander klar abgegrenzte Funktionen.

4. »Werke« sind alle Gegenstände des Buchhandels sowie des Zeitschriften- und Kunsthandels, die der Verlag herstellt oder verbreitet. »Gegenstände des Buchhandels« sind alle Erzeugnisse der Literatur, Tonkunst, Kunst, Kartografie und Fotografie, die durch ein grafisches, phonografisches, fotografisches, fotomechanisches, optisches, magnetisches, digitales oder vergleichbares bestehendes oder neues Verfahren vervielfältigt sind, wie z. B. Bücher, Zeitschriften, Musikalien, Tonträger einschließlich Hörbücher, Daten- oder Bildträger (insbesondere CD-ROM und DVD), Kunstblätter, Kalender, Diapositive, Atlanten, Landkarten, Globen, Schulwandbilder und andere diesen Begriffsbestimmungen entsprechende Lehr- und Lernmittel.

5. »Gebundener Ladenpreis« ist der vom Verlag oder vom Importeur für den Verkauf an den Endabnehmer festgesetzte Verkaufspreis, »unverbindlich empfohlener Preis« ist der Preis, den der Verlag für den Verkauf an Endabnehmer empfiehlt, »Abgabepreis« ist der dem Abnehmer berechnete Preis des Verlages oder des Importeurs. Alle diese Preise enthalten die gesetzliche Mehrwertsteuer. Rabatte und Skonti beziehen sich auf Preisangaben einschließlich der gesetzlichen Mehrwertsteuer.

6. Als »Erscheinungstermin« eines Werkes gilt der Tag, an dem der Verlag mit der Auslieferung beginnt.

7. Als »Erstverkaufstag« gilt der vom Verlag festgesetzte Tag, an dem ein Werk erstmals ausgestellt und/oder an Endabnehmer verkauft werden darf.

8. Offizielles Mitteilungs- und Veröffentlichungsorgan des Börsenvereins ist die Verbandszeitschrift *Börsenblatt* (derzeitiger Titel: *Börsenblatt – Wochenmagazin für den deutschen Buchhandel*). Sie erscheint in einer Druckausgabe und ist in einer Online-Version im Internet abrufbar.

§ 2 Bekanntmachungen

Die in dieser Verkehrsordnung aufgeführten buchhändlerischen Anzeigen und Mitteilungen über geschäftliche Vorgänge, Veränderungen und dergleichen gelten als ordnungsgemäß erfolgt, wenn sie im *Börsenblatt* veröffentlicht worden sind.

Solange eine anzuzeigende Tatsache nicht in dieser Weise bekannt gemacht ist, kann sie vom Anzeigepflichtigen einem Dritten nicht entgegengehalten werden, es sei denn, dass sie diesem nachweislich bekannt ist.

§ 3 Bezugsbedingungen

1. Der Verlag setzt die Bezugsbedingungen unter Berücksichtigung der jeweiligen Funktion des Abnehmers fest. Dabei trifft ihn gemäß § 6 *BuchPrG* in dreierlei Hinsicht im Interesse des Erhalts der Preisbindung die Pflicht, sachlich ungerechtfertigte Benachteiligungen seiner Abnehmer zu vermeiden, nämlich

– gemäß § 6 Abs. 1 gegenüber kleineren Buchhandlungen (»Verlage müssen bei der Festsetzung ihrer Verkaufspreise und sonstigen Verkaufskonditionen gegenüber Händlern den von kleineren Buchhandlungen erbrachten Beitrag zur flächendeckenden Versorgung mit Büchern sowie ihren buchhändlerischen Service angemessen berücksichtigen. Sie dürfen ihre Rabatte nicht allein an dem mit einem Händler erzielten Umsatz ausrichten.«)

Eine individuelle Konditionenspreizung findet ihre Grenzen dort, wo Marktteilnehmer wegen ihrer Marktstellung ohne sachlich gerechtfertigten Grund bevorzugt oder benachteiligt werden.

– gemäß § 6 Abs. 2 gegenüber dem Buchhandel in Beziehung zu Abnehmern in Nebenmärkten (»Verlage dürfen branchenfremde Händler nicht zu niedrigeren Preisen oder günstigeren Konditionen beliefern als den Buchhandel.«)

– gemäß § 6 Abs. 3 gegenüber den Barsortimenten (»Verlage dürfen für Zwischenbuchhändler keine höheren Preise oder schlechteren Konditionen festsetzen als für Letztverkäufer, die sie direkt beliefern.«).

2. Sofern der Verlag nicht allgemein oder im Einzelfall besondere Bedingungen vorgeschrieben hat, gelten die in den nachstehenden Bestimmungen enthaltenen Regeln als Bezugsbedingungen. Änderungen seiner Bezugsbedingungen muss der Verlag den Abnehmern so frühzeitig mitteilen, dass die Abnehmer darauf reagieren können. Einzelvertragliche Bezugsbedingungen bleiben hiervon unberührt.

3. Der vom Verlag oder vom Importeur an das *Verzeichnis lieferbarer Bücher* (VlB) gemeldete und dort veröffentlichte Endpreis (Ladenpreis) eines preisgebundenen Verlagserzeugnisses wird entsprechend der Verkehrsübung sowohl vom Verlag bzw. vom Importeur als auch vom Abnehmer als verbindliche Preisfestsetzung und Preisveröffentlichung im Sinne der Buchpreisbindung verstanden. Der so gemeldete Ladenpreis gilt als gebundener Buchpreis gemäß § 5 Abs. 1 *BuchPrG*.

Änderungen und Aufhebungen von gebundenen Ladenpreisen, auch der Sonderpreise und der Sonderbedingungen, muss der Verlag bzw. der Importeur mit einer Vorlauffrist von 14 Tagen im VlB bzw. im Fall von nach dem *Sammelrevers 2002* preisgebundenen Zeitschriften seinen Abnehmern direkt anzeigen. In gleicher Weise sind die Ladenpreise von Neuerscheinungen (§ 9) und Ladenpreisänderungen bei Neuauflagen (§ 13) anzuzeigen.

4. Führen die Bezugsbedingungen dazu, dass der gebundene Ladenpreis eines Werkes, welches nicht über Buchgroßhandlungen oder andere bündelnde Verkehrswege beziehbar ist, unter dem Einstandspreis (»Abgabepreis« des Verlages zzgl. Kosten der Warenbeschaffung) liegt, ist der Abnehmer berechtigt, die Rechnung um den entsprechenden Betrag zu kürzen.

5. Die Vergünstigungen bei Partiebezügen gelten nur, wenn die dafür vorgesehene Stückzahl auf einmal bestellt wird. Gestattet der Verlag eine Partieergänzung, so ist diese nur

innerhalb eines Zeitraumes bis zu sechs Monaten zulässig. Der Erstbezug ist bei Bestellung anzugeben.

6. Erhöht der Verlag oder der Importeur die Preise, sind alle bis zum Stichtag aufgegebenen Bestellungen zum alten Preis auszuführen. Bei Preissenkungen sind die Bestellungen ab Stichtag zum neuen Preis auszuführen.

7. Hebt der Verlag oder der Importeur gebundene Ladenpreise auf oder setzt er Ladenpreise herab oder trifft er Maßnahmen, die einer Aufhebung des Ladenpreises gleichkommen, so ist er verpflichtet, innerhalb der letzten 12 Monate durch den Abnehmer bezogene und dort vorrätige Exemplare gegen Erteilung einer Gutschrift in voller Höhe und ohne Erhebung einer Bearbeitungsgebühr zurückzunehmen.
Bei Lieferungen über Buchgroßhandlungen erfolgt die Remission über diese. Maßgebend für die Frist ist der Zeitpunkt der ordnungsgemäßen Bekanntgabe der Preisherabsetzung. Die remittierten Exemplare bleiben, vorbehaltlich eines noch bestehenden Eigentumsvorbehalts des Lieferanten, bis zur Erteilung der Gutschrift Eigentum des Abnehmers.

8. Bei Preisherabsetzungen kann der Verlag oder der Importeur statt der Rücknahme dem Abnehmer auch den Unterschied der Abgabepreise vergüten, wobei diese nach dem ursprünglich gewährten Rabattsatz zu berechnen sind.

9. Der Anspruch des Abnehmers auf Rücknahme muss beim Verlag oder beim Importeur innerhalb von sechs Wochen ab Bekanntgabe der Preisaufhebung oder -herabsetzung geltend gemacht werden. Für Buchgroßhandlungen gilt eine Frist von drei Monaten. Auf Verlangen des Verlages oder des Importeurs muss der Abnehmer die Voraussetzungen für die Remission gemäß Ziffer 7 durch Angabe der Bezugsdaten nachweisen.

10. Der Übergang von Verlagsrechten an Werken von einem Verlag auf einen anderen sowie die damit etwa vorgenommenen Änderungen der gebundenen Ladenpreise sind vom erwerbenden Verlag unverzüglich im *Börsenblatt* zu veröffentlichen oder seinen Abnehmern direkt mitzuteilen. Der erwerbende Verlag ist gehalten, die zwischen dem veräußernden Verlag und dem Abnehmer vereinbarten Bezugsbedingungen zu übernehmen, soweit es sich um Rechtsfolgen aus bereits geschlossenen Verträgen handelt.

11. Subskriptionspreise gelten für den Abnehmer bis zu sieben Werktage nach Ablauf der für den Endabnehmer verbindlichen Subskriptionsfrist.

12. Fest gelieferte Werke bleiben bis zur vollständigen Bezahlung Eigentum des liefernden Verlages. Solange der Eigentumsvorbehalt besteht, darf der Abnehmer die Werke nur im ordnungsgemäßen Geschäftsbetrieb veräußern und ohne Zustimmung des Verlages weder verpfänden noch zur Sicherheit übereignen.

§ 4 Änderungen der Bezugsbedingungen

1. Eine Bestellung kann zu veränderten Bezugsbedingungen nur ausgeführt werden, wenn diese rechtzeitig im *Börsenblatt* oder dem Abnehmer direkt mitgeteilt worden sind. Aufhebung oder Einschränkung der offenen Rechnung gilt in diesem Fall nicht als Änderung der Bezugsbedingungen.

2. Bei Lieferung von Fortsetzungswerken ist der Verlag gegenüber dem Abnehmer der früheren Teile des Werkes zur Änderung seiner Bezugsbedingungen für das Werk nur berechtigt, wenn sich im Laufe eines mehrjährigen Lieferzeitraumes schwerwiegende Umstände ergeben haben, die im Zeitpunkt der Bestellung weder vom Verlag noch vom Abnehmer vorausgesehen werden konnten und die auch unter Berücksichtigung der Interessen des Abnehmers ein Festhalten an den bisherigen Bezugsbedingungen für den Verlag billigerweise unzumutbar machen.
Das Gleiche gilt auch für in Subskription bestellte Werke ohne Rücksicht darauf, ob es sich

um Fortsetzungswerke handelt. Der neue Jahrgang, Band usw. eines periodisch erscheinenden Werkes gilt nicht als Fortsetzung im Sinne vorstehender Bestimmung.
3. Bei Zeitschriften ist eine Änderung der Bezugsbedingungen nur zum Ablauf des Bezugszeitraums mit mindestens zweimonatiger Vorankündigung möglich. Der Verlag ist jedoch berechtigt, die Bezugsbedingungen jederzeit zu ändern, wenn der Abnehmer die ihm gegenüber eingegangenen Verpflichtungen aus Lieferungsverträgen im allgemeinen geschäftlichen Verkehr nicht erfüllt hat.

§ 5 Bestellungen

1. Für die Rechtsgültigkeit einer Bestellung genügt die Verwendung von Bestellformularen (Bestellzettel), welche die Firma des Abnehmers aufgedruckt oder aufgestempelt tragen. Bei elektronischer Bestellung genügt eine eindeutig identifizierbare Absenderangabe.
2. Kann eine Bestellung nicht in einer dem Charakter der Bestellung angemessenen Frist ausgeführt werden, so hat der Verlag dem Abnehmer die Lieferungszeit unverzüglich mitzuteilen. Ist er dazu außerstande, so hat er vor Ausführung der Bestellung beim Abnehmer unmittelbar anzufragen, ob die Bestellung noch ausgeführt werden soll. Nichtbeantwortung dieser Anfrage innerhalb von zwei Wochen gilt als Zustimmung zur Ausführung der Bestellung. Hat der Verlag eine wesentliche Lieferungsverzögerung nicht mitgeteilt, so hat er die verspätete Lieferung auf Verlangen und eigene Kosten zurückzunehmen.
3. Angemahnte Bestellungen müssen den deutlich erkennbaren Zusatz »wiederholt« oder »Reklamation« enthalten sowie das Datum, den Inhalt und den Bestellweg der ersten Bestellung.
4. Der Bezug des ersten Teiles eines Werkes (Band, Lieferung, Nummer) verpflichtet zur Abnahme der später erscheinenden Teile, falls der Verlag dies in seinen Ankündigungen unmissverständlich zum Ausdruck gebracht hat und diese Verpflichtung auf den beigefügten Rechnungen oder Lieferscheinen auffällig und zweifelsfrei ausgedruckt oder sonst auf andere Weise vermerkt ist (Ausnahme: §§ 7 und 8).
5. Der Verlag hat das Bestelldatum und das Bestellzeichen auf Lieferschein und Rechnung anzugeben. Bei Unklarheiten hat der Verlag unverzüglich den Nachweis der ordnungsgemäßen Bestellung zu führen.
6. Bestellungen gelten grundsätzlich als fest, wenn sie nicht zweifelsfrei anders bezeichnet sind.
7. Beim Verlag direkt eingehende Bestellungen von Endabnehmern, die einem Abnehmer durch Lieferung zur Ausführung überwiesen werden, gelten als Bestellung dieses Abnehmers, falls er dieser Regelung grundsätzlich zugestimmt hat.
8. Die Kosten der traditionellen Bestellübermittlung (per Post oder Telefax) trägt der Abnehmer.
9. Ist ein Werk in verschiedenen Einbandarten (Ausstattungen) lieferbar, ist bei Fehlen detaillierter Bestellangaben, z. B. ISBN, grundsätzlich die preisniedrigste gebundene Ausgabe zu liefern. Entsprechendes gilt, wenn ein elektronisches Werk in verschiedenen Ausstattungen angeboten wird.
10. Der Verlag soll den EAN-Code und die ISBN gut lesbar auf dem Werk oder dessen Umhüllung vermerken.

§ 6 Genehmigte Remission und Rücknahmepflicht des Verlages

1. Liefert der Verlag Werke mit Remissionsrecht (RR), so hat er auf der Rechnung den Termin anzugeben, bis zu welchem er die Rücksendung gestattet; diese Frist soll in der Regel nicht weniger als zwei Monate betragen. Der vereinbarte Termin ist einzuhalten. Entscheidend ist das Absendedatum. Mit Umtauschrecht anstelle von RR darf der Verlag

nur nach vorheriger Zustimmung des Abnehmers liefern. Die Gutschrift für die Rücksendung ist in voller Höhe zu erteilen.

2. Bei Rücksendung aus Festbezügen gilt folgendes:

a) Rücksendungen aus Festbezügen sind nur nach vorheriger Genehmigung oder im Rahmen von Sondervereinbarungen zulässig.

b) Genehmigte Remittenden sind im verlagsneuen Zustand innerhalb von vier Wochen abzusenden. Gefahr und Transportkosten gehen zu Lasten des Abnehmers. Bearbeitungsgebühren oder Rabattkürzungen seitens des Verlages sind nur nach ausdrücklicher vorheriger Vereinbarung zulässig.

c) Beanstandungen müssen unverzüglich, spätestens jedoch innerhalb von vier Wochen, gegenüber dem Abnehmer geltend gemacht werden.

3. Das Fehlen der Originalverpackung berechtigt den Verlag nicht, Rücksendungen zurückzuweisen, wenn ihr sonstiger Zustand einwandfrei ist. Er kann aber in solchem Fall die Selbstkosten für die fehlende Originalverpackung fordern.

4. Der Verlag ist zur Rücknahme fest bestellter Werke nur in den in diesem Paragrafen und in den §§ 5, 8, 9, 11, 12, 13 und 14 aufgeführten Fällen verpflichtet. Bei genehmigter Rücknahme oder genehmigtem Umtausch infolge irrtümlicher Bestellung trägt der Abnehmer die Kosten für Hin- und Rücksendung. Der Verlag ist berechtigt, zum Ausgleich seiner innerbetrieblichen Kosten eine angemessene Bearbeitungsgebühr zu verlangen.

5. Der Verlag ist verpflichtet, das Gelieferte innerhalb von zwei Monaten vom Tag der Lieferung an zurück zu nehmen und die Kosten für Hin- und Rücksendung zu tragen, wenn er entweder

a) irrtümlich fest ein anderes als das bestellte Werk geliefert hat oder

b) die Absendung schuldhaft verzögert hat oder

c) eine ausdrücklich gestellte Lieferfrist nicht eingehalten oder sonstige Vorbehalte, z. B. Preisgrenzen, nicht berücksichtigt hat oder

d) zu einem neuen, wesentlich erhöhten Ladenpreis geliefert und wenn er oder der Importeur die Preiserhöhung nicht ordnungsgemäß zuvor bekannt gegeben hat.

In den Fällen a) bis d) kann der Abnehmer binnen vier Wochen nach Eingang der Sendung Rücknahme verlangen. Er hat nur Anspruch auf Aufhebung der Bestellung und Rücknahme der Lieferung, kann jedoch zum Ausgleich seiner innerbetrieblichen Kosten eine angemessene Bearbeitungsgebühr verlangen.

§ 7 Zeitschriften

1. Zeitschriften sind periodisch erscheinende Druckwerke mit mindestens zwei Ausgaben jährlich in gleicher Form und Aufmachung. Das Redaktionskonzept mit einer kontinuierlichen und universellen Stoffdarbietung ist auf bestimmte Zielgruppen ausgerichtet, vom breiten Publikum bis hin zu Spezialisten. Zeitschriften enthalten Beiträge mehrerer Autoren, sind für eine unbegrenzte Erscheinungsdauer konzipiert und können im Voraus für einen längeren Zeitraum abonniert werden. Sie haben üblicherweise sowohl einen Einzelbezugspreis als auch einen Abonnementpreis.

2. Bei der Lieferung von Zeitschriften an den Abnehmer darf der Verlag diesen gegenüber den direkten Beziehern zeitlich nicht benachteiligen.

3. Zur Fortsetzung ohne bestimmte Zeitangabe bestellte Zeitschriften werden bis zur Abbestellung geliefert, Verlage, die zu jedem Berechnungsabschnitt Neubestellungen wünschen, haben rechtzeitig hierzu aufzufordern.

4. Bei Zeitschriften sind grundsätzlich der Bezugszeitraum und die vom Verlag im Impressum oder auf andere Weise mitgeteilten Kündigungsfristen bindend. Abonnentenaufträge, die ohne zeitliche Begrenzung erteilt werden, verlängern sich automatisch um den jeweils

nächsten Bezugszeitraum. Soweit Kunden des Abnehmers erst in den letzten 14 Tagen vor dem festgelegten Kündigungstermin das Abonnement bei diesem kündigen, verlängern sich die Kündigungsfristen bis zu sieben Werktage.

5. Der Abnehmer kann das Abonnement aus wichtigem Grund kündigen, wenn der Kunde verstorben ist, Zahlungsunfähigkeit vorliegt oder eine Zustellung nachweisbar nicht erfolgen kann. Für die bis zum Zugang einer solchen Kündigung beim Verlag bereits durchgeführten Lieferungen erfolgen keine Gutschriften oder Rückerstattungen, wohl aber für später erscheinende, vorausbezahlte Exemplare.

§ 8 Fortsetzungswerke

1. Fortsetzungswerke im Sinne dieser Bestimmung sind Publikationen, die in mehreren Teilen, in mehr oder weniger regelmäßigen Abständen und nicht mit auf einen Zeitraum festgelegten Laden- oder Subskriptionspreis erscheinen. Dabei ist es unerheblich, ob Teile des Fortsetzungswerkes auch einzeln erhältlich sind.

2. Ist dem Abnehmer der weitere Absatz eines zur Fortsetzung auch in Subskription erhaltenen Werkes an den bisherigen Kunden infolge höherer Gewalt oder deshalb unmöglich geworden, weil dieser gestorben, zahlungsunfähig geworden, unbekannten Aufenthaltes oder aus rechtlichen Gründen von seiner Abnahmepflicht frei geworden ist, so muss der Verlag den nicht mehr absetzbaren Teil zurücknehmen, wenn ihm die Unmöglichkeit des Absatzes innerhalb von drei Monaten nach Eingang der letzten Lieferung mitgeteilt und auf Verlangen die letzte Anschrift des Kunden bekannt gegeben worden ist. Die vom Kunden nicht abgenommene Lieferung ist innerhalb der gleichen Frist an den Verlag zurückzusenden.

3. Im Fall der Rücknahme des nach Ziffer 2 nicht mehr absetzbaren Teiles eines in Subskription gelieferten Fortsetzungswerkes ist der Verlag nicht berechtigt, dem Abnehmer den Differenzbetrag zwischen dem subskriptionspreisbezogenen Abgabepreis des Werkes und dem auf Basis des regulären gebundenen Ladenpreises berechneten Abgabepreis nach zu belasten.

4. Die Abnahmepflicht erlischt, falls der Kunde die weitere Abnahme verweigert, weil das Fortsetzungswerk in angemessener Frist nicht abgeschlossen und/oder der in Aussicht gestellte Umfang der weiteren Lieferungen und/oder deren gebundene Ladenpreise gegenüber dem gebundenen Ladenpreis der ersten Lieferung so erheblich überschritten bzw. erhöht werden, dass dem Kunden die Abnahme billigerweise nicht zugemutet werden kann.

§ 9 Neuerscheinungen und unverlangte Sendungen

1. Als Neuerscheinungen gelten Werke, die zum ersten Mal oder in neuer Auflage (§ 13) veröffentlicht werden.

2. Neuerscheinungen dürfen unverlangt nur an Abnehmer versandt werden, die solche Sendungen grundsätzlich erbeten haben.

3. Verlagswerke, die keine Neuerscheinungen sind, dürfen unverlangt nicht zugesandt werden.

4. Für unverlangte Sendungen trägt der Verlag Gefahr und Kosten der Hin- und Rücksendung sowie weitere angemessene, beim Abnehmer entstandene Kosten.

§ 10 Inhalt und Gewicht der Sendung

1. Der Inhalt einer Sendung gilt als mit der Rechnung übereinstimmend, falls der Abnehmer dem Absender nicht spätestens innerhalb von 14 Tagen nach Eingang der Sendung die Abweichung anzeigt.

2. Die einzelnen Packstücke sollen ein Gewicht von 15 kg nicht überschreiten.

§ 11 Beschädigte und fehlerhafte Werke

1. Ist ein Werk offensichtlich vor der Versendung durch den Verlag schadhaft geworden (z. B. angestoßene Einbände, Flecken und dgl.), so hat der Verlag dieses Mängelexemplar auf seine Kosten umzutauschen oder zurückzunehmen, sofern der Abnehmer dem Verlag die Beschädigung unverzüglich nach Eingang des Werkes anzeigt.

2. Defekte Exemplare (Exemplare mit Herstellungsfehlern) sind auf Verlangen kostenlos zurückzunehmen, umzutauschen oder bei vom Käufer gewünschter Minderung anteilig gutzuschreiben, ggf. nach den Vorschriften der »Vereinfachten Remission«. Ist der Verlag zum Umtausch oder zur Ersatzlieferung außerstande, so hat er das Werk auf seine Kosten zurückzunehmen, auch wenn es bereits gebraucht oder vom Käufer individuell bearbeitet wurde.

3. Die ausdrückliche und deutlich hervorgehobene Bemerkung »Vor Absendung verglichen« auf der Rechnung für eine Sendung, die Seltenheiten des Antiquariatsbuchhandels, Luxusdrucke, Tafeldrucke u. a. enthält, verpflichtet den Abnehmer zur unverzüglichen Prüfung des Inhalts der Sendung auf offensichtliche und heimliche Mängel. Unterlässt er die Mängelanzeige, so verliert er das Recht, das gelieferte Werk wegen später entdeckter Mängel zu beanstanden.

§ 12 Sendungen unter Vorbehalt

1. Werden bestellte Werke unter einem Vorbehalt (z. B. Abnahmeverpflichtung für noch nicht erschienene Bände) geliefert und ist dies auf der Rechnung auffällig und unzweideutig vermerkt, so gilt die Sendung als angenommen und der Vorbehalt als genehmigt, wenn der Abnehmer nicht unverzüglich nach Empfang der Sendung widerspricht. Im Falle des Widerspruchs hat der Verlag die Sendung zurückzunehmen; der Abnehmer hat sie dem Verlag nach Aufforderung unverzüglich zuzustellen. Der Verlag trägt Gefahr und Kosten der Hin- und Rücksendung.

2. Die Bemerkung auf der Rechnung, dass das Werk nur in Originalverpackung zurückgenommen wird, gilt nicht als Vorbehalt im Sinne dieser Bestimmung, vielmehr ist in einem solchen Fall § 6 Ziffer 3 sinngemäß anzuwenden.

§ 13 Lieferung neuester Auflagen

1. Bestellte Werke sind in neuester Auflage und in vollständigen und unbeschädigten Exemplaren zu liefern.

2. Steht das Erscheinen einer in Inhalt oder Ausstattung wesentlich veränderten neuen Auflage binnen acht Wochen ab Eingang der Bestellung bevor, so ist der Abnehmer hierauf hinzuweisen und die Bestellung nur bei ausdrücklicher Aufrechterhaltung auszuführen. Wird ohne vorherige Ankündigung geliefert, so ist der Abnehmer zur Rückgabe binnen 14 Tagen nach Erscheinen der veränderten Auflage berechtigt.

§ 14 Eingeschränkt vertriebene Parallelausgaben

Beabsichtigt der Verlag die Veröffentlichung einer nicht für das gesamte Sortiment bestimmten und über dieses vertriebenen, in anderer Ausstattung und zu einem gegenüber dem Preis der lieferbaren Buchhandelsausgabe erheblich geringeren Ladenpreis angebotenen Ausgabe des Werkes, so ist der Abnehmer der Buchhandelsausgabe hierauf so früh wie möglich hinzuweisen, spätestens jedoch 14 Tage vor Erscheinen dieser Ausgabe. In diesem Fall kann er die innerhalb der letzten 12 Monate bezogenen und dort vorrätigen Exemplare der Buchhandelsausgabe gegen Erteilung einer Gutschrift in voller Höhe und ohne Erhebung einer Bearbeitungsgebühr zurücksenden. Bei Bezug über Buchgroßhandlungen erfolgt die Remission über diese. Im Übrigen gilt § 3 Ziffer 7 und 9 entsprechend.

§ 15 Versandwege

1. Der Abnehmer schreibt Art und Wege der Versendung generell oder für den Einzelfall vor. Fehlt eine Vorschrift hierüber, muss der Verlag eingehende Bestellungen auf Kosten des Abnehmers auf dem nach seinem Wissen günstigsten Wege ausführen. Berechnet werden die reinen Porto- bzw. Frachtkosten. Verpackung wird grundsätzlich nicht berechnet. Lieferrückstände einzelner Exemplare sind frei nachzuliefern.
2. Wenn nichts anderes vereinbart ist, werden Sendungen über den Sortiments-Kommissionär geliefert. Nach Vereinbarungen zwischen Verlag und Sortiments-Kommissionär können die Sendungen den Sortiments-Kommissionären kostenfrei zugestellt oder von diesen an einem Auslieferungsplatz des Verlages gegen Entgelt abgeholt werden.
3. Will oder kann der Verlag den vorgeschriebenen Versandweg nicht einhalten, ist der Abnehmer sofort zu verständigen, um eine Vereinbarung zu erzielen.
4. Erfolgt die Sendung ausnahmsweise als Postnachnahme, sind Bestellnummer, Bestelldaten und Inhalt der Sendung außen anzugeben. Auf der Faktur ist deutlich zu vermerken: »Durch Nachnahme erhoben«.

§ 16 Versandkosten

1. Die Kosten für Zusendung und Rücksendung trägt der Abnehmer, wenn der Versand nach seiner Vorschrift erfolgt ist; anderenfalls hat der Verlag nachweisbare Mehrkosten zu tragen.
2. Für Rücksendungen infolge irrtümlicher oder vorschriftswidriger Versendung trägt der schuldige Teil die Kosten einschließlich angemessener Bearbeitungskosten gemäß § 6 Ziffer 4.

§ 17 Haftung für Sendungen

1. Für Sendungen oder Rücksendungen, die auf Verlangen des Empfängers erfolgen, haftet dieser vom Augenblick der Übergabe an den Transportführer.
2. Wird entgegen dem ausdrücklichen Auftrag ohne wichtigen Grund anders versandt, haftet der Absender für den dadurch entstandenen Schaden.

§ 18 Haftung des Sortiments-Kommissionärs

1. Die Haftung des Sortiments für zugehende Sendungen beginnt mit der Übergabe an seinen Kommissionär und endet für Rücksendungen mit der Übergabe an den Kommissionär des Verlages oder an den Verlag selbst.
2a) Der Kommissionär haftet für die nachweislich durch sein Verschulden in Verlust geratenen oder beschädigten Sendungen.
2b) Ist eine Schuld nicht festzustellen (insbesondere bei Abgabe der Pakete ohne Quittung des Bücherwagendienstes oder zum Zeitpunkt der Übergabe erstellter Avise), so haben der Abnehmer (als Absender oder Empfänger) und die beteiligten Kommissionäre dem Verlag jeweils die Hälfte des Rechnungsbetrages der in Verlust geratenen oder beschädigten Sendung in gleichen Teilen zu ersetzen.
3. Die Haftung erlischt in allen Fällen und für alle Beteiligten nach Ablauf von drei Monaten nach Sendungsübergabe.
4. Der Abnehmer haftet nicht, wenn der Verlag den von ihm bestimmten Versandweg nicht eingehalten hat.

§ 19 Abmahnungen, einstweilige Verfügungen und sonstige Entscheidungen im Zusammenhang mit Werken

1. Wird dem Verlag wegen des Inhalts oder der Ausstattung eines Werkes dessen weitere Verbreitung durch einstweilige Verfügung oder andere vollstreckbare Gerichts- oder

Behördenentscheidung untersagt, so hat er dies unverzüglich im *Börsenblatt* oder seinen Abnehmern direkt anzuzeigen. Soweit die Anzeige gegenüber Buchgroßhandlungen erfolgt, sind diese nach Vereinbarung mit dem Verlag verpflichtet, die Information an ihre Kunden weiterzugeben.

2. Das Sortiment und der Zwischenbuchhandel haben dem Verlag unverzüglich mitzuteilen, wenn sie wegen des Inhalts oder der Ausstattung eines durch sie bezogenen Werkes abgemahnt oder mit einer einstweiligen Verfügung oder anderen Gerichts- oder Behörden- entscheidung überzogen werden und ihnen dadurch der weitere Vertrieb dieses Werkes untersagt wird.

3. Der Verlag hat seine Abnehmer unverzüglich zu einem bestimmten, der Sach- und Rechts- lage angemessenen Handeln oder Unterlassen anzuweisen. Insbesondere kann er sie anweisen, von der Einschaltung eines Rechtsanwalts zur Abwehr einer Abmahnung, einst- weiligen Verfügung oder anderen Gerichts- oder Behördenentscheidung abzusehen. Im Falle einer unverzüglichen Anweisung gemäß Satz 1 trägt der Abnehmer die ihm auferleg- ten Kosten der Abmahnung oder anderen, ihm den weiteren Vertrieb des Werkes untersa- genden Entscheidung selbst. Jedoch hat ihm der Verlag die Kosten zu erstatten, soweit der Abnehmer auf die rechtlich ungehinderte Verbreitung des Werkes vertrauen durfte und der Anweisung nicht zuwider handelt.

4. Weist der Verlag seine Abnehmer entgegen Ziffer 3 Satz 1 nicht unverzüglich zu einem bestimmten, der Sach- und Rechtslage angemessenen Handeln oder Unterlassen an, so hat der Abnehmer die Wahl, sich der gegen ihn ergangenen Abmahnung oder anderen, ihm den weiteren Vertrieb des Werkes untersagenden Entscheidung zu unterwerfen oder – falls die Rechtsabteilung des Börsenvereins dies ausdrücklich empfiehlt – anwaltliche Hilfe in Anspruch zu nehmen. In jedem dieser Fälle hat der Verlag dem Abnehmer die diesem auferlegten Kosten der Abmahnung usw. sowie der anwaltlichen Inanspruchnahme zu erstatten.

5. Eine Kostenerstattung erfolgt nur insoweit, als der Verlag den Abnehmer nicht unter Erteilung einer Kostendeckungszusage aufgefordert hat, den geltend gemachten Abmahn- kosten der Höhe nach zu widersprechen.

§ 20 Beschlagnahme von Werken

1. Werden gelieferte Werke des Inhalts oder der Ausstattung wegen beim Abnehmer beschlagnahmt, so fällt der Schaden dem Verlag zur Last.

2. Die Tatsache der Beschlagnahme hat der Abnehmer, der Schadensersatzansprüche geltend machen will, dem Verlag unverzüglich unter Bekanntgabe der Gründe und der Beschlagnahmeverfügung mitzuteilen.

3. Die Schadensersatzleistung des Verlages erstreckt sich auf die Erstattung des bei der Lieferung berechneten Nettopreises und der entstandenen Versandkosten, nicht dagegen auf die Vergütung eines entgangenen Gewinnes.

Wettbewerbsregeln des Börsenvereins des Deutschen Buchhandels

I. Vertrieb von preisgebundenen Verlagserzeugnissen

Beim Vertrieb preisgebundener Verlagserzeugnisse verstößt ein Verlag gegen die Grund- sätze lauteren Wettbewerbs,

1. wenn er kleine oder mittlere buchhändlerische Abnehmer, die auf das Programm oder Teile des Programms des Verlags nach den Verbrauchererwartungen angewiesen sind, oder

eine Gruppe solcher Abnehmer ohne sachlich gerechtfertigten Grund dadurch benachteiligt, dass er diese nicht oder erst zu einem späteren Zeitpunkt über seine Neuerscheinungen unterrichtet und/oder beliefert als andere Abnehmer;

2. wenn er es unterlässt, gegenüber dem Verbreitenden Buchhandel etwaige (für den Endabnehmer geltende) Mengenpreise

a) in geeigneter Weise zu veröffentlichen, soweit sie sich auf handelsübliche Mengen beziehen;

b) auf Anfrage einheitlich bekannt zu geben, soweit sie sich auf über das Handelsübliche hinaus gehende Mengen beziehen;

3. wenn er Bezugsbedingungen festlegt, die dazu führen, dass der gebundene Ladenpreis eines Werks, das nicht über Buchgroßhandlungen oder andere bündelnde Verkehrswege beziehbar ist, unter dem Einstandspreis liegt;

4. wenn er preisgebundene Exemplare als Mängelexemplare in Umlauf bringt, obwohl diese keinen Mangel aufweisen.

II. Verkauf von Remissionsexemplaren
Remittierte preisgebundene Verlagserzeugnisse dürfen nur verbilligt abgegeben werden, wenn sie Mängel im Sinne von V. Nr. 4 aufweisen.

III. Mitteilungspflicht bei Parallelausgaben
Erscheint neben der preisgebundenen Originalausgabe eines Werks eine inhaltlich identische oder geringfügig veränderte Parallelausgabe unter demselben oder einem anderen Titel als Sonderausgabe, bibliophile Ausgabe, Taschenbuchausgabe, Buchgemeinschaftsausgabe oder dergleichen, so ist der Verlag der Originalausgabe verpflichtet, den Verbreitenden Buchhandel darüber rechtzeitig zu unterrichten. Diese Mitteilungspflicht ist erfüllt, wenn der die Parallelausgabe veranstaltende Verlag in seinen Programmankündigungen oder auf andere geeignete Weise darauf hinweist.

IV. Änderung oder Aufhebung von Ladenpreisen
Die Bekanntgabe von Änderungen und der Aufhebung von gebundenen Ladenpreisen muss mindestens 14 Tage vor Inkrafttreten der Änderung oder der Aufhebung des Ladenpreises erfolgen.

V. Werbung
Unlauter handelt, wer irreführend wirbt. Ausgehend von dieser wettbewerbsrechtlichen Rahmenbedingung gelten beispielhaft die nachfolgenden Grundsätze:

1. (Parallelausgaben)

a) Wird ein bereits erschienenes Werk auch von einer Buchgemeinschaft herausgegeben, so darf mit dem niedrigeren Preis der Buchgemeinschaftsausgabe nicht geworben werden – insbesondere nicht durch Gegenüberstellung des Preises der Originalausgabe mit dem der Buchgemeinschaft –, wenn nicht klargestellt ist, dass der Erwerb der Buchgemeinschaftsausgabe nur im Rahmen einer Mitgliedschaft erfolgen kann.

b) Unlauter handelt, wer durch Gegenüberstellung eine sonstige Parallelausgabe mit dem gegenüber der Originalausgabe niedrigeren Preis bewirbt, ohne in geeigneter Weise auf den Ausgabenunterschied hinzuweisen.

c) Unlauter handelt, wer durch Gegenüberstellung eine Parallelausgabe mit dem gegenüber dem Preis einer früheren, nicht mehr erhältlichen Originalausgabe niedrigeren Preis bewirbt, ohne zum Ausdruck zu bringen, dass es sich bei dem höheren Preis um den der früheren Originalausgabe handelt.

2. (Herabsetzung des gebundenen Preises)

Verlagserzeugnisse, für die der Verlag den gebundenen Ladenpreis herabgesetzt hat, dürfen nicht so beworben werden, dass beim Endabnehmer der Eindruck entsteht, es handele sich bei dem herabgesetzten Preis um ein speziell von diesem Händler festgesetztes Angebot.

3. (Preisaufhebung)

Verlagserzeugnisse dürfen nicht durch Gegenüberstellung mit einem früheren gebundenen Ladenpreis beworben werden, wenn nicht ein ausdrücklicher Hinweis darauf erfolgt, dass es sich um einen inzwischen aufgehobenen Ladenpreis handelt.

4. (Mängelexemplare)

Verlagserzeugnisse, die wegen erkennbarer äußerlicher Schäden nicht mehr zum gebundenen Preis verkäuflich sind (Mängelexemplare), dürfen nicht – sei es durch eine Gegenüberstellung mit dem gebundenen Ladenpreis oder auf andere Weise – beworben werden, ohne dass ein Hinweis auf den Umstand der Mangelhaftigkeit erfolgt.

5. (Konkretisierung der Hinweispflichten)

In den Schaufenstern, Prospekten, Katalogen, Anzeigen oder anderen Werbemitteln für Verlagserzeugnisse muss in den Fällen der Ziffern 3 und 4 deutlich auf den jeweils zutreffenden Grund für die Herabsetzung des Preises hingewiesen werden (zum Beispiel ›Ladenpreis aufgehoben‹, ›Mängelexemplare‹, ›Modernes Antiquariat‹ oder ›antiquarisch‹). In Schaufenstern und Werbemitteln, durch die ausschließlich nicht mehr preisgebundene Werke angeboten werden, genügt ein genereller Hinweis auf den Grund der Preisherabsetzung an deutlich sichtbarer Stelle. Werden dagegen sowohl preisgebundene als auch nicht mehr preisgebundene Werke in einem Schaufenster oder Werbemittel angeboten, so muss bei jedem einzelnen preisermäßigten Titel der Grund für die Herabsetzung deutlich vermerkt sein.

VI. Abonnenten-, Direktkunden-, Adressenschutz

Unlauter handelt, wer

1. Buchhandelskunden oder -abonnenten durch Irreführung, Überrumpelung oder sonstige unsachliche Einflussnahme auf ihre Entscheidungsfreiheit dazu veranlasst, bei ihrem Händler abzubestellen, um die Belieferung selbst direkt zu übernehmen, auszuführen oder ausführen zu lassen;

2. als Verlag die ihm von einer Buchhandlung zur Direktbelieferung bzw. -einweisung anvertrauten Kundenadressen ohne deren Zustimmung verwendet, z.B. an Dritte weitergibt.

VII. Mindestbestellgrößen

Sind preisgebundene Verlagserzeugnisse generell oder im Einzelfall nur beim Verlag oder bei der Verlagsauslieferung direkt beziehbar und ist ein kleiner oder mittlerer Abnehmer auf die Belieferung mit dem betreffenden Verlagserzeugnis wegen seiner Bedeutung für das Sortiment nach den Verbrauchererwartungen angewiesen, so dürfen von diesem keine Mindestbestellgrößen gefordert werden, sofern es sich nicht um ein niedrig preisiges Buch handelt.

VIII. Erstverkaufstag

Hat ein Verlag nach der Bekanntmachung eines von den Fachausschüssen des Börsenvereins beschlossenen ›Verhaltenskodex zum Erstverkaufstag‹ im Börsenblatt unter Beachtung der in diesem Kodex niedergelegten Regeln für einen neu erscheinenden Titel einen Erstverkaufstag verbindlich festgelegt, so darf das Werk von keinem Marktteilnehmer vor diesem Stichtag dem Endabnehmer zugänglich gemacht werden.

Verlagsvertrag

zwischen

(nachstehend: Autor)

und

(nachstehend: Verlag)

§ 1
Vertragsgegenstand

1.

Gegenstand dieses Vertrages ist das vorliegende/noch zu verfassende Werk des Autors unter dem Titel/Arbeitstitel:

(gegebenenfalls einsetzen: vereinbarter Umfang des Werkes, Spezifikation des Themas usw.)

2.

Der endgültige Titel wird in Abstimmung zwischen Autor und Verlag festgelegt, wobei der Autor dem Stichentscheid des Verlages zu widersprechen berechtigt ist, soweit sein Persönlichkeitsrecht verletzt würde.

3.

Der Autor versichert, dass er allein berechtigt ist, über die urheberrechtlichen Nutzungsrechte an seinem Werk zu verfügen, und dass er bisher keine den Rechtseinräumungen dieses Vertrages entgegenstehende Verfügung getroffen hat. Das gilt auch für die vom Autor gelieferten Text- oder Bildvorlagen, deren Nutzungsrechte bei ihm liegen. Bietet er dem Verlag Text- oder Bildvorlagen an, für die dies nicht zutrifft oder nicht sicher ist, so hat er den Verlag darüber und über alle ihm bekannten oder erkennbaren rechtlich relevanten Fakten zu informieren. Soweit der Verlag den Autor mit der Beschaffung fremder Text- oder Bildvorlagen beauftragt, bedarf es einer besonderen Vereinbarung.

4.

Der Autor ist verpflichtet, den Verlag schriftlich auf im Werk enthaltene Darstellungen von Personen oder Ereignissen hinzuweisen, mit denen das Risiko einer Persönlichkeitsrechtsverletzung verbunden ist. Nur wenn der Autor dieser Vertragspflicht in vollem Umfang nach bestem Wissen und Gewissen genügt hat, trägt der Verlag alle Kosten einer eventuell erforderlichen Rechtsverteidigung. Wird der Autor wegen solcher Verletzungen in Anspruch genommen, sichert ihm der Verlag seine Unterstützung zu, wie auch der Autor bei der Abwehr solcher Ansprüche gegen den Verlag mitwirkt.

§ 2
Rechtseinräumungen

1.

Der Autor räumt dem Verlag an dem Werk räumlich unbeschränkt für die Dauer des gesetzlichen Urheberrechts die nachfolgenden ausschließlichen inhaltlich unbeschränkten Nutzungsrechte in allen bekannten und unbekannten Nutzungsarten für alle Ausgaben und Auflagen ohne Stückzahlbegrenzung – insgesamt oder einzeln – in allen Sprachen ein:

a) Das Recht zur Vervielfältigung und Verbreitung in allen Druckausgaben sowie körperlichen elektronischen Ausgaben. Unter Druckausgaben sind z.B. Hardcover-, Taschenbuch-, Paperback-, Sonder-, Reprint-, Buchgemeinschafts-, Schul-, Großdruckausgaben und Gesamtausgaben zu verstehen. Unter körperlichen elektronischen Ausgaben ist die digitale Vervielfältigung und Verbreitung des Werkes auf Datenträgern (z.B. CD, CD-ROM, DVD) zu verstehen.

b) Das Recht, das Werk in unkörperlichen elektronischen Ausgaben (z.B. E-Book, App) digital zu vervielfältigen und in Datenbanken und Datennetzen zu speichern und einer beliebigen Zahl von Nutzern ganz oder teilweise derart zugänglich zu machen, dass diese das Werk oder Werkteile auf individuellen Abruf (z.B. Download, Streaming) empfangen können, unabhängig vom Übertragungssystem (z.B. Internet, Mobilfunk) und der Art des Empfangsgeräts (z.B. Computer, Handy, E-Reader). Dies schließt auch das Recht ein, das Werk Nutzern ganz oder teilweise zeitlich beschränkt zugänglich zu machen.

c) Das Recht des ganzen oder teilweisen Vorabdrucks und Nachdrucks, beispielsweise in Kalendern, Anthologien, Zeitungen und Zeitschriften.

d) Das Recht der Übersetzung in andere Sprachen oder Mundarten und die Auswertung dieser Fassungen nach allen vertragsgegenständlichen Nutzungsarten.

e) Das Recht zu sonstiger Vervielfältigung und Verbreitung des Werkes, ganz oder in Teilen, insbesondere durch digitale, fotomechanische oder ähnliche Verfahren (z.B. (Digital-)Fotokopie).

f) Das Recht zum Vortrag des Werkes durch Dritte, insbesondere Lesung und Rezitation.

g) Das Recht zur Aufnahme des Werkes (z.B. als Hörbuch) auf Datenträger aller Art sowie das Recht zu deren Vervielfältigung, Verbreitung, öffentlichen Wiedergabe einschließlich Sendung sowie öffentlicher Zugänglichmachung.

sowie

h) Das Recht, das Werk oder seine Teile mit anderen Werken, Werkteilen oder sonstigem Material zu (auch) interaktiv nutzbaren elektronischen Werken zu vereinen und diese dann als körperliche oder unkörperliche Ausgaben zu vervielfältigen, verbreiten und öffentlich zugänglich zu machen. Änderungen des Charakters des Werkes bedürfen der Zustimmung des Autors.

i) Das Recht zur Bearbeitung als Bühnenstück sowie das Recht der Aufführung des so bearbeiteten Werkes.

j) Das Recht zur Verfilmung einschließlich der Rechte zur Bearbeitung als Drehbuch und zur Vorführung des so hergestellten Films. Eingeschlossen ist ferner das Recht zur Bearbeitung und Verwertung des verfilmten Werkes im Fernsehen (Free- oder Pay-TV) oder auf ähnliche Weise (Abruffernsehen, Video-on-Demand, WebTV etc.).

k) Das Recht zur Bearbeitung und Verwertung des Werkes als Hörspiel.

l) Das Recht zur Vertonung des Werkes einschließlich des Rechts zur Aufführung des vertonten Werkes.

m) Das Merchandisingrecht, d.h. das Recht, das Werk, insbesondere die in dem Werk enthaltenen Figuren, Namen, Textteile, Titel, Schriften, Geschehnisse, Erscheinungen und die durch das Werk begründeten Ausstattungen einschließlich ihrer bildlichen, fotografischen, zeichnerischen und sonstigen Umsetzungen im Zusammenhang mit anderen Produkten und Dienstleistungen jeder Art und jeder Branche zum Zwecke der Verkaufsförderung zu nutzen, und so gestaltete oder versehene Produkte kommerziell auszuwerten und nach eigenem Ermessen Markenanmeldungen durchzuführen sowie gewerbliche Schutzrechte zu erwerben. Die Verwertung hat im Einvernehmen mit dem Autor zu erfolgen.

sowie

n) Das Recht, das Werk bzw. die hergestellten Werkfassungen nach Absatz 1 h bis m in allen vertragsgegenständlichen Nutzungsarten auf Datenträgern aller Art aufzunehmen, zu vervielfältigen und zu verbreiten sowie durch Hör- und Fernsehfunk zu senden und/oder öffentlich zugänglich zu machen.

o) Die am Werk oder seiner Datenträger oder durch Lautsprecherübertragung oder Sendung entstehenden Wiedergabe- und Überspielungsrechte.

p) Das Recht, das Werk in allen vertragsgegenständlichen körperlichen Nutzungsarten zu veröffentlichen, gewerblich oder nichtgewerblich auszuleihen und/oder zu vermieten.

q) Das Recht, das Werk im Umfang der eingeräumten Rechte in allen vertragsgegenständlichen Nutzungsarten auszugsweise zum Zwecke der Werbung für das Werk öffentlich zugänglich zu machen.

r) Das Recht, das Werk in zum Zeitpunkt des Vertragsschlusses unbekannten Nutzungsarten zu nutzen. Beabsichtigt der Verlag die Aufnahme einer neuen Art der Werknutzung, wird er den Autor entsprechend informieren. Dem Autor stehen die gesetzlichen Rechte gemäß § 31a UrhG (Widerruf) und § 32c UrhG (Vergütung) zu.

2.

Der Autor räumt dem Verlag schließlich für die Dauer des Vertrages alle durch die Verwertungsgesellschaft WORT wahrgenommenen Rechte nach deren Satzung, Wahrnehmungsvertrag und Verteilungsplan zur gemeinsamen Einbringung ein. Der Autor ist damit einverstanden, dass der Verlag den ihm nach den jeweils geltenden Verteilungsplänen der Verwertungsgesellschaft WORT zustehenden Verlagsanteil direkt ausgezahlt erhält. Der Autorenanteil bleibt davon unberührt[1].

3.

Der Verlag kann die ihm nach diesem Vertrag eingeräumten Nutzungsrechte ganz oder teilweise Dritten einräumen. Dabei steht die Entscheidung über Art, Umfang und Konditionen im freien Ermessen des Verlages, wobei § 3 Absatz 6 dieses Vertrages zu berücksichtigen ist. Die Lizenzverträge sollen befristet werden. Das Recht des Verlages zur Vergabe von Nutzungsrechten an Dritte endet mit Beendigung dieses Vertrages. Der Bestand bereits bestehender Lizenzverträge bleibt hiervon unberührt; die Verteilung der nachvertraglichen Lizenzeinnahmen richtet sich nach § 4 Absatz 5, sofern der Autor diesen Vertrag nicht berechtigt außerordentlich gekündigt hat. In diesem Fall erhält der Verlag keinen Anteil.

4.

Ist der Verlag berechtigt, das Werk zu bearbeiten oder bearbeiten zu lassen, so hat er Beeinträchtigungen des Werkes zu unterlassen, die geistige und persönliche Rechte des Autors am Werk zu gefährden geeignet sind. Im Falle einer Vergabe von Lizenzen wird der Verlag darauf hinwirken, dass der Autor vor Beginn einer entsprechenden Bearbeitung des Werkes vom Lizenznehmer gehört wird. Möchte der Verlag einzelne Rechte selbst ausüben, so hat er den Autor anzuhören und ihm bei persönlicher und fachlicher Eignung die entsprechende Bearbeitung des Werkes anzubieten, bevor damit Dritte beauftragt werden.

5.

Die in Absatz 4 genannten Anhörungsrechte und Anbietungspflichten erlöschen mit dem Tod des Autors.

---

[1] Unmittelbar nach einer Entscheidung des BGH über die Revision des Urteils des OLG München vom 17.3.2013 (Az.: 6 U 2492/12) oder bei einer Änderung der Gesetzeslage werden die Parteien über eine neue Fassung der Klausel verhandeln.

§ 3
Verlagspflichten

1.

Das Werk wird zunächst als ....-Ausgabe (z.B. Hardcover, Paperback, Taschenbuch, CD-ROM, E-Book) erscheinen; nachträgliche Änderungen der Form der Erstausgabe bedürfen des Einvernehmens mit dem Autor.

2.

Der Verlag ist verpflichtet, das Werk in der in Absatz 1 genannten Form zu vervielfältigen, zu verbreiten und dafür angemessen zu werben.

3.

Ausstattung, Buchumschlag, Auflagenhöhe, Auslieferungstermin, Ladenpreis und Werbemaßnahmen werden vom Verlag nach pflichtgemäßem Ermessen unter Berücksichtigung des Vertragszwecks sowie der im Verlagsbuchhandel für Ausgaben dieser Art herrschenden Übung bestimmt.

4.

Das Recht des Verlags zur Bestimmung des Ladenpreises nach pflichtgemäßem Ermessen schließt auch dessen spätere Herauf- oder Herabsetzung ein. Vor Herabsetzung des Ladenpreises wird der Autor benachrichtigt.

5.

Als Erscheinungstermin ist vorgesehen: .... Eine Änderung des Erscheinungstermins erfolgt in Absprache mit dem Autor.

6.

Der Verlag ist verpflichtet, sich intensiv um die Verwertung der sonstigen ihm gemäß § 2 Absatz 1 c bis n eingeräumten Rechte zu bemühen und den Autor auf Verlangen zu informieren. Bei mehreren sich untereinander ausschließenden Verwertungsmöglichkeiten wird er die für den Autor materiell und ideell möglichst günstige wählen, auch wenn er selbst bei dieser Rechtsverwertung konkurriert. Der Verlag unterrichtet den Autor unaufgefordert über erfolgte Verwertungen bezüglich des ganzen Werkes und deren Bedingungen und übersendet auf Anforderung die Lizenzverträge.

7.

Verletzt der Verlag seine Verpflichtungen gemäß Absatz 6, so kann der Autor die hiervon betroffenen Rechte nach den Regeln des § 41 UrhG zurückrufen. Der Bestand des Vertrages im Übrigen wird hiervon nicht berührt.

§ 4
Honorar

Als Vergütung für alle nach diesem Vertrag von dem Autor zu erbringenden Leistungen sowie zur Abgeltung aller gemäß § 2 dieses Vertrages eingeräumten Rechte erhält der Autor folgende Vergütung:

1.

Der Verlag zahlt dem Autor einen nicht rückzahlbaren, mit allen Ansprüchen des Autors aus diesem Vertrag verrechenbaren Vorschuss in Höhe von EURO .... Dieser Vorschuss ist fällig
zu ...... % bei Abschluss des Vertrages,
zu ...... % bei Ablieferung des Manuskripts gemäß § 1 Absatz 1 und § 5 Absatz 1,
zu ...... % bei Erscheinen des Werkes, spätestens am ....

2.

Der Autor erhält als Honorar für die verlagseigene Verwertung der eingeräumten Rechte für jedes verkaufte, bezahlte und nicht remittierte Exemplar der

    a) ....-Ausgabe
    .....%
    .....% von   .... bis .... Exemplaren
    ....% ab .....Exemplaren.

    b) ....-Ausgabe
    .....%
    .....% von   .... bis .... Exemplaren
    ....% ab ... Exemplaren

des Nettoladenpreises (gebundener Ladenverkaufspreis abzüglich Umsatzsteuer).
oder *(auch z.B. bei nicht preisgebundenen Produkten wie Hörbüchern)*
des Nettoverlagsabgabepreises (gebundener bzw. unverbindlich empfohlener Ladenverkaufspreis abzüglich Umsatzsteuer und gewährter Rabatte/eines Durchschnittsrabattes von derzeit ...%).

3.

a) Der Autor erhält als Honorar im Falle der verlagseigenen Verwertung von unkörperlichen elektronischen Ausgaben ein Honorar in Höhe von ...% vom Nettoverlagserlös (= der unmittelbaren Verwertung des Werkes zuzuordnende Verlagseinnahmen abzüglich Mehrwertsteuer) unabhängig davon, ob die öffentliche Zugänglichmachung über eigene oder fremde Plattformen stattfindet.

b) Wird das Werk als Teil eines Angebots mit mehreren Werken verwertet, erhalten sämtliche Autoren, deren Werke beteiligt sind, insgesamt den oben genannten Honorarsatz. Der Anteil des Autors bestimmt sich unter Zugrundelegung des Umfangs (z.B. Seitenanzahl, genutzte Speicherkapazität etc.) oder des regulären Einzelpreises seines Werkes im Verhältnis zu den anderen beteiligten Werken oder – im Falle der gemeinsamen Verwertung durch Dritte – durch den von diesem Dritten einheitlich gegenüber allen seinen Vertragspartnern angewendeten Verteilungsschlüssel, sofern dieser nicht offensichtlich unbillig ist.

4.

Der Autor erhält für alle sonstigen Verwertungsformen und Ausgaben des Werkes eine angemessene Vergütung, über die sich die Parteien bei beabsichtigter Nutzungsaufnahme durch den Verlag verständigen werden.

5.

Der aus der nicht verlagseigenen Verwertung (Lizenzvergabe) erzielte Erlös wird zwischen Autor und Verlag geteilt, und zwar erhält der Autor

[   ] %   bei der Verwertung der Rechte aus § 2 Absatz 1 a bis g.
[…] %   bei der Verwertung der Rechte aus § 2 Absatz 1 h bis n.

(Bei der Berechnung des Erlöses wird davon ausgegangen, dass in der Regel etwaige aus der Inlandsverwertung anfallende Agenturprovisionen und ähnliche Nebenkosten allein auf den Verlagsanteil zu verrechnen, für Auslandsverwertung anfallende Nebenkosten vom Gesamterlös vor Aufteilung abzuziehen sind.)

6.

Für die durch Verwertungsgesellschaften wahrgenommenen Rechte gelten deren Verteilungsschlüssel.

7.

Pflicht-, Prüf-, Werbe- und Besprechungsexemplare sind honorarfrei; darunter fallen nicht Partie- und Portoersatzstücke sowie solche Exemplare, die für Werbezwecke des Verlages, nicht aber des Buches abgegeben werden.

8.

Ist der Autor mehrwertsteuerpflichtig, zahlt der Verlag die auf die Honorarbeträge anfallende gesetzliche Mehrwertsteuer zusätzlich.

9.

Honorarabrechnung und Zahlung erfolgen halbjährlich zum 30. Juni und zum 31. Dezember innerhalb der auf den Stichtag folgenden 3 Monate.

oder:

Honorarabrechnung und Zahlung erfolgen zum 31. Dezember jedes Jahres innerhalb der auf den Stichtag folgenden drei Monate.

Eine Zahlung erfolgt jedoch nur, wenn der Abrechnungsbetrag mehr als EURO (....) beträgt. Niedrigere Beträge werden auf die nächste Abrechnung vorgetragen.

Der Verlag leistet dem Autor entsprechende Abschlagszahlungen, sobald er Guthaben aus Lizenzeinnahmen von mehr als EURO .... feststellt.

Der Verlag ist berechtigt, das Honorar für Exemplare, die gegenüber dem Autor als verkauft abgerechnet, danach jedoch remittiert werden, bei späteren Abrechnungen abzuziehen oder für solche Remissionen 10% des Abrechnungsbetrages einzubehalten und mit der darauffolgenden Abrechnung zu verrechnen.

10.

Falls der Verlag wegen Verletzung der ihm durch diesen Vertrag eingeräumten Rechte Schadensersatzansprüche gegen Dritte realisiert, ist der Autor hieran, nach Vorabzug der Kosten der Rechtsverfolgung, nach Maßgabe von § 4 Absatz 2 bzw. 3 zu beteiligen. Sollte der Verlag für mehrere bzw. alle seine Autoren gemeinschaftlich Urheberrechtsverletzungen verfolgen lassen und sollten sich nur in Einzelfällen Schadensersatzansprüche realisieren, so ist der Autor nach Vorabzug der Kosten der gemeinschaftlichen Rechtsverfolgung gemäß Satz 1 zu beteiligen.

11.

Der Verlag ist verpflichtet, einem vom Autor beauftragten Wirtschaftsprüfer, Steuerberater oder vereidigten Buchsachverständigen zur Überprüfung der Honorarabrechnungen Einsicht in die Bücher und Unterlagen zu gewähren. Die hierdurch anfallenden Kosten trägt der Verlag, wenn die Abrechnungen den Autor zu 3%, mindestens aber zu € 100 gegenüber der vertraglichen Regelung benachteiligen.

12.

Nach dem Tode des Autors bestehen die Verpflichtungen des Verlages nach Absatz 1 bis 11 gegenüber den Erben, die bei einer Mehrzahl von Erben einen gemeinsamen Bevollmächtigten zu benennen haben. Bis zur Vorlage des Erbscheins oder vergleichbarer rechtskräftiger Dokumente und ggf. bis zur Benennung des gemeinsamen Bevollmächtigten ist der Verlag nicht verpflichtet, Honorare auszuzahlen.

§ 5
Manuskriptablieferung

1.

Der Autor verpflichtet sich, dem Verlag bis spätestens.......................... /binnen .... das vollständige und vervielfältigungsfähige Manuskript gemäß § 1 Absatz 1 (einschließlich etwa vorgesehener und vom Autor zu beschaffender Bildvorlagen) in folgender Form zu übergeben: .... Wird diese(r) Termin/Frist nicht eingehalten, gilt als angemessene Nachfrist im Sinne des § 30 Verlagsgesetz ein Zeitraum von .... Monaten.

2.

Der Autor behält eine Kopie des Manuskripts bei sich.

3.

Autographen und Typoskripte bleiben Eigentum des Autors und sind ihm vom Verlag nach Erscheinen des Werkes auf Verlangen zurückzugeben.

§ 6
Freiexemplare

1.

Der Autor erhält für seinen eigenen Bedarf....... Freiexemplare, im Falle einer E-Book-Ausgabe ...... kostenlose Downloads. Von jeder folgenden Auflage des Werkes erhält der Autor ... Freiexemplare.

2.

Darüber hinaus kann der Autor Exemplare seines Werkes zu einem Höchstrabatt von .....% vom (gebundenen bzw. empfohlenen) Ladenpreis vom Verlag beziehen.

3.

Sämtliche gemäß Absatz 1 oder 2 übernommenen Exemplare dürfen nicht weiterverkauft werden. Dies gilt auch für die unkörperlichen Ausgaben.

§ 7
Satz, Korrektur

1.

Die erste Korrektur des Satzes wird vom Verlag oder von der Druckerei vorgenommen. Der Verlag ist sodann verpflichtet, dem Autor in allen Teilen gut lesbare Abzüge zu übersenden, die der Autor unverzüglich honorarfrei korrigiert und mit dem Vermerk >>druckfertig<< versieht; durch diesen Vermerk werden auch etwaige Abweichungen vom Manuskript genehmigt. Abzüge gelten auch dann als >>druckfertig<<, wenn sich der Autor nicht innerhalb angemessener Frist nach Erhalt zu ihnen erklärt hat.

2.

Nimmt der Autor Änderungen im fertigen Satz vor, so hat er die dadurch entstehenden Mehrkosten – berechnet nach dem Selbstkostenpreis des Verlages – insoweit zu tragen, als sie 10 % der Satzkosten übersteigen. Dies gilt nicht für Änderungen bei Sachbüchern, die durch Entwicklungen der Fakten nach Ablieferung des Manuskripts erforderlich geworden sind.

§ 8
Lieferbarkeit, veränderte Neuauflagen

1.

Der Autor ist zu benachrichtigen, wenn das Werk in keiner Ausgabe mehr lieferbar ist.

a) Der Autor ist in diesem Fall berechtigt, den Verlag schriftlich aufzufordern, sich spätestens innerhalb von 3 Monaten nach Eingang der Aufforderung zu verpflichten, die Verwertung des Werkes in einer Verlagsausgabe spätestens nach ... Monat(en)/Jahr(en) nach Ablauf der Dreimonatsfrist wieder aufzunehmen. Wenn der Verlag eine solche Verpflichtung nicht fristgerecht eingeht oder die Neuherstellungsfrist nicht wahrt, ist der Autor berechtigt, durch schriftliche Erklärung den Verlagsvertrag zu kündigen.

b) Nimmt der Verlag die Verwertung des Werkes in einer Verlagsausgabe aufgrund der Aufforderung wieder auf, ist eine Kündigung des Autors unter den Voraussetzungen von Absatz 2 erst nach Ablauf von zwei Jahren nach Wiederaufnahme der Verwertung möglich.

2.

Wenn das Werk nur in einer elektronischen Ausgabe und/oder nur in einer Druckausgabe lieferbar ist, die nach Bestelleingang in der Regel nicht binnen 10 Werktagen an den Kunden geliefert werden kann, ist der Autor berechtigt, den Verlagsvertrag durch schriftliche Erklärung zum 30.6. eines Jahres zu kündigen, wenn der Verkauf der körperlichen elektronischen Ausgabe und der Abruf der unkörperlichen elektronischen Ausgabe in zwei aufeinanderfolgenden Kalenderjahren unter ... x Exemplaren gelegen hat.

3.

Der Verlag bleibt im Falle der Kündigung zum Verkauf der ihm danach (z.B. aus Remissionen) noch zufließenden Restexemplare innerhalb einer Frist von .... berechtigt; er ist verpflichtet, dem Autor die Anzahl dieser Exemplare anzugeben und ihm die Übernahme anzubieten. Im Falle von unkörperlichen Ausgaben wird der Verlag diese aus den entsprechenden Vertriebsplattformen in angemessener Frist entfernen bzw. entfernen lassen, die zu diesem Zeitpunkt von Endkunden erworbenen Ausgaben können von diesen jedoch ggf. erneut heruntergeladen werden.

4.

Der Autor ist berechtigt und, wenn es der Charakter des Werkes (z.B. eines Sachbuchs) erfordert, auch verpflichtet, das Werk für weitere Auflagen zu überarbeiten. Sollte der Verlag den Autor verpflichten, so erhält der Autor ein angemessenes Werkhonorar. Wesentliche Veränderungen von Art und Umfang des Werkes bedürfen der Zustimmung des Verlages. Ist der Autor zu der Bearbeitung nicht bereit oder nicht in der Lage oder liefert er die Überarbeitung nicht innerhalb einer angemessenen Frist nach Aufforderung durch den Verlag ab, so ist der Verlag zur Bestellung eines anderen Bearbeiters berechtigt. Wesentliche Änderungen des Charakters des Werkes bedürfen dann der Zustimmung des Autors.

§ 9
Verramschung, Makulierung

1.

Der Verlag kann die gedruckten Ausgaben des Werkes verramschen, wenn der Verkauf in zwei aufeinanderfolgenden Kalenderjahren unter....... Exemplaren pro Jahr gelegen hat. Am Erlös ist der Autor in Höhe seines sich aus § 4 Absatz 2 ergebenden Grundhonorarprozentsatzes beteiligt.

2.

Erweist sich auch ein Absatz zum Ramschpreis als nicht durchführbar, kann der Verlag die Restauflage makulieren.

3.

Der Verlag ist verpflichtet, den Autor vor einer beabsichtigten Verramschung bzw. Makulierung zu informieren. Der Autor hat das Recht, durch einseitige Erklärung die noch vorhandene Restauflage bei beabsichtigter Verramschung zum Ramschpreis abzüglich des Prozentsatzes seiner Beteiligung und bei beabsichtigter Makulierung unentgeltlich – ganz oder teilweise – ab Lager zu übernehmen. Bei beabsichtigter Verramschung kann das Übernahmerecht nur bezüglich der gesamten noch vorhandenen Restauflage ausgeübt werden.

4.

Das Recht des Autors, im Falle der Verramschung oder Makulierung vom Vertrag zurückzutreten, richtet sich nach § 8 Absatz 1.

§ 10
Rezensionen

Der Verlag wird auf Wunsch des Autors bei ihm eingehende Rezensionen des Werkes innerhalb des ersten Jahres nach Ersterscheinen umgehend, danach in angemessenen Zeitabständen dem Autor zur Kenntnis bringen.

§ 11
Urheberbenennung, Copyright-Vermerk

1.

Der Verlag ist verpflichtet, den Autor in angemessener Weise als Urheber des Werkes auszuweisen.

2.

Der Verlag ist verpflichtet, bei der Veröffentlichung des Werkes den Copyright-Vermerk im Sinne des Welturheberrechtsabkommens anzubringen.

§ 12
Änderungen der Eigentums- und Programmstrukturen
des Verlags

1.

Der Verlag ist verpflichtet, dem Autor anzuzeigen, wenn sich in seinen Eigentums- oder Beteiligungsverhältnissen eine wesentliche Änderung ergibt.

2.

Der Autor ist berechtigt, durch schriftliche Erklärung gegenüber dem Verlag von etwa bestehenden Optionen oder von Verlagsverträgen über Werke, deren Herstellung der Verlag noch nicht begonnen hat, zurückzutreten, wenn sich durch eine wesentliche Änderung der Eigentumsverhältnisse oder durch Änderung der über das Verlagsprogramm entscheidenden Verlagsleitung eine so grundsätzliche Veränderung des Verlagsprogramms in seiner Struktur und Tendenz ergibt, dass dem Autor nach der Art seines Werkes und unter Berücksichtigung des bei Abschluss dieses Vertrages bestehenden Verlagsprogramms ein Festhalten am Vertrag nicht zugemutet werden kann.

3.

Das Rücktrittsrecht kann nur innerhalb eines Jahres nach Zugang der Anzeige des Verlages über die Änderung der Eigentumsverhältnisse ausgeübt werden.

§ 13
Schlussbestimmungen

1.

Soweit dieser Vertrag keine Regelungen enthält, gelten die allgemeinen gesetzlichen Bestimmungen des Rechts der Bundesrepublik Deutschland und der Europäischen Union. Die Nichtigkeit oder Unwirksamkeit einzelner Bestimmungen dieses Vertrages berührt die Gültigkeit der übrigen Bestimmungen nicht. Die Parteien sind alsdann verpflichtet, die mangelhafte Bestimmung durch eine solche zu ersetzen, deren wirtschaftlicher und juristischer Sinn dem der mangelhaften Bestimmung möglichst nahekommt.

2.

Die Parteien erklären, Mitglieder bzw. Wahrnehmungsberechtigte folgender Verwertungsgesellschaften zu sein:
Der Autor: ....
Der Verlag: ....

3.

Im Rahmen von Mandatsverträgen hat der Autor bereits folgende Rechte an Verwertungsgesellschaften übertragen:

.... an die VG: ....

...., den...........
(Autor)
...., den...........
(Verlag)

Fachvokabular deutsch-englisch

abbestellen	to cancel	Auftrag	order, contract
Abbildung	illustration	Ausgabe	edition
Abkürzung	abbreviation	aktualisierte Ausgabe	updated edition
Abonnement	subscription	bebilderte Ausgabe	illustrated edition
Abonnementerneuerung	subscription renewal	Dünndruckausgabe	india-paper edition
anbieten	to offer	Erstausgabe	first edition
Anhang	appendix	erweiterte Ausgabe	expanded edition
Ansichtsexemplar	inspection copy	gebundene Ausgabe	hardback editon
Ansichtssendung	consignment sent	gekürzte Ausgabe	abridged edition
	on approval	Gesamtausgabe	complete edition
zur Ansicht	on approval	Großdruckausgabe	large-print edition
antiquarische Bücher	secondhand books	Jubiläumsausgabe	anniversary/jubilee
Anthologie	anthology		edition
Anzahlung	deposit	kartonierte Ausgabe	paperback edition
Arbeitsbuch	workbook	kommentierte Ausgabe	annotated edition
Auflage	edition	limitierte Ausgabe	limited edition
Auflagenhöhe	numbers of copies	mehrbändige Ausgabe	multi-volume edition
Restauflage	remaindered stock	mehrsprachige Ausgabe	multilingual edition

neu bearbeitete Ausgabe	new edition
Originalausgabe	first edition
Printausgabe	print edition, print version
signierte Ausgabe	signed copy
Sonderausgabe	special edition
überarbeitete Ausgabe	revised edition
unveränderte Ausgabe	unamended edition
veränderte Ausgabe	amended edition
Auslieferung	distribution, delivery
Auslieferungslager	warehouse
Ausstattung	format, design
ausverkauft	sold out
Auszug	extract, excerpt
Autor/in	author
Band	volume
Bankkonto	bank account
Barbezug	cash payment
Barsortiment	book wholesaler
barzahlen	to pay in cash
Begleitheft	accompanying booklet
Beiheft	supplement
Beilage	supplement, insert
Beleg	receipt, voucher
Belletristik	fiction
beschädigt	damaged
Beschwerde	complaint
Besorgungsgebühr	ordering change
Besprechungsexemplar	review copy of book
Bestellabteilung	order department
bestellen	to order
unverbindlich bestellen	to order without obligation
Bestellschein	order slip
Betrag	amount
beziehen	to take, to subscribe to
Bezug	buying, subscribing
bibliografische Angaben	bibliographical details
Bildband	coffee-table book
Bilderbuch	picture book
broschiert	paperback
Buchbesprechung	book review
Buchhändler/in	book seller
Buchhändlerrabatt	bookseller's discount
Buchhandlung	bookshop (GB), bookstore (USA)
Buchmesse	book fair
Buchpreisbindung	retail price maintenance on books
Buchreihe	book series
Dauerauftrag	standing order
Druckfehler	misprint
Eigenverlag	self publisher
Einband	(book) cover, binding
fester Einband	hard cover
flexibler Einband	soft cover
Ledereinband	leather cover
einfarbig	single-colour
Einleitung	introduction
einschweißen	to shrink-wrap
Empfehlung	recommendation
englisch broschiert	case bound
Ergänzungsband	supplementary volume
Ergänzungsheft	supplementary booklet
erscheinen	to be published (or released), to come out
erschienen bei	published by
noch nicht erschienen	not yet released
erscheint demnächst	to be published soon
soeben erschienen	just released
Erscheinungsjahr	year of publication
Erscheinungstermin	publication date
Erstauslieferungstermin	first delivery (date)
Erzählung	story
Exemplar	copy
Fachbuch	specialist book
Fachkatalog	specialist catalogue
Fachzeitschrift	specialist journal
Filiale	branch
Format	format
Fortsetzungsabteilung	subscription department
Fortsetzungswerk	serial work, sequel
Fortsetzungsbezug	series order
Fotoband	book of photographs
Frachtsendung	freight shipment
Freiexemplar	free (or complimentary) copy
Gedichtband	poetry book
geheftet	sewn
Geleitwort	preface
Gesammelte Werke	collected works
Gesamtverzeichnis	full catalog(ue)
Geschenkbuch	gift wrapping
Geschichtensammlung	story collection
gratis	free of charge
Großhändler, Grossist	wholesaler
Gutschein	credit note
Halbkunststoff	half-synthetic binding
Halbleder	half-leather binding
Halbleinen	half-cloth binding
Handelsbrauch	trade accepted practice

handsigniert	autographed	Lieferzeit	time (or period)
Herausgeber/in	publisher		of delivery
Hörbuch	talking book	Literaturpreis	literary prize
Impressum	imprint	Loseblattausgabe	loose-leaf edition
Inhaltsverzeichnis	table of contents	Luftfracht	air freight
		Lyrik	lyric poetry
Jahrbuch	annual, yearbook	Makulatur	pulping
Jahresabrechnung	annual accounting	Mängelexemplar	faulty copy
Jahrgang	annual publication	Mappe	folder
	year	Märchen	fairy tale
Jugendliteratur	books for young	Mehrwertsteuer	value added tax, VAT
	people	Menge	quantity
		Mengenpreis	bulk price
Kalender	calendar	Mindestabnahme	minimum order
Karte	map	Modernes Antiquariat	remainder bookshop/
Kassette	cassette		bookstore
Katalog	catalog(ue)		
Kinderbuch	children's book		
Klappentext	blurb	Nachbestellung	restock, repeat order
Klassiker	classics	Nachdruck	reprint
Klassische Literatur	classical literatur	Nachlass	discount
Kleinverlag	independent	Nachlieferung	subsequent (or later)
	publisher		delivery
Kontoauszug	statement of acount	Nachnahme	payment (or cash)
Koproduktion	co-production		on delivery
Kosten	costs, expences	Nachschlagewerk	reference book
kreditfähig	solvent	Nachtrag	supplement
Kreditkarte	credit card	Nachwort	epilogue, afterword
Krimi	crime novel	naturwissenschaftliches	science (text-)book
Kunde	customer	Sachbuch	
Kunstbuch	art book	Neuauflage	reprint
Kunstgeschichte	art history	Neuauflage in Planung	planned reprint
Künstlerbiografie	artist biography	Neuauflage	
Kurzgeschichte	short story	in Vorbereitung	reprint in preparation
		Neuausgabe	new edition
		Neubearbeitung	revision
Ladenpreis	retail price	Neudruck	reprint
gebundener Ladenpreis	fixed retail price	Neuerscheinung	new publication
unverbindlicher	recommended retail	Noten	(sheet) music
Ladenpreis	price	Novitäten	new titles
Lager(raum)	stockroom	nummerierte Exemplare	numbered copies
auf Lager	in stock		
Lagerbestand	stock	Originalausgabe	first edition
Landkarte	map	Originalverlag	original publisher
Lehrbuch	textbook		
leichte Unterhaltung	light entertainment	Packzettel	packing list (or note)
Leinen	linen	Partieexemplar	batch bonus copy
Lernprogramm	learning program	Porto und Verpackung	post and packing
Leseexemplar	review, sample copy	portofrei ab … EUR	orders post free over
Liebesgeschichte	love story		… EUR
Liebesroman	romance	Portokosten	postal charges
lieferbar	available	Probeheft	sample copy
nicht lieferbar	not available,	Prospekt	leaflet, brochure
	out of stock		
liefern	to supply, deliver	Querformat	oblong format
Lieferschein	delivery note	Quittung	receipt
Liefertermin	date of delivery		

Rabatt	discount	Übersetzung	translation
Ramschverkauf	clearance sale	Übersichtskarte	general book
verramschen	to sell off	(Buch-)Umschlag	jacket
Ratgeber	guide	umtauschen	to exchange
Rechnung	invoice, bill	Umtauschrecht	right to exchange
Vorausrechung	proforma invoice	Universitätsbuchhandlung	university bookstore
Rechnungsbetrag	invoice amount	Urheber/in	originator, author
Regionalia	regional matters	Untertitel	subtitle
Register	index		
(Schriften-)Reihe	series	verbilligt	reduced
Reiseführer	travel guide	vergriffen	out of print
Reklamation	complaint, claim	Verlag	publisher, publishing
Remittende	return (of unsold		house
	copies)	Verlagskatalog	publisher's
Restauflage	remaindered stock,		catalog(ue)
	rest of an edition	Verpackung	packing, wrapping
Rezension	review	Verpackungskosten	packings costs
Roman	novel	Versandkosten	delivery charge
Rückentext	back cover text		(or cost)
Rückgaberecht	sale or return	Versicherung	insurance
		Vertrag	contract, agree-
Sachbuch	non-fiction		ment
Sammelband	anthology	Vertrieb	distribution
Sammlung	collection, anthology	Verzeichnis	index, list
Schadenersatz	compensation, pay-	Vorausrechnung	proforma invoice
	ment for damages	Vorauszahlung	advance payment
Scheck	check	(in) Vorbereitung	in preparation
Schriftwechsel	correspondence	Vormerker	advance order
Schuber	slip case, slipcover	vorrätig	in stock
Schulbuch	schoolbook, textbook	nicht vorrätig	out auf stock
Schutzumschlag	book jacket,	Vorwort	preface, foreward
	dust cover	Vorzugspreis	preferential price
Seefracht	sea freight		
Seite	page	Währung	currency,
Sonderangebot	special offer	Werbung	advertising, promo-
Sonderpreis	special price		tion material
Sortimentsbuchhandlung	retail bookstore	wissenschaftliche Literatur	scientific (or acade-
Stadtplan	street map		mic) literature
Staffelpreis	graduated price	Wörterbuch	dictionary
steuerpflichtig	obligates to pay		
	taxes	Zahlung	payment
stornieren	to cancel	Zahlungsbedingung	condition of
Subskriptionspreis	subscription price		payment
Supplementband	supplementary	zeitgenössische Literatur	contemporary
	volume		literature
		Zeitschrift	magazine, journal
Tabelle	table	Zeitung	newspaper
Taschenbuch	paperback	Zoll	duty, customs
Teilzahlung	partial payment,	zollfrei	duty free
	instalment	Zusammenarbeit	cooperation
Titel	title	zuschicken	to send to
Tonkassette	audio cassette	zweisprachig	bilingual

Verzeichnis weiterführender Literatur

ABC des Buchhandels. 11. Auflage. Hrsg. von Sabine Gillitzer. Würzburg, Lexika 2009
Altepost, Maria: **Schlüsseltrends im Einzelhandel.** In: Buchmarkt 8-2013, S. 30f

Benze, Helmut: **Für edle Lektüre begeistern.** In: Börsenblatt 7-2005, S. 22-26
Benze, Helmut: **Einhalt gebieten.** In: Börsenblatt 24-2005, S. 21-23
Die besten Aktionen. 99 Ideen für den Buchhandel. Hrsg. vom Börsenvereins des Deutschen Buchhandels. 2013
Bez, Thomas: **ABC des Zwischenbuchhandels.** 7. Auflage. Frankfurt 2014
Breyer-Mayländer, Thomas u. a.: **Wirtschaftsunternehmen Verlag.** 5. Auflage. Frankfurt, Bramann 2014
Brinkschmidt-Winter, Uta/Hardt, Gabriele: **Marketing des Sortimentsbuchhandels.** Friedrichsdorf, Hardt & Wörner 1998
Buchhandel im Netz. Hrsg. von der Rechtsabteilung des Börsenvereins des Deutschen Buchhandels. 2014

Emrich, Kerstin: **Konzentration im Sortimentsbuchhandel.** Wiesbaden, Gabler 2011

Gantert, Klaus/Hacker, Rupert: **Bibliothekarisches Grundwissen.** 8. Auflage. München, Saur 2008
Gauditz, Sabine: **Schaufenster als Spiegel der Geschäfte.** Frankfurt, Bramann 2003

Haller, Klaus: **Katalogkunde.** 3. Auflage. München, Saur 1998
Haller, Klaus/Popst, Hans: **Katalogisierung nach den RAK-WB.** 6. Auflage. München, Saur 2003
Haller, Sabine: **Handelsmarketing.** 3. Auflage. Ludwigshafen, Kiehl 2008
Handbuch Verkäufer/-innen, Kaufleute im Einzelhandel. 5. Auflage. Braunschweig, Winklers 2012
Haucke, Manfred/Bienert, Rolf-Michael: **Erfolgreich verkaufen als BuchhändlerIn.** 4. Auflage. Landsberg, VMI 1997
Heinold, Wolfgang Ehrhardt: **Bücher und Buchhändler.** 5. Auflage. Frankfurt, Bramann 2007
Heinold, Wolfgang Ehrhardt: **Bücher und Büchermacher.** 6. Auflage. Frankfurt, Bramann 2009
Hinze, Franz: **Gründung und Führung einer Buchhandlung.** 10. Auflage. Frankfurt, Bramann 2012
Höck, Jürgen (www.netzschnitzer.de): **E-Business für Buchhandlungen.** Hrsg. vom Sortimenter-Ausschuss des Börsenvereins des Deutschen Buchhandels. 2. Auflage. 2010
Huse, Urich: **Verlagsmarketing.** Frankfurt, Bramann 2013

Kreft, Wilhelm: **Ladenplanung.** 2. Auflage. Leinfelden-Echterdingen, Verlagsanstalt Alexander Koch 2002
Kirsch, Christian: **RAK-WB Grundlagen (Script).** siehe: http://www.christian-kirsch.de/rak/rak.pdf

Ladwig, Wibke: Social media für Buchhandungen. Hrsg. vom Sortimenterausschuss des Börsenvereins des Deutschen Buchhandels. 2013

Marx, Gabi: **Profilbildung im stationären Sortiment als Chance im Wettbewerb.** Hrsg. vom Sortimenterausschuss des Börsenvereins des Deutschen Buchhandels. 2012
Mayer, Matthias: **Beschwerdehölle Buchhandlung.** In: Buchmarkt 4-2000, S. 22
Mayer, Matthias: **Anwalt Buchhändler.** In: Buchmarkt 5-2000, S. 26
Mehr DVDs verkaufen für Dummies. Wiley-VCH, 2011
Menche, Birgit/Russ, Christian: **Preisbindung für Dummies.** Wiley-VCH, Weinheim 2007

Niestrath, Angelika: **Sortiment mit Gesicht.** Hrsg. vom Sortimenterausschuss des Börsenvereins des Deutschen Buchhandels. 2013

Paulerberg, Herbert: **Die Kunst, Bücher zu verkaufen.** Würzburg, Krick Fachmedien 1999
Paulerberg, Herbert: **Die Kunst, Bücher in Szene zu setzen.** Würzburg, Krick Fachmedien 1999
Petersen, Karl/Künkele, Kai Peter/Herzing, Erwin: **Bestandsaufnahme und Bewertung von
Vorräten im Sortiment.** Hrsg. vom Sortimenterausschuss des Börsenvereins des Deutschen
Buchhandels. 2012
Pohl, Sigrid/Umlauf, Konrad: **Warenkunde Buch.** 2. Auflage. Wiesbaden, Harrassowitz 2007

Reifsteck, Peter: **Handbuch Lesungen und Literaturveranstaltungen.** 3. Auflage. Reutlingen,
Beratungsbüro für Literaturveranstaltungen 2005
Tom Riedl/Christoph Kaeder: **E-Books.** Hrsg. vom Sortimenterausschuss des Börsenvereins des
Deutschen Buchhandels. Copyright: Lehmanns Media GmbH 2013
Roszinsky-Terjung, Arnd: **Kulanz als Investition in die Zukunft.** In: Börsenblatt 29-1999, S. 16-19
Roszinsky-Terjung, Arnd: **Strategien gegen den Internet-Tsunami.** In: Buchmarkt 7-2013, S. 26-29
Ruta, Hans-Heinrich: **Basiswissen Herstellung für Buchhändler.** Frankfurt, Bramann 2010

Schickerling, Michael: **Bücher machen.** 3. Auflage. Frankfurt, Bramann 2012
Schulz von Thun, Friedemann/Zach, Kathrin/Zoller, Karen: **Miteinander reden von A - Z.**
Hamburg, Rowohlt 2012

Thönneßen, Stephan: **Service.** In: Auslese 1-2006. S. 2

Überlebenstraining im Umgang mit schwierigen Kunden. Hrsg. von Klaus-Wilhelm Bramann/
Friederike Randt. Frankfurt, Bramann 2011
Uhlig, Christian: **Der Sortimentsbuchhandel.** 21. Auflage. Stuttgart, Hauswedell 2013

Wallenfels, Dieter/Russ, Christian: **Preisbindungsgesetz, Kommentar.** 6. Auflage. C. H. Beck,
München 2012
Warengruppen im Buchhandel. Hrsg. von Klaus-Wilhelm Bramann/Michael Buchmann/
Michael Schikowski. Frankfurt, Bramann 2011
Weidermann, Volker: **Vorschau, oh Vorschau.** in: PREGO-Das Magazin von Edel 1-2009, S. 52-53
Wendt, Bernhard/Gruber, Gerhard: **Der Antiquariatsbuchhandel.** 4. Auflage. Stuttgart,
Hauswedell 2003
Wilking, Thomas: **Motiviertes Personal fängt den Kunden ein.** In: buchreport.magazin, 4-2013,
S. 18-23
Willberg, Hans P./Forssmann, Friedrich: **Lesetypografie.** 5. Auflage. Mainz, Schmidt 2010
Winter, Jörg: **Der Kunde ist Gast.** Frankfurt, Bramann 2002

Periodisch erscheinende Publikationen

Branchenmonitor Buch. (monatlicher Newsletter)
Börsenblatt. Frankfurt, MVB (erscheint wöchentlich)
Buch und Buchhandel in Zahlen. Hrsg. vom Börsenverein des Deutschen Buchhandels, Frankfurt,
MVB (erscheint jährlich)
Buchmarkt. Meerbusch, Buchmarkt (erscheint monatlich)
Buchreport. Dortmund, Harenberg (buchreport.express erscheint wöchentlich. buchreport.maga-
zin erscheint monatlich)
Langendorfs Dienst. Wirtschaftsinformation für die Buchbranche (erscheint Montag bis Freitag
per E-Mail)

Wichtige Internetadressen

www.bag-service.de
www.boersenblatt.net
www.boersenverein.de
www.buchmarkt.de
www.buchreport.de
www.buylocal.de
www.dnb.de
www.fortbildung-buchhandel.com

www.ihfkoeln.de
www.langendorfs-dienst.de
www.media-control.de/buch-marktforschung
www.preisbindungsgesetz.de
www.sinus-institut.de
www.stiftunglesen.de
www.wulffundpartner.de

Abkürzungen
Im Text und im Sachregister verwendete (buchhandels-)relevante Abkürzungen

àc	à condition (Bedingt-/Kommissionsbezug)	ISBN	Internationale Standard-Buchnummer
AGB	Allgemeine Geschäftsbedingungen	ISSN	Internationale Standard-Seriennummer
AkS	Arbeitskreis unabhängiger Sortimente	KNV	Koch, Neff & Volckmar
		KSK	Künstlersozialkasse
AuM	Ausstellungs- und Messe-GmbH	LUG	Lagerumschlagsgeschwindigkeit
BAG	Buchhändlerische Abrechnungsgesellschaft	MA	Modernes Antiquariat
		MVB	Marketing- und Verlagsservice des Buchhandels GmbH
BBG	Börsenverein des Deutschen Buchhandels Beteiligungsgesellschaft mbH		
		PBS	Papier-, Büro- und Schreibwaren
		PDF	Portable Document Format
BGB	Bürgerliches Gesetzbuch	PoD	Printing-on-Demand
BuchPrG	Buchpreisbindungsgesetz	PR	Public Relations
CI	Corporate Identitiy	RR	Remissionsrecht
CD	Corporate Design	SEO	Search Engine Optimization
CMS	Content Management System	SEM	Search Engine Marketing
DRM	Digital Rights Management	SoA	Sortimenter-Ausschuss
EAN	European Article Number	U1	Erste Umschlagseite
ELS	Elektronischer Lieferschein	U4	Vierte Umschlagseite
EPUB	Electronic Publication	UR	Umtauschrecht
ERFA-Gruppen	Erfahrungsaustauschgruppen	USP	Unique Selling Proposition
		UWG	Gesetz gegen den unlauteren Wettbewerb
GND	Gemeinsame Normdatei		
GWB	Gesetz gegen Wettbewerbsbeschränkungen	VA	Verlagsauslieferung
		VeO	Verkehrsordnung für den Buchhandel
HGB	Handelsgesetzbuch		
IBU	Informationsverbund Buchhandel	VlB	Verzeichnis lieferbarer Bücher
IHF	Institut für Handelsforschung	WGSneu	neue Warengruppensystematik
IHK	Industrie- und Handelskammer	WKZ	Werbekostenzuschuss
ILN	Internationale Lokationsnummer	WWS	Warenwirtschaftssystem
		ZVAB	Zentrales Verzeichnis Antiquarischer Bücher
ISBD	International Standard Bibliographic Description		

Lösungsteil

1.1 Das BuchPrG definiert hier Sinn und Zweck des Gesetzes, der in dem Abschnitt ›Differenzierte, kulturelle Dienstleistung‹ ausführlich erörtert wird.

1.2 Wirtschaftsstufen Verlag (herstellender Buchhandel), Zwischenbuchhandel und Bucheinzelhandel (beide verbreitender Buchhandel)

1.3 1, 2, 2, 2, 1, 1

1.4 Er bedient mit Romanen, Sachbüchern und Ratgebern allgemeine (kulturelle) Interessen und das Unterhaltungsbedürfnis der Leser (general interest). Ferner deckt er den Informationsbedarf im Bereich der Freizeitbeschäftigungen ab (special interest).

1.5 Lektorat: Herstellung, Werbung, Vertrieb. Herstellung: Lektorat, Controlling, Vertrieb.

1.6 Bei Outsourcing werden Dienstleistungen in Anspruch genommen, die nicht mit eigenem Personal ausgeführt werden, d. h. man nutzt Hilfsmittel bzw. -quellen außerhalb des Unternehmens. Beispiele: PR-Arbeit, Absatzhelfer im Zwischenbuchhandel.

1.7 Absatzmittler sind Großhändler, die an den Einzelhandel weiterverkaufen, z. B. Barsortiment, Importgroßhandel. Absatzhelfer agieren in unterschiedlichen Dienstleistungsbereichen, z. B. Verlagsauslieferung, Büchersammelverkehr.

1.8 Barsortiment, Presse-Grosso

1.9 Ausnutzung des Bündelungspotenzials, schnelle Zustellung, Lieferung zum Grundrabatt der Verlage, Minimierung des Aufwands in der Buchhaltung, kostengünstige Zustellung, Verringerung von Verpackungsmaterial

1.10 Rabattfalle: Hohe Verlagsrabatte verlieren ihren Effekt, wenn sie durch Prozesskosten ›verbraucht‹ werden. Bündelung: Bezug vieler Titel aus einer Hand; auch: viele Exemplare in einer Bestellzeile. Funktionsrabatt: Der Teil des Verlagsrabatts, den ein Barsortiment nicht an den Einzelhandel weitergibt (= Gewinnspanne des Barsortiments). Rack-Jobbing: Handel mit Regalfläche, i. d. R. auf Nebenmärkten.

1.11 Der Kommittent ist der Auftraggeber eines Kommissionärs. Er nimmt Dienstleistungen in Anspruch, die ein Kommissionär am Markt anbietet. Die buchhändlerischen Kommissionäre sind entweder Verlags- oder Sortimenter-Kommissionäre.

1.12 1, 1, 1, 2, 2

1.13 Eine digitale VA kümmert sich um die Datenqualität und Dateiformate, ›verwaltet‹ die E-Book-Mastercopy und organisiert den Vertrieb digitaler Verlagserzeugnisse.

1.14 Parkmodell: Man hält Bestellungen in der ›Dispo‹ zurück in Hoffnung auf eine rentable Bestellgröße; man kann auf Wert, Zeit und/oder Gewicht parken. Kleinbeischluss: Verlegerbeischlüsse bis zu fünf kg Gewicht. Avis: Warenbegleitpapier mit Angabe von Paketanzahl und Gewichten. Clearing Center: organisiert Bestelltransfer zwischen Marktteilnehmern.

1.15 Der Club Bertelsmann, Karstadt, Hugendubel, Thalia

1.16 individuelle Antworten. Grundlage: Übersicht in der Einleitung von Kap. 1.3.

1.17 Stationärer Vertrieb mit integriertem Webshop, Bereithaltungsfunktion, Beratungskompetenz, Besorgungsdienst (und weitere Servicebereiche), kulturelle Aktivitäten

1.18 individuelle Lösungen

1.19 sehr gute Konditionen der Verlage, optimierte Einkaufslogistik, Vergleichbarkeit einzelner Betriebsergebnisse durch das Controlling (filialübergreifendes WWS), geringe Steuerschuld (der Gewinn wird in den Ausbau des Filialnetzes gesteckt), standardisiertes Ladenlayout, einheitliche Verkaufsschulung der Mitarbeiter, Einsetzbarkeit der Mitarbeiter in allen Filialen

1.20 Gewinner: Internethandel, Direktgeschäft der Verlage. Verlierer: Warenhausbuchhandel, Buchgemeinschaften, Sortimentsbuchhandel

1.21 Angebote bearbeiten und bewerten, Ware beschaffen (ankaufen, ersteigern), Bestände kollationieren, Internetportale nutzen, Ware bewerten, Verkaufspreise kalkulieren, Aspekte der Finanzplanung und Budgetierung berücksichtigen

1.22 Geschäft mit Einzeltiteln, bibliophile Kostbarkeiten (Erstausgaben etc.)

1.23 Restauflagen/vergriffene Titel, Mängelexemplare, preisgebundene Sonderausgaben, Billig-Editionen

1.24 ›Normale‹ Mängelexemplare: durch ›unachtsame Behandlung‹ beschädigte Einzelstücke. ›Gemängelte‹ Mängelexemplare: Remittenden in einwandfreiem Zustand, die durch Anbringen eines Aufdrucks zu einem Mängelexemplar gemacht werden.

1.25 Kunden werden durch eine Mitgliedschaft und/oder Abnahmeverpflichtung an ein Unternehmen gebunden und erhalten im Gegenzug Ware preiswerter als zum regulären gebundenen Ladenpreis.

1.26 Mitgliedsbindung (Kaufverpflichtung), Zeitabstand, Ausstattungsunterschied und Preisdifferenz zur Originalausgabe. Erläuterungen aufgrund der Formulierungen des ›Potsdamer Protokolls‹.

1.27 Reise-, Versand- und Internetbuchhandel

1.28 Integration verschiedener Absatz- und/oder Kommunikationskanäle, wodurch ein Miteinander von online und offline für Kommunikation und Transaktion entsteht.
Beeinflussende Kontakte zu Institutionen und (politischen) Entscheidungsträgern; Mitarbeit in (internationalen) Gremien

1.30 AuM: Ausstellungs- und Messe GmbH. MVB: Marketing- und Verlagsservice des Buchhandels GmbH. SoA: Sortimenter-Ausschuss. AkS: Arbeitskreis unabhängiger Sortimente

1.31 Gruppe 16: Bundesverband: 1.354,– €, Landesverband: 497,– €

1.32 Nachweis über Ladenlokal (Angabe von Quadratmeter-Verkaufsfläche), Angaben zum (geplanten) Umsatz

1.33 Versicherungen, Bürobedarf, Verpackungsmaterialien, elektronische Zahlungssysteme, Autokauf

1.34   Friedenspreis: Förderung des Friedens, der Menschlichkeit und der Verständigung der Völker; Vergabe des Preises an eine Persönlichkeit, die durch ihre
Tätigkeit auf den Gebieten der Literatur, Wissenschaft und Kunst zur Verwirklichung des Friedensgedankens beigetragen hat. Deutscher Buchpreis:
(nationale und internationale) Förderung deutschsprachiger Autoren und
Literatur.

1.35   Geiger: Hanser; Hacke: Suhrkamp; Franck: S. Fischer; Tellkamp: Suhrkamp;
Schmidt: Kiepenheuer & Witsch; Abonji: Jung und Jung; Ruge: Rowohlt;
Krechel: Jung und Jung; Mora: Luchterhand Literaturverlag; to be continued

1.36   23. April

1.37   VlB – ›die‹ bibliografische Datenbank der Branche. Börsenblatt: offizielles
Verbandsorgan. Buchjournal: weit verbreitete Kundenzeitschrift. Buch-
SchenkService: Koordinationsstelle für die überregionale Einlösung ausge-
gebener Branchen-Bücherschecks.

2.1   Ein Buch ist gekennzeichnet durch seine Idealität (geistiges Erzeugnis) und
seine Materialität (Ware).

2.2   Waren, die als verlagstypisch angesehen sind, eine inhaltliche Nähe zu
Buchinhalten haben und über den Buchhandel vertrieben werden (Kalender,
Hörbücher, PBS etc.).

2.3   Imagetitel: dienen zur Profilbildung. Bestseller: bestverkaufte Titel. Steadyseller: Titel, die sich über Jahre hinweg gut verkaufen. Aktionstitel: Titel, die
zeitlich befristet zum Sortiment gehören.

2.4   c, e, f, g

2.5   Gesamtausgaben: wissenschaftliche Verlage, Publikumsverlage. Monografien: Fachbuchverlage, wissenschaftliche Verlage. (Buch-)Reihen: alle
Verlage. Loseblattwerke: Fachbuchverlage. Hörbücher: Publikumsverlage

2.6   4 Seiten. Seite 1: Schmutztitel, Seite 2: Schmutztitelrückseite, Seite 3: Titelblatt, Seite 4: Impressum

2.7   Format, Satzspiegel, Schrift(en), Stand der Seitenzahl, Größe der Abbildungen

2.8   Satzspiegel: bedruckte Fläche einer Seite. Antiquaschriften: Schriften mit
Serifen. Groteskschriften: serifenlose Schriften

2.9   Romane, Erzählungen: Typografie für lineares Lesen. Nachschlagewerke:
Typografie für konsultierendes Lesen. Ratgeber: Typografie für selektierendes Lesen. Bilderbücher: Typografie nach Sinnschritten

2.10   Bildbände: Bilderdruck-/Kunstdruckpapier. Romane: Werkdruckpapier und
Offsetpapier. Ratgeber: Offsetpapier. Gesangbücher: Dünndruckpapier

2.11   Offsetdruck: indirektes Druckverfahren. Es werden nur die fetthaltig präparierten Teile/Bereiche der Druckplatte gedruckt; nicht druckende Teile
werden mit Wasser bzw. einem Wasserfilm präpariert, der keine Farbe annehmen kann. Tiefdruck: direktes Druckverfahren. Die zu druckenden
Teile/Bereiche befinden sich als seitenverkehrte Näpfchen vertieft in einem
präparierten Formzylinder. Digitaldruck: ›digitale Druckseiten‹ aus Com-

putern werden einem Drucker übertragen und dort mittels Tonermaterial ausgedruckt. Es ist keine statische Druckform erforderlich.

2.12 Fadenheftung: Alle Seiten eines Falzbogens werden entlang des Rückens von innen mit einem Heftfaden durchstochen; anschließend werden die Fäden miteinander vernäht. Fadensiegelung: Die Rücken der Falzbogen werden mit kurzen Plastikfäden oder -klammern von innen durchstoßen; anschließend von außen erhitzt und miteinander verschweißt.

2.13 Standardbroschur: Der Umschlag wird im Rücken mit dem Buchblock verklebt und dreiseitig beschnitten. Klappenbroschur: Der Umschlag besitzt zusätzliche Klappen, die nach innen umgelegt werden. Englische Broschur: Der Buchblock wird wie bei der Standardbroschur in einen meist unbedruckten Umschlagkarton eingehängt und dreiseitig beschnitten. Danach wird um den Umschlag ein weiterer Schutzumschlag mit Klappen entweder lose umgelegt oder am Rücken festgeklebt.

2.14 Loseblattausgaben (Loseblattwerke), Werkausgaben, mehrbändige Monografien, Reihen, periodisch erscheinende Verzeichnisse

2.15 Foto-, Bild- und Abreißkalender werden mit dem vollen Steuersatz verkauft. Der ermäßigte Umsatzsteuersatz gilt für Kalender in Buchform oder Kalender, in denen der Textanteil überwiegt.

2.16 Maßstab: Der Maßstab gibt das Zahlenverhältnis der Verkleinerung des Kartenbildes gegenüber der Wirklichkeit an. Höhenlinien: Aus den Höhenlinien lassen sich die realen Landschaftsformen genau ablesen. Schummerung: Mithilfe der Schummerung kann man ein Gelände dreidimensional darstellen. Legende: Eine Legende erklärt die in einer Karte verwendeten Signaturen. Blattschnittübersicht: Eine Blattschnittübersicht informiert über angrenzende Anschlusskarten.

2.17 Wanderkarten: 1:25.000, 1:50.000. Radwanderkarten: 1:50.000, 1:100.000. Straßenkarten: 1:100.000 bis 1:1.000.000.

2.18 Faksimile: detailgetreue Wiedergabe eines Originals. Reprint: unveränderter Neudruck eines vergriffenen Werks. Musikalien: gedruckte oder geschriebene Musikwerke. Tonträger: Trägermedium für Wort und/oder Musik (CD, DVD, Vinyl).

2.19 Inszenierte Lesung, Szenische Lesung, Live-Einspielung

2.20 Sprecher, Bearbeitung, Aufnahme, Geräusche/unterlegte Musik, Booklet mit weiteren Infos

2.21 Ambiente, Paperworld, Buchmessen (Merchandising)

2.22 individuelle Antworten

2.23 PoD: Print(ing)-on-Demand. DVD: Digital Versatile Disc. UGC: User Generated Content. PDF: Portable Document Format. EPUB: Electronic Publication. DRM: Digital Rights Management. App: Applikation.

2.24 ›online first‹ steht für die Erstpublikation als ›Digitalisat‹; bei Bedarf werden Offline-Medien (print oder ggf. digital) veröffentlicht.

2.25 2, 1, 1, 2, 2, 1, 1, 2

2.26 E-Ink-Technologie: Eine elektronische Tinte verwandelt durch Anlegen einer

elektrischen Spannung positiv geladene Mikropartikel in schwarze Schrift.
LCD-Technologie: Flüssigkristalle werden mittels elektrischer Spannung
unterschiedlich ausgerichtet, wodurch Schrift und/oder Bewegtbilder erzeugt
werden.

2.27 Displaygröße, integrierte Beleuchtung, E-Book-Formate, stufenlose Schriftvergrößerung, Bedienungskomfort (Tastatur, Touchscreen), Stromverbrauch

2.28 Beratung, Besorgung, Ansichtssendungen, Zustellservice, antiquarische
Suche, Informationsdienste, Monatskonto, E-Procurement

3.1 Warengruppen sind ökonomische Einheiten, die das Lager einer Buchhandlung strukturieren. Grundlage für Entscheidungen im Controlling, Einkauf,
Verkaufsraum etc.

3.2 Kölner Betriebsvergleich (Institut für Handelsforschung): rund 200 Firmen.
media control GfK International: rund 1.500 Sortimentsbuchhandlungen

3.3 individuelle Lösungen

3.4 Betriebsinterne, individuelle Statistiken verstellen den Blick auf größere
Zusammenhänge. Die WGSneu dient als Grundlage für alle Statistiken über
wirtschaftliche Entwicklungstendenzen im Buchhandel.

3.5 Belletristik

3.6 Verlage bei der Titelmeldung an das VlB. Die VlB-Redaktion verantwortet
die redaktionelle Betreuung der WGSneu.

3.7 die Editionsform oder das Trägermedium (Buch, Hörbuch etc.)

3.8 Der Unterschied liegt nicht in herstellerischen Gesichtspunkten (flexibler
Einband) begründet. Der Warengruppen-Index 2 bezeichnet die Produktion
der Taschenbuchverlage. Der Index 1 steht allen anderen Verlagen für
Hardcover und Softcover zur Verfügung.

3.9 Ratgeber (WG 4): handlungs- oder nutzenorientierte Literatur für den
privaten Bereich. Sachbücher (WG 9): wissensorientierte Literatur mit
primär privatem Nutzwert. Fachbücher (WG 5-7): handlungs- bzw. wissensorientierte Literatur mit primär beruflichem oder akademischem Nutzwert.

3.10 a: 5121; b: 1111; c: 2112; d: 1114 (Anaconda: kein Kinderbuchverlag)

3.11 Umsätze pro Warengruppe, Anteil der einzelnen Warengruppen innerhalb
der Hauptwarengruppe (HWG) in Prozent, Anteil der Hauptwarengruppen
(HWG) am Gesamtumsatz in Prozent, Anteil des Durchlaufgeschäfts
(gesamt und einzelne Warengruppen)

4.1 Adolf Kröner, 1888, 2002

4.2 JuSchG (1), UrhG (2), Normvertrag [...] (3), Fernabsatzrecht (1), BuchPrG
(2), Verkehrsordnung (3), Wettbewerbsregeln (3), UWG (1)

4.3 Schweiz

4.4 Verfolgung von Preisbindungsverstößen der Buchhandlung, Führung von
Preisbindungsprozessen, Vorträge und Veröffentlichungen etc.

4.5 Gesetz gegen Wettbewerbsbeschränkungen (GWB)

4.6 Die Bekanntmachung der gebundenen Preise erfolgt über das *Verzeichnis* *lieferbarer Bücher.* Auch Preisänderungen werden hier den Branchenteilnehmern über eine so genannte ›Gelbe Beilage‹ (siehe Kap. 8.4.1.1) mitgeteilt.

4.7 Laut §3 Firmen und Personen, die Bücher gewerbs- oder geschäftsmäßig an Letztabnehmer verkaufen.

4.8 a: 1, b: 1, c: 2, d: 1, e: 2, f: 1, g: 2, h: 2

4.9 Bei mehrbändigen Werken gilt der Subskriptionspreis spätestens bis zum vollständigen Erscheinen. Bei einbändigen und bei mehrbändigen Werken, die gleichzeitig erscheinen, darf der Subskriptionspreis bis max. 3 Monate nach Erscheinen gelten. Die Vergünstigung darf max. 20 % des späteren Endpreises betragen.

4.10 Ein Endabnehmer kauft einen Titel in größerer Stückzahl zum eigenen Bedarf.

4.11 Preis für ›Kombi-Packungen‹, z. B. Wanderkarten plus Kompass oder Print-Produkt mit inhaltsgleichem E-Book.

4.12 a: max. 5 %, b: max. 10 %, c: max. 10 %, d: max. 10, e: kein Nachlass, f: generell 12 %

4.13 Zugaben von geringem Wert sind erlaubt. Dies können Sachprämien bis zu 2 % des Warenwertes sein, wobei die Zugabe nicht unmittelbar mit einem Kaufabschluss verknüpft sein muss. Es ist auch möglich, dass der Kunde erst nach Erreichen eines bestimmten Mindestumsatzes, also erst nach mehreren Käufen, ein Anrecht auf die Zugabe erhält. Eine Auszahlung in Geld, Ausgabe von Gutscheinen oder dem Payback-Verfahren ähnliche Systeme sind unzulässig. Werbegeschenke sind erlaubt, sofern sie nicht an den Kauf gekoppelt sind.

4.14 Bibliografische Recherche, Entsorgung des Verpackungsmaterials zugestellter Bücher, Hotline für Einzelauskünfte etc.

4.15 regelt die Preisbindung von Fachzeitschriften; bestimmt konkrete Vertragsstrafen bei Preisbindungsverstößen

4.16 Mindestbestellgrößen: 3, Adressen- und Abonnentenschutz: 3, Remittenden (Rücknahmepflicht der Verlage): 2, Versandwege: 2, Parallelausgaben: 2 und 3, Versandkosten: 2, Titelvielfalt: 1

4.17 a, c, d, f, g, h

4.18 Angabe von: Identität des Unternehmens, Anschrift des Unternehmens, Preis der Ware, Liefermodalitäten, Zahlungsmodalitäten etc.

4.19 Widerrufsfrist, Widerrufserklärung, Kosten für die Hin- und Rücksendung, Zurückbehaltungsrecht, Ausnahmen vom Widerrufsrecht etc.

4.20 Wenn eine eindeutig identifizierbare Gruppe von Büchern denselben Preis hat; hier reicht ein pauschaler Preishinweis. Wenn wertvolle Gegenstände nicht frei zugänglich sind; hier reicht eine Preisliste.

4.21 Sie unterliegen nicht mehr der Preisbindung. Sie verlieren den ermäßigten Umsatzsteuersatz. Sie dürfen im Verkaufsraum nicht für jedermann zugänglich ausgestellt werden.

4.22 b, c

4.23 Immer dann, wenn eine künstlerische Idee Gestalt oder Form annimmt.

Der Urheberrechtsschutz gilt also nicht für die Idee, sondern für das konkrete Werk.

4.24 Das vom Autor zugestandene Recht des Verlags zur Vervielfältigung und Verbreitung eines Werkes.

4.25 bis zum 31. Dezember 2055

4.26 Die ›Schranken des Urheberrechts‹ gelten u. a. für: Medien, Rechtspflege und öffentliche Sicherheit, Vervielfältigungen zum privaten, wissenschaftlichen und sonstigen Gebrauch, Zitate, Textsammlungen für schulischen Gebrauch

4.27 Verlage: Vervielfältigung und Veröffentlichung des Werkes, Honorarzahlung, Info-Pflicht bei Preisaufhebungen oder -senkungen etc. Autor: Manuskriptablieferung, Übertragung der Nutzungsrechte, honorarfreie Korrektur der ersten Satzfassung etc.

5.1 Titelsuche, Literatursuche, Literaturkontrolle

5.2 Datenbankauswahl, Maskensuche (Kategorien Verlag, Schlagwort, Erscheinungsjahr), Interpretation der jeweiligen Treffer. Problematisch kann hier die Kundeninformation ›neues‹ Buch sein, da Kunde und Sortimenter in der Regel den Begriff ›neu‹ unterschiedlich verwenden. Im Vorgespräch zur Recherche muss der Sortimenter also versuchen, den vom Kunden verwendeten Begriff formal so zu erfassen, dass für den Kunden relevante Treffer angezeigt werden.

5.3 Bibliografie: standortunabhängiges und anbieterübergreifendes Verzeichnis von Medien (z. B. VlB). Katalog: anbieterabhängiges Bestandsverzeichnis von Medien (z. B. Barsortimentskatalog). Kompendium: Fachverzeichnis oder Fachkatalog (z. B. GEO-Katalog). Adressverzeichnis: nach verschiedenen Kriterien geordnete Adressverzeichnisse (z. B. Banger). Branchenzeitschrift: von der Fach-Community rezipierte Zeitschrift (z. B. Börsenblatt).

5.4 Standards und Regelwerke ermöglichen eine von den individuellen Auffassungen einzelner Personen unabhängige normierte Erfassungs- bzw. Erschließungsarbeit und damit intersubjektiv standardisierte Abfragemöglichkeiten.

5.5 Bibliografische Beschreibung: umfasst die 8 Kategorien einer Titelaufnahme nach RAK-WB. Einheitsaufnahme: ist die ausführlichste Form der Titelaufnahme und enthält neben der bibliografischen Beschreibung weitere Angaben, wie Kopf der Haupteintragung sowie Nebeneintragungs- und/oder Verweisungsvermerke.

5.6 Profisuche, Maskensuche, Phrasensuche, Schlagwortrecherche, Verwendung von Filtern

5.7 Maskensuche/BS-Katalog: Eingabe in der Kategorie Verlag ›AB‹ (mit vom System vorgesehener Endtrunkierung) in Kombination mit dem Schlagwort ›Latein‹ (soweit im verwendeten Thesaurus indiziert) findet: ›Romdeutsch‹ in der Ausgabe der AB (Die Andere Bibliothek).

5.8 Das *Börsenblatt* ist ›Pflichtlektüre‹ für den Sortimenter (VeO §2), da alle publizierten Informationen als der gesamten Branche mitgeteilt gelten. Dies gilt für alle Rubriken des *Börsenblatts*. Zudem ist die Kenntnis der aktuellsten Branchennachrichten und -entwicklungen Grundlage für den betriebswirtschaftlichen Erfolg.

5.9 Recherchestrategien in verschiedenen Recherchemodi sollten kundenorientiert paraphrasiert werden. Beispiel: In Bezug auf Ihre Frage wähle ich die Datenbank unseres Barsortiments für die Recherche aus, da der von Ihnen gewünschte Titel wahrscheinlich ein Lagertitel beim Großhändler ist. Ihre Angaben gebe ich in die jeweiligen Felder der Suchmaske ein, wobei ich den Filter X und den Filter Y nutze, um möglichst einen eindeutigen Treffer zu erhalten (…).

5.10 Mit Hilfe der Nutzung des Zeitschriften-Banger werden alle relevanten objektbezogenen Daten mit dem Kunden besprochen, die Bestellung des Objekts vorgenommen und mit den personen- und auftragsbezogenen Daten zusammengefügt.

5.11 Beschreibung von Aufbau und Struktur einer Vorschau, Hinweis auf den werblichen Charakter, Anmerkung zu den ursprünglich angesprochenen Zielgruppen

5.12 VlB: »Was ist denn zurzeit alles von Günter Grass lieferbar?« DNB: »Wann ist denn die erste Auflage des Romans *Der Butt* von Günter Grass erschienen? « BS-Katalog: »Können Sie mir bis morgen eine gebundene Ausgabe des Romans *Der Butt* von Günter Grass besorgen? « Antiquaria.com (nur bei Listung): »Haben Sie die Möglichkeit, mir die Erstausgabe des Romans *Der Butt* von Günter Grass zu besorgen?«

5.13 Je nach verwendetem Operator unterschiedlich umfangreiche Treffermengen. ›und‹: Schnittmenge. ›oder‹: Vereinigungsmenge. ›nicht‹: Restmenge.

5.14 Eine Schlagwortrecherche findet inhaltlich zu einem Thema gehörende Publikationen. Deshalb könnte man umgangssprachlich auch von einer ›thematischen‹ Suche sprechen, da alle mit dem jeweiligen Schlagwort indexierten Publikationen bei der Eingabe des Suchbegriffs in der Suchkategorie Schlagwort als Treffer erscheinen.

5.15 Hier kann z. B. eine Recherche zu Lernhilfen, Lektürehilfen, Werkkommentaren etc. durchgeführt werden. Die erscheinenden Treffer sind vom Buchhändler auf der Grundlage der jeweiligen Warengruppenkenntnisse kunden- und betriebsorientiert zu erläutern.

6.1 Frequenzverlust in den Städten, Konkurrenz der Online-Märkte, verändertes Kundenverhalten

6.2 Die Kunden interessiert weniger das bedruckte Papier, sondern vielmehr die Möglichkeit, mittels der Ware Buch Kurzweil, Sinnerfüllung, Wissensgewinn, Selbstbelohnung etc. zu erreichen.

6.3 Bei einem Zielkauf liegt keine verkäuferische Leistung im engeren Sinne vor, denn die Wünsche des Kunden werden aufgrund des eingekauften Sortiments sowie der Recherche- und Lagerkenntnisse der Mitarbeiter befriedigt.

6.4 Erst aus der Stimmigkeit und der entsprechenden Wahrnehmung beim Mitarbeiter resultieren Leistungsbereitschaft und Produktivität.

6.5 Der einfühlsame Verkäufer berät, stellt zusammen und kann gut auf seine Kunden eingehen. Nicht der Verkauf, sondern die Beratung steht bei seinem Handeln im Vordergrund. Der ideale Verkäufer paart den Willen zum Verkauf mit der Fähigkeit, seine Kunden und deren Wünsche und Interessen zu verstehen. Er versteht seine Arbeit als ›aktives Verkaufen‹.

6.6 Informationsvermittler, Fachberater, Tippgeber, Lotse

6.7 Kunden sind dann zufrieden, wenn ihre Erwartungen durch das Handeln des Buchhändlers befriedigt werden. Kundenbegeisterung entsteht dann, wenn die erwarteten Leistungen übertroffen werden (z. B. durch nicht erwartete Empfehlungen).

6.8 Die Grenzen zwischen den von Sinus beschriebenen Milieus sind nicht eindeutig, sondern fließend.

6.9 Traditionelles Milieu, prekäres Milieu, hedonistisches Milieu

6.10 individuelle Lösungen

6.11 Kontakt/Begrüßung, Bedarfsermittlung, Vorführung, Einwandbehandlung, Kaufabschluss, Verabschiedung/Bindungsphase

6.12 Der Buchhändler will den Verkaufsabschluss aktiv herbeiführen und stellt ihn als umsatz- und gewinnbringendes Kernelement in den Mittelpunkt seiner verkäuferischen Bemühungen.

6.13 Appell, Beziehung, Selbstoffenbarung, Sachinformation

6.14 Durch Fragen ist der Verkäufer immer ein aktiv Handelnder. Er ergreift die Initiative, strukturiert das Gespräch und ›hält die Zügel in der Hand‹.

6.15 Informationsfragen, Gegenfragen, rhetorische Fragen, Bestätigungsfragen, Anregungsfragen, Gegenfragen

6.16 Sandwich-Methode bei der Preisargumentation nutzen, Preise relativieren, hochpreisige Produkte angemessen platzieren

6.17 Die nicht inhaltsbezogene verbale Interaktion (Lautstärke, Stimmführung etc.) beeinflusst das tatsächlich Gesagte derart, dass Gesagtes und Gemeintes mitunter nicht kongruent sind. So kann z. B. Lautstärke aus einer bloßen Tatsachenaussage des Senders beim Empfänger als Appell wahrgenommen werden.

6.18 Reklamationsmanagement ist immer Teil eines Kundenbindungsprogramms und muss in einem Reklamations- bzw. Beschwerdemanagementkonzept beschrieben werden. Denn nur so können für alle Mitarbeiter verbindliche Regelungen deutlich gemacht werden. Eine solche Systematisierung bedeutet Professionalisierung des buchhändlerischen Handelns.

6.19 Wenn der Buchhändler Bücher verkauft, dann sollte er nicht allein auf das Produkt Buch fokussiert sein, sondern mittels des Produktes Welten, Emotionen, Abenteuer, Liebe usw. verkaufen. Die Geschichten, die er auf diese Art erzählt, binden den Kunden an den Laden.

6.20 Beratungs- und Recherche-Service, Info-Service, Bestell-Service, Zustellungs- und Verpackungsservice, Service beim Abrechnen und Umtausch

6.21 individuelle Lösungen

6.22 individuelle Lösungen

7.1 individuelle Antworten; auch unter Bezug auf Kap. 1.3

7.2 Lage der Buchhandlung, Größe der Buchhandlung, Kapital, Sortimentskompetenz der Mitarbeiter

7.3 Sie füllen in Zeiten rückläufiger Buchumsätze das Sortiment auf (Diversifikation). Sie sind frei kalkulierbar.

7.4 Das Ladenpreis-Niveau grenzt von der Konkurrenz ab und bewirkt ein bestimmtes Markt-Image (teuer, preiswert).

7.5 Bezugspreis (netto): 19,41 €; zuzügl. 40 % Geschäftskosten, 20 % Gewinnaufschlag und 7 % USt. = 34,89 € oder 34,88 €

7.6 Nein. Der Verkaufspreis (brutto) würde bei 3,50 € liegen. Bezugspreis (netto): 0,70 €; zuzügl. 40 % Geschäftskosten, 200 % Gewinnaufschlag und 19 % USt. = 3,50 €

7.7 Er vereinfacht die Kalkulation. In einem Schritt kommt man vom Bezugspreis zum Ladenpreis.

7.8 37,86 %

7.9 Zu berücksichtigen sind: Exklusivität des Produkts, Preise der Konkurrenz und psychologische Preisschwellen.

7.10 Kernsortiment: umsatzstarkes Grundsortiment; A-Verlage. Aktionssortiment: zeitlich befristet; Titel von A-, B- oder C-Verlagen zu allen möglichen Themen.

7.11 Novitäten unbekannter Autoren, nicht mehr aktuelle Titel mit abnehmender Verkaufszahl, Titel aus Sachgebieten mit abnehmendem Interesse

7.12 Die richtigen Bücher zur richtigen Zeit in der richtigen Menge zu bevorraten.

7.13 Bestellung der Novitäten, der Backlist, der Aktionsware, der Besorgungstitel

7.14 Einkauf für den Absatzmarkt/die Zielgruppen der Buchhandlung

7.15 Einkaufsbudget, Zeitraum des Abverkaufs, Konditionen der Lieferanten, werbliche Unterstützung der Lieferanten

7.16 Hardcoverausgaben: mindestens 12 Monate. Taschenbücher: mindestens 6 Monate.

7.17 Zahlungsziel und Rückgaberecht (RR) mit gleichem Datum

7.18 Die höheren Verlagsrabatte werden durch Prozesskosten ›aufgefressen‹.

7.19 Aktionsrabatt, Valuta

7.20 Freier Handelsvertreter: selbstständiger Kaufmann, lebt von seinem Provisionserlös, reist in der Regel für mehrere Verlage. Reisender: bezieht festes Gehalt von Verlagen, unmittelbar weisungsgebunden, geringer Provisionserlös bei verstärkten Verkaufsaktivitäten.

7.21 Ein Key-Accounter betreut die für den Verlagserfolg wichtigen Schlüsselkunden (= A-Kunden).

7.22 Wichtige Kunden werden mehrmals im Jahr besucht. Marketingmaßnahmen für Novitäten werden wichtiger. Einkauf der Backlist erfolgt nicht mehr über den Vertreter.

7.23 Programmvorschauen etc. auswerten, Bestellzahlen notieren, Einkaufslimit festlegen, Remissionsgenehmigung vorbereiten (Penner-Liste), Jahreskonditionen überprüfen, verkaufsfördernde Maßnahmen planen, angebotene Werbematerialien sichten

7.24 Bei der Antwort sind Aspekte der Prozessoptimierung (Zeit für die Vorbereitung und das eigentliche Gespräch) sowie des Verkaufsraums (Präsentationsmöglichkeiten am Point-of-Sale) zu berücksichtigen.

7.25 Fest mit RR: Minderung des Lagerrisikos. Aktionsrabatt: Verbesserung des Rohgewinns. Valuta: Verbesserung der betrieblichen Liquidität.

7.26 Buchhalterischer Verwaltungsaufwand ist im zweiten Fall größer: Zunächst überweisen, später ggf. remittieren und Gutschrift anfordern bzw. verbuchen.

7.27 23/20: 47,8 %; 59/50: 49,2 %

7.28 Jahresabschluss(rabatt): Rabattvereinbarung für das kommende Jahr. Bonus: nachträgliche Gutschrift.

7.29 am 31. August

7.30 Fest mit RR: Remission und Gutschrift. Fest mit UR: Remission und Neu-Einkauf

7.31 Festlegen auf ein (erstes/vorrangiges) Barsortiment, Festlegen der A-Verlage, Festlegen auf einen (ersten/vorrangigen) Branchenspediteur.

7.32 Anzeigenkampagnen, Lesungen von Autoren des Verlags

7.33 Rabatte, Bezugsformen, Bezugskosten, Zahlungsbedingungen, WKZ, Aspekte der Verkaufsförderung

7.34 individuelle Lösungen

8.1 Controlling bedeutet nicht Kontrolle, sondern Steuerung. Und den Novitäteneinkauf kann man ökonomisch steuern.

8.2 Einen jederzeit verfügbaren und abrufbaren Überblick über die Bestände des Lagers geben, inkl. aller an- bzw. ausstehenden Bestellungen. Vollständige Lagertransparenz.

8.3 siehe Übersicht in der Einleitung des Kapitels

8.4 Einscannen des Balkencodes der Programmvorschauen, Übernahme der Daten elektronischer Lieferscheine (ELS), eigene Codierung mithilfe der ISBN

8.5 Einkauf der Novitäten

8.6 Name (genaue Firmierung), Anschrift(en), Zustellmodus, Bezahlmodus

8.7 ISSN: Internationale Standard Seriennummer. Subskriptionspreis: Vorab-Preis (Markteinführungspreis). Direkteinweisung: Zustellung vom Verlag direkt an den Endkunden (Abrechnung über den Handel). Pflichtfortsetzung: Die Abnahme eines Bandes verpflichtet zur Abnahme aller Bände eines mehrbändigen Werkes.

8.8 Die Erhebung, Verarbeitung und Nutzung von personenbezogenen Daten ist verboten, sofern die betroffene Person nicht ausdrücklich (meist schriftlich) ihre Zustimmung zur Erhebung, Verarbeitung und Nutzung gegeben hat. Kundenbezogene Daten, die bei der Bestellauf-nahme erfasst worden sind, dürfen demnach nicht ohne Einverständniserklärung des Kunden in der Werbung eingesetzt werden.

8.9 2.000,00 €

8.10 Im Vorfeld weiß der Einkäufer nicht, bei welchem Verlag welche Spitzentitel in welchem Umfang verkauft werden. Eine Budgetierung nach Verlagen vorzunehmen, ist demnach schwieriger als eine Budgetierung nach Warengruppen.

8.11 a, d, e

8.12 mittels WWS (permanente Inventur), mittels monatlicher Lagerbestandsfortschreibung ausgehend von Zahlen, die für das Finanzamt (Umsatzsteuer, Vorsteuer, Zahllast) aufbereitet werden müssen

8.13 Überprüfen der Anschrift, Überprüfen auf Vollständigkeit, Überprüfen auf Unversehrtheit, Überprüfen auf Mängel, Überprüfen mit den Bestellunterlagen

8.14 Zentraler Wareneingang: Der komplette Wareneingang wird über eine Logistikfläche abgewickelt, von der aus die Waren auf die Filialen verteilt werden. Zentrallager (ZL): Titel, die das Kernsortiment bilden. Bei Filialisten Aktionstitel und gekaufte Restauflagen.

8.15 fehlerhafte Ware, unvollständige Sendung, falsche Lieferung

8.16 bis zu 14 Tage (VeO § 10) nach Eingang der Sendung

8.17 c, f, g

8.18 48,– €

8.19 RR-Bezug, beschädigte Bücher, irrtümlich falsch bestellte Bücher, alte Auflagen, Remission nach àc-Bezug

8.20 Stichtagsinventur: einmalige körperliche Bestandsaufnahme zum Ende des Geschäftsjahres (meistens Kalenderjahr). Permanente Inventur: körperliche Bestandsaufnahme über das ganze Jahr hinweg (jede Warengruppe muss einmal erfasst werden); Zu- und Abgänge vor oder nach dem Zeitpunkt der Aufnahme werden durch die Warenwirtschaft buchmäßig festgehalten.

8.21 Diebstahl, fehlerhafte Aufnahme, falsche Preisauszeichnung

8.22 Zeitpunkt der Aufnahme, aufnehmende Personen (Zweier-Teams), Unterzeichnung durch die prüfende Person, Überprüfungsvermerk des Verantwortlichen, ggf. Korrektur der Lagerbestände bei festgestellten Differenzen, Inventurlisten mit Einzeltitelnachweis und Gesamtbestand

8.23 52.000 € (139.100 € abz. 7 % USt. abz. 60 % Abschreibung)

8.24 Non-Books werden zu ihren jeweiligen Anschaffungskosten wertmäßig erfasst (ggf. auch mit einem niedrigeren Teilwert). Es gelten keine pauschalen Abschlagssätze.

9.1 Aufgabe des Vertriebs: alle Aspekte der Verkaufsabwicklung innerhalb gewählter Absatzkanäle. Aufgabe des Verkaufs: aktives Anbieten der Ware und Regeln für den Umgang mit Kunden.

9.2 Stationärer Vertrieb: Verkauf über Verkaufsflächen. Ambulanter Vertrieb: Verkauf ohne Verkaufsraum.

9.3   Kasse ruft nach Erfassen des Strich- bzw. Barcodes den Preis und die Artikelbezeichnung direkt aus dem Zentralrechner/Server ab.

9.4   Verkauf auf auswärtigen Büchertischen, Verkauf auf Sonderflächen in Einkaufszentren

9.5   Artikelbezeichnung, Menge des gekauften Artikels, USt.-Satz des Artikels, Ladenpreis des Artikels, Datum und Zeit, Name der Firma, laufende Bon-Nummer

9.6   Angaben zum Titel befinden sich auf einem separaten Quittungs-Beleg (nicht auf der Kassenrolle), Name des Käufers, Zahlungsbestätigung, Unterschrift des Zahlungsempfängers

9.7   Kunden freundlich ansehen, ggf. grüßen, zu zahlenden Betrag nennen, situationsbezogen Dienstleistungen der Buchhandlung anbieten, Give-aways überreichen, freundliche Verabschiedung

9.8   Umsatz je Barverkauf bzw. Kassiervorgang

9.9   AB (am Abend gezählte Bargeldbestände)
+ Tagesausgaben lt. Belegen (bar ausgezahlte Beträge)
– sonstige Einnahmen lt. Belegen (alles außer Warenverkäufen)
+ Privatentnahmen (in bar gegen Belege)
– Wechselgeld

9.10 außerplanmäßige Kassenkontrolle

9.11 EC-Karte, GeldKarte, (unternehmensbezogene) Kreditkarte, Monatskonto, Kundenkarte mit Zahlungsfunktion

9.12 Kunde gibt seine PIN-Nummer verdeckt ein. Dadurch erfolgt ein direkter Zugriff auf das Girokonto des Käufers. Die Buchhandlung hat durch die Online-Abfrage eine Zahlungsgarantie.

9.13 31.12.2017

9.14 Name und Anschrift des leistenden Unternehmens, Name und Anschrift des Empfängers, fortlaufende Rechnungsnummer, Liefermenge, Rechnungsdatum, Tag der Lieferung/Leistung, Rechnungsbetrag, Netto-Entgelt ohne USt. (= Steuerliches Entgelt)

9.15 Name und Anschrift des Empfängers, Netto-Entgelt ohne USt. (es reicht Angabe des USt.-Satzes), fortlaufende Rechnungsnummer

9.16 Rechnungsbetrag: 29,87 € (Gebühr für Büchersendung bis 500 gr = 1,– €; [Stand 2014] zuzüglich kalkulatorischer USt.). Steuerliches Entgelt: 27,92 €. USt.: 1,95 €.

9.17 Rechnung, Zahlscheinvordruck, Lieferschein, Rückantwortumschlag, Leih- und/oder Buchlaufkarte, Karte mit Widmung des Autors oder mit einem kleinen Zitat

9.18 Anwachsen der Zahl der Internet-User, Anbieter im Internet, steigende Angebots- und Nutzungsformen, Nutzungsintensität bei Usern, Anwachsen des Werbemarkts

9.19 Conversion Rate: Relation Online-Info zu realisiertem Online-Kauf. White-Label-Shop: Webshop unter der Verwendung vorgegebener Bausteine. Web 2.0: dynamisches statt statisches Web. Optionen zur Interaktivität (Blog,

Social Media). CMS: Content-Management-System (ein Redaktionssystem zum Ändern von Einträgen auf der Website). DENIC: offizielle Vergabestelle für die Internetadressen unter der Top-Level-Domain ›.de‹.

9.20 mehrere Absatzkanäle bespielen und aufeinander abstimmen

10.1 Gesamtheit aller Maßnahmen eines Unternehmens, um auf Dauer Kundenbedürfnisse und Unternehmensziele zu befriedigen. Unternehmensziele vom Markt her denken und entsprechende Maßnahmen durchführen.

10.2 corporate design, corporate behaviour, corporate communication, corporate culture

10.3 unique selling proposition (USP)

10.4 individuelle Lösungen

10.5 Betriebswirtschaftlich: Umsatzsteigerung, Erreichen definierter Marktanteile. Verkaufspsychologisch: größtmögliche Kundenzufriedenheit, bestmöglicher Service

10.6 S: Ziele sollen spezifisch sein. M: Ziele sollen messbar sein. A: Ziele sollen umsetzbar sein (Aktionsplan). R: Ziele sollen relevant sein. T: Das Erreichen der Ziele soll terminiert sein.

10.7 Produktpolitik, Distributionspolitik, Kommunikationspolitik, Kontrahierungspolitik

10.8 Produktpolitik: Sortiment, Leistungen. Distributionspolitik: stationär und online. Kommunikationspolitik: Werbung, Verkaufsraum. Kontrahierungspolitik: Rechtsnormen, Preisniveau

10.9 Platzierung neuer Produkte auf neuen Märkten.

10.10 a: intern (oder extern durch ein MaFo-Institut) und primär. b: intern und sekundär. c: extern und sekundär. d: extern und sekundär. e: intern (oder extern durch ein MaFo-Institut) und primär.

10.11 Wiederholungsbefragung eines Handelsunternehmens (bzw. Absatzanalyse von Warengruppen) im Rahmen von Langzeituntersuchungen

10.12 Kundenanalyse ist ein wichtiger Baustein einer Marktanalyse; sie stellt ›den‹ Kunden bzw. einzelne Kundengruppen in den Vordergrund. Die Marktanalyse beschäftigt sich primär mit dem ökonomisch-strukturellen Umfeld des Unternehmens.

10.13 S: strength (Stärken). W: weaknesses (Schwächen). O: opportunities (Chancen). T: threats (Gefahren). Die SWOT-Analyse ist Grundlage vieler Marketingentscheidungen.

10.14 Soziodemografischer Ansatz: untersucht quantifizierbar erfassbare Merkmale von Zielgruppen (Geschlecht, Alter, Familienstand, Haushaltsgröße etc.). Psychografischer Ansatz: untersucht Wunsch- und Leitbilder, Lebensstile, Werthaltungen und Freizeitmuster einzelner gesellschaftlicher Zielgruppen (Milieus).

10.15 Werbeziel, Werbeinhalt, Werbebudget, Werbemittel, Werbezeitpunkt

10.16 Werbemittel: Prospekt. Werbeträger: Presseerzeugnis

10.17 am geringsten: c. am größten: b

10.18 a: 4, b: 3, c: 2, d: 4, e: 1, f: 1

10.19 Schaufenstergestaltung: atmosphärischer Einstieg über besondere Form- und Farbkontraste, Materialien und Requisiten, Blickfang in Augenhöhe, freier Raum als Gestaltungsfaktor. Werbebrief: Herausstellung des Produkt- und Kundennutzen, KISS-Methode (keep it short and simple), adressatenbezogene Sprache. Verkaufsraum: Kann-Käufe gehören in den vorderen, Muss-Käufe in den hinteren Geschäftsbereich. Lockvogel-Angebote gehören vor die Tür oder in den Eingangsbereich. Inhaltlich ›benachbarte‹ Warengruppen werden in räumlicher Nähe zueinander platziert.

10.20 Auf **A**ttention folgt **I**nterest. So entsteht **D**esire, was **A**ction bewirkt.

10.21 Sicht-, Griff-, Reck-, und Bückzone. In dieser Reihenfolge auch die Wertigkeit für Verkaufschancen.

10.22 Definition der Werbeziele, Streuverlust der eingesetzten Webemittel, Arbeitsaufwand (Monitoring bei Online-Kampagnen)

10.23 Visits: Website-Besucher, die per Link von anderen Websites kommen. AdImpressions: möglicher Sichtkontakt mit einem Werbemittel auf einer Website. AdClicks: Anzahl der Nutzer, die Werbemittel anklicken.

10.24 Ziel der SEO: gutes Auffinden der eigenen Website durch bessere Plätze im Ranking der Suchergebnisse. Ziel der SEA: gezieltes Bewerben der eigenen Internetseite oder besonderer Produkte mittels bezahlter Anzeigen.

10.25 Für Online-Plattformen oder -Kanäle, die dem Austausch, der Interaktion und der Mitgestaltung durch ihre Nutzer dienen.

10.26 Double Opt In: Ein Werbekunde muss seine Einwilligung in den Erhalt für Werbemittel noch einmal ausdrücklich bestätigen. Banner: für Websites und Portale erstellte Werbemittel. Keyword Advertising: Buchen von Anzeigen bei Suchmaschinenbetreibern, die nur dann erscheinen, wenn User bestimmte Suchbegriffe eingeben. Affiliate Programme: Website-Betreiber provisionieren angegliederte Vertriebspartner für Kundenkontakte (CpC, CpO, CpL). Blog: ursprünglich ein öffentlich zugängliches Online-Tagebuch; bezeichnet heute digitale Plattformen, auf denen es um Inhalte geht. UGC: user generated content; Inhalte, die für alle Mitglieder einer Community frei nutzbar sind. Follower: Abonnent eines Twitter-Accounts.

10.27 Auswahl der Social-Media-Kanäle, Organisation des Austauschs mit der Online-Community, zeitlicher Aufwand, Zuständigkeiten der Mitarbeiter

10.28 Zeithorizont, Ziel, eingesetzte Medien

10.29 Newsletter, Website, Presseinformation, Pressemappe

10.30 Ausschnittdienste (Clipping-Dienste), Social-Media-Monitoring-Dienstleister

10.31 wer, was, wann, wo, warum, wie

10.32 genaues Thema festlegen, Kosten kalkulieren, Verantwortlichkeiten im Team festlegen, Termin festlegen, Veranstaltungsort festlegen und buchen, Einladungen verfassen, gestalten und drucken, Presseinformationen erstellen und versenden, Bücher bestellen, Catering organisieren, Liste für signierte Exemplare anlegen

10.33 Wechselgeld, Taschenrechner, Quittungsblock, Stempel, Kugelschreiber,

Bestellzettel, Namensschilder, Visitenkarten, Gummibänder, Tüten, aktuelles Veranstaltungsprogramm

10.34 Dankschreiben an Autor, Meldung beim Verlag mit Presseberichten, Abrechnen der Aktionsware, Manöverkritik mit Angestellten und/oder Mitveranstaltern, Sammeln von Pressestimmen und deren Einstellen auf der Website

Sachregister

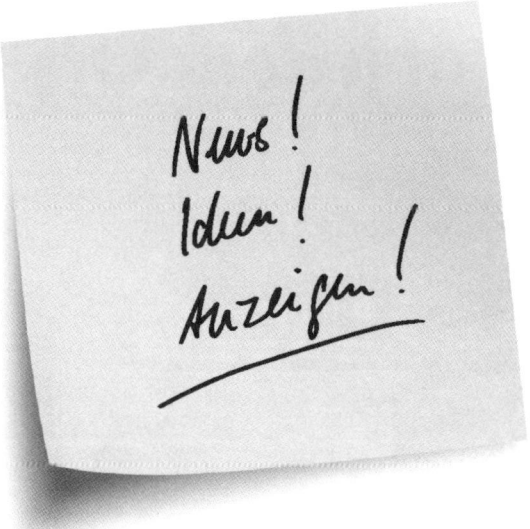

Zu jeder Zeit
an jedem Ort

Statistiken ■ Analysen ■ Rankings ■ Hintergründe

Alle wichtigen Informationen über die Buchbranche
gedruckt und online, gezwitschert und gepostet,
bei Webinaren und Konferenzen.

Wulff und Partner

Speziallösungen für den Buchhandel

Als **Versicherungsspezialist für den Buchhandel** und **Exklusivpartner des Börsenvereins und der BAG** kümmern wir uns seit über 20 Jahren um besonders attraktive Versicherungslösungen und Angebote für **Buchhandlungen, Verlage sowie die Mitarbeiter in der Buchhandelsbranche.**

Auch als **Auszubildender in der Buchbranche** können Sie von unseren speziellen Rahmenverträgen profitieren! Sprechen Sie mit uns über

Absicherung der eigenen Arbeitskraft

- Berufs- oder Erwerbsunfähigkeit
- Unfall oder Krankheit

Ausnutzung staatlicher Vorsorge-Förderung

Absicherung gegen Vermögensschäden

- Private Haftplicht
- Hausrat
- Kfz-Versicherungen

Nähere Informationen finden Sie auch unter dem nachfolgenden Link:
http://www.wulffundpartner.de/70.html?&MP=39-4211

Ihre persönliche Ansprechpartnerin in unserem Hause:

Frau Gabriele Kalenda — 0221.959425-14 - gk@wulffunddpartner.de

Wulff und Partner GmbH - Langenbergstr. 20 - 50765 Köln

Tel: 0221.95 94 25-0 - Fax: 0221.95 94 25-25 - info@wulffundpartner.de

Edition Buchhandel

aus dem lieferbaren Programm

Weitere Informationen zu den Titeln der Edition Buchhandel – inklusive Gliederungs-
übersichten und Leseproben – finden Sie auf der Website des Verlags.

Bramann – BÜCHER FÜR MEDIENBERUFE

E-Mail: info@bramann.de • www.bramann.de